KB240248

한국중소기업사

-고대에서 식민지시기까지-

이 경 의

지식산업사

지은이 이경의(李敬儀)는 1938년 전라북도 군산(구 옥구)에서 태어났다. 서울대학교 상과대학 경제학과를 졸업하고 서울대학교 대학원 경제학과에서 석사학위와 박사학위를 취득했다.

중소기업은행 조사과장, 미국 럿거스(Rutgers) 대학교 객원교수, 숙명여자대학교 경제학부 교수, 경상대학장 등을 지냈으며, 지금은 숙명여자대학교 명예교수이다.

주요저서로는 《중소기업경제론》(박영사, 1972, 공저), 《한국경제와 중소기업》(까치, 1982), 《경제발전과 중소기업》(창작과비평사, 1986), 《한국중소기업의 구조》(풀빛, 1991), 《중소기업의 이론과 정책》(지식산업사, 1996), 《현대중소기업경제론》(지식산업사, 2002), 《중소기업정책론》(지식산업사, 2006) 등이 있다.

한국중소기업사－고대에서 식민지시기까지－

초판 1쇄 인쇄　2010. 8. 9
초판 1쇄 발행　2010. 8. 13

지은이　　이 경 의
펴낸이　　김 경 희

경 영　　강 숙 자
편 집　　신 유 진
디자인　　이 영 규
영 업　　문 영 준
관 리　　강 신 규
경 리　　김 양 헌
펴낸곳　　㈜지식산업사
　　　　본사 • 경기도 파주시 교하읍 문발리 520-12
　　　　　전화 (031)955-4226~7 팩스 (031)955-4228
　　　　서울사무소 • 서울시 종로구 통의동 35-18
　　　　　전화 (02)734-1978　팩스 (02)720-7900
　　　　한글문패　　지식산업사
　　　　영문문패　　www.jisik.co.kr
　　　　전자우편　　jsp@jisik.co.kr
　　　　등록번호　　1-363
　　　　등록날짜　　1969. 5. 8.

책값은 뒤표지에 있습니다

ⓒ 이경의, 2010
ISBN　978-89-423-3079-9　(93320)

이 책을 읽고 지은이에게 문의하고자 하는 이는
지식산업사 전자우편으로 연락 바랍니다.

머리말

이 책은 고대에서 일제 식민지시기까지 한국중소기업의 전개과정을 연구 서술한 학술서이다. 한국중소기업사를 개관하는 데는 해방 후 오늘에 이르는 현대중소기업사(가칭《한국중소기업론》)를 당연히 포괄해야 하지만, 이 부분은 연구와 저술의 사정으로 다음 단계의 과제로 미루기로 하였음을 미리 밝혀둔다

흔히 경제학은 이론, 정책, 역사라는 세 개의 기둥 위에 세워진 체계적인 지식이라고 보고 있으며, 경제학의 이들 세 분야는 고유한 영역을 가지면서도 서로 관련성을 갖고 연구 서술되고 있다. 중소기업에 대한 경제학적 연구도 마찬가지라는 생각에서 필자는 2002년에《현대중소기업경제론》을, 그 뒤 2006년에는《중소기업정책론》을 저술 간행한 바 있다. 1960년대 이후 중소기업문제에 줄곧 관심을 갖고 연구에 전념한 경험이 있는 필자에게 중소기업에 대한 이론서와 정책론의 저술은 비교적 익숙한 과업이었다.

그런데 중소기업에 대한 경제사적 접근과 연구 서술은 상대적으로 경제사 연구가 깊지 못한 필자에게는 더없이 무겁고 힘든 과제가 아닐 수 없었다. 다행히도 필자는 대학 재직시절에 중소기업론과 함께, 일반경제사와 한국경제사를 여러 해 동안 강의할 수 있는 행운을 누렸다. 이 경험을 바탕으로 용기를 갖고

4

《한국중소기업사》라는 미답(未踏)의 영역에 도전한 것이 이 책의 결과이다. 이 책이 이 분야의 학문적 연구의 계기가 되고 도움이 될 수 있으면 필자로서는 큰 보람으로 생각하겠다.

주지하는 바와 같이 중소기업은 자본주의가 전개되면서 대기업이 발전하고, 그에 대한 상대적 범주로 정해진 개념이다. 이러한 중소기업을 경제사적 연구대상으로 삼을 때는 그 뿌리가 되는 전근대사회의 상공업까지 소급하여 고찰하지 않을 수 없다. 이것은 자본주의 전개 이후 형성 발전된 중소기업의 성격과 위치, 그리고 경제적 역할을 규정하는 데 전근대사회의 상공업의 연구가 당위적 과제로 되기 때문이다. 이에 따라 이 책에서는 고대사회에서 조선시대에 이르는 전근대사회의 상공업 변천과정을 상세하게 고찰하고, 그것을 바탕으로 근대사회에서 중소기업의 역사적 모습을 탐구하였다.

전근대사회에서 상공업은 관청상공업 주도에서 민간상공업 중심으로 발전하였으며, 점차 관청상공업이 쇠퇴, 혁파되는 가운데 민간상공업이 발달하고 그 안에서 자본주의 맹아 내지 자본주의적 관계의 발생을 확인할 수 있었다.

고대사회 상공업의 정형(定型)은 관청상공업에서 형성되었다. 민간상공업은 국가나 관청이 주관하는 관청상공업의 외곽에서 일반 주민을 대상으로 하는 형태로 전개되었다. 민간상공업은 관청상공업과 대치 또는 보완하면서 인구의 절대적 다수를 차지하는 일반 주민의 일상적인 대중적 수요를 수용하는 형태로 발전하였다. 그리고 그것은 대중적 성격과 상품생산 발전의 합법칙성에 따라 발전하면서 점차 확대되었다. 민간상공업은 그 초기에는 관청상공업보다 낮은 발전수준이었다. 그러나 관청상공업의 폐쇄적 운영에 견주어 민간상공업은 자연발생적이고 진취적이며 교환을 목적으로 하는 상품생산으로 진전되는 기초를 갖고 있었으며, 장기적으로는 전체 경제의 발전과 분화의 역할을 담당하였고, 나아가서는 자본주의 맹아 내지 자본주의적 관계의 발전에 이르게 되었다.

그 뒤 식민지시기 식민지자본주의 아래에서 중소기업은 전형적(典型的) 모습을 형성하였다. 그리고 민족기업으로서 주체적으로 자본주의적 경제생활을 영위하였으며, 해방 후에는 한국경제 발전의 초석이 되었다. 식민지시기의 중소기업은 식민지정책의 억압과, 특히 1942년의 '기업정비령' 등으로 크게 몰락하는 등 제국주의적 지배에 약탈당하면서 수동적으로 재편성, 쇠잔되었다. 그러나 한 편으로는 식민지 지배에 저항하고 항거하면서 근대적 발전을 향하여 민족경제 의 역사를 형성해 가는 주체로서의 역할을 하였음을 확인할 수 있었다.

이어서 대부분의 우리나라 역사서에서 논급되는 시대구분문제를 말하고자 한 다. 일찍이 1933년에 백남운(白南雲)이 조선역사의 시대구분문제와 주체적 역사 관을 제기한 이후 이 문제는 우리 역사연구에서 중요한 논쟁과제가 되었다. 이 책에서 시대구분은 한국 경제사학계에서 현재까지 일반적으로 받아들이고 있는 구분법을 답습하였다. 삼국시대에서 통일신라시대까지를 고대사회로 보고, 고 려시대에서 조선시대까지를 중세사회로 보는 시대구분방법이 그것이다. 다만 이 책에서는 서술의 편의상 고려시대와 조선시대를 구분하였다.

그러나 개항기를 거쳐 식민지시기를 과도적 자본주의 또는 이식자본주의로 보는 견해와는 달리, 필자는 실질적 식민지 지배가 진행되었던 1905년 통감부 설 치 이후 식민지시기를 식민지자본주의로 보았다. 메가타 다네타로(目賀田種太郎) 개혁 이후부터 1910년대에 걸친 기간을 식민지자본주의의 본원적 축적기로 보 고, 1920년대를 경공업 중심의 식민지산업자본주의단계, 그리고 1930년대 이후 를 중화학공업을 중심으로 하는 식민지독점자본주의단계로 보았음을 밝혀 둔다.

한국역사에서 식민지시기를 어떻게 볼 것인가는 오랫동안 뜨거운 쟁점이 되 었고 그것은 오늘날에도 계속되고 있다. 이에 이 책에서는 〈보론 1〉과 〈보론 2〉 에서 식민지시기의 성격에 관한 제 논의를 정리 설명하였다. 식민지사관과 유물 사관에 의한 비판으로 주체적 사관의 시도, 내재적 발전론과 자본주의 맹아론, 이중구조론과 식민지공업비지론, 또한 한 때 우리 경제사학계를 풍미했던 식민 지반봉건사회론과 민족경제론을 탐구 정리하였다. 특히 오늘날 쟁점이 되고 있 는 식민지근대화론의 체계를 비교적 상세히 소개하고, 그에 대한 비판으로 식민 지 수탈론을 전개하였다. 그리고 두 시각의 통일의 관점에서 민족경제론의 근대 경제학적 해석을 제시하였다.

총 10개 장(보론 포함)으로 구성된 이 책은 이러한 흐름과 시각에서 서술되었

6

다. 오랫동안 중소기업문제를 연구·전공하던 필자가 감히 역사서를 서술 간행하는 데 따른 부담이 적지 않았음을 다시 한 번 고백하지 않을 수 없다.

매번 인기 없는 중소기업 관련 전문서의 간행을 흔쾌히 맡아 주시는 지식산업사 김경희(金京熙) 사장님에게 거듭 감사를 드리고, 또한 편집진의 노고에도 고마움을 표시한다. 그리고 원고의 타자와 정리는 숙명여자대학교 대학원 경제학과 석사과정의 김애리 양이 맡아 수고했음을 밝혀둔다.

끝으로 노후의 연구생활에서 필자의 건강을 지켜주는 평생의 반려자, 사랑하는 나의 아내에게 감사한다. 또한 미국 보스턴에서 자기 길의 개척에 정진하고 있는 아들 이석우 박사와 며느리 엄은경 박사, 의과대학에서 교수로서 진료와 연구에 분주한 사위 오형근 박사와 딸 이은정 박사에게 격려를 보내며, 귀여운 외손녀 오윤진 양에게도 깊은 사랑을 전한다.

2010년 6월
마포 공덕동 연구실에서
지은이 이 경 의

차 례

머리말 ·· 3

제1장 고대사회의 상공업과 그 형성

제1절 고대국가의 사회구성체적 성격 ·· 18

제2절 시전의 형성과 민간상업의 진전 ·· 20

  1. 관상과 시전의 형성 ● 20

  2. 민간상업의 진전 : 장과 행상 ● 26

제3절 관청수공업과 민가수공업 ·· 29

  1. 관청수공업 : 관영수공업과 궁중수공업의 형성 ● 29

  2. 민간수공업의 진전 ● 38

    (1) 고대국가 경제생활의 기초 : 민간수공업 _38
    (2) 농민의 가내수공업 _39
    (3) 전업적 수공업의 출현 _40
    (4) 사원(寺院)수공업의 형성 _42
    (5) 수공업자의 사회적 지위 _45

제2장 고려시대의 상공업과 그 변화

제1절 고려 사회의 중세적 성격 ·· 48

제2절 고려시대 상업의 발달 ··· 50

  1. 교환경제의 발달과 상품화폐관계의 진전 ● 50

  2. 시전상업과 관영상업의 전개 ● 53

    (1) 시전(市廛)상업의 전개 _53
    (2) 관영상공업의 설치 운영 _56

  3. 민간상업의 발전 ● 58

    (1) 장(場)과 장시(場市)의 발전 _58
    (2) 행상의 상업활동과 사원의 상행위 _61
    (3) 납세청부제와 상업의 발달 _64

제3절 고려시대 수공업의 발달 ··· 66

  1. 고려시대 수공업의 특징과 그 변화 ● 66

  2. 관청수공업과 그 변화 ● 69

    (1) 중앙관청수공업의 조직 _69
    (2) 노동조직과 노임급부양식의 변화 _72
    (3) 지방관청수공업의 설치 운영 _75

  3. 소수공업의 형성과 쇠퇴 ● 77

    (1) 소수공업의 형성 _77
    (2) 소수공업의 실태와 해체 _79

  4. 민간수공업의 발달과 상품생산 ● 84

    (1) 민간수공업과 사원수공업의 발달 _84
    (2) 전업적 수공업의 발달과 상품생산 _86
    (3) 농촌수공업의 발달 _90

제3장 조선시대 상공업과 그 변화(Ⅰ)

제1절 조선시대의 성격과 그 변화 ··· 98

  1. 조선시대의 기본성격 ● 98

  2. 조선시대 상공업구조와 그 변화 ● 101

제2절 조선 전기의 상업구조와 그 변화 ································· 104

1. 무본억말정책과 특권시전상업의 재편성 • 104

　(1) 억말론과 상공업규제정책 _104
　(2) 시전상업의 재편성과 그 성격 _106
　(3) 육의전과 금난전권 _110

2. 민간상업의 발달 • 114

　(1) 비시전계 상인의 성장 _114
　(2) 지방상업의 발전 _116
　(3) 정기적 장시의 출현과 지방상업의 발달 _121

제3절 조선 전기 수공업구조와 그 변화 ……………………………………… 125

1. 소수공업의 해체와 관청수공업의 재편성 • 125

　(1) 소수공업의 완전 해체 _125
　(2) 관청수공업의 재편성 _128
　(3) 장세제의 실시와 노동편성의 변화 _132

2. 민간수공업의 발전 • 136

　(1) 전업적 수공업의 발전 _136
　(2) 농촌 가내수공업의 발달 _139

제4장 조선시대 상공업과 그 변화(Ⅱ)

제1절 조선 후기 사회의 변화 : 자본주의 맹아론 ……………………… 144

1. 자본주의 맹아론과 자본주의적 관계론 • 144

2. 자본주의 맹아론과 내재적 발전론 • 151

제2절 특권상업의 전개와 민간상업의 발전 ……………………………… 156

1. 특권상업의 전개와 쇠퇴 • 156

　(1) 시전상업의 전개와 쇠퇴 _156
　(2) 공인제도의 성립과 해체 _162

2. 민간상업의 발전 • 170

　(1) 난전의 성행과 신해통공 _170
　(2) 사상도고의 형성과 그 활동 _173
　(3) 장시의 발달과 전국적 시장권의 형성 177

3. 상업자본의 생산부문 침투 ● 188

　(1) 선대자본과 관상도고의 생산부문 침투 _188
　(2) 사상도고의 생산부문 침투 _193

제3절 조선 후기 관청수공업의 해체와 민간수공업의 발달 ·············· 196

1. 관청수공업의 해체 ● 196

　(1) 관청수공업 해체의 계기 _196
　(2) 장인가포제의 실시와 사임공제도 _198
　(3) 관공장 혁파와 관청수공업의 민영화 _200

2. 민간수공업의 발달 ● 203

　(1) 농촌수공업의 발달 _203
　(2) 소상품생산자의 성장 _206
　(3) 전업적 수공업의 발전과 공장제 수공업의 출현 _208

3. '자본주의적 관계'의 발생과 그 성격 ● 219

제5장 개항기 상공업과 그 변화(Ⅰ)

제1절 개항과 근대의 기점 논의 ································· 226

제2절 세계자본주의체제에 편입과 외압의 실체 ····················· 231

1. 도전과 응전 : 쇄국정책론의 후퇴와 통상개방론의 대두 ● 231

2. 강제적 개방과 외압의 실체 ● 236

제3절 자본주의 문화의 유입과 반(半)식민지화 과정 ·················· 240

1. 반식민성과 개항 35년의 과정 ● 240

2. 개항 초기의 개혁정책과 그 한계 ● 242

3. 광무정권의 식산흥업정책과 외압의 가중 ● 247

4. 통감부 설치 후 반(半)식민체제의 정착 ● 250

제4절 외압과 반(半)식민지적 무역구조의 전개 ····················· 254

1. 외압의 정치·군사적 폭력성 ● 254

2. 무역구조의 반(半)식민성과 '미면교환체제' ● 256

제6장 개항기 상공업과 그 변화(Ⅱ)

제1절 외국상인의 침투와 민족상인의 대응 ·· 266

　1. 외국상인 침투의 거점 : 개항장과 개시장 • 266

　2. 수출입무역과 외국상인의 침투 및 개항장객주 • 272

　3. 내지통상의 확대와 외국상인의 침투 • 276

　4. 내지정주상업의 전개와 일본상인에 의한 상업 재편성 • 280

　5. 상업구조의 변화 • 285

　　(1) 시전상인의 변화 _285
　　(2) 내지객주의 변화 _289

　6. 민족상인의 대응 • 293

　　(1) 행상·보부상의 대응 _293
　　(2) 객주의 대응 : 객주회 및 상업회의소의 결성 _296
　　(3) 상사회사 및 근대적 기업회사의 설립 _299

제2절 자본제 공업제품의 유입과 민족경제의 변화 ···························· 303

　1. 개항 초기 자본제 공업제품의 유입과 민족경제 • 303

　2. '미면교환체제'의 전개와 일본자본의 침투 • 309

　　(1) 청일전쟁 이후 무역구조의 변화와 '미면교환체제' _309
　　(2) 일본자본의 침투와 민족경제 _313

　3. 식산흥업정책과 민족경제의 대응 • 318

　　(1) 식산흥업정책과 민족경제의 대응 _318
　　(2) 일본인 기업의 높은 비중과 민족기업의 구축 및 잔존 _323

제7장 식민지자본주의의 전개와 중소기업(Ⅰ)

제1절 일제 식민지 지배의 성격과 그 전개 ·· 328

　1. 식민지 지배의 기본성격 • 328

　2. 일제 식민지정책과 시대구분 • 331

(1) 일제 식민지정책의 전개 _331
(2) 일제 식민통치기의 시대구분문제 _337

3. 식민지자본주의의 전개 • 342

(1) 후진자본주의와 식민지자본주의 _342
(2) 식민지성과 반봉건성 _346
(3) 식민지자본주의의 사회구성체론적 성격 _349
(4) 조선인 자본의 성장과 그 의미 _352

제2절 식민지자본주의의 초기적 전개 ·· 355

1. 민족자본론과 조선인 자본 • 355

(1) 민족해방운동과 민족자본론 _355
(2) 민족자본과 중소자본 _357
(3) 민족자본과 조선인 자본 _360

2. 식민지자본주의의 본원적 축적 • 364

(1) 자본주의 발전과 본원적 축적 _364
(2) 일제 식민지 지배와 본원적 축적 _367
(3) 토지조사사업과 반봉건적 토지제도 _372

3. 일본인공업의 전개와 조선인 공업의 발전 • 374

(1) 일본인 공업의 전개와 식민지적 공업구조 _374
(2) 조선인 공업의 발전과 그 성격 _378

4. 민족경제의 기초 : 소상품생산자적 가내공업 • 385

제8장 식민지자본주의의 전개와 중소기업(Ⅱ)

제1절 식민지자본주의의 형성과 소공업문제 ·································· 392

1. 물산장려운동과 소공업문제 • 392

(1) 물산장려운동의 성격과 그 배경 _392
(2) 물산장려운동의 두 흐름과 소공업문제 _397
   1) 물산장려운동의 발족과 논쟁   2) 생산증식과 대공업설립론
   3) 토산장려와 소공업육성론   4) 생산증식론과 토산장려론의 성격

2. 조선경제의 공업화와 중소기업 • 406

(1) 회사령의 철폐와 일본 중소자본의 진출확대 _406

　(2) 식민지적 공업화와 중소기업 _410
　　1) 경공업중심의 공업화와 식민지적 예속성　2) 중소영세공업의 높은 비중

　3. 조선인 공장의 성장과 중소기업 • 417

　　(1) 조선인 공장의 성장과 공업화 수준 _417
　　(2) 조선인 공장의 소영세성과 그 성장요인 _419

제2절 식민지자본주의의 고도화와 중소기업 ·························· 424
　1. 1930년대 조선 공업화의 평가 : 산업혁명론, 군수산업화론, 사회적 분업
　　재편론 • 424
　　(1) 산업혁명론과 병참기지론 _424
　　(2) 군수산업화론과 수탈론 _426
　　(3) 사회적 분업재편론과 총수요증대론 _430

　2. 일본 독점자본의 진출과 경제구조의 고도화 • 434

　　(1) 일본 독점자본의 조선경제 지배 _434
　　(2) 산업구조의 고도화와 군수산업화 _438
　　　1) 산업구조의 고도화와 중소기업　2) 중화학공업화와 군수산업화

　3. 조선인 자본의 동향과 중소기업 • 445

　　(1) 민족자본의 소멸론 _445
　　(2) 조선인 자본의 성장과 그 구조 _447
　　　1) 조선인 자본의 성장과 쇠퇴　2) 조선인 자본의 소영세성과 그 성장구조 및 한계

　4. 이중구조와 중소기업 • 453

　　(1) 이중구조와 중소기업문제 _453
　　(2) 전시경제체제의 강화와 중소기업의 몰락 _457

〈보론 1〉 일제 식민지시대의 성격에 관한 제 이론(Ⅰ)

제1절 식민지사관과 유물사관에 의한 비판 ·························· 462
　1. 식민지사관의 성립과 정체론 · 타율성론 • 462
　2. 반제민족사학과 마르크스주의 역사학 • 465

제2절 내재적 발전론과 자본주의 맹아론 ·························· 467
　1. 내재적 발전론의 전개 • 467

2. 자본주의 맹아론과 그 비판 • 471

제3절 식민지반봉건사회론의 형성과 사회구성체론적 성격 ············· 473

1. 코민테른과 중국에서 중국 사회성격 논쟁 • 473

2. 일본에서 만주경제 논쟁과 중국 통일화 논쟁 • 479

(1) 만주경제 논쟁 _479
(2) 중국 통일화 논쟁 _481

3. 식민지반봉건사회론과 사회구성체론 • 484

제4절 이중구조론 및 식민지공업비지론 ································· 490

1. 이중구조론 및 식민지공업비지론의 전개 • 490

2. 식민지공업비지론 및 이중구조론의 특징과 그 평가 • 492

〈보론 2〉 일제 식민지시대의 성격에 관한 제 이론(Ⅱ)

제1절 민족경제론의 형성과 구조 ································· 500

1. 일본에서 전개된 민족경제론과 그 근원 • 500

2. 한국에서 민족경제론의 형성 • 502

3. 민족경제의 범위–민족경제와 국민경제 • 504

4. 중소기업문제와 민족자본론 • 508

5. 민족경제론과 사회구성체론 • 512

6. 민족경제론이 시사하는 두 가지 방향 • 516

제2절 식민지근대화론과 식민지수탈론 ································· 519

1. 식민지근대화론의 체계 • 519

(1) 식민지근대화론의 단서–중진자본주의론 _519
(2) 내재적 발전론 비판과 경제발전론적 시각 _524
(3) 경제성장과 그 역사적 조건 _528
(4) 총체적 시각과 연속설 _532
(5) '수탈과 저개발'보다는 '수탈과 개발' _535

2. 식민지근대화론에 대한 비판 : 식민지수탈론 • 538

(1) 신식민주의사관과 식민정책의 수탈성 _538
(2) 개발없는 개발·단층과 연속 _540
(3) '수탈과 개발' : 본질적인 것과 부차적인 것 _543
(4) 경제발전론적 시각의 한계 _545

3. 두 시각의 통일 : 민족경제론의 근대경제학적 해석 ● 546

(1) 두 시각 통일의 과제 _546
(2) 민족경제론의 근대경제학적 해석 _548

참고문헌 ·· 553
찾아보기 ·· 567

표 · 그림 차례

〈표1- 1〉 궁중수공업의 관청과 직능 • 35
〈표2- 1〉 수공업소의 분포 상태 • 80
〈표3- 1〉 소 · 향 · 부곡의 지역별 분포 • 128
〈표3- 2〉 중앙관청수공업 기구와 기능 • 131
〈표4- 1〉 18세기 후반~19세기 전반 문헌에 따른 각 도별 장시현황 • 180
〈표4- 2〉 19세기 전반 거래물품별 장시현황 • 204
〈표5- 1〉 수출입액과 중요 수출입품의 비중 • 258
〈표5- 2〉 일본의 조선에 대한 수출품의 구성(국내 · 외산품) • 259
〈표5- 3〉 일본의 조선으로부터의 수입 구성 • 261
〈표6- 1〉 경부선 · 경의선의 주요연선에 개설된 일상의 상설점포 • 284
〈표6- 2〉 개항기 요업공장 • 307
〈표6- 3〉 1904년 말 현재 재조선 일본인 경영의 주요 공업종류별 공장수 • 315
〈표6- 4〉 일본인 회사수(1906년 말) • 317
〈표6- 5〉 1908년 말 조선에서 일본자본이 경영하던 공장 • 317
〈표7- 1〉 일본인 공장 현황(1) • 377
〈표7- 2〉 일본인 공장 현황(2) • 378
〈표7- 3〉 조선인 공장 현황(1) • 381
〈표7- 4〉 조선인 공장 현황(2) • 382
〈표8- 1〉 조선에 본사를 둔 회사의 불입자본 추이 • 409
〈표8- 2〉 부문별 생산액 비중 • 412
〈표8- 3〉 공업부문별 생산액 • 413
〈표8- 4〉 공장규모별 통계(1932년) • 415
〈표8- 5〉 규모별 조선인 공장 통계(1930년) • 420
〈표8- 6〉 일본 독점자본의 조선 산업지배율 • 436
〈표8- 7〉 민족별 공장 공칭자본액 (1940년 말) • 438
〈표8- 8〉 산업별생산액 • 439
〈표8- 9〉 산업별생산액 • 440
〈표8-10〉 공장공업구성의 변화 • 441
〈표8-11〉 조선 공업부문별 생산액 추이 • 442
〈표8-12〉 규모별 조선인 공장수 추이 • 449
〈표8-13〉 민족별 납입자본금 비중 • 452
〈표9- 1〉 1920~40년간 농업 · 제조업 부문의 노동자 1인당 실질생산 • 494
〈표9- 2〉 실질임금 및 노동자 1인당 생산지수 • 495

〈그림6-1〉 일본상인의 수출곡물 매입방식 • 275

제1장
고대사회의 상공업과 그 형성

제1절 고대국가의 사회구성체적 성격

자본주의가 전개되면서 대기업이 발전하였고, 중소기업은 그에 대한 상대적 범주로 정해진 개념이다. 이러한 중소기업을 경제사적 연구대상으로 삼을 때는 그 뿌리가 되는 전근대사회의 상공업까지 소급하여 고찰하지 않을 수 없다. 자본주의의 전개 이후 형성되는 중소기업의 성격과 위치를 정하는 데 전근대사회의 상공업의 연구가 요구되기 때문이다.

고대사회의 상공업을 논의할 때 원시부족사회, 즉 예(濊), 맥(貊)족의 고조선, 부여, 고구려, 동예, 옥저(沃沮)와 한족(韓族)의 마한, 진한, 변한 등 삼한사회의 상공업까지를 추적하여 그 대상으로 할 수도 있다.[1] 그러나 여기서는 집권적 왕조국가체제가 수립된 삼국시대 이후의 상공업을 대상으로 하였다.

흔히 고대사회 이전의 역사전개를 모계씨족 공동체사회→부계 공동체사회→소국(小國)→부족연맹국가→집권적 왕조국가의 단계로 형성되었다고 본다.[2] 집권적 왕조국가(고대국가)인 삼국사회(고구려·백제·신라)의 사회구성체적 성격에 대하여 그동안 많은 주장과 논의가 있었다. 백남운(白南雲)은 일찍이 1930년대 초에 후쿠다 도쿠조(福田德三)의 식민지사관을 비판하면서 조선역사 발전단계를 유물사관에 입각하여 세계사적인 일원론적 역사법칙에 따라 규정, 삼국시대의

---

1) ① 劉敎聖, 〈韓國商工業史〉, 《韓國文化史大系》 Ⅱ, 政治·經濟史(下), 고려대학교 민족문화연구소, 1978, ② 홍희유 저, 《조선상업사》(고대·중세), 과학백과사전종합출판사, 1989, ③ 홍희유 지음, 《조선중세수공업사연구》, 과학백과사전출판부, 1978, 지양사, 1989, ④ 송영종·조희승 저, 《조선수공업사》 1, 공업출판사, 1990, 백산자료원, 1997 등.

2) 최광식, 〈원시공동체의 해체와 고대국가의 발생〉, 《한국사》 1, 원시사회에서 고대사회로-1, 한길사, 1994, p. 101.

노예제사회, 통일신라기 이래의 동양적 봉건사회, 그리고 이식자본주의사회로 제시한 바 있다.[3] 즉 삼국시대를 노예제사회로 보고, 통일신라 이후 고려시대부터 조선시대까지를 동양적 봉건사회로 규정한 것이다.

1950년대 북한학계에서는 다시 노예제사회의 존재여부에 대한 논쟁이 있었는데, 백남운의 노예소유자적 사회구성의 존재설에 대하여 노예소유자적 구성이 존재하지 않았다는 노예제 결여설이 제기되었다. 그러나 1960년대에는 삼국의 사회구성에 대하여 노예제의 존재를 인정하기에 이르렀다. 1970년대에 와서는 삼국시대 이전으로 소급하여 고조선, 부여, 진국 등 부족연맹국가가 최초의 계급국가인 노예제 소유국가로 성립되었다고 보았다. 곧 고조선, 부여, 진국과 삼한(마한·진한·변한)을 노예제사회로 보면서 삼국시대 이후를 봉건사회로 보는 입장으로 정리되었다.[4] 이러한 북한학계의 연구성과는 이 시기의 상공업사 연구에 그대로 반영되었다.[5]

남한학계에서는 비록 다양한 기준에 따른 것이기는 하지만, 삼국시대가 고대적 사회구성이라는 점에는 대체로 합의하는 듯하다. 삼국시대 및 통일신라기를 고대 노예제적 사회구성으로 이해하고, 고려시대부터 조선조 말까지를 중세 봉건적 사회구성으로 이해하는 것이다.[6]

---

3) 白南雲 著, 《朝鮮社會經濟史》 一卷, 1933, p. 9.

4) 최광식, 위의 글, 위의 책, 및 송호정, 〈북한에서의 중세사 시대구분〉, 《역사와 현실》 1, 역사비평사, 1989.

5) 홍희유 지음, 《조선중세수공업사연구》 및 《조선상업사》(고대·중세) 등.

6) 다만 김삼수는 삼국시대 이전의 부여와 삼한을 고대 노예제사회로 파악하였고[〈한국사회경제사〉, 《한국문화사대계》 Ⅱ, 政治·經濟史(上), 고려대민족문제연구소, 1965(1978), pp. 616~629], 조기준은 한국사에서 고대적 사회구성은 인정하면서도 그것을 노예제적인 것과 동일시하는 것을 거부한다(조기준 저, 《한국경제사신강》, 일신사, 1994, pp. 57~62).

제2절 시전의 형성과 민간상업의 진전

1. 관상과 시전의 형성

고대국가에서 상공업, 곧 상업과 수공업이 독자적 산업부문으로 분화된 것은 사회적 분업이 진전된 결과였다. 원시공동체사회에서 노동행위는 단순협업에 기초하고 있었다. 우선 커다란 동물의 사냥이나 농경활동에서 집단적 작업, 기타 노동행위에 협업이 필요하였다. 이에 자연적 분업, 곧 성(性)과 연령에 따른 분업이 발전하면서 남자는 수렵에, 여자는 집안일에 전념하였고, 그에 따라 노동생산성도 어느 정도 증대되었다.

원시공동체의 특정 단계에서 목축과 농업이 발전하면서 최초의 사회적 분업이 일어났다. 유목민 부족이 일반적·원시적 부족집단에서 분리되었고, 그 결과 생산성이 증대하고 목축공동체와 농업공동체 사이의 정규적 교환이 전개되는 조건이 형성되었다. 석기에서 철기시대로의 이행은 농업을 발전시켰고, 교환과 공업 성장을 진행시켰으며, 공업이 부수적 행위로부터 독립적 생산부문으로 전화하여 수공업이 분화되는, 이른바 2차 사회적 분업이 발생하였다.

농업으로부터 공업의 분리는 상품생산, 곧 교환을 목적으로 한 생산의 발생에 결정적인 진전을 가져왔다. 화폐가 발생하고 상품화폐관계가 발전하면서 3차 사회적 분업, 곧 상업이 독립적 산업부문으로 형성되고 상인계급이 발생하게 되었다. 공업과 상업은 농업에서 분리되어 도로와 수로의 교차점에 위치한 특정 공동체에 집중되었고, 여기서부터 도시의 형성, 그리고 도시와 농촌의 분리가 진행되었다.[7]

이처럼 사회적 분업의 결과로 형성된 상업은 생산자로부터 소비자로 물품이 이전되는 과정에서 발생하는 매매차익을 기반으로 성립하였으며, 동시에 상인은 생산자로부터 물품을 구입하여 소비자에게 판매하는 매개자였다. 그러나 독립된 산업부문으로서 상업과 상인계급이 형성되기 전 단계에서도 물물교환의 교역활동이 있었다. 물품의 생산자 또는 소유자가 물품을 필요로 하는 상대를 직접 만나서 교환하는 교환 형태가 물물교환이었고, 이것은 상업이 발생한 이후에도 오랫동안 지속되었다.

고대국가는 소국단계에서 부족연맹국가단계를 거쳐 집권적 왕조국가체제가 성립한 것을 특징으로 한다. 고대국가에서 상업공간인 시장(市場)이나 그 속에서 활동하는 전업적 상인의 형성은 중앙왕권의 집권력 강화 및 여러 지역집단의 자치력 약화와 관련이 있다.

고대국가의 시장 및 상인의 성격을 고대 신성처(神聖處)의 기능과 성격에서 그 근원을 찾은 견해가 있다. 여기서는 신성처인 신시(神市)에서 고대 시(市) 또는 시장의 원형을 추적한다. 더욱이 국가가 주도하는 상업시설과 시장, 그리고 그 속에서 활동하면서 생계의 대부분을 상업활동에 의존하는 전업적 상인을 일반적인 민간상인과 구분하여 관상(官商)이라고 규정하고 있다. 이들 관상은 신성처에서 제물 조달 등 특수물품을 구입하던 계층으로, 신성처가 상업공간으로 변질된 이후에도 계속 정착하여 상업에 종사하였는데, 이 계층은 고대국가가 성립된 뒤 상업공간에 시사(市肆)와 관시(官市) 등 상업시설이 설치되면서 이에 흡수된 것으로 보고 있다.

관상 가운데는 민간 출신이나 관료 출신도 있었지만, 그 기원은 신성처에서 제물을 조달하던 샤먼(shaman) 출신에서 찾고 있다. 관상은 관시에 소속되고 국가의 직접적 통제 아래 있었으므로 일반적인 민간상인과 동일시할 수는 없다. 이들은 국가재정상의 요구에 따라 국가주도의 유통체계 속에서 필요한 물품을 조달 공급한다는 뜻에서 관상으로 규정되었다. 이들에게는 관시에서 상권보장을 통해 민간상인과 다른 특권을 보장해 주었으며, 따라서 국가차원의 관리를

---

7) 녹두편집부 편, 《정치경제학원론》, 녹두신서, 1986, pp. 37~40.

받는 특수한 사회적 지위에 있었다고 보고 있다.[8]

관상은 고대국가에서 제도적으로 조직한 상업지구에 설치한 상업시설에서 활동하는 전업적 상인인데,《삼국사기》(三國史記)에는 신라 소지왕 12년(490)에 수도에 비로소 개시(開市)했다는 기록이 있다. 서기 490년은 신라가 집권국가로 발전한지 1세기 이상 지난 뒤이며, 수도의 인구는 이미 상당히 팽창하였기 때문에 시장은 훨씬 이전부터 성립되었을 것이다. 이런 상황에서 490년에 '개시'했다는 기록에 대하여 두 가지 해석이 나왔다.

하나는 시장적 교환은 이미 그 이전부터 이루어지고 있었지만, 국가가 일정한 지역을 설정하고 시장을 열게 한 것이라는 견해이다. 곧 시장 자체의 기원이 아니고 국가에서 수도에 법제적으로 창설한 시장, 즉 경시(京市)로 이해해야 한다는 것이다. 여기서는 최초의 시장을 연 것으로 되어있지만 결코 시장 자체의 기원으로 볼 수 없으며, 그 이전부터 발생한 시장을 법제상으로 규정한 것이라고 보았다. 그리고 지방의 자연발생적 시장인 향시(鄕市)와 구분해서 이를 '시장'으로 해석하고 있다.[9]

다른 하나는, 이 때 설치한 것은 시장이 아니라 시전(市廛)이라고 보는 것이다. 국가는 이 때 점포를 건설하고 특정 상인으로 하여금 상업에 종사하도록 하였다는 것이다. 여기에 대해 좀바르트(W. Sombart)가 교환조직을 시장적 교환(市場的 交換)과 도시적 교환(都市的 交換)의 두 가지로 구분한 것을 들어 설명하고 있다. 전자는 교환경제가 이루어지는 최초의 형태로서 일정한 장소(시장)에서 일정한 시일에 수요자와 공급자가 집합하여 교환하는 것을 말한다. 예컨대 주시(週市)나 연시(年市) 등을 들 수 있으며, 그 조직 자체는 영구적 좌상(坐商)이나 정주(定住)하는 구매층을 필요로 하는 것이 아니다. 수요자와 공급자는 각자가 희망한 교환이 완료되면 더 이상 시장에 머무를 필요가 없게 된다.

이에 대하여 후자는 항시적인 구매층을 상대로 정주하는 좌상이 상점을 설치

---

8) 김창석 지음,《삼국과 통일신라의 유통체제연구》, 일조각, 2004, pp. 65~78.
9) 白南雲 著, 앞의 책, pp. 379~380.

하고 부단한 교환관계를 이루는 것이다. 따라서 여기서는 교환이 완료되어도 좌상은 자리를 옮기지 않고 다음 구매층을 기다리게 된다. 좀바르트의 교환조직의 개념에서 볼 때《삼국사기》의 경사시(京師市)에 관한 기록은 도시적 교환조직의 설치라 할 수 있다. 시장은 일찍이 삼국시대 초기부터 교환의 요지나 수도에서 성립되었으나, 정착하는 상점이 생기고 도시적 교환조직이 필요해진 것은 5세기 말부터였으며, 소지왕 12년의 기록은 이러한 요청에 따라 국가가 시전을 창설했다고 보는 것이다.

소지왕 12년 기록의 '초개경사시○이통사방지화'(初開京師市○以通四方之貨)에서 경사시 다음의 한 글자가 삭제된 것은 1476년에 완성된《삼국사절요》권5, 제영명(齊永明) 8년의 기록에서 사(肆)자로 보완되었다. 이에 따라 시사(市肆)로 읽는데, 여기서 시사는 관립 상가건물을 뜻하며, '사'는 같은 종류의 상품을 진열하는 행렬이고, '시'는 여러 사가 취합되어 조성된 것이라는 해석도 있다.[10]

다음에 신라가 이 시기에 시전 또는 시사를 설치하게 된 이유의 설명인데, 이는 국가재정조치상의 필요에서 이해해야 한다는 것이다. 고대의 재정조직은 현물경제를 중심으로 이루어졌는데, 국가는 필요한 현물을 조세의 형태로 수납하고 또 관영공장에서 제자하여 보유하면서, 이를 필요한 용도에 현물의 형태로 지불하고 사용하였다. 이러한 재정조직에서 국가는 절대적 또는 시기적으로 잔여품을 갖게 되어 재정적 잉여물을 처분할 필요가 생겼다. 또 왕실, 귀족, 군대, 관료 등은 국가에서 지급받은 물품을 그들의 기호에 맞추어 상호 교환할 필요도 있었다.

이러한 현물재정조직은 시전을 필요로 하게 하였고, 집권적 국가체제에서 국가는 인구가 수도에 집중한 시기에 시전을 창설하여 재화의 처리를 도모했다는 것이다. 창설한 시전은 특정 상인에게 대여하였는데, 국가는 시전상인을 거쳐 필요한 물자를 조달하기도 하였으며, 이에 시전상인은 특권상인으로 등장하였

---

10) 賀業鉅 著,《考工記營國制度硏究》, 中國建築工業出版社, 1985, 윤정숙 역,《중국도성제도의 이론》, 이화, 1995, p. 173(김창석 지음, 앞의 책, p. 63).

다. 재정조직과 왕실, 귀족 등의 잉여물을 처분하고 또한 국가의 필요물자를 조달하는 일, 곧 국역(國役)을 시전상인이 담당하였다. 고려 및 조선시대의 시전도 이와 같은 성격에서 창설된 것이며, 시전상인은 국역을 담당하는 대신에 국가로부터 금난전권(禁亂廛權)을 부여받은 특권상인이 되었다는 것이다.[11]

《삼국사기》에서 신라 소지왕 12년에 개시하였다는 기록에 대한 두 가지의 해석에 관해서는 아직 정확한 해석이 없으므로 앞으로의 연구대상이 되어야 한다는 지적[12]도 있으나, 그 뒤의 연구 흐름은 이 시기에 시전이 창설된 것으로 보는 견해가 지배적이다.[13]

신라에서는 소지왕 12년에 사방의 재화를 유통시키고자 시사를 두면서 시전 설치가 비롯되었고, 이러한 시전의 개설은 도시의 발전과 병행하여 이루어졌다. 왕경이나 지방의 거점도시에까지 설치된 시전에서는 일반 민간인의 일용품 외에도 철이나 기름, 흥덕왕 교서에서 보이는 서역물품, 심지어는 노비들까지도 매매되었다. 이러한 물품은 민간수공업자와 부녀자들에 의한 행상, 그리고 육운과 해운 등을 거쳐서 매매되기도 하였다. 그리고 시전에서는 포(布)와 미곡(米穀)을 주요한 교환수단으로 사용하였는데, 신라가 삼국을 통일한 이후에는 농업생산력을 비롯한 사회의 제반 생산력이 향상되고 상업이 활발해지면서 이에 부응, 화폐를 제조했을 가능성도 상정되고 있다.[14]

발달된 상업과 시전을 관리 통제하고자 지증왕 10년(509)에 동시전(東市典)을 개설하였다는 《삼국사기》 기록이 있다. 시전(市典)은 시장을 관리 감독하는 관청을 말하는데, 통일 뒤 왕경의 인구가 늘고 물화의 유통이 증가하면서 효소왕 4년(695)에는 서시전과 남시전을 설치하였고, 이러한 시전은 신문왕 때 9주 5소

---

11) 趙璣濬 著, 《韓國經濟史》(改正版), 日新社, 1965, pp. 104~108.

12) 崔虎鎭 著, 《韓國經濟史》(訂正增補), 박영사, 1984, p. 55.

13) 예컨대, ① 劉敎聖, 〈韓國商工業史〉, 앞의 책, pp. 1012~1013, ② 朴南守, 〈수공업과 상업의 발달〉, 《한국사》 9(통일신라), 국사편찬위원회, 1998, p. 196, ③ 金玉根 著, 《한국경제사의 이해》, 신지서원, 2004, p. 54 등.

14) 朴南守, 위의 글, 위의 책, pp. 197~198.

경을 설치하면서 각 소경과 지방의 주요거점도시에도 개설된 것으로 보고 있다. 이러한 시전의 개설은 시전(市廛) 또는 시사의 형성을 전제로 한 것이어서 상업발전의 근거로 볼 수 있다.

한편 삼국시대를 봉건국가로 규정하는 북한학계에서는 적극적으로 본래 고구려와 백제에서도 시전상업이 형성되었다고 지적하고 있다. 우선 고구려는 427년 수도를 국내성에서 평양으로 옮기면서 전조후시(前朝後市)의 기본원칙에 따라 도시를 건설하였다고 보았다. 곧 궁전 앞에는 관청을 배치하고, 뒤편에는 시장을 설치하여 필요한 일용물자의 유통을 원활하게 함으로써 도시주민의 편의를 도모한 것이다. 하급관리들과 수공업자, 상인 등 일반 주민의 거주지역을 따로 설정하여 수공업자들과 상인의 활동을 보장하였으며, 지배층에게 일상적으로 필요한 물자를 정상적으로 공급하고자 수도의 큰 거리에 긴 행랑을 건설하여 상인들에게 준 다음 영업을 하게 하였다. 더욱이 고구려가 멸망한 뒤 새로 일어난 발해의 수도에 어용시전상인을 위한 시전행랑시설이 있었다는 사실로 미루어, 고구려에 어용시전상업이 존재하였음을 추측하였다.

한편 백제의 수도에서도 관료 귀족들과 부유한 특권층의 사치적 수요를 대상으로 어용시전상업이 마련되어 있었다고 보았다. 배제의 수도를 비롯한 큰 도시들에 시전이 존재하였다는 것은 전라도 남원에 시전이 있었다는 사실에서 짐작할 수 있다. 《동국여지승람》의 남원고적조 정전유기에는 남원 고을 안에 시전들이 있었으며, 그 유적지가 지금도 그대로 남아있었다는 언급이 있다. 남원은 백제의 지방중심도시의 하나였는데, 여기에 도시주민들의 수요를 위한 상업시설로서 시전이 설치되어 있었음에 비추어, 백제의 수도에도 시전이 존재하였던 것으로 보고 있다.15)

---

15) 홍희유 저, 《조선상업사》(고대 · 중세), pp. 31~34.

2. 민간상업의 진전 : 장과 행상

고대국가에서 집권적 체제가 성립하면서 설치된 시전상업은 수도인 왕경(王京)과 주요지방도시에 거주하는 소비자와 관청을 주 대상으로 하였기 때문에, 이를 제외한 지방의 군소도시와 촌락, 그리고 시전상업을 일상적으로 이용할 수 없는 일반 주민의 수요에는 부응할 수 없었다. 이들은 시전상업체제 중심의 유통구조 외곽에 존재하였으며, 바로 여기서 민간상업이 활동할 수 있는 공간이 형성되었다. 곧 민간상업은 시전상업체계의 외곽에서 일반 주민과 지방주민을 대상으로 하는 상업형태로 전개되었으며, 이 시기 유통경제의 기저를 형성하면서 광범하게 행해지고 있었다.

민간상업은 국가나 관청이 주관하는 시전상업과 대치하면서 인구의 절대적 다수를 차지하는 일반 주민의 일상적인 대중수요를 수용하는 상업형태로 발전하였다. 민간상업에 종사하는 상인으로는 다음과 같은 형태를 들고 있다. 생계 대부분을 상업에 의존하는 전업적 상인과 고위 귀족이나 사찰에 소속되어 이들의 상업활동을 대신하는 존재로 나눌 수 있으며, 전업적 상인에는 하위에 상단을 거느린 대상인과 개인 또는 소규모 인원으로 구성된 행상이 있었다. 또한 특정 수산물이나 임산물처럼 계절에 따라 집중되는 수확물을 대상으로 하여 연중 일정 기간 동안만 상업에 종사하는 부업형 상인, 그리고 필요에 따라 자기 생산물 가운데 일부를 내다 팔거나 물물교환을 하는 일반 생산자층[16]이 있었다.

그리고 고대국가의 민간상업의 주요한 유형으로는 장(場)과 행상(行商)을 들 수 있다. 장이란 일정한 기간 또는 날에 장사꾼들이 모여 일정한 장소에서 상품을 사고팔고 난 뒤 헤어지는 상업형태로서, 고대국가에서 주로 도시가 발달하면서 발생하였지만 도시가 형성되지 못한 지방에서도 발달하였다.

도시에서는 시전상업이 특권상업으로서, 특권층을 위한 상업이었던 데 대하

---

16) 김창석 지음, 앞의 책, pp. 195~196.

여, 민간상업인 장은 일반 서민층을 위한 상업으로 발생하였다. 고대국가는 시
전상업을 유지 발전시킨 것에 대하여 민간상업의 성장은 오히려 억제·통제하
면서도, 방대한 규모로 집중된 도시주민의 일상적인 대중적 수요에 따라 일정한
시각에 일정한 장소에서 상시적으로 모여서 필요한 상품을 교환하는 장의 성립
을 제한적으로 허용하였다. 장은 도시에서 시작하였지만, 그것이 지니는 대중적
성격과 상품생산 발전의 합법칙성에 따라 상업 발전이 이루어지면서, 점차 지방
도시를 비롯한 물산의 집산지까지 확대되었다.[17]

　고대국가의 집권체제에서 수도는 크게 번영했지만, 지방은 이것에 따라가지
못하고 분립(分立)되어 있었고, 각 공동체를 중심으로는 현물경제가 지배하고 있
어서 지방의 교환경제는 낮은 단계에 머물고 있었다. 지방의 교환조직은 생산자
상호간의 물물교환이 주된 형태인 시장적 교환조직이었으며, 도시적 교환조직이
이루어지지 못했고, 주로 주시나 연시의 형태를 띠고 있었다. 교통이 편리하며
다수의 사람이 집합할 수 있는 지점에서, 일정한 날에 농민은 각각 그들의 생산
물을 가지고서 각자의 수요에 따라 교환하였다. 자급자족경제에서는 지방특산물
이나 농촌수공업으로 제작할 수 없는 특수한 물품을 이러한 시장에서 교환하였
다. 이 때 시장을 목표로 하는 보부상(褓負商)저 성격의 전업적 상인도 있었다.[18]

　삼국시대에 민간상업으로서 장이 존재하였다는 것은 여러 기록에서 알 수 있
다. '신라의 저자(장)에서 부녀자들이 물건을 사고판다'고 한 기록이《당서》신
라조에 기록되어 있으며, 고구려에서도 5세기 중엽 수도에 말과 소, 일반 가재
도구를 거래하는 장이 열렸다는《삼국사기》의 기록이 있다. 백제에서도 478년
의 기록에서 수도에 장이 서고 있었다는 사실을 알 수 있다는 것이다.[19]

　한편 고대국가에서 민간상업의 주요한 상업 및 상인 형태는 행상이었다. 행
상은 상업 발전이 미약했던 단계에서 상인들이 상품을 가지고 농촌과 도시 등

---

17) 홍희유 저, 앞의 책, pp. 35~37.

18) 趙璣濬 著, 앞의 책, pp. 109~110.

19) 홍희유 저,《조선상업사》(고대·중세), pp. 35~37.

여러 곳을 다니면서 상품을 파는 보부상적 성격의 상업형태였다. 행상은 기본적으로 수공업자와 시장에서 상품을 구입하여 영업하였지만, 수공업과 상업이 분리되어 있지 않은 단계에서는 수공업자가 직접 자신이 생산한 상품을 판매하기도 하였고, 그 가족들이 제품을 판매하기도 하였다.

삼국시대에 행상의 활동은 활발했을 것이지만, 그에 대한 기록은 극히 단편적이다. 고구려의 미천왕(300~331)이 어렸을 때 소금행상을 했다는 기록과 봉상왕(292~300)의 조카가 소금행상을 했다는 서술을 《삼국사기》에서 볼 수 있다. 백제지역의 〈정읍사〉에 나오는 행상에 대한 기록은 정읍 출신의 행상이 도시와 농촌, 도시와 도시 사이를 순회하면서 상업활동을 하였음을 말해주고 있으며, 이런 행상의 상업활동이 삼국시대에 널리 존재했던 상업형태임을 알 수 있는 것이다.[20]

위에서 고찰한 바와 같이, 고대국가의 상업은 한편으로 국가가 제도적으로 조직한 시전상업으로 전개되었고, 다른 한편으로는 자연발생적인 상업형태로서 장과 행상을 중심으로 하는 민간상업이 발전하였다. 전자가 특권적인 성격을 띤 국가 보조와 지원의 대상이었음에 대하여, 후자는 그것의 지나친 성장이 오히려 억제·통제되었다. 그런데 북한학계에서는 양자의 관계를 대립·투쟁관계로 규정하고 있다. 곧 고대국가에서 상업은 특권적인 어용시전상업과, 장 거래와 행상 등의 민간상업형태로 전개되었는데, 이 두 부문 사이에는 대립관계가 생겨났고, 결국 고대국가 상업의 역사는 양자의 투쟁의 역사였다고 규정하고 있다.

그러나 이는 너무 한 방면으로 치우친 파악이라고 지적할 수 있으며, 고대 상업에 대해서는 국가의 유통체계와 재정운용에서 차지하는 기능과 역할이라는 시각에서 인식할 필요가 있다고 보았다. 시전상업(관상)이 재정적 차원의 존재인 것과 달리, 민간상업은 순수하게 사적 이익을 추구하였다. 두 부문은 상업이윤추구라는 점에서는 경쟁관계에 있지만, 국가의 물자유통이라는 면에서는 서로 보완관계에 있었다는 것이다.[21]

---

20) 홍희유 저, 앞의 책, pp. 38~39.

고대국가(고구려)에서는 상업을 천업(賤業)으로 보았다는 지적[22]이나, 우리나라는 전통적인 농업국이어서 역대에 걸쳐 상공업 천시 관념이 오랫동안 상공기술의 저하를 초래했다는 지적[23]도 있다. 그러나 고대국가에서 농업 등 국가가 장려하던 일부 생산부문을 침해하지 않는 한 상업을 천시할 이유가 없었으며, 중농(重農)의 경향은 있지만 이를 억상(抑商)으로 해석할 필요는 없는 것이다. 고대국가는 신라 말까지 상업부문을 용인하는 정책기조를 유지하였으며, 상업활동의 사회경제적 기능을 인정하였고, 다만 국가의 지배질서 속에서 이를 제어하려고 했던 것이, 이 시기 상업정책의 특징이라고 볼 수 있다.[24]

제3절 관청수공업과 민간수공업

1. 관청수공업 : 관영수공업과 궁중수공업의 형성

수공업은 전통사회에서 자연을 인식하고 개조하는 기술을 소유한 사람들이 자연을 개조하는 낮은 단계의 공업 형태라고 규정하기도 한다.[25] 이에 따르자

---

21) 김창석 지음, 앞의 책, p. 17 및 p. 241.

22) 白南雲 著, 앞의 책, pp. 224~225. 당시 상업은 사회적으로 천업으로 보아 일부의 상민, 귀화인, 개방된 노예, 대가(大家)의 노예의 일부 등이 상인으로서 잉여생산물과 원격지에서 보내온 토공(土貢, 그 지역에서 바치는 토산물)을 매각하여 상업이윤을 올렸다는 것이다.

23) 劉敎聖, 앞의 글, 앞의 책, pp. 969-970.

24) 김창석 지음, 위의 책, p. 241.

25) 홍희유 지음, 《조선중세수공업사연구》, 1989, p. 3. 여기서는 '자연을 인식하고 개조하는 기술을 소유한 사람'이 수공업자이다. 《삼국사기》와 《삼국유사》 등에서는 전문 수공업자가 공인(工人), 장인(匠人), 장척(匠尺), 백공(百工)으로 기록되고 있다. 본래 중국에서 전통

면 수공업은 인류가 자연을 인식하고 개조하여 생활하면서부터 비롯되었으며, 고대문명의 발생과 함께 독립된 생산 형태로서, 농업에서 분리된 것으로 볼 수 있다. 이러한 수공업은 고대국가시기에 들어와서 앞선 시기의 수공업 전통과 특성을 바탕으로 하여 본격적으로 형성 발전하였다.

고대국가의 수공업은 집권적 국가체제의 형성이라는 구체적 조건과 관련하여 여러 가지 형태로 전개되었다. 금속기, 특히 철기 생산은 이미 고조선과 부여 그리고 삼한시대부터 이루어졌으며, 고대국가의 수공업은 이를 기초로 성장하였다. 무기의 제조, 관청과 사원의 건축, 이에 부수된 각종 조형예술품에 이르는 모든 것이 수공업자의 생산물이었다. 삼국시대의 공통적이며 기본적인 생산부문인 농업에 필요한 생산수단의 제작과 그 가공도 수공업부문의 분화적 생산으로 가능했다. 즉 고대국가로 성장하는 단계에서 농업으로부터 분화된 전문 수공업의 존재 가능성이 있는 것이다.

삼국 및 통일신라시대에 국가의 공업적 수요는 여러 가지 방법으로 충족되었다.

첫째, 농민으로부터 징수되는 수공업제품이 큰 비중을 차지하였다. 견(絹), 마포(麻布), 마사(麻絲) 등 특정한 품목이 그것인데, 이것들은 국가에서 수요되는 일부 공업품목에 그쳤다. 그리고 농민 부담의 공업제품은 저급한 민수용품이며, 주로 군대나 일반 관료에 대한 현물지급에 충당되었다.

둘째, 국가에서 전문적인 수공업장을 창설하여 충당하였다. 고대국가의 왕실 및 귀족의 생활은 매우 사치스럽고 호화스러웠다. 이러한 공업적 수요는 농업의 부업적 가내수공업에 의존할 수 없었다. 또한 삼국시대에는 전쟁이 잦아서 무기 공장이 팽창했고, 불교 수입 이후에는 불교문화에 수반하는 건축업·석공 및

적 의미의 장인이란 일종의 목공(木工)으로서 궁실, 성곽, 개천을 만드는 기술자였고, 공(工)은 대대로 기술을 세습해 가는 기술자에 대한 일반적 명칭이며 이들 여러 종류의 기술자를 백공이라고 하였다는 것이다. 이런 의미가 신라 등 고대국가에 그대로 적용된 것은 아니며, 일반적으로 전문적 수공업자를 장인이나 공장이라고 하였다. 이들 수공업자 또는 장인의 본질은 그들이 특수한 기능을 보유한 데 있고, 기능의 주체는 생산도구를 확보했을 때만 의의를 갖는 것이다(朴南守 著,《新羅手工業史》, 신서원, 1996, p. 25).

목공업·금속공업이 발달하였는데, 여기에 대한 공업적 수요도 국가가 전문적인 장인으로 하여금 물품을 제작하게 하였다.

셋째, 불교 수입 이후에는 사찰이 건립되었고, 사찰에서 수요되는 공산품을 제작하고자 사원이 경영하는 작업장이 발달하였다. 또한 귀족 가운데는 자가 수요에 필요한 물품을 위하여 소수의 장인을 데리고 그들의 수요를 충당하기도 했다.

넷째, 농민의 공업적 수요가 자급자족의 형태로 충족되었다. 농민의 의류 생산은 가내부업으로 충당되었으며, 주로 마포, 저포(苧布) 등이 그것이다.

다섯째, 농민이 자가에서 생산할 수 없는 특수물품은 촌락에 부설된 전속공장에서 공급되었다. 철제 농기구, 식기, 도기 등이 그것이다.

고대국가로 성장하는 단계에서 국가의 다양한 공업적 수요를 충족하는 방법을 국가적으로 편성한 것이 '수공업 형태'로 나타났다. 고구려와 백제도 집권적 국가체제를 형성하였기 때문에 국가를 유지하고 왕실이나 귀족의 사치적 수요충족을 위한 수공업적 형성이 있었을 것이지만, 이에 대한 충분한 역사기록이 없다.

백제의 경우, 국가가 수공업을 관리하기 위하여 설치하였으리라고 추측되는 몇 개의 관청이름이 있다. 《삼국사기》 직관지(職官志)에 따르면, 백제의 관제는 외관(중앙의 행정을 담당하는 관청)과 내관(궁정 내부의 일을 담당하는 관청)으로 구성되어 있다. 이 가운데 내관은 12개 관청으로 구성되어 있는데, 그 이름으로 미루어 보아 마부(馬部)는 마구(馬具)들과 수레를 만드는 수공업 관청, 도부(刀部)는 궁중에서 왕과 귀족들에게 필요한 칼과 의장용으로 쓰이는 각종 금속제품 생산 관청, 그리고 목부(木部)는 각종 목공품의 생산을 담당하는 전문적 수공업 관청으로 보인다. 12개 관청으로 구성된 외관 가운데 사군부(司軍部)에서는 국가에서 소요하는 각종 무기를 생산하는 수공업장을, 사공부(司空部)는 토목건축공사를 담당하는 수공업장, 그리고 주부(綢部)는 견직물 및 면직물을 직조하는 작업장을 관리하는 수공업 관청이 있있을 깃이라고 추측하였다.

이로 미루어, 백제에는 국왕을 비롯한 궁정 귀족 등 궁전에서 필요한 물품이나 국왕의 사여물, 대외 교역품을 생산하는 궁정수공업(궁중수공업)과, 국가의 직접적 수요, 곧 관청에 소요되는 물품을 생산하는 관청수공업(관영수공업)이 있었으리라고 보는 것이다. 고대국가의 관서 명칭에서 국가의 수공업장 경영을 추론하는 연구로는 일찍이 백남운의 선구적 업적이 있는데,《삼국사기》직관지에 보이는 수공업 관서 명칭을 통해 신라 수공업의 구조를 밝히려는 것이었다. 신라의 내성(內省) 산하 110여 개 관서 가운데 물품생산과 관련된 것은 30여 개인데, 이 가운데 조하방(朝霞房), 금전(錦典) 등 26개 관서를 들고, 여기서 경영했던 각종 수공업을 궁정수공업(宮廷手工業)으로 분류하였다.26)

이들 관서 이름에서 보이는 전(典) 또는 방(房)은 수공업제품을 조달·보관·관리하는 관서이지만, 그 관장 아래 수공업장을 두고 제품생산까지를 담당하는 부서도 있었다는 것이다. 즉 국가의 상부 각 관서, 예컨대 내성 본피궁(本彼宮), 병부(兵府), 승부(乘府), 선부(船府) 등에서 필요한 물품을 각 전·방에 조달해 줄 것을 요구하면, 전·방에서 보관하던 물품을 납부하거나 또는 관장하에 있는 수공업장에서 생산하여 조달하였으며, 따라서 각 전·방에는 수공업 제작소가 소속되어 있었다는 것이다.

그런데 26개 관서 가운데는 집사성(執事省 : 국무를 총괄하는 관서) 산하의 철유전(鐵鍮典 : 각종의 병기 및 금속기구 제작장을 관리하는 관서)과 선부(船府), 채전(彩典), 급장전(給帳典), 피타전(皮打典) 등 관청이나 군사용에 소요되는 물품을 조달 관리하는 관서도 포함하고 있어서 궁중수공업(宮中手工業)과 관영수공업의 구분이 되어 있지 않다. 때문에 이를 포괄하여 궁정수공업이라고 규정하였고, 이러한 견해는 그 후 많은 연구자가 대체로 수용하였다.27) 그러나 궁중수공업과 관영수공업(이를 포괄하여 관청수공업이라고 부르기도 한다)은 구분하여 고찰할 필요가 있는데, 그 이유는 그 형성과 통합의 역사성에서 찾을 수 있다.

---

26) 白南雲 著, 앞의 책, pp. 356~361.

27) ① 崔虎鎭 著, 앞의 책, p. 51, ② 劉敎聖, 앞의 글, 앞의 책, pp. 1006~1009, ③ 趙璣濬 著, 《韓國經濟史》(改正版), 일신사, 1965, pp. 92~94 및《韓國經濟史新講》, 일신사, 1994. 여기서는 왕실 및 국가의 공업적 수요를 충당하기 위하여 건립된 수공업을 관영수공업이라고 하고, 특히 궁정(宮庭)수공업과 관청수공업을 나누기도 한다. 그러나 이것은 국가에서 건립하고 그 생산을 관리하는 것이므로 그 경영주체 및 생산관계에서 구분할 필요가 없다고 주장하였다(pp. 75~76).

이와 함께 고대국가에는 다양한 수공업의 경영형태들이 광범위하게 존재하였으며, 그 형태의 많은 부분을 전업적 수공업자들이 차지하고 있었다고 보는 견해가 있다. 곧 수공업을 관청수공업과 민간수공업으로 분류하고, 전자를 다시 협의의 관청수공업과 궁정수공업 및 성수공업(成手工業)으로, 후자는 개별적 수공업자, 농민수공업자, 개별적 봉건세력들의 수공업으로 각각 구분한 것이다.[28] 또한 삼국시대(신라)의 수공업 경영형태를 궁중수공업과 관영수공업, 사원수공업, 민간수공업으로 나누고, 민간수공업을 다시 농민수공업과 일반 민간수공업, 귀족들의 사영수공업으로 분류하기도 한다.[29]

관청수공업 가운데 궁중수공업은 본래 백남운의 궁정수공업의 개념으로서, 국왕이나 왕실에서 필요로 하는 물품을 궁중 자체에서 생산하는 수공업 형태를 뜻한다. 관영수공업은 좁은 의미의 관청수공업인데, 국가가 장인을 확보하고 필요한 물품 생산을 위하여 운영 관리하는 수공업의 형태를 뜻한다.

다음에 관청수공업의 한 가지 형태로 제시된 성수공업에 관한 논의이다. 성수공업은 이노우에 히데오(井上秀雄)가 처음 설정한 개념[30]으로서, 미이케 겐이치(三池賢一)가 이를 수용하여[31] 구체화시킨 것을 신라 수공업을 검토하면서 본격적으로 활용한 것이다.[32] 《삼국사기》 지리지에는 보검성(寶劍成) 등 20개의 성(成), 8개의 촌(村), 49개의 향(鄕)의 지역 이름이 보이는데, 특히 성의 이름풀이에서 이들이 수공업과 관련된 일정한 지역단위라고 보는 것이다. 예컨대 보검성은 칼과 무기들을 만드는 부락이며, 탁금성(濯金成)과 진금성(進錦成)은 견직물

---

28) 홍희유 지음, 《조선중세수공업사연구》, pp. 6~7 및 pp. 19~21. 여기서는 우리나라 고대국가의 생산관계를 봉건적이라고 파악한 북한학계의 관점에서 제시한 견해와 수공업에 대한 관심과 생산의욕이 상대적으로 높았다는 점도 지적되고 있다. 그 뒤 북한에서 간행된 《조선수공업사》 1(손영종·조희승 저, 공업출판사, 1990, 백산자료원, 1996)은 이러한 분류에다 민간수공업 안에 사원수공업을 설정하였다(pp. 233~234).

29) 朴南守 著, 앞의 책, p. 26.

30) 井上秀雄, 〈新羅王畿の構成〉, 《新羅史の基礎研究》, 東出版, 1974, pp. 411~415.

31) 三池賢一, 〈新羅內廷宮制考〉, 《朝鮮學報》 62(下), 1972, pp. 39~40(朴南守 著, 앞의 책, p. 19).

32) 홍희유 지음, 《조선중세수공업사연구》, pp. 8~10.

을 생산하던 지역으로 볼 수 있다는 것이다. 이러한 견해는 그 뒤 더욱 연구되어 고려시대 소수공업(所手工業)의 기원으로 해석되기도 하였다.[33]

여기서 '성'은 주로 왕정귀족들과 관료귀족들에게 수요되는 수공업제품을 생산·공급하던 수공업자들의 특수한 부락이라고 보았다. 이들 지역에서 운영되던 성수공업은 민간수공업의 측면이 있으나, 그것들이 관청에 예속되어 주로 왕실 귀족들에게 수공업제품을 공급했다는 점에서 관청수공업으로 분류하였다.

이 성들은 신라가 소국(小國)과 그 밖의 지방세력들을 정복한 뒤 해당지역의 수공업 역량을 수도 주변에 이동시켜 귀족들의 사치적 수요를 충당하려고 형성한 특수한 공업집단이라고 보았다. 즉 신라가 각 지방소국을 주(州)나 군(郡), 촌(村)으로 재편하는 과정에서 각 소국의 일부 장인들을 집단적으로 거주하게 한 데서 그 기원을 찾고 있는 것이다. 이렇게 형성된 성은 국가의 직접적인 예속하에 왕정귀족과 관료귀족의 사치용품을 생산하여 공급하는 공납의무를 전적으로 부담하였으며, 이 시기의 수공업에서 적지 않은 비중을 차지하였다고 보았다.

한편 신라에서 관청수공업(궁중수공업과 관영수공업)의 전개과정은 다음과 같이 설명되고 있다. 상고기에 집단생산방식으로 운영되었던 수공업은 3~5세기 무렵의 사회적 발전을 바탕으로 하여 중고기(6세기~7세기 중엽)에 국가체제를 정비하면서 새로이 개편되었다. 곧 소국단계에서 각 수장층들이 소유했던 생산수단을 점차 종래 수장층의 소유는 귀족 개인의 소유로, 소국에서 운영하던 생산수단은 소국 규모의 군·촌이나 부, 국가·왕실의 소유로 바꾸어 갔다. 그 과정에서 관영수공업과 궁중수공업, 그리고 귀족들이 운영하는 수공업의 형태가 성

---

33) 金炫榮, 〈고려시기의 所에 관한 재검토〉, 《韓國史論》 15, 서울대, 1986, pp. 99~100. 고대의 각 지방에는 일반 촌락과 구분되는 부락들이 있었는데, 향(鄕), 성(成), 부곡(部曲)이 그것이다. 여기서 향은 상당히 큰 지역의 지방을 가리키는 것이고 성은 장원(莊園)을 가리키는 것이었다. 그러던 것이 신라에 와서는 향은 장원이나 목마장(牧馬場)이 되고 성은 특수상품을 만드는 수공업소를 가리키는 것으로 변한 것이라는 지적도 있다(金哲埈, 〈新羅의 村落과 農民生活〉, 《한국사》 3, 고대민족의 통일, 국사편찬위원회, 1978, pp. 121~123). 그러나 수공업과 관련된 듯한 지명은 단지 지명에 불과할 뿐, 수공업집단으로 볼 수 있는 적극적인 근거를 찾기 어렵다는 주장도 있다(朴南守 著, 앞의 책, pp. 19~20).

물품유형별 관청분류	관청명	개혁 이후 관청명	직 능
철물류 관련	철유전(鐵鍮典)	축야방(築冶房)	각종 철기와 유기의 생산
세공품 관련	남하소궁(南下所宮)	잡공사(雜工司)	각종 특수한 수공업품 제조
직물류 관련	금전(錦典)	직금방(織錦房)	고급비단 생산
	기전(綺典)	별금방(別錦房)	고급비단 생산
	모전(毛典)	취취방(聚毳房)	모직물 제작
	마전(麻典)	직방국(織紡局)	각종 의복 제조와 천짜기
	조하방(朝霞房)		조하유(朝霞紬 : 고급비단) 생산
	소전(疏典)		누에고치에서 실을 뽑는 일
	표전(漂典)		표백 담당
	침방(針房)		의복과 자수품 제조
염색 관련	염궁(染宮)		염색작업과 염료 제조
	홍전(紅典)		붉은 염색물 취급
	소방전(蘇芳典)		소목(蘇木)을 길러 붉은 물감을 채취하는 일
	찬염전(撰染典)		옷을 염색하는 일
	염곡전(染谷典)		–
	폭전(曝典)		각종 제품을 햇볕에 말리는 일
가죽제품 관련	피전(皮典)	포인방(鞄人房)	가죽제품 생산
	피타전(皮打典)	운공방(鞞工房)	각종 가죽, 북 제조
	타전(打典)		가죽제품의 무두질 관계
	추전(鞦典)		마구에 쓰이는 가죽제품 생산
	답전(䩞典)		가죽신 제조
	화전(靴典)		가죽장화 제조
기타제품 관련	마전(磨典)	재인방(梓人房)	각종 목공품 제조
	칠전(漆典)	식기방(飾器房)	각종 그릇의 옻칠 담당
	석전(席典)	봉좌국(奉座局)	돗자리를 비롯한 자리 제조
	궤개전(机概典)	궤반국(机盤局)	밥상, 책상, 탁상 등 제조
	양전(楊典)	사비국(司篚局)	각종 광주리 제조
	와기전(瓦器典)	도등국(陶登局)	각종 도기와 벽돌, 기와 등 제조
	마리전(麻履典)		각종 미투리(심신) 제작
	왜전(倭典)		일본과의 무역에 필요한 수공업품 제조

자료 : 朴南守 著, 《新羅手工業史》, p. 115 및 국사편찬위원회, 《한국사》 7, p. 228.

〈표1-1〉 궁중수공업의 관청과 직능

립하였다.

궁중수공업은 처음에 왕실의 소유권을 확보하는 데서 비롯되었다. 곧 5~8세기 무렵 사회경제적 변화로 말미암아 사적 소유가 확대되고 귀족들 내부에서도 혈연적 분화 현상이 나타났다. 이 과정에서 진평왕(579~632)은 국왕 직속기관을 설치하여 내성 관하 관제를 정비하고 궁중수공업의 체계를 갖추었다. 그 뒤 왕실은 계속하여 많은 생산관사를 국왕 직속으로 만들면서 궁중수공업의 생산체계를 정비하였다.

내성 관하에는 106개의 관청들이 있었는데 그 가운데 수공업과 관련된 관청은 약 30개이다.《삼국사기》 직관지에 전하는 수공업 관청과 그 업무를 정리한 것이 〈표1-1〉의 내용이다. 이러한 궁중수공업은 신라 수공업 발전에 상당히 기여하였지만, 그것은 국왕을 비롯한 왕실과 일부 귀족들의 사치적 욕구를 충족시키고자 폐쇄적으로 운영되었기 때문에, 사회 전반의 수공업 발전수준과는 괴리를 보였다.

관영수공업은 대체로 두 가지 방향에서 성립·정비되었다. 먼저 중고기에 수취제도를 정비하면서 장인들의 생산품을 조(調)의 방식으로 납공케 하는 한편, 재지장인들을 중앙의 통제하에 관리하는 체계를 갖추었는데, 신문왕(681~691) 때 다른 중앙관사를 정비하면서 그것이 완성되었다. 다음에는 군사 및 지방제도를 정비하면서 병기 제조의 업무를 비롯하여 축성 등에 장인을 징발하는 체계를 갖추었는데, 이러한 체계는 진평왕 대에서 신문왕 대에 완비되었다. 결국 관영수공업은 국가조직이 미숙한 단계에서는 독자적 영역으로 존재하기 어려웠으며, 6세기 이후 신라가 중앙과 지방행정조직을 정비하고 각 행정조직에 필요한 제품의 수요가 증가하면서 이에 따라 관영수공업이 궁중수공업체계와 다른 체계로 분리 형성되었다.

궁중수공업은 주로 국왕이나 왕실의 수요를 충당하기 위한 생산체계로서 매우 잘 정비되어 있었으나, 관영수공업은 국가의 재정과 관사에 필요한 물품을 생산하는 체계로서 분산된 형태를 나타냈다. 이러한 관청수공업의 두 부문은 경덕왕(742~765) 이후 궁중수공업이 관영수공업에 통합되기에 이른다.

8세기에 이르러 서역과 중국의 사치품이 신라에 유입되면서 궁중수공업제품의 수요가 감소하였다. 그 결과 궁중수공업의 폐쇄적 운영으로는 더 이상 왕실 귀족의 사치적 수요를 충족할 수 없게 되었다. 또한 궁중수공업 기술이 점차 사회 저변에 확대 보급되자, 궁중에 필요한 최소한의 물품을 제외하고는 각종 물품을 공부(貢賦) 등의 형태로 수취하였다.

한편 관영수공업에서도 분산적으로 운영되던 체계가 집중된 운영체계로 전환되었다. 곧 무기 제작과 토목영선(土木營繕), 관용물품 제작 등의 체계로 전환된 것이다. 이러한 통합은 최소한의 물품만을 관영수공업에서 일괄 제조하고 그 밖의 물품은 민간 또는 전업적 수공업자에 위임한 결과였다. 결국 두 부문의 성격 변화로 말미암아 궁중수공업과 관영수공업의 이중적 신라 관청수공업체계는 관영수공업체계로 통합되기에 이른다(태봉, 고려의 관제 참조). 이것은 왕실의 사적 경영의 성격이 강한 궁중수공업이 조세제도와 국가의 통치체제에 바탕을 둔 관영수공업에 흡수되었음을 뜻한다.[34]

일찍이 '궁정수공업'은 노예노동 편제의 일부로 규정[35]된 바가 있거니와, 여기에는 전속적 장인이 종사하였지만, 이들은 자유로운 수공업자가 아니고 국가에 예속되어 있었다. 그들은 국가로부터 급부를 받으며 국가에서 요구하는 노동에 무조건 종사하였다. 그들은 예속장인(leibeigene Arbeiter)이었고, 노예적 노동급부를 부담하는 천인(賤人)이었다. 이들 가운데는 신분적으로 양인(良人)에 속하는 장인도 있었으나, 그들이 관영수공업에 편입된 한에서는 다른 천인과 마찬가지로 노예적인 노동담당자였고 임금노동자는 아니었다. 따라서 삼국시대와 통일신라시대에 관영수공업에 종사한 예속장인을 법제적인 측면에서 양인과 천인으로 구분하는 것은 경제사적 관점에서 의미가 없는 것이다.[36]

---

34) 朴南守 著, 앞의 책, pp. 321~332.

35) 白南雲 著, 앞의 책, p. 355.

36) 趙璣濬 著, 《韓國經濟史》(改正版), pp. 94~95. 그러나 조기준은 부곡촌(部曲村)을 노예집단인 특정한 부락으로 보면서, 부곡촌의 노동편성을 근거(白南雲 著, 위의 책, pp. 350~355)로 삼국을 노예제사회로 보는 견해에 반대한다. 그는 부곡이 천민계급으로 구성된 집단부락이지

한편 고대국가에서 관청수공업으로 특히 발달한 부문은 마저포(麻苧布)·견직물 등의 섬유공업, 무기·농기구 및 각종 건축자재 생산의 제철공업, 금속세공업, 도기 및 기와제조업 등이었으며, 조선공업도 발달하였다.

2. 민간수공업의 진전

(1) 고대국가 경제생활의 기초 : 민간수공업

관청에서 필요한 물품을 생산하는 관영수공업과 왕실과 귀족들이 수요하는 물품을 궁정에서 생산하는 궁중수공업 등 관청수공업은 폐쇄적으로 운영되었기 때문에, 사회 전반의 수공업 발전에 파급효과를 주지 못했으며, 그 발전수준도 민간수공업과 괴리를 보였다. 그러나 관청과 왕실 및 귀족들이 수요하는 물품 이외에 대다수 백성의 대중적 공업제품 수요에 부응한 것은 다름 아닌 민간수공업이었다.

자급자족적인 자연경제가 지배적이고 분업의 수준이 낮은 조건에서 백성들은 의류 등 생활필수품을 스스로 생산하여 조달하였다. 수공업은 농업과 밀접하게 결합되면서 진전되었으며, 필요한 물품을 자급자족하는 가내수공업의 경영형태를 갖고 있었다. 또한 금속도구와 토기 등 원료조건과 노동조건 등 기술적 특성으로 말미암아 농업과 분리되어 전업적으로 생산을 진행하는 수공업의 경영형태도 있었다.

이들 민간수공업의 생산제품은 주민생활의 기본수요를 충족하였을 뿐만 아니라 조세의 대상물이기도 했다. 국가는 농민수공업 등에서 생산하는 제품의 일부를 공물(貢物)로 수납하였으며, 이는 국가재정수입의 큰 몫을 차지하였다. 이것

만 노예적 노동편성은 아니었으며, 부곡민은 집단적 경작노예가 아닌 공조(貢租)를 부담하는 자영소농민이었다고 보았다(조기준 저, 《한국경제사신강》, pp. 60~62).

은 공적 수요와 관료 및 군인에게 현물녹봉으로 지급되었으며, 대외 무역품으로 사용되기도 하였다. 완제품으로 수납되는 수공업제품 이외에 중간생산물인 원자재, 즉 마사나 견사(絹絲)를 수납하기도 하였다. 이것들은 관청수공업의 원료로 이용되기도 하는 등, 민간수공업은 국가의 경제적 기반으로 중요한 역할을 하게 되었다. 그리고 민간수공업은 전적으로 개인적 소비나 조세대상물의 생산을 위한 것일 뿐만 아니라, 제한적 범위에서지만 그 기술적 발전과 사회적 분업이 발전하면서 시장에서 교환을 위한 생산으로 진전되기도 하였다.

관청수공업의 폐쇄적인 운영에 견주어 민간수공업은 낮은 발전수준에서지만 진취적이며 교환을 목적으로 하는 상품생산으로 진전되고 있었으며, 나아가 장차 공장제 수공업으로 발전할 수 있는 싹을 지니기도 하였다.

고대사회에서 주민의 경제생활과 국가경제의 기본이 되면서 경제의 발달에 따라 진보의 기틀이 되었던 민간수공업의 경영형태는 여러 가지로 전개되었다. 곧 개별적 수공업자, 농민수공업자, 개별적 봉건세력들의 수공업으로 분류된다.[37] 또는 사영(私營)수공업과 농민수공업으로 나누기도 하고,[38] 다시 전업적 민간수공업과 농민의 가내수공업으로 분류하기도 한다.[39] 여기서는 민간수공업을 농민의 가내수공업과 전업적 수공업으로 구분하되, 흔히 전업적 수공업에 포함하여 설명하는 사원수공업을 별도로 분류하기로 한다.

(2) 농민의 가내수공업

농민수공업은 국가의 공물을 충당하거나 농민의 자가 수요를 위한 가내수공업적 형태의 수공업을 말한다. 기본적으로 농민들은 자가 수요를 충당하기 위하여 생산하였고, 이는 대체로 농민들의 가내부업으로 이루어졌다. 그러나 만들어

---

37) 홍희유 지음,《조선중세수공업사연구》, p. 6.
38) 조기준 저,《한국경제사》(개정판), pp. 95~98.
39) 조기준 저,《한국경제사신강》, pp. 86~90.

진 제품은 그 일부가 국가의 공물로서 수납되기도 하였다.

농민들은 그들이 거주하고 있는 촌락 범위 안에서 자급자족을 원칙으로 하여 그들이 필요로 하는 수공업제품을 가내부업으로 생산하였다. 관청수공업이 다양한 수공업의 분화와 그 생산기술의 발달을 이룬 것과는 대조적으로 농민들의 가내수공업은 크게 발달하지 못하였다. 그나마 부업적 가내공업으로 이루어진 농민수공업 가운데 비교적 발달한 부분은 직물공업이었다. 마포·저포는 농민의 의생활에 필수품이었으며, 국가의 조세품목이기도 하였다.

《삼국사기》에는 신라에서 유리왕 9년(32)부터 매년 귀족들의 부녀자들을 두 패로 나누어 길쌈놀이 경시를 하였다는 기록이 있다.[40] 이것은 일찍이 국가가 직포 생산을 중요시하였음을 말하는 것이며, 바로 농민의 가내수공업제품으로 직물 생산이 이루어졌음을 뜻한다.

여성이 중심이 된 직물수공업의 생산활동은 신라뿐만 아니라 고구려와 백제에서도 진행되었다. 남경여직(男耕女織)이란 말은 수공업이 농업과 밀접히 관련된 농민의 가내수공업임을 뜻하는 것이며 직물수공업은 그 대표적인 것이었다. 삼국시대에 직물생산이 장려된 것은 그것이 필수적 자가 수요의 품목일 뿐만 아니라 국가의 중요한 조세대상물이었기 때문이었다. 직물수공업제품이 조세대상이었다는 것은 그것이 민간수공업으로 발전하였다는 것을 말한다. 이처럼 직물수공업은 삼국시대 민간수공업의 가장 중요한 부문이었다.

(3) 전업적 수공업의 출현

고대국가에서 전업적 수공업은 사원수공업과 함께 사영(私營)수공업에 포함된다. 사영수공업은 개인이 수공업장을 차리고 경영하며 그 생산품을 대가를 받고 판매하는 수공업이다. 고대에 사영수공업은 대체로 중앙귀족이나 지방호족들이 설립 운영하는 경우가 많았으나, 민간(개인과 사원 등)이 소규모의 작업장을 차리

---

40) 《三國史記》, 新羅本記, 儒理王 9年條.

고 생산 판매하는 형태도 없지 않았다. 이 가운데 전업적 수공업은 전문 기술을 가진 공장(工匠)이 수공업을 직업으로 삼아 가족노동으로 생산하는 방식이었다.

국가의 공업적 수요는 관청수공업이나 농민의 가내수공업제품의 조세수납으로 충당하였고, 농민의 경제생활은 자급자족 형태가 지배적이었다. 때문에 공산품에 대한 수요를 시장에서 충당할 여지는 한정적이었고, 전업적 수공업은 발달할 계기를 크게 갖지 못하였다. 그러나 농민들이 가내수공업으로 자급자족할 수 없는 특수한 공업제품은 촌락에 설치된 수공업장, 또는 제한적이지만 시장에서 구입해야 했기 때문에 이 영역에서 전업적 수공업이 등장할 수 있었다.

전업적 수공업장은 대체로 중앙귀족이나 지방호족들이 경영하였는데, 이들은 촌락공동체에 설치되어 있던 공유(公有) 수공업장을 자기 소유로 하거나, 농촌에서 배출되는 수공업 기술자를 모아 원료생산지에서 각종 수공업장을 건설하였다. 이런 현상은《삼국유사》등 신라 후기(통일신라시대)의 기록에서 확인되고 있다.[41]

또한 초기에 농촌에서 수공업기술을 가진 자들이 반농반공(半農半工)으로 수공업에 종사하면서 시장에서 그 제품을 판매하였는데, 이러한 반농반공의 수공업에 대한 기록은 삼국시대 초기에도 볼 수 있다. 농업생산력이 발달하고 사회적 분업이 진전되는 단계에 오면 농촌에서 배출되는 반농반공 기술자들의 수는 더욱 증가하여, 이들은 지방도읍 및 수도에 진출하여 수공업으로 생계를 유지하게 되었다.[42] 결국 농업으로부터 수공업이 점차 분리되는 단계에서 전업적 수공업이 형성되기 시작한 것이다.

전업적 수공업이 주로 발달한 분야로는 야철 및 철기공업, 토기 및 제와공업, 제지업, 피혁공업, 벼루 및 먹제조업 등이다. 이러한 수공업들은 원료생산지를 중심으로 한 지역에서 크게 발달하여 농민 및 일반 민간의 수요를 충당하였고, 국가의 공업수요도 담당하였다.

---

41)《三國遺事》, 卷 3, 塔像 第 4.

42)《三國遺事》, 卷 5, 感通 第 7, 廣德과 嚴莊;《三國遺事》, 卷 2, 脫解王條.

더욱이 야철 및 철기공업은《삼국지》변진전에 철이 생산되었고, 심지어 철이 유통수단으로까지 사용되었다는 기록이 있을 만큼 오랜 역사를 갖고 있다. 이런 조건에서 신라 유리왕(24~57) 때는 보습이 생산되었다는 기록[43]도 있어서, 기원 초에 철을 전업으로 하는 야철 및 철기공업이 존재하였음을 추측할 수 있다.

《삼국유사》에서 신라 문무왕(661~681) 때 광덕(廣德)이 경주 분황사에서 짚신[滿鞋]를 만들어 생계를 유지했다는 기록은 당시에 신발 제작를 위한 전업적 수공업이 존재했음을 말해 주고 있다. 더구나 당시에 신라 경주에 발달한 시전상업과 상업을 통제하는 관청이 세 군데나 설치됐었다는 사실은 도시수공업에서 귀족들의 사치품만이 아니고 신발과 같은 대중적 수요를 위한 제품까지 전업적 수공업 형태로 생산 판매되었음을 추측하게 한다. 곧 6~7세기에 전업적 수공업이 생산자 자신의 직접적 수요와 국가의 공업적 수요뿐만 아니라, 교환과 판매를 위한 생산으로도 부분적으로나마 진행되었음을 보여준다.[44]

(4) 사원(寺院)수공업의 형성

불교는 삼국이 중앙집권적 국가로서 체계가 정비될 무렵에 전래되었다. 고구려는 소수림왕(371~384) 때, 백제는 침류왕(384~385) 때 공인되었다. 그리고 신라에는 5세기 중엽에 전래되었으나, 법흥왕(514~540) 때 이차돈(異次頓)이 순교한 뒤부터 공인되었다. 불교가 전래된 뒤로 각처에 사원이 건립되었고, 이러한 사원들은 그곳에서 소요되는 공업품을 제작하고자 사원이 경영하는 작업장을 가졌던 것이다.

고려시대에 사원은 승장(僧匠)과 수원승도(隨院僧徒) 등을 확보하여 사원을 건축 보수하고, 사원에 필요한 물품을 생산하여 자체 수요에 충당할 뿐만 아니라, 민간에도 판매했다는 연구결과가 있다.[45] 이러한 사원의 수공업경영은 고려시

---

43)《三國遺事》, 伽倻, 弩禮王條.

44) 홍희유 지음,《조선중세수공업사연구》, pp. 15~16.

대에 한정된 것이 아니라, 신라시대에서 비롯된 것으로 보고 있다.

신라시대 사원수공업은 사원성전(寺院成典)과 승장의 활동에서 그 단서를 찾고 있다. 《삼국사기》 직관지에 보이는 사원성전은 일반적으로 사원의 영선과 경제적 관리를 담당하는 기관을 의미한다. 그런데 신라의 중대(태종무열왕~혜공왕)와 하대(선덕왕 이후)의 불사(佛事)[46] 조영(造營)체계에서 이 사원성전의 성격에 상당한 차이가 있다는 것이다. 직관지와 성덕대왕신종명(成德大王神鐘銘, 771)에 보이는 불사의 관리체계, 즉 봉덕사성전(奉德寺成典)의 체계와 '황룡사9층목탑찰주본기'(皇龍寺九層木塔剎柱本記, 872)의 그것에는 차이가 있다. 전자는 사원성전이 일반 관서(속관)만으로 구성되어 있으나, 후자는 속관만으로 구성된 성전뿐만 아니라 도감전(道監典)[47]과 속감전(俗監典)이 함께 조영체계를 이루고 있다는 점이 그러하다.

곧 여기서는 속관들로만 구성된 것과 승려와 속관으로 구성된, 불사 조영체계의 두 가지 유형을 살펴볼 수 있다는 것이다. 8세기 초 이후 국가 또는 왕실이 추진하는 불사의 조영에 승려가 속관과 함께 참여하기 시작하였고, 9세기 후반에는 그것이 정비된 형태로 나타났다. 한편 속관만으로 구성된 조영체계는 8세기 후반 이후 어느 시기엔가 사라지게 되었다는 것이다.

국가와 왕실에서 일으킨 불사의 경영방식은 원성왕(785~796) 원년 정법전(政法典)[48]을 설치한 이후 변화되었다. 곧 그 이전의 시기에는 국왕의 관리들이 관장하였지만, 그 이후 시기에는 국왕의 관리와 승관들이 관장하였던 것이다. 이것은 불교계에 대한 국가의 직접적 통제가 승려들의 자율적 관리로 전환되었음을 말해준다. 이처럼 중대 말에서 하대 초엽에 불사의 조영체계가 바뀐 것은 국

---

45) 姜萬吉, 〈手工業〉, 《한국사》 5(고려), 국사편찬위원회, 1981, pp. 193~195 및 李載昌, 〈寺院 經濟의 發達〉, 《한국사》 6(고려), 국사편찬위원회, 1981, pp. 163~165.

46) 사찰과 탑비(塔碑), 불상 등의 영선에 관한 것이란 뜻으로 사용한다.

47) 속관만으로 구성된 조영체계를 성전, 그리고 승려 또는 승관들로 구성된 조영체계를 도감 전이라고 한다.

48) 정법전은 불사의 조영이나 국왕의 측근에서 사찰의 토지 및 불교계와 관련한 문제를 처리하는 관사(기관)를 말한다.

가의 불교정책과 불교계의 변화를 반영한 것이다.

사원성전의 변화에서 보는 바와 같이 중대 말~하대 초엽에 불사의 조영체계에서 사원의 자율성이 확대된 것은 신라 사원수공업 형성의 기초가 되었다. 그런데 사원에서 불사의 조영체계 및 경영형태의 변화는 실제로 이에 참여한 승장들의 활동 및 분화양상에 반영되었고, 또 그것이 사원수공업의 형성에도 영향을 주었다. 도감전체계 아래에서 불사는 대체로 승장들이 참여한 것이었다. 국가의 불교계에 대한 통제가 약화되면서 성전만의 체계가 사라지고 도감전만의 불사경영이 이루어졌는데, 이것은 사원이 자력으로 불사를 경영할 수 있는 체계를 확보했고, 또 승장을 확보했던 까닭이었다.

더욱이 9세기 초에 이르러 승장들의 기술이 제고되었고, 이 무렵에 승장들은 석장계열과 철강계열로 분화되었다. 이때 승장에게 박사의 칭호가 주어진 것도 승장들이 일반 기술을 새로이 습득하여 기술수준이 향상되고 각 사찰의 자율성도 높아진 결과였다.

승려들이 수공업기술을 습득할 수 있었던 주요한 원인은 불교 사회사업의 바탕을 이룬 불교 근본사상[자비(慈悲)·보시(普施)·복전(福田)·일여평등(一如平等)]과 중고기 이후 유입되어 신라 승려들에게 널리 유포되었던 공교명사상(工巧明思想) 때문이었다. 이는 9세기 중엽에 들어온 백장(百丈)의 청규(淸規) 등 불교사상과 관련이 있는 것으로 보인다. 또한 9세기에 이르러 승장의 활동이 적극화된 것은 그들의 기술수준 향상과 함께 사원세력의 자율성 확대에 따른 사원경제력의 성장이 영향을 준 결과였다.

‘사원성전’의 변화와 승장의 활동 및 그 분화는 신라 사원수공업 형성의 계기가 되었다. 그러나 신라의 사원수공업은 사찰의 영선이나 자체 수요를 위한 것이었고, 이는 통일신라시대에 형성된 사원수공업의 한계라고 하겠다.49)

---

49) 朴南守 著, 앞의 책, 제4장 참고.

(5) 수공업자의 사회적 지위

수공업자는 전통사회에서 '자연을 인식하고 개조하는 기술을 소유하는 사람'을 말한다. 그리고 장인(匠人) 또는 공장(工匠)은 삼국시대 또는 자본과 노동이 분화되기 이전 단계에서 수공업자와 같은 뜻으로 사용되었다. 수공업자 또는 장인의 본질은 그들이 특수한 수공업적 기능을 소유한 데 있으며, 또한 기능의 주체가 생산도구(생산수단)를 소유했을 때만 적극적 의미를 갖는다.

관청수공업에 종사하는 장인은 그 신분이 법제적 개념에서 양인(良人)이라도 경제사적 관점에서는 예속장인이자 노예적 노동급부를 부담하는 천인이었음은 앞에서 지적한 바 있다.

전업적 민간수공업에 종사하는 장인은 두 가지 유형으로 구분하여 그 사회적 지위를 설명할 수 있다. 먼저 귀족이나 지방의 호족들이 경영하는 전업적 수공업인 특권수공업의 경우이다. 특히 귀족들이 자기 수요에 필요한 수공업제품을 생산하고자 소수의 장인을 데리고 있는 사영수공업의 노동수납 형태 및 경영양식은 관청수공업과 마찬가지로 노예적 노동수납이 그 바탕이었다.

그러나 노동생산력이 발달하고 사회적 분업이 진전되면서 반농반공의 수공업기술자에서 전업적 수공업자로 변한, 전업적 민간수공업에 종사하는 장인의 경우는 신분적으로 양인(자유인)이면서 비노예적 노동급부를 담당하였다. 이들은 수공업제품의 수요자로부터 재료와 도구를 제공받고 일정한 보수를 조건으로 제작에 임하는 임노동자인 경우도 있었고, 수공업제품을 시장에 판매하면서 생계를 유지하기도 하였다. 또한 사원에서 수공업노동에 종사하는 승장도 노예적 신분이라고 볼 수 없었다.

고대국가에서 이러한 장인은 기술자로서 높은 평가와 대우를 받기도 하였다. 이 시기에 스스로 재료와 도구를 갖고 제품을 판매하는 전업적 수공업자(가격노동자)가 있었는가에 대해서는 충분한 근거가 있지 않다. 그러나 농민의 부업적 수공업제품이 시장에서 교환되고 있는 단계에서 전업적 수공업자(장인)는 다수 존재하였을 것이다. 그리고 전업적인 수공업 기술자가 다수 존재하였다는 것은 관청수공업에서 특수한 수공업제품을 다량으로 제작할 때 민간의 양인수공업자를 징용했다는 사실에서도 알 수 있다. 그러나 이 시기에는 생산과 분배를 국가가 통제하였으므로, 자유로운 수공업자의 존재를 지나치게 평가할 수는 없을 것이다.[50]

---

50) 趙璣濬 著, 《韓國經濟史》(改正版), pp. 94~99.

제2장
고려시대의 상공업과 그 변화

제1절 고려 사회의 중세적 성격

고려 사회의 역사적 성격에 관한 논의는 대체로 사적유물론, 토지소유론, 지배세력론의 세 갈래로 요약된다. 이 가운데 지배세력론은 지배세력의 존재 형태를 기준으로 시대를 구분하는 것인데, 1960년 후반 이후 우리 역사학계의 시대구분 논쟁 속에서 거의 정설로 받아들여지고 있다. 지배세력론의 관점에서 한국사의 중세사회는 고려왕조의 성립을 계기로 한다고 보고 있다. 곧 상부구조의 변동에 초점을 맞추어 한국역사의 흐름을 체계적으로 정리한 이 주장은, 고려왕조의 성립을 중세사회의 개시기로 보았고, 이는 우리 역사학계의 통설로서 받아들여지고 있다.

그러나 정치사 우위의 지배세력론이 한국사에서 중세의 사회구성체적 시각을 간과했다는 점도 지적되었다. 고려 사회의 사회구성체는 그 토대에 토지소유자(지주)와 직접생산자(전호)라는 생산관계를 기본 축으로 하여 운영되었다는 것이다. 곧 고려 사회가 봉건귀족과 관료들을 중심으로 한 토지소유자계급과, 피지배계급이면서 직접생산자인 농민을 기본적 생산관계로 하는 중세적 사회구성체였음이 전제되어야 한다는 것이다. 다시 말해 직접생산자인 농민의 존재를 적극적으로 인식할 필요가 있으며, 이것은 지배자 중심으로 고려 사회를 이해하는 제한된 시각을 벗어나는 방향이라는 지적이다.[1]

신라왕조가 붕괴되고 고려왕조가 성립한 10세기부터 서구자본주의 문화가 유입하기 시작한 19세기 말까지의 약 천 년을 흔히 우리 경제사에서는 중세로 규

---

1) 박종기, 〈고려사회의 역사적 성격〉, 《한국사》 5, 중세사회의 성립-1, 한길사, 1994, pp. 61~97 참조.

정한다. 중세는 그 전 시대인 고대(삼국·통일신라시대)와는 시대성격에 현격한 차이가 있었는데, 이에 따라 고려시대와 조선시대를 중세로 규정하고 동일한 시대구분 속에 편입시키게 된다. 곧 신라시대와 고려시대 사이에는 시대성격에 본질적 변화가 있었다는 것이다. 백성에 대한 지배체제에서나 토지의 소유관계에서 뚜렷한 성격적 차이가 있었고, 직접생산자인 농민의 지위도 변화되어 새로운 생산관계적 특성이 전개되었다는 것이다.

첫째, 지배관계에서 고대사회는 씨족단체를 기반으로 하는 집단적 지배였다. 그러나 고려 및 조선 사회에서는 씨족 내부에서 개인적 권력이 성장하였고, 씨족의 집단적 지배에서 벗어나 사적 지배관계를 확립하였다. 이런 지배관계는 신라 말기부터 생겨났으나 고려시대에 와서 확립, 제도화되었다. 고려 초 지방관제의 개편과 과거제도(科擧制度)의 창설 및 과전(科田)체제의 성립은 사적 지배관계의 법제적 표현이었다. 사적 지배체제는 집단지배관계를 배제하고 중앙집권적 왕권을 확립하여 관료제도를 창설하였으며, 이는 다른 한편으로 피지배층인 백성에 대한 씨족공동체의 공동지배체제를 벗어나 분산된 농민에 대한 왕권의 직접적 지배관계의 수립을 뜻한다.

둘째, 토지소유관계에서 고려시대에는 씨족공동체적 소유관계가 배제되면서 토지국유제가 확립되었고, 토지에 대한 국가의 직접관리관계가 발생하였다. 국가가 분여한 토지에서도 공동체의 개입이 배제되고, 토지로부터의 세수입도 분여받은 귀족이나 관료가 직접 수행하였다. 그 결과 토지국유제하에서 토지에 대한 사적 지배관계가 성장하였다. 또한 신라 말기에 귀족의 사적 점유로 발생한 전장(田莊)은 고려시대에 더욱 확대 강화되고, 그 속에서 토지에 대한 사적 소유관계가 뚜렷해졌다.

셋째, 직접생산자인 농민의 농노적(農奴的) 지위가 강화되었다. 농민과 토지는 공동체지배에서 벗어나 국가 및 귀족에 예속되었다. 또한 균진제(均田制)가 소멸되고 농민은 점유하고 있는 토지면적에 따라 조세를 부담하였다. 국가관리지의 농민은 조세를 직접 국가에 납부하고, 귀족과 관료가 관리하는 분여지의 농민은 귀족 관료에게 납부하였다. 이리하여 농민은 토지에 긴박되어 토지관리자의 지배를 받게 되었다. 고대사회에서 씨족공동체의 직접지배 아래에 있던 농민은 고려시대 이후에는 토지와 함께 토지소유자의 지배를 받게 되었다.[2]

제2절 고려시대 상업의 발달

1. 교환경제의 발달과 상품화폐관계의 진전

고려시대는 신라시대와 달리 사회구성체면에서 중세적 특징이 전개되었지만, 현물경제의 기본구조는 지속되었다. 그러나 상업활동은 앞 시대에 견주어 활기를 띠면서 전개되었다. 흔히 고려시대는 12세기 무신정권을 기준으로 전기와 후기로 구분하는데, 후기에도 상업구조는 전기와 크게 달라지지 않았지만, 사회경제질서의 변화 속에서 공물대납제(貢物代納制)와 국가가 직접 생산과 유통과정을 장악하는 전매제(專賣制)가 실시되는 등 교환경제는 더욱 발전되었다. 그리고 교환경제의 발달에 수반하여 상품화폐관계도 진전되었다. 고려시대 교환관계는 그 바탕이 되는 경제환경의 변화에 따라 촉진되었는데, 그 요인은 다음과 같이 설명할 수 있다.

첫째, 상업진흥정책을 들 수 있다. 고려시대에는 상인과 상업을 천시했다는 견해가 있다.[3] 그러나 고려를 창건한 왕건(王建)을 비롯한 통치자들은 신라 말 대외 무역으로 치부한 상인세력과 연관되어 있었으며, 중국과의 대외 무역이 상당히 발달한 시기에 집권하였고, 이러한 사정으로 초기부터 상업을 보호하고 장려

---

2) 趙璣濬 著,《韓國經濟史》(改正版), 日新社, 1990, pp. 117~119.

3) 白南雲 著,《朝鮮社會經濟史》二卷, 改造社, 1937, p. 436.

하는 정책을 취하였다. 왕건은 주즙지리(舟楫之利), 곧 해상무역의 이익을 강조하여 상업을 장려하였고, 전조후시(前朝後市)의 원칙 아래 시전(市廛)을 건설하여 도시상업의 기초를 마련하였다. 또한 관영상점을 개설하여 국가가 직접 상업활동에 종사하기도 하였다. 이러한 상업진흥정책은 조선시대에 농업생산을 중시하고 상업을 억제한 숭농억말(崇農抑末)정책을 추구한 것과는 대조적이었다.

상업조성기관으로 국내 요소에 공설주점(公設酒店), 원우제(院宇制 : 행상의 숙박소), 외국상인의 객관(客館)이 설치되었고, 해상(海商)을 해적으로부터 보호하는 조치를 취하였다.4) 특히 공설주점은 주류의 판매를 비롯하여 행상의 숙박, 상품거래소의 역할과 화폐보급의 기능도 담당하였다. 또한 금속화폐를 주조하고 도량형 제도를 정비하여 물화유통을 원활하게 하는 시책도 실시하였다.

둘째, 현물재정체계에 변화를 가져오는 부세대납제(賦稅代納制)가 고려시대 중기 이후 후기에 실시되었고, 그 결과 공물대납상인이라는 새로운 상인층이 출현하기도 하였다. 이 제도는 환가대납제[換價代納制 또는 절가대납제(折價代納制)]와 대납청부제(代納請負制)를 기본으로 한다. 전자는 농민에게 부과된 특정 공물을 평포로 납부하게 하는 제도로서, 국가가 필요로 하는 관수품을 시장에서 구입하는 것을 의미하기 때문에 농민의 교환관계와 시장경제를 촉진하였다. 후자는 농민이 공물을 납부하기 어려운 경우에 이를 상인이 선납하고, 대신 농민에게서 그 대가를 미곡으로 환수하는 제도로서 시장경제를 발전시키는 계기가 되었다. 이 제도는 농민부담을 가중시키는 결과를 가져왔지만, 그 바탕은 민간생산의 잉여축적과 수공업 및 유통경제의 발달을 전제로 한 것이었으며, 역으로 유통경제를 활성화시키는 계기가 되었다.

셋째, 수공업의 발달을 들 수 있다. 고려시대에 들어와서 관영수공업과 더불어 민간수공업도 활기를 띠었다. 정부는 주요한 수공업제품을 관영수공업에서 조달하였지만, 점차 민간수공업제품을 공납 및 구입하여 조달하였다. 귀족들도 수공업제품 수요를 민간수공업에 의존하기도 하여 민간수공업의 발달을 촉진했

---

4) 위의 책, pp. 756~761.

다. 민간수공업자들은 관영수공업에서 종사하다가 나와 고객생산 및 상품생산에 종사하기도 했고, 농촌 가내수공업자가 전업화(專業化)하여 도시 주변에 수공업장을 설치하기도 했다. 지방에서는 각 소(所)의 수공업생산이 전업화하였으며, 그 생산품 가운데 정부의 수요에 공납하고 남은 잔여품이 시장을 거쳐 민간수요에 충당되었고, 그 결과 교환경제를 촉진시켰다.

넷째, 농민의 생산특화와 재촌지주 및 사적 전장의 증대를 들 수 있다. 농민의 가내수공업 발달과 생산특화로 농촌에서 생산되는 직물, 죽세공품 등 각종 농민수공업제품이 시장에서 교환되었다. 지방의 지주 및 전장은 지방을 거점으로 하였기 때문에 이를 둘러싼 지방시장이 발달하였으며, 이러한 지방시장을 대상으로 하는 전업적인 행상의 활동을 자극하였다.

이러한 요인들이 작용하여 고려시대의 교환경제는 이전 시대에 견주어 상대적으로 발전할 수 있었고, 그 결과 상품화폐관계도 진전되었다. 상품생산과 상품유통의 발전 등 교환경제의 발달은 화폐유통에 대한 사회적 요구를 증대시켰다. 이를 반영하여 성종 15년(996)에 금속화폐가 제조되었다고 하지만, 그 형태나 통용 정도는 분명하지 않다. 그 뒤 숙종 2년(1087)에 주전관(鑄錢官)을 두고 유문전(有文錢)을 주조하여 그 통용에 노력하였으나, 주화통용시책은 큰 효과를 거두지 못하였다. 그 뒤로도 국가는 자주 주화를 발행하였고 그 통용을 장려하였으나 큰 성과를 보지 못하였다.

교환경제의 발전으로 상품화폐관계는 진전되었지만 그것은 현물경제와 현물재정을 바탕으로 하였다. 더욱이 국가의 현물재정이 존속하였기 때문에 주화의 통용은 한정된 상거래에서 실현되었을 뿐, 민간에서 화폐유통은 기대하기 어려웠다. 게다가 미(米)와 포(布)가 조세수납의 중심이었으며 화폐는 납부수단이 아니었다. 곧 화폐를 매개로 한 교환보다는 물물교환이 지배적이었으며, 물물교환에서 일반등가물로서 통용력을 가진 것은 미·포였고, 공물의 환납제가 제정되었을 때도 조세의 납부품목은 미·포라는 현물이었다. 상품생산과 상품교환이 진전되었지만 화폐를 매개로 한 교환경제의 진전에는 한계가 있었다.[5]

2. 시전상업과 관영상업의 전개

(1) 시전(市廛)상업의 전개

사회적 생산력의 발전은 잉여생산물을 창출하였고, 그것은 교환의 형태, 곧 유통경제 또는 상업의 형태로 이어지면서 생산력의 확대와 재생산이 실현된다. 사회적 생산력과 상업의 발전은 서로 유기적 관련성을 갖고 전개된다. 상업과 유통경제의 발달은 사회적 생산력 발전의 결과이며, 이와 달리 사회적 생산력은 상업의 발전이 뒷받침했다. 고려시대의 상업은 봉건경제의 파생적 분업인 동시에, 다른 한편에서는 그 사회적 생산력의 발전에 대한 자극제로서 역할한 것도 사실이라는 지적6)은 이를 말하고 있다.

고려시대의 상업은 흔히 국내 상업과 대외 무역으로 나눠지고, 다시 국내 상업은 도시상업(경시)과 지방상업(향시)으로 구분하여 설명되고 있다.7) 이러한 구분은 전근대사회에서 상업의 발전과 분화에 대한 시각이 부족하기 때문에 생긴 것이었다. 따라서 여기서는 고려시대 상업을 시전 및 관영상업과 민간상업으로 나누어 논의하고자 한다. 장기적 관점에서 발전과 분화의 주도적 역할을 담당할 민간상업의 특징을 고찰하려는 것이다.

고려시대에는 수도인 개경을 비롯하여 서경(평양), 동경(경주), 남경(한성) 등 큰 도시가 발달하였는데, 이들 도시는 관아도시(官衙都市)로서 행정중심지였지만

---

5) 조기준 저, 《한국경제사신강》, 일신사, 1994, pp. 145~146. 그러나 고려시대에는 그에 선행한 어느 시기보다도 금속화폐의 유통이 가장 광범하고 활발하게 진행되어 상업이 보다 높은 단계로 발전하였다는 견해도 있다(홍희유 저, 《조선상업사》(고대·중세), 백산자료원, 1989, p. 104).

6) 白南雲 著, 앞의 책, p. 436.

7) ① 趙璣濬 著, 《韓國經濟史》, pp. 162~166, ② 姜萬吉, 〈商業과 對外貿易〉, 《한국사》 5, 고려 귀족국가의 사회구조, 국사편찬위원회, 1977, pp. 196~204, ③ 金東哲, 〈상업과 화폐〉, 《한국사》 14, 고려 전기의 경제구조, 국사편찬위원회, 1993, pp. 442~447 등.

현물로 수납되는 조세를 비롯해 많은 물자가 집중되었고, 자연히 인구도 증가하
였다. 여기서는 활발한 교역이 이루어졌으며, 이 때문에 상업기관이 발달하였는
데 그 대표적인 것이 시전이었다. 시전은 정부가 건조하여 시전상인에게 대여하
였고, 이에 대해 상인들은 일정한 공랑세(公廊稅)를 부담하였다. 시전은 도시민,
특히 봉건귀족 등 지배층의 생활품을 판매하기도 하였지만, 한편 관수품을 조달
하고 조세와 공납품 등의 잉여품을 처분하는 기능을 하기도 했으므로, 관아도시
에서 시전의 기능은 불가결한 것이었다.[8]

이러한 현실적 요청에 따라 태조는 즉위한 다음 해인 919년에 개경을 수도로
정하고, 건설할 때 시전 상업시설을 건립해 상인을 유치하였다. 시전은 이들 어
용상인의 영업구역으로, 특정한 장소가 할당된 이른바 방시(坊市)였다.[9] 개경에
수도를 건설하면서 수도를 5부(중·동·서·남·북부)로 나누고 그 밑에 방(坊)과
리(里)의 행정구역을 두어 방리제(坊里制)를 실시하였는데, 시전상업은 이들 행정
구역 가운데 영업구역에 설치된 관설시장이자 어용시장으로, 대표적인 시장조
직이었다. 상설시장이라는 점에서 주로 주현(州縣)에서 열리는 비상설적인 장시
(場市)와 구분되었다.[10]

고려시대 시전이 설치된 것은 태조 2년 개경을 수도로 개발할 때부터였다는
기록이 있으나,[11] 실제로 그 때 설치되었는지 여부는 분명치 않다. 그러나 건국
이후 오래지 않아 성립된 것은 어느 정도 확실하다는 것이다.[12] 당시의 시전의
구조와 규모는 기록이 전하지 않아 상세히 알 수가 없다. 다만 12세기 초엽인
예종 7년(1112)에 시전의 북랑(北廊) 건물 65칸이, 그리고 명종 7년(1177)에 시전

---

8) 姜萬吉, 위의 글, 위의 책, pp. 196~197.

9) 白南雲 著, 앞의 책, p. 731. 행정구역의 방리제(坊里制)에서 '리'는 일반인의 거주지역이며,
   '방'은 시민적 상인지역이므로 시전은 방시를 의미한다.

10) 비상설적인 시장거래는 지방상업인 향시에서만이 아니고 도시에서도 전개된 민간상업의
    형태였다(홍희유 저, 앞의 책, p. 76).

11) 《高麗史》 卷 1, 世家 1, 太祖 2年 正月條.

12) 金東哲, 앞의 글, 앞의 책, p. 448.

38칸이 불타버렸다는 기록13)이 있고, 12세기 초엽 서긍(徐兢)의 《고려도경》(高麗圖經)의 기록으로 보아 시전장랑은 그 규모가 큰 것이었음을 알 수 있다.

이에 따르면 11세기 초엽의 시전은 광화문(지금의 개성 남대문)에서 만월대 궁전 근처에 이르는 구간의 길 양편에 건설되었다. 길 양편에 늘어선 긴 행랑들 사이에는 문을 세웠고, 그 위에는 영통(永通), 광덕(廣德), 흥선(興善), 통상(通商), 존신(存信), 자양(資養), 효의(孝義), 행손(行遜) 등의 간판이 붙어 있었다는 것이다.14) 이로 보아 시전은 도로 양편의 길을 따라 길게 이어져 있는 상설점포인 장랑(長廊)의 형태로 되어 있었다는 것을 알 수 있다.

고려 후기에 와서 시전의 규모가 크게 늘어난 것은 13세기 초였다. 희종 4년(1208)에 광화문에서 네거리에 이르는 구간에 1,008영(楹)을 개축하였는데, 여기서 기둥을 뜻하는 영은 '칸'이란 뜻으로도 사용하므로 상당히 대규모 확장이었음을 알 수 있다. 충렬왕 33년(1307)에 시가 양쪽에 200칸을 다시 확충하였으며, 우왕 3년(1377)에도 새로 시전을 지었다.

이리하여 13세기 초 이후 1,000여 칸으로 개축한 뒤에도 시전의 중·개축은 계속되어 14세기 초에 이르러서는 1,200여 칸으로 확대되었다. 이것은 수도의 인구가 증가하고 상업수요가 성장함에 따라 이루어진 도시상업 발달을 반영하는 동시에 도시상업 발달을 촉진시키는 상승작용을 하였다. 즉 시전상업뿐만 아니라, 도시 안에서 민간상업의 발달(시장거래의 확대)을 보여주는 것이기도 하다.

시전은 귀족 등 도시민의 생활품을 판매하기도 했지만 국역(國役)을 담당하였기 때문에 시전에 대한 국가의 관여도는 매우 높았으며, 이를 감독하는 기구로 경시서(京市署)가 설치되었다. 경시서는 시전의 물가 및 미곡매매 감독, 그리고 가격의 공정성 등을 담당하였다.

고려시대에 시전은 이와 같은 국가와의 관계로 미루어 볼 때 구체적인 기록은 없지만, 선매특권(專賣特權) 같은 것을 누리고 있었던 것으로 보인다.15) 그러

---

13) 《高麗史》 卷 53, 志 7, 五行 1, 睿宗 7年 9月 乙丑條.

14) 《高麗圖經》, 卷 3, 城邑, 坊市條.

나 시전이 어용상업이며 국가의 비호 아래에서 성장한 특권상업이기는 하지만, 고려의 시전상인이 조선시대 시전상인이 부여받았던 금난전권(禁亂廛權)과 같은 특권을 누렸는지에 대해서는 의문이 제기되고 있다. 왜냐하면 금난전권은 서울 상업계에 시전상인 이외의 난전상인이 생겨난 뒤에 성립된 것이라고 보기 때문이다.16)

이어서 고려시대 시전의 조직 운영과 상품별 시전형성 등의 문제를 검토할 필요가 있다. 고려시대에도 조선시대와 같이 시전의 동업조합화가 이루어졌으며,17) 단일상품을 파는 시전이 생겨났다는 주장도 있다.18) 곧 고려시대 시전은 고유한 상품을 팔았으며, 단일한 상품을 파는 시전들이 존재하였다고 보는 것이다. 조선시대 태종 10년(1410)에 사헌부가 올린 상서내용을 근거로 하여 고려 말 개경에 시전들이 업종별로 구성되어 있다는 것을 주장하고 있는 것이다.19)

그러나 고려시대의 시전이 업종별로 구성되었다고 하더라도, 조선시대의 일물일전(一物一廛)의 시전과 유사한 분점대시(分店大市)의 형태는 14세기 말(1394)에 이르러서야 개경의 시전에 등장하였으며, 도시상업의 이러한 변화는 고려 후기 이후의 상업 발달의 산물인 것이다. 그리고 고려시대 개경의 시전은 상품에 따른 전호명(廛號名)은 아니었으며, 동업자조직도 형성되지 않았고, 금난전권도 성립되지 않았다고 보고 있다.20)

(2) 관영상공업의 설치 운영

고려시대에는 국가가 직접 상업을 개설하여 상업에 참여하였다. 특히 후기에

---

15) 姜萬吉, 앞의 글, 앞의 책, p. 198.

16) 姜萬吉, 〈조선전기의 경제사정－상업〉, 《서울 6백년사》 1권, 1977, p. 475.

17) 朴祥鎬, 〈高麗時期의 國內商業〉, 建國大碩士學位論文, 1988, p. 43.

18) 안병우, 〈고려시대 수공업과 상업〉, 《한국사》 6, 중세사회의 성립－2, 한길사, 1994, p. 131.

19) 홍희유 저, 앞의 책, pp. 76~77.

20) 金東哲, 〈고려말의 流通構造와 상인〉, 《釜大史學》 9, 1985, pp. 231~232.

는 보다 적극적으로 국가가 생산과 유통과정을 장악하는 전매제를 실시하였다. 국가는 개경에 서적점(書籍店), 복두점(幞頭店), 대약국(大藥局), 서경에는 염점(鹽店), 능라점(綾羅店), 약점(藥店) 등과 같은 점포를 개설하였는데, 이들 점포는 수공업장에서 생산한 물품을 판매하는 등 생산과 판매를 겸한 상공업체였다. 이들 관영상점은 주로 지배층의 사치적 수요를 대상으로 생산판매활동을 한 것으로 보고 있다.21) 이 밖에도 개경에는 다점(茶店), 주점(酒店), 식미점(食味店) 등 국가에서 설치한 관영상점이 있었는데, 이들 상점은 화폐유통을 촉진하기 위하여 개설되기도 하였다. 성종 때 개경에 주점을 설치하였으며, 목종 때 다점과 식미점을 설치하여 전화(錢貨)를 사용하게 하였다. 또한 숙종 때는 개경과 그 이외 주현의 거리 양쪽에도 주식점(酒食店)을 설치하였는데, 이것도 화폐유통을 촉진하려는 것이었으며, 또한 상세(商稅)수입을 도모하려는 목적도 있었다.

고려 후기의 소금전매제는 관영상업의 대표적인 사례이다. 충선왕 원년(1308)에 처음 실시한 소금전매제는 대몽전쟁 이후 원(元) 세력을 배경으로 등장한 신흥권력층의 세력약화를 위한 것이기도 하였으나, 직접적인 목적은 부족한 국가재원의 확보였다. 12세기 이후 염소제(鹽所制)가 붕괴되고 궁원이나 사원을 비롯힌 권세가들이 염분(鹽盆)을 탈점히어 국가의 염세수입이 크게 감소하였다. 어기에 권세가들의 토지겸병은 국가 재정수입을 감소시켰고, 30년에 걸친 대몽전쟁은 국가재정을 더욱 궁핍하게 만들었다. 이에 국가는 권력기관과 권세가, 사원이 사유한 염분을 국가에 귀속시켜 관리하게 함으로써 생산과정을 장악하고, 염호(鹽戶)가 생산한 소금을 관이 직접 판매하여 유통과정도 장악하였다.

소금전매제 아래 생산부문의 경영은 관영과 민영의 두 가지 형태가 있는데, 고려의 경우는 민간생산자에게 일정한 자립성을 부여하여 생산과정을 맡기고, 국가는 생산된 소금만을 관리하는 후자의 형태를 기본으로 하였다. 국가가 징발한 염호는 사기 소유의 염분에서 생산에 필요한 경비와 제염도구 등을 자신이 직접 분담하여 생산하였다. 국가는 생산과정에서 염호의 자립성과 주체성을 인

---

21) 홍희유 저, 앞의 책, pp. 68~69.

정하면서 생산된 소금의 유통부문만을 관리하였다. 이것은 당시 고려 정부가 생산시설을 매입·관리할 재정사정이 되지 못하였기 때문이었다.

그러나 소금전매제는 그 실시 뒤로 얼마 가지 않아서 많은 문제점을 노출하고 유명무실하게 되었다. 유통과정에서 염세를 징수하고도 소금을 지급하지 않거나, 염포(鹽鋪)에서 권세가와 모리배에게 소금을 팔아넘기는 등 소금관리관의 부정이 발생했고, 이에 따라 사염(私鹽)이 횡행하였다. 유통과정에서의 이러한 폐단과 함께 생산부문에서도 공급부족현상이 심하게 나타났다. 납공액의 과다에 따른 염호의 도산으로 말미암은 생산 감소, 왜구의 빈번한 침략에 따른 생산마비, 권세가의 염분탈점 등이 겹치게 되었다. 그 결과 소금전매제가 실시된 지 10년도 안 된 충숙왕 5년(1318)에는 염가포(鹽價布)를 납부하고도 소금을 지급받지 못하는 사례가 8~9할에 이르는 등, 일반인의 소금 구입이 사실상 불가능하였다. 이로 말미암아 소금의 전매제는 명목만 남게 되었고 결국 조선시대에 와서는 이를 폐지하였다.[22]

3. 민간상업의 발전

(1) 장(場)과 장시(場市)의 발전

고려시대 민간상업은 지방상업에서 특징적으로 전개되었지만 도시상업에서도 시전상업과 함께 적지 않은 비중을 차지하였다. 시전상업이 국역(國役)의 담당과 지배층을 주요한 대상으로 하는 상설시장이었음에 대하여 도시의 민간상업인 장(場)은 일반 도시주민을 위한 것이어서 시전과는 다른 형태로 운영되었다. 장에는 상설적인 점포가 없이 매일 일정한 시간과 장소에 상인과 주민들이

---

22) 權寧國, 〈염업〉, 《한국사》 19, 고려 후기의 정치와 경제, 국사편찬위원회, 1996, pp.379~380.

모여 임시로 상품을 거래하다가, 시간이 되면 흩어지는 비상설적 상품거래가 진행되었다. 장이 열리는 장소는 필요에 따라 옮기기도 하였으나 시간은 정오의 한때로 정해졌다.

장은 시장권의 범위로 보아 그 규모는 영세하였으나, 광범위한 도시주민을 대상으로 하는 상업이었기 때문에 도시상업에서 매우 중요하였다. 도시주민의 수요를 대상으로 하는 민간상업이어서 그들의 생활과 밀접한 관계가 있었기 때문이다. 시전과 함께 개경의 장은 날로 발전하여 그 규모가 도성 안에서 밖으로까지 확대되었다. 서민 출신 상인들은 도성을 벗어나 예성강구의 벽란도, 전포(錢浦) 등지의 항구를 끼고 상업활동을 벌였다. 그에 따라 벽란도와 개성 사이에는 새로운 상업지대가 형성되었다. 더욱이 벽란도는 개경의 문호인 항구이며, 전국 각지에서 조세와 공물이 반입되는 곳이어서 무역과 상업의 중심지가 되었다. 개경과 백란도 사이에 상업지역이 형성된 것은 관권이나 시전상인의 압력 없이 민간상인이 자유롭게 활동을 할 수 있었기 때문이었다.23)

또한 고려시대 민간상업은 농촌지방에서 장시를 중심으로 전형적으로 발달하였다. 도시의 시전상업이 상설점포로서의 상업으로 발달한 것과 달리, 농촌에서 지방상업으로 발달한 장시는 비상설적이었다. 주로 장시는 주현의 행정기구 소재지에서 열렸는데, 여기서는 항상적 교환을 필요로 하는 조건이 형성되지 않아 좀바르트가 말하는 시장적 교환조직의 영역을 벗어나지 못하였다. 평상시에는 점포도 없는 텅 빈 장소였으며, 시장이 서는 날에만 각자가 자기의 생산물을 갖고 와서 물물교환하는 교환조직을 면치 못하였다.

고려시대의 농촌지방에는 상설적인 상점이 없고, 하루 동안만 서는 장마당에 남녀노소와 관리 및 수공업제품 생산자 등이 모여 각자가 가진 것으로 다른 물품을 교환하며, 금속화폐는 없고 저포나 은명으로 값을 치른다고 한 《고려도경》의 기록24)은 이를 말해주고 있다. 이러한 장시는 일정한 영입구역에 실치된

---

23) 홍희유 저, 앞의 책, pp. 76~78.
24) 《高麗圖經》 卷 3, 城邑, 貿易.

전형적인 관설시장인 방시에 견주어 향시(鄕市)로 표현하였다. 이들 시장은 교환의 중심지로서 주위의 촌락과 방사상(放射狀)의 교환관계를 맺고 있었기 때문에, 그 개시의 시각은 각 촌락에서 시장까지 평균 왕복 하루거리에 맞추어 결정되었다. 즉 왕복 하루거리 안에 있는 사람들이 아침에 나와서 장을 보고 저녁까지는 귀가할 수 있도록 주로 하루 중 정오에 장이 열리는 것이 보통이었다.[25]

농촌사회에서 사회적 분업이 진전됨에 따라 농민들 사이에는 자신이 생산한 농산품이나 가내수공업제품의 일부를 필요한 생활용품과 교환하는 교역이 이루어졌다. 이러한 교역은 개인 사이에 한정되지 않았고, 교역이 증대하면서 특정한 장소에 모여 이루어지기도 하였으며, 그 규모는 단순한 물자교환의 단계를 넘어서 정기시장에 비견될 정도였다.[26] 이렇게 형성된 장시는 대체로 관아 근처에 서는 주현시(州縣市)로, 이곳은 농민만의 교역처는 아니었다. 농민, 수공업자 등 직접생산자 외에 관리 등 여러 계층과 남녀노소가 참여하였다. 그리고 여기서 통용되는 교환의 매개물은 쌀과 베 등 현물화폐였다. 장시의 정기성이나 전국적인 규모는 확실하지 않지만, 일중위허(日中爲墟)라는 표현에서 보듯 한 달에 일정기간마다 정기적으로 열리는 장시는 아니었다.[27]

그런데 농민의 잉여생산물은 장시와는 다른 별도의 유통망에 얽혀 교역, 흡수되고 있었다. 이러한 교역에선 사원, 궁원, 양반, 토호들이 주도하던 강매, 반동(反同), 호시(互市) 등으로 표현되는 부등가(不等價)교환을 거쳐 고급수공업제품과 진기한 물품은 물론, 쌀, 콩 등 일용품까지 강제 매매되었다. 농민의 잉여생산물이 지배세력에 의하여 사적·독점적으로 추진되는 억매(抑賣)·억매(抑買)였으므로, 농민, 수공업자 등 직접생산자 사이의 교역은 이들만의 독자적인 시장기구를 형성하는 데까지 발전할 수 없었다. 곧 고려시대의 장시는 농민 스스로 독자적 시장기구를 형성하는 완전한 농촌시장으로 성립하지는 못하였다.[28]

---

25) 白南雲 著, 앞의 책, pp. 734~735.

26) 남원우, 〈15세기 유통경제와 농민〉, 《역사와 현실》 5, 역사비평사, 1991, pp. 79~80.

27) 李景植, 〈16세기 場市의 成立과 그 基盤〉, 《韓國史研究》 57, 1987, p. 77.

(2) 행상의 상업활동과 사원의 상행위

고려시대에는 도시와 지방에서 여러 가지 형태의 민간상업이 발전하고 있었다. 민간상업에는 장시만이 아니고 자연 지리적 조건을 이용하여 상업활동을 하는 행상(行商)도 있었다. 행상은 육로를 따라 장사하는 도부상(到付商)인 육상(陸商)과 강이나 바다를 이용하는 선상(船商)의 두 유형으로 나눌 수 있는데,[29] 이들은 장시 사이를 순회하며 상권을 연결하는 비교적 전업적인 상인이었다.

고려시대 민간상업의 특징은 상업활동이 육지를 통한 육상(도부상)의 활동보다는 바닷길을 통한 선상의 활동이 활발하였다는 점이다. 이는 고려 초기에 지배층이 선박에 의한 통상과 교통운수의 유익성, 곧 주즙지리를 강조하여 이에 대한 적극적인 정책을 택한 것과도 관련이 있다.

선상은 어염(魚鹽), 미곡, 도자기 등을 판매하는 비교적 규모가 큰 전업적 상인이었으며, 전국적 상권을 연결하는데 중요한 역할을 하였다. 또한 그들은 직접 매매활동도 하였지만 그 구매·판매과정에는 보상(褓商), 부상(負商) 등 육상이 중간매체로 존재하였는데, 이들은 유통구조, 곧 지방과 중앙의 유통귀을 연결하는 데도 큰 역할을 하였다.[30] 남·서해안의 울주·김해·나주·진도·제주·은진 등과 동해안의 원흥(元興) 등은 선상활동의 중심지였으며, 대동강·예성강·한강·임진강·금강·낙동강 등을 이용한 상업활동도 활발하였다.[31] 내륙과 연해의 수로를 이용한 선상의 활동은 고려 후기에 민간상업이 더욱 활기

---

28) 李景植, 위의 글, 위의 책, pp. 81~82. 고려의 주현시는 농민, 수공업자 등 직접생산자 사이에 직접교역이 이루어지고 있다는 점, 그리고 교역 매개물이 미·포이고 이미 화폐로서 일반적 등가기준이 정착하여 있다는 점, 또한 거사(居肆)가 없고 하루 중에 개시되고 있다는 점 등에서 조선 전기의 장시와 성격이 같은 시장이었지만 농촌시장으로서의 장시 바로 그것은 아니었다는 것이다(p. 78).

29) 홍희유 저, 앞의 책, p. 79.

30) 金東哲, 앞의 글, 앞의 책, pp. 220~221.

31) 홍희유 저, 앞의 책, pp. 84~87.

를 띠면서 지방장시를 발전시키는 중요한 요인이 되었으며, 나아가서 국내 상업과 대외 무역을 연결시켜주는 역할도 하였다.

육상은 상업활동을 할 때 물품이 소량이고 운송거리가 짧으면 등에 지고 머리에 이고 손에 들고 다니면서 행상을 하였다. 그러나 짐이 많고 무거우며 먼 거리를 운반할 때는 수레나 말을 이용하였다. 수레와 말은 원거리 운송에 중요한 수단이었다. 육상의 활동과 관련하여 주목되는 것은 교통의 요지에 설치된 원(院)의 발달이다. 원은 공무여행자를 비롯하여 일반 여행자와 행상의 공동숙박소였다. 삼국시대와 통일신라시대까지 그 유래가 거슬러 올라가고 있는 원은 역참(驛站)과 역참 사이와 나루터, 고개 아래 등 사람의 통행이 잦은 교통의 요지에 설치되었다. 역(驛)이 국가의 통신 및 연락기관인 것에 견주어 원은 국가가 원주(院主) 또는 원직(院職)에게 약간의 급료를 주고 이를 관리 운영하는 숙박소로서 반관반민의 성격을 띠고 있었다. 주로 공무여행을 하는 관리들이 숙박하는 곳이었지만, 행상과 일반 여행자도 많이 이용하였으므로 원의 설치는 상인이나 여행자에게 혜택을 주었다. 각지에 원이 설치된 것은 상업 발달과 밀접하게 관련되어 있으며, 동시에 상업 발전을 촉진하는 작용도 하였고, 일부 원의 소재지는 상업중심지가 되기도 하였다.[32]

조선시대 원의 수는 1,280개라는 기록[33]이 있다. 고려시대의 것은 조선시대에 미치지 못하지만, 많은 수가 조선시대에도 계속 존재하였으리라고 추정된다. 이처럼 고려시대에 각지에 많은 원이 설치된 것은 사회경제 발전에 따라 여행하는 관리와 여행자수가 증가하였으며, 동시에 지방과 지방 사이의 상품유통을 실현하는 상인의 왕래가 늘어났기 때문이었다.

고려 후기, 특히 충정왕 2년(1350) 이래 왜구(倭寇)의 빈번한 창궐로 선박에 의

---

32) 홍희유 저, 앞의 책, pp. 80~81. 14세기 말 계림(경주)과 울주(울산) 사이에 있는 덕방리(德方里)에 설치된 덕방원은 어염을 매매하는 상인과 여행자 등이 이용하여 상업 발달과 관련되어 있으며, 13세기에 한강 하류 광주에 설치된 사평원(沙平院)은 상업의 중심지로 발달하였다.

33) 《東國興地勝覽》, 驛院條.

한 조운(漕運)이 정상적으로 운영되지 못하자 육운을 강화하게 되었다. 공민왕 5
년(1356)에는 각 요충지에 원관(院館)을 세웠고, 20년(1371)에 다시 그것을 수리
확충하였다. 계속적인 육운활성화 시책으로 원이 발달하였으며, 이는 육상을 발
달시키는 계기가 되었다.

원은 국가가 주도하여 설치하였지만 개인이 세우기도 하였으며, 특히 승려가
원 설치의 주체가 되기도 하였다. 14세기 말 설치된 덕방원(德方院)은 여염상인
이나 여행자를 위해 승려가 설치한 것이다.[34] 사원(寺院)은 원을 장악함으로써
유통구조에서 지배적인 위치를 차지하려는 것이었다.[35]

고려시대 상업 발달에서 승려와 사원의 상업활동은 그 규모가 매우 큰 것이
었다. 승려의 상행위와 함께 사원의 고리대업(高利貸業)은 지방상업의 강제교역
가운데 주목되는 것이었다. 사원은 대부분 수공업 생산장을 가지고 있었다. 그
것은 본래 사원의 수요품을 자급하고자 구비한 것이었으나, 잉여생산이 이루어
지면서 민간에 판매하기에 이르렀고, 이를 계기로 점차 사원의 생산품과 관계없
이 승려의 상행위가 진행되었다.[36]

그런데 종교적 지위와 권력을 이용한 사원의 상업활동과 고리대업은 대단하
였다. 사원은 자체에서 생산하는 농산물과 수공업제품을 판매하였으며, 일반 교
역장소로도 중요하였다. 사원과 농민의 교역은 양자의 상하관계로 말미암아 억
매·억매 형태의 강제교역이 많았다. 사원은 공물대납에도 참여하였으며, 불사
(佛事)를 구실로 농민의 재화를 흡수하였다. 또한 사원은 많은 말을 소유하였고,
숙박시설인 원을 운영하여 유통망도 장악하였다.[37]

사원의 상행위는 강제매매와 고리대적 수탈로 그 부작용이 심했기 때문에 승
려의 상행위는 계속 논란의 대상이 되었다. 이에 충선왕 4년(1312)에 승려의 상

---

34) 《陽村集》, 卷 13, 德方院記.

35) 李炳熙, 〈高麗後期 寺院經濟의 研究〉, 서울대박사학위논문, 1992, pp. 106~109.

36) 姜萬吉, 〈商業과 對外貿易〉, 《한국사》 5, 고려 귀족국가의 사회구조, 국사편찬위원회, 1975,
p.201.

37) 李炳熙, 앞의 논문, pp. 100~109.

행위를 금지하고 충숙왕 3년(1316)에도 유직인(有職人)과 승려의 상행위를 막았으나 사원의 상업활동을 막지는 못하였다.38)

한편 사원의 고리대업도 성행하였다. 승려들이 사원의 경제력을 배경으로 하여 고리대업에 종사하였는데, 사원에서 보(寶)의 발달은 고리대업을 촉진시켰다. 사원의 보에는 경보(經寶), 팔관보(八關寶), 광학보(廣學寶) 등 불보(佛寶)가 발달하였는데, 본래 목적이 기본적인 재단(財團)을 마련하고 그 이식(利息)으로 특정 사업을 경영해 나가려는 것이었기 때문에 자연히 이식의 성격을 갖게 되었다. 이러한 불보의 재원이 이식과정에서 고리대업으로 변하여 백성에게 큰 부담을 주었다.39)

(3) 납세청부제와 상업의 발달

고려시대 13세기 말 이후의 기록에는 ① 여러 기관의 관리 및 모리지인(謀利之人)이 자기 물건을 선납했다는 기록이 있다.40) ② 또한 납공이 늦어 재정용도가 부족할 경우에는 화식지도(貨殖之徒)로 하여금 대납시켰다는 기록도 있다.41) ③ 그리고 납공이 되지 않으면 해당 군현인 가운데 서울 거주자에게서 징수한다는 기록42)도 있다.43)

첫 번째의 기록은 고려시대 공물대납을 보여 주는 최초의 기록으로, 이 시기에 이미 납공청부제(納貢請負制)가 존재하고 있음을 알려준다. 여기서 모리지인은 공부의 수취관계에 있는 군현사람으로서, 개경에 머무르는 자와 관리를 지칭하는 것으로 보는 견해도 있으나, 오히려 개경의 시전상업을 중심으로 한 유통구조 속에서 성장한 상인으로 보아야 한다. 위의 기록에 따르면, 13세기 말 이후

---

38) 안병우, 〈고려시대 수공업과 상업〉, 《한국사》 6, 한길사, 1994, p. 137.

39) 姜萬吉, 앞의 글, 앞의 책, pp. 203~204.

40) 《高麗史》, 卷 84, 刑法志, 職制, 忠烈王 22年(1296) 5月條.

41) 《高麗史》, 卷 78, 食貨志 1, 田制, 貢賦, 忠肅王 後8年(1339) 5月條.

42) 《高麗史》, 恭愍王 元年(1352) 2月條.

43) 白南雲 著, 앞의 책, pp. 422~425.

공물대납현상이 나타나고 제사관리(諸司官吏), 모리지인, 화식지도, 군인주경자(郡人住京者)로 불리우는 사람들이 공물대납업자로 등장하고 있음을 알 수 있다.[44]

이들 공물대납자 가운데 군인주경자는 경주인(京主人)을 가리킨다. 당시 개경에는 각 군의 경주인이 거주하였고, 각 군의 공세(貢稅)가 납기까지 수송되지 못한 때는 해당 군의 경주인으로부터 이를 징수하였는데, 경주인은 그 대납액을 해당 군의 백성에게서 거의 몇 배로 수취하였다.

경주인은 경저(京邸)를 경영하면서 지방의 모든 일을 알선하는 사람[京邸主人]이었고, 경저는 중앙과 지방의 연락기관이었다. 고려시대 경주인은 명종 8년(1178)에 조성된 금산사 향로의 명문에 처음으로 나타나고 있으며,[45] 고려 후기에는 공물대납자로서 중요한 역할을 하였다. 그런데 각지 경주인의 납세청부제(納稅請負制)에 의한 대납은 실질적으로 방시[시전]를 중심으로 하여 수행되었다는 지적[46]에서 볼 수 있듯이, 경저와 경주인은 개경의 유통구조와 관련을 가지면서 공물대납업무를 맡았음을 알 수 있다.

공물대납은 고려 중기부터 나타나기 시작하여 후기 이후에 일반화되었다.[47] 공물대납제의 발생 원인에 대해서는 ① 국가재정의 궁핍화, ② 공부상납의 연체, ③ 권세가의 토지겸병과 농장의 확대로 부의 축적이 가능했던 사회경제적 배경 등이 지적되었다. 여기에 이 제도의 역사적 배후에는 상당한 정도의 민간생산의 잉여가 축적될 수 있는 경제적 조건이 있었으며, 이를 바탕으로 민간의 유통과정을 거쳐 공물을 수집, 대납한 것이라는 긍정적 평가도 제시되고 있다.

곧 관리, 상인, 고리대업자, 경주인 등 새로운 상인층으로 등장한 공물대납업자가 대납업무를 담당하려면 그럴 만한 경제적 여유와 기반이 있어야 된다는 것이다. 그 기반은 개경의 시전상업이나 장시 또는 각 지방과 연결되는 유통구

---

44) 金東哲, 앞의 글, 앞의 책, p. 209.

45) 李光麟, 〈京主人研究〉, 《人文科學》 7, 延世大, 1962, pp. 238~242.

46) 白南雲 著, 앞의 책, p. 734.

47) 공물대납자는 의종 원년(1147) 양계지방의 군자(軍資)를 운반하는 과정에서 처음으로 나
    타났다는 지적이 있다(안병우, 앞의 글, 앞의 책, p. 132).

조의 발달 속에서 형성되었으며, 반대로 그것은 생산·유통구조 발달에 대한 자극제 노릇을 하였다. 공물대납업자는 그 속에서 자본의 축적을 강화하였고, 대납업무과정에서 개경의 시전상업과 지방상업을 연결하는 매개기능을 하였다. 공물대납제는 수공업과 유통경제의 발달을 전제로 가능한 것이었으며, 동시에 생산·유통구조의 발달을 촉진하는 역할도 하였다.[48] 그러나 대납과정에서 새로운 상인층으로 등장한 공물대납업자는 지방관리나 중앙관청의 관리와 결탁하여 공물을 선납하고 몇 배의 폭리를 취하는 등 농민에 대한 중간수탈을 기초로 하여 형성됐다는 한계도 지녔다.

제3절 고려시대 수공업의 발달

1. 고려시대 수공업의 특징과 그 변화

고려시대 수공업은 본래 농업과 결합된 상태에서 농업을 보완하는 정도에 지나지 않았다. 그러나 봉건귀족의 생산양식의 발전과 군사적 필요가 늘어나면서 수공업 생산기술도 자극, 발전되고 그 가운데 특수부문은 농업으로부터 전업적으로 점차 분리되었다. 일반적으로 수공업자는 농업과 겸업하였지만, 기타 부곡(部曲)이나 노예 출신이 많았고, 귀화인이 적지 않았다는 것이 고려시대 수공업의 발전과 분화에 대한 선구적 규정이었다.[49] 그 뒤 체계적 연구가 진전되었는데[50] 이들 연구에서는 ① 관영수공업(관청수공업), ② 농촌수공업(농민수공업),

---

48) 金東哲, 앞의 글, 앞의 책, pp. 208~212.

49) 白南雲 著, 앞의 책, pp. 461~462.

③ 사원수공업, ④ 민간수공업, ⑤ 소수공업 등이 고려시대 수공업을 체계적으로 이해하기 위한 범주로 제기되었다.

고려시대 수공업을 이해하는 방법적인 틀로서 정해지는 수공업의 범주를 여기서는 ① 관청수공업(관영수공업), ② 소수공업, ③ 민간수공업으로 구분하여 설명하고자 한다. 관청수공업과 민간수공업은 수공업경영의 주체를 기준으로 한 것이며, 소수공업은 특수한 공물생산지역에서 이루어지는 공납을 위한 수공업이라는 뜻으로 범주화하였다. 더욱이 민간수공업은 개별농민이나 일반 전문공장(工匠), 사원 등과 같은 사적 주체가 생산도구와 원료를 마련하여 자신의 계획으로 생산노동을 하는 수공업이어서 고려시대 수공업의 성격이나 경제의 분화와 변화를 반영하는 것이라고 볼 수 있다.

고려시대에는 수공업 생산의 편성·조직·유통관계에서 몇 가지 새로운 변화가 나타났다. 첫째, 국가가 설치 운영하고 있던 관영수공업이 축소 개편되고, 이와 달리 민간경영의 전업적 수공업과 농민의 부업적 가내수공업은 활기를 띠고 발달하기 시작하였다. 삼국 및 통일신라시대에는 농민의 공물과 관영수공업이 국가의 공업적 수요를 충족시켜주는 기간적 공급원이었으며, 전업적 민간수공업은 큰 몫을 하지 못하였다. 그러나 고려시대에는 전업적 민간수공업이 발생 성장하면서 이로부터 생산되는 물품이 국가 및 귀족의 공업적 수요충족에 중요한 위치를 차지하였다.

둘째, 관영수공업에 전속되었던 장인과 농민수공업자 가운데 배출된 전업적인 수공업자가 성장하였다. 고려시대에는 생산분화가 상당한 정도로 진전되어 도시와 농촌에 다수의 전문적 수공업 기술자가 성장하였다. 농촌에서의 생산분화로 농민 가운데 반농반공(半農半工)의 수공업자가 생겨났고, 이들은 점차로 전

---

50) 예컨대 ① 趙璣濬 著, 《韓國經濟史》(改正版), 일신사, 1965, pp. 146~158, ② 崔虎鎭 著, 《韓國經濟史》(訂正增補), 박영사, 1970, pp. 106~113, ③ 劉敎聖, 〈韓國商工業史〉, 《韓國文化史大系》 Ⅱ, 高麗大 民族文化硏究所, pp. 1022~1046, ④ 姜萬吉, 〈手工業〉, 《한국사》 5, 국사편찬위원회, 1977, pp. 184~195, ⑤ 홍희유 저, 《조선중세수공업사연구》, 과학백과사전출판사, 1979, 지양사, 1990 등.

업적 수공업자로 성장하였으며, 농민의 수공업적 수요의 일부를 담당하였다.

셋째, 전업적 독립수공업자가 발생 성장하면서 관영수공업 안에서 노동동원의 양식이 변화되었다. 신라시대의 관영수공업은 주로 노예적 노동에 의존하였으나, 고려시대에 오면 노예적 노동을 담당하는 예속적 장인 외에 공역(工役)에 의한 생산양식, 즉 임노동적 노동급부양식이 나타났다. 종래의 예속장인은 관영수공업에 전속되어 있으면서도 자기 경영을 할 수 있게 되었으며, 그들 가운데는 신분적으로는 예공(隸工)이지만 노동급부양식에서는 임공(賃工)인 자가 생겨났다. 또 관영수공업은 예속장인의 노동과 더불어 전문적인 민간수공업 기술자를 동원하여 일정 기간 공업노동에 종사시킬 수 있었다. 곧 관영수공업의 노동편성에서 임노동적 특성이 나타났으며, 전속장인과 함께 민간수공업 기술자의 징용이 등장하였다.51)

넷째, 고려시대 수공업체제의 큰 특징은 소(所)수공업 제도인데, 소수공업은 성(成)수공업을 이어받은 것으로 보인다. 소는 금·은·철·구리와 같은 광물, 실과 각종 옷감, 그리고 종이·먹 등의 수공업제품, 소금·미역과 같은 해산물, 차·생강과 같은. 특용작물을 생산하여 상공(常貢)이나 별공(別貢)의 형태로 납부하는 특수행정구역이었다. 소는 각 군현이 부담해야 할 공부 가운데 특정의 노역을 필요로 하는 물품에 대비하여 이전부터 그러한 물품을 생산하기에 자연적 조건이 맞는 곳을 지정하여 해당 물품을 생산하게 한 곳이다. 소의 물품생산은 군현이 관리하였고, 군현지배체제를 통해 수취되었다. 소수공업은 12세기 이래 국가의 과중한 수탈과 권세가의 탈점으로 말미암아 해체되는 추세였다.52)

다섯째, 고려 후기에 관청수공업이 쇠퇴하고 소수공업이 해체되는 등 수공업체제의 변화 속에서 민간수공업이 발전하였는데, 민간수요의 증대가 민간수공업 발전의 중요한 요인이 되었다. 민간수공업에서 전업적 수공업과 농민의 가내수

---

51) 趙璣濬 著,《韓國經濟史新講》, 일신사, 1994, pp. 147~148.

52) 北村秀人,〈高麗時代の所制度について〉,《朝鮮學報》, 1961(안병우, 앞의 글, 앞의 책, pp. 115~116 및 p. 127).

공업이 성장하면서 이들 생산품의 적지 않는 부문이 민간수요, 즉 시장을 거쳐 상품화되었다. 시중에서 상품으로 유통되는 수공업제품의 생산자는 대개 민간수 공업자들이었다. 상품유통의 증가는 사회적 분업과 수공업의 발전을 전제로 하 는 것이지만, 동시에 수공업을 비롯한 전반적인 생산의 발전을 촉진하였다.

2. 관청수공업과 그 변화

(1) 중앙관청수공업의 조직

삼국·통일신라시대부터 조직 운영되던 관청수공업은 고려시대에 와서 그 규모가 더욱 확대되었으며, 소수공업, 민간수공업과 함께 이 시기 수공업의 세 구성부분 가운데 하나였다. 고려시대 관청수공업은 중앙관청수공업과 지방관청 수공업 등으로 나뉘어 있었다. 중앙관청수공업은 개경의 중앙관청에서 조직 운 영하던 수공업장으로서, 창·칼·갑옷 등의 군수품과 국가행사에서 필요한 물 품, 그리고 왕실이나 귀족들의 필수품 및 사치품을 생산하였다.53) 지방관청수공 업은 금기방, 잡직방, 갑방 등과 같이 중앙관청에 제공할 공물을 위한 것과 지방 관청의 수요를 위한 것 등 두 가지로 나누어졌다. 중앙과 지방의 관청이 수공업 장을 설치하고 공장(工匠)을 징발하여 제품을 생산하였으므로 그 수공업제품은 전문성이 높았다.

《고려사》 식화지(食貨志)의 백관조(百官條)와 녹봉조(祿俸條)에 기록된 고려시 대 관청수공업장을 관장하던 기관과 그것에 소속된 장인은 다음과 같다.54)

---

53) 고려시대 중앙관청수공업은 다시 궁정수공업과 관청수공업(좁은 의미)으로 분류하기도 한 다(홍희유 지음, 《조선중세공업사연구》, p. 86). 그러나 두 부문은 신라시대 말에 궁중수공 업이 점차 관영수공업과 전업적 수공업장에 그 역할을 위임하여 흡수 포함되었다고 보고 있다(朴南守 著, 《新羅手工業史》, 新書院, 1996, p. 136 및 徐聖鎬, 〈高麗前期 手工業研究〉, 서울 대 문학박사학위논문, 1997, p. 143 등).

① 선공시(繕工寺) : 이 관서는 일명 장작감(將作監)이라고도 한다. 정부의 건축 토목공사 등 영선을 담당하는 기관이며, 각종 토공, 석공, 목공, 금속공이 소속되어 있었다.

② 군기시(軍器寺) : 일명 군기감이라고도 하며 주로 병기를 제작하는 기관이다. 각종 병기 제작에 관련된 피갑장(皮甲匠), 모장(牟匠), 화장(和匠), 백갑장(白甲匠), 장도장(長刀匠), 각궁장(角弓匠), 궁대장(弓袋匠), 칠장(漆匠), 연장(鍊匠), 노통장(弩筒匠), 전두장(箭頭匠), 피장(皮匠) 등 13종의 장인이 소속되어 있었다.

③ 공조서(供造署) : 중상서(中尙署)라고도 불리우며, 귀족계층이 사용하는 각종 장식품을 제작하는 기관이다. 화업(畵業), 소목장(小木匠), 위장(韋匠), 홍정장(紅鞓匠), 주홍장(朱紅匠), 조각장(雕刻匠), 나전장(螺鈿匠), 칠장(漆匠), 화장(花匠), 지장(紙匠), 주렴장(株簾匠), 죽저장(竹篨匠), 어개장(御盖匠), 황단장(黃丹匠), 소장(梳匠), 마장(磨匠) 등 15종의 장인이 전속되어 있었다.

④ 장야서(掌冶署) : 철물과 금은세공품을 제조하는 기관으로, 은장(銀匠), 화장(和匠), 백동장(白銅匠), 적동장(赤銅匠), 경장(鏡匠), 피대장(皮帶匠), 금박장(金箔匠), 생철장(生鐵匠) 등 9종의 장인이 소속되어 있었다.

⑤ 도교서(都校署) : 이것이 폐쇄될 때 대신 잡작국(雜作局)이 설치되었던 바에서 알 수 있듯이, 궁중과 궁부에서 사용하는 각종 잡세공품을 제조하던 기관이다. 전속공장으로는 목업(木業), 석업(石業), 조각장, 석장(石匠), 장복장(粧覆匠), 니장(泥匠) 등 6종의 장인이 있었다.

⑥ 도염서(都染署) : 각종 염료를 제조하고 염색작업을 담당하는 기관이며, 어떤 때는 잡직서와 병합하여 직염국(織染局)이 되기도 하였다. 염료장(染料匠)과 염색장(染色匠)이 소속되었을 것으로 보인다.

⑦ 잡직서(雜織署) : 각종 직물의 제조를 담당하는 기관으로 계장(罽匠), 수장(繡匠) 등의 장인이 소속되었다.

⑧ 액정국(掖庭局) : 건국 초기에는 액정원이라고 불렀다. 궁중에서 왕명을 전

---

54) 趙璣濬 著, 《韓國經濟史新講》, p. 149 및 姜萬吉, 위의 글, 위의 책, pp. 185~187.

달하고 왕이 사용하는 문방구와 열쇠 등을 관리하면서, 한편으로는 궁중의 특수한 견직물 수요를 담당하던 기관으로, 금장(錦匠), 나장(羅匠), 능장(綾匠) 등의 장인이 소속되었다.

⑨ 장복서(掌服署) : 왕족의 의복류를 제조 조달하는 기관으로 상의국(尙衣局)이라고도 한다. 수장(繡匠), 복두장(幞頭匠), 화장(靴匠), 화혜장(靴鞋匠), 홀대장(笏袋匠) 등 7종의 장인이 소속되었다.

⑩ 봉차서(奉車署) : 왕실 등의 마차를 관장하는 곳으로 각종 마구, 차륜 제조를 담당하며, 상승국(尙乘局)이라고도 하였다. 대첨장(大韂匠), 안비장(鞍轡匠), 안욕장(鞍褥匠), 안교장(鞍轎匠), 마장(馬匠) 등 5종의 장인이 소속되었다.

고려시대 관청수공업의 담당기관과 장인의 구성에서 볼 때, 작업장 내 분업이 상대적으로 발전했다고 볼 수 있다. 업종들의 생산규모가 영세함에도 불구하고 업종들이 세분화된 것이 이를 말하여 주고 있다. 그러나 생산공정별 분업은 극히 미진하였다. 민간수공업은 물론, 관청수공업에서 수공업의 생산공정은 한 사람의 수공업자가 모든 공정을 담당하여 수행하던 특성으로 보아, 비록 관청수공업에서 생산공정 내 분업이 진행되었다고 하더라도 그것은 극히 특수하고 일시적인 현상에 불과한 것이었다.55)

각 관서에는 일정한 수의 관인이 배치되어 국가수요에 따라 각종 물품을 제작하였다. 물품을 제작하는 공장은 취업기간과 기술수준에 따라 기술적 지도체계가 형성되었는데, 지유승지(指諭承旨)・지유부승지・행수지유(行首指諭), 지유, 행수부위(行首副尉)・행수대장(行首大匠)・행수부장(行首副匠) 등의 계층이 있어 장인들의 물품제작을 기술면에서 지휘 감독하였다.

또한 고려시대의 관청수공업은 신라시대의 그것과 다소 차이가 있었다. 신라시대에는 관서 조직이 제작되는 물품의 종류에 따라 이루어졌다. 예컨대 피혁제품의 제조를 관리하는 기관으로는 피전(皮典), 마포와 견직물 생산을 관장하는 기관으로 각각 마전(麻典)과 면전(綿典)이 있었다. 그러나 고려시대의 관서는 국

---

55) 홍희유 지음, 《조선중세수공업사연구》, p. 115.

가의 용도와 수요에 따라 분류 설치되었고, 각 관서는 그가 담당한 물품을 제조하는 데 필요한 장인을 전속케 하였다. 예를 들면 선공사에는 국가영선작업에 필요한 장인인 토공, 목공, 금속공 등을 모두 배속시켰다. 이처럼 관청수공업장은 필요한 공업노동을 충당하고자 예속장인을 전속시켰지만, 다른 한편으로는 외부로부터 공업기술자를 징용하여 그 일을 담당하게도 하였다.[56] 그 결과 고려시대의 관청수공업은 신라시대의 것보다 한층 규모가 더 커졌고, 그 기능도 다양화되었다.

그러나 고려 후기에는 소수공업의 해체 및 민간수공업의 발달과 함께 관청수공업의 쇠퇴가 진행되었다. 중앙집권력과 관청수공업의 관리체계가 약해지고 국가재정이 어려워지면서 전속공장은 생활급이 안 되는 낮은 보수와 고된 노동에 시달렸다. 이에 따라 중앙관청수공업 공장의 지방이주나 지방관청수공업 공장의 출신지역 이탈이 증가하면서 관청수공업은 쇠퇴하였다. 또 개경의 관청수공업에 부역해야 할 공장들이 지방의 주현에 거주하면서 독립적인 수공업자로 전환하는 등 공역체계와 수공업체계가 크게 동요하였다. 이처럼 중앙공장의 지방 이주와 지방공장의 출신지역 이탈은 무신집권기 이래로 심화되었으며, 그로 말미암은 관청수공업의 쇠퇴는 관청에서 필요한 물품을 시전에서 구입하는 상황에 이르게 하였다.[57]

(2) 노동조직과 노임급부양식의 변화

고려시대의 공장(수공업자)은 중앙과 지방의 관청에 소속된 관속공장(官屬工匠)과 그렇지 않은 비관속공장(非官屬工匠)으로 구분되었다.[58] 중앙의 관속공장은 다시 일 년에 300일 이상 복무하는 직역층공장(職役層工匠)과 번차제(番次制)에 따라

---

56) 趙璣濬 著, 《韓國經濟史新講》, p. 150.

57) 金東哲, 〈수공업과 염업〉, 《한국사》 19, 고려 후기의 정치와 경제, 국사편찬위원회, 1996, p. 350 및 안병우, 앞의 글, 앞의 책, p. 126.

58) 洪承基, 〈高麗時代의 工匠〉, 《震檀學報》 40, 1975, pp. 66~70.

징발되어 복무하는 부역층공장(赴役層工匠)으로 구분되었다.[59] 이들 수공업자의 인적 구성에서 중요한 비중을 차지한 자들은 양인 및 노비 신분, 그리고 소 출신의 수공업자들이었다. 이러한 인적 구성은 당시에 지방의 민간수공업과 소수공업이 크게 발달하여 관청수공업의 노동력 편성의 바탕이 되었음을 말하여 준다.

그리하여 신라시대에는 관청수공업이 전적으로 전속장인의 노예적 노동에 의존하였으나, 고려시대에는 전속장인 외에 외부로부터의 수공업자 동원에 크게 의존하였던 것이다. 이들 노동구성에 대한 노동급부의 양식에서 고려시대와 신라시대는 차이를 보였는데, 고려시대에는 노동급부에서 임노동적 성격이 나타났다는 것이다. 즉 예속장인의 노동급부가 신라시대에는 노예적 노동급부였던 것이 고려시대에는 임노동에 가까운 성격을 갖게 되고, 외부 수공업자들의 공역에도 임노동적 형태가 나타났다.[60]

관청수공업의 공장 가운데 장기적으로 복무하는 노동력을 직역층공장이라고 하였고, 이들을 상번공(上番工) 또는 선상공(選上工)이라고도 하였는데, 이들은 주로 300일 이상 부역하는 수공업자들이었다. 관청수공업장에서 일정한 기간 기술부역을 담당하는 이들은, 비록 국가의 경제외적 강제에 따른 것이기는 하지만 일정한 식량을 별사(別賜)라는 이름으로 공급받았으며, 이는 중앙집권 봉건사회에서 가장 낮은 단계에 속하는 임공의 형태라고 할 수 있다.

또한 상층 수공업자들과 일반 수공업자들의 경우 그들이 관청수공업에 전속되어 근무하는 대가로 국가로부터 토지수조권을 부여받는 대신 1년에 300일 이상 근무하였는데,[61] 이들에게 공장별사(工匠別賜)를 주었다는 기록이 있다.[62] 국가가 수공업자들에게 수조권과 별사의 명목으로 보수를 지급했다는 것은 이들

---

59) 안병우, 앞의 글, 앞의 책, p. 114. 한편 공장이 중앙의 관청수공업에 전속되어 장기적으로 복무하는 형태를 장번제라고 하고, 일정한 기간마다 교대하며 복무하는 형식을 번차제라고도 한다(홍희유 지음,《조선중세수공업사연구》, p. 102).

60) 崔虎鎭 著, 앞의 책, p. 108 및 趙璣濬 著,《韓國經濟史新講》, p. 151.

61) 白南雲 著, 앞의 책, p. 464.

62)《高麗史》卷 34, 食貨志 3, 祿俸條(姜萬吉, 앞의 글, 앞의 책, p. 188).

이 신라에서처럼 노예적 예속 상태에 있었던 것이 아니라, 노임 형태의 공장으로 전환되고 있었음을 말해준다. 그러나 수조권과 공장별사를 받은 수공업자들은 상층의 수공업자와 일반 수공업자들 가운데 일부에 국한된 것이었다. 상층의 직위와 직제, 그리고 1년에 300일 이상 근무하는 조건에 해당하는 수공업자는 많지 않았을 것으로 보기 때문이다.

다음으로 전업적 수공업자가 관청수공업장에서 작업하는 대가로 일정한 반대급부를 받는 임공의 형태가 있었다. 국가의 경제외적 강제에 따른 요역의 형태가 아니라 특수한 기술자를 일정한 임금으로 고용하는 것이다. 곧 금장(金匠), 은장(銀匠), 조각장, 소목장(小木匠) 등의 특수한 기술자가 왕실의 건축과 실내장식·가구 제작 등에 임용되는 것이었다. 이들은 독립수공업자이며, 평소에는 고객임노동 또는 가격노동(preisswerk)에 종사하는 자들이었다. 이들의 동원은 물론 자유계약은 아니었고 경제외적 강제권이 작용하였지만, 상번공에 견주면 보다 임노동에 접근한 형태라 할 수 있다.

이처럼 고려시대 관청수공업에서는 노동급부양식에 임노동적 노동급부양식이 증대하고 있었다. 더욱이 전속장인의 노동급부가 신라시대와 같이 전적인 노예적 급부 형태가 아니라 임노동적 형태로 변화하고 있었다는 점이 주목된다. 전속장인은 신분적으로는 천인이며 사회적 계층관념에서도 천시되었지만, 고려시대에는 국가로부터 인정된 공량(公粮)·별사를 받기도 했고, 국가가 요청하는 작업에 종사한 다음에는 타인을 위한 일정한 고객노동을 담당할 수도 있었다. 이런 점에서 전속장인의 노동급부양식은 신라시대의 노예적 노동급부에서 임노동적 급부로 전환되는 과도적 형태에 놓여 있었다고 볼 수 있다. 이것은 신라와 고려 수공업의 성격적 차이를 말하며, 또한 발전방향을 뜻한다.[63]

그런데 당시에 뛰어난 공장은 양인이든 노비 출신이든 소 출신이든 대부분 관청수공업에 동원되었다. 국가는 수공업자들을 장악하고자 공장안(工匠案)을 만들어 그들을 등록시켰으며 벼슬자리에 오르는 것을 봉쇄하였다. 대부분의 수공

---

63) 趙璣濬 著, 《韓國經濟史》(改正版), 日新社, 1965, pp. 150~151.

업자들은 공장안에 따라 일정한 기간 관청수공업장에서 복무해야 했고, 또 얼마 동안은 자기 경리를 하여 생계를 유지해야 했다.64) 따라서 관영수공업에서의 작업 기간이 길수록 민간수공업의 발전은 저해되었다.65) 이후 고려 후기에 와서 관청수공업이 약화됨에 따라 일부 수공업자는 지방으로 흩어져 독립적 수공업자로 전환, 민간수공업 발전의 기틀이 되었다.

(3) 지방관청수공업의 설치 운영

지방관청수공업은 지방관청의 수요를 위한 것과, 중앙관청에 제공할 공물을 생산하면서 동시에 지방수요를 충족하고자 생산을 진행하는 두 부문으로 나뉘어졌다.

지방관청수공업에서 중요한 기관으로는 각 도에서 운영하던 금기방(錦綺坊), 잡직방(雜織坊), 갑방(甲坊) 등이 있었다. 금기방은 신라시대의 금전(錦典)과 기전(綺典)을 합친 기관으로, 일반 견직물과 특수한 고급비단을 생산하는 기관이다. 잡직방은 중앙의 잡직서에서 생산하던 특수한 직물, 곧 모직물과 자수직물 등을 짜는 기관이었다. 갑방은 군기감과 같이 각종 갑옷 등의 가죽제품과 능라(綾羅)를 생산하던 수공업장이었다.

이러한 금기방, 잡직방, 갑방 등은 개경과 서경(평양), 동경(경주), 남경(한양) 등 역사적으로 오랜 수공업적 토대를 가진 지역에 설치되었으며, 주로 지방관청의 수요충족보다는 중앙관청의 수요충족을 목적으로 하였다. 그런데 이들 지방관청수공업장이 14세기 초에 쇠퇴양상을 보였다는 기록이 있다. 이에 따르면 충선왕 3년(1311) 이전에 동경에는 갑방이라는 창고가 있었는데, 이곳은 백성에게서 능라를 수탈하여 저장하는 창고였다는 것이다.66) 곧 경주의 갑방이 생산기

---

64) 洪承基, 앞의 글, 앞의 책, pp. 69~70.
65) 姜萬吉, 앞의 글, 앞의 책, p. 189.
66) 《高麗史》 卷 107, 列傳 20, 權㫜.

구에서 창고로 변한 것으로, 이는 지방관청수공업의 쇠퇴양상을 보여 주는 것이다. 14세기에 이르면 금기방, 잡직방은 생산기능을 상실하여 폐지되었고, 갑방만이 그 뒤로도 존재하여 각종 직물과 가죽제품을 보관하는 창고의 역할을 한 것으로 보인다.[67]

각 도의 중요한 지역에 위와 같은 직조수공업과 가죽제품 생산을 위한 관청수공업이 조직 운영되었으며, 또한 중요도시에는 수공업과 상업이 결합된 형태의 관청수공업장이 설치되었다. 특히 주요도시에서는 지배층의 몇 가지 필수품을 생산 판매하는 조치를 취하여 복두점(幞頭店), 서적점(書籍店), 약점(藥店), 염점(鹽店), 능라점(綾羅店) 등을 설치하고 비단, 약품, 소금, 서적 등의 물품을 생산하여 판매하였다. 이들 지방관청수공업의 특징은 그것이 생산과 판매를 겸한 생산판매 수공업이었다는 점이다. 금기방, 잡직방, 갑방 등이 주로 중앙관청이 수요하는 수공업제품을 생산하기 위한 것이었음에 대하여, 복두점, 서적점, 약점 등 지방관청수공업은 지방의 특권지배층과 관리들의 수요를 위한 것이었다.[68]

이처럼 금기방 등 생산조직과 능라점, 약점 등 생산판매수공업 등 지방관청수공업은 제품을 생산하여 중앙관청에 공물로 제공하는 한편 지방 자체 수요를 충족시키기도 하였다. 이 가운데는 지방관청 자체의 수요를 위한 것도 있었으나, 그 수나 규모면에서 미미하였다.[69] 조선시대와 달리 고려시대에 주·군·부·현 등 지방관청이 지방관청수공업을 특별히 조직, 운영하지 않은 것에는 몇 가지 원인이 있었다.

첫째, 지방관청은 그에 필요한 필수품을 백성에게서 조(租)·용(庸)·조(調)의 방법이나 강제징수로 해결할 수 있었다. 둘째, 각 지방에는 수공업생산을 전문으로 하는 소수공업이 도처에 설치되어 있어서, 거기에서 생산되는 생산물의 일부를 징수하여 수요에 충당할 수 있었다. 셋째, 공해전(公廨田)이 있었기 때문이

---

67) 홍희유 지음, 《조선중세수공업사연구》, p. 93 및 《조선상업사》(고대·중세), p. 75.

68) 홍희유 지음, 《조선중세수공업사연구》, p. 94.

69) 徐明禧, 〈수공업〉, 《한국사》 14, 고려 전기의 경제구조, 국사편찬위원회, 1993, p. 422.

다. 공해전은 각 관청에 배당된 수조지인데 여기서의 수입으로 관청의 사무용품과 관리의 임시비용, 하급아전들의 급료를 지불하였다. 그 종류로는 공수전(公須田), 지전(紙廛), 장전(長田) 등이 있었는데 그 가운데 지전은 종이, 붓, 먹 등 문구류의 비용을 마련하기 위한 것이었다. 또한 지방관청이 직접 자체적으로 수공업장을 운영하지 않은 것은 필요품을 민간수공업을 통하여 조달하는 등의 방법으로 해결할 수 있었기 때문이며, 이것은 광범한 민간수공업의 발전을 전제로 하는 것이었다. 넷째, 그러나 이러한 요인은 부차적인 것이며 지방관청이 수공업장을 조직 운영하지 않은 근본적 원인은 고려시대 중앙집권력이 전국의 모든 군현에 침투하지 못하여 지방의 모든 군현에 지방관청수공업을 조직할 수 없었기 때문이며, 고려 초기에는 더욱 그러하였다.[70]

3. 소수공업의 형성과 쇠퇴

(1) 소수공업의 형성

고려시대 소수공업은 관청수공업 및 민간수공업과 함께 이 시기 수공업의 중요한 부분이었다. 소수공업은 민간수공업보다 한층 전업적이고 생산품의 질도 우수하여 고려시대 수공업체계의 가장 큰 특징이라고 할 수 있다.

신라시대에는 부곡, 고려시대에는 소, 처(處), 장(莊)이라는 것이 있었는데 모두 각종 생산과 징세를 통제하는 장원(莊園) 형태였다. 신라는 군현의 설치 당시 인구와 호수가 적어 현이 될 수 없는 곳을 향(鄕) 또는 부곡으로 삼았기 때문에, 이곳은 일종의 행정구역이라고 할 수 있다. 그러나 그 명칭으로 미루어 특정한 생산물의 집단생산지도 있었으리라고 보고 있다. 한편 부곡은 특수한 부족집단(씨족의 산물)으로 나타났으며, 고려시대 이후 소, 장 등은 이러한 부족의 개편에

---

70) 홍희유 지음, 《조선중세수공업사연구》, pp. 95~97.

지나지 않는다고 하여 고려시대의 소가 신라시대의 부곡에서 연유했다는 견해도 있다.[71]

이처럼 삼국시대에 연원을 두고 있는 고려시대의 소는 부곡, 장, 처 등과 함께 특수한 행정단위로서 군현제도의 한 부분을 이루고 있었다. 고려시대부터 존재하기 시작한 소는 국가가 관리하는 수공업품의 생산지였으며 특정한 공업제품의 원료생산지와 관련이 있었는데, 국가는 이들 지역에 거주하는 주민들에게 특정한 물품의 생산을 위탁하였다. 소에 거주하는 주민은 특정한 물품의 생산기술자였으며, 그들은 신분적으로 천인에 속해 있었다.

신라시대의 부곡을 고려시대의 소의 연원으로 본다는 지적과 함께, 삼국·통일신라시대에도 소의 기능을 대신하던 기구가 있었으리라고 보면서, 그것을 삼국·통일신라시대의 성수공업과 신라 말 지방토호들의 수공업장에서 찾고 있다. 신라시대 성수공업과 고려시대의 소수공업은 행정체계상의 소속관계, 내부구조 등에서 공통점을 갖고 있고 기능적으로도 유사하다고 볼 수 있다는 것이다.[72]

《삼국사기》에는 장소가 불투명한 곳이 모두 한 곳에 모아져 기록되었는데, 그 가운데 성(成) 이름이 많이 나타나고 수공업생산물과 관련된 명칭이 등장하여 이것을 성수공업 성립의 근거로 보았다. 그런데 '소'라는 것은 일반 행정관청과는 달리 군사적 지배와 통제가 작용하던 특수한 지역이라는 뜻이었는데, 고려 초에 집권자들이 수공업 부락을 새로 설치하면서 그들이 통제하던 수공업자들의 특수부락을 신라의 '성'제도에 준해 고려에 맞게 변용하여 수공업소라고 하였던 것으로 보았다. 결국 고려시대 소수공업은 삼국·통일신라시대에 존재하던 성수공업이 개편되는 길과 통일신라 말기 개별적 지방토호들 소유의 수공업

---

71) 白南雲 著, 앞의 책, pp. 351~353. 한편 부곡의 특징은 다음과 같이 설명되고 있다. ① 부곡은 특정 지역에 대한 특수행정단위이며 천민계급으로 구성된 집단부락인데, 부곡 가운데는 특수생산물의 생산을 담당하는 부곡도 있다. ② 전쟁에 의한 피정복민의 거주지 또는 국가에 대한 반란이 잦은 지역이 부곡으로 편성되거나, 그러한 현이 부곡으로 격하되었다. ③ 부곡은 공동체를 이루고 있던 농민의 집단이 전쟁 또는 범죄 등으로 말미암아 집단적으로 노예화한 주민의 거주지역이다(趙璣濬 著,《韓國經濟史新講》, pp. 60~61).

72) 金炫榮,〈고려시기의 所에 대한 재검토〉,《한국사론》 15, 서울대, 1986, p. 98.

장들이 고려의 국가체제에 흡수되면서 성수공업으로 개편되는 등 두 가지 길로 이루어졌다는 것이다.[73]

고려시대에는 수공업생산을 전업으로 하는 수공업소와 그렇지 않은 소들도 많았다. 즉 소가 장소를 나타내는 단순한 뜻으로 쓰인 경우도 있는 것이다. 그러나 《신증동국여지승람》(新增東國輿地勝覽, 이하 '《승람》') 등에서 제시된 소의 의미는 장소를 나타내는 것이 아니라, 특정 수공업품과 원료를 만들어 내는 생산단위를 말하는 것이다. 이 수공업소들은 고려의 성립시기에 조성된 수공업생산에 대한 수취체계에 따라 성립된 것이다.[74]

(2) 소수공업의 실태와 해체

향이나 부곡은 삼국시대부터 존재하였지만, 수공업소는 고려시대에 처음으로 형성된 것이다. 고려시대 소는 금소, 은소, 동소, 철소, 사소(絲所), 주소(紬所), 지소, 와소, 탄소(炭所), 염소(鹽所), 묵소(墨所), 곽소(藿所), 자기소(瓷器所), 어량소(魚梁所), 강소(薑所) 등 15개 종류가 있었다.[75] 여기서의 생산물은 금, 은, 구리, 철 등 광산물, 비단, 종이, 머, 도자기 등 수공업품, 소금, 미역, 생선 등 해산물, 차, 생강 등 특수농산물 등으로 나눌 수 있는데, 이 가운데는 자기·염·어량·곽소 등이 큰 비중을 차지하였고, 그 밖의 수공업소는 낮은 비중이었다.[76] 이처럼 소는 각종 광산물, 수공업품, 해산물과 특수농산물을 생산하여 상공이나 별공의 형태로 납부하는 특수행정구역이었고, 그 성격은 생산단위라고 할 수 있다.

소는 각 군현이 부담해야 할 공부 가운데 특정의 전문적인 노역을 필요로 하는 물품에 대비하여 이전부터 그러한 것을 생산하기에 자연적 조건이 잘 맞는

---

73) 홍희유 지음, 《조선중세수공업사연구》, pp. 119~122.

74) 徐明禧, 앞의 글, 앞의 책, p. 430.

75) 《新增東國輿地勝覽》 卷 7, 京畿 驪州牧 古跡 登神莊 中宗 23年(1528).

76) 徐明禧, 앞의 글, 앞의 책, pp. 430~431 및 홍희유 지음, 《조선중세수공업사연구》, p. 122.

곳을 지정하여 해당물품을 생산하게 한 지역이었다. 곧 소의 기본적 특징은 현지성이 요구되는 특산물 또는 수공업제품의 생산지라는 것이다.[77] 수공업품의 생산지이지만, 동시에 여기서 생산되는 제품은 지배계급의 수요를 충당할 수 있어야 했던 것이다.

이러한 기능을 가진 지역을 중심으로 설정된 소는 전국적으로 275개 정도가 확인되며, 주로 전라도와 충청도에 집중 분포되어 있었다.[78] 이 두 지역에 집중된 이유는 유리한 생산조건과 특정 생산품의 안정적 수취를 위한 교통상의 이점 등이 고려되어 설치된 것으로 보인다. 《승람》과 《세종실록지리지》(世宗實錄地理志, 이하 '《지리지》')[79]에서 전하는 소의 분포 상태(〈표2-1〉)를 보면, 소는 전국 각지에 널리 분포된 가운데 특히 전라도, 충청도, 경상도 등 삼남지방에 집중되어 있다.

지역	《신증동국여지승람》	《세종실록지리지》
경기도	7(7)	3
충청도	62(60)	17(19)
경상도	44(45)	11(8)
전라도	89(85)	104(109)
황해도	10(10)	−
강원도	33(33)	0(8)
계	245(240)	143(144)

자료 : ① 홍희유 지음,《조선중세수공업사연구》, p. 122.
　　　② 괄호 안 숫자는 金炫榮, 〈고려시기 所에 대한 재검토〉, 《한국사론》 15, 1986, p. 104 및 p. 105

〈표2-1〉 수공업소의 분포 상태

---

77) 金炫榮, 앞의 글, 앞의 책, p. 113.

78) 박종기, 〈서론〉, 《고려시대 부곡제 연구》, 서울대출판부, 1994(안병우, 앞의 글, 앞의 책, p. 116).

79) 조선 전기 세종대에 편찬된 《八道地理志》(세종 12년, 1430)와 그것을 수정 정리한 《世宗實錄地理志》는 성종 12년(1481)에 《東國輿地勝覽》으로, 다시 중종 23년(1528)에 이것을 증보한 《新增東國輿地勝覽》으로 간행되었다.

조선 전기의 두 지리서에 나와 있는 수공업소의 숫자 차이에 대해서는 여러 가지 해석이 따르고 있다. 첫째, 두 지리서에서 소의 수가 100개나 차이가 나는 것은 전자의 지리서(《승람》)가 수공업소 이외의 소까지 등록했기 때문이라는 해석이다. 고려시대에는 수공업 생산을 전업으로 하는 수공업소와, 그것과 관련이 없는 소들도 적지 않았는데, 종교의식과 관련된 소와 백성을 감시하는 기능의 소 등이 있었다는 것이다. 이것들은 단순히 장소를 나타내는 경우이며 생산단위의 기능을 하는 수공업소와는 구분할 필요가 있다고 보았다.[80]

둘째, 각 도별 보고 내용의 질적 차이에서 비롯된 것이라는 해석이다. 예를 들어 전라도의 경우는 망소(亡所)를 거의 빠짐없이 보고한 데 대해서 다른 도는 현존소(現存所)를 중심으로 보고했기 때문이라는 것이다. 따라서 후자의 지리서(《지리지》)의 숫자는 고려시대 이후 각 지역에 존재하는 소의 실수를 반영했다고 보기 어렵다는 것이다.[81] 다만 245(240)개와 143(144)개의 총계 숫자 차이에서 뒤의 숫자가 망소를 다수 누락 보고한 결과라고 보면, 그것은 고려시대의 수공업소가 조선시대에 이르러 감소한 때문인 것으로 보는 지적[82]은 의미가 있다고 할 수 있다.

고려시대에 성립, 점차로 분포되었던 수공업소는 형식상으로는 천민들이 살던 특정한 지방행정단위였으나, 실질적으로는 중앙의 국가기관에 소속된 예속적 수공업자 거주지역이었다. 고려시대의 수공업소 등 지역행정단위에 대하여 《승람》에는 다음과 같이 기록되어 있다.[83]

① 신라가 주·군을 세울 때 전정(田丁)과 호구(戶口)가 현이 될 수 없는 곳에는 향과 부곡을 두어 소재하고 있는 읍(邑)에 소속케 하였다.

② 고려시대에는 소(所)라고 칭하는 것이 있었는데, 금소, 은소, 동소, 철소 등

---

80) 홍희유 지음, 《조선중세수공업사연구》, pp. 123~124 및 徐明禧, 앞의 글, 앞의 책, p. 430.

81) 金炫榮, 앞의 글, 앞의 책, pp. 104~105.

82) 趙璣濬 著, 《韓國經濟史新講》, pp. 152~153.

83) 《新增東國輿地勝覽》, 京畿道 驪州牧 古跡, 登神莊.

의 구별이 있었으며, 소는 그 생산물을 공상(貢上)하였다.

③ 처나 장이라고 칭하는 것이 있었는데, 이것들은 궁전, 사원 및 내장택(內莊宅)에 나누어 소속되어 세금을 납부하였다.

④ 위의 여러 곳(향, 소, 부곡, 장)에는 토성(土姓)을 가진 이민(吏民 : 아전과 백성)이 있었다.

이 기록을 통해 소의 설립시기(고려시대), 생산기능, 지배구조 등을 알 수 있다. 또한 수공업소는 형식상 군현제에 소속된 특정한 지방행정단위이지만,84) 중앙의 국가기관(관청수공업)이 요구하는 특정한 생산물을 생산하는 특수한 지역이라는 사실을 알 수 있다. 따라서 이들은 실질적으로 중앙의 국가기관에 소속된 것으로 볼 수 있다. 그리고 이들은 지방의 군·현과 일정한 관계를 맺으면서 상공, 그리고 특히 별공의 형태로 생산물을 수납하였다.

또한 소 등 지방행정단위에는 토성을 가진 향리들이 있었는데, 원래 토성을 분정받은 집단은 국가에 대한 의무의 부담자였지만, 다른 한편으로는 그 지역의 지배자이기도 했다.85) 따라서 수공업소에서는 토착세력인 이들 향리가 또한 지배세력이었던 것이다. 즉 수공업소는 특수한 지방의 행정단위이면서 천민의 거주지역이었는데, 이들은 실질적으로 중앙국가기관에 소속되어 있었으며, 외형적으로는 군·현에 속해 있었고, 토착지배세력인 향리의 지배를 받고 있었다. 중앙관청은 이들 토착세력을 통하여 수공업소를 지배하면서 공물을 수취하였다. 따라서 수공업소는 완전한 의미의 관청수공업이 아니면서, 관청과 지방토착 지배세력 및 소주민의 사적 경리가 겹쳐진 이중·삼중적 성격을 지녔었다.86)

---

84) 소는 원래 자연촌락에서 출발하였으나 그 지역의 특성에 따라 소로 규정되었고, 성씨를 가진 이(吏)에 의해 지배되었으며, 소민(所民)들은 편호제(編戶制)에 따라 공부와 역역(力役)을 수취당하였다. 고려시대 전기의 소는 아직 지방행정단위로까지는 파악되지 못하고 단순히 그러한 특산물이나 수공업제품을 생산하는 '장소' 이상의 의미는 아니었다. 그러나 중기 이후 후기에 오면서 향·부곡과 함께 지역행정단위로서 그 지위를 확립하여 갔다(金炫榮, 앞의 글, 앞의 책, p. 101 및 p. 128).

85) 위의 글, 위의 책, p. 121.

86) 홍희유 지음, 《조선중세수공업사연구》, pp. 128~132.

이러한 고려시대의 소수공업은 12세기 이후 쇠퇴하여 고려 말에서 조선 초기인 15세기 초에 걸쳐 해체되었으며, 해체의 계기는 다음과 같다.

첫째, 소민(所民)의 저항이 지속되자 이를 무마하기 위하여 현으로 승격시킨 경우이다. 수공업소의 주민들은 다원적 수취체제 속에서 어떤 면에선 군현민들보다 가혹한 공물량을 수취당하였는데, 정규적 상공보다 별공에 의한 것이 더욱 심했다. 이에 대한 저항 때문에 결국 수공업소를 현으로 승격시키게 되었고, 소민은 일반 군현민과 같은 처지가 되어 사회경제적 지위가 나아졌다.

둘째, 지방제도정비에 따른 군현제의 개편으로 토지 인구의 다소에 따라 군현으로 승격되기도 하고, 직촌(直村)이 되기도 하였다. 고려에서 조선으로의 왕조교체를 전후한 군현제의 정비과정에서 수공업소가 해체되었다.[87] 고려시대의 수공업소 해체과정이 점차적인 쇠퇴와 몰락의 형태였다면, 조선시대 초기의 것은 목적의식적인 군현의 통합에 따른 급격한 것이었다. 즉 1410년대부터 조선시대에 중앙집권체제가 확립되어 가면서 수공업소를 비롯한 향·부곡을 폐지하고 군현을 통합하는 정책이 실시된 것이다.

셋째, 소 지역 밖의 수공업생산이 발전한 것도 수공업소 해체의 중요한 요인이었다. 민간수공업의 발달과 더불어 소수공업은 점차 쇠퇴, 그 수가 감소하였다.[88] 동시에 그것은 소민의 역을 군현민의 역으로 대체하는 생산체제의 전환이었으며, 수공업소에서 생산하던 수공업품을 민간에서 수취하거나 구입했으므로 민간수공업 발전이 촉진되었다.[89] 그리고 240개나 되었던 수공업소의 수공업자들은 점차 전업적 독립수공업자로 전환되었는데, 이는 고려 후기 상품생산과 유통의 발전을 촉진하는 데도 기여하였다.[90]

---

87) 金炫榮, 앞의 글, 앞의 책, p. 127.

88) 趙璣濬 著,《韓國經濟史新講》, p. 152.

89) 안병우, 앞의 글, 앞의 책, p. 128.

90) 홍희유 저,《조선상업사》(고대·중세), p. 74.

4. 민간수공업의 발달과 상품생산

(1) 민간수공업과 사원수공업의 발달

민간수공업은 사적인 주체가 그 원자재나 생산도구 및 작업장을 마련하고 자신의 계획대로 생산노동에 종사하는 수공업을 말한다. 관청수공업이나 특수한 공물생산지역에서 이루어지는 소수공업[91]과 달리, 농민들이 마포(麻布) 등 공물을 생산하는 수공업과 함께, 특히 사적인 생산자가 직접 사용하거나 판매할 수 있는 수공업제품의 생산행위를 민간수공업이라고 할 수 있다. 민간수공업은 ① 농민의 부업적 수공업, ② 전문 공장(工匠)의 전업적 수공업 또는 주업적(主業的) 수공업, ③ 사원수공업으로 구분할 수 있다.[92]

고려시대의 수공업은 관청수공업과 소수공업이 지배적인 형태였는데, 이들의 발달로 도시나 농촌의 민간수공업의 발달은 저해되었다.[93] 즉 고려시대 민간수공업은 관청수공업이나 소수공업에 견주어 질이 떨어지고 생산체계의 전문성도 결여되어 있었다. 그러나 공납품의 생산과 생활필수품의 생산을 중심으로 광범위한 민간수공업생산이 이루어졌다.[94] 그런 가운데 12세기 후반 이후 관청수공업이 쇠퇴하고 지방의 전업적인 수공업집단인 소가 서서히 붕괴되면서, 많은 장인들이 독립수공업자로 전환하였다. 이는 민간수공업을 발전시키는 중요한 계기가 되었으며, 이것은 다시 소의 붕괴를 촉진하는 요인이 되었다. 민간수공업

---

91) 소에서 생산하는 공물이 반드시 소에서만 생산·공납된 것은 아니었고, 또 소에서도 민간 수요를 위한 사적 생산이 이루어졌다는 점에서 소수공업 대신에 공납수공업(貢納手工業)이라는 범주를 정하기도 한다. 여기서 공납수공업은 민(民)의 공역을 동원하여 관영수공업의 원자재나 국가 왕실이 필요로 하는 완제품의 일부(공물)를 생산하는 수공업을 지칭한다(徐聖鎬, 〈高麗前期 手工業硏究〉, p. 3).

92) 위의 논문, p. 135.

93) 姜萬吉, 앞의 글, 앞의 책, p. 189.

94) 金炫榮, 앞의 글, 앞의 책, pp. 108~109.

의 발전은 농업생산력 발달로 말미암은 잉여의 형성과 그것을 기반으로 성장한 부호(富戶) 등 새로운 사치품 소비층의 출현에 힘입은 바가 컸다. 또한 13세기 말의 공물대납제 출현으로 민간수공업은 더욱 발전하였으며, 도시와 지방의 유통경제 발달을 촉진시켜 민간상업이 발전하는 계기를 마련하였다.95)

고려시대에는 민간수공업의 한 가지 형태인 사원수공업이 발달하였다. 고려시대 사원수공업은 신라의 사원수공업에 그 바탕을 두고 있다. 비록 사찰의 영선이나 자체 수요를 위한 것이기는 하였지만, 이미 9세기 이후 승장들의 활동이 적극화하면서 신라의 사원수공업은 국가통제로부터 벗어나 발달하였다.96) 또한 고려시대에는 불교가 국교화하여 모든 사원이 국가와 귀족들의 보호를 받았으므로 사원경제가 크게 발달하였다. 사원수공업은 초기에는 사원 내의 공업적 수요를 충당하는 것이 목적이었으나, 이것이 점차 전문화하여 그 품질이 우수해지고 생산량이 증대되자 민간수요의 일부까지도 담당하였다.

사원수공업은 높은 기술을 보유하고 우수한 수공업제품을 생산하였는데, 특기할 만한 것으로는 직조업(織造業), 제와업(製瓦業), 제염업(製鹽業), 양조업(釀造業) 등이 발달하였다. 그 결과 사원은 지방사회의 중요한 생산지인 동시에 교역처가 되었다. 사원에서의 직조업은 본래 승려들과 사노비(寺奴婢) 등의 의료(衣料)를 공급하기 위한 것이었으나, 점차 생산이 증대, 전업화하여 사원마다 직기를 두고 비구니와 사비(寺婢)가 직조하여 우수한 물품을 생산하였다. 당시 직조가 주로 농촌의 가내부업으로 이루어졌던 것을 생각해보면 사원의 직조업은 오히려 전업적인 것이라 할 수 있다.97)

사원의 제와업은 사찰건축용 기와를 생산하기 위한 것이었으나 제와기술이 발달해 민간제품보다 우수한 것이 생산되었다. 당시 사원에서 제조되던 유리와(琉璃瓦)는 색채가 아름다워 후세까지 그 기술적 우수성이 전해졌는데, 특히 황

---

95) 魏恩淑, 〈고려 후기 직물수공업의 구조변동과 그 성격〉, 《韓國文化硏究》 6, 釜山大, 1993, pp. 204~207.

96) 朴南守 著, 《新羅手工業史》, pp. 257~258.

97) 姜萬吉, 앞의 글, 앞의 책, pp. 193~194.

단(黃丹)을 이용하고 광주(廣州)와 의안(경상도 창원)에서 생산되는 원료토를 사용하여 제조한 유리와는 상인들이 판매하는 기와보다 우수했다고 한다. 고려시대 사원의 제와업은 조선시대까지 이어져 조선 초기의 제와장인 별와요(別瓦窯)는 승려들에 의하여 운영되었다.[98]

또 양조업은 사원의 양조를 금지하는 명령이 여러 차례 내려질 정도로 발달하였다. 누룩[麯子] 제조가 발달하였으며, 특히 누룩은 지방향시를 통하여 민간수요에 충당되었다. 기타 토목업, 석공업, 금속공업, 지물업(紙物業)도 당시 사찰건축이 성행했으므로 기술적 발전을 이루면서 전업화했으리라 생각된다. 더욱이 지물업은 조선시대에 들어와서도 사원수공업으로 크게 발달한 것으로 보아 고려시대 사원수공업의 하나로 발달되었음을 짐작할 수 있다.[99]

사원에서 만든 수공업품은 품질이 우수하여 상업 발달에도 중요한 역할을 하였다. 그러나 사원은 종교적 지위나 권력을 배경으로 억매·억매 등 강제교역의 주도적 역할을 하였다. 14세기 초[충선왕 원년(1309)과 충숙왕 3년(1316)]에 승려의 상행위를 금지하는 조치가 취해졌으나, 사원의 수공업품 생산 및 상행위와 고리대업 등 경제활동은 여전히 성행하였다.[100]

(2) 전업적 수공업의 발달과 상품생산

고려시대에는 대체로 자가 수요를 위한 의류나 관청에 공물로 납부하기 위한 직물류 등이 농촌 가내수공업에서 생산되었고, 또한 여러 분야에서 전업적 수공업이 발달하였다. 이러한 민간수공업은 고려 후기, 즉 12세기 말 이후 13, 4세기에 관청수공업의 후퇴와 소수공업의 해체로 그 발전이 촉진되었다.

고려 초에 개경이 수도로 건설되면서 인구가 집중되고 교환활동이 활발하게

---

98) 劉敎聖, 〈韓國商工業史〉, 《韓國文化史大系》 II, 고려대 民族文化硏究所, 1965, pp. 1038~1039.

99) 趙璣濬 著, 《韓國經濟史新講》, p. 155.

100) 姜萬吉, 〈商業과 對外貿易〉, 앞의 책, pp. 202~203 및 안병우, 앞의 글, 앞의 책, pp. 136~137(金東哲, 앞의 글, 앞의 책, p. 355), 劉敎聖, 앞의 글, 앞의 책, pp. 1042~1044.

전개되면서 다수의 상인과 수공업자가 이곳으로 이주하였다. 수공업자들은 스스로 소규모의 작업장을 건설하고 공산품을 제조하여 시장에서 판매하였다. 일부 수공업자들은 왕실 및 귀족의 주문에 응하여 특수한 물품을 제작하기도 했으며, 또는 관영수공업에 고용되어 임노동적 노동을 제공하기도 하였다. 수도의 시장에서 판매되고 있던 수공업제품으로는 마포, 저포(紵布), 면포, 모포, 견 등 섬유제품과 자기, 유기, 은기 등 금은세공품, 지류, 먹[墨], 벼루, 붓, 목기 등 다양한 공산품이 있었다. 이것들의 일부는 관청수공업에서 유출된 상품도 있었으나, 대부분 수도 안의 독립자영 수공업 기술자인 공장들이 제작한 것이었으며, 이들에게는 공장세(工匠稅)가 부과되기도 하였다.101)

고려시대 수공업 기술자는 모두가 공장안(工匠案)이라고 하는 별도의 호적에 등록되어 있었다. 이들은 중앙과 지방관청에 소속된 관속공장(官屬工匠)과 그렇지 않은 비관속공장(非官屬工匠)으로 구분되었다. 관속공장에게는 일정한 액수의 현물급여와 토지가 지급되었지만 비관속공장의 경우는 그렇지 못하였다. 비관속공장은 자기의 특수한 기술에 따라 국가가 징발하였고[番次制], 그것이 국가에 대한 이들의 의무였다.

그들은 상당한 요역(徭役)을 제공하면서도 전속되어 있지 않았기 때문에 스스로 생계를 유지해야 했다. 비관속공장은 생계유지를 위하여 독자적으로 판매용 제품을 생산하는 경우와 일정한 급료를 받고 일정 기간 다른 사람에 고용되는 경우가 있었다. 전자는 제품판매이며 후자는 기술판매라고 할 수 있다. 그런데 이들 비관속공장은 관속공장보다 숫자도 많았고, 전체 공업생산에서의 역할도 컸던 것으로 보인다.102)

시중에서 상품으로 유통되는 수공업품은 대개 이들 비관속공장인 전업적 수공업자가 그들의 생계유지방법으로 생산한 것이었다. 고려시대 민간수공업은 광범한 민간의 수요를 비탕으로 발전하였으며, 전업적 수공업의 경우도 마찬가

---

101) 趙璣濬 著,《韓國經濟史新講》, pp. 153~154.

102) 洪承基,〈高麗時代의 工匠〉,《震檀學報》 40, 1975, pp. 66~70.

지였다.103)

전문 공장에 의한 전업적 수공업(주업적 수공업)은 특수하게 구축된 전문적 생산시설을 갖추고 상당수 인원으로 구성된 잘 짜인 생산조직에 따라 분업적 협업을 행하는 경우가 많았다. 업종에 따라서는 한두 명이 작업을 수행하고, 특별한 생산시설을 별도로 갖추지 않는 경우도 있었으며, 또 경영규모의 차이도 있었다. 그러나 금속자재나 금속제품의 생산, 또는 요업 등과 같이 일찍부터 농업에서 분리되어 광범한 사회적 수요를 가진 대표적인 전문적 수공업들은 특수한 구조의 생산시설을 가지고 상당수 인원들로 구성된 조직에 따라 '분업적 협업'을 행하였다104)는 것이 고려 전기 수공업 연구의 결과이다.

비관속공장인 전문적 수공자들을 유통경제의 발달과 민간수요의 증대에 따라 상품을 시장에 다량으로 공급하는 소상품생산자였다. 이들은 자신의 생산품을 직접 판매하거나 개경의 시전상인과 개인 상인을 통하여 상품을 판매하였다. '상품을 구하면 쉽게 얻을 수 있다'[求之易得]의 표현에서 볼 수 있듯이,105) 12세기 말에서 13세기 초에 개경의 유통경제는 매우 발달하였으며, 13, 14세기에는 도자기, 유기, 직물 등을 중심으로 한 많은 전문적 수공업이 전국적 양상으로 발전하였다.106)

전업적 수공업자들 가운데는 유기생산분야의 유동장(鍮銅匠), 직물생산분야의 금장(錦匠), 능장(綾匠), 나장(羅匠), 금은세공분야의 금박장(金箔匠)과 경장(鏡匠), 피혁생산부문의 홍정장(紅鞓匠) 등이 대표적이었으며, 기타 피장(皮匠), 갑장(甲匠), 화장(靴匠), 지장(紙匠), 칠장(漆匠), 마장(馬匠), 목장(木匠), 야장(冶匠) 등이 민간수공업자로 존재하였다.107)

---

103) 농민의 가내수공업을 부업적 수공업이라고 하고 전문 공장이 하는 수공업을 주업적(主業的) 수공업이라고 구분하기도 하였는데(徐聖鎬, 앞의 논문, p. 150), 후자는 전업적 수공업을 뜻한다.

104) 위의 논문, pp. 125~126.

105) 洪承基, 앞의 글, 앞의 책, p. 68.

106) 金東哲, 앞의 글, 앞의 책, p. 214.

이러한 전업적 민간수공업은 특히 고려 후기에 민간수요가 증대한 것이 중요한 발달요인이 되었는데, 13세기에서 14세기에 걸쳐 이를 뒷받침하는 여러 가지 기록이 나오고 있다. 충렬왕 22년(1296)에는 유동장을 개경으로 올라오게 하자는 건의가 있었다. 곧 유동장이 지방에 많이 거주하였는데, 이를 기화로 주현의 지방관리가 유동을 거두어 그릇을 만드는 폐해가 발생하자 유동장을 개경으로 불러 올리는 조치를 취한 적이 있었던 것이다.108) 공장이 지방으로 옮겨간 것은 지방의 유기수요가 증대하여 지방수요에 대한 생산만으로도 자신의 생활을 유지할 수 있었기 때문이며, 그 때문에 지방관리의 수탈대상이 되었다.109)

14세기 말인 공양왕 3년(1391)에는 동이나 철로 만든 그릇이 민간에서 널리 사용되어 유동의 부족현상이 일어나 사회문제가 되자, 철제유기 사용을 금하고 자기나 목기로 만든 그릇을 사용하자는 주장도 있었다.110) 이것은 당시 일반 백성까지 철기나 유기그릇을 사용할 수 있는 정도가 되었다는 것을 말한다. 동시에 이는 자기(瓷器)생산능력이 민간의 수요에 어느 정도 대응할 수 있었기 때문이라고 할 수도 있다.

고려 후기에는 민간에서도 자기를 광범하게 사용하여 그 수요가 증대되었는데, 이는 자기의 대량생산과 유통의 결과이기도 하였으며, 이로 말미암아 자기생산이 촉진되었다. 전라도 강진현 대구(大口) 자기소에 대한 연구에 따르면, 관용과 어용 도자기를 생산하던 도요지에서 교환을 전제로 한 민수용 '장내기'형(시장판매용) 사발, 대접, 접시 등 일반 백성이 사용하는 하품(下品)을 생산하는 가마가 80퍼센트 이상을 차지하였으며, 판매를 전제로 한 뚝배기형 도자기생산이 일반화했다는 연구결과도 있다.111)

---

107) 徐明禧, 앞의 글, 앞의 책, pp. 435~436.

108) 《高麗史》 卷 84, 志 38, 刑法 1, 職制 忠烈王 22年(1296) 5月條.

109) 姜萬吉, 앞의 글, 앞의 책, p. 190 및 金東哲, 〈고려 말의 流通構造와 상인〉, 앞의 책, p. 213.

110) 《高麗史》, 卷 85, 志 39, 刑法 2, 禁令 恭讓王 3年(1391), 房士良 上疏.

111) 權丙卓, 〈고려 후기 도자기소의 경영형태〉, 《한국산업사연구》, 영남대학교 출판부, 2004, p. 279. 고려시대의 도요지 79개 가운데 65개(82.3%), 조선 전기 298개 가운데 227개

민간수요의 증대를 바탕으로 발전한 전업적 수공업자는 소상품생산자였으며, 생산한 수공업품은 시장을 거쳐 상품화되었다. 그런데 상품생산을 전업적 수공업자들만 수행한 것은 아니었다. 농촌 가내수공업에서 발달한 직조수공업 생산품의 적지 않은 부분이 시장에서 상품화되었으며, 수공업소의 수공업자들도 점차 독립수공업자로 전환되면서 상품생산과 상품유통을 자극하였다. 또한 중앙관청수공업과 지방관청수공업에서도 상품생산은 부분적으로 진행되었다. 중앙관청수공업장의 수공업자들은 공물생산에 종사하는 기간을 제외한 나머지 기간에 자기들의 생활자료로 마련한 생산물을 시장에서 판매하였다.

지방관청수공업장인 금기방, 잡직방, 갑방에서도 상품생산은 진행되었다. 농민들이 상업이윤을 추구하고자 각 도의 금기방, 잡직방, 갑방에 모이는 폐단을 방지하기 위한 조치를 취한 것은, 비합법적이기는 하지만 지방관청수공업장에서도 상품생산이 적지 않게 진행되었음을 말한다.112)

그런데 이러한 상품생산과 민간수요품의 유통은 주현시(州縣市) 중심의 국지적 유통 외에 당시의 상업 발전 속에서 선상(船商) 등에 의하여 보다 확대된 지역적 범위에서 이루어졌다.113)

(3) 농촌수공업의 발달

고려시대 농촌지역에서는 전업적 수공업이 일부 발달하고 있었으며 소수공업 생산이 이루어지고 있었지만, 농촌수공업의 중심은 농민의 부업적 가내수공업이었다. 가내수공업에서는 자가 수요 및 생계보완을 위한 생활용품을 생산하기도 하고, 공물 납부용 생산을 하기도 하였으며, 직조업 등 일부 가내수공업제품은 상품으로 유통되기도 하였다. 더욱이 베[麻布]는 현물화폐로서 중요한 기능을

(76.2%), 조선 후기 286개 가운데 265개(92.7%)가 각각 일반 백성들이 사용하는 하품을 생산한 것으로 보았다(p. 251).

112) 홍희유 저,《조선상공업사》(고대 · 중세), pp. 73~75.

113) 金東哲,〈수공업과 염업〉,《한국사》19, 국사편찬위원회, 1996, p. 357.

하기도 하였다.

농촌의 가내수공업으로는 먼저 베, 모시[紵布], 비단[絹織物]을 짜는 직조수공업이 중요한 자리를 차지하였으며 모직업이 부분적으로 발전하였고, 고려 후기에는 면직업(綿織業)이 새로이 등장, 발달하였다. 그리고 참대가공업, 자리수공업, 제지업 등도 광범하게 발전하였는데, 이들은 원료, 기술, 생산조건으로 말미암아 주로 농민의 가내수공업으로 발전하였다. 이들 제품은 백성의 광범한 수요를 바탕으로 하고 있어서, 적지 않은 지역에서 해당 수공업의 명산지와 중심지를 형성하였다. 참대 산지인 경상도 양산(梁山)은 토지가 습하여 백성들이 농사보다 대나무제품(참대가공품)을 만들어 생계를 유지하고 공물을 바치는 등 참대제품 수공업을 중요한 생업의 하나로 발전시켰다. 왕골을 원료로 하여 돗자리를 생산하는 자리수공업도 발달하였는데, 경상도의 일부 지역은 왕골돗자리와 방석생산의 중심지가 되었다. 삼국·통일신라시대의 전통을 이어 받아 제지업도 한층 발전하였는데, 전주는 종이의 명산지였으며 고려시대 전주의 명표지(名表紙)는 유명하였다.

이와 함께 농민 가내수공업의 중심이 된 것은 직조수공업이었다. 직조수공업 가운데 중요한 것은 모시제조업과 베(마지)제조업이었다. 베는 농민들의 기본적 의류소재로서 사회적 수요가 많았고, 모시직조업도 비교적 광범한 소비대상을 가진 생산부문이었다. 가내수공업으로 생산된 이들 수공업품은 자체수요충족과 함께 국가에 납부하는 공물로서 충당하기 위한 것이었으며, 일부는 상품으로 시장에 판매되기도 하였다.114)

견직물은 마포나 저포에 견주어 그 수요와 생산량 자체는 적었으나, 국왕을 비롯한 왕족의 의류나 관료 등 관속 일반의 공복(公服), 대외 교역품, 하사품 등 중요한 국가적 용도에 쓰였고 민간에서도 수요가 있었다.115) 견직물생산은 12세기 무렵 인종(1122~1146) 연간에 중국의 잠서(蠶書) 도입에 의한 양잠기술의

---

114) 홍희유 지음, 《조선중세수공업사연구》, pp. 144~147.

115) 徐聖鎬, 앞의 논문, p. 110.

발달로 그 발전이 촉진되었다.[116]

12세기까지의 견직물, 저포, 마포 등 고려의 직물수공업은 원(元)과의 전쟁으로 말미암은 황폐화 및 원 간섭기의 수탈과 경제구조의 왜곡으로 정상적인 발전을 하지 못하였다. 농가경제에서 마직업 발전은 상당 부분 그 기초가 침식된 가운데, 견직업과 저직업(苧織業)이 비정상적으로 비대한 발전을 보였다. 이것은 원나라의 견직물과 모시에 대한 수요가 크게 증가했기 때문이었다.

견직물은 고려 전기부터 대외 무역에서 중요한 수출품이었고 원 간섭기에도 원에 대한 중요한 공헌품이었다. 원 황실에 대한 공헌품 외에도 원의 재상들이나 사신들에 대한 각종 선물에도 견직물은 필수였다. 또한 원 제국 등장으로 원나라 시장은 세계적인 곳이 되었고, 원을 거친 견직물 교역이 증가하기도 해 수요가 증가하였다.

왕실 권세가와 상인들은 반동, 억매 등 각종 수탈적 방법으로 민간에서 견직물을 수취하여 원나라에 판매하고 막대한 이득을 얻었다. 권세가와 상인들은 수탈에 따른 상품 공급의 한계를 관청수공업과 소수공업에서 이탈한 장인을 모아 견직물을 생산하여 극복하면서 대외 무역으로 부를 축적하였다. 권세가와 상인의 부 축적은 농장(農莊)과 함께 전기적 상업자본의 중요한 비중을 차지하였다. 권세가 및 이들과 결탁한 상인 중심의 견직업 발전은 농가경제의 중핵을 이루었던 마직업 발전을 침식하면서 비정상적으로 발전한 것이었고, 결국 농가경제를 피폐하게 만들었다.

견직물, 마직물과 함께 의생활의 새로운 소재로 등장했던 모시에 대한 최초의 기록은 신라 헌인왕 4년(860)이다. 그 뒤《고려사》에서 모시 관련 사료는 원 간섭기 이후에 풍부해졌는데, 이것은 모시가 중요한 원나라 수출품이었기 때문이었다. 이것은 원나라에서 모시 가격이 비쌌고, 고려 모시의 품질이 상대적으로 우수한 데 기인하였다.[117] 원의 간섭 초기부터 수탈물품 가운데 특히 모시

---

116) 魏恩淑, 앞의 글, 앞의 책, p. 200.

117)《高麗圖經》卷 23, 土産. 서긍(徐兢)은 인종 원년(1123)에 고려를 다녀갔으며, 고려의 모

(은파모시)는 중요한 대상이었다.

원의 지배로 모시특수가 일어났고 권세가는 이를 적절히 이용하여 막대한 상업적 이득을 얻을 수 있었다. 모시특수에 편승하여 왕실과 권세가를 중심으로 수공업 생산구조가 재편되는 모습을 보였다. 반동과 억매를 통해서 농민들로부터 모시를 수탈하고 상품을 생산하는 데는 한계가 있었고, 이에 권세가들은 모시[紋紵布]를 생산할 수 있는 기술을 보유한 사원과 결탁, 직조기술을 가진 장인을 모아서 생산, 무역하였다.

모시수탈과 모시생산 편중, 그 재배지역의 편중은 농민들의 정상적인 자기경영을 위한 생산노동을 희생하도록 만들 수밖에 없었고, 그것은 농가경제 몰락의 원인이 되었다. 모시생산량이 증가하고 그 직조기술이 향상되었지만, 그것이 농가경제에 이득이 되는 것은 아니었다. 견직물과 함께 모시생산의 이상(異常) 비대화는 농가경제와 무관하게 진행되었고, 고려의 자생적이고 순조로운 사회경제의 발전에 왜곡을 초래하였는데, 이는 원나라에 대한 정치경제적 종속성으로 야기된 것이었다.

이상적으로 비대해진 견직물과 모시생산으로 왜곡된 농촌수공업구조를 바로잡고 어려운 농민경제에 활력소가 된 것은 공민왕 13년(1364)에 문익점(文益漸)이 원에서 가져온 목면(木綿) 씨앗이었다. 이후 목면은 경상도 지역을 중심으로 보급이 확대되어 갔다. 목면은 보온성이 좋아 서민의 겨울생활에 도움을 주었고 연작이 가능하였다. 또 다른 직물보다 직조하는 데 드는 노동시간이 단축되고 노동생산성도 높아 경제성이 월등하였다. 목면의 도입으로 시작된 직물업의 생산력 발전은 농촌수공업 경제구조에 많은 파급효과를 가져왔다.

고려 후기 이후, 특히 15세기 후반기부터는 면포가 마포로부터 정포(正布)의 자리를 넘겨받았고, 또한 군역이나 요역, 공부에 대한 면포대납현상도 광범위하게 나타났다. 농가경영이 쌀[米], 면작을 중심으로 전업화되면서, 소농민의 농업경영은 자율성과 생산성을 확보하여 안정성을 얻었다. 원 간섭기 이후 피폐된

시 품질에 대하여 극찬하였다.

농가경제는 상당한 정도로 회복되고, 여말선초의 직물수공업에서 '마면교체'(麻棉交替)가 전면적으로 시행되면서 면수공업이 농촌수공업의 중심이 되었다.[118]

직물을 중심으로 참대, 자리, 제지 등의 농촌 가내수공업이 발전하면서 많은 지역에서 해당 수공업의 명산지와 중심지가 발전하였다.《고려사》에는 고려시대 지방특산물을 가공하여 제품을 생산하는 수공업 중심지와 그 제품으로 청주의 설면(雪綿 : 풋솜), 안동의 명주실, 경산의 황마포(黃麻布), 해양(海陽 : 광주)의 백저포(白紵布 : 흰모시) 등을 들었다. 그리고 서경(평양)과 계림(경주)의 견직업, 전주와 남원의 제지업, 특히 전주의 명표지, 양산의 참대, 안동의 돗자리도 지방특산물로 높이 평가되었다.[119]

농촌 가내수공업이 발전하고 지역적 분업이 성립한 것은 지방상업의 발전을 가져왔고, 이는 어느 정도 상품생산의 진전을 뜻한다. 또한 수공업과 상업의 분리는 전업적 수공업의 전개와 지방상업의 발전을 촉진하였다.

전체적으로 보아 이러한 고려시대 농촌수공업의 발전은 다음과 같은 요인이 작용한 결과였다. 첫째, 농업생산력의 발전과 향시의 발달을 들 수 있다. 농민 생산활동의 다양화를 기반으로 지방의 향시가 번성하면서, 농민들은 생산물을 향시에서 상호 교환하였고, 시장판매를 목적으로 한 생산물 개발에 힘쓰게 되었다.

둘째, 농촌수공업 발전의 또 하나의 계기는 국가에서 농민에게 부과한 별공제도(別貢制度)였다. 농민에게 부과된 별공은 상공과 달리 고급품 제작을 강요하였다. 별공은 원래 특수한 지역에서 특수한 생산물을 제작하는 농민에게 부과되는 것이었으나, 국가는 그 지역의 모든 농민에게 별공을 부과함으로써 농민들은 부과된 별공을 생산하지 않을 수 없게 되었고, 지정된 물품을 시장에서 구입하여 납부하는 일도 있었다.

셋째, 별공의 환납제도(換納制度)도 농민수공업의 발전을 자극하였다. 예종 9년

---

118) 魏恩淑, 앞의 글, 앞의 책, pp. 212~241 참조.

119) 홍희유 지음,《조선중세수공업사연구》, pp. 148~149 및 홍희유 저,《조선상업사》(고대 · 중세), p. 75.

(1114)에 채택된 이 제도는 별공으로 지정된 물품을 평포로 환가납(換價納)할 수 있게 한 것이다. 결국 별공제도와 환납제도는 시장판매를 위한 농민수공업의 발달을 촉진하였다.[120]

---

120) 趙璣濬 著, 《韓國經濟史新講》, pp. 156~157.

제3장
조선시대 상공업과 그 변화(Ⅰ)

제1절 조선시대의 성격과 그 변화

1. 조선시대의 기본성격

조선시대에는 고려시대에 견주어 여러 가지 변화가 있었다. 우선 농업생산력
이 크게 발전하였다. 고려시대 농업의 기본이었던 휴한농법(休閑農法)이 조선시
대에 연작상경농법(連作常耕農法)으로 점차 전환되면서 이룬 농업생산력의 발전
은 사회적 변동의 가장 큰 원천이었다. 연작농법의 광범위한 성취로 토지생산성
이 상대적으로 높아지면서 토지를 분산적으로 경영하는 소농민의 국가·사회
적 비중이 크게 증가하였다. 고려시대의 족적(族的) 공동체적 유대관계를 지양한
소농민경영이 독자적으로 성장하면서, 조선 사회의 규정적이며 지배적 영농 형
태는 소농민경영이 되었다. 곧 토지와 가호(家戶)를 소유한 항산적(恒産的) 농민
인 소농민이 보편적으로 존립하게 되었고, 양인 자영농을 중심으로 하는 중세적
소농민경영이 전형적으로 정립되었다.

기본적 직접생산자인 소농민경영을 바탕으로 하부구조가 전개되면서 그것과
기본적 대응관계에 있는 국가체제가 상부구조로 정비되었다. 신분별·계층별
존재 형태에서 양인 소농민이 양적으로 다수였고, 질적으로도 이들이 당시 생산
력 수준을 대표했다. 그 토대 위에서 국가와 양인 소농민의 농노적 예속관계가
기본적 생산관계(기본모순관계)로 성립됐다. 동시에 부차적으로 양반지주와 노비
소농민 사이의 사적인 농노적 관계가 중층적으로 구조화된 것이 조선 사회의
사회구성적 특징이었다. 조선 사회의 변화는 이러한 전형적 질서, 특히 소농민
경영과 기본적 대응관계에 있는 국가체제의 상호작용에 따라 점차 전개되었다.

직접생산자인 소농민층을 지배하는 상부구조(국가)는 여러 계층의 사회세력[1]

이 중층적·계층적으로 구성되어 있었지만, 국가사회를 총체적으로 지배하는 최고의 존재는 왕뿐이었으며, 그 예하에서 차원을 달리하는 지배세력은 전제왕권을 부분적으로 위임받은 형태로 지배력을 행사하였다. 또한 조선시대는 고려시대보다 왕권이 한층 강화되어 고려시대의 귀족적·호족적 지배방식에 견주어 행정적·관료적 측면이 강화되고, 법제적 지배체제를 시도하여《경국대전》(經國大典)과 같은 기본법전이 정비되기도 하였다.

성리학적 지배이념은 왕권의 강화와 전제성을 강조하는 이론체계였다. 불교보다 배타적 속성이 강한 주자학적 성리학은 '하늘[天]을 대신하여 만물을 다스린다'는 대천이물(代天理物)의 이념이었으며, 왕권의 근원과 그 정당성, 특히 그 전제성을 설명하는 기본명제를 정치사상으로 하였다. 조선시대는 이를 국가이념으로 삼으면서 숭유배불(崇儒排佛)의 이념을 추구하고 왕권의 전제성을 강화하였다. 그 결과 개인적으로는 가부장에 대한 처자의 순종, 사회적으로는 지배층에 대한 피지배층의 복종이 당연한 도리로 보편화되었으며, 국가는 모든 신민의 충성을 정점으로 수렴하는 왕권 중심의 중앙집권적 통치체제 형태로 상부구조를 강화할 수 있었다.

농업생산력의 발전에 따라 그에 상응한 지배방식이 편성되었다 예컨대 군현제(郡縣制) 하부에서 개별적인 편성을 보이고 있던 속현(屬縣)이나 향(鄕)·소(所)·부곡(部曲)·장(莊)·처(處) 등 여러 단위의 임내(任內) 지역들은 그 특수성에서 벗어나 일반 군현제의 일반적 단위지역 형태로 보편화되었다. 또 국가, 귀족 또는 특수수요나 연고관계와 관련되어 특별한 관리를 받으면서 가혹한 수취제에 묶여 있던 지역농민도 생산력 발전에 따라 군현제 주민과 다름없이 사회적 지위가 향상되면서 국가를 직접 상대하는 소농민경영체로 성장하였고, 결국 사회 전체가 변화되면서 국가지배방식도 변동되었다.[2]

---

1) 왕권 아래에는 훈척·대신 등 세가, 그 아래에는 감사·수령 등 관인, 그 옆으로는 품관·토호 등 지주사족, 다시 아래로는 향리(鄕吏)·군교(軍校) 등의 중인층이 배치되어 직접생산자인 농민층을 중층적으로 지배하였다.

2) 김태영, 〈조선 전기 시대의 성격〉, 《한국사》 7, 중세사회의 발전-1, 한길사, 1994,

토지와 가호를 소유한 소농민이 광범위하게 성장하면서 국가의 수취체제의 주된 대상은 소농민이 되었고, 바로 농본주의(農本主義) 또는 숭본억말(崇本抑末)의 이념이 추구되었다. 수취제도는 전세제(田稅制), 공납제(貢納制), 군역(軍役), 요역(徭役)으로 구분되었는데, 그 주된 대상은 소농민이었고, 이들에게서 더 효율적으로 부세(賦稅)를 수취하고자 새로운 과역(課役)제도인 계전법(計田法)이 정착되었다. 즉 고려시대 이래의 인정(人丁)을 기준으로 하는 계정법(計丁法)에서 토지를 주된 기준으로 과역의 단위를 계산 파악하는 법제가 성립 운용되었다.3)

상부구조인 국가와 하부구조인 소농민층이 기본적 모순관계를 형성하였던 조선사회구성에서 국가의 구체적 역할은 계전법적 수취제도와 신분직역제(身分職役制)4)를 바탕으로 하였다. 신분직역제에서는 왕권을 정점으로 하는 양반사족(兩班士族), 이들의 지배체제를 관료적으로 뒷받침하는 중인층, 기본적 사회계층인 양인층, 지주 관인층의 종속적 노동력인 노비층 등의 계층적 사회체제(신분제)가 주자학 계열의 성리학적 지도이념인 상명하복(上命下服)의 질서 아래서 실현되었다.

국가지배체제의 실현과 함께 이에 대응하는 소농민층의 작용은 발전을 향한 사회적 분화를 수반하였다. 조선 후기의 지속적인 농업생산력의 발전과 상품화폐관계의 진전은 농민층 분해를 촉진하였고, 동시에 농민층에 대한 국가의 과중한 부담은 빈농과 무전농민(無田農民)을 창출하면서 '자유로운 노동자' 공급의 원천을 만들었으며, 나아가 새로운 생산관계의 계기가 되었다.

---

pp.61~65 참조.

3) 세종 초기에 정착되었으며 성종 2년(1471)에 더욱 구체화되어 시행되었다.

4) 원래 직역(職役)은 고려의 수취제도에서 양인에 부담하는 신역(身役) 가운데 위전(衛前), 역리(驛吏), 관청수공업자 등이 국가가 필요로 하는 공직에 복무하는 의무를 말하는 것이었다(李憲昶 著, 《韓國經濟通史》(제2판), 法文社, 2003, pp. 84~85).

2. 조선시대 상공업구조와 그 변화

조선 전기의 상공업구조는 고려시대의 것과 크게 다르지 않았지만, 양적으로는 확대 개편되었으며 질적인 변화도 있었다. 생산력이 발전하고 상품생산이 이루어지면서 후기에 와서는 크게 변화하였고 이는 봉건사회 해체의 단초가 되었다.

상업구조를 보면 수도에는 시전가(市廛街)가 건설되었고, 그 밖에 성 안 각처에서 장시의 형태로 아침저녁 열리는 길거리 시장[항시(巷市), 여항소시(閭巷小市)]이 있었으며, 지방에는 향시가 개설되어 생산물이 교환되었다. 그러나 조선시대 초기에는 고려시대와 달리 상업억제정책이 실시되었기 때문에 상업활동이 활발하지 못하였다. 현물조세로 말미암아 상품생산 및 화폐경제가 일반화되지 못하였으며, 자급자족경제를 기반으로 하는 농촌생활 등으로 상업 발달은 한계를 갖지 않을 수 없었다. 수공업분야에서는 사영수공업의 성장이 있었지만, 한정된 수요를 상대로 하였기 때문에 교환활동을 급격히 촉진하지는 못하였다.

그러나 지방의 시장, 즉 향시는 고려시대보다 활기를 띠었고, 더욱이 15세기 말 이후 본격적으로 정기적 교환공간인 장시(場市)가 발달하면서 시장의 중간유통구조가 형성되었다. 고려시대에는 향시에서 수공업제품의 생산자간 직접적인 물물교환이 주된 교환 형태였다. 그러나 조선시대에는 향시가 더욱 발달하면서 보부상(褓負商)과 도매상인 객주(客主), 여각(旅閣) 같은 중간유통구조가 크게 발달하였고, 이들을 거쳐 수공업제품 등이 소비자에게 전달되는 등 상업에서 유통구조의 변천이 있었다.5)

조선 후기에 와서 상업조직은 크게 바뀌었고 상업활동도 활발하게 전개되었는데 이는 무엇보다도 상업 발달의 기틀이 마련되었기 때문이었다. 농업기술개량으로 생산력이 증대되고 생산방식이 다각화하여 생산물의 종류가 다양해지면서 이들이 시장에 대량으로 반출되었다. 잠업(蠶業)과 면화생산의 성행 등으로

---

5) 延正悅, 〈市場〉,《韓國史論》 11, 朝鮮前期 商工業, 국사편찬위원회, 1982, pp. 42~43.

농촌 가내수공업이 발달하였으며 전업적 수공업도 발달하였다. 이로 말미암아 상품생산이 촉진되었는데, 대동법(大同法)의 실시는 이러한 생산물의 다양화와 상품화를 전제로 한 것이었지만 동시에 시장경제도 더욱 촉진시켰다.

19세기 초에는 1,000여 개의 공인된 시장이 전국적으로 개시되었고 수도 한성을 비롯하여 지방도읍에서도 시장판매를 목적으로 하는 농산물 및 전업적 수공업제품이 생산되었다. 그리고 수도와 지방도읍에 비시전계 상인인 난전(亂廛)이 성행하면서 특권상인인 시전과 갈등이 심화되었다. 관상(官商)인 시전과 자유로운 상업을 주장하는 사상(私商)인 난전 사이의 대립은 결국 18세기 말 신해통공(辛亥通共)이 시행되면서 후자의 승리로 귀결되었고, 이로써 상업 발달과 시장경제 발달은 더욱 촉진되었다.

시장권(市場圈)은 국지적 시장에서 지역적 시장으로, 다시 전국적 시장권으로 점차 넓게 형성되면서 전국적 범위의 상업활동이 이루어지게 되었고, 이에 맞추어 상업자본도 크게 성장하였다. 전기에 상업자본은 봉건적 질서 안에서 증식되는 고리대자본과 함께 전기적 자본성격을 벗어나지 못하였고, 새로운 생산조직을 유발하는 기능도 발휘하지 못하였다. 그러나 후기에 오면서 상업자본의 성격이 질적으로 변화하고 또 크게 성장하였다. 상인은 부상대고(富商大賈)가 되어 도고상업(都賈商業)이 성장하였으며, 상업자본이 생산부문에도 침투하면서 선대제자본, 나아가 산업자본으로 전환되는 모습을 보였다.

수공업조직도 조선시대 초기에는 고려시대와 유사하였다. 즉 관청수공업, 민간수공업으로서 농민의 가내수공업, 독립수공업자로서 전업적인 자영수공업 등으로 구성되어 있었다. 관청수공업은 전속장인과 국가의 일방적 강제에 따라 일정기간 기술부역을 담당하는 수공업 기술자의 공역, 즉 상번공(上番工)의 부역노동으로 운영되었다. 그리고 일정 기간의 공역과 현물공납의 의무를 지면서도 독립수공업자로서 자기 수공업장을 갖고 주문생산이나 시장을 대상으로 상품을 생산하는 민간수공업자인 전업적 수공업자가 있었다. 또한 원칙적으로는 자가수요와 국가의 공물의무를 담당하면서도 일부는 시장판매를 위하여 생산하는 농촌 가내수공업자도 있었다.

이러한 조선시대 수공업은 고려시대의 수공업과 같은 편성을 이루고 있었지만, 공업적 수요의 담당분야와 그 운영방식 등에서 점차 변화가 나타났다. 첫째, 초기에 관청수공업은 고려시대에 견주어 양적으로 확대 개편되면서 국가의 공업적 수요를 감당하였지만, 점차 그 절대적 위치를 상실하면서 축소되었다. 고려시대의 공업적 수요는 교환경제가 미개발된 상태에서 전적으로 농민의 공물과 관청수공업에 의존하였고 일부만이 시장에서 구입, 충당될 뿐이었다. 그러나 조선시대에 와서, 특히 후반기에는 교환경제가 발달하면서 공업적 수요도 교환경제에 의존하는 경향이 높아졌다. 그 결과 농민 공물과 관청수공업의 의의는 감소되었으며, 관청수공업은 기술적으로나 양적으로나 점차 쇠퇴의 과정을 밟게 되었고, 마침내 관공장(官工匠)이 혁파되기에 이르렀다.

둘째, 관청수공업의 쇠퇴는 수요의 측면에서 관청수공업에 대한 공업적 수요의 상대적 감퇴에도 원인이 있었지만, 공급의 측면에서는 그 운영의 기반이 되었던 전속장인 및 강제적 공역노동의 이탈과 이로 말미암은 기술수준의 낙후로 더욱 촉진되었다. 이것은 국가의 수취제도의 바탕이 되었던 강제적 부역제도의 한계 및 해체에 따른 것이었다.

셋째, 일반 백성의 공업적 수요를 대상으로 하는 자연발생적 수공업조직인 민간수공업, 즉 전업적 수공업과 농촌 가내수공업이 생산규모를 확대하고 생산물을 다양화하였다. 민간수공업은 전기에는 기술수준이나 생산규모에서 관청수공업에 뒤떨어졌지만, 시전과 향시의 발달 등 교환경제가 발전하면서 점차 앞서게 되었다. 이에 따라 민간수공업은 국가와 민간의 공업적 수요를 충당하는 지배적인 공업조직으로 발전하였다.

넷째, 농민의 가내부업적 수공업의 발달과 그 제품의 다양화는 자가 수요충족과 공물납부를 넘어서, 시장판매를 목적으로 하는 생산도 증대시켰다. 그로 말미암아 후기에 시장에서 거래되는 상품은 농민의 부업적 가내수공업세품과 전업적 수공업제품이 큰 비중을 차지하였고, 이는 민간수공업 발달을 뒷받침하였다. 더욱이 19세기 이후에는 일반적 수요가 많았던 전업적 수공업제품, 즉 쇠부리(전통제철산업), 유기, 도자기, 제지 등에 근대적 생산양식의 단서적 형태인 공장제 수공업(매뉴팩처)과 선대제적 공업 형태가 전개되었다고 보고 있으며, 나아가 자본주의 맹아와 자본주의적 관계도 검증되고 있다.

제2절 조선 전기의 상업구조와 그 변화

1. 무본억말정책과 특권시전상업의 재편성

(1) 억말론과 상공업규제정책

고려시대에도 무본(務本)의 경제이념에 따라 권농정책을 추진하였지만, 이를 위해 상업이나 수공업을 억제하는 정책이 국가 차원에서 체계적으로 모색되지는 않았다. 그러나 조선시대에는 상공업에 대한 정책이념이 고려시대의 그것과 차이가 있었는데, 농업은 본업(本業)이고, 상업과 공업은 말업(末業)이라는 무본억말(務本抑末)의 인식이 그 바탕이 되었다.

유교 성리학의 주요 경전인 《대학》(大學)의 생재관(生財觀)·재용관(財用觀)은 생산의 근원을 농업에서 찾아 이를 본업으로 간주하여 적극 장려하면서, 검약을 숭상하여 절약과 낭비 방지를 표방하고 있었는데, 이러한 성리학의 경제사상이 무본과 억말정책으로 구체화된 것이다. 그러나 이러한 정책이념 아래에서도 상업이나 수공업 자체를 부정하진 않았는데, 왜냐하면 상업과 수공업도 민생의 필수부분이었으며, 그것을 부정하고서는 교환과정과 사회적 분업의 기능이 수행될 수 없었기 때문이다.

상업과 수공업도 민생의 필수부분으로서 농업과 마찬가지로 그 필요성을 인정했지만, 역농관(力農觀)의 시각에서 농민의 축말경향(逐末傾向), 즉 농민의 상공

업종사경향을 규제하려는 취지로 억말론(抑末論)이 추진되었다.6) 곧 중농을 위
하여 상공업규제정책이 시행되었던 것이다.

상업부문에서 억말시책은 수도에서는 시전기구로써, 그리고 지방에서는 장시
와 행상활동에 대한 규제로써 이루어졌다. 조선시대 시전의 정비방침은 시전상
인을 보호 육성하여 도시민의 상품 수요에 부응하면서, 동시에 도성과 전국의
축말경향을 방지하는 데 목적이 있었다. 시전은 시전상인에게 상세와 잡역 등
시역과 국역을 부담시키는 대신 이들의 상업독점을 허용하여, 도성 안팎에 거주
하는 농민을 포함하는 일반 백성의 농업종사 기피경향을 방지하려는 목적에서
정비된 교역기구였다. 시전을 정비하고 시전상인을 통해 상업을 장악, 관리함으
로써 그 외 백성의 상업종사를 막으려는 방침이었다.

상업규제정책은 지방에서 행상과 장시의 규제 및 통제로 나타났다. 조선시대
행상활동에는 농촌에서 필요한 가벼운 물품을 도보나 우마를 이용하여 거래하
는 육상(陸商)과 배를 이용하여 무거운 물품을 대규모로 교역하는 선상(船商)이
있었다. 국가는 행장(行狀), 즉 일종의 행상면허증인 노인(路引 : 통행권)제도로써
행상활동을 규제하였다. 이러한 규제는 행상으로 전화하는 농업인구를 줄이고,
이들을 다시 농업으로 귀환시키려는 목적이었다. 행장 발급은 선상의 경우에두
예외는 아니었으며, 행장을 소지하지 않은 행상활동은 해당 지방관서의 통제를
받았고, 행장의 유무는 단속의 근거가 되었다.

억말정책은 장시와 상세부과방침에서도 나타났다. 농민적 교역기구로서, 특
히 15세기 후반에 출현, 전국적으로 확산된 장시는 농민, 수공업자 등 직접생산
자가 생산품을 매매하는 장으로서, 소상품생산의 출현과 함께 그에 수반한 농촌
시장이었다. 그런데 국가는 그 효율성을 인정하면서도, 장시의 등장 초기에는
그것을 사본축말(捨本逐末)과 도적 횡행의 장으로 인식하여 억압하였다. 또한 상

---

6) 조선시대 직업 신분관에 따르면 사(士)·농(農)과 상(商)·공(工)은 각기 본말(本末) 또는
   귀천(貴賤), 사회관계에서 '상·하'로 위치하고 있었다. '상'으로서의 사·농이 '하'인 상·
   공에 대하여 상위에 위치하면서 이를 독점, 지배하는 것을 이권재상론(利權在上論)이라 하
   여 무본억말론과 부합시켰다.

세 부과도 농민의 이탈에 따른 농업 축소와 농업인구 감소를 막기 위한 차원에
서 시행되었다.[7]

(2) 시전상업의 재편성과 그 성격

시전은 고려 초에도 설치되었고[8] 고려 말에도 흥성하였다. 조선 건국 초에
태조는 시전담당기구로서 경시서(京市署)를 설치하는 등 개경에 있는 고려시대
시전의 원형을 유지하면서도 전면적으로 이를 재편성하려는 시전정비방침을 마
련하여 국가의 통제를 강화하려고 하였다. 그러나 태조 3년(1394)의 한양 천도로
말미암아 개경에서 시전정비계획은 추진되지 못하였다.

한양에 상설점포로서 행랑(行廊)을 갖춘 시전은 태조 시기에는 조성되지 못하
였으며, 이를 대신하였던 것이 일중위시(日中爲市), 곧 항시(巷市)였는데 이는 매
일같이 개시된 교환의 장소였다. 항시는 성 안 여러 곳에서 열렸으며, 그 가운데
가장 규모가 큰 대시(大市)는 오늘날 종로 2가 탑골공원 주변의 대로상이었다.
대시를 포함한 여러 항시는 정종 원년(1399)에 개경으로 수도를 옮김으로써 소
멸되었다.

태종 5년(1405)에 한양으로 재천도한 뒤 정부 수요물자의 조달과 국고잉여물
의 처분이라는 시전의 고유기능에 관련하여 시전조성과 시가정비의 과제가 제
기되었다. 이를 통하여 상인의 활동과 상업에 대한 관리 통제로 억말과 국가의
이권장악이라는 정책을 도모하였고, 이를 위하여 물품판매구역의 설정, 판매물
종의 고정 등의 조치가 이루어졌다. 대시의 구역과 미곡 및 잡물, 우마의 거래구
역을 정하고, 도성의 백성이 조석 일용품을 교환하는 여항소시(閭巷小市)는 집 앞
에서 개시할 수 있게 하였다.[9] 이에 앞서 태조 원년에는 한양 천도 이전 개경에

---

7) 朴平植 著,《朝鮮前期商業史硏究》, 지식산업사, 1999, 제1장 참조.

8) 白南雲 著,《朝鮮社會經濟史》二卷, 改造社, 1937, pp. 730~731. 여기서 시전은 시민적 상인의
   거리인 방(坊)에 설치된 방시(坊市)였으며, 방은 어용상인의 영업구역이라고 하였다.

9)《太宗實錄》卷 19, 太宗 10年 正月 1冊.

서 고려의 제도를 이어받아 경시서를 설치하여 도량형기와 물가를 단속하게 한
바 있으며, 더욱이 태조 3년에는 대시에서 각 시의 명칭을 판자에 새기고 그 아
래에 판매물종을 그려 넣어 내걸게 하는 등 판매물종의 고정조치를 취한 바 있
었다.[10]

이에 이어서 태종 10년 도성의 시가를 판매물종에 따라 구역을 정하였는데,
이는 한양에서 상설점포를 전제로 한 시전조성정책의 기반이 되었다. 도성 안
대로의 좌우에 행랑을 건설하는 공사는 개천공사와 함께 태종 11년(1411) 12월
부터 본격 시작되었다. 도시정비계획의 일환으로 건설되기 시작한 행랑 가운데
대시의 좌우에 위치한 것이 시전 점포용이었으며, 여타의 행랑은 다른 목적으로
이용될 수 있는 건물이었다.[11]

1차로 태종 12년(1412) 2월부터 4월까지 혜정교(惠政橋)[12]로부터 창덕궁 동구
(洞口)에 이르는 800여 간의 시전 좌우행랑의 공사가 시작되었다.[13] 제2차 공사
는 태종 12년 5월에 창덕궁 궐문에서 정선방(貞善坊) 동구에 이르는 구간, 즉 돈
화문 일대의 427간에서 벌어졌는데, 이 구간은 시전구간이 아니었다. 3차는 태
종 12년 7월부터 다음해 5월까지 종루(鍾樓)로부터 서북쪽으로 경복궁까지, 창덕
궁에서 종묘 앞 누문(樓門)까지, 그리고 숭례문 전후까지 공사를 하였다. 제3차
공사는 제1, 2차 행랑건설공사에서 미진했던 것의 마무리 공사였으며, 1, 2차를
합하여 1,360간의 행랑공사가 완성되었다. 제4차 공사는 태종 14년부터 있었으
며, 종루에서 남대문까지와 종묘 앞 누문에서 동대문에 이르는 좌우행랑을 조성

---

10) 《太祖實錄》 卷 5, 太祖 3年 正月 1冊.

11) 행랑(行廊)이란 시가 양측에 잇대어 지은 건축물로서 상점건물 또는 관아의 건물로 사용
　　하기 위해서 지은 것이다. 그러나 태종 때 건설된 행랑의 일부는 정부에 의해 조방(朝房)
　　이나 국고미곡 보관창고로 사용되었고 세종 때 거처로 분급되기도 하였다.

12) 종로 1가 광화문우체국의 뒤편에 위치한 다리로, 1926년에 복청교로 그 이름이 바뀌었다.

13) 제1차 공사에서 800여 간의 행랑이 완성되었다는 주장(劉元東 著, 《韓國近代經濟史硏究》, 一
　　志社, 1977, pp. 138~140)에 대하여, 이 시전구역의 행랑공사는 터를 닦기 시작한 것이었으
　　며, 태종 13년(1413) 2월에 공사를 재개하여 완성하였는데 그 규모는 800간이 아니라 881
　　간이라는 주장이 있다(朴平植 著, 앞의 책, pp. 74~76).

하였다. 《세종실록지리지》의 기록에 도성의 좌우행랑의 간수가 2,027간인 것으로 보아 제4차 공사에서 건설된 행랑 간수는 667간으로 보여 진다.

태종 때 건설된 도성의 좌우행랑이 모두 시전의 점포로 사용된 것은 아니었다. 이 시기 도성의 행랑 가운데 점포용으로 시전상인에게 대여되었던 구간은 경복궁 남쪽 혜정교로부터 종묘 앞 누문에 이르는 구간(오늘날의 종로 1~3가)과 종루에서 광통교(廣通橋)에 이르는 구간(남대문로 1가 일대)이었다. 행랑조성공사로 건설 정비된 2,027구간 가운데 시전상가에 배치된 지역, 즉 시전구역은 오늘날 종로 1~3가와 남대문 1가 일대였다. 이 지역은 건국 초에 대시가 열리고 있던 가로로서, 이를 동서로 확대시켜 그 좌우에 관설행랑을 배치하여 이를 시전구역으로 삼은 것이다.[14]

관설 시전행랑에는 정부의 강제이주정책에 따라 개성의 부상대고(富商大賈)와 시전상인이 입주하였다. 또한 수공업자들도 입주하여 물품을 제조 판매하였다. 이렇게 공상층(工商層), 즉 상업과 수공업의 결합 형태로 운영된 것이 15세기 시전제도 재편성 초기의 특징이었다.[15] 이것은 상공업의 전업화가 진전되지 않아 생긴 현상이기도 하지만, 상인과 수공업자를 시전에 같이 입주시켜서 물가 등의 관리를 쉽게 하려는 데 목적이 있었다. 그러나 점차 상인세력이 성장하면서 수공업자들이 후퇴하고 시전은 상인 중심 조직의 성격을 갖게 되었다.

시전행랑의 시전은 각기 고유한 판매물종을 갖고 있었다. 각 시의 명칭과 그 판매물종을 판자에 새겨서 걸게 하는 개국 초기(태조 3년)의 조치는 바로 고유한 판매물종, 즉 전안물종(廛案物種)을 뜻하는 것이었으며, 후대에는 시안(市案)·시적(市籍)·전안(廛案)에서 정한 고유한 판매물종이 되었다. 이는 바로 각 시전행랑의 판매물종이 제한되었음을 말한다.

시전은 개국 초(태종 10년, 1410)의 시전정비원칙에 따라 시전구역 안의 일정한 지역에 업종별로 분산 배치되었다. 이러한 시전조성과 상가배치 원칙에 따라 도

---

14) 朴平植 著, 위의 책, pp. 70~80 참조.

15) 홍희유 저, 《조선상업사》(고대·중세), 과학백과사전종합출판사, 1989, pp. 131~132.

성 안에는 다양한 시전들이 개점하고 있었다. 이곳에는 훗날 육의전[六矣廛 또는 육주비전(六注比廛)]으로 발전한 선전(線廛), 면포전(綿布廛), 백목전(白木廛), 면주전(綿紬廛), 저포전(苧布廛), 지전(紙廛), 내외어물전(內外魚物廛), 청포전(靑布廛) 등이 있었다. 그 밖에 상미전(上米廛), 잡곡전(雜穀廛), 마전(馬廛), 우전(牛廛), 하미전(下米廛), 모자전(帽子廛), 대시목전(大柴木廛) 등이 있었으며, 목화전(木花廛), 면자전(綿子廛) 등이 당시의 기록에서 확인되고 있어서 당시 설립된 시전은 14~15개에 이르렀다.16)

국가가 건설한 관설행랑인 공랑(公廊), 즉 장랑(長廊)에서 영업하는 시전상인은 관허상인(官許商人)이었으며 이들에게는 그에 상응한 시역(市役)이 부과되었다. 국역의 부담 외에 상세, 책판의무(責辦義務 : 공물, 진상으로 충당하지 못하는 임시 수요물의 급가공급), 장례봉사 등 잡역에 대한 출역의무 등이었다. 동시에 이들은 보호 육성의 대상이었으며 도성 안의 상품유통을 독점하였다. 법으로 상품유통독점을 규정한 것은 아니지만, 건국 초기에 아직 이들의 상권을 위협할 만한 사상인(私商人)이 성장하지 못한 상황에서 자연스럽게 이루어진 것이었다.

시전은 물리적으로는 국가에서 건설하여 상인에게 대여한 상설점포라고 할 수 있다. 그러나 기능면에서 보면 국가의 상업규제이념(백성의 축말풍조 견제)의 목적에서 정비된 교역기구이기도 하였다. 시전상업은 15세기 중반 이후 발전과정에서 개별물종을 취급하는 시전들이 동업조합을 조직하는 한편, 대표자인 좌주(座主), 실무책임자인 유사(有司)를 두어 조합원을 통솔하고 그 상권을 보호 유지하였다.17) 그런 뜻에서 시전은 시전상인의 동업조합적 집단이며 공동상업조직18)이라고 보는 것도 가능하다.

---

16) 홍희유 저, 앞의 책, pp. 130~131.

17) 朴平植 著, 앞의 책, p. 55 및 p. 120.

18) 홍희유 저, 앞의 책, pp. 131~132.

(3) 육의전과 금난전권

관허상인인 시전은 특정 물품(고유한 판매물종인 전안물종)을 판매할 수 있는 특권을 가졌으며, 국가의 보호와 육성의 대상으로서 도성 안의 상품유통을 독점하고 있었다. 국가는 시전을 통해 일반 백성의 일상적인 수요물품을 조달하고, 또한 국가의 수요물자를 마련하였다. 시전은 시역(상세, 책판, 국역, 잡역)을 부담하였는데, 이 가운데 상세는 국가재정의 보조재원이면서 시전통제의 수단이었다.

물론 상세의 징수는 시전상인에 국한된 것은 아니었으며, 수도 한양에서는 행상 좌고(坐賈)19)에 관계없이 한양에 적을 두고 있는 상인에게는 모두 상세가 부과되었다. 다만 도성민의 조석마련을 위해 성 안 곳곳에서 장시의 형태로 열렸던 항시, 즉 여항소시에서 활동하는 상인은 과세대상에서 제외되었다.

좌상인 시전에 상세를 부과하고 시전상인의 활동을 감독하고자 시전상인 전체를 파악하기 위한 시안이나 전안이 작성되었다. 국가의 시전파악과 관리, 나아가서 시역의 부과를 위하여 기본적인 사전작업이 필요했기 때문이다.20) 이와

---

19) 성종 2년(1471)에 간행한 《경국대전》은 상인의 유형을 행상과 좌고(坐賈)로 나누고 있으며 다시 행상은 육상(陸商), 즉 보부상과 수상(水商)으로 나누었다(《經國大典》, 卷之二, 戶典 雜稅). 그리고 행상에게도 노인(통행권)을 발급하고 세를 받도록 하고 있다. 여기서 좌고는 '앉은 장수'라고 하여 좌상(坐商)이라고도 하였는데, 일정한 장소를 영업소로 정하여 거기에 점포 기타의 시설을 두고 거기서 좌정(坐定)하여 영업을 경영하는 상인 또는 상고(商賈)를 말한다. 이에 대하여 행상은 도보(육상의 경우) 또는 선박(수상의 경우)으로 항시 장소를 이동하면서 영업하는 상인을 말한다. 특히 전(廛)은 시전 또는 시사(市肆), 즉 시가지에 있는 비교적 큰 규모의 상점을 말하는데, 조선 초에 국가가 건설하여 좌상들에게 대여하고 사용료를 징수하던 공랑(公廊)인 시전이 여기에 해당한다. 이에 따라 상고(商賈)를 공랑상인, 좌고상인, 행상인으로 구분하기도 한다. 여기서 좌고는 공랑 이외의 임시점포인 가가상인(假家商人 : 노변에 천막을 쳐 놓고 장사를 한 임시점포)을 말하는 것이다(劉元東 著, 《韓國近代經濟史研究》, p. 142). 이에 대하여 점(店)은 원래 제조소 또는 광산의 뜻으로, 예컨대 사기점, 유기점, 금점, 은점 등을 들 수 있다(朴元善, 〈商人〉, 《韓國史論》 11, 朝鮮前期商工業, 국사편찬위원회, 1982, pp. 70~90 참조).

20) 세종 29년(1447)에 개성의 부거안(富居案)에 대한 기록이 있는데, 이는 개성의 시전상인을

동시에 시전 감독업무를 관장하는 기구로서 경시서를 태조 원년(1392)부터 설치하였으며,《경국대전》에서는 평시서(平市署)로 개칭되어 규정하였다.

국가의 관리통제를 받았던 공랑시전은 당초에는 상업규모가 거의 동일하여 각 시전 사이에 경영과 자본면에서 큰 우열의 차이가 없었다. 그러나 수도의 번영과 상업 발전에 따라 상인자본의 우열이 생기게 되었고, 시전의 특성에 따라 경영방식도 차이가 나게 되었다. 또한 국가에 대한 시역의 규모 등에서도 우열이 생기는 등, 경제적·사회적으로 확고한 위치를 차지하는 시전이 형성되었다.

시전은 일정한 상행위에 대한 상세(공장세)의 부담을 넘어서 국역(國役)을 부담하고 있었다. 국가의 수요에 따라 부과되는 임시 부담금, 궁중의 수리 도장을 위한 물품 및 경비배당, 왕실의 관혼상제는 물론, 중국서 파견되는 각종 사절의 수요품 조달이 국역의 주된 내용이었다. 이러한 국역을 부담하는 시전을 유분각전(有分各廛)이라고 하여 이를 그렇지 않은 시전, 즉 무분각전(無分各廛)과 구분하였다.[21]

유분각전에서도 비교적 많은 국역을 담당하는 시전 가운데 6개의 상전을 육의전 또는 육주비전이라고 하였다.[22] 육의전이란 명칭의 발생에 대해서는 이들이 육조(六曹)의 용달을 담당하였기 때문이라고도 하고, 또는 6분(分) 이상이 국역을 담당하는 대시전을 일컫는다는 견해가 있다. 또한 6개 종류의 상품을 주로 취급하는 시전이라든가, 유분각전 가운데 최대의 규모를 가진 6개 시전[23]에서 유래하였다는 등 여러 주장이 있으나 통설은 없다는 지적이다.[24]

파악, 관리하기 위한 일정한 형식이었다. 부거안은 시전상인들 가운데서 부유한 자들을 대상으로 하였고, 국가의 각종 공역을 부담하는 상인 가운데 자산의 규모가 큰 상인의 장부였다. 이로 미루어 볼 때, 부거안에 앞서 시전상인 전체를 파악하기 위한 시안이나 전안이 작성되었을 것이며 수도인 한양에서도 마찬가지였을 것으로 본다(朴平植 著, 앞의 책, pp. 197~198).

21) 純祖 8年(1808),《萬機要覽》, 財用編 各廛條.

22) 의(矣)를 이두(史讀)로는 주비라고 한다.

23) 劉元東 著,《李朝後期商工業史研究》, 韓國硏究院, 1968, p. 11.

24) 趙璣濬 著,《韓國經濟史新講》, 일신사, 1994, p. 227.

《만기요람》(萬機要覽)에서 명칭이 확인된 시전으로는 유분각전 36전과 무분각전 55전을 합하여 91전을 들 수 있고, 이 밖에 기타 소규모의 시전이 있었다. 유분각전 가운데 《만기요람》에 기재된 육의전으로는 ① 선전(線廛, 중국산 비단 취급), ② 면포전[綿布廛, 백목전(白木廛) 또는 은목전(銀木廛)이라고도 하며, 면포, 은자(銀子)를 취급], ③ 면주전(綿紬廛, 국내산 비단 취급), ④ 지전(紙廛, 종이 취급), ⑤ 저포전, 포전(苧布廛, 布廛, 모시와 삼베 취급), ⑥ 내외어물전(內外魚物廛, 어물 취급) 등이 있다.25)

육의전은 대체로 인조 15년(1637)에 발생하였으며, 이 시기에 육의전에 금난전권(禁亂廛權, 상품독점권)까지 부여한 것으로 보고 있다. 이 때 중국에 보내는 방물(方物)과 세폐(歲幣)를 분담하게 했는데, 이에 필요한 물품은 각종 직물과 어물로 구성되었으며, 육의전의 상품도 대부분 직물과 어물이 주요한 것이었다.26)

육의전은 국가가 건설한 공랑을 대여받고 상거래에 종사하였으며, 이에 대하여 공랑세를 납부하였다. 또한 육의전은 정부가 필요로 하는 물품을 조달할 의무, 즉 국역을 담당하는 관설 특허상인이며 이에 상응하여 국가로부터 각종 특권을 부여 받는 특권상인이었는데, 그 가운데 가장 중요한 특권이 금난전권으로 표현되는 상품독점판매권이었다.27)

'금난'(禁亂)문제는 건국 초기로 거슬러 올라간다. 시전상인의 활동과 시전감독을 위해 태조 원년(1392)에 설치된 경시서(평시서)는 시중 물가 상승과 도량형

---

25) 劉元東 著,《李朝後期商工業史研究》, p. 11. 1630년경에 수십 개에 불과하던 서울의 시전이 18세기 말에는 무려 120개로 늘었다는 것이다(李憲昶 著, 앞의 책, p. 129). 육의전은 최대 응분전(應分廛)을 말할 뿐, 시간적·공간적으로 응분전의 구성은 변화되었으며 때로는 그 수를 늘여 팔의전(八矣廛)이 되기도 했다.

26) 劉元東 著,《韓國近代經濟史研究》, p. 146.

27) 조선 후기의 금난전권은 서구 중세 상인길드(Guild)가 행사한 길드금제권의 상품판매독점권과 같은 내용이다. 그러나 서구의 상인길드는 상인이 도시 내의 영주지배권을 배제하고 도시자치권을 획득하여 이를 바탕으로 발생한 것이다. 이에 대하여 조선 후기의 금난전권은 국가의 권력을 배제한 것이 아니라 국가 통치권에 근거하여 이를 이양받은 권한이라는 점에서 길드금제권과 차이가 있다.

에 대한 제반 업무, 즉 상거래 질서 유지를 위한 감독을 담당하였다. 다시 말해 도량형 사기, 물가조종, 억매매(抑賣買) 행위를 금지하는 차원의 '금난'문제가 주 업무였다. 이 시기의 '금난'문제는 시전상인의 사기행위를 금지하여 시전 내의 상거래질서를 확립하는 차원의 것이었고, 이것은 아직 비시전계 상인의 성장이 두드러지지 않은 시기의 문제였다. 조선 초기에도 시전 이외의 상인, 즉 항시(여항소시) 등 영세 소상인이 활동하고 있었지만 시전상인의 상권을 위협하지는 못하였다. 따라서 동일물종의 시전상인을 보호하기 위해 난전상인을 규제하는 금난문제는 제기되지 않았다.

그러나 15세기 중반 이후 시전상업의 발달과 병행하여 도성 안에서 비시전계 상인인 사상(私商)이 크게 성장하였다. 그 결과 시적(市籍)에 오르지 않은 사상인의 활동이 현안(懸案)으로 되었고, 이들은 여항(閭巷)의 소상인과는 달리 시전의 질서를 어지럽히는 간민(奸民, 奸民之亂市子), 즉 난전세력이었다. 16세기에 와서는 이들이 시전상인의 상권을 위협할 정도로 성장하였고 이러한 비시전계 사상인, 즉 난전세력에 대한 대책으로 마련한 방안이 금난전권이었다. 이것은 육의전의 성립과 국역부담을 계기로 적극적으로 추진된 것이다.

그동안 시전은 국역을 부담하는 대신에 국가로부터 자금을 대여받거나 물품을 싼 값으로 불하받았으며, 외부의 침탈로부터 보호받기도 하였다. 조선 후기에 와서 시전은 증가된 국역에 대한 최대의 보상으로 시안에 등록된 물종을 배타적으로 취급할 수 있는 난전금지권(금난전권)을 부여받아 비시전상인의 시전 침투를 억제하게 되었다. 육의전을 포함한 시전은 국가의 전적(廛籍)에 등록되지 않은 상인(비시전계 상인)이 시전가에서 시전이 취급하는 물품을 판매하는 경우에 이를 금지하고 그들의 상품을 몰수할 수 있는 권리를 국가로부터 부여받은 이른바 특권상인인 것이다.

시전상인에게 금난전권이 주어진 것은 비시전계 상인의 세력이 거져서 시전상인은 물론 국가에서도 이를 규제할 필요성을 느끼게 된 사정을 말하여 주고 있다. 곧 금난전권은 시전이 가진 본래적인 특권이라기보다 조선 후기로 오면서 상업발달과 함께 비시전계 상인인 사상층과의 경쟁에서 유리한 위치를 확보하기 위하여 시전상인이 정부와 결탁, 확보한 독점상업특권이라는 지적도 있다. 그러므로 금난전권은 시전상인들이 비시전계 사상층을 압박하고 특권적 상업을 향유함으로써 상업자본을 축적할 수 있는 하나의 수단이라는 적극적 해석도 있다.[28]

한편 조선 전기 이후 설립된 시전의 동업조합조직은 육의전체계의 성립 이후 조선 후기에 한층 확충되었다. 모든 시전은 동업조합이자 최고 의사결정기구인 도중(都中)에 의무적으로 가입하여 도원(都員)이 되었고, 도원의 가입은 제한되었다. 조합(도중)의 사주소 겸 회의장이자 상품의 보관창고를 도가(都家)라고 하였는데, 도가는 각종 국역의 분담 등 시전의 운영을 관장하는 중심이었다.

2. 민간상업의 발달

(1) 비시전계 상인의 성장

금난전권이 성립하기 이전부터 이미 사상인 비시전계 상인의 상업활동은 활발해지고 있었고, 이러한 사정이 난전현상으로 나타나 집중적인 단속대상이 되었다는 15세기 말의 기록이 있다.[29] 호구지책이나 피역(避役)을 위해 외방(外方)에서 입경한 사람들이 도성에서 상공업활동을 하고 있었고 이들은 도성 안 곳곳에서 비시전계 상인의 교환시장, 곧 항시 형태의 시장을 증설하였다. 16세기 초에는 이들 사상의 상업활동은 외방의 장시와 함께 국가 현안으로 떠올랐다.[30]

도성 안의 각 지역에 새로운 시장이 등장하여 시전과 성격을 달리하는 시장이 개설되었으며, 이러한 비시전계 교환의 장소와 사상인의 활동은 일반 백성의 생계와 직결되어 점차 증가하고 성장하였다. 이들은 시적에 오르지 않아 국가에

---

28) 姜萬吉 著,《朝鮮後期 商業資本의 發達》, 高麗大學校 出版部, 1973, p. 11 및 p. 166.

29)《成宗實錄》, 卷 180, 成宗 16年(1485) 6月 11冊.

30)《中宗實錄》, 卷 21, 中宗 9年(1514) 11月 14冊.

대한 시역을 부담하지 않는 비시전계 사상으로서, 조선 후기에 와서는 시장질서를 어지럽히는 간민으로 표현되기도 하였다.

비시전계 상인은 상세규정에 보이는 항시, 곧 여항소시가 활동무대였다. 당시 정부는 도성 내 백성들의 조석마련을 위해 성 안 각처에서 장시의 형태로 개시되었던 이들 항시의 상인에 대해서는 면세방침을 정하였다. 이것은 도성민의 일상용품을 단순상품교환의 형태로 거래하던 영세소상인에 대한 배려였다.

상설점포로서 행랑을 갖춘 시전이 조성되기 이전에도 의식주에서부터 일상생활에 이르기까지 여러 물품을 거래하던 일중위시, 곧 항시는 매일같이 성 안의 여러 곳에서 개시되었고, 이것은 뒷날 장시와 흡사한 교환의 장소였다. 그 뒤 시가정비(시전의 조성과 그 정비)를 위한 조치(태종 10년, 1410)에서는 여항소시로 기록되었으며,[31] 시전상업의 질서가 수립된 뒤에도 이들은 비시전계 상인인 사상으로 활동하였는데, 항시의 영세소상인이 그들이다.[32] 여기에는 도성을 왕래하며 도성 안에 백성의 조석 관련 물품을 판매하며 생활하던 한성 근교의 농민도 포함되었다.

이들은 일반 백성의 일상 수요품과 관련한 교환의 영역에서 활동하던 상인이었다. 시전상인이 정부와 관인·양반 등 지배계층의 수요와 관련하여 사치품을 중심으로 대규모 거래에 치중하는 것과는 대조적으로 영세소상인은 그 교역기반을 달리하면서 일반 백성을 상대로 소규모 생필품 거래에 치중하였으며, 주로 의류, 식료품, 야채, 연료 등을 항시에서 단순교환하였다. 이들에 대해서는 건국

---

31) 《太宗實錄》, 卷 19, 太宗 10年 甲辰 1冊.

32) 《太宗實錄》, 卷 29, 太宗 15年 己巳 2冊. 여항소시(閭巷小市)를 성내 각지에서 장시의 형태로 개시되던 시장, 즉 항시(巷市)와 구분하는 견해도 있다. 태종 10년(1410)에 판매물종별 판매구역 획정조치에 여항소시는 집 앞 소거문전(所居門前)에서 개시할 수 있도록 한 기록에 따라 여항소시를 소규모로 영업하는 좌상(坐商)이라고 보았다. 여항소시들은 특별히 점포 시설을 갖추고 영업한 것이 아니라, 문 앞이나 처마 밑에 상품을 진열해 놓고 팔았으며 그 때문에 1429년경에는 각기 점포의 간판을 달게 하자는 의견까지 나왔다는 것이다. 따라서 한성에는 여항소시 외에 매일 아침과 낮에 일정한 장마당(장소)에 모여 상품을 사고팔고서는 흩어지는 장거래 상업, 즉 항시가 발전하고 있었다고 보았다[홍희유 저, 《조선상업사》 (고대·중세), pp. 137~138].

초기 이후 상업규제정책 속에서도 면세방침이 지속되었는데, 이것은 영세소상인의 상업활동이 일반 서민의 생계와 밀접한 관계를 갖기 때문이었다.

시전상업체제를 중심으로 한 상업활동의 외곽에서 비시전계 사상은 면세방침 속에서 성장하였다. 농업변동과 농민의 농업이탈경향 속에서 한성의 인구증가와 상업도시로의 성격이 한층 강화되는 가운데 시전상업이 발전하였지만, 동시에 비시전계 사상업도 성장하였다. 초기에는 비시전계 상인이 자본이나 영업규모면에서 시전의 상권에 영향을 주지 못하였지만, 15세기 후반에 이르자 그들의 성장실태를 염려하는 기록이 나타났다. 더욱이 도성의 근교에서 이주한 외방인(外方人)들은 생계를 상공업에서 구하였고, 이들에 의해 도성 내 각처에는 비시전계 상인의 교환장소, 즉 항시 형태의 시장들이 급격히 증설되었다. 중종 9년(1509)에 이르면 사상인의 상업활동이 정부 현안으로 대두되기에 이르렀다.

결국 조선 전기부터도 이미 도성을 근거로 활동하는 사상 중에는 자본의 규모가 크고 활동영역이 넓은, 이른바 부상대고로 부를 정도로 성장한 대상인도 출현하였다. 자본과 영업규모가 크다는 점에서 '부상대고'였고, 수도 한성을 근거로 상업을 하기 때문에 '경중부상대고'(京中富商大賈)라 불렸다.[33] 16세기에 들어와 이들은 시전상인의 상권을 위협할 정도로 성장하였고, 이들 비시전계 사상인은 난전세력으로 규정되어 금난전권의 조치 등 정부 대책이 제기되기에 이르렀다.[34]

(2) 지방상업의 발전

1) 비정기적 장시와 행상

고려시대에도 농촌지방의 상업은 비상설적인 장시를 중심으로 발달하였다. 농촌지방의 일정한 교통중심지에 정해진 시기마다 장시가 서고, 주변의 1일 왕

---

33) 이 시기의 경중부상대고에는 시전상인도 포함된다.

34) 朴平植 著, 앞의 책, pp. 138~143 등 참조.

복거리에 있는 농민들이 모여 물품을 교환하는 형태의 상업이 발달하였다. 지방
농촌장시에는 물물교환하는 농민과 자기의 생산물을 판매하는 소생산자들 이외
에, 이 장시를 순회하며 그 상권을 연결하는 행상이 있었고, 또 농민들이 관부에
바치는 공물을 대납하는 상인들이 있었다. 지방장시에서 비교적 전업적인 상인
이었던 행상은 주로 부상(負商)들이었고, 이들은 전국적으로 활동하였으며, 조선
왕조가 개창(開創)한 지 15년 뒤인 태종 7년(1407)에는 이들을 억제하기 위하여
행장제도를 실시하였다.[35]

　지방장시는 상설점포가 필요 없었으며, 일중위허(日中爲墟)[36] 또는 일중위시의
표현에서 볼 수 있듯이 하루 중에 개시되고 또 파시(罷市)되는 시장이었다. 곧
한 달에 일정 기간마다 일정 횟수로 정기적으로 열리는 장시가 아니었으며, 이
러한 성격의 지방장시는 조선 전기로 계속 이어졌다. 그리고 지방상업의 중심인
지방장시의 전업적 상인으로는 행상이 있었고 조선 전기에도 이들의 활발한 상
업활동은 지속되었다.

　《경국대전》은 상인의 유형을 좌고와 행상으로 나누고, 다시 행상은 뭍을 오
가는 육상, 즉 보부상과 물길을 이용하는 수상(水商)으로 나누었는데,[37] 수상은
선상(船商)을 말한다. 조선 초기에 국가는 시전을 주성하여 도시상업을 관장함과
동시에 지방상업에 대해서는 전문 상인인 행상에 일종의 행상면허증이며 통행
권인 노인, 즉 행장을 발급하여 관리하였고, 행상은 일정한 납세의 의무도 지고
있었다.

　지방을 무대로 하는 행상활동은 조선 이전 시기에도 존재하였으며, 그 기원
은 잉여생산물과 분업이 이루어진 시기까지 거슬러 올라갈 수 있다. '상업은 어
느 국민이든 행상으로부터 시작한다'는 표현에서 볼 수 있듯이 행상은 교환경제

---

35) 姜萬吉, 〈商業과 對外貿易〉, 《한국사》 5, 고려 귀족국가의 사회구조, 국사편찬위원회, 1975,
　　pp. 199~201.
36) 고려 인조 초(12세기)에 고려를 다녀간 송나라 서긍(徐兢)이 당시 양자강 이남의 강남지
　　방에서 열리는 촌시(村市)에 비유한 표현이다.
37) 《經國大典》, 卷之二, 戶典 雜稅.

의 발생과 함께 출현하였으며, 더욱이 행상 가운데 부상은 기자시대(箕子時代)의 기록에서도 나타나고 있어서 상고시대부터 상당한 활동을 하였음을 짐작할 수 있다. 보상(褓商)은 그 발생이 부상보다는 약간 늦고 좌상보다는 훨씬 이른 것으로 보고 있다.[38]

위에서 언급했듯이, 육상은 육로를 이용하여 상품을 판매하는 상인이고 수상(선상)은 배를 이용하여 교역을 하는 상인이었다. 같은 행상이지만 양자는 교역의 규모나 내용에서 크게 차이를 보인다. 행상의 일반적 형태는 대부분 소상인으로 활동하는 육상이었다. 육상은 흔히 보부상으로 불리는 상인이다. 부상은 지게 위에 일정량의 상품을 얹어 등에 지고 다니면서 판매하므로 '등짐장수'라고 하고, 장을 중심으로 돌아다니므로 '장꾼'[場軍]이라고도 하였으며, 선 채로 장사를 하므로 '입상'(立商)이라고도 하였다. 보상은 상품을 보(보자기)에 싸서 짊어지고 다니면서 파는 것이 특색인데, 부상보다 상품의 종류가 다양하고, 부피가 적고 가벼우며 비교적 값진 물품을 취급했다. 팔 때는 앉아서 팔게 되므로 '앉은장수'[坐商]라고도 하였지만, 법전상의 좌고와는 다른 의미이다.

이들이 취급하는 물품은 경량·소량의 형태였다. 주로 옷, 짚신, 가죽신, 삿갓, 갓끈, 빗, 바늘, 분 등 의상물과 신발류, 기타 의생활의 필수품 또는 유기와 농기구 등 식생활 및 농업생산에 필수적인 것들이었다. 따라서 1460년대까지 농촌에 정기적인 교역의 공간인 장시가 없던 상황에, 지역 안에서 자급자족하기 어려운 물자는 행상에 의존하였고, 따라서 행상의 활동은 농가경제와 교역의 필요성을 충족시키는 지방상업의 중심이었다. 상설교환시장이 없는 상황에서 일상의 필수품, 나아가 사치품 수요를 충족하는 역할을 담당한 행상의 교환기능은 농촌사회에 필요불가결한 것이었다.

행상은 지방에서 일반 백성의 생활필수품 거래에 종사하면서 지역과 주변을 상권으로 하는 영세소상인이 대부분이었지만, 전업적 상인으로서 전국을 상대로 대규모의 상거래를 하던 대상인인 경상(京商)도 있었다.[39] 이들은 16세기에

---

38) 朴元善, 앞의 글, 앞의 책, pp. 79~80.

들어 시전상권에 영향을 줄 정도로 성장한 사상이었는데, 그 자본축적의 기반은 전국을 상대로 한 행상활동이었다.

육상에 견주어 수상, 즉 선상은 교역내용과 규모면에서 육상과 비교할 수 없을 만큼 대상인 경우가 대부분이었으며, 경량의 생필품과 함께 비교적 중량의 상품을 다량으로 거래하였다. 곡물이나 수산물, 소금 등이 그 대표적 거래물품이었다. 선상은 해로와 수로를 이용하여 전국의 각 지방을 연결하면서 물품의 지역 간 가격 차이에 따른 교환이익을 노리는 격지간 교역(隔地間 交易)의 형태였다. 이 시기 자본의 규모가 큰 선상은 대부분 최대의 소비지였던 수도인 경강(京江)을 중심으로 활동하던 경강상인(京江商人)이었으며, 그들이 취급하던 최대상품은 곡물이었다.

2) 행상의 성장과 새로운 교역기구의 출현

조선 초기에 태조는 행상이 건국에 큰 공이 있다하여 각 지구에 그들의 사무소인 임방(任房)을 두고 특정 물품에 대한 전매권을 특허하였다고 전한다.[40] 더욱이 지방을 무대로 하는 행상의 활동은 건국 초기부터 활발하였고, 행상활동에 대한 허가증이라고 할 수 있는 행장(노인)의 발급과 과세규정이 태종 때와 그 뒤 정비된 《속대전》(續大典)에 수록되기에 이르렀다.

지방교역의 담당자로서 사상인 행상은 시전과는 다른 교역기반에서 상업활동을 하였다. 시전이 도시상권을 기반으로 각종 물화의 유통을 담당한 데 대하여 행상은 지방상권에서 직접 일반 백성을 대상으로 상거래를 하던 상인이었다. 물론 서울의 경상(京商) 등 지방에서 행상으로 활동하면서 시전체계와 연계하여 곡물과 면포 등을 매집, 한성에서 처분하기도 하였지만 이것은 어디까지나 예외적 현상이었다.

---

39) 《太宗實錄》卷 14, 太宗 7年(1398) 10月 己丑 1冊. 지방상인인 개성상인의 경우는 거래규모나 내용이 경상의 그것에 필적하였다.

40) 朴元善, 앞의 글, 앞의 책, p. 79 및 p. 81.

한편 조선 초기에 행상의 적극적 상업활동으로 말미암아 이들에게 숙식을 제공하던 원(院)의 설치와 정비가 이루어졌다. 행상이 활동하던 도로의 중요지점에는 원이 설치되고 원주(院主)에게는 급전(給田) 등의 조치가 취해졌는데, 16세기 중엽에는 삼남지방을 중심으로 1,309개의 원이 설치 정비되기에 이르렀다.[41] 이것은 전업적 상인인 행상의 활동에 대한 보호관리정책의 일환이었으며, 특히 삼남지방에서 행상의 활동이 그만큼 활발하였음을 말하여 준다.

또한 육상은 소상인이 다수였지만 상업활동의 규모가 큰 대상인의 경우는 대개 행상단(行商団)을 조직하여 활동하기도 하였다. 육상이 상단을 조직하여 활동한 것은 바로 보부상의 단체적 특징을 말하여 주기도 한다. 험한 도로와 도적의 출몰로부터 스스로를 보호하기 위한 방안으로 볼 수 있다.

행상단을 조직하고 교통체계인 원을 이용하면서 적극적으로 전개된 조선 초기 육상의 상업활동은 농민적 교역구인 장시가 성립되기 이전에 전국적으로 이루어지고 있었다. 농민적 교역체계가 갖추어지지 못한 상황에서 육상은 농가에 필요한 생필품을 공급하면서 큰 이익을 얻을 수 있었기 때문이었다.

한편 육상과 함께 선상도 건국 초기 이래 그 성장을 지속하였다. 경강을 무대로 한 선상의 활동은 이미 태조 때부터 도성의 물가를 좌우할 정도였으며, 그들은 전국을 무대로 상업활동을 하였다. 선상이 취급하던 대표적 물품은 곡물이었으며, 이들의 활동은 곡물교역망이 갖추어지는 15세기 후반부터 더욱 활발해졌다. 이들은 곡물을 전국 각 지방에서 사들여서 지역 사이의 가격차를 이용하여 판매함으로써 교환이득을 확보하였다.[42] 곡물만이 아니라 소금, 철물과 어물 등 수산물도 취급하는 선상이 있었는데, 이들은 자급이 불가능한 필수품이나 지역적 특산물을 그것들이 생산되지 않은 지역으로 선박을 이용, 운반하여 판매함으로써 이익을 실현하는 격지간 교역을 하는 상인이었다.

---

41) 崔在京, 〈朝鮮時代 ‘院’에 대하여〉, 《嶺南史學》 4, 1975, pp. 51~58. 이 가운데 948개의 원이 삼남지방에 분포되어 있다.

42) 《成宗實錄》 卷 58, 成宗 6年 8月 乙未 9冊.

해로와 수로를 이용하여 전국의 주요지방을 연결하면서 상업활동을 하던 선상은 16세기에 이르면 수도권을 중심으로 남으로는 전라·충청도 연해, 북으로는 황해·평안도와 서해안 전역에 걸친 해로를 확보하는 한편, 강원도 및 충청도 북부를 연결하는 내륙수로까지 개척하여 상업활동을 하였다. 다종다량의 물화를 운반하는 격지간 교역으로 이익을 추구하던 선상이 성장하면서 그에 상응한 새로운 교역기구가 출현하였다. 선상은 포구(浦口)에서 직접 지방민을 상대로 거래를 하기도 하였지만, 거래의 규모가 증가하고 상업활동이 성장함에 따라 이들과 지방민을 중개하는 새로운 중간교역기구가 필요하게 되었다.

성종 6년(1475)의 기록에서 곡물선상의 활동에 관련된 '주인'(主人)이 거론되었다. 강주인(江主人) 또는 사주인(私主人)이 도성 주변의 교통요지와 물산이 풍부한 농촌에 거주하면서 육상의 행상과 개경의 시전상인에게 물화를 공급하였다는 사실이 주인의 출현을 시사해 준다. 90년 뒤 명종 20년(1565)의 기록도 무곡선상(貿穀船商)과 접촉하는 주인의 존재를 거듭 확인해 준다. 이들 주인층은 조선 후기 곡물주인의 경우43)와 마찬가지로 곡물선상을 접대, 편의를 제공하고 이들의 곡물매입활동을 중개하던 상인으로 볼 수 있다. 이러한 조선 전기 새로운 교역기구로서 주인층의 성장은 조선 후기 각 포구에서 유통되던 모든 물품과 상선들을 전관하던 강주인이나 포구주인(浦口主人)44) 단계까지는 이르지 못하였지만, 적어도 그 선행 형태로는 볼 수 있다.45)

(3) 정기적 장시의 출현과 지방상업의 발달

조선 초기에도 고려시대와 마찬가지로 농촌에 장시가 있었으며, 이 장시는

---

43) 李世永, 〈18·19세기 穀物市場의 형성과 流通構造의 변동〉, 《韓國史論》 9, 서울대, 1983, pp.232~233.

44) 李炳天, 〈朝鮮後期 商品流通과 旅客主人〉, 《經濟史學》 60, 1983 및 高東煥, 〈18·19세기 外方浦口의 商品流通 발달〉, 《韓國史論》 13, 서울대, 1985 등.

45) 朴平植 著, 앞의 책, pp. 163~181 참조.

행상의 상업활동의 기반이었다. 그러나 이것은 비정기적 장시였으며, 15세기 후반에 그 출현이 지적된 정기적 장시인 향시[46]와는 다른 것이었다. 우선 일중위허라는 표현에 알 수 있듯이, 이것은 한 달에 일정 기간마다 일정 횟수로 정기적으로 열리는 시(市)가 아니었다. 또한 출시장소도 도시, 곧 주현 등 관청 근처였고, 개시지역 부근의 상하 여러 계층이 참여하고 있었다. 곧 농민, 수공업자 등 직접생산자들이 완전히 중심이 되고 여러 촌락의 백성들이 서로 하루에 왕복하며 교역하기에 편리한 교통상의 요지에서 열리는 것이 아니었다. 개시지역, 교역참여자, 개시일자 등에서 볼 때 완전한 농촌시장이 아니었다는 것이다.[47]

이러한 장시의 새로운 변화는 15세기 전반, 즉 1430년대부터 나타나기 시작하였다. 성종 원년(1470)에 공식적으로 그 출현이 거론되었는데, 지역은 전라도 무안(務安)이었고 동기는 흉황(凶荒)이었다. 이 지역의 백성들이 서로 모여 시포(市鋪)를 열고 이를 장문(場門)이라고 칭하였다는 것이다.[48] 이는 백성들이 스스로 만든 교환시장이고 교역기구였다. 장시는 전라도 안의 여러 읍에서 발생하였으며, 개시장소는 읍에 소재한 가로(街路)였고 한 달에 두 차례씩 정기적으로 열렸다.

새로운 형태의 장시(장문)의 출현 원인에 대해서는 몇 가지 주장이 있다. ① 상업 및 화폐경제의 발달에 따른 것이 아닌, 기아(饑餓) 등 천재(天災)와 군역, 조세와 공부가 극심한 데서 도망·이촌한 농민이 살기 위하여 모여든 것,[49] ② 농토가 귀족 관료나 토호들에 의하여 겸병됨으로써 농토를 잃은 농민들이 상업에 종사하여 새로운 생활로를 열게 된 것,[50] ③ 15세기 연작상경의 집약농업기술의 발달에 따른 농업경제기반의 확충에 이어서 일어나는 유통경제 발달에 따른 것[51]이라는 의견 등이 그것이다.[52]

---

46) 홍희유 저, 앞의 책, p. 155.

47) 李景植, 〈16世紀 場市의 成立과 그 基盤〉, 《韓國史研究》 57, 1987, pp. 78~79.

48) 《成宗實錄》 卷 27, 成宗 4年 2月 壬申 9冊.

49) 宮原兎一, 〈15, 6世紀朝鮮における地方市〉, 《朝鮮學報》, 1956, pp. 181~182.

50) 姜萬吉 著, 《韓國商業의 역사》, 1975, p. 91.

51) 李泰鎭, 〈士林派의 鄕約普及運動-16世紀의 경제변동과 관련하여〉, 《韓國文化》 4 , 1983, p. 26.

또한 전라도에서 장시가 출현한 원인에 대해서는 다음과 같이 보고 있다. 첫째, 전라도는 후기 신라 이후 해상무역의 오랜 전통을 갖고 있었다. 둘째, 이 지대가 상업에 대한 정부의 억제정책이 상대적으로 덜 미치는 지역이었다. 셋째, 다른 지역에 견주어 서해와 남해는 연안해안선과 내륙지방으로 통하는 금강, 영산강 등 선상들의 기항에 유리한 많은 포구를 가지고 있다는 지리적 조건 때문에, 보다 원활한 상품유통이 실현될 수 있어서 정기적 장시가 먼저 형성되었다는 것이다.[53]

이에 대하여 장시 성립의 기반을 15세기 후반 이후 농민, 수공업자가 자기 생산물의 일부를 임의로 자유롭게 처분할 수 있는 조건 아래에서, 농민층의 분화, 곧 지주, 전호, 상인, 고공(雇工), 도적 등 여러 사회계층이 생산 확대되는 현실을 바탕으로 출현하고 성장한 농촌시장이라고 보기도 한다. 전자는 직접생산자가 자기 노동생산물에 대해 좀 더 직접적으로 사유의 권리를 강화하고 행사할 수 있게 된 기반에서 마련되는 것이며, 후자는 이러한 생산물의 생산·교환·배분이 사적으로 이루어 질 수 있게 하는 배경이라는 것이다. 이런 것들은 농민의 교역이 이렇게 이루어 질 수 있도록 하는 소유관계, 즉 기본적으로 토지소유관계의 변동, 다시 말해 이 시기에 직접생산자인 농민의 토지에 대한 사적 소유권한이 한층 안정되고 강화되는 단계에서 조성되었다고 보았다.[54]

고려시대의 교환경제는 재화수취자의 것과 재화생산자의 것으로 양분되어 있었다. 전자에서는 사원, 궁원, 양반, 토호 등 세력가들에 의해 사적으로, 독점적으로 추징되는 억매(抑賣)·억매(抑買)로써 교역이 되고, 농민의 잉여생산물은 부등가교환으로 수취 교역되었다. 한편 직접생산자 사이의 교역은 지배층의 교환경제와는 분리되어, 그 교역활동은 일중위허라고 불리는 시장 형태를 거쳐 유무(有無)를 교환하는 정도에 그칠 뿐, 농민 스스로의 독자적 시장기구 형성은 불

---

52) 金東哲, 〈고려 말의 流通構造와 상인〉, 《부대사학》 9, 부산대, 1985, p. 223 참조.

53) 홍희유 저, 앞의 책, pp. 156~157.

54) 李景植, 앞의 글, 앞의 책, p. 74.

가능하였다.

그러나 농민의 사적 토지소유관계가 안정, 강화되고 농민층이 분화되면서 점차 직접생산자의 생산물에 대한 자유로운 처분권은 확대되었다. 그리고 농민들은 스스로에게 유리한 시장기구를 만들어 냈는데, 이것이 15세기 후반 이후의 농촌시장인 장시이며 농민의 독자적 교환시장이었다. 이러한 장시는 직접생산자가 자기의 잉여생산물을 임의로 처분할 수 있는 것을 기본전제로 한 교환시장이었다.

농민, 수공업자 등 직접생산자들은 장시를 통해 직접 서로의 물자를 교역함으로써 상인의 손을 거치는 것보다 염가로 구득하고 고가에 판매할 수 있었다. 장시는 직접생산자가 자기 노동과 자기 생산수단을 바탕으로 제품을 생산하고 판매하는 가운데 성립한 교환경제, 즉 농촌시장이기 때문에 시전 중심의 기존 유통기구와는 달랐다. 농민들은 장시를 통해 자신들의 이익에 일치하는 사회적 분업과 교환경제를 형성하였다.

장시의 개시회수는 월 두 차례였다. 그러다 16세기 초에는 2, 3회로, 16세기 말에는 3, 4회로 늘어났고, 나아가 5일장도 생겼다. 대부분의 장시가 각기 고립되어 있었지만 점차 인근의 장시가 서로 개시일을 달리하면서 전진성을 보였다. 그리고 점차 몇 개의 장시가 지역적으로 연계되면서 커다란 시장권을 형성하기 시작하였다.

정부는 장시 출현 초기에 억압책과 금지책으로 일관했으나, 점차 흉황시의 구황, 빈민의 생계유지에 도움이 된다는 유익론이 대두하였다. 게다가 중종 중엽 장시가 전국적으로 확대되면서 장시 폐지는 현실적으로 불가능하게 되었다. 이런 가운데 새로운 장시만이라도 폐지하자는 안이 제기되었으나, 명종 초에는 각 읍 장시의 개시일을 같은 날짜로 하자는 방침이 수립되면서 결국 장시에 대한 승인은 정부의 공식적 입장이 되었다.[55]

16세기 기록에 보이는 장시의 거래품은 곡물, 직물, 농기구, 수공업제품, 축산

---

55) 앞의 책, pp. 87~91 참조.

물, 수산물, 약재, 과일, 채소류, 피혁물 등 광범하여 장시가 양적으로 성장하였고 내용상으로도 현저히 발전하였음을 알 수 있다.[56]

한편 농민적 교역기구인 장시의 발달은 행상의 상업활동공간을 더욱 확대시키는 결과를 가져왔다. 행상은 교통이 불편한 벽촌을 왕래하지 않고도 30~40리마다 열리고 있는 장시를 무대로 지방농민이 서로 교환할 수 없는 물품이나 지역적인 특산물을 판매함으로써 교역의 양과 이익의 규모를 확대시켜 나갔다. 더구나 장시의 출시일이 서로 다르게 되면서 한 달 내내 인근에서 장시가 열리는 장시권이 형성되어가자, 행상들은 이들 장시의 유통권역을 매개하여 더 큰 이익을 확보하게 되었다. 장시의 확대 이후 행상은 장시에서 이루어지는 상품교역을 주로 하면서 지방상업의 담당자로 한층 성장해 갔다.

제3절 조선 전기 수공업구조와 그 변화

1. 소수공업의 해체와 관청수공업의 재편성

(1) 소수공업의 완전 해체

12세기 이후 해체의 과정에 들어섰던 소수공업은 15세기 초에 이르러 완전히 해체되었다. 고려시대의 소수공업은 형식상으로는 장, 처, 부곡과 함께 지방의 말단행정단위를 이루고 있었지만, 실질적으로는 국왕직속기관에 소속되어 그들이 생산한 수공업제품을 현물로 공납하는 의무를 지고 있었다. 소는 천민집단들

---

56) 홍희유 저, 앞의 책, p. 162.

의 특수한 거주지역으로 외형상으로는 군현에 속하여 있었으나 실질적으로는 국왕직속기관에 소속되어 있었고, 중앙관청은 토착토호세력을 통하여 이를 지배하면서 공물을 수취하였다.

여기서 토착토호세력은 토박이 성을 가진 해당 수공업소의 토착세력이었으며, 이들이 실제적으로 수공업소를 지배하였다. 토착세력은 행정적으로는 향리로서 호장의 직책을 갖고 수공업소를 지배하였다. 따라서 소수공업은 관청수공업적인 것과 지방토호세력의 사적 경리가 결합된 이중적 성격을 가졌었다. 이에 소수공업은 국왕직속관청에 자기들의 생산물을 제공하는 부담과 직접적인 지배자인 토착세력의 수탈 등 이중의 부담을 안아야 했다.

소수공업 해체의 내부적 원인은 소수공업에 대한 가혹한 부담과 착취가 소수공업자인 장공인의 도태·이탈을 가져왔다는 점인데, 이것은 이미 12세기 초부터 시작되었다. 그로 말미암아 점차 소수공업에 전적으로 예속된 수공업자들의 노동력에만 의존해 생산을 진행할 수 없게 되었고 국가가 징발한 일반 장정노동력이 생산을 담당하게 되었다. 이는 전속된 예속적 노동력이 도태, 이탈한 조건에서 취해진 조치였으며, 이로 말미암아 소수공업은 이전의 체제를 유지하기 어렵게 되었다.

또한 고려시대에 중앙집권세력이 강화되면서 종래 지방세력의 지배 밑에 있던 지역, 즉 속현, 향, 부곡과 소 등에서 지방토착세력의 지배를 청산하고, 이를 정부에서 직접 지배하려는 움직임이 12세기 초부터 광범히 진행되었다.

군현제가 정착하기 시작한 고려시대에는 지방호족의 거주지에 신분적 계층을 대응해 군현을 편성 조직하였다. 고려 초기에는 아직 신라 이래의 호족 후예가 무시할 수 없는 세력을 가지고 토성향리로 군림하고 있었다. 중앙정부는 이들 호족세력을 인정한 채, 그들을 통하여 지방민을 통치하려고 하였다. 토성향리의 거주지에 그들의 지위에 상응한 주·부·군·현의 명칭을 부여하고 그에 맞는 권한을 허용하여 지배체제를 확립하려고 한 것이다. 군·현·향·소·부곡 등의 호칭은 호족세력의 대소강약과 신분고하에 따라 결정되었다. 이처럼 고려 초기 군현제의 특징은 호족의 신분과 혈연 등을 참조하여 계층적으로 편성되었다.

군현 내부에도 지역적으로 외관(外官, 중앙에서 파견되는 관리)이 상주하면서 군현행정을 전담하는 주현과 외관의 지시를 받는 재지호족세력에게 수취의 대부분이 일임된 속현이 있었는데, 속현은 주현에 비해서 수취상 불리한 위치에 있었고 부곡제(향, 소, 부곡 등) 또한 속현과 마찬가지였다. 중앙집권적 통치질서를 마련하려면 필연적으로 속현 및 향, 소, 부곡의 혁파조치가 있어야 했다. 일찍이 속현을 없애고 그곳에 관리인 감무관(監務官)을 파견해 이들을 통하여 지방행정을 관장하려는 움직임은 고려 중기부터의 일이었으나, 조선 태종 때 와서야 본격적으로 추진되었다. 그리고 향·소·부곡·장(莊)·처(處)의 정리도 속현의 혁파와 동시에 이루어졌다.[57]

조선 초기에 농업생산력이 발전하면서 고려시대의 전통적 민중지배방식인 다원적·다층적 사회편제방식이 달라지게 되었다. 속현·향·소·부곡·장·처 등은 그 특수성에서 벗어나 일반 군현제의 일반적 행정단위로 보편화되었다. 국가, 귀족 또는 호족적 특수수요라든지, 연고관계에 관련되어 특별한 관리를 받으면서 상대적으로 가혹한 수취제도에 묶여 있던 이들 지역의 농민도 그들의 사회적 지위가 향상되면서 일반 군현제의 백성과 같은 상태가 되기에 이르렀다.[58]

이에 따라 수공업소를 비롯한 향·부곡을 폐지하고 이들을 이웃 군현에 통합하려는 정책은 중앙집권체제가 확립되어 가던 1410년대, 즉 조선 초기 태종 통치 기간(1401~1417) 때부터 실시되었다. 중앙집권이 강화됨에 따라 지방토호세력의 영향에 있던 수공업소를 비롯하여 향, 부곡, 속현제를 철폐하는 정책을 실시한 것이다.

태종 9년(1409) 전라도에서 도내의 속현과 향, 소, 부곡을 인접한 군현에 통합하는 작업이 관찰사 윤향의 제의로 진행되었다. 전라도에서부터 순차적으로 진행된 것은 삼남지방인 전라도, 경상도, 충청도에 소, 향, 부곡이 집중되었고, 그

---

57) 이존희, 〈조선 전기 지방행정제도의 정비〉, 《한국사》 7, 중세사회의 발전-1, 한길사, 1994, pp. 151~152.

58) 김태영, 앞의 글, 앞의 책, pp. 61~62.

로 말미암은 모순과 사회적 폐단이 컸기 때문이다(〈표3-1〉).

	경상	전라	충청	경기	강원	황해	평안	함경	계
소	45	88	62	7	33	10	–	–	245
향	34	50	21	13	3	7	8	1	137
부곡	220	84	70	22	10	–	7	–	413
계	299	222	153	42	46	17	15	1	795

자료 : 홍희유 저, 《조선수공업사》 2, p. 15.

〈표3-1〉 소 · 향 · 부곡의 지역별 분포

그러나 그 폐지가 신속히 진행되지 않아 태종 14년(1414)에 다시 통합령이 내려졌고, 그 뒤 향, 소, 부곡, 속현의 통합과정은 급속히 진행되었다. 그 결과 1420년대까지 수공업소로서 남은 것은 고려시대의 낡은 수공업소인 충청도의 계은천소뿐이었으며, 1420년대에 이르러 수공업소들은 완전히 철폐되었다.

이로써 삼국시대 이래 오랫동안 유지되어 오던 낙후한 수공업 형태가 청산되었다. 그 결과 신분적 천대와 사회적 멸시 속에서 가혹한 수취를 강요당하던 수공업자들이 일반 군현주민과 다름없는 신분 상태로 지위가 향상되기에 이르렀다. 그리고 수공업소의 해체는 지방관청수공업의 발전을 촉진하는 계기가 되기도 하였다.[59]

(2) 관청수공업의 재편성

1) 중앙관청수공업의 재편성

고려시대와 마찬가지로 조선시대의 관청수공업도 각 관아에서 필요로 하는 공역노동 및 공업제품을 충당하고자 수공업장을 설치하고 장인을 소속시켰다. 고려시대까지의 관청수공업은 수도에 설치된 중앙관청수공업이 중심이었으나,

---

59) 홍희유 저, 《조선수공업사》 2, 白山資料院, (1991)1997, pp. 16~17.

조선시대에는 중앙집권적 통치체제가 강화되고 군현제가 정비되면서 중앙관청 수공업 외에 지방관청수공업체계도 확립되었다.

따라서 관청수공업에 종사하는 장인은 중앙관청수공업에 소속된 수공업자인 경공장(京工匠)과 지방관청수공업에 소속된 외공장(外工匠) 두 가지로 구분되었다. 외공장제도는 조선시대 관청수공업의 특징적 현상이었다. 즉 경공장은 궁정을 비롯한 중앙의 각 관서에 소속되어 그 공업적 수요를 담당하던 수공업자이며, 외공장은 지방의 각급 관서에 소속되어 그 공업적 수요를 담당하는 수공업자였다.

성종 2년(1471)에 반포된《경국대전》에는 경공장과 외공장의 장종(匠種) 및 그 인원수가 규정되어 있다.[60] 경공장은 공조(工曹)를 비롯한 30여 개의 중앙관서에 2,841명이 예속되어 있었고, 장인의 업종은 129개였다. 외공장은 27개 종류 3,652명에 이르렀다. 이처럼 편성된 관청수공업의 특징을 보면 다음과 같다.

공장의 인원수는 외공장이 많지만 장종은 경공장이 훨씬 많았다. 이것은 경공장의 생산분야가 외공장보다 광범위하고 또 노동조직의 분화가 고도화되었기 때문이었다. 이는 조선 전기의 수공업에서 궁정 및 관청 위주의 수공업조직이 중심이었음을 말하여 준다. 그와 달리 외공장은 그 장종이 적었던 것으로 보아 노동범위가 경공장에 제공하는 원료품이나 반제품 이외에 지방관서 및 지배층의 필수품만을 생산하였음을 알 수 있다.[61]

조선시대 관청수공업의 재편성은 건국 후 중앙통치기구 개편과 병행하여 진행되었다. 큰 흐름은 고려시대의 것을 계승하였지만, 그 기구가 양적으로 확대되고, 구성 인원수도 크게 증가하였으며, 지방관청수공업체계가 확립되었다. 중앙관청수공업기구를 볼 때, 고려시대에는 11개였으나 태조 원년(1292)에 편성된 관제에는 17개로, 그리고《경국대전》에서는 30개로 늘어났으며, 업종도 고려시대에는 70개였던 것이, 조선시대에는 129개 업종이었다.[62]

---

60)《經國大典》卷六, 工典 工匠.

61) 劉元東,〈商工業의 槪觀〉,《韓國史論》11, 朝鮮前期商工業, 국사편찬위원회, 1982, p. 4.

한편 중앙관청수공업기구는 공조(工曹), 상의원(尙衣院), 군기시(軍器寺), 교서관(校書館), 선공감(繕工監), 제용감(濟用監), 사옹원(司饔院), 내수사(內需司), 조지서(造紙署), 내자시(內資寺), 와서(瓦署), 내섬시(內贍寺), 장흥고(長興庫), 예빈시(禮賓寺), 관상감(觀象監), 전함사(典艦司), 사포서(司圃署), 사도시(司䆃寺), 상악원(常樂院), 의영고(義盈庫), 사온서(四醞署), 귀후서(歸厚署), 전설사(典設司), 양현고(養賢庫), 내의원(內醫院), 도화서(圖畵署), 소격서(昭格署), 장원서(掌苑署), 봉상시(奉常寺), 사섬시(司贍寺) 등 30개 관서였다. 기구별 장인수 및 기능을 보면 〈표3-2〉와 같다.63)

업종 및 장인 수의 양적 증대와 확대개편에 수반한 기구의 기능 변화를 몇 가지 살펴보면 다음과 같다.

첫째, 고려시대 관청수공업의 핵심기구였던 장야서(掌冶署)가 폐지되고 그 기능이 공조와 군기사로 이관하였다. 장야서의 폐지는 조선시대의 농본주의와 상공업 억제정책의 결과였다. 공조(제철업 경영)와 군기사(무기생산)로의 분화는 오히려 금속원료와 자재생산기반의 확충으로 금속가공업의 발전을 가져왔다. 둘째, 조지서의 설치였다. 1420년에 설치된 조지소는 1466년에 조지서로 확대 개편되었다. 고려시기에 개별 수공업자에게 위임하여 생산되던 것이 조선시대에 와서 국가적으로 전문적 제지수공업을 직접 조직 운영함으로써 제지수공업의 기술 발전이 이루어 질 수 있었다. 셋째, 교서감의 설치이다. 1392년에 서적원이 설치된 뒤 1401년에 교서관으로 개편되어 서적인쇄와 출판사업이 발전하였다.

이러한 몇 가지 특징 속에서도 기본적인 목적은 생산적인 성격보다 지배층의 일상용품과 사치품생산을 확충하는데 있었다.

2) 지방관청수공업의 재편성

조선시대에 중앙집권적 체제가 확대되면서 중앙관청수공업이 확대 개편되었

---

62) 홍희유 지음, 《조선중세수공업사연구》, 지양사, 1989, p. 184 및 《조선수공업사》 2, pp. 20~22.

63) 홍희유 저, 《조선수공업사》 2, p. 21.

	기관명	장공인총수	기 능
1	공조	261	산림, 내와 못, 장공인, 건축수리, 도자기, 야금 취급
2	상의원	597	왕실용 의복 및 옷감 마련, 궁중 제복 관리
3	군기시	644	무기제조를 담당
4	교서관	102	서적인쇄, 출판, 제사용 축문, 인장 취급
5	선공감	346	토목공사 담당
6	제용감	108	외국에 보내는 직물 및 인삼, 선물용 비단 마련
7	사옹원	380	국왕 및 왕궁음식 공급, 사기 제조 담당
8	내수사	38	궁정에 수여되는 쌀, 직물, 노비 취급
9	조지서	91	표지, 전지, 자문지 등의 종이생산 담당
10	내자시	42	왕궁용 쌀, 밀가루, 술, 장, 기름, 꿀, 야채, 과실 마련
11	와서	44	기와와 벽돌 생산 보장
12	내섬시	40	각 궁, 각 전들에 물품 공급
13	장흥고	16	돗자리, 유둔, 종이 등을 취급
14	예빈시	14	외국손님 연회, 종친, 재상들의 음식 접대
15	관상감	10	천문, 풍수지리, 역서, 기상, 시간 관측담당
16	전함사	10	중앙 및 지방의 선박과 전함 관리
17	사포서	10	후원의 포전 관리와 채소 공급 취급
18	사도시	8	왕궁창고의 양곡과 대궐 공급용 장 취급
19	상악원	6	음악교육 담당
20	의영고	8	기름, 꿀, 황랍, 후추 등을 보장
21	사온서	4	궁중용 술 공급을 취급
22	귀후서	8	관과 덧관 제작과 판매
23	전설사	8	장막 시설 공급 담당
24	양현고	2	성균관 유생용 쌀, 콩 공급 사업 취급
25	내의원	6	왕실용 약 조제 담당
26	도화서	2	회화 관계 일을 담당
27	소격서	4	별들을 제사 지내는 일을 취급
28	장원서	8	대궐 후원의 화초와 과실을 취급
29	봉상시	20	제사, 시호 등의 일을 취급
30	사섬시	4	종이돈 민들기와 노비 신공포 취급
	계	2841	

자료 : 홍희유 저,《조선수공업사》2, 1991, p. 21.

〈표3-2〉 중앙관청수공업 기구와 기능

고 이와 병행하여 지방관청수공업이 설치되었다. 수공업생산에서 큰 비중을 차지하였던 수공업소가 해체되고, 또 지방의 전문 민간수공업자의 수와 업종이 상대적으로 제한되어 있는 여건에서 지방의 수공업제품 수요를 충족하려면 지방관청수공업을 체계 있게 설립 정비하는 일이 필요하였다. 더욱이 군현제의 확립은 군현별로 독자적인 수공업조직을 요구하였다.

지방관청수공업은 27개 업종에 수공업자수는 3,652명으로, 이들은 지방의 수공업자 가운데서 선발 등록된 기술자였다. 지방관청수공업은 지방관청의 수요를 충족하기 위한 것이었지만, 지방의 자연 기후적 조건과 수공업적 전통의 기반 위에서 생산되는 원료 자재와 수공업제품을 중앙관청에 공물로 제공하였는데, 이것들은 고려시대 이래의 지방수공업 발전의 전통에 의거하고 있었다.

지방관청수공업의 업종은 중앙관청수공업의 일이 주로 귀족 관료들의 일용품과 사치품생산이었음에 대하여 금속 및 그 가공품, 나무 및 대나무가공품, 무기, 종이 및 그 가공품, 가죽제품, 자리와 방석 등의 생산활동과 생필품생산이 기본이었다. 이는 지방관청수공업이 해당 지방의 특산원료와 기술적 기반에서 이루어졌기 때문이었다.[64]

(3) 장세제의 실시와 노동편성의 변화

1) 장세제의 실시

수공업자에 대한 장세제(匠稅制)의 실시와 번차제(番次制) 등의 노동편성은 다 같이 조선 정부가 수공업자의 잉여노동과 잉여생산물을 수취하는 방안이었다. 전자는 수공업자에게서 세금을 징수하는 방안이었고, 후자는 수공업자에게 공역을 부과하는 방안이었는데 이 두 제도는 서로 관련되어 진행되었다. 예컨대 개별수공업자를 해마다 일정 기간 관청수공업에 복무하게 하고 나머지 기간에는 독립적인 경영을 허용하되, 이 기간의 수입에 대하여 일정한 세금을 징수한

---

64) 홍희유 저, 앞의 책, pp. 22~28 참조.

다는 것이다.

조선시대 상세(商稅)의 부과는 수공업자에 한한 것은 아니었다. 개국 이래 공상세(工商稅)는 억말의 목적과 함께 국가재정의 보조세원으로 인식하는 데서 만들어졌는데, 태종 15년(1415)의 상세규정을 보면 공장상고인(工匠商賈人)은 그 이익의 다소에 따라 수세하고 행상에게도 수세액을 정하였다. 고려 말에도 재정적 위기를 극복하려고 수공업자에게 장세(匠稅)를 징수하는 일이 있었지만 제도로서 확립된 것은 아니었는데, 15세기에 그것이 하나의 제도로서 성립된 것이다. 종래 한성부가 상인과 수공업자의 명단을 작성하여 매월 부과하던 것을 태종 11년(1411)에 폐지키로 하고[65] 이를 전국적으로 확대하였다. 곧 공장상고인을 상·중·하의 세 등급으로 나누고, 경리형편에 따라 매월 1~3장의 저화(楮貨)를 수세했으며, 행상은 2장, 좌고는 1장으로 수세액을 정하였다.[66]

그 뒤《경국대전》은 '장공인들을 등급에 따라 등록하여 호조, 공조, 본조, 본군에 보관하여 두고 세를 받는다. 무릇 장공인들은 공역일수를 제외한 나머지 날짜에 한해서만 세를 받는다'고 규정하였다.[67] 이것이 관청수공업에서 공역하는 수공업자에 대한 장세제의 기본이 되었다. 15세기에 모든 수공업자는 장적에 등록하되 관청수공업에는 이들 가운데 우수한 수공업자가 선발 등록되어 있었다. 이들은 1년 중 일정한 기간은 관청수공업장에서 공역노동에 복무하고 나머지 기간은 자기 경영에 종사할 수 있게 하였으며 이 공역일수 이외의 기간에 대해 장인세를 부과하였다. 또한 공역에 복무하지 않는 수공업자에게는 자기 경영의 운영여부에 관계없이 1년에 12차례 해당된 장세를 부과하도록 한 것이 15세기 수립된 장세제의 기본구조였다.

장세제는 결국 당시에 대부분의 수공업자들이 자기 경영을 운영하는 수공업자였다는 전제 아래에서 가능한 것이므로 수공업의 발전이 진전되었음을 반영

---

65)《太宗實錄》卷 11, 太宗 11年 正月 癸酉.

66)《太宗實錄》卷 29, 太宗 15年 4月 己巳, 2冊.

67)《經國大典》, 戶典 雜稅條.《경국대전》은 세조(1418~1450) 때 편찬에 착수하여 완성되었으며, 그 뒤 약간의 수정을 거쳐 성종 2년(1471)에 반포되었다.

하는 것이기도 하다. 또한 수철장, 야장, 주철장, 유철장 등의 장세규정은 20명 이상, 적어도 10명 또는 수 명의 장인이 한 작업장에서 공동노동하는 것으로 되어 있어서 당시 비교적 큰 규모의 사적 경영형태가 존재하고 있었고, 그에 수반하여 분업에 기초한 생산기술 수준과 노동생산성의 향상도 짐작할 수 있다.

또한 수공업자들이 자기 경영의 기간을 확보하여 생산물의 일부를 자신이 판매할 수 있게 되어 시장생산의 길이 열리게 되었다. 그로 말미암아 경제외적 강제와 신분적 예속을 어느 정도 약화시킬 수 있었다. 곧 국가와 수공업자의 관계를 경제계산과 경제적 관계로 전환하는 길이 열리게 된 것이다.[68]

2) 번차제의 실시

이러한 장세제는 번차제와 병행하여 구체화된 것이었다. 번차제는 수공업자의 잉여노동을 수취하는 노동편성의 개편방안이었다. 그리고 장인들이 가계를 마련할 수 있도록 일정 기간 예속장인의 노예적 노동을 면제하여 주는 제도이기도 하다. 신역제(身役制)가 수공업자들에게 직접적인 무상의 수공업 부역노동을 수시로 강요하는 노동수취 형태였다면, 번차제는 일정한 교대순번제에 따라 무상 수공업 부역노동을 수취하는 제도이다. 따라서 번차제는 신역제가 어느 정도 완화된 형태라고 할 수 있다.

조선 전기 관청수공업자들의 신분적 구성은 노비, 양인, 죄수 및 승려(하층승려) 등 다양하였다. 이들 관청수공업자들에 대한 부역노동수취의 형태는 거주지와 신분을 고려하여 정하였다. 15세기 초부터 요미(料米 : 하급관료들에게 급료로 주는 쌀)가 식량사정으로 그 지급이 어렵게 되자 직종과 신분에 따라 3개 또는 2개로 집단을 형성하여 교대제를 실시하였다.

서울에 사는 양인 신분의 관청수공업자는 3개 집단으로 나누어 1개 집단씩 관청수공업에 복무하게 하였다. 즉 한 집단이 복무할 때 2개 집단은 휴번하여 자기 경영을 하는 것이었는데, 2개월 휴무 뒤 교대하여 한 달씩 복무하였다. 따

---

68) 홍희유 지음, 《조선중세수공업사연구》, pp. 177~182 참조.

라서 1년에 4개월 신역노동을 하고 8개월은 자기 경영을 할 수 있었다. 이에 대하여 노비 신분 수공업자에게는 불리한 번차제가 적용되었다. 이들은 2개조로 편성되어 한 달은 신역노동을 하고 한 달은 자기 경영을 하는 형태였으며, 1년에 6개월 동안 동원되었다. 그러나 노비들에게는 점차 3개 번으로 나누어 2개 번은 복무하고 1개 번은 휴식하는 번차제가 강요되었다. 즉 두 달은 부역노동을 하고 한 달만 휴식하면서 자기 경영을 하게 되었기 때문에, 부역노동이 훨씬 강화된 것이다.

서울과 인근지역에 거주하는 수공업자들이 한 달 또는 두 달에 한 번씩 복무하는 것과 달리, 지방에서 징발된 수공업자인 선상(選上)수공업자에게는 1년 또는 반년에 한 번씩 교대복무케 하는 장기번차제도가 실시되었다. 태종 18년(1417)에 서울의 수공업자에게 번차제도가 실시된 것으로 보아[69] 선상수공업자에 대한 번차제도는 이 시기부터 실시되었다고 볼 수 있으며, 1430년대에는 이 제도가 확립된 것으로 보인다.[70]

선상수공업자에 대한 장기번차제는 2교대로 나누어 1년씩 교대하는 제도가(2년 동안에 1년 복무) 있었고, 3개 조로 나누어 6개월씩 복무하는, 곧 18개월 동안에 6개월 복무하는 제도가 있었다. 이처럼 선상수공업자는 장기복무하는 것이 특징이었는데, 이들에게는 근무날짜의 다소에 따라 체아직(遞兒職)을 주기도[71] 하여 무관 벼슬과 요미를 지급하기도 하였다.[72]

이러한 번차제는 관청수공업에서 부역노동을 수행하는 수공업자가 정기적인 부역 기간 외에 자기 경영을 운영할 수 있는 권리를 획득하고, 그 기간에 자신이 생산한 생산물을 스스로 처리할 수 있게 하였다. 또한 이것은 종래의 노예적

---

69) 《太宗實錄》, 太宗 18年 9月 丁酉條.

70) 홍희유 지음, 《조선중세수공업사연구》, pp. 190~198.

71) 《端宗實錄》, 3年 3月 乙卯條.

72) 당시 상층 수공업자 가운데 기술적으로 우수하고 충실한 자에게 명목상의 낮은 벼슬인 체아직을 주고 일정한 급료를 지급하였는데, 장기복무하는 선상수공업자에게 이를 적용한 것이다. 곧 체아직은 녹봉을 주기위하여 만든 관직이다.

부역노동에서 부분적으로 해방되었음을 뜻하며, 수공업자의 독자적 경영권이 시간적으로 확대된 것은 수공업생산을 촉진하는 계기가 되었다.

2. 민간수공업의 발전

(1) 전업적 수공업의 발전

조선 전기에는 관청수공업이 확대 재편성되었지만 이와 함께 민간수공업도 크게 발전하였다. 독립적 수공업자들에 의한 전업적 수공업이 발전하였고, 농업과 밀접하게 결합된 농민들의 가내수공업도 현저히 발전하였다. 고려 후기 이후 발전의 기틀이 잡히기 시작한 이들 민간수공업은 조선시대에 들어와 더욱 활기를 띠었다. 공산품에 대한 관청 및 민간수요가 양적으로 증대되었고, 또 그 종류도 다양화되었기 때문이었다.

조선 초기에 정부는 중요한 공업제품에 대한 관수(官需)를 관청수공업에서 조달하는 것을 원칙으로 했고, 이를 위해 관청수공업을 확대 개편하였다. 그러나 국가기구가 팽창되면서 공산품 수요가 점차 증대되었고, 모든 물품을 관청수공업에만 의존할 수 없게 되면서 관청수요의 일부는 시장에서 조달하게 되었다. 또한 인구가 증가하면서 이들이 필요로 하는 공산품 수요도 늘어났으며, 이에 따라 전국에서 다양한 물화가 생산 반입되었고 경시(京市)에서는 수공업제품의 거래가 활발해졌다. 유입된 공산품은 종류도 다양하였고 그 품질도 관청수공업의 생산품에 크게 뒤지지 않았다. 이에 관리하기 어려운 관청수공업장의 생산을 줄이고 관청 수요의 많은 부분을 시장에서 구입 충당하였다. 이것은 지방관청의 경우에도 마찬가지였다.

그 결과 민간수공업이 발달하는 계기가 마련되었으며, 특히 16세기 이후 관청수공업의 쇠퇴 움직임이 나타나면서 민간수공업자의 수가 크게 늘었고 이는 여러 생산분야에서 진행되었다. 민간수공업을 중심으로 공업의 상대적 지위가 높아지는 것은 전근대적 경제구조가 변혁되는 역사적 과정이었다. 수공업은 자가소비와 공납을 위한 생산에 그치지 않고 시장생산을 더욱 확대 발전시켜 나갔으며, 이러한 과정에서 주도적 역할을 한 것이 민간수공업, 그 가운데서도 전업적 수공업이었다. 민간수공업으로서 전업적 수공업을 발전시킨 요인은 다음과 같다.

첫째, 농업생산력이 발전하고 사회적 분업이 진전되었으며, 고려시대 이후 정부의 관할하에 있던 지방 각처의 수공업장인 소수공업이 15세기에 이르러 향, 부곡과 함께 완전히 철폐되었다. 그 뒤 소수공업에 예속되었던 수공업자들이 전업적 수공업자로 전환하였다. 이 과정에서 민간의 전업적 수공업자층이 늘어났으며, 이것이 전업적 수공업 발전을 촉진시켰다. 이들은 수공업 시설을 스스로 경영하여 공산품 공물을 국가에 납부하는 한편 시장을 상대로 하는 수공업생산에 종사하였다. 15~16세기에 전업적 수공업자는 공물생산의 담당자였지만, 여기에 그치지 않고 일반 백성을 대상으로 생산과 판매를 하는 상품생산자로서의 위치도 높아지게 된 것이 이 시기의 특징이었다.

둘째, 농촌에서 부업으로 수공업제품을 생산하던 사람들 가운데 기술이 뛰어난 자들이 따로 수공업장을 차리고 수공업제품 제작으로 전업하였다. 더욱이 선상수공업자로 관청수공업에서 복무하면서 그곳에서 수공업 기술을 익힌 장인 가운데 귀향 후 전업적 수공업자로 변신한 사람들이 많았다. 이들은 소규모의 작업장을 건설하고 공산품을 제작하여 시장에서 판매하였다. 소규모의 수공업장을 경영한 장인은 한편으로 농업에도 종사하였지만, 수공업을 경영하면서 점차 전업적 수공업자로 발전하여 나아갔다.

셋째, 16세기에 관청수공업에 균열 요인이 발생하면서 여기서 이탈한 수공업 기술자들이 전업적 수공업자로 등장하였다. 또한 16세기 이후 국가가 필요로 하는 물품을 관청수공업보다 시장에서 구입 충당하게 되자, 관청수공업의 축소경향과 함께 여기에 예속되었던 많은 장인들이 관청수공입을 떠나 자영수공업자로 될 기회가 발생하였다. 이들은 수도 주변에 수공업장을 건립, 자영하거나 공업기술자로 생계를 유지하였다.[73]

전업적 수공업은 도시와 농촌에서 다 같이 발전하였다. 도시에서는 지배층의 사치적 수요를 위한 금속세공업과 철물가공업, 문방구생산을 비롯한 백성들의 일용필요품생산이 진행되었다. 농촌에서는 농민들이 가내부업으로 해결할 수 없는 도자기, 농기구생산과 야장업, 그 밖의 일용품 생산비중이 높아졌다. 더욱이 시장수요를 목표로 산출된 생산물은 각종 철물·금속제품, 식기·제기·유기제품, 지물·필묵 등의 문방구, 피혁제품, 각종 목공예품 등 그 범위가 다양하였다.

그런 가운데 제지업, 도자기업, 제련 및 금속가공업, 유기수공업 등 주요 업종이 전업적 수공업으로 발달하였다. 이 가운데 쇠부리(제철)는 전업적 수공업에서 가장 중요한 자리를 차지하였다. 철은 무기, 농기구, 기타 철제용구의 원료로서 그 수요가 가장 많았던 만큼 생산도 증가하였다. 15세기 주철장(鑄鐵匠)과 수철장(水鐵匠) 등에 대한 장세규정[74]을 보면, 이들의 생산규모가 최고 20명 이상, 적어도 10여 명 또는 수 명이었고, 이 수공업자들이 한 수공업장에 모여 공동노동을 한 것으로 보아, 비교적 큰 규모의 수공업장이 운영되었음을 알 수 있다.

이들은 전업적 수공업자로서 공물생산도 하였지만 상품생산자로서 독자적 자기 경영을 하였다. 또한 기술적으로는 생산 내부에서 분업에 기초한 생산과정이 진행되었음을 짐작할 수 있다.

유기(鍮器)수공업도 철 제련업 및 철 가공업 못지않게 대중적 수요에 바탕을 두고 전업적 수공업으로 발전한 생산부문이었다. 유기그릇을 많이 쓰는 고유한 관습은 조선시대에 더욱 일반화되었는데, 식기, 각종 제기(祭器), 대야, 화로, 향로, 숟가락, 젓가락 등 청동으로 제작한 유기제품을 사용하여 그 수요가 컸다. 유기제품에 대한 사회적 수요가 증가하면서 유기수공업이 전국 각지에서 발전하였고 15~16세기에 유기제품은 상품으로도 광범하게 유통되었다. 조선 후기에 와서 이 부문에서는 도자기 제조, 제철 및 철 가공업과 함께 공장제 수공업이 일찍부터 형성되고 있었다.

---

73) 趙璣濬 著,《韓國經濟史新講》, 일신사, 1994, pp. 252~253.

74)《世宗實錄》, 世宗 7年 9月 戊戌條 및《經國大典》, 戶典 雜稅條.

(2) 농촌 가내수공업의 발달

조선시대 농민 가내수공업은 수공업생산에서 중요한 위치에 있었다. 더욱이 15세기 이후 시장경제가 발달하고 관청수공업체제가 축소되면서 농민수공업은 발전적 방향으로 전개되었다. 자가 수요나 공물납부를 위한 생산에 국한되지 않고 시장판매를 목적으로 한 생산도 증가하였다. 나아가서 15세기 후반 이후 조선 후기에 발달한 지방시장(장시)에서는 농민의 가내수공업에서 생산된 상품이 절대다수를 차지하였다.

조선 전기 농민의 가내수공업으로는 직물수공업, 제지업, 죽세공업, 위석(葦席 : 돗자리)수공업을 들 수 있지만, 가장 중요한 자리를 차지한 것을 저포(모시), 마포(삼베), 면포(무명), 견직물(絹織物, 명주) 등을 짜는 직물수공업이었다. 15~16세기에는 직물수공업이 한층 발전하여 단순상품생산이 늘어났으며 중요한 직물수공업 지역이 형성되었다. 임천(林川)·한산(韓山) 지방의 모시,[75] 의성·예산·안동지방의 무명, 함경도의 마포, 황해도와 평안도 및 함경도의 견직물 등이 그것이다.

고려 말에 원나라에 사신으로 갔던 문익점(文益漸)이 공민왕 13년(1306)에 목화 종자를 도입[76]하기 이전까지 우리나라에서 생산되던 주요 의료는 견직물과 마직물이었고 이들이 오랜 세월 직물수공업의 중요한 자리를 차지하였다. 그러나 조선 전기에 이르러 면직수공업이 급속히 발전하여 오랜 전통의 마직업을

---

75) 조선 후반기 한산·임천·비인·서천·남포·정산·부여 등 충청도 지방의 모시 생산 중심지를 저포칠처(苧布七處 또는 저산 7읍, 모시수공업의 7개 중심지)라고 하였다(홍희유 지음,《조선중세수공업사연구》, pp. 218~219).

76) 14세기 말 고려 공민왕 12년(1363)에 원나라에 사절로 갔던 문익점이 강남(장강 남쪽)지방에서 목화씨를 얻어가지고 와서 다음 해(공민왕 13년, 1364) 봄에 진주 강성(江城)에서 재식에 성공하여 널리 전파되었다고 한다(《太祖實錄》卷 4, 太祖 7年 6月 丁巳). 그러나 문익점이 3년 동안 강남지방에서 유배생활을 마치고 공민왕 16년(1367)에 귀국할 때 목화씨를 전했다는 기록도 있다(趙孝淑,〈방직업〉,《한국사》24, 조선 초기의 경제구조, 국사편찬위원회, 1994, p. 279). 또한 그가 자기 고향인 경상도 단성(산청)에서 재배를 시작했다는 지적도 있다(홍희유 저,《조선수공업사》2, p. 90).

대신하게 되었고, 견직업과 함께 조선 전기 직물업의 두 흐름을 이루게 되었다.

견직업도 마직업과 함께 오랜 역사를 갖고 농촌에서 광범위하게 발전하여 온 수공업 부문이었으나, 조선 전기에는 농촌수공업으로 두드러진 발전을 이루지 못하였다. 이것은 관부나 궁중의 고급 견직물 수요를 충족하고자 관청수공업의 형태로 전개되었지만 민간 차원의 견직업은 관청수공업에 밀려 그 기술 발전이 미약하였다. 더구나 고려 말부터 면직업이 급속히 발전하면서 민간 견직업은 위축되었다. 게다가 사치금지령으로 일반 백성의 견직물 사용이 제한되어 그 생산의욕이 저하하였고, 더구나 고급 견직물은 중국으로부터의 수입에 의존하였기 때문에 농촌수공업에 의한 견직물은 명주와 같은 단순한 직물생산에 그쳤다.

그러나 견직물에 대한 사회적 수요가 점차 증가하고, 특히 부유한 지배계층의 사치생활을 위한 수요가 증가하면서 고급견직물생산을 위한 견직업도 발전을 지속하였다. 지역적으로는 자연조건으로 면화재배가 되지 않는 서북지방에서 주로 발전하였다. 더욱이 16세기에 들어서면서 완연해진 사치풍조와 지방장시의 발달 등 사회경제적 영향으로 15세기보다는 발전하였다. 잠업이 농가에서도 성행하였고 견직물이 상품화되어 시장에서 거래되었으며, 농가에서 생산한 견직물이 장시와 경상들에 의해 거래되었다. 관청수공업이 16세기에 쇠퇴하면서 민간의 견직물생산은 더욱 발전되었다. 그러나 16세기 민간 견직업의 발달은 잠시뿐이었으며, 임진왜란 이후 퇴보하였고, 더욱이 영조의 사치금지정책으로 조선 후기에는 영세한 민간수공업이 생산한 저급한 견직물(명주)만이 생산을 지속할 뿐이었다.[77]

오랜 전통을 가지고 전국 각지에서 광범하게 발전하였던 마직업은 중부이남 지역에서 면직업이 급속히 발전하면서 쇠퇴 침체하였다. 이와 달리 면직업이 채 보급되지 못하고 그 원료인 목화재배가 불가능한 서북지역과 동북부의 함경도 지역에서는 마직업이 유지 발전하였다. 고려 초부터 조선 초기까지 기간의료산업(基幹衣料産業)이었던 마직업은 전 지역에 걸쳐 생산되었다. 그러나 세종 이후

---

77) 趙孝淑, 앞의 글, 앞의 책, p. 277.

빠른 속도로 성장한 면직업이 마직업의 자리를 침식하였고, 드디어 세종 27년 (1443)에는 면포가 가치척도의 기준이 되면서 마포는 그 동안 물품화폐로 사용되었던 정포(正布)로서의 위치를 잃게 되었다. 따라서 보편적 의료로서 지위를 빼앗겼으며 점차 지방특산물로 정착되었다.[78]

저포(모시)는 예부터 의료는 물론이고 주요한 수출품으로서 고급직물의 위치를 차지하였지만 15~16세기 이후 면직업 발달에 따라 보편적 의료로는 생산되지 못하였다. 원료생산지의 제한성과 섬세한 직조기술, 그리고 많은 노력이 필요하다는 점 때문에 보편적 농가부업으로 발전하는 데 한계가 있었지만, 고려시대의 전통을 이어받은 토대 위에서 고급 저포의 수요가 증대하면서 발전을 지속하였다. 그 결과 충청도의 저산7읍을 비롯하여 경상도·황해도 등 지역에서 모시직물업이 발전하였다. 이들 지역에서는 단순상품생산에 기초한 모시수공업이 진행되었으며, 상품화과정이 촉진되면서 생산기술도 발전하였다.

면직업은 농촌의 민간수공업으로 발전한 대표적인 의료산업이었다. 고려 말 이후 15~16세기에 빠른 속도로 정착 발전하였으며, 대외 교역에서도 대표적인 수출품이 되었다. 농민의 가내수공업으로 발전한 면직업은 자가 수요와 공물생산에 그치지 않고 시장을 위한 상품생산으로 연결되었다. 이것은 면포의 일부가 현물화폐로 통용됨으로써 더욱 촉진되었다.

현물화폐로서 면포는 상품교환에 쓰이는 유통수단, 즉 등가교환의 수단이 되었는데, 세종 27년에는 모든 매매를 할 때 반드시 면포로서 정가(定價)를 삼도록 하였다. 그리하여 종래에 기본적인 현물화폐였던 마포를 대체하게 되었다. 더욱이 세종 29년(1445)에 노비의 신공(身貢 : 몸값)을 면포로 징수하면서 면포의 수요와 상품생산은 더욱 촉진되었다. 자체수요와 공물생산뿐만 아니라 상품 또는 화폐상품으로 생산됨으로써 면직업의 발전은 더욱 촉진되었다.

농촌의 면직업은 그 원료인 목면생산과 밀접한 관련 속에서 진행되었으며, 목면산지가 곧 면직업의 중심지였다. 15세기 말에는 전라·충청·경상도 등 함

---

78) 위의 글, 위의 책, p. 260.

경도를 제외한 전국의 대부분 지방에 목화재배가 보급되었고 면직업이 병행 발전하였다.

이처럼 농촌수공업으로 발전한 면직업은 조선 전기의 대표적 기간산업으로 발전하였지만 민간수공업의 경영주체인 농촌경제를 호전시키는 역할을 다 하지 못하였다. 그것은 국가가 면포를 징세수단으로 이용하고 농민들이 자율적으로 시장에서 매매하는 행위를 규제하였기 때문이었다. 조선 면업은 경제정책수단으로 촉진되었던 것이 아니라, 국가세입의 보충수단, 즉 재정정책의 수단으로 촉진된 것이었다.[79] 국가세입의 보충수단으로 이용된 면직업은 조세납입을 위한 양적 충당, 즉 농가의 조공(租貢) 부담이 증가될수록 상품의 질적 향상과 면직업의 개혁적 전개는 억제될 수밖에 없었다. 이것이 서구 중세와는 달리 조선 후기에 농촌수공업인 면직업에서 적극적이고 새로운 발전의 길이 펼쳐지지 못한 한 가지 이유이기도 하였다.

지역적으로는 자연기후조건에 따라 남부지역에서 면직업이 주로 발달하였다. 곧 중부 이남지역, 특히 삼남지방에서는 면직업과 저포업을 기본으로 하는 직물업이 발전하였다. 이에 대하여 면직업이 발전하지 못한 북부지역에서는 견직업과 마직업이 발전하였다. 직물업에서는 이처럼 자연조건의 제약 또는 지역성에 따라 지역적 분업이 조성되었고 이는 필연적으로 지역 상호간의 경제적 유대를 위한 교류를 가져왔다. 15세기 중엽에는 남부지역의 면직물 및 목화와 북부지역에서 생산된 견직물이 교환됨으로써 지역 간 상품교환이 활발하게 이루어졌다.

---

79) 高承濟 著,《韓國社會經濟史論》, 一志社, 1988, pp. 89~90.

제4장
조선시대 상공업과 그 변화(Ⅱ)

제1절 조선 후기 사회의 변화 : 자본주의 맹아론

1. 자본주의 맹아론과 자본주의적 관계론

17세기 이후 상공업이 그 이전 시기와 비교하여 많은 발전과 변화를 보인 것은 이미 널리 지적되었다. 이러한 발전과 변화가 조선 사회의 전개과정을 내재적 발전론과 자본주의 맹아론으로 이해하는 중요한 근거가 되었다. 17세기에서 19세기 중엽까지의 조선 후기 사회에서는 임진왜란 및 병자호란의 충격과 여기서 비롯된 사회 내부의 변화가 진행되었고, 이것이 이 시기 상공업 발달의 중요한 배경으로 이해되었다. 그러나 이는 양란 이전 조선 사회에서의 새로운 사회경제적 움직임에 주의하지 않은 결과라는 견해가 있다. 곧 17세기 이후 전개되는 사회경제적 변화의 움직임은 이미 16세기에 나타났다고 보는 것이다.[80]

첫째, 16세기의 사회경제적 변화로 향시, 즉 지방장시의 대두와 확대를 들 수 있다. 15세기 말엽부터 나타나기 시작한 농촌의 정기적 장시(장문)는 1520년경엔 거의 전국적으로 보급되기에 이르렀다. 이는 농업기술의 발달과 생산력의 증대에 따른 구매력의 신장으로 성립한 것이며, 상공업 발달 촉진의 바탕이 됐다.

둘째, 16세기 중엽 이래 광범하게 행해졌던 공물의 방납은 17세기 이후 대동법 성립을 가능하게 한 유통경제적 기반이었다. 또한 군역의 포납화(布納化)도 상업 발달과 시장경제를 변화시킨 요인이었다.

셋째, 대외 무역의 성행을 들 수 있다. 16세기 들어 동아시아 세 나라, 즉 조

---

80) 李泰鎭, 〈16세기 韓國史의 理解方向〉, 《韓國社會史研究》－農業技術의 발달과 社會變動, 지식산업사, 1986, pp. 292~298.

선, 중국, 일본은 모두 경제력이 신장되었고, 이에 따라 국제간 교역이 활기를 띠었다. 중국의 비단, 면포, 도자기와 조선의 곡물, 면포, 은, 그리고 일본의 구리, 은 등 주요상품이 교환되면서 상호교역체제를 이루었다.

넷째, 15세기 말엽 이래 높아진 사치풍조와 16세기의 인구 증가도 상공업 발달을 촉진시킨 요인이 되었다.[81]

이러한 16세기의 사회경제적 변화를 기반으로 하여 17세기 이후 조선 사회는 크게 변화되었다. 양란 이후 17세기를 거쳐 18, 9세기에 이르러 사회적 생산력이 발전하면서 상품화폐관계도 점차 전국 시장을 대상으로 확대되어 갔다. 이 같은 상품경제의 발달은 17세기부터 100여 년 동안에 걸쳐 시행된 대동법과 균역법 시행과정에서, 그리고 농업을 비롯한 상업, 수공업, 어업, 광산업 등의 발전으로 가속화했다. 이러한 변화가 더욱 구체화된 기점은 18세기 중엽 이후였다.[82] 조선 후기 사회의 이러한 발전적 흐름을 인식하고 검증하는 데 자본주의 맹아론은 중요한 전제가 되었다.

우리나라에서 1960년대 이후부터 본격적으로 논의된 자본주의 맹아론은 일제 식민사관의 타율성론과 정체성론에 대한 비판에서 출발하였다. 이는 한국사의 발전계기가 단순히 밖으로부터 이식된 것이라는 외인론(外因論) 중심의 파악방식에 대해, 한국 고유의 내적 요인과 그 발전 논리가 당연히 모색되어야 한다는 내인론(內因論)을 강조하는 것을 뜻한다. 한국사의 이해에서 일본 관학자들이 만들어 철칙(鐵則)처럼 되어 있던 정체성이론과 타율성이론을 바탕으로 하는 식민주의 역사학을 극복하는 방안으로 제시된 것이 자본주의 맹아론이었다. 즉, 한국사를 주체적 계기에서, 그리고 내적 발전과정에서 파악하려는 새로운 역사학의 건설문제라는 과제가 제기되었고, 여기에 해답으로 나온 것이 맹아론이었다. 이는 실증적으로 역사적 사실을 해석하는 방향으로 전개되기 시작하였다.[83]

---

81) 韓榮國, 〈商工業 발달의 시대적 배경〉, 《韓國史市民講座》 9, 一潮閣, 1991, pp. 7~10.

82) 崔允晤, 〈광작과 지주제〉, 《한국사》 33, 조선 후기의 경제, 국사편찬위원회, 1997, p. 109.

83) 金容燮 著, 《朝鮮後期農業史硏究》-農村經濟·社會變動-, 一潮閣, 1970, p. 3. 김용섭 교수는 농업에서 자본주의 맹아를 구조적으로 제시한 최초의 인물이다. 18세기 초 이래 경영형 부농

맹아론은 타율성이론과 정체성론을 비판하면서 한국사의 내적 발전논리를 검토하는 방법으로 제시된 것이다. 즉 일국사의 내적 발전논리에 따라 한국사의 주체적 발전과 내적 발전과정을 밝히려는 것이었다. 따라서 맹아론은 조선 후기 사회의 제 변화와 발전을 세계사적으로 보아 봉건사회가 해체되고 근대 자본주의사회가 성립하는 과정으로 이해하였다. 곧 한국에서 맹아론의 연구결과는 개항 이전 조선 사회가 자본주의 맹아의 자생적 성립을 통하여 근대 자본주의로 나아갈 내적 조건들을 성숙시키고 있었다고 보았다.[84]

자본주의 '요소'(맹아)는 원래 마르크스(K. Marx)의 《자본론》에 의거한 것이라는 지적이다. 마르크스는 16세기 서구의 일부 지역에서 자본주의 경제형태가 발생하기 전인 14, 5세기경의 봉건사회 태내에서 자본주의 '요소'가 발생하였다고 지적하였다. 그는 자본주의 발전을 단순협업·공장제 수공업·대공업의 세 단계로 구분하고, 자본주의 '요소'를 공장제 수공업이 지배하던 시기 이전, 곧 '자본주의적' 단순협업이 지배하던 시기에서 찾았다는 것이다.[85] 즉 자본주의 맹아는 봉건사회 태내에서 상품화폐경제의 발달에 따라 성립하는 것이다. 이는 발전한 자본주의와는 구별되며, 봉건적 생산방식이 지배적이었지만 자본 아래 노동의 형식적 종속이 진행되는 등 봉건제도가 허물어지고 자본주의 단계로 이행하는 과도기에 발생한다. 다시 말해 일정한 자본의 축적이 이루어지고 동시에 어느 정도 자유노동이 존재하여 자본과 노동이 결합할 때 발생한다는 것이다.

이런 자본주의 맹아는 일본에서 '매뉴팩처' 논쟁을 촉발시킨 핫토리 시소(服部

(經營型 富農)의 성립의 지적이 그것이며, 남북한을 통틀어 60년대 맹아론 연구에 뚜렷한 족적을 남겼다. 그의 '경영형 부농'은《史學研究》16, 17호(1963. 12.~1964. 5.)에 실린 〈續, 量案의 研究〉및《朝鮮後期 農業史研究》-農業變動·農學思想(一潮閣, 1971)에 실린 〈朝鮮後期의 經營型富農과 商業的農業〉에서 확인할 수 있다.

84) 이영훈, 〈한국자본주의의 맹아문제에 대하여〉,《한국의 사회경제사》, 한길역사강좌 5, 한길사, 1987, p. 57.

85) 장국종, 〈조선에서의 자본주의 요소발생에 대한 몇 가지 문제〉,《역사과학》4호, 1964, p. 44(최영호, 〈북한에서의 '자본주의적 관계' 발생에 대한 연구〉, 김정배 편,《북한이 보는 우리 역사》, 을유문화사, 1990, p. 149.

之總)가 지적한 바 있다. 강좌파(講座派)의 소수파에 속한 그는 일본경제의 근대화에 관한 주류의 정체론적 파악을 비판하면서, 일본에 대해서만은 '내재적 발전'을 인정하는 견해를 제기하였다.[86] 동아시아 세 나라는 개항 이전 세계자본주의와 본격적으로 접촉하는 시점에서 그 내재적 발전의 도달점에 차이가 있었다고 본 것이다. 곧 자본주의적 발전의 근거를 국제적 계기인 외압(外壓)만이 아닌 국내적 계기에서 찾았고, 일본은 중국과 달리 자본이 매뉴팩처 단계를 잉태하고 있었다고 보았다.[87] 곧 막부(幕府) 말기 일본 사회를 '엄밀한 의미에서의 매뉴팩처시대의 초기적 단계'로 규정하였다. 메이지유신(明治維新)을 거친 근대화의 성공을 세계자본주의라는 외부로부터의 요인과 내부에서 성숙한 요인의 합력(合力)에 따른 것으로 본 것이다.

'엄밀한 의미에서 매뉴팩처시대의 초기적 단계'는 단순협업의 단계를 말하며, 그것은 다름 아닌 자본주의 맹아의 단계였다.[88] 일본 이외의 아시아 국가에 대한 정체론적 인식을 바탕으로 하는 '엄매뉴팩처단계설'은 그 뒤 한국과 중국에서 '자본주의 맹아문제'의 심층적 연구가 진전되면서 크게 비판받았고, 이는 소영업단계설 등으로 변화되면서 이어졌다.

핫토리로 대표되는 강좌파의 이런 시각은 보편적 단계설을 전제로 하면서도 중국이나 조선의 특수성을 후진, 정체의 근거로 삼는다는 점에서 후쿠다 도쿠조(福田德三)의 식민지사관 계통에 속하는 것이었다. 전후 민족해방을 맞은 후진국은 이러한 정체성·타율성사관을 극복하고자 새로운 역사관을 요구하였다. 이때 이론적 토대로서 중요한 역할을 한 것이 세계사의 기본법칙(원시공동체→노예제→봉건제→자본주의→사회주의)이었으며, 이것은 역사의 자연사적 발전과정의

---

86) 강화파 주류는 개항 이전 일본에는 한국, 중국과 함께 봉건적 요소가 농후하게 잔존하고 있었지만, 일본만이 근대 자본주의회에 성공한 것은 가장 주도적으로 서구에 충실히 추종하였고 이를 수행할 수 있었던 전제권력 및 군사침략에 있었다고 보았다.

87) 服部之總, 〈近代日本のなりたち〉,《靑本文庫》, 1961, pp. 128~129.

88) 핫토리의 엄매뉴팩처단계설은 '자본주의 맹아의 확인이었으며 일본에서 최초의 內在的 發展論'으로 평가되었다(吉野誠, 〈朝鮮史에 있어서 內在的 發展論〉,《東海大學文學部紀要》 4, 1989, p. 36).

실질적 단계규정으로 받아들여졌다. 이에 따라 후진국은 제국주의가 침입하기 이전 자국의 전통사회를 봉건사회로 인식하였고, 나아가 봉건사회가 해체되고 자생적으로 자본주의 맹아가 성립하는 단계로 보았다. 즉 내발적 계기에 바탕을 둔 합법칙적인 발전의 귀결로서, 개화 전의 단계에 서구 근대와 동질의 발전방향이 전망되고, 그 결과로서 자본주의 맹아가 검증된다는 것이었다.

1940년에 중국의 마오쩌둥(毛澤東)은 '중국 사회 내의 상품경제의 발전은 이미 자본주의 맹아를 내포하고 있었다. 설령 외국자본의 영향이 없었다 하더라도 중국은 점진적으로 자본주의사회로 발전해 갔을 것이다'[89]라고 말하였다. 이것은 세계사적 기본법칙에 따른 진보적 역사과정을 지적한 것이었다. 제2차 세계대전 후에 중국은 사회주의단계로 나아가고 있는 중국 사회의 법칙적 발전의 단계로서 자본주의 맹아문제를 논의하였다. 중국사에 세계사의 법칙성이 관철되고 있다는 관점에서 아편전쟁 이전에 중국 자체 내에도 자본주의적 발전의 계기, 즉 그 '맹아'가 내재적으로 자생한 역사적 사실을 밝히고 여기에 이론적 규정을 부여하려는 역사가들의 실천적 요청이 있었다.

이러한 요청에 따라 중국에서는 1954년부터 1956년까지 '홍루몽논쟁'(紅樓夢論爭)[90]을 계기로 자본주의 맹아 논쟁이 전개된 바 있다. 물론 맹아론에 대해 회의적인 견해도 있었지만, 대체로 맹아론을 지지하는 쪽이었다. 이것은 혁명적 민족주체가 민족해방전쟁을 성공적으로 수행하고 사회주의적 방식의 국가건설을 지향하던 중국의 진보적 시대성을 반영하는 것이었다.[91]

한편 북한에서는 1950년대 후반의 선구적 연구에 이어 1961년에 출판된《조

---

89)《毛澤東選集》(第1版, 人民出版社, 1952), 제2권, p. 593, 日本 譯,《毛澤東選集》(第1版, 三一書房, 1952), 제3권, p. 170(田中正俊, 表敎烈 譯, 〈中共에서의 資本主義萌芽論〉, 閔斗基 編,《중국사시대구분론》, 1984, 창작과비평사, p. 266).

90) '홍루몽논쟁'의 계기는 18세기 중국의 비판적 리얼리즘의 작품인《홍루몽》에 대하여 위핑보(兪平伯)가《신건설》(新建設) 1954년 3월호에 기고한 〈홍루몽간론〉(紅樓夢簡論)에 대하여 젊은 학도 리시판(李希凡)과 란링(南翎)이 대학학보《문사철》(文史哲)에 같은 해 9월 〈홍루몽간론 및 기타에 관하여〉를 실은 데서 비롯되었다(위의 책, p. 267).

91) 이영훈, 앞의 글, 앞의 책, p. 46.

선근대혁명운동사》에서 처음으로 봉건사회 말기에 '자본주의적 관계' 또는 '요소'가 발생했다는 것을 주장하였다.[92] 북한에서의 봉건제도 해체과정에 대한 새로운 해석은 1957년과 1958년에 있었다. 자본주의적 관계의 발생은 봉건사회 말기에 봉건제도가 와해되는 과정에서 일어나는 현상이기 때문에, 자본주의적 관계의 발생과 봉건제도의 붕괴는 같은 역사적 현상이다. 그렇게 본다면 북한에서 자본주의적 관계가 처음으로 논의되기 시작된 시기는 1957~1958년이며, 그 주장자는 최병무(崔炳武)라는 것이다.

그는 논문에서 자본주의적 관계나 자본주의적 요소 등의 용어를 쓰지 않았으며, 우리나라 봉건제도 자체 안에서 자본주의적 관계의 발생을 부인하기도 하였다. 그러나 1961년대 이후 북한에서 논의되는 자본주의적 관계는 그가 지적한 봉건제도 붕괴과정을 말하는 것이어서 최병무가 자본주의적 관계에 대한 새로운 해석을 제일 먼저 제창한 선구적 학자라는 것이다.[93] 최병무가 봉건제도의 와해를 촉진한 새로운 경제생산방식을 설명하면서 자본주의적 관계나 요소에 대한 언급이 없었음에 견주어, 김석형(金錫亨)은 다음과 같이 주장함으로써 그가 자본주의적 관계나 요소를 처음으로 제창한 것으로 볼 수 있다.

첫째, 17세기 후반 이후, 특히 18세기 이후 상품생산이 증대함에 따라 동전(銅錢)이 전국적으로 유통되는 등 새로운 사회경제의 변화가 일어났으며, 이에 따라 18세기 말~19세기 초에는 거액의 화폐자본을 축적한 상인자본의 형성을 볼 수 있었다.

둘째, 광업에서도 특기할 만한 발전이 있었는데, 18세기 후반부터는 정부의 승인 없이 진행되는 광산경영, 즉 잠채(潛採)가 성행하였고, 19세기 이후 부상대고(富商大賈)들이 많이 경영하던 사영 금, 은 광산들은 자본가적 방법에 따라 운영되었다. 여기서는 다른 어느 부문과 견주어 보아도 자본주의적 요소가 현저하

---

92) 북한학자들은 처음에는 자본주의적 '요소'와 '맹아'를 서로 구별되는 용어로 해석하였으나, 나중에는 구별하지 않고 사용하다가 결국 자본주의적 관계로 통일하여 사용하였다(최영호, 앞의 글, 앞의 책, p. 151).

93) 위의 글, 위의 책, p. 151 및 p. 156.

게 발전하고 있었다.

셋째, 수공업에서도 봉건적 특권조직이던 육주비전[六矢廛]이 18세기부터 파탄되었고, 적어도 19세기 중엽에 이르러선 지방수공업의 일부, 특히 유기점(鍮器店) 같은 부문에서 자본가적 경영이 또한 발생했다는 것을 알 수 있다는 것이다.[94]

새로운 자본주의적 생산방식의 요소는 18세기 말 이후부터 19세기 사이에 발생하였고, 1963년에 나온 〈우리나라 봉건 말기의 경제 상태〉라는 논문에서 김석형은 이 시기에 금·은·동광의 광산 일부에서 '자본주의 맹아'가 발생하였다고 설명하였다.[95]

이후 북한에서의 자본주의 맹아론은 여러 학자들 사이의 열띤 논쟁[96]을 거쳐 1970년 《조선에서 자본주의적 관계의 발생》[97]으로 정리되었다. 대체로 18세기 이후 발생한 것으로 보는 자본주의적 관계(자본주의 맹아)는 자본주의적 생산양식으로 이행하기 직전단계를 뜻한다. 이행과정을 단순협업, 공장제 수공업(매뉴팩처), 공장제 대공업으로 구분할 때 단순협업단계를 가리킨다. 곧 자본주의 맹아는 봉건사회 내부에서 상품화폐경제의 발달에 따라 성립하는 것이며, 맹아는 자본주의 단계로 이행한 가운데 발생하는 것이 아니라 과도기에 존재하는 것이다.[98]

자본주의적 관계는 봉건 말기의 자유로운 노동력의 출현을 전제조건으로 하면서도 동시에 상업자본과 고리대자본에 의한 화폐자본의 축적이 있어야 하고, 가치증식을 위하여 그것을 운영하는 자본가가 나타나야 한다. 우리나라에서 상업과 상업자본은 오랜 역사를 두고 발전하였지만 18세기에 들어서면서 급속하게 발전하였다. 상업자본의 발달과 화폐자본의 집적은 자본주의 발생의 전제였

---

94) 김석형, 〈19세기 중엽의 국내외 정세〉, 《조선근대혁명운동사》, 과학원 역사연구소, 1961, pp. 1~2(최영호, 앞의 글, 앞의 책, p. 157).

95) 최영호, 앞의 글, 앞의 책, p. 158.

96) 논쟁과정에 대하여는 吳星, 〈資本主義 萌芽論의 硏究史的 檢討—初期의 硏究를 중심으로〉, 《韓國史市民講座》 제19집, 一潮閣, 1991, pp. 103~109 참조.

97) 전석담·허종호·홍희유, 《조선에서 자본주의적 관계의 발생》, 평양사회과학원출판사, 1970(도서출판 이성과현실, 1989).

98) 崔允晤, 앞의 글, 앞의 책, pp. 109~110.

고 예비조건이었다. 이러한 화폐자본이 산업자본으로 전환하려면 그것이 상품시장에서 자유로운 노동자를 발견할 것을 필요로 한다.

봉건사회의 분해과정에서 농촌의 계층분화가 이루어졌고, 이 때 토지를 잃은 적지 않은 유랑민이 도시와 광산에서 자유로운 노동력을 형성하였다. 이 새로운 두 요소가 시장과 생산과정에서 상호 결합, 대립하면서 자본주의적 관계를 발생시켰다. 자본주의적 관계는 단순협업에서 공장제 수공업으로의 점차적 이행과정에서 발생하였는데, 대체로 자본주의적 단순협업은 18세기 중엽 이전에 싹튼 것으로 보이며, 자본주의적 공장제 수공업의 시초 형태는 18세기 중엽 이후에 점차로 발생 성장하였다.

결론적으로 우리나라에서 자본주의적 관계의 발생과 그 발전은 여러 가지 요인으로 완만한 성격을 띠었는데, 18세기에 발생한 자본주의적 관계는 19세기 중엽에 이를 때까지도 공장제 수공업단계를 이루지 못한 채, 결국 외래자본주의 침략으로 자생적인 요람의 자본주의가 정상적으로 발전할 수 없었고, 기형성과 편파성을 띠지 않을 수 없었다고 《조선에서 자본주의적 관계의 발생》은 보았다.[99]

2. 자본주의 맹아론과 내재적 발전론

북한에서 자본주의 맹아론(자본주의적 관계론)은 정체성이론과 타율성이론에 바탕을 둔 식민지사관을 사적 유물론에 바탕을 둔 세계사적 보편성의 법칙으로 극복하려는 것이었다. 남한에서도 1960년대 이후 식민지사관의 극복 움직임과 맥을 같이 하면서 그 연구가 활기를 띠었다. 1955년경부터 우리 역사를 주체적

---

99) 전석담·허종호·홍희유, 앞의 책, pp. 16~21 참조. 이 책에서는 우리나라 '자본주의적 관계'의 특수성으로 첫째, 자본주의적 관계는 농업부문이 아닌 국가권력의 통제가 크게 미치지 못하는 부문인 전업적 수공업에서 비교적 광범하게 발생하였으며, 둘째, 발생과정은 생산자 자신이 상인 겸 자본가로 되는 길보다는 상인이 생산자를 자기에게 종속시킴으로써 자본가로 되는 길이 지배적이었다고 지적하였다.

계기에서 정체성이론과 타율성이론을 벗어나 내적 발전과정을 파악, 식민사학
의 유산을 청산하려는 문제제기가 시작되었다.100) 이어서 동양사회의 발전적
요소를 탐구하는 노력의 필요성을, 중국 학계에서 서구자본주의의 침투 이전에
이미 중국 사회에 자본주의의 맹아가 있다는 증거를 찾으려는 노력에 비유하였
다.101) 이러한 우리 역사에서 발전적인 여러 현상의 검증 시도와 관련하여, 자
본주의 맹아에 대한 인식을 식민사관의 극복과 함께 새로운 한국사상(韓國史像)
의 수립에 연결시켰다. 곧 세계사적인 관점에서 사회의 발전과정을 규명하는 것
은 한국 사회의 발전과정에 대한 올바른 인식이며, 민족의 역사 발전을 이론적
으로 체계화하는 것이라고 보았다.102)

또한 내적 발전과정을 체계적으로 이해하고자 하는 노력은 식민사관의 비판
과 새로운 한국사상의 수립으로 연결되어야 하는데, 그것은 오늘날의 역사학이
지향하는 세계사의 발전과정이라고 하는 일반성 위에 한국사의 특수성이 살려
진 것이어야 하며, 그러기 위해서는 체계적 연구와 거시적 통찰을 도외시해서는
안 된다는 의견도 있었다.103) 이런 견해는 자본주의 맹아론을 뒷날 논의되는
'내재적 발전론'의 바탕으로 보는 것이라고 말할 수 있다.

자본주의 맹아의 검증에 대한 1960년대 초기의 이러한 요구에도 불구하고, 자
본주의 맹아의 발생문제에 대한 본격적 연구는 아직 나오지 못하였으며, 소수
학자에 의한 문제제기 정도로 거론되었다. 1960년 중반에도 맹아론은 정체론과
혼재 또는 접목되어 있는 느낌이었고, 따라서 조선 후기 사회경제적 변동을 통
일적으로 이론화하지 못하였다는 지적이다.104) 그 뒤 1960년대 후반에 와서 맹

---

100) 金容燮, 앞의 책, 서문.

101) 李基白 著, 《國史新論》, 一潮閣, 1961, p. 9.

102) 李基白, 〈民族史學의 課題-丹齊와 六堂을 중심으로〉, 《思想界》, 1963년 2월호, 歷史學會 編,
《韓國史의 反省》, 靑丘文化社, 1969, p. 28.

103) 金容燮, 〈日帝 官學者들의 韓國史觀-日本人은 韓國史를 어떻게 보아왔는가〉, 《思想界》, 1963
년 2월호, 歷史學會 編, 위의 책, p. 39(金仁杰, 〈1960·70년대 '內在的 發展論'과 韓國史學〉,
《한국사의 인식과 역사이론》, 지식산업사, 1997, pp. 122~123).

104) 歷史學會 編, 앞의 책, pp. 272~273.

아론은 본격적으로 논의되기 시작하였다.

역사적으로 자본주의 맹아는 봉건적 토지소유가 해체되고 농민적 토지소유가 성립할 때 나타났다. 이 단계에서 농민은 더 이상 자급자족적 경영인이 아니라 소상품생산자로 존재한다. 상품생산인인 이상 시장관계, 곧 사회적 분업관계가 전제되지 않을 수 없다. 그것은 자급자족을 보족(補足)하는 성격의 농촌 가내공업이 농업에서 분리되어 사회적 분업관계의 일환으로 편성된 상태를 말한다. 농민은 이러한 분업관계를 전제로 하여 농업 또는 공업의 어느 한 쪽에 자기 경영의 중심을 두고 상품생산을 행한다. 이 단계에서는 아직 가족노동이 생산적 노동의 중심이지만 가족노동을 보완하는 형태로 임노동을 고용한다. 이렇게 해서 자본·임노동관계의 단초적 성립을 보게 되는 농민의 상품생산—공업에 한하여서는 자본제적 가내수공업이라 불린다—이 곧 자본주의 맹아이다. 이러한 자본주의 맹아가 늦어도 1876년 개항 이전 조선 사회에서 자생적으로 성립하여 근대 자본주의로 나아갈 내적 조건을 성숙시키고 있다는 것이다.[105]

이러한 지적은 전통적 조선 후기 사회 내부에서 자본주의적 요인이 싹트고 있었다는 것을 말한다. 자본주의 맹아란 자본주의적 생산요소가 싹튼다는 뜻이며, 전기적·봉건적 생산양식이 지배적인 사회 내부에 새로운 생산양식의 싹이 터서 새로운 생산력으로 자라기 시작한 것을 말한다. 이는 봉건적 생산관계가 지속될 수 없을 정도로 모순이 깊어졌을 때 형성되는 것이다.

자본주의 맹아는 자본주의적 생산요소의 씨앗이며 자본주의로 발전해 갈 수 있는 가능성을 말하여 준다. 자본주의는 ① 교환을 전제로 하는 광범한 상품의 사회적 생산과 유통이 이루어지고, ② 산업자본가와 자유로운 임금노동자가 서로 상품경제의 법칙으로 결합하고 대립하면서 사회적 생산의 인적 요소를 이루고 있는 것이다. 따라서 자본주의 맹아란 이러한 두 가지 요건이 단초적으로 싹터 오르는 현상이다.

씨앗이 성숙하여 완성된 형태가 되는 길은 흔히 두 가지로 제시되고 있다. 하

---

105) 이영훈, 앞의 글, 앞의 책, pp. 52~53.

나는 상인자본이 공장제 공업으로 바뀌는 길이다. 곧 상인자본이 선대제 가내공업(자본가적 가내노동)을 거쳐 공장제 수공업, 나아가서 산업자본가(제조업자·상인)로 변신하고, 소생산자는 임금노동자가 되는 길이다. 다른 하나는 소생산자가 산업자본가로 되는 길이다. 곧 농촌시장과 사회적 분업이 발달, 봉건제가 해체되는 과정에서 독립자영농민층인 요먼(yeoman)과 반농반공(半農半工)의 소장인(small master)으로 구성된 중산적 생산자층이 양극 분해된다. 이런 가운데 매뉴팩처 경영(상층)으로 산업자본이 형성되고 임금노동자(하층)가 창출되었는데, 서구에선 영국의 14~5세기와 폴란드, 네덜란드의 15~6세기에 나타났다.[106]

이 두 가지 길에서 자본·임노동관계의 단초적 형태인 자본주의 맹아는 전자의 경우 선대제적 가내공업, 그리고 후자의 경우 집적한 중산적 생산자층이 매뉴팩처적 경영을 하기 이전, 즉 소부르주아적 상품생산자로서 집적한 중산적 생산자층의 경영형태에서 찾을 수 있다. 인적으로는 소부르주아적 상품생산자로서 반농반공적·중산적 생산자층의 대두를 자본주의 맹아로 보는 것이다.

새로운 공장제 공업의 확장을 이끈 사람은 이전의 수공업장 직인(職人, master craftman)과 독립자영농민(yeoman farmer)이었다. 그러나 이들의 자본은 새로운 기술을 뒷받침할 만큼 충분하지 못했다. 따라서 상인과 제휴하여 리버풀(Liverpool)과 같은 상업중심지에서 상업자본을 조달하여 자본을 증식했다.[107] 곧 자본주의 맹아의 인적 구성은 중산적 생산자층(수공업장 직인과 독립자영농민)이었는데, 이들은 맹아의 가능성을 실현할 자본의 능력을 지니지 못하였기 때문에 상인자본과 제휴하여 소상품적 생산과 자본축적을 한층 촉진할 수 있었던 것이다.[108]

이러한 자본주의 맹아의 연구를 좁은 의미에서의 내재적 발전론이라든지 그 출발점으로 규정, 이론적 핵심으로 간주하는 가운데, 이에 대한 많은 비판이 있었다. 국제적 계기를 소홀히 하고 구조를 무시하면서 서구의 경험에서 유추된

---

106) 大塚久雄·高橋幸次郎·松田智雄 編著, 《西洋經濟史 講座》 Ⅱ, 岩波書店, 1960, pp. 6~13.

107) M. Dobb, *Studies in Development of Capitalism*, Routledge & Kegan Paul, 1969, p. 277.

108) 권병탁 저, 《한국산업사연구》, 영남대학교 출판부, 2004, pp. 18~20.

주어진 공식에 따라 역사를 끼워 맞춘다거나, 또는 일국사의 발전만을 부조적
(浮彫的)으로 강조한다는 것 등이다. 또한 경제사학계에서의 비판[109]이 있었고,
더욱이 이념화된 자본주의 맹아론과 내재적 발전론은 현실의 역사 속에서 재검
토되어야 한다는 지적도 있었다.[110]

1960년대 이후 자본주의 맹아 연구를 중심으로 하여 전개된 일련의 연구를 '내
재적 발전론'이라는 학문적 용어로 규정한 것은 1980년대 초 일본에서였다.[111]
한국도 1982년에 한국 중세사회 해체기 관련 성과들을 소개한 책자가 있다.[112]

자본주의 맹아론은 좁은 의미에서 내재적 발전론과 궤를 같이 하는 것이지만,
맹아론을 역사방법론으로 발전시킨 것이 내재적 발전론이다. 내재적 발전론은
식민사관의 타율성론과 정체성론을 비판하고, 세계사적 발전과정이라는 보편성
을 전제하면서 한국사의 특수성을 밝혀 민족사를 체계화하고자 하는 이론이었
고, 그 핵심은 사회구성체 방법론을 한국사에 원용하는 것이었다.[113] 이러한 역
사인식의 방법론이 의미를 지니면 그 일환으로 논의되는 자본주의 맹아론도 적
응성을 가질 것이다.

---

109) 이영훈, 앞의 글, 앞의 책, pp. 57~64.

110) 安秉直, 〈茶山の農業經營論〉, 《駿臺史學》 80, 1990. 또한 자본주의 맹아론의 강조는 한국자
　　본주의 발전의 근원적 힘이 일본의 침투 이전 한국 자체 내에서 나왔다고 믿고 싶어하는
　　민족주의적 열망, 그리고 마르크스주의의 자본주의 발전의 보편성 명제하에서 작업하는
　　태도라는 비판이 있다(Carter J, Eckert, *Offspring of Empire*, Seattle and London, University of
　　Washington Press, 1990, pp. 1~2). 그리고 산업화와 근대적 기술을 동반하지 못한 어떠한
　　경제적 변화도 자본주의와는 상관없다고 단정하는 경제적 근대주의의 태도도 있다(金仁杰,
　　앞의 글, 앞의 책, pp. 116~117).

111) 中塚明, 〈內在的 發展論과 帝國主義 硏究〉, 《新朝鮮史入門》, 龍溪書舍, 1981. 여기서는 내재적
　　발전론이 한국을 단지 일본을 비롯한 열강 침략의 객체로만 생각하는 것이 아니라, 한국
　　인의 입장에서 한국사를 분석하려는 연구로 생각하고 그 방법론이 다름 아닌 '세계사적
　　발전법칙'임을 전제하고 있다(金仁杰, 앞의 글, 앞의 책, p. 115).

112) 청아편집부, 〈內在的 發展論의 전진을 위한 方法論的 考察〉, 《封建社會解體期의 社會經濟構
　　造》, 청아, 1982, pp. 11~42.

113) 金仁杰, 앞의 글, 앞의 책, p. 131.

제2절 특권상업의 전개와 민간상업의 발전

1. 특권상업의 전개와 쇠퇴

(1) 시전상업의 전개와 쇠퇴

1) 시전상업의 전개

조선 후기의 사회경제는 크게 변화하였다. 상품화폐경제의 발달, 상업자본의 형성, 수공업의 새로운 변화, 농업기술의 발달과 새로운 지주제의 전개 등의 현상이 진행되었다. 17세기 후반부터 본격화하기 시작한 상업계의 변화는 사상층(私商層)에 의하여 재편, 주도되는 가운데 시전상인과 공인(貢人) 중심의 특권상업이 쇠퇴되는 현상을 그 특징으로 들 수 있다. 더욱이 조선 후기 상업계를 주도한 사상이 축적한 상인자본은 그 일부가 생산부문에 투하되어 산업자본화했으며, 뒷날 외국상인에 대항하는 민족자본 성립의 기반이 되었다.114) 이러한 상업계의 변화는 조선 전기 농업 중심의 무본억말론(務本抑末論)을 약화시켰고, 농업을 기본으로 하면서 말업(末業), 즉 상공업을 보용(補用)해야 한다는 무본보말론(務本補末論)적 상공업정책과 병행하였다. 상공업이 발전함에 따라 여전히 농업을 기본으로 하면서도 상공업 발전도 반영하려는 정책 전환이라고 할 수 있다.115)

조선 후기 상업계의 변화를 주도한 상인층은 다음과 같이 구분되고 있다. 관상(官商)과 사상(私商)116), 독점(특권)상인과 신흥(자유)상인117), 어용상인과 민간

---

114) 吳星 著,《朝鮮後期 商人硏究》, 一潮閣, 1989, pp. 179~182.

115) 白承哲 著,《朝鮮後期商業史硏究-商業論・商業政策》, 혜안, 2000, p. 86.

상인118), 신특권상인과 구특권상인119) 등이 그것이다. 서로 다른 성격을 지닌 두 가지 형태의 상인이 대립하면서 제각기 다른 위치에서, 또 각자 다른 이해관계를 지니면서 상행위를 펼쳐 나간 것이 조선 후기 상업계였다.120) 그리고 조선 후기 상업은 시전상인, 공인(貢人), 그리고 경주인(京主人), 영주인(營主人), 영저(營底) 등을 중심으로 하는 특권상업과 비시전계 상인(난전) 및 농촌의 향시(장시)를 중심으로 하는 민간상업으로 크게 구분할 수 있다.

조선 후기 특권상업은 상업인구의 증가에 따라 상인 사이의 경쟁이 심화되면서 일부 상인들이 관권과 결탁하여 특권적 매점상업을 영위하며 전개되었는데, 여기에 종사한 상인을 관상 또는 관상도고(官商都賈)라 부르기도 한다.121) 이 가운데 시전도고는 조선 후기 서울의 시전이 정부와 관계를 맺어 특권상인화하여 나타났으며 이 시기 시전상업활동의 특징이라 할 수 있다. 시전상인은 국가로부터 금난전권을 부여받아 특정 물품의 독점적 유통권을 갖게됨으로써 도고상업행위를 할 수 있었다. 곧 평시서(平市署)와 한성부의 전안(廛案)에 등록된 해당물품은 금난전권을 가진 시전만이 배타적·독점적으로 취급할 수 있는 상업적 특권을 행사한 것이다. 이와 달리 전안에 등록된 물품이 시전을 경유하지 않고, 임의로

---

116) 姜萬吉 著,《朝鮮後期 商業資本의 發達》, 고려대힉교 출핀부, 1973, pp. 168~188.

117) 劉元東 著,《韓國近代經濟史硏究》, 一志社, 1977, pp. 198~341.

118) 安秉台,〈商品生産の發達と私商−18世紀を中心として〉,《朝鮮史硏究會論文集》 5, 1968, 龍溪書舍, p. 2. 자연경제를 기초로 하는 봉건제에서 나타난 상품경제는 '영주적 상품유통'과 '농민적 상품유통', 즉 '영주적 상품생산'과 '농민적 상품생산'으로 전개된다. 조선에서 양자를 단순화하면 봉건적 생산물지대 등을 기초로 하는 '어용상업체계'와 농민적 잉여생산물에 기초하는 '사상(민간상업)체계'의 대립으로 표현된다. 河原林靜美도 이 견해를 따르고 있다 (河原林靜美,〈18·9世紀 における廛人と私商について〉,《朝鮮史硏究會論文集》 12, 1975. 3, pp. 2~5).

119) 李柄天,〈朝鮮後期 商品流通과 旅客人〉,《經濟史學》 6, 1983, p. 100.

120) 吳星 著, 앞의 책, p. 3.

121) 도고는 '都家', '都庫', '都雇'로 표현되지만 모두 상품을 매점하거나 독점하는 상행위 또는 상행위를 하는 조직을 뜻한다. 관상도고라는 용어는 강만길 교수의《朝鮮後期 商業資本의 發達》(1973) 이후 사용되었다.

해당물품에 대한 상행위를 하면 이를 난전(亂廛)으로 규정하여 이들의 상행위를 금지시켰고, 소유물품의 압수 또는 거래물품에 대한 수세를 가할 수 있었다.

시전상인의 상행위의 바탕이 되었던 금난전권은 일물일시(一物一市)의 원칙에 따라 하나의 물품에 주어지게 되어 있었으나, 반드시 이 원칙이 지켜진 것은 아니었다. 동일한 물품을 여러 시전이 매매하는 경우도 있었고, 특권시전의 취급 물품이 증가하기도 하였다.

금난전권에 바탕을 둔 시전상인의 독점적 상행위는 국가와 시전 양측의 필요에 따라 성립하였다. 17세기 초 육의전과 같은 대규모 시전에 국역(國役)이라는 특별세를 부과하면서 그 대가로 금난전권이라는 독점적 상업특권이 부여된 것이다. 한편 조선 후기에 새로이 발생한 비시전계 상인과의 경쟁에서 우위를 차지하기 위해서도 시전상인은 독점적 상업권이 필요했다. 조선 전기에도 비시전 상인과 장시가 있었지만, 이들 사상인은 시전상인과 상권경쟁을 할 만한 상황이 아니었다. 그러나 16세기 이후 상업인구 증가에 따라 도시상업계는 크게 변화하였고, 금속화폐 유통, 민간수공업 발달, 대외 무역의 성행 등에 따라 상인층의 범위는 확대되었다. 이에 시전상인이 상권을 독점하려면 사상인에 대한 국가의 법제적 규제가 필요하였다. 곧 금난전권은 이 시기 상업계의 변화의 산물이었으며, 시전상인은 금난전권을 바탕으로 특권적·독점적 상행위를 할 수 있었다.

금난전권은 처음에 육의전과 같은 대규모 시전에만 주어졌지만 점차 일상생활용품을 취급하는 군소시전에게도 부여되었다. 이들은 지방의 소도시와 농촌에서 생산되어 대도시로 유입되는 상품을 특권적으로 매점하여 농민과 수공업자의 생산품을 시장에서 차단하면서 상업적 이익을 독점하였다.[122]

시전의 금난전권이 확대되면서 새로운 시전도 증가하였고 시전상인의 취급물품도 다양해졌다. 1630년경에 수십 개에 불과하던 서울의 시전이 18세기 말에는 무려 120개로 늘어났다. 18세기 말 서울에는 주비전(注比廛) 7개, 유분전 30개, 무분전 40개, 여인전(女人廛) 18개, 연강전(沿江廛) 15개, 시내 도처의 잡전 10개가

---

122) 위의 책, p. 131.

있었다. 1808년에 편찬된《만기요람》에서 명칭이 확인된 시전은 91종이었고 그 밖에 각종 소규모의 시전이 있었다. 또한 국역의 분수(分數)가 지정되어 국역의 의무를 지는 유분각전만도 37종이었다.123) 이들 시전은 도성 안뿐만 아니라 남대문 밖의 용산, 마포, 서강 등 성 밖에도 존재하고 있었다.

시전상인은 금난전권의 적용범위를 이미 상품화한 물품에 국한하지 않고 가공상품의 원료까지 확대하여 원료를 매개로 상품을 생산하고 있던 수공업자들을 자신에게 예속시키려 하였다. 또한 수공업자의 생산품에 대하여 전매권을 확보하고, 이를 매점하여 수공업자와 소비자를 격리시키려 하였다. 즉 수공업자(장인)는 물건을 만들고 시전상인은 이를 매입하여 상품화하는 것이 법칙이므로, 수공업자가 직접 시전을 개설해 생산물을 판매해서는 안 된다고 하여 수공업자의 제조물품 판매권을 독점하려고 하였다. 그 뒤 시전상인은 수공업자의 제품판매를 난전으로 규정하여 그 물품을 낮은 가격으로 매점하였다.124)

2) 시전상업의 쇠퇴

시전상인은 이처럼 금난전권을 이용하여 특정한 상품을 독점적으로 매수하여 매점, 시세차익을 실현함으로써 상당한 상업적 이익을 누릴 수 있었다. 그러나 이러한 시전상인의 상업활동은 도시의 영세민과 소비자에게 큰 어려움을 안겨 주었다. 생활용품의 대부분이 시전의 전매품이 되자, 이것이 물가상승을 초래하여 도시민의 생활을 어렵게 만들었다. 또한 민간수공업자인 소상품생산자도 그들의 원료품과 생산품을 자유롭게 매매할 수 없게 되어 타격을 받았다. 그 결과 영세상인층·소비자·민간수공업자가 금난전권에 바탕을 둔 시전상인의 상행위에 반발하고 저항하는 움직임이 일어났다. 이로 말미암아 금난전권 행사와 국가의 상업정책이 변화되기에 이르렀고, 결국 시전상업은 쇠퇴의 길에 접어들었다.125)

---

123) 李憲昶 著,《韓國經濟通史》(제2판), 法文社, 2003, pp. 129~130.

124) 최완기 저,《조선시대 서울의 경제생활》, 서울시립대 서울학연구소, 1994, p. 55 및 p. 65.

125) 吳星,〈상인층의 성장과 도고상업의 전개〉,《한국사》33, 조선 후기의 경제, 국사편찬위원회, 1997, pp. 315~319 참조.

또한 특권상업인 시전상업은 17세기 이후 상품화폐경제가 급속히 발전하면서 성장한 비시전계 상인인 신흥상인세력에게 도전을 받았다. 곧 상업의 자유로운 발전을 지향하는 신흥상인세력과 폐쇄적 자연경제의 틀 안에서 특권에 안주하려는 특권상업 사이의 모순과 갈등이 심화된 것이다. 결국 난전의 발생과 발전은 시전상업을 종국적으로 해체하게 만들었다.

17세기 후반 이후 비시전계 상인은 적극적으로 유통부문에 참여하여 이윤확대를 꾀하는 전업적 상인층으로 발전하였다. 이들은 시전의 금난전권에 대응하여 신전(新廛)을 창설하거나 공인권(貢人權)을 획득하여 상업활동을 뒷받침할 특권을 얻었고, 그것이 여의치 않을 경우 금난전권이 적용되지 않는 지역으로 상업활동지역을 넓혀 나갔다. 이들은 종래에 상품화되지 않았던 물품을 다양하게 개발하였다. 신전의 창설로 말미암은 시전수의 증가와 물품의 다양화로 일물일전(一物一廛)의 원칙이 무너지면서 취급물종을 둘러싼 구시전과 신시전 사이의 격렬한 대립이 나타났고, 결국 구시전체제는 해체 재편되기에 이르렀다. 금난전권을 피하여 서울 근교로 상권을 확대해 나간 비시전계 상인은 소농민 수공업자의 소상품생산을 기반으로 하여 구시전체계를 정점으로 한 상품유통구조에 적극적으로 대항하면서 구시전상업을 무력화시킨 것이다.[126]

18세기 이후 나타난 상업계의 중요한 특징은 도고상업의 형태였으며, 이것은 관상과 사상 양측에 동일하게 나타났다. 전자는 국가의 권력을 배경으로 한 것이고, 그나마 신해통공(辛亥通共) 이후에는 사상도고의 진출에 따라 그 활동영역이 크게 축소되었다. 그러나 사상도고는 부상대고였고, 그 상업운영도 진취적·적극적이었으며, 경제논리에 따라 이득을 취하면서 경영방법을 개선하였다. 18세기 이후 진취적 신흥상인인 사상의 도고적 상행위는 권력에 안주한 시전상인의 그것을 압도하였고, 결국 상권쟁탈전에서 시전상인을 몰락시켰다. 또한 한성에는 부유한 상업자본인 사상도고 이외에도 중도신흥상인들이 비시전계 상인으로

---

126) 오미일, 〈상품경제의 발전과 자본주의적 관계의 발생〉, 《한국사》 9, 중세사회의 해체-1, 한길사, 1994, pp. 188~191.

성장하고 있었는데, 이들은 최초에는 시전들이 취급하지 않는 상품들을 매점하였다. 즉 중도상인들이 계방(契房)을 조직하여 매점, 치부하였으며, 그 뒤 경제력이 강화되면서 시전의 상권까지 침해, 진출하였다.127) 이처럼 시전상업은 수도권에서 활동하는 비시전계 상인인 사상도고와 계방의 침식으로 그 쇠퇴가 촉진되었으며, 그 외에 지방에서 활동하는 상업자본의 매점활동이 시전상업의 쇠잔을 재촉하였다.

한성에서는 시전상인을 정점으로 하는 유통체계가 확립되어 있었다. 향상(鄕商)이나 선상(船商)이 상품을 가지고 한성에 들어오면 먼저 경강(京江) 등지의 여객주인(旅客主人)에게 상품을 넘기고, 여객주인은 다시 시전상인에게 상품을 인도하였다. 시전상인은 이를 소비자에게 판매하거나 중간도매상인 중도아(中都兒)에게 넘겼고, 중도아층은 소비자에게 판매하거나, 아니면 행상에게 판매하여 행상이 최종적으로 소비자에게 물건을 파는 구조, 즉 '향상·선상－여객주인－시전상인－중도아－행상－소비자'로 연결되는 유통체계였다. 이러한 유통체계는 국가가 시전상인에게 부여한 금난전권을 바탕으로 형성된 시전체계였다.

18세기 이후 사상의 난전활동이 활발해지면서 시전체계에 편입되어 있던 중도아나 여객주인은 시전상인을 배제하여 상업이윤을 극대화하고자 노력하였다. 그로 말미암은 새로운 유통체계는 한성 근교에 새로운 유통거점이 창출됨으로써 가능하였다. 곧 시전체계의 중심이었던 종로 시전 이외에 난전상인의 중심시장(이현과 칠패)이 중요한 시장으로 자리 잡은 것이다. 그러면서 '한성 외곽의 송우장·누원점－송파장·사평장－한성의 이현·칠패 또는 인근 장시－소비자'로 이어지는 새로운 유통체계가 개발되어 한성의 시전을 배제하는 전국적 유통체계가 확립되었다. 이 때 새로운 유통체계를 장악한 세력은 권세가와 연결된 사상대고(私商大賈)와 여객주인이었으며, 이들은 대부분 송파나 마포 등 경강지역의 부상대고들이었다.128)

---

127) 홍희유 저, 《조선상업사》(고대·중세), p. 215.

128) 高東煥, 〈상품의 유통〉, 《한국사》 33, 국사편찬위원회, 1997, pp. 386~388 참조.

또한 시전상업은 18~19세기 대외 무역이 확대되면서 쇠퇴·몰락이 가속화하였다. 부유한 대외 무역상들은 합법적 또는 비합법적으로 대외상품을 대량으로 수입하였으며, 그 가운데는 중국시장에 침투한 자본주의 상품이 적지 않게 포함되어 있었다. 이들 상품이 국내 상공업에 현저한 영향을 주어 시전상업의 쇠퇴를 촉진시켰다.[129]

정책적으로 1791년의 신해통공은 일정한 제한성에도 불구하고 시전상업의 해체를 뜻하는 것이었으며, 이것은 일반 상인세력의 급격한 성장을 촉진하였다. 신해통공령은 육의전의 특권을 예외적으로 유보하였으나, 실상 전통적 특권상업질서에 일대 혁신을 가져오는 상업자유의 선언이었다. 이후 한성 내에서 특권을 행사하고 있던 군소시전들은 큰 타격을 받았다. 상거래에서 특권을 행사하던 봉건적 상업질서와 자유상업질서를 확립하려는 계층의 대립에서 후자가 승리한 것이다. 이로 말미암아 시전상업은 한성에서의 사상이나 지방에서 활동하는 상인과의 경쟁에서 큰 타격을 받았다. 즉 신해통공을 계기로 시전상업은 붕괴되고 사상을 정점으로 하는 상업체계가 지배적 지위를 차지하게 된 것이다.

(2) 공인제도의 성립과 해체

1) 대동법의 실시와 공인제도

농민은 경작하는 토지에 대한 전조(田租) 외에 공물(貢物)을 부담하고 있었다. 상공과 별공[130]으로 구분된 공물의 수납은 고려시대 이후 조선시대에 와서도 그 폐해가 극심하였다. 즉 공물의 대납제(代納制) 및 청부제(請負制)의 성행으로 말미암은 문제가 그것이었다.

농민이 납부하는 공물을 대납 또는 청부 맡은 사람들에는 사주인(私主人), 경

---

129) 홍희유 저, 《조선상업사》(고대·중세), pp. 226~227.

130) 상공은 농민이 생산하는 일반 품목이었으며, 별공은 특수한 생산물을 수시로 징수하는 것이었다.

주인(京主人) 및 각사(各司), 이노(吏奴) 등이 있었다. 사주인이란 수도에서 숙식업 등 상업에 종사하는 상인으로서 자기 지역 출신 지방관의 출장시에 숙식을 제공하거나 지방에서 상납하는 세공품을 보관하는 업무를 담당하고 있었고, 경주인은 중앙과 지방관청의 연락업무를 맡아보는 향리였다. 이들은 자기 출신 지방의 각종 공물이 기일 안에 상납되지 않으면 이를 대납하고 뒤에 납공자에게서 대가를 받았는데, 이들이 공물대납의 청부업자로 변신하였다. 이러한 청부업자들이 거두어들이는 대가는 실제 공물가의 수 배나 되었으므로 그 피해는 매우 컸다. 이러한 공물청부를 방납(防納)이라 하였으며, 커져가는 방납의 피해를 개선할 방책으로 대동법(大同法)이 채택되었다.

대동법은 국가에서 필요로 하는 각종 공물을 원색(原色 : 각종 공물의 형태)으로 수납하는 대신 미곡으로 받아들여 국가는 이로써 필요한 물품을 구입 충당하는 제도이다. 이 제도는 선조 41년(1608) 이후 경기도에서 실시되기 시작하여 숙종 34년(1708) 황해도에서 실시되기까지 100년 동안에 걸쳐 점진적으로 시행되었다.

공인(貢人)은 17세기 대동법이 실시된 이후 등장한 특권상인이며 이들은 시전상인과 함께 조선 후기 특권상업체계의 두 기둥을 이루었다. 대동법이라는 새로운 수취체계에서는 국가가 필요로 하는 물품을 조달하는 청부업자가 공인이었다. 이전의 방납상인[防納之徒]은 합법적인 존재가 아니었지만, 공인은 국가로부터 공적으로 인정받은 특권상인이었다.

공인은 방민(坊民) 가운데서 선택하되, 소요물품의 가격을 충분히 지급하여 원활하게 예비·공급토록 하였다.[131] 방민은 도민(都民), 즉 한성에 거주하는 상민(常民)을 뜻한다. 그 밖에 시전상인, 장인, 기인(其人) 등이 국가의 필요물품 조달을 담당하였다.[132]

---

131) 《續大典》, 卷 2, 戶典.

132) 연료 기타 관청의 수요물품을 담당하던 향리(鄕吏)를 '기인'이라고 하였다. 대동법 실시 뒤 향리인 기인을 대동(大同)에 흡수하고 도민(방민) 가운데서 공인을 정하면서 이전의 호칭을 답습, 그대로 기인 또는 기인공인이라고 불렀는데 공인으로서 기인은 향리 신분이었던 기인과는 원래 성격이 전혀 다르다고 한다(金玉根, 〈貢人〉, 《朝鮮後期經濟史研究》, 瑞文

각 관서의 공물청부상인인 넓은 의미의 공인은 여러 가지 유형으로 분류되고 있으며,133) 공물납부의 방식에 따라 상인적 공인과 수공업적 공인으로 분류하기도 한다.134) 또한 사료에 나타난 명칭도 ① 공인[예컨대 장흥고공인(長興庫貢人)], ② 계인 또는 계공인[예컨대 삼남대소호지계공인(三南大小好紙契貢人) 및 삼남방물지계공인(三南方物紙契貢人)], ③ 공물주인[예컨대 군기사공물주인(軍器寺貢物主人)] 등 세 유형의 상인이 포함되어 있다. 이들 공인들은 본질적으로는 동일하지만 다른 측면도 가지고 있다.135)

첫째, 공인은 장흥고, 의영고(義盈庫), 풍저창(豊儲倉) 등 공물을 많이 취급하던 공물 28사(28개의 관청)에 각각 직속된 상태에서 지정된 어느 한 종류의 물품을 조달하던 지정공물 청부상인이다. 그들은 공인의 기본층이며, 주로 한성에서 활동하면서 필요한 공납물품을 시전을 거쳐 해결하거나 한성에 들어오는 상품을 구입하여 해결하였다. 이로 말미암아 공인들과 시전상인 사이에 상권문제를 둘러싼 쟁탈전이 벌어졌다.

둘째, 흔히 주인이라고도 부르던 공물주인은 처음에는 관청을 대신하여 공인과 계인(契人)에게 곡물 값을 내주거나, 그들이 납부하는 공납물품을 검사하여 받아들이는 일을 했었다. 그 뒤 그들은 공인에게 공납물품을 알선해 주고 그 대가로 수수료를 받는 중계자로 등장하였으며, 그들의 일부는 공물청부상인이 되었다. 즉 공물주인은 공납물품 중계인 겸 공물청부상인이었다.

공물주인에는 경주인과 영주인 등이 있었다. 경주인은 대동법 실시 이후 방

堂, 1977, pp. 334~336).

133) ① 소속관서명으로 호칭하는 공인(예컨대 장흥고 공인), ② 소속관서명에 공물의 물종을 첨가하여 부르는 것(예컨대 장흥고공상지공인), ③ 비납(備納)물종(용역)만으로 부르는 것(상납대소호지계공인) 등(위의 책, pp. 333~334).

134) 공가를 지급받아 공물을 사서 납부하는 공인을 상인적 공인(예컨대 지계공인)이라 하고 공물을 제조하여 납부하는 공인을 수공업적 공인(예컨대 철계공인)이라고 한다[宋贊植, 〈三南方物紙貢考-貢人과 生産者와의 關係를 中心하여〉(上·下), 《震檀學報》 37, 38호, 1974, 宋贊植 著, 《朝鮮後期 社會經濟史의 硏究》, 一潮閣, 1997에 재수록, pp. 432~433].

135) 홍희유 저, 《조선상업사》(고대·중세), pp. 228~231.

납의 정비를 통한 특권상인체계의 확립과정에서 공인으로 전환된 특권상인계층
이다. 경주인은 본래 중앙과 지방의 연락기관으로 서울에 설치되었던 각 군현의
경저(京邸)를 맡아 경영하던 지방에서 파견된 아전이었으나, 대동법 실시 이후
이들이 공물청부업자의 기능을 수행하였다.136) 영주인은 조선 후기 각 도의 감
영에 설치된 영저를 관장하면서 각 군현과 연락업무를 담당하던 각 읍 출신 아
전이었는데, 이들이 지방관아에서의 진상물 수납과 관련하여 성장한 상인층이
었다. 한성에서 숙식업 등 상업에 종사하던 상인으로 지방에서 납부하는 공납물
품을 대신 납부하고 그 대가를 덧붙여 받던 사주인도 공물청부업자로 변신하여
공물주인에 포함되었다.137)

셋째, 공인계가 있다. 공인과 계인은 다 같이 관청의 조달 상인층이지만 계인
은 수공업을 겸한 상인조합이다.138) 공인계(계인)가 공인과 구분되는 특징은 그
들의 경제활동이 직접생산자와 관련되어 진행되고, 공인의 활동무대가 수도인
것과 달리 주로 지방생산지역에서 활동했다는 데 있다. 적지 않은 공인계가 수
공업자들과 상인의 합동조직이었으며, 특히 상인들로 이루어진 계가 자금이나
원료를 제공하는 형식으로 생산자에 접근하고 침투하면서 청부활동을 하였다.

공인계에는 순수하게 상인들로만 이루어진 유형과 수공업자들로만 조직되어
생산과 판매를 결합시키는 유형이 있었으며, 그 밖에 상인이 생산자들과 여러
가지 관계를 갖고 활동하는 유형 등 세 가지가 있었지만, 두드러진 특징은 그
활동이 생산과 밀접하게 관련되어 진행되었다는 점이다.

17세기에 조직되기 시작한 공인계는 18세기 초에 45개에 지나지 않았지만 19

---

136) 경주인을 공인의 범주에 포함시키지 않는 견해도 있다(金玉根 著, 앞의 글, 앞의 책, pp.
337~338). 그러나 공인에는 공물뿐만 아니라 역무(役務)만을 제공하는 공인도 있으므로
경주인도 넓은 의미에서 공인으로 볼 수 있다고 보았으며(德成外志子, 〈朝鮮後期의 貢物貿納
制와 貢人, 役價-官府와의 關係를 통하여 본 貢人의 性格〉, 고려대학교 석사학위논문, 1983,
pp. 142~143), 나아가서 영주인도 넓은 의미에서 공인의 범위에 포함시키기도 한다(金東哲
著, 《朝鮮後期 貢人研究》, 財團法人 韓國研究院, 1993, p. 15).

137) 劉元東 著, 《朝鮮後期 商工業史研究》, p. 83.

138) 劉元東 著, 《韓國近代經濟史研究》, p. 81.

세기 초에는 90여 개로 증가하였다. 특권상인인 공인과 그 조직은 이 시기 발달하던 상품화폐관계를 저해하였고, 성장하는 신흥상인세력과도 경쟁 대립하였으며, 그 결과 공인계는 점차 쇠퇴 몰락하게 되었다.

2) 공인의 기능과 공인자본

17세기 이후 새로이 형성된 공인은 수도의 상공업자들과 중앙관청의 하급관리를 기본으로 하고, 지방의 아전의 일부인 경주인·영주인 등으로 구성되어 수도 한성 서민층의 주요한 구성원이 되었다. 다양하게 구성된 이들은 정부의 막대한 수요물품을 독점적으로 조달하는 특권을 누리면서 상업활동을 했던 점에서 공통된 특징을 지녔다.

공인은 주로 유통영역과 밀접한 관련 속에서 공납물품의 청부활동을 하였으며, 공인계(인)는 그들 자신이 직접 공납물품을 생산하거나, 그렇지 않으면 직접 생산자들과 밀접한 연계 속에서 공납물품을 조달하였다. 공물주인은 국가기관과 공인 및 계인의 중간에서 거간, 알선을 하는 중계인의 역할을 위주로 공납물품 청부활동에도 부분적으로 참가하였다.

공인계층은 시전상인과 마찬가지로 특권상인계층이었지만 양자는 차이점이 있었다. 시전상인은 자기의 자금으로 상품을 구입하여 일반 수요자들과 국가에 판매하고 공납물품으로 납품하였다. 그러나 공인은 국가의 자금으로 상품을 구매하였고 이를 국가에 납부할 의무만을 지고 있었다. 시전상인이 구매와 판매를 겸하는 본래의 상인이었다면 공인은 구매하는 상행위만을 하였고, 국가에 구매물품을 납부하는 대가로 이득을 얻는 관청 구매 청부업자였다. 그들은 상인이나 생산자에게서 저렴하게 물품을 구입하여 국가에 납품하는 과정에서 차액을 취득하는 상인이었다.

공인은 독점된 국가물품조달의 특권을 누리면서 상업활동을 전개하였다. 더욱이 공인계는 이러한 특권을 바탕으로 도고활동을 하였고,139) 이를 통해 상품

---

139) 金東哲 著,《朝鮮後期 貢人硏究》 참조.

생산자로부터 헐값으로 물품을 강제매입하기도 하였다. 지계공인과 같은 상업
적 공인은 이윤을 추구하려면 생산자를 장악할 필요가 있었으며, 이를 위하여
생산자를 선대제적(先貸制的)으로 지배하였다.[140]

　정부의 지원과 보호를 받아 독점적 매점활동을 했던 공인은 공가(工價)면에서
도 후한 가격을 지급하도록 법적 지원을 받았다.[141] 이로 말미암아 적어도 일정
시기까지는 공인에게 시가보다 후한 공가가 지급되면서 상업활동을 지원받았
고, 그 결과 공인들은 상당한 부를 축적하였다.

　수공업자적 공인 가운데는 공물뿐만 아니라 사사로운 물품까지 제조 판매하
여 더 많은 이익을 얻는 자들도 있었다. 스스로 생산시설을 보유한 부민(富民)들
인 수공업자적 공인은 공장을 고용하여 공사수용품(公私需用品)을 제조 판매하여
상당한 이익을 얻었다.[142]

　국가로부터 부여받은 공인권은 상업활동이 보장된 특권이었다. 상업이윤을
추구하는 사람들의 투자대상으로 인식되면서 광범한 공인권 매매가 이루어지기
도 하였다. 17세기 말 이후 새로운 공인권 창설현상이 본격적으로 나타났고,[143]
경주인권과 영주인권 또한 공인권으로 높은 가격에 거래되었다.

　대동법 실시 초기부터 일정 기간까지는 국가 수요품의 독점적 조달과 시가보
다 높은 공가의 수납 등으로 공인들은 상당한 자본을 축적하여 이른바 공인자
본(貢人資本)으로 등장하였다. 이러한 공인 또는 공인자본의 성격에 대해서는 두
가지 논점이 대립하고 있다.

　첫째, 공인은 봉건적 자연(현물)경제 관계에서 위로부터 국민(화폐)경제 단위
로의 발전에 중요한 공헌을 하였으며, 조선 후기 봉건체제 해체의 주동적 역할
을 스스로 맡아왔다는 견해이다. 조선 봉건사회 내부에서 공인과 같은 도시상인

---

140) 宋贊植, 앞의 글, 앞의 책, p. 433.

141)《續大典》卷 2, 戶典 稅貢.

142) 柳承宙,〈朝鮮後期 貢人에 관한 一研究—三南月課火藥契人의 受價製納實態를 中心으로〉(上·中·
　　下),《歷史學報》77, 78, 79집, 1976, 1978.

143) 吳美一,〈18~9 세기 새로운 貢人權·廛契창설운동과 亂廛活動〉,《奎章閣》10, 1987.

의 활동으로 이루어진 자본의 축적, 시장의 발달, 상업의 융성은 봉건적 경제체
제를 밑바닥에서부터 뒤흔드는 요인이었으며, 나아가 근대 자본주의로의 발달을
촉진하는 원동력이 되었다는 것이었다. 또한 공인자본은 조선의 국가 및 도시재
정에 영향을 주어 도시민의 경제력을 상승시켰는데, 이러한 공인자본의 사회경
제적 성격은 봉건적 경제체제를 붕괴시키는 데 기동력이 되었다는 것이다.[144]

둘째, 공인자본의 역할을 부정적으로 보고, 또한 공인자본의 축적은 어려웠으
며, 결국 조선 말기에는 사상도고의 도전이나 국가의 재정난으로 쇠퇴하였다는
견해이다. 공인은 발생 초기에 사회경제 발전에 얼마간 긍정적 작용을 하였지만
점차 상업의 자유로운 발전을 저해하였으며, 수공업자의 생산영역에 침투하여
그들의 생산을 파괴하기도 하였다.[145] 그러나 18세기 이후 도고상인으로 성장
한 개성상인은 피물류(皮物類)를 중국에 수출하면서 공인의 상품매수에 큰 타격
을 주었다. 공인은 전매특권만을 믿고 엽부(獵夫)가 수달피(水獺皮)를 가져와 팔
기를 기다렸지만, 개성상인은 직접 그 생산지에 가서 대금을 선불하고 매점함으
로써 공인에게 타격을 준 것이다.[146] 또한 삼남방물지계의 공인들은 방물지의
중요성을 내세워 관권을 동원, 생산자를 억압하였다. 비록 지가(紙價)를 선대하
였지만 생산자들은 지지(紙地)를 공인에게 판매하지 않고 송상(松商) 등 다른 상
인에게 판매하였다. 관권을 동원한 공인은 생산자들에게 괄시 냉대받았고, 결국
공인의 강압적 지배는 도리어 생산자들의 반감을 사서 스스로 경쟁에서 쇠퇴하
게 되었다는 것이다.[147]

---

144) 劉元東, 〈李朝 貢人資本의 硏究〉, 《亞細亞硏究》 제16호, 1964(《李朝後期商工業史硏究》, 1968, p. 127).

145) 홍희유 저, 《조선상업사》(고대·중세), pp. 236~237.

146) 姜萬吉 著, 《朝鮮後期 商業資本의 發達》, 고려대학교 출판부, 1973, p. 116.

147) 宋贊植, 〈三南方物紙貢考－貢人과 生産者와의 關係를 中心하여〉, 《朝鮮後期 社會經濟史의 硏究》, p. 515.

3) 공인제도의 해체

공인은 국가의 필요와 재정적 지원에 바탕을 두고 발생 유지되었다. 대동법 실시 이후 공가의 지급 등 재정적 지원과 공물정책의 일관성 및 지속성, 그리고 공물상납과정에서의 공폐(貢幣) 유무는 공인의 활동에 중요한 영향을 주는 요인이었다. 또한 공인의 활동에 대항하여 상업적 이윤을 잠식하려는 사상 등 상인집단의 활동도 공인의 지속적 상업활동에 영향을 주는 요인이었다.

먼저 공인에게 가장 중요한 것은 이윤이 보장되는 공가, 곧 시가보다 높은 공가의 수납과 납부해야 할 공물의 원활한 조달이었다. 만약 시가보다 낮은 공가가 지급되거나, 상납할 공물의 구입이 어렵게 되면 공인의 경제적 형편은 영향을 받을 수밖에 없다.

예컨대 인삼을 납부하던 공인의 경우, 초기에는 비교적 후한 공가가 지급되어 인삼의 상납과정에서 일정한 이윤을 보장받을 수 있었다. 그러나 인삼의 품귀현상이 빚어지면서 인삼 가격이 지속적으로 상승하자 원공가(元貢價)가 인삼 가격 상승을 따라가지 못하였다. 이에 공인은 원공가 이외에 다음 해의 공가까지 미리 지급받아 해결하려고 함으로써, 결국 국가에 대한 부채만 증가시키게 되었다.[148]

즉 시가와 공가의 현격한 차이로 말미암은 공폐가 발생한 것이다. 국가는 이런 공폐를 인정하면서도, 공가의 증액보다는 사무(私貿)의 방법을 택하였다. 사상이 성장하면서 국가가 수요물자를 직접 시전이나 사상에게서 구입한 것이다. 대동법 실시 이후 공물은 원공(元貢)과 별무(別貿)라는 두 가지 방식으로 조달되었다. 매년 공인이 상납할 공물과 그에 대한 공가는 공물정안(公物定案)에서 정해졌다. 별무는 이런 공안에 없는 공물, 즉 원공의 부족함을 조달하는 것이었는데 별공가는 원공가의 절반에 못 미치는 낮은 수준이었다.

조선 후기 국가의 재정이 궁핍해지면서 원공가를 규정 이하로 삭감하거나, 공

---

148) 吳星 著, 《朝鮮後期 商人硏究》, 一潮閣, 1989, pp. 11~13 참조.

물의 부족함을 원공에 첨가하고 공가가 낮은 별무의 비중을 증대시켰으며, 사무 내지 직무(直貿)를 확대시켰다. 조선 후기 국가의 재정궁핍으로 공물정책이 변화되면서 공인의 손실이 커졌고, 이로 말미암아 공인이 파산했다는 기록도 있다.[149]

또한 조선 후기에 와서 상품화폐관계가 발전하면서 신흥상업자본이 성장하였고, 이로 말미암아 공인의 특권적 상권이 상실되면서 쇠퇴하게 되었다. 앞에서 설명한 개성상인이 피물류 상권을 침식한 것이나 삼남방물지계의 쇠퇴가 그 사례이다. 삼남방물지계공인은 삼남지방의 제지수공업자인 사찰의 지장(紙匠)과 기타 제지수공업자에게 지가를 선대하는 방법으로 방물지를 독점하고 있었다. 그러나 18세기 말에 이르러 개성상인 등 신흥상인들이 공인보다 유리한 조건으로 지가를 선대하여 매점하기 시작하였다. 이로 말미암아 제지수공업자가 지계공인에게 제품을 판매하지 않는 현상이 증가하였다. 그 결과 삼남방물지계공인은 방물지 구입권을 상실하고 몰락하였다. 이처럼 개성의 송상과 의주의 만상(灣商) 등 신흥상업자본과의 경쟁에서 공인은 특권적 상권을 상실하고 쇠퇴하였다.

2. 민간상업의 발전

(1) 난전의 성행과 신해통공

시전상업 위주의 상업질서가 수립되었던 조선 초기에도 한성에는 이미 비시전계 상인인 사상이 활동하고 있었는데, 성 안 곳곳에서 장시의 형태로 열리던 항시의 영세소상인이 바로 그들이었다. 시전체제의 전제 아래 생겨났던 이들 영세소상인은 대부분 생계를 상공업에서 도모하였다. 비시전계의 교환시장은 점차 증가하여 16세기 이후에는 현안으로 대두되었고, 시전과 다른 성격의 비시전계 시장과 사상인은 17세기에 더욱 성장하여 시전 중심의 상업질서를 교란할

---

149) 《日省錄》, 純祖 11年 3月 20日.

정도가 되었다. 즉 시적(市籍)에 오르지 않으면서 성 안에서 영업하던 비시전계 상인은 '시전의 질서를 어지럽히는 호민(奸民)'이었는데, 이들이 바로 조선 후기에 문제되는 난전의 선행 형태였다.

난전이라 함은 본래 전안(廛案 : 상행위자의 대장)에 등록되지 않은 자의 상행위 또는 자기 소관 이외의(판매를 허가받지 않은) 상품을 성 안에서 판매하는 행위이다. 즉 시전상인의 특권을 갖지 않은 자가 시전 중심의 상업질서를 교란하는 행위를 말한다. 난전상인에는 난전의 선행 형태인 호민(비시전계 상인) 이외에 조선 후기에는 수도에 거주하는 양반층의 상업활동을 대행하는 가노(家奴), 관청의 낮은 관리, 훈련도감(訓練都監)과 궁중의 경호를 맡아보는 호위청(扈衛廳) 등 각 영내의 군병에 의한 상공업 활동, 성 내의 부상인 도고, 중도아, 경강상인, 송도 및 기타 지방의 부상 등 다양한 주체가 참여하고 있었다.150)

이들은 다 같이 시전상인의 상권을 침해하고 있었지만 그 가운데서도 주동적 역할을 한 것은 사상이었다. 조선 후기에 본격화된 난전은 17세기에 훈련도감 포수들을 포함한 군인들에 의해, 18세기에는 신흥상인과 도고 등 사상에 의하여 진행되었는데, 이들의 적극적 진출에 따라 육의전을 제외한 시전상인의 특권을 폐지하는 신해통공이 선포되기에 이른다.

17세기 전반기 인조 때 훈련도감의 기술병인 포수들에게 지불되던 요포(料布 : 월급으로 주던 면포)만으로는 생계가 어려워지자, 이들이 일부 수공업제품을 시장에 판매하여 생계를 보충하도록 하였는데, 이후 포수들은 직접 수공업제품을 만들어 판매하였다. 그리고 17세기 후반에는 상품화폐관계가 크게 발전하면서 군병뿐만 아니라 영세한 소상인도 상품을 제조 판매하는 난전행위를 하였다.

여기에 18세기에는 부유한 상업자본가와 중소상인을 비롯한 신흥상인세력이 난전행위에 적극 진출하면서 난전은 격화되었다. 그 형태는 ① 시전상인과 비시전상인 간에 벌어지는 난전, ② 시전상인들 상호간의 난전, ③ 시전상인과 수공업자 간의 난전 등으로 구분할 수 있다.

---

150) 劉元東 著,《韓國近代經濟史研究》, p. 176 및 pp. 219~231.

첫째, 비시전상인에 의한 난전이다. 한성의 경강(한강)을 중심으로 매점활동을 하던 경강상인과 개성의 송상, 의주의 만상은 국내 상업과 대외 무역을 통하여 부유한 상업자본으로 성장하였는데, 이들은 다 같이 매점활동으로 시전상권을 침해하였다. 경강상인은 한성 미전(米廛)의 미곡판매권을 침식하면서 도고활동으로 폭리를 얻었으며, 수도 수상통상로의 요지를 차지하여 시전상인을 압박 지배하였다. 일부 상인들은 지방에까지 도고활동을 전개하여 시전상인의 상권을 침식하였다. 송상들은 삼남지방을 중심으로 전국 각지에 진출하여 송방(松房)을 설치하고 매점활동으로 막대한 이윤을 얻었다.

둘째, 시전상인 상호간의 난전이다. 18~19세기에 육의전 가운데서 선전(線廛)과 면주전(綿紬廛) 사이의 상권 다툼, 모자전과 상전, 미전 가운데 상미전과 잡곡전 사이, 부분각전 가운데는 외목장전과 내목장전 사이의 난전이 전개되었다.

셋째, 시전상인과 수공업자 사이에도 난전은 촉진되었는데 여기에는 두 개의 요인이 있었다. 하나는 시전상인이 수공업자의 상권을 침해하자 수공업자들이 자신들의 상권보호를 하면서 발생한 것이다. 다른 하나는 수공업자가 시전상인의 상권을 침해하면서 시전상인이 자신들의 상권을 보호하면서 나온 것이다. 전자는 상인위주로 조직된 상공업자조합에서 수공업자들의 경제적 위상이 높아지면서 수공업자들이 자신들의 독자적 생산활동과 교환활동을 옹호하려는 데서 나온 것이었다. 한편 후자는 상품화계관계의 발전 속에서 수공업자가 생산자로만 그치는 것이 아니라 상인으로 진출하려는 요구의 표현이었는데,151) 상품화폐관계가 한층 발전하면서 나타나는 추세가 반영된 것이었다.

이러한 난전활동, 곧 신흥상업자본과 수공업자들의 진출에 따라 시전상인이 특권은 유지하기 어렵게 되었다. 특권시전과 난전상인의 분쟁에 대해 18세기 중엽부터 해결책이 강구되기 시작하였다. 특권시전은 국가의 재정과 깊이 관련되어 있었지만 이러한 시전특권(금난전권)을 지속하는 것은 한성 내의 비시전계 군소상인의 생계를 어렵게 만들고 또한 한성 안의 물화유통을 원활하지 못하게

---

151) 홍희유 저, 《조선상업사》(고대·중세), pp. 215~224.

만들어 물가앙등을 불러와 소비자에 큰 피해를 주었다. 이에 시전의 특권을 어
느 정도 인정하면서도 비시전계 상인을 구제하고 또 물화유통을 촉진하는 방안
을 강구하였는데 그것이 정조 15년(1791)의 신해통공이었다.

원래 특권시전은 국가로부터 부여받은 권력에 의지하여 상리(商利)를 취하는
보수적 상인이었다. 그러나 비시전계 상인은 전통적인 특권시전에 도전하여 새
로운 상업활동의 터전을 구축하려는 진취적 상인이었으므로 거래하는 상품의
선택이나 상업운영방식에서 새로운 상술을 개발하면서 대응하였다. 곧 시전상
인과 난전상인의 갈등은 상거래에서 특권을 행사하려는 봉건적 질서에 의지하
는 계층과 이에 대응하여 자유상업질서를 확립하려는 계층의 싸움이었다. 18세
기 말엽에 와서 이러한 자유의 기풍은 억제할 수 없는 단계에 이르렀고, 채제공
(蔡濟恭)의 제의에 따라 한성 안의 상거래에서 전통적인 육의전의 특권만 존속시
키고 그 밖의 모든 군소시전의 금난전권 행사는 금하도록 함으로써 한성 내의
상거래 자유를 보장하는 통공화매(通共和賣) 조치가 취해졌다.

이 통공정책은 육의전의 특권을 예외적으로 유보한 한계성이 있지만, 전통적
특권상업질서에 혁신을 가져온 상업자유의 선언이었다고 할 수 있다. 이로써 시
전과 난전의 분쟁소지는 해결되었고 그 뒤 신흥상인세력의 성장은 급격히 촉진
되었다. 육의전의 특권은 1894년의 갑오경장(甲午更張)에서 삭제되었다.[152]

(2) 사상도고의 형성과 그 활동

18세기 중엽에 이르자 사상의 자본축적이 크게 진전되고 부유한 상인이 전국
에 걸쳐 상당한 규모로 출현하였다. 한성을 비롯한 주요상업도시에는 거상이 등
장하여 상권을 장악하였고, 축적한 자본을 바탕으로 그 활동영역을 확대하였다.
예컨대 한성에서는 부상들이 5강의 나루터나 송파, 송우(松偶), 누원(樓院) 등 한
성 주변의 시장을 거점으로 자본을 축적하였다. 이들은 18세기 말엽에 들어 한

---

152) 趙璣濬 著, 《韓國經濟史新講》, pp. 295~296.

성의 도성 안까지 진출하여 새로운 상가를 형성하면서 특권시전의 거래영역을 침식하였다.

이들 상인은 18세기 초만 하더라도 지방물가의 차이를 이용하여 상거래상의 이득을 얻었으나, 점차 부를 축적하여 거상으로 성장함에 따라 물화유통계를 지배하면서 독점판매이득을 취하였다. 나아가서 생산자에게 선대자본을 지급하여 그들의 생산물을 선점 판매함으로써 부를 축적하였다. 이와 같이 거상들이 유통계를 지배하면서 물화의 독점판매이득을 취하는 거상 및 그 상행위를 도고(都賈)라 한다.153)

도고적 상행위는 시전상인, 공인, 경주인, 영주인 등도 행하였지만, 이들은 특권을 배경으로 한 관상도고(官商都賈)였다. 따라서 그 규모는 클 수 없었고, 게다가 신해통공 이후에는 그 활동영역이 크게 축소되었다. 그러나 사상인 부상대고의 도고행위는 축적된 자본을 바탕으로 한성에 들어오는 물화를 그 길목에서 도집·매입·보관하여 물가등귀의 차익을 실현하는 등 유통계를 지배, 군소상인을 압박하고 시장질서를 교란하였으며 이는 소비자에게 물가고의 불안을 줄 정도였다. 이들을 관상도고에 대비하여 사상도고(私商都賈)라고 한다.154)

사상도고는 그 상업운영이 진취적·적극적이었고 경제논리에 따라 경영방법을 개선하면서 관상도고의 특권에 대항·경쟁하였다. 한성지역에서는 시전상인이 자리를 잡고 있는 종루(鐘樓, 종로 지역) 외에 이현(梨峴 : 배오개), 칠패(七牌 : 남대문 밖), 마포, 용산 등지에 새로운 상품교역처가 생겨났는데 후자의 지역이 사상도고의 거점이었다. 사상도고는 처음에 어느 정도 자본축적을 하면서 시전을 설립하여 합법적인 상행위를 하려고 하였다.155) 그러나 금난전권 행사로 신전이 규제되

---

153) 앞의 책, pp. 296~297.

154) 18세기에 다른 상인과의 경쟁을 배제하고자 관권과 결탁하고 그것을 배경으로 특권적 매점상업을 영위하는 시전상인을 중심으로 한 도매상업이 있었다. 또한 민간상인 가운데 큰 자본을 가진 자들이 스스로의 경제적 실력을 바탕으로 하여 독점적 매점상업을 영위한 경우, 곧 난전상인, 송상, 강상, 북상(北商) 등의 도매상업이 있었다. 전자를 관상도고, 후자를 사상도고라고 부르고자 한다(姜萬吉 著, 《朝鮮後期 商業資本의 發達》, pp. 168~169).

면서 사상들은 금난전권이 적용되는 지역을 벗어나 상행위를 할 수 밖에 없었고, 이 과정에서 후자의 상업지역이 사상의 상행위 거점이 되었다.

　이현과 칠패의 사상들은 초기에 시전상인과 협조관계였고, 시전상인의 중도아 역할을 담당, 시전에서 구입한 물건을 소매하기도 하였다.156) 그러나 사상들의 활동이 활발해지면서 시전상인과의 상권경쟁은 피할 수 없게 되었다. 18세기 전반기에 칠패의 난전들은 한성으로 들어오는 어물을 매점하여 시내 각처에 판매하는 등 시전상인의 상권을 위협하였다. 또한 사상들은 한성 근교의 소상품생산자·소상인과 연결, 결탁하여 이들의 생산품을 소비자에게 직접 판매하거나 다른 지역에 전매하는 등 시전상인의 상업활동을 침해하였다. 자본집적에 성공한 사상들은 유통구조에서 시전상인을 배제하면서 도고상인으로 성장하였다.

　이현·칠패상인들은 한성 외곽지대의 사상들과 상업적 연계망을 구축하면서 상업활동을 하였다. 나아가 이들은 생산지에 직접 진출하여 물화를 매점·독점하고 가격을 조절하는 방법으로 이윤을 추구하였다. 중도에서 상품을 매점하는 등 사상도고의 활동은 시전상인을 크게 압박하였으며, 신해통공 이후에는 시전상인보다 상업적 우위를 더욱 강화하였다.

　한편 경강변을 비롯하여 송파, 누원점, 송우점 등 한성 외곽지역에도 상업중심지가 발달하였고 이를 근거로 사상도고가 활동하였다. 경강상인들은 특히 미곡시장에서 사상도고로 성장하였다. 이들은 선박을 이용하여 각 지방에서 올라온 미곡을 경강에서 매점함으로써 미곡 가격을 조정, 이득을 취하는 등 미곡매점상업으로 도고적 상행위를 하였다.157) 이들 도고상인은 미곡 외에 소금, 목재 등의 물품도 매점대상으로 하였다. 경강상인은 유통과정의 상품독점을 넘어서 조선업과 정미공업에도 진출하여 상인자본에서 상업자본으로, 나아가서 산업자본으로 전환하는 바탕을 마련하였다.

---

155) 吳美一, 〈상품경제의 발전과 자본주의적 관계의 발전〉, 《한국사》 9, 한길사, 1994, p. 188.
156) 姜萬吉 著, 앞의 책, p. 175.
157) 위의 책, p. 76.

누원은 조선 후기에 장시를 토대로 번성하였다. 18세기 후반 누원장은 상설시장화되었고 주변의 장시와 상업적 연결을 맺는 등 한성 근교의 상업중심지로 성장하였다. 누원의 사상도고는 중도아 출신의 상인이 주축을 이루었다. 시전상인에게서 상품의 매점, 분산기능을 위임받아 시전상인에게 물품을 중계하던 중도아는 상품화폐경제가 발달하고 난전활동이 활발해지면서 난전이 매집한 물건을 시전에 판매하기도 하였다. 곧 시전상권의 장악보다 난전에 도움을 주었으며, 나아가 18세기 말에는 중도아가 본격적 난전활동에 나서기도 했다.158)

그러나 난전규제가 강화되면서 중도아의 일부는 난전규제가 적용되지 않는 외곽지역인 누원 등지로 이동하여 한성에 반입되는 상품의 매점활동을 하였다. 이들은 칠패, 이현의 도고와 연계하면서 도고활동을 하였으며, 도성 안의 사상도고 및 중도아와도 상업연계망을 구축, 시전상인의 상권을 압도하였다.

송파의 사상도고활동은 송파장을 기반으로 펼쳐졌다. 삼남지방의 물화가 집중되는 송파장은 18세기 이후 해안이나 강가에 포구가 개설되면서 선박을 이용한 상품이동이 활발해지자 마포 등지와 함께 더욱 뚜렷한 시장권의 중심지가 되었다. 송파상인은 송파를 전국적 장시로 발전시키면서 어물을 비롯한 담배, 곡물, 채소류, 목면 등의 물품을 매점하여 이익을 취하였다. 이들도 중간매점 이외에 지방의 생산지나 장시로 진출해 물품을 매점하는 전국적 도고행위를 하였다.

이처럼 조선 후기 사상도고는 한성과 그 외곽지역에서 활동하면서 시전상인의 상권을 위축시키고 상업계의 새로운 주역으로 등장하였다. 이들 가운데는 개성상인처럼 상품의 집산지를 중심으로 전국적 범위, 나아가서 대외 무역에도 종사하면서 도고상업을 행하는 상인들도 있었다.

18세기 이후 상업계에서 펼쳐졌던 도고상업, 곧 관상도고와 사상도고는 시전상인의 공장지배, 경강상인의 조선도고경영, 개성상인의 인삼재배와 가공 등에서 볼 수 있듯이 도고자본의 생산지배를 확대하였다. 그러나 도고상업은 근본적으로 자유상업의 발달을 저해하였으며, 또한 생산부문에 투입된 도고자본이 산

---

158) 崔完基 著, 《조선시대 서울의 경제생활》, 서울시립대, 1994, p. 240.

업자본으로 변화, 정착되려면 특권성과 독점성을 배제할 필요가 있었다. 이것은 상업의 자유로운 발전과 더불어 해소될 수 있는 것이었고 반(反)도고현상이 발생할 소지도 여기에 있었다.

관상도고였던 특권시전에 대한 반도고세력은 난전으로 불리는 도시의 사상인층과 수공업자층이었다.159) 관상도고에 대한 이들의 끊임없는 도전은 시전도고체제를 해체시키는 결정적 역할을 하였다.

그러나 사상들이 우세한 자본력과 영업망을 바탕으로 전개한 독점적 매점과 판매, 곧 사상도고활동은 독점에 따른 물가의 앙등을 불러왔고, 그에 따라 백성의 생계에 큰 타격을 주는 등 폐해를 수반하였다. 이에 따라 군소상인과 소비자들의 반발이 컸다. 이에 도고적 상행위를 금지하는 조치도 있었지만 경제논리에 따라 이루어지는 거상의 도고행위를 해소하는 데는 한계가 있었다. 도고상업의 성장은 개항 이후 외국상인의 침탈로 위축될 때까지 지속되었다.160)

(3) 장시의 발달과 전국적 시장권의 형성

1) 상업적 농업과 농촌장시의 발달

조선 후기에 생산력의 발전과 사회적 분업의 진전은 농업과 수공업에서 상품생산을 발전시켰다. 더욱이 도시인구의 증가로 농산물 수요가 증대되면서 상업적 농업이 진전하였다. 자연경제가 지배적이고 개별농가의 영농규모가 매우 영세한 조건에서 상업적 농업은 복잡하고 다양한 형태로 형성, 진전되었다.161)

첫째, 곡물생산과 목화재배업에서 볼 수 있듯이, 생산물의 적지 않은 부분을 자기 소비에 충당하고 나머지 부분을 상품화하는 아주 낮은 형태의 상업적 농업을 들 수 있다.

---

159) 姜萬吉 著, 앞의 책, p. 189.

160) 吳星, 〈상인층의 성장과 도고상업의 전개〉, 《한국사》 33, pp. 315~366 참조.

161) 전석담·허종호·홍희유, 《조선에서 자본주의적 관계의 발생》, 과학백과사전종합출판사, 1970, 이성과현실, 1989, p. 34.

둘째, 어떤 작물(특히 공예작물)은 주로 판매하려고 재배하면서도, 다른 작물(예컨대 곡물)은 주로 자기 소비를 하고자 생산하는 혼합 형태인데, 이 경우 전자의 작물은 분명히 상업적 성격을 갖는다.

셋째, 시장을 목표로 전업적으로 재배하는 형태인데, 인삼재배업과 도시 주변의 채소재배업을 들 수 있다.

넷째, 판매를 목적으로 생산하되 그 일부 또는 전부를 가공해서 판매하는 경우와 농업과 수공업적 소상품생산이 결합되어 있는 형태로서, 삼·모시재배를 들 수 있다.

이러한 상업적 농업은 대체로 도시 주변의 교통이 편리한 지역과 특정한 작물의 재배에 적합한 자연적 조건을 갖춘 지역에서 먼저 형성되었다. 농촌지역의 수공업도 부업적이고 자급적인 형태에서 발전하여 전업화되고 상품생산화하였다. 모시, 명주, 삼베, 왕골돗자리, 면포, 담배, 인삼 등은 전업화와 사회적 분업의 결과로 특산지를 형성하였다. 또한 관청수공업체제의 붕괴 이후 민간수공업도 크게 발전하여 상품생산을 하였다.

상업적 농업은 조선 후기에 나타나는 이른바 '경영형 부농'(經營型 富農)과 관련하여 경영형 부농층의 농업경영의 특징으로도 설명되었다. 조선 후기에 봉건지주층은 물론 일반 농민층의 농업경영에도 큰 변화가 일어났는데, 후자, 즉 일반 농민들이 소생산자적 분화 속에서 시장성을 고려한 농업을 영위한 것이 상업적 농업이었고, 기본적으로 임노동적인 기반 위에서 전개된 것이 그 특징으로 지적되었다.

조선 후기 부농층은 크게 지주형 부농과 경영형 부농으로 구분된다. 전자는 농지를 대여하여 지대를 수취함으로써 부를 축적하는 것이 그 기본특징이었다. 이에 대하여 후자는 그들 스스로가 직접 농업에 종사하는 것을 원칙으로 하되, 경영규모가 클 경우에는 그 스스로는 관리자나 감독의 임무를 맡고, 노동은 고용노동에 의존하면서 여러 가지 합리적인 방법으로 경영하여 부를 축적하는 것을 특징으로 하였다.

경영형 부농은 상업적 농업을 하는 것이 특징이었다. 이 시기에는 유통경제가 발달하고 농촌경제도 유통시장과 연결되어 있었으며, 따라서 농촌에서 부를 축적하려면 경영확대만이 아니라 경영의 전환, 곧 농산물의 상품화가 요구되었다. 부농층의 잉여생산물은 시장과 직결되었고, 나아가 시장을 대상으로 하는 농산물을 재배하였다. 모든 농산물이 해당되었지만 주로 곡류, 직물류, 채소, 유류(油類), 약재, 남초(南草), 석류(席類) 등이 그 대상이었다.

이 시기의 농산물 상품화가 다른 시기의 그것과 다른 점은 소생산자층 내부의 경영변동을 수반한 상품생산이었다는 것인데, 그 중심이 바로 경영형 부농이었다. 경영형 부농은 시장과 관련하여 이윤을 추구하고, 농산물의 상품화를 전제로 재배하였으며, 노동력문제에도 일정한 변화를 수반하였다. 곧 경영형 부농의 농업경영은 한마디로 상업적 농업이었으며, 이 농업 형태는 이 시기 농업경영의 특징이었다. 상업적 농업에서 그 생산물은 상품시장으로 유출되었으며, 이것은 유통경제, 곧 시장경제의 발달과 밀접한 관련이 있었다.[162]

이와 같은 농업과 수공업에서의 상품생산 발전은 상품유통시장의 확대를 수반하였고, 각 지방의 장시 및 포구시장과 밀접한 관련을 맺으면서 진행되었다.

농업과 수공업에서 상품생산의 발전과 함께 육상교통이 발달하여 장시 발전을 촉진하였다. 전국을 연결하는 간선도로는 영조 46년(1770)에 6대로였던 것이 19세기 전반기에는 7대로, 19세기 중엽에는 9대로, 그 후기에는 10대로로 확충됐다. 동시에 기존 도로의 정비와 새로운 도로의 개선도 뒤따랐는데 정조 연간(1776~1800)에는 수원과 서울을 연결하는 도로가 개설되어 이를 신작로(新作路)라 하였다. 이어서 서울에서 관북(關北)지역, 서울에서 영남, 함경도와 평안도 사이의 교통로가 개설되는 등 교통로가 크게 확대됐다. 그 결과 상인의 신속한 상품유통이 가능하게 되었고, 이것은 장시의 발달을 촉진하는 요인으로 작용했다.

조선시대 '농민의 독자적 교환시장으로서의 장시'가 처음으로 설치된 것은 성종 원년(1470)에 전라도 무안지역에시 징문(場門)이 열리면서였다. 그 뒤 15세기

---

162) 金容燮, 〈朝鮮後期의 經營型富農과 商業的農業〉, 《朝鮮後期農業史硏究》-農業變動·農學思潮-,
    一潮閣, 1971, pp. 134~154.

말에 전라도 전 지역, 16세기 전반에는 충청도, 그 중엽에는 경상도에 장시가 보편화되었고, 16세기 중엽까지 삼남지역의 농촌에 장시가 일반화되었다. 삼남지역을 중심으로 개시되었던 장시는 임진왜란을 계기로 경기지역까지 확대되었다. 17세기 이후에는 농민적 상품교류의 장시가 중부 이북의 황해도·평안도까지 확대되어 전국적으로 보편화되었다. 18세기 후반에서 19세기 전반에 걸쳐 확대된 장시의 현황은 전국에 1,000개 이상의 장시가 개시되어 조밀하게 연결되어 있었음을 보여준다(〈표4-1〉).

도 \ 문헌	《道路攷》	《東國文獻備考》	《萬機要覽》	《林園經濟志》
경 기	102	102	102	92
충 청	158	157	157	157
전 라	215	215	214	187
경 상	278	276	276	269
강 원	68	68	68	51
황 해	82	82	82	109
평 안	142	134	134	143
함 경	28	28	28	43
계	1,073	1,062	1,061	1,052

자료 : 국사편찬위원회,《한국사》33, p. 361.

〈표4-1〉 18세기 후반~19세기 전반 문헌에 따른 각 도별 장시현황

농촌장시는 농촌의 소상품생산자가 상품유통을 매개하는 출발점이고, 장시가 포괄하는 주변 촌락은 그 생산권이면서 소비권인 재생산권이 되는 것이다. 농민들의 교통관계를 고려하여 장시는 정해졌고, 장시는 이러한 농민들이 거주하는 제한된 지역을 포섭하고 있었다.

17세기 이후 상품화폐관계가 발달하면서 장시는 더욱 발달하였고, 열흘장이었던 장시가 17세기 후반에는 5일장으로 바뀌면서 5일장체제로 단일화되었다. 장시가 농업인구를 감소시키고 물가를 등귀시키며 도적을 횡행시킨다고 하여 이를 금지한 것이 장시 개설 초기의 정책이었다. 그러나 시장교환에 대한 의존

도가 높아지고 농민의 경제생활상의 요구와 지방재정상의 필요성 등의 이유로 장시 개설에 대한 규제는 점차 변화하였다. 지방관의 차원에서 이를 허용하는 등, 기본적으로 밑으로부터의 교역의 요구와 함께 국가의 장시관과 정책의 변화로 장시는 현저히 발전하였다.

5일장체제가 단일화되면서 장시 사이의 연계관계도 자연히 형성되었다. 장시들이 서로 개시일을 달리하면서 연계관계를 형성하였고 이를 통해 시장권이 이루어졌다.163) 시장권 형성이란 일정한 범위 안에서 4~5개의 장시가 설장일(設場日)을 달리하여 개시함으로써 그 지역 안에서 상품거래가 항상 이루어지는 것을 말한다.164) 개별 장시는 5일에 한 번씩 개시되지만 이들 장시는 하루 안에 오고 갈 수 있는 거리이므로, 설장일을 달리하는 경우 군현의 단위지역에서는 매일장이 서는 형태로 장시망이 운영될 수 있어서 상설시장의 기능을 어느 정도 수행하였다. 곧 5일장체제는 교환이 일상적으로 진행되는 군현단위의 시장권 형성을 뜻하였다.

18세기 이후 이러한 장시의 시장권은 더욱 확대되어 각 군현을 넘어서 몇 개의 고을을 묶는 시장권, 나아가서 전국적 범위로 확대하여 나갔다. 그 과정에서 장시 사이의 흡수·통합·신설·폐기라는 장시시장권의 변동이 있었다.165) 또한 도시시장의 중간지점에 장시가 개설되어 도시시장을 연결하기도 했으며, 농촌만을 대상으로 한 장시가 아니라 대도시시장을 연결하는 새로운 성격의 장시도 출현하였다. 이로 말미암아 18세기 후반 전국의 장시시장권은 더욱 확대되었다.

18세기 초반에 장시개설이 지역적으로 확대되고 장시 사이의 연계가 강화되

---

163) 金大吉 著, 《朝鮮後期 場市硏究》, 國學資料院, 1997, p. 146.

164) 韓相權, 〈18세기 말~19세기 초의 場市發達에 대한 基礎硏究-慶尙道 地方을 중심으로〉, 《韓國史論》 7, 1981, p. 225. 대체로 농민들은 교환관계 등을 고려하여 항상적으로 출입하는 장시가 정해져 있고 각 장시는 이러한 고객들이 거주하는 한정된 지역을 포섭하고 있는데 이를 장시권(場市圈)으로 규정하기도 한다(李憲昶, 〈舊韓末 忠淸北道의 市場構造〉, 《近代朝鮮의 經濟構造》, 比峰出版社, 1989, p. 181).

165) 韓相權, 위의 글 및 李憲昶, 〈朝鮮後期 忠淸道地方의 場市網과 그 變動〉, 《經濟史學》 18, 1994.

면서, 후반에는 지역적 상품유통의 거점인 대장(大場)이 형성되기 시작했다. 이와 더불어 지방장시에는 좌상(坐商)들이 경영하는 상설점포가 발전했고, 일부 장시는 상업중심지 또는 상업도시로 발전했다. 그리고 주요 장시에는 매점업자이자 고리대업자인 여객주인층(旅客主人層)이 출현하였는데, 이들은 장시의 폐쇄성과 분산성을 극복하고 전국적인 시장을 형성하는 데 적지 않은 역할을 했다.[166]

2) 포구상업의 발달과 전국적 시장권의 형성

조선 후기에는 육상교통뿐만 아니라 해상교통도 발전하였다. 더욱이 18세기 이후에는 경강선인(京江船人)의 주도적 역할로 항해술과 조선술이 발전하면서 해상교통의 자연적 장애가 극복되면서 해상교통이 크게 발전하였다.[167] 그 뒤 남해안과 서해안 그리고 경강, 낙동강, 금강, 영산강, 대동강을 중심으로 해상교통이 발전하였으며, 거기에는 상품유통의 중심지인 포구(浦口)가 발전하여 포구상업의 거점이 되었다.[168]

경강의 경강포구뿐만 아니라 17세기까지 어물채취·세곡운송·군사적 방어기능을 했던 외방포구도 점차 상업중심지로 발전하였다. 18세기 전반기까지도 포구는 상업이윤을 확보하려는 의도로 설치된 것이 아니었으며, 그 배후에 소비시장이나 생산지 등이 없어도 소금[鹽]생산에 적합한 지역으로서 선박이 접안할 수 있는 지형에 설치되었다. 그러나 19세기에는 상품유통을 매개하여 상업이윤을 확보하려는 목적에서 포구가 설치되었다.[169] 이는 생산력의 발전으로 상품유통이 증가하면서 편리한 운송수단에 대한 요구가 증가하였기 때문인데, 이에 따라 우월한 운송수단인 선박을 이용할 수 있는 포구가 상품유통의 중심지로 자리 잡은 것이다.

---

166) 高東煥, 〈상품의 유통〉, 《한국사》 33, pp. 356~366 참조.

167) 崔完基 著, 《朝鮮後期 船運業史硏究》, 一潮閣, 1989, p. 247.

168) 《擇里誌》, 卜居總論, 生理(高東煥, 〈18·9세기 外方浦口의 商品流通 발달〉, 《韓國史論》 13, 1985, pp. 238~239).

169) 高東煥, 위의 글, 위의 책, pp. 244~245.

포구 가운데 18세기 이전에 상업중심지로 발전한 것은 우선 강과 바다가 만나는 지점, 즉 조수가 올라올 수 있었던 곳 또는 특정 생산물의 집산지인 해안이 대포구(大浦口)로 발전한 경우였다. 18세기 이전까지 생산·방어·운송기능이 중시되었을 뿐, 소비시장을 갖추지 못했던 소포구(小浦口)에서도 18세기 말 이후에는 상품유통이 전면적으로 발전하였다. 곧 18세기 중반 이전까지 포구와 포구사이의 유통, 즉 원격지 유통은 대포구를 상품 유통의 거점으로 하여 대포구와 대포구, 대포구와 그 주위의 장시를 연결하는 형태였다.170) 그러나 18세기 중엽 이후에는 점차 대포구 주위의 소포구들도 상업중심지가 되면서 주위의 장시와 연결, 지역 내 시장권의 중심으로 발전하였다.171)

이리하여 조선 후기 상품생산을 수용하는 유통시장은, 서울·평양 등의 도시시장과 농촌시장, 그리고 경강포구와 외방포구로 구성되었고, 지방에서의 대표적인 유통시장은 장시와 포구였다.

전국 포구시장권의 중심은 경강의 포구상업이었다. 17세기 중엽 이전까지 어채와 세곡 출하 기능의 중심지였던 경강은 포구상업이 발전하면서 상업중심지가 되었다. 18세기 전반기까지는 3강(한강, 용산강, 서강) 중심이었지만 그 후반에는 5강(한강, 서강, 용산, 마포, 망원), 그 뒤 여기에 두무포(豆文浦), 서빙고, 뚝섬을 더하여 8강으로 확대되었고 상업중심지역도 그만큼 확대되었으며, 그 주변에 시전이 발달하였다.

18세기 후반부터 해상이나 강상교통의 요지에서 포구가 신설, 외방포구상업이 발달하였다. 대포구와 그 주변의 소포구, 그리고 장시를 연결하는 유기적 유통망이 형성되었으며 대포구 주변의 소포구는 대체로 대포구의 시장권 안에 포섭되면서 발전하였다.

대포구는 지역간 상품유통의 기능을 담당하였으며 소포구는 지역내 상품유통의 중심지로서 기능하였다. 소포구는 5일장의 장시체계에서 장시와 유기적 언

---

170) 위의 글, 위의 책, pp. 239~240.

171) 高東煥, 〈浦口商業의 발달〉, 《韓國史市民講座》 제9집, 一潮閣, 1991, p. 49.

계망을 형성, 지역 내 시장권의 토대를 구축하였다. 그 결과 초기에는 대포구에 종속되었던 소포구가 점차 대포구의 시장을 잠식하면서 성장하였고, 소포구는 소상품생산자가 시장지향적 성장을 추구하여 자립할 수 있는 시장적 기반을 제공하였다.

3) 포구에서 주인층의 형성과 그 기능

18세기 이후 포구의 상인층은 다양했다. 경강지역에는 선상(船商)을 접대하고 상품의 매매를 주선한 대가로 수수료를 받았던 경강여객주인층, 조세곡 운송을 전담했던 경강선인층, 지역 사이의 가격차를 이용하여 상품유통을 전개했던 선상층, 그 밖에 목재상인, 염상인 등 다양한 상인이 있었다. 이들 상인세력 가운데 대표적인 세력은 여객주인층이었으며, 외방포구의 경우에도 마찬가지였다.

조선 후기 주인층의 명칭은 포구주인, 선주인, 강주인, 여객주인, 포(浦)주인, 객주, 여각(旅閣), 여주인, 저점(邸店) 등 매우 다양하였는데, 이들은 다 같이 포구나 장시에서 상품을 매개하는 층이었다. 특히 객주, 여각이라는 명칭은 주로 개항 이후 쓰인 것으로 보이며, 개항 전 이들에 대한 명칭은 포구주인, 선주인, 여객주인 등이었다. 여객주인은 주로 경강을 중심으로 활동하는 주인층으로 경강의 각 포구에서 선상, 곧 여객에 대해서 독점적 상품유통권을 행사하던 주인층이다. 포구주인·포주인·강주인 등은 외방포구에서 포구를 드나드는 선상에 대하여 통행세나 상업세 등을 걷거나, 또는 선상들이 싣고 온 상품을 독점하여 판매했던 주인층을 말한다. 그리고 선주인은 포구에서 개별 선박에 대하여 주인권을 갖는 주인층을 말한다. 이러한 차이가 있지만 이들의 역할은 비슷했다.[172]

포구상업이 발달하지 않았던 조선 전기에도 포구에는 사주인 또는 강주인이

---

172) 위의 글, 위의 책, p. 51. 한편 주인층을 여객주인과 선상주인으로 구분하고 여객주인은 내륙의 도시나 상업중심지에서 활동하던 상업자본을 말하며, 선상주인은 강가나 바닷가의 포구들에 형성된 도시나 상업중심지에서 활동하던 상업자본이라고 보기도 하였다. 또한 여객주인은 여각주인, 여객객주라고도 하였고 선상주인은 선상객주라고도 하였다(홍희유 저, 《조선상업사》(고대·중세), p. 278).

있어서 공리(貢吏)의 숙박을 받거나, 조졸(漕卒)에게 대부하기도 하고, 그들이 수송해온 세곡이나 곡물을 보관, 판매하기도 하였는데, 이들이 여객주인(객주)의 전신으로 추정된다. 17세기부터 여객주인·포구주인·선주인 등의 존재가 확인되는데 이들은 조선 전기의 강주인과는 달리 민간의 상품유통에 의존하는 상인이었으며 특히 여객주인은 경강상인을 대표하였다.173)

이들은 원래 선상들에게 음식과 숙박장소를 제공하고, 상품을 보관해주는 대가로 수수료를 받아 생계를 이어가는 존재였다. 주인과 객상(客商)의 관계도 강제적이 아닌 자유로운 것이었다. 선박을 이용한 상품유통의 주체도 선상이었으며 주인층은 선상의 상품유통을 보조하는 기능을 할 뿐이었다. 그러나 18세기 후반이 되자 포구를 중심으로 상품유통이 발달하면서 주인의 역할이 커졌고, 주인층은 개별선상에 대하여 상품중재권을 독점하면서 선상들의 화물에 독점적 유통권을 가지게 되었다. 이리하여 선상에 대한 주인층의 독점적 지배권, 곧 주인권을 바탕으로 선상들은 상품유통의 보조자가 아닌 포구에서 상품유통권을 장악하는 상인층으로 성장하였고, 이와 달리 선상은 주인층의 통제하에서 상업행위를 하는 상인층으로 전락하였다.

주인권은 매매·상속·양도 등 자유롭게 처분할 수 있는 재산권으로, 법적으로 보호받은 권리였다. 주인권이 중요한 이권이 되면서 이에 대한 권력기관의 침탈도 이어졌다. 주인권은 처음에는 개별 선상에 대한 지배권이었으나, 점차 포구 전체에 대한 지배권이 되어 나중엔 일정한 지역에 대한 권리로 변하였다.174) 그러면서 점차 주인권은 소수인의 수중으로 병합·집중되었으며, 여기에는 경제외적인 특권적 계기가 결합되어 있었다.

주인층의 선상에 대한 독점적 지배권은 선상에게서 낮은 가격으로 상품을 구매하여 매점한 뒤, 포구에서 출하시기와 출하량의 조절 등을 통해 독점이익을 축적하는 도고적 상행위로 진전되었다. 주인층은 18세기 말에 주인권을 배경으로

---

173) 李憲昶 著, 앞의 책, p. 122.
174) 李炳天, 앞의 글, 앞의 책, p. 129.

시전 중심의 유통체계를 벗어나려는 시전상인 배척운동을 전개하였으며, 기존의 시전 중심 유통체계를 붕괴시키고 주인층 중심의 유통체계를 성립시켰다.[175)

4) 상업도시의 형성과 새로운 유통체계

18세기 이후 한성이 전국적 시장권의 중심도시로 성장하면서 그 외곽에도 새로운 상품유통의 거점이 생겨났다. 광주의 송파장과 양주의 누원점(다락원점)이 그것인데, 이 지역에선 시전상인의 금난전권이 행사되지 않았다. 사상인 난전상인은 누원점과 송파점을 연결하여 한성의 시전상인을 거치지 않고 동북지역과 삼남지역으로 상품을 유통시켰다. 곧 시전 중심의 상업체계가 붕괴되고 자유상인인 사상 중심의 상업체계가 자리 잡기 시작한 것이다.

한성에서는 종로의 시전거리와 난전상인의 상설시장인 이현 및 칠패가 3대 시장을 형성하였다. 기타 각지의 시전, 경강의 점포, 잡시(雜市) 등이 있어서 상업도시의 모습을 갖추었다.

상품화폐경제의 급속한 발전에 따라 지방에서도 상업도시가 성장하였다. 개성, 수원, 송파장과 누원점, 평양, 대구, 전주, 덕원, 원산포, 마산포, 강경포,《만기요람》에 기록된 15개 대장시들(사평장, 송파장, 안성의 읍내장, 교화의 공릉장, 강경장 등)과 국제무역의 중심지였던 동래, 의주 등이 지방도시로 발달하였다. 이들 상업도시는 대부분 교통상의 요지에 있으면서 주변의 장시시장권과 포구상업권을 통합해가며 성장하였다.

한성과 지방에서 상업도시가 성장함에 따라 시전상업체제를 변동시키는 새로운 유통체계가 형성되었다. 새로운 유통체계는 권세가와 연결된 사상대고나 여객주인 등 부상대고를 중심으로 전개되었고, 한성 주변의 새로운 유통거점과 지방상업도시의 성장이 기반되었기에 가능한 것이었다.

종래 시전을 중심으로 한 유통체계는 향상(鄕商)·선상－여객주인－시전상인－중도아－행상－소비자로 연결되는 유통구조였다. 그러나 새로운 유통구조는 송우

---

175) 高東煥, 〈浦口商業의 발달〉, 앞의 책, pp. 51~56.

점·누원점-송파장·사평장-한성의 칠패·이현(난전상인의 중심지)-소비자로 연결되는 유통경로와 송우점·누원점-송파장·사평장-인근 장시로 연결되는 유통경로로서, 서울의 시전을 배제한 것이었다. 여기에 시전 중심의 유통체계에 편입되어 있던 여객주인이나 중도아가 시전상인을 배제하고 상업이윤을 극대화 하려는 경향이 작용하면서 시전체계가 붕괴되고 사상을 정점으로 하는 유통체 계가 확립되었다.

새로운 유통체계는 사상대고나 여객주인 등 부상대고, 곧 사상층이 중심이었 으므로 시전상인과 사상층의 교체라는 상인세력의 변화가 반영된 것이었다. 상 업구조의 변화 속에서 중심상업세력이 특권상인인 시전상인에서 자유상인인 사 상으로 바뀌었으며, 유통체계와 시장권 등의 상업구성요소도 변화되었다.

새로운 유통체계의 형성과 함께 조선 후기 상품유통권은 한성을 중심으로 단 일화된 상품유통권으로 통합되어 갔다. 상업도시가 주변의 장시권과 포구시장 권을 통합, 발달하면서 포구시장권과 장시시장권이 더욱 유기적으로 연결되어 전국적 시장권이 형성되기 시작하였다. 장시를 중심으로 형성되었던 지역 내의 상품유통권과 전국적 상품유통의 중심지였던 대포구가 지방도시로 성장하였고, 이들이 유기적으로 연결되면서 한성을 중심으로 전국적 시장권이 형성되었다. 이러한 시장권을 기반으로 농촌의 생산물이 농촌장시를 거쳐 중간도매상에게 매집되고, 이것이 포구의 매집상에게 모였으며, 다시 선상과 포구주인층에 의하 여 한성이나 다른 유통지역으로 운반되는 등 전국적 시장권이 형성되었다.176)

---

176) 高東煥, 〈상품의 유통〉,《한국사》33, 국사편찬위원회, 1997, pp. 378~389 참조.

3. 상업자본의 생산부문 침투

(1) 선대자본과 관상도고의 생산부문 침투

봉건적 생산양식에서 근대 자본주의적 생산양식으로의 이행에 대해서는 흔히 두 가지 길(two folds)이 제시되고 있다. 하나는 생산자가 상인 및 자본가가 되어 농업적인 자연경제와 중세적 도시의 동업조합적 수공업에 대해 대립적이 되는 것인데, 이것을 '진정한 혁명적 길'(the really revolutionising path)이라고 하였다. 이는 생산자가 능동적 주체가 되어 전기성을 극복하고 산업자본으로 성장, 자본주의의 틀을 만드는 길이다. 다른 하나는 상인이 직접생산자(소생산자)를 지배하는 방향이다. 이 길은 전기적 상업자본이 소생산자의 성장이라는 혁명적 사실에 대항하여 자기 지배력을 유지하고 타율적으로 산업자본으로 전환하는 것이기 때문에 보수적·개량적일 수밖에 없지만, 역사적으로는 현실이었으며, 오히려 후자의 길이 전자의 길을 압도하면서 근대 산업자본주의가 성립하였다는 것이다.[177]

자본주의 이행의 압도적 길인 후자는 다음과 같은 과정으로 진행된다. 곧 전기적 상업자본인 선대자본은 도시나 농촌의 소생산자를 다음과 같은 여러 가지 형태로 자기에게 종속시키면서 생산분야에 침투한다.

첫째, 가장 느슨한 지배의 형태로 소생산자에게 접근하는 것이다. 이 단계에서 소생산자는 자기 스스로 판매를 하기 위한 생산을 하는 한편 선대상인을 위해서도 생산하며, 선대주는 상인의 기능을 갖는다.

둘째, 선대상인이 소생산자에게 많은 선대자금을 줌으로써 매점과 독점력을 행사하는 관계가 이어진다. 선대주는 선대자금의 대가로 소생산자의 생산물품을 전적으로 인수하며, 소생산자는 시장에서 격리되어 독립성을 상실한다. 선대

---

177) K. Marx, *Capital, A Critique of Political Economy*, Vol. Ⅲ, New York, International Publisher, 1997, p. 334.

상인은 소생산자를 지배하는 등 생산자의 기능을 일부 갖게 된다.

셋째, 선대상인이 원료를 선대하거나 도구까지 대여하여 소생산자를 완전히 종속시킨다. 이때 소생산자는 생산수단까지 상실하여 사실상 임금노동자가 되는 것이다.

이처럼 선대제도는 상인이 생산자에게 자금을 대여하고 생산물을 선점, 매입하면서 발생하는, 상업자본이 생산자를 지배하는 한 형태이다. 선대자본이 발생하는 것은 상품화폐경제가 발달하면서 시장의 수요를 공급이 뒤따르지 못하고, 상업자본이 축적되었으나 수공업부문에서는 자본이 부족하여 생산이 순조롭지 못한 시기에 주로 발생한다. 이 때 상인은 수공업자에게 자금을 선대하고 원료 구입과 생산시설 및 공장운영을 지원함으로써 생산물을 선점, 확보하고 나아가 공장운영에 개입하는 등 생산분야에 침투하게 된다. 상업자본이 발달 축적된 단계에서 독점적 매점상인이 생산물 판매와 원료구입에 종사하는 한편, 소생산자의 생산물을 매점, 자기에게 종속시키는 것은 상업자본 발전의 합법칙적인 과정이기도 하다.

우리나라에서 선대자본이 발생하여 상업자본이 생산분야에 침투하기 시작한 것은 18세기 중엽부터였으며 그 말엽부터는 크게 성행하였다. 곧 상업자본이 성장하여 특권시전상업인 관상도고와 경상 및 강상, 청나라와의 대외 무역을 위주로 하는 연상(燕商), 송상, 만상, 여객주인, 포구주인 등 부유한 신흥상인 집단인 사상대고가 성장하면서부터였다.

상업자본의 생산부문 침투과정은 두 가지 유형으로 진행되었다. 하나는 특권상업자본인 시전상인과 공인에 의한 것이었으며, 다른 하나는 신흥상업자본인 사상에 의한 것이었다. 이 두 가지 유형은 다 같이 독점적 매점상인인 도고상업에 의한 것이었는데, 물주 또는 도고활동에 의거하였다. 그러나 전자가 경제외적 권력관계에 바탕을 둔 특권저 상행위임에 대하여 후지는 자본운동의 힌 형태로 나타난 상행위라는 점에서 차이가 있다.

상업자본은 유통부문에서 매점 형태로 시작하여 점차 소생산자의 생산과정을 지배하기에 이르는데, 이것은 먼저 원료나 자금을 선대해주면서 생산과정에 간섭한다. 구체적으로 특권상업자본의 생산분야 침투는 원료의 매점과 관청수공업에 침투하여 그 물주가 되는 형태로 진행되었다. 물주(物主)는 상업자본(흔히 부상대고)이 생산자들에게 필요한 생활재료나 원료 등 생산재료를 보장하면서 생산과정에 침투하는 형태이다. 이에 대하여 도고는 독점적 상업자본이 생산자들의 생산물이나 필요한 원료를 매점, 소생산자를 자기에게 종속시키는 형태이다. 이러한 물주와 도고적 상행위가 결합하여 산업자본의 생산부문 침투가 진행되었던 것이다.

원재료 매점에 따른 특권시전상인의 생산부문 침투는 선전(線廛)의 사례에서 볼 수 있다. 선전은 청나라에서 수입한 비단을 판매하였으며, 면주전(綿紬廛)은 국산 명주를 판매하는 한편 국산 명주실을 구입, 명주를 짜서 판매하였다. 18, 9세기 시전상인 사이에 상권경쟁이 치열해지면서 선전상인은 명주전 상권을 침해하고 원료를 매점, 수공업자들을 자기에게 종속시켰다. 선전은 우세한 자본력을 배경으로 국내산 명주실을 매점하여 수공업자에게 나누어줌으로써 견직물 수공업자를 자기에게 예속시켰으며, 나아가서 국내산 명주를 판매하였다. 곧 선전은 면주전의 판매물종이었던 국내산 원료(명주실)를 매점하여 수공업자를 종속시키는 방법으로 상권경쟁을 하였다.[178]

전기적 상업자본 집적기에 상인자본은 수공업자와 소비자를 격리시키면서 수공업자를 지배하였지만, 18세기 후반 시전상인은 금난전권을 배경으로 수공업자의 원료를 매점하면서 수공업자와 소비자와의 격리를 도모하였다. 시전인 잡철전(雜鐵廛)과 수공업자인 야장(冶匠) 사이의 분쟁이 그 사례이다. 야장은 농기구, 무기 등을 제조하는 수공업자로서 원래 군기사(軍器寺)에 소속되어 무기생산에 종사하였고, 관역에 동원되지 않을 때는 자영의 대장간에서 민간수요의 철기를 생산하였다. 또 조선 후기에 와서 군기사가 전속 야장을 고용하면서 이들은 부역노동 대신 일정한 정포(正布)를 바치고 사영제조에 전념할 수 있게 되었다.

잡철전은 시내에 산재하는 철물상으로 주로 고철을 판매하는 시전이었다. 야

---

178) 홍희유 저, 《조선상업사》(고대 · 중세), p. 284.

장이 사용하는 원료철은 원래 전매물종이 아니었으나, 18세기 말에 잡철전이 야장의 원료철에 대한 전매권을 가지면서 양자의 분쟁이 생겨났다. 잡철전이 원료철인 중방철(中方鐵)을 전매물종으로 만들면서 야장은 잡철전을 통해서만 중방철을 구입할 수 있게 되었고, 잡철전은 야장에게 원료철을 판매하는 조건으로 야장의 제품을 매점하였다. 이에 따라 수공업자인 야장은 원료구입로와 제품판매로를 모두 잡철전에게 빼앗기면서 잡철전에 예속되기에 이르렀다.179)

이것은 특권시전상인인 잡철전이 금난전권을 배경으로 하여 수공업자인 야장을 소비자와 격리, 예속시킨 사례였다. 시전상인은 금난전권을 배경으로 경제적 압박을 가하여 수공업자들이 원료를 시전에서 구입하게 하고, 그 대신에 제품을 시전에 판매하도록 강요하였다. 그리고 수공업자에게 원료를 판매할 때는 최고가격으로, 장인들에게서 제품을 구입할 때는 최저가격을 지불하였으며 이에 응하지 않을 때는 수공업자를 난전으로 규정, 협박하였다.

또한 시전상인은 관청수공업에 침투하여 물주로 역할하면서 장인을 지배하고 점차 고용주의 역할까지도 수행하였다. 지전상인(紙廛商人)이 조지서(造紙署) 지장(紙匠)을 지배한 것이 그 사례이며 이들 사이에는 선대제도가 성립되어 있었다. 조지서의 지장은 공용지를 제조, 납품하는 외에 일반 소비자의 주문과 지전의 시지(試紙) 주문에도 응하여 부분적으로 사적 상품생산이 허용되어 있었다. 대량이면서도 규칙적으로 주문하는 지전상인은 지장에게 공전(工錢)을 주고 지지(紙地)를 주문하는 관행이 있었다. 나아가 지장은 지전상인에게서 원료나 공전을 받고 각종 지지를 생산해 주었다. 조지서 장인은 지전상인의 감독과 지배하에 지전상인의 자금으로 지지를 생산하였고, 지장은 공전만을 받는 고용인의 처지가 되었다. 이 때 지전은 지장의 유일한 고객이었고, 상인고용주였으며, 조지서의 생산을 기획하고 지배하는 물주였다.

물주는 기술자가 아니고 자본가였지만 부유한 상인자본가인 물주가 수공업에 투자하고 수공업 기술자를 실질적으로 고용하는 실례는 사옹원(司饔院)의 광주

---

179) 姜萬吉, 〈市廛商業의 工匠支配〉, 《朝鮮後期 商業資本의 發達》, pp. 134~136.

분원(廣州分院)에서도 볼 수 있다. 숙종 때부터 분원장인의 사조자기(私造磁器) 판매가 가능했는데, 그것은 장인들이 요포(料布)만으로는 생계를 유지하기 어려워서 허가된 것이었다. 그런데 숙종 대 중엽 이후에 사조자기가 민간에 널리 공급된 것은 장인의 자금력보다는 부유한 상인이 장인에게 자본을 대여하고 그 물주가 됨으로써 가능한 것이었으며, 이 때 상인물주는 실질적으로 장인을 지배하였다. 물주는 사조판매로 관청수공업의 상품생산을 추진시켜 관청수공업의 제약을 탈피, 자본가적 제조업자가 되었다.180)

한편 국가의 공물과 진상을 담당했던 특권상인인 공인도 이윤저하와 일반 상인들과의 경쟁강화로 소생산자에 대한 지배를 모색하였다. 삼남방물지계공인들은 주로 사찰의 지장으로부터 방물지를 구입하여 호조에 납품하였다. 상인적 공인인 방물지공인은 생산자로부터 공물을 구입하여 국가에 판매하는 순수한 상인이었다. 그러나 이들은 일반 상인과는 달리 판매가격인 공가(貢價)를 임의로 변동시킬 수가 없었다. 따라서 자기의 상업이윤을 실현하려면 상품을 구입하는 과정에서 생산자를 억압하고 수탈할 수밖에 없었다. 특권상인인 공인은 이 일의 중요성을 빙자하여 생산자를 억압하였으며 관권을 동원하기도 하였다. 경제적으로는 생산자들에게 원료와 공전을 선대하였고 생산제품은 공인에게만 판매하도록 강요하였다.

방물지공인의 생산자 지배는 선대제의 형태를 취하였지만 관권을 동원한 지배였다. 방물지공인과 지장승려의 관계는 권력을 배경으로 한 상인적 공인과 수공업자의 관계였다. 그런데 송상 등 경쟁자들은 공인보다 유리한 조건으로 생산물 구입에서 경쟁하였다. 생산자가 송상 등 공인의 경쟁자에게 제품을 인도하면서 공인의 경제외적 수단에 따른 지배 방법은 성공하지 못하고 방물지공인은 파산하게 되었다.181)

---

180) 宋贊植 著,《朝鮮後期手工業에 관한 硏究》, 韓國文化硏究所, 1973, pp. 49~60 및 pp.171~173.

181) 宋贊植,〈三南方物紙貢考－貢人과 生産者와의 關係를 중심으로〉,《朝鮮後期社會經濟史의 硏究》, pp. 433~434 및 p. 515.

삼남월과화약계(三南月課火藥契)의 경우는 선대제에서 더욱 진전하여 제조장을 자영하는 형태를 보여준다. 삼남월과화약계의 공인은 각기 소유한 대소규모의 생산시설을 한 곳으로 모으고 그들 가운데 유능한 한 사람을 감임(監任)으로 선출하였다. 계인들은 공동출자하여 이윤을 분배받았으며, 원료나 연료의 구입과정에서 공인권을 이용하여 생산자를 억압하였다. 단일자본은 아니었지만 장인을 임금노동자로 고용하여 일정한 장소에서 작업하는 형태였으므로, 단순한 물주의 지위에서 벗어나 일종의 경영자로 전화한 것이었다.[182]

(2) 사상도고의 생산부문 침투

조선 후기, 특히 18세기 이후에는 상품화폐경제가 발달하고 교환경제가 크게 활성화되었다. 한성을 중심으로 도시상업이 발달하였으며 신흥상업도시도 형성 발전하였고, 농촌시장(장시)과 포구상업이 발전하면서 전국적 시장권이 형성되었다. 또한 시전과 공인 등 특권상인층과 신흥상인층인 사상이 발달하여 도고상업으로 전개되었으며 상업자본이 축적되었고, 더욱이 신해통공 이후 상인 사이의 경쟁이 격화되면서 유통과정에서 이윤이 감소함에 따라 상인은 생산과정에 침투하였다. 상인들이 물주로서 수공업생산을 지배하게 되었으며, 이러한 상업자본의 발달은 전근대 상공업사에서 중대한 의미를 지니는 것이었다.

시전상인과 공인 등 특권상인도 생산부문에 진출하여 선대제 지배를 형성하였지만 신흥상업자본인 사상은 보다 활발하게 생산과정에 침투하였다. 조선 후기 선박을 이용한 곡물운반으로 자본을 축적한 경강상인(선상인·강주인·선주인·여주인·강상 등)의 상업활동은 도고상업으로 발전하였다. 이들의 선박보유방법은 사용 기간이 지난 병선(兵船)을 구입하거나 직접 선박을 건조·보유하는 것이었다. 영조 7년(1737)에는 경강상인이 호남지방의 목재생산지에 내려가 벌목금지지역 내의 풍해목재를 이용하여 선박을 건조, 그것으로 대동미를 운반하

---

182) 吳美一,〈상품경제의 발전과 자본주의적 관계의 발생〉, 앞의 책, p. 211.

였다. 국가가 선박을 가지지 못한 경강상인에게 선박목재와 조선비용을 지급해 주고 선박을 건조·보유하게 하여, 선적은 관부에 두되 경강상인이 그 선박을 이용할 수 있도록 한 것이다. 점차 경강상인은 조선업자로 전환되었으며, 각 지방의 목재가 이들에게 선박재료로 팔려가면서 경강에 선재도고(船材都庫)가 형성되었다. 곧 조선 후기 미곡운반·판매에 종사하던 경강상인이 선박건조에 종사하는 조선도고를 통하여 조선업에 투입된 것이다.183)

한편 고려시대의 전통을 이어받아 지속해서 발전한 개성은 한성과 함께 최대의 상업도시로 발전하였고, 그곳에서 상업활동에 종사하던 개성상인의 명맥은 조선 후기까지도 지속되었다. 개성상인의 활동은 점차 전국적으로 확대 조직화되었으며, 개성 시내의 부상들은 그들의 차인(差人)을 전국 지방의 상업 중심지에 파견하여 그곳에 송방(松房)이라는 지점을 설치, 지방의 생산품을 매점하거나 다른 지방의 생산물을 그곳에 옮겨 판매하는 등의 상업활동을 통해 자본을 축적하였다. 그들이 취급하던 대표적 상품은 인삼과 포물류(布物類)였다. 이들은 도고상업의 대상품(對象品)이었다. 즉 개성상인은 국내 상업에서 도고상업활동으로 상업자본을 축적하였으며, 이후 외국무역을 통해서도 자본축적을 하였다.

전국적 조직망을 가진 도고상업과 외국무역을 통하여 축적된 개성의 상인자본은 상업자본의 집적에 그치지 않고 광산경영 등 상업 이외의 부문에도 투입되었으며, 특히 인삼재배업과 그 가공업 경영 등 생산부문에 침투하였다. 인삼의 인공재배와 포삼화(包蔘化)·홍삼(紅蔘) 제조 등 그 가공업에 개성상인의 상업자본이 투입된 것이었다.184)

18~19세기에 상업자본은 철기공업 및 유기수공업 등 금속가공부문에도 침투하였다. 영세한 수공업자들의 소규모적 생산만으로는 증가하는 수요를 모두 수용할 수 없게 되었고, 보다 큰 규모로 생산하려면 일정한 외부자본의 투자가 요구되었다. 이에 따라 소생산자들은 상업자본에 의존하였으며 상업자본은 물주

---

183) 姜萬吉, 〈京江商人과 造船都賈〉, 《朝鮮後期 商業資本의 發達》, pp. 93~96.

184) 姜萬吉, 〈開城商人과 人蔘栽培〉, 위의 책 , pp. 123~132.

또는 도고의 형태로 생산부문에 침투하였다. 18세기 중엽 이후 나타난 도고는 원래 상품의 매점상인을 뜻하는 것이지만, 이 시기의 도고는 생산물의 매점에 그치지 않고 수공업장의 경영권을 독점하는 데까지 이르렀는데, 특히 철기수공업의 경우에는 관권과 결탁한 도고활동이 진전되었다. 유기수공업의 경우는 상업자본가가 자금·원료 등을 제공하는 물주가 되어 진출, 유기수공업을 운영함에 따라, 상업자본이 산업자본으로 전화되는 과정을 거쳐 자본주의적 관계가 발생하게 되었다.

상업자본은 사기물주, 약계물주, 홍삼물주, 어업물주 등의 형태로 도자기업, 약초채취업, 홍삼제조업, 조선업, 어업부문 등 생산부문에 침투하였다. 이처럼 18~19세기 상업자본의 도고 또는 물주활동은 이윤이 발생할 수 있는 수공업생산과 기타 소생산자들의 활동영역에서 진행되었다. 그것은 자본주의적 단순협업으로 발전하기도 하고 공장제 수공업을 형성하기도 하는 등 새로운 생산관계 형성의 과정이 되었다.

상업자본이 소상품생산자를 예속·해체시켜 자본주의적 관계로 이행하는 이러한 과정은 자본주의 이행의 두 가지 길 가운데 상업자본이 산업자본으로 전화하는 보수적인 길이라 할 수 있다. 즉 생산자 자신이 상인 겸 자본가가 되는 적극적이고 혁명적인 길이 아니라 상인 자신이 자본가가 되는 길인 것이다. 이는 조선 후기의 낡은 봉건적 생산관계 속에서 완만하게 진행된 자본주의적 관계 형성의 특징이기도 하였다는 것이다.185)

그러나 조선 후기에 상인자본이 발달하였지만 서유럽이나 일본의 발전수준에는 이르지 못하였다는 지적도 있는데 그 이유는 다음과 같다. 첫째, 시장규모가 작았기 때문에 상인자본의 축적이 크게 진전하지 못하였다. 둘째, 경쟁유인이 약한 가운데 이권추구행위가 성행하여 상인 전반의 영업력이 그다지 향상하지 못하였다. 셋째, 상공업자의 자율적·경제적·사회적·문화적 공간을 히용할 여지가 작아 상업자본주의 전통이 약하였다는 지적이다. 그 결과 상인자본과 그

---

185) 홍희유 저,《조선상업사》(고대·중세), pp. 287~294.

영업력이 크게 축적되지 못했고, 상인자본주의적 전통이 약했기 때문에 개항 후
외압에 대응할 수 있는 역량을 악화시키고 자주적 근대화에 불리하게 작용하였
다는 것이다.186)

제3절 조선 후기 관청수공업의 해체와
민간수공업의 발달

1. 관청수공업의 해체

(1) 관청수공업 해체의 계기

15세기에 정비 강화되었던 조선시대의 관청수공업체계는 16세기 초부터 중엽
에 이르는 기간 동안에 균열의 요인이 발생하였다.

첫째로 재정적 어려움으로 말미암아 장인들 가운데 일부에게 적용하던 급식
제도, 급부제도, 체아직제도를 실시할 수 없게 되었다. 국역을 담당한 수공업자
가운데 중요한 생산부문의 장인에게 보인(輔人)을 붙여주는 급보제도, 번차근무
기간에는 잡다한 국역을 면제하는 복호제(復戶制), 공로에 따라 녹봉을 주기 위
해 만든 벼슬자리인 체아직을 주는 공장잡직(工匠雜織)제도, 일부 장인에게 국역
복무기간 동안 하루 세 끼 또는 두 끼의 식사를 제공하는 급식제도 등이 있었는
데, 이들 제도가 16세기에 이르러 실시하지 못하게 되었다.

둘째로 관청수공업자에 대한 지배층의 억압과 횡포로 관청수공업의 관리 운

---

186) 李憲昶 著, 앞의 책, pp. 152~153.

영에 관한 질서문란현상이 날로 증가하였다. 장인들은 번차에 따라 지정된 기간만 부역노동을 담당하고 나머지 기간은 자기 경영으로 생계를 유지할 수 있었는데, 이들에게 관청수공업 노동 이외의 잡다한 노역이 강요되었다. 심지어는 지배층의 사적 뒷시중을 드는 노비들의 역할까지 강요당함에 따라 장인들은 기술노동에 전념할 수 없게 되었다. 이처럼 양반 관료들의 개별적 수공업 노동 강요는 관청수공업의 수공업 노동의 부족을 불러왔고 관리체계를 극도로 문란하게 하였으며 생산물 공급에도 차질이 발생하게 하였다.

이로 말미암아 16세기 이후 관청수공업에 종사하던 장인의 도피현상이 크게 증가하여 관청수공업장에는 장인이 명목상으로만 있을뿐 유명무실하였다. 16세기 초까지는 노비와 양인들로 이를 보충하였으나 그 중엽에 이르러서는 각 계층의 백성, 즉 군대를 비롯하여 하층관리까지 장인의 결원보충에 동원되는 등 대상이 확대되었다.

그 결과 16세기에 이르러 관청수공업에 남아있던 번차제 장인은 크게 줄어들어 관청수공업은 거의 마비 상태가 되었으며, 결국 관청에서 필요한 물품을 만들 때는 개인 수공업자를 동원하지 않으면 안 되었다. 따라서 그 생산기술은 극히 낮은 수준일 수밖에 없었다. 관청수공업이 전문저 기술노동자인 장인에 개인 수공업자를 징발 충당함에 따라 관청수공업의 기둥이었던 번차제가 무너지게 되었으며, 1592년 이후 임진왜란을 거치면서 관청수공업은 더욱 파탄에 이르렀다.

셋째로 관공장(官工匠)의 기술적 낙후가 관청수공업을 붕괴시킨 계기가 되었다. 조선시대 관공장들 사이에서는 치열한 생존경쟁이 벌어지고 있었기 때문에, 그 후진에게 기술을 습득하게 하는 것을 기피하였으며, 이는 마침내 특수기술의 전수를 단절시켜 관청수공업의 기술을 낙후하게 만들었다. 관공장은 기성공장과 후진공장이 사적으로 결합된 사제관계가 아니라 공역에 종사하는 기간에만 불가피하게 맺어진 상히관계에 불괴하였다. 일빈적인 수습공징제도(apprenticeship)에서와 같은 그들 사이의 온정이나 영리를 위한 협조가 없었고, 오히려 관청이라는 고용주에 기술적 인정을 받기 위한 경쟁관계에 있었다. 결국 소수의 공장이 지닌 우수한 기술과 특수기술은 그들의 독점 때문에 후진은 기술을 습득하기가

어려웠고, 결국 기술습득이 단절되었다는 16세기 중반의 기록도 있다.187)

넷째로 화폐경제 및 교환경제의 발달이 관청수공업을 더욱 급격하게 붕괴시켰다. 17세기 중엽 이후 화폐경제의 성장(1670년대 이후 상평통보의 대량유통)과 18세기 중엽 이후 국내외 상업발달은 국가가 생산성 낮은 관청수공업을 재정비 내지 강화하는 것보다 그 공업적 수요를 교환시장에서 충당하는 쪽이 더 유리하게 만들었다. 결국 이러한 이유로 민간수공업이 발달하였고, 관청수공업에서 이탈하여 민간수공업자로 전환한 장인이 증가하면서 관청수공업은 붕괴하였다.188)

(2) 장인가포제의 실시와 사임공제도

이런 배경으로 17세기에 와서 장세제와 번차제는 장인가포제(匠人價布制)로 이행하였다. 무상부역노동인 신역제(身役制)에 의거한 번차제가 포납제(布納制)로 전환된 것이다. 신분적 토대 위에서 운영되던 노동력의 강제동원체제인 부역제가 더 이상 운영되지 못하는 한계에 이른 것이었다. 성리학적 지배원리를 바탕으로 한 봉건적 사회질서 재편성 과정에서 노동력 수취체제인 부역제가 마련된 것이었고, 이에 따라 백성은 신역으로 국가가 필요로 하는 노동요구에 동원되었다. 일방적 강요로 진행된 부역제는 조선 후기에 와서 크게 동요되었고, 이에 신역제에 의거한 번차제는 포납제인 장인가포제로 이행한 것이다.

장인가포제는 관청에 등록된 수공업자들이 부역노동 대신에 무명[綿布]을 국가에 납부하는 제도이다. 장인가포제의 실시로 부역노동을 강요당하던 수공업 장인들이 부역제에서 벗어나 무명의 납부로 그 임무를 대신할 수 있게 되었다.

16세기에 이미 신역제의 원칙이 무너지고 포역제(布役制)가 법제화되었는데, 특히 보병에 적용된 군적수포법(軍籍收布法)은 신역제의 전반적 동요에 결정적 작용을 하였다.189) 대동법 시행 이후 공물과 관련된 노동력 징발이 원칙적으로

---

187) 《中宗實錄》 卷 84, 中宗 32年(1538) 丁酉 4月 癸酉.

188) 崔虎鎭 著, 《韓國經濟史》(訂正增補), 博英社, 1984, pp. 168~169.

배제되면서 포납제도는 더욱 확산되었다.

이러한 신역의 포납화 흐름에 따라 장인가포제는 17세기에 실시되었다. 그러나 국가는 신역제가 포납제로 전환된 근본적인 의미를 잊고 신포를 재정충당의 수단으로 삼았으며, 여기에 부패관리의 수탈이 겹치면서 신포는 백성에게 큰 부담이 되었다. 이처럼 장인가포제는 수공업자에 대한 노동수취를 면포의 수취로 전환한 것이었기 때문에 수공업자의 부담은 실상 그 형태만 달리한 것뿐이었다. 즉 공역제도가 장인가포제로 전환되었다 하여 수공업자들의 부담이 개선된 것은 아니었던 것이다. 다만 장인과 국가의 관계가 경제적인 것으로 바뀜으로써 새로운 억압과 부역노동에서 어느 정도 벗어날 수 있다는 데 의미가 있는 것이었다. 형식적으로 보면 수공업자는 장인가포를 납부함으로써 신분적 예속관계에서 벗어나게 되었다. 수공업자는 신분적 멍에를 벗고 경제적 및 신분적 독립성을 가지고 자기 경영을 할 수 있는 쪽으로 한 걸음 진전한 것이었다.

17세기 이후 관청수공업에서 발생한 또 하나의 변화는 조선 초기에 특수한 물품의 제작에서나 볼 수 있었던 사공임용(私工賃用)이 조선 후기에 와서는 그 노동편성에서 흔히 나타났다는 점이다. '관유사역측임용사'(官有使役測賃用私)라 하여 공업노동의 수요를 민간수공업자의 임금노동에 의존한 것이다.[190] 민간수공업의 발달과 더불어 보편화된 임공(賃工)이 관청수공업에도 일부 도입되었다. 곧 노동급부양식에서 노예적 노동급부보다 독립수공업자의 공역노동, 나아가서 임용노동으로 변화되는 과정을 엿볼 수 있는 것이다. 이것은 또한 개인 수공업자를 임공 형태로 고용할 수 있을 만큼 개인 수공업이 수적으로나 기술적으로 발달하였기 때문에 가능하였다.

더욱이 지방의 관청수공업에서 개인 수공업자들에게 임금을 주는 고용노동제가 적용되었다. 부역노동제에서 번차제로, 다시 장인가포제로 교체된 이후 관청

---

189) 《中宗實錄》 卷 94, 中宗 36年(1542) 12月 壬申(崔完基, 〈임노동의 발생〉, 《한국사》 33, 국사편찬위원회, p. 122).

190) 《大典通編》 卷 6, 工典 外工匠條.

수공업에서 고용노동제가 적용되기 시작하였고, 18세기에는 그것이 보편화되었으며 법전에까지 기록, 고착되기에 이르렀다. 그러나 개인 수공업자들은 권력에 따라 징발된 것이기 때문에 근대적 의미에서의 임금노동자와는 차이가 있다. 다만 전통적인 부역제도에서 점차 고용노동으로 이행하는 과도기적 현상의 지향이라고 할 수 있다.191)

(3) 관공장 혁파와 관청수공업의 민영화

관청수공업의 붕괴과정은 이른바 공장성적제도(工匠成籍制度)의 유명무실화에서 나타났다. 공장성적제도는 조선시대 전국의 수공업자를 관청에 등록시켜 장적(匠籍), 곧 수공업자 명부를 만들어 중앙 및 지방의 각 관청에 보관함으로써 국가가 필요한 때 수시로 이들을 사역할 수 있도록 하는 것이다. 이것의 유명무실화는 번차제에 바탕을 둔 관공장제도가 제대로 기능하지 못하고 허구화된 것을 말한다.

이에 대하여 정조 9년(1785)에 편찬된 기록은 다음과 같다. 여러 관청 가운데서 사섬시(司贍寺), 소격서(昭格署) 등 5개 중앙관청과 거기에 소속되어 있던 경공장 30인은 모두 혁파되었고, 내자시(內資寺), 제용감(濟用監) 등 10개의 중앙관청에 소속되어 있던 경공장 242명이 한 사람도 남아있지 않았다.192) 그리고 장인을 공조에 등록하던 규정들은 점차 폐지되어 시행되지 않고 있으며, 이러한 변화가 있지만 1745년에 편찬된《속대전》(續大典)에서는 이를 개정하지 않고 있다는 것이다.

그리고 기타의 여러 관청에 소속되어 있던 경공장도 사실상 유명무실하게 되었으며 공장성적에 관한 규정도 이행불능의 실정에 있었다. 이러한 현실은 외공장의 경우도 마찬가지였으며, 이처럼 공장성적제도가 유명무실화되면서 중앙과

---

191) 홍희유 지음,《조선중세수공업사연구》, pp. 253~254 및 p. 256.

192)《大典通編》卷 6, 工典 京工匠條.

지방의 공장세제도(工匠稅制度)와 공장에 대한 벌칙규정 내지 금지규정도 제대로 실행될 수 없었다.193)

그런데 당시 수공업자 명부인 공장성적은 수공업자의 직접적인 운영을 위한 것이 아니라 장인가포를 수취하려는 수단에 지나지 않았다. 다시 말해 관청수공업의 생산을 위하여 장인을 장악하기 위한 것이 아니라 장인가포를 징수하고자 존재하는 것이었다.

예속장인의 노동에서 번차제에 바탕한 공역노동, 나아가서 사임공제도로 관청수공업의 노동편성이 전환되었지만, 충분한 보상이 수반되지 않은 노동급부로는 생산의욕이 부진할 수밖에 없었고, 낮은 생산성의 관청수공업에 국가의 공업적 수요를 의존하는 데는 한계가 있었다. 결국 이를 시장에서 조달하는 것이 유리하다는 판단에 따라 관공장혁파론이 나오게 되었다.

이에 따라 공장법은 제대로 시행되지 못하고, 국가의 공업적 수요는 대부분 시장교환에 의존하였다. 장적법(공장성적제도)의 폐지는 중앙과 지방관청에 묶여 있던 수공업자의 인격적·경제적 독립성을 높여 주었다. 부역노동에서 벗어난 수공업자들은 자기 노동력을 자기 경영에 투입할 수 있게 되었고, 이는 민간수공업 발전의 계기를 만들었다.

18세기에 들어와 관청수공업은 거의 해체되었지만, 그렇지 않은 관청수공업은 상품생산의 성장에 수반하여 민영화 추세에 들어갔다. 관청수공업에서 공역에 종사하던 공인은 국가가 지급하는 장포(匠布)만으로는 생계가 어려웠기 때문에 사적인 제조 판매를 허용받았다. 처음에는 사적인 제조 판매의 규모가 크지 않았지만 판로가 확대되면서 이는 점차 증가하였다. 부유한 상인이 자본을 투하하여 가난한 수공업자(장인)를 지배하면서 관청수공업은 사적 제조 판매를 주로 하고 국가에 대한 진상품 제조는 부차적으로 하게 되었다. 관원의 지배는 사적 제조 판매에 불필요한 장애가 되었다. 이윽고 내동법이 시행되면서 관청수공업의 진상품도 공물주인(貢物主人)이 공가를 받고 납품하게 되었다. 이에 관청 대신

---

193) 崔虎鎭 著, 앞의 책, p. 167.

공물주인이 관청수공업을 장악 지배하게 되었으며, 관청에서 공가(貢價)를 받아 진상품을 납품하게 되었다.

대동법 실시 이후 지방관청이 공물주인을 거쳐 공물을 납품하게 되자 지방관청수공업은 직접 진상품을 생산할 필요가 없게 되었고 대신에 민간수공업이 크게 발전하였다. 결국 중앙관청수공업과 함께 지방관청수공업도 공물주인의 지배하에 놓이게 되었는데 공물주인은 내부적으로 상인물주(商人物主)의 지배를 받았다. 상업이 발달하고 상인 사이의 경쟁이 격화되자, 상인자본이 생산과정에 투입되어 물주제(物主制)를 성립시킨 것이다. 상인은 시장정세에 밝고 자금력이 있으며, 때로는 관권과 결탁하여 수공업자를 지배하였다.

관청수공업인 조지서는 외교문서용지와 시지를 비롯하여 각 기관이 사용하는 종이류를 생산 납부하였다. 그 경영은 생산기술자이면서 생산과정의 책임자인 변수(邊首)가 맡았다. 그러나 변수에게 지급되는 요미(料米)와 삭포(朔布), 공가의 지급만으로는 조지서의 운영이 어려워 지장의 상품생산을 허락하였는데, 18세기 중엽 이후에는 국가의 관수용품보다 상품생산이 많아졌다.

상품생산을 확대하는 과정에서 조지서는 지전상인(紙廛商人)의 지배를 받게 되었다. 지전은 한성의 종이류를 독점 판매하는 상인인데, 처음에는 시지를 주문하다가 이윽고 자금력이 부족하고 시장사정에 어두운 지장을 공전(公錢)을 받고 생산하는 존재로 만들었다. 조지서에 원료인 제지(蹄紙)와 제조공전을 주고 지물을 수취하였고, 또한 값을 지불하고 구입하기도 하다가 나중에는 제지작업에 감독원을 파견하였다. 조지서는 지전의 요구에 따라 상품생산을 하였고, 명목상 관청수공업이지만 실제 변수를 중심으로 하는 지장의 민영수공업으로 전화되고 있었으며, 결국 1882년에 해체되었다.

이러한 관청수공업의 민영화 흐름은 사옹원의 광주분원 사례에서도 볼 수 있다. 17세기 관청에 수납품을 제조하는 공번(公燔)과 함께 사적 제조 판매를 위한 사번(私燔)이 행해져서 장인의 사조 판매가 허락되었다. 사조 판매가 본격화된 것은 18세기였는데, 이 시기에 새로운 사조방식인 갑번(匣燔)의 수요가 증가한 배경은 상인자본의 뒷받침에 따른 것이었다. 상인은 처음에는 물주로서 변수에게 자금을 선대하고 갑번을 의뢰하다가, 마침내 변수의 자리를 차지하고 자기장 (磁器匠)을 노동자처럼 사역시켰다. 분원 소유주인 국가는 상인이 변수 자리를 차지하고 생산과정을 장악하는 것을 누차 혁파하였기 때문에, 분원이 비록 분업에 기초한 협업적 생산을 하였다고 하더라도 물주의 출현에 따른 상인적 매뉴팩처로 발전하지는 못했다. 따라서 완전히 민영화된 것은 아니었지만, 관청수공업에서 민영화의 흐름을 반영한 사례라고 할 수 있다.194)

2. 민간수공업의 발달

(1) 농촌수공업의 발달

18세기 이후 농촌의 장시시장권이 점차 확대되고 장시 사이의 연계망이 형성되면서 지역적 시장권이 이루어졌으며, 일부는 전국적 범위로 확대되기도 하였다. 이러한 시장권의 확대 발전은 농촌수공업 발전에 따라 가능한 것이지만, 동시에 농촌수공업 발전을 견인하는 작용을 하였다. 19세기 전반에 지역별 장시현황과 주요 거래물품을 보면 〈표4-2〉와 같다.

장시의 확대와 농촌수공업이 발전하면서 장시에서 상품유통도 급속히 촉진되었다. 19세기 초 서유구(徐有榘)의 《임원경제지》[林園經濟志 또는 《임원십육지》(林園十六志)] 예규지(倪圭志)는 전국 각지의 장시 이름과 위치, 개시날짜를 밝힌 뒤 그 가운데 325개소의 장시의 경우 해당 장시에서 거래되는 물품까지 기록하였는데, 그 상품을 보면 다음과 같다.195)

(가) 수공업제품

① 금속제품(솥, 가마, 농기구 및 유기, 철제품)

---

194) 李憲昶 著, 앞의 책, pp. 171~175 참조.

195) 홍희유 저, 《조선상업사》(고대·중세), pp. 351~353.

② 섬유제품(면포, 면화, 마포, 저포, 면사, 누에고치, 견사, 견직물 등)

③ 나무 및 죽제품[목기, 절구, 소반, 나막신, 버들상자 및 소쿠리, 담뱃대, 참빗, 부
  채, 나무 의장(衣欌) 등]

④ 각종 자리제품[왕골자리, 벼짚자리, 돗자리, 단석(單席), 세석(細席) 등]

⑤ 관류(冠類)[총건(驄巾), 채건(彩巾), 탕건, 갓, 망건, 패랭이, 대갓 등]

⑥ 석제품(숫돌, 다듬이돌, 벼루돌, 맷돌)

⑦ 사기 및 토기제품[용기그릇, 사기그릇, 오자(烏瓷)그릇 등]

	경기	호서	호남	영남	관동	해서	관서	관북	계
장시수	92	157	187	269	51	109	145	42	1,052
(가)	34	59(6)	55(2)	72(1)	26	23	42	14	325(9)
미	34	21	55	70	11	23	42	4	260
두	6	14	24	65	−	22	39	4	175
모	6	6	18	55	−	22	39	11	157
맥	6	6	19	54	−	22	39	10	156
면화	5	12	28	32	6	19	32	2	136
면포	32	10	41	68	24	23	42	14	254
마포	19	8	24	50	21	15	−	13	150
저포	−	6	19	20	−	3	1	−	49
어물	28	24	29	62	20	21	39	14	237
우독	20	13	18	56	11	23	32	12	185
연초	18	23	15	45	4	22	41	13	181
철물	10	5	15	16	11	3	41	5	97
부정	5	−	1	5	2	3	−	2	16
유기	4	2	4	26	−	6	35	4	81
지지	2	1	18	18	3	1	3	−	46
자기	−	−	16	30	−	8	−	−	54
토기	−	−	30	24	1	9	−	−	64

① 출처 :《林園經濟志》倪圭志 卷 4, 貨殖 八域場市(李永鶴, 〈'韓國近代煙草業'에 대한 硏究〉, 서울大 博士
  學位論文, 1989, p. 52 재인용).
② (가)항은 장시 가운데 거래물품이 기록된 장시수이며, 이 항목의 ( )는 한 지역의 2개의 장시에서 거래물
  품이 적혀 있는 곳이다.
③ 자료 : 국사편찬위원회,《한국사》33, p. 365.

〈표4-2〉 19세기 전반 거래물품별 장시현황

⑧ 종이류(지물, 창호지, 벽지 등)

⑨ 신발류(가죽신, 짚신, 미투리[삼신, 마혜(麻鞋)] 등)

(나) 곡물 및 공예작물(쌀, 콩, 보리, 밀, 조, 피, 메밀, 참깨, 들깨, 피마자, 동백, 담배, 유자, 잣 등)

(다) 채소 및 과일류(감, 대추, 배, 호두, 석류, 생강, 배추, 산나물, 파, 마늘, 무, 참외, 수박, 감자, 버섯 등)

(라) 수산물

① 어류 및 조개류(각종 어류 및 조개류)

② 바다나물류(다시마, 김, 파래, 담채 등)

(마) 축산물(소, 말, 돼지, 닭, 오리, 개 등)

(바) 약재류(각종 약재류)

(사) 피물류(삵가죽, 호피, 녹피, 웅피 등)

(아) 기타(꿀, 엿, 누룩, 술, 갈근 등)

제시된 자료에 따르면 농민의 생산품은 수공업제품이 60여 종, 곡식류가 19종, 과일류가 20여 종 등 모두 190여 종에 이른다. 주목되는 것은 수공업제품이 높은 비중을 차지한 점인데, 이는 농촌에서 시장(장시)을 대상으로 한 상품을 만드는 수공업생산이 발전하고 있었음을 보여준다.

첫째, 수공업제품 가운데는 직물, 목재품, 신발류 등 가내수공업제품이 있었지만, 유기, 솥 등 철 가공품과 의관류, 석제품 등 전업적 수공업제품은 점촌(店村)에서 생산하여 시장에 출시된 것이었다.

둘째, 수공업제품의 종류가 다양하고 동일한 제품분야 안에서도 다양한 제품이 생산되어 광범하게 시장에서 유통되었다.

셋째, 자급자족을 목적으로 하는 가내수공업제품의 대다수가 상품화되어 유통되고 있었다. 이것은 상품경제가 농촌에도 깊이 침투하여 자연경제의 틀을 무너뜨리고 있었음을 말해준다.

넷째, 수산물이 장시에서 중요한 상품으로 유통되었는데, 수산물은 당시 산지의 장시를 넘어서 한성을 비롯한 전국 각지로 상품화되었다.

다섯째, 약재들이 대량으로 상품화되었는데, 그 수요의 증가에 따라 그것만을 전문으로 매매하는 약령시(藥令市)가 출현하기도 하였고, 약재물주가 나타나기도 하였다.

(2) 소상품생산자의 성장

17세기에 장인가포제가 성립하고 관청수공업이 해체되면서 부역노동에 종사하던 수공업자(공장)들은 독립적으로 상품생산에 종사하는 전업적 수공업자가 되어 소상품생산자로 성장하였다. 이 시기 시장의 수요에 대응하여 상품을 생산하는 민간수공업자를 흔히 점(店)이라고 하였으며, 이들이 사는 촌락을 점촌이라고 하였다. 조선 전기에도 '점'이라는 용어가 있었지만 그것이 일반적으로 널리 쓰이고 보편화된 것은 조선 후기의 일이며, 이는 '시장을 위한 생산'을 하는 소상품생산자적 민간수공업의 발전을 반영하는 것이었다.196)

이러한 '점'에는 유기수공업체인 유기점(鍮器店) 또는 유점, 철기수공업체인 철점(鐵店), 사기수공업체인 사기점(沙器店) 또는 옹점(甕店), 채광과 제련을 겸한 동점(銅店), 은점(銀店), 바늘을 만드는 침점(針店) 등이 있었으며, 이들로 구성되는 점촌(수공업자 마을)이 형성 발전하였는데 점촌은 18세기 이후 더욱 확대되었다. 점촌에는 고공(雇工)과 같은 임금노동자가 존재하였고, 18~19세기에는 많은 점촌이 지방관리에게 뇌물을 주고 세금(군역 및 잡역)을 면제받는 계방촌(契房村)이 되기도 하였다.

군현의 지방관리들은 자기들의 불법적인 독립적 착취단위인 계방촌을 설정하였는데 여기에는 특수한 부유농민과 대부호들이 포함되었으며 공인, 시전인, 부민이 계방 설정의 주체가 되기도 하였다. 이것은 장인들에게 군역과 잡역을 면제해 주는 대신 자신들의 주문생산에 전념하게 하려는 목적에서였다. 계방을 적

---

196) '점'이라는 말은 관청수공업의 경우에는 사용하지 않았으며, 약간의 예외는 있지만 유통 부문만을 담당하는 순수 상업체의 단위로도 쓰이지 않았다.

극적으로 창설한 부상대고는 계방촌에서의 생산물을 매점하여 높은 이득을 얻었다. 이러한 계방촌은 일반 촌들보다 부유했으며 봉건적 착취의 정도도 약한 편이었다. 그 결과 계방촌을 포함한 점촌의 수공업자는 소상품생산으로 자기 경영을 확대할 수 있었고, 경제적 관계를 새로운 방향으로 개선해 나갈 수 있었다.

소상품생산은 전업적 수공업자 이외에 농민의 가내수공업에서도 촉진되었고, 18세기 이후에는 지방원료에 바탕한 농민수공업 지구가 발생하여 가내수공업제품의 시장 편입을 촉진하였다.

상품생산으로 발전된 소상품 생산업체인 '점'과 농민수공업체는 봉건적 체제 안에서 싹튼 것이며, 점차 새로운 생산관계인 공장제 수공업 등 자본주의적 관계 발생의 기초적 전개 및 기점이 되었다. 상품생산의 발전과 함께 성장한 소상품생산자는 시장 내지 상인과의 경제적 연계에 따라 그 발전의 방향이 정해졌다.

먼저 소상품생산자들은 원료구입과 생산물 판매를 위해서 시장과 접촉하게 되었다. 이들은 자기의 생산물을 스스로 상품으로 전환하고 화폐가치를 실현시켜 시장수요의 증가에 따라 맹아(萌芽)적 이윤을 축적하면서 점차 초기적 기업가로 성장 발전해 감으로써 '두 가지 길' 가운데 생산자가 상인 및 자본가로 되는 제1의 길과 유사한 형태를 가질 수 있었다

또 시장, 특히 상인과의 관계에서 단순히 상품거래에 그치지 않고 상인에게서 자금를 먼저 지원받고 자기의 제품을 넘겨주는 선대관계를 맺는 경우도 있었다. 상업자본은 봉건적 생산양식에 기생하면서도 동시에 그것을 잠식하기도 했다. 기생적 기능과 잠식적 기능 속에서 유통과정을 장악, 자본을 축적한 상업자본은 유통과정에만 머무르는 것이 아니고 생산과정에 침투하기도 하였다. 즉 수공업자에게 원료나 자금을 선대하고 나아가서 생산과정을 직접 장악하여 산업자본으로 전환하는 이른바 '제2의 길'이 나타나기도 하였다.

소상품생산자 또는 자영수공업자인 '전'은 그 생산양식의 기초를 이루는 노동력의 사회적 존재양식에서도 그 성격이 나타난다. '점'에는 '점주'(店主) 또는 '물주'라고 하는 고용주가 있었고, 그 고용주는 약간의 일정한 노동자를 고용하였다. 이들 노동자는 농민분해과정에서 발생한 '농토가 없어 농사를 짓지 못하는

농민', 이른바 무토불농지민(無土不農之民)으로 구성되어 있었다. 이들은 소작인 또는 고공으로 농업에 계속 종사하기도 했지만, 도시에 몰려들어 일정한 인구의 도시집중화 현상을 초래하기도 하고, 도시의 수공업점이나 광점(鑛店)에 들어가 임금노동자가 되기도 하였다.197)

이들 임금노동자는 점주 또는 물주와 노동력을 하나의 상품으로 하여 계약관계를 맺었다. 임금노동자를 고용한 소상품생산자인 점은, 가족노동의 비중이 큰 경우도 있었지만, 단순협업단계(매뉴팩처의 선행단계)에 있기도 하여 매뉴팩처 발생의 역사적 기점이 되었다.

이처럼 조선 후기 '점'이라는 형태로 등장 발전한 소상품생산자는 새로운 생산관계 발생의 역사적 기점이 되기도 하였으며, 그 가운데서 앞선 것은 선대제도 내지는 공장제 수공업의 단계까지 발전한 것도 있었다.

(3) 전업적 수공업의 발전과 공장제 수공업의 출현

1) 선대제도와 공장제 수공업

상품경제가 발달하고 시장규모가 확대되면서 공업의 경영형태도 새로운 발달을 보게 된다. 중세적 수공업 조직이 변질되어 선대제도가 전개되고 마침내 공장제 수공업(manufacture)이 등장하여 기계제 대공업제도로 가는 과도적 단계에 도달한다. 매뉴팩처는 도구를 기술적 기초로 하여 임노동자가 '분업에 기초한 협업'을 행하는 공업경영형태를 말하며, 자본제 생산의 초기적 형태이다. 매뉴팩처의 전개에는 두 가지 경로가 있었다는 것이 서구의 역사적 경험이었다.

하나는 선대제도를 거쳐 성립되는 것이다. 선대제도는 상인(상업자본)이 원료,

---

197) 金泳鎬, 〈朝鮮後期 手工業의 發達과 새로운 經營形態〉, 《19세기의 韓國社會》, 大同文化研究院, 1972, pp. 185~186. 점에 고용된 공인(貢人)은 종래 농촌지주의 집에 있는 고공(雇工) 또는 비부(婢夫), 이른바 머슴들이 예속적(隸屬的) 형태로 장기간 인간적 예속 상태에 있는 것과는 달리 일용(日傭) 또는 계절용(季節傭)으로 고용되었으며, 고가(雇價)의 고저에 따라 점촌과 점촌 사이를 이동하였다는 것이다.

반제품 또는 도구 및 자금을 소생산자에게 대여해 주고 그 생산품을 수집 판매함으로써 이윤을 얻는 경영양식이다. 상업의 발달과 더불어 상인이 원격지 시장의 대량 수요에 충당하도록 많은 상품을 수집할 필요가 있을 때 수공업적 소생산자 및 농촌의 가내공업으로 선대지배의 그물을 확장함으로써 선대제도가 성립한다. 선대제도가 발달하면 소생산자들이 선대제 가내공업(또는 자본가적 가내노동)을 거쳐 실질적 임금노동자가 된다. 이들이 선대상인 소유의 직장(workshop)에 모이면 매뉴팩처의 경영형태가 된다. 곧 한 직장을 중심으로 종속적인 여러 공장이 첨가, 분업이라는 형태를 취하면서 협업관계를 만드는 것이다. 한 직장을 중심으로 소생산자 및 농가부업에 이 선대그물이 쳐지고, 그것이 외업부(outside department)로서 매뉴팩처에 종속 보충됨으로써 하나의 매뉴팩처로 나타난다는 것인데, 그 결과 조직적인 분업과 협업이 완성된다.

다른 하나는 단순 소공업의 경영 내부에 맹아적으로 존재했던 분업관계가 상품생산의 발달과 수요 증대에 따라 확대되면서 매뉴팩처가 발전하는 경우이다. 이는 하나의 생산품을 산출하는 데 여러 개의 전문적 생산공정이 필요한 경우 발생하는 것이다. 이 경우에도 선대자본의 투입은 있었다. 자본축적이 충분히 되지 못한 농촌 가내수공업이 상인자본의 지배하에 생산에 종사했을 뿐만 아니라, 소상품생산자들도 시설 확대에 필요한 자본을 충분히 축적하지 못하였기 때문에 상인으로부터 선대자본을 도입하지 않을 수 없었다.

조선 후기 공장제 수공업의 출현은 전자보다는 주로 후자 유형의 특징에 따랐다. 생산관계가 농촌의 가내수공업보다는 전업적 수공업의 발달에서 지배적으로 전개되었기 때문인 것으로 보인다.

2) 유기수공업의 발전

16세기까지만 해도 유기수공업제품은 그 수요기 제한적이었으나 18세기 밀 이후 동광 개발과 수요 증가로 유기수공업이 크게 발전하였다. 종래 유기의 생산지는 한성, 개성, 전주 등 몇 개 지역에 불과하였으나, 18세기 말 이후 19세기 초에는 구례, 안성, 정주를 비롯한 새로운 유기생산지역이 형성되었다. 그 가운데서도 정주의 납청(納淸)과 안성(安城)의 유기제조업은 전통적인 생산지를 압도하고 새로운 명산지로 발전하였다. 두 지역의 유기수공업은 그 생산방법과 발전방향이 서로 대조적이면서도 소생산자적 단계를 벗어나 매뉴팩처적 경영형태로 전환된 데서는 공통점이 있었다.

안성의 유기제조업의 기원은 분명하지 않지만 1840년경에 이미 높은 단계로 발전하고 있었다. 1841년에 안성 유기수공업자를 비롯한 수공업자 이름으로 세워진 비문이 이를 반영한다. 이 불망비(不忘碑)에는 놋그릇을 만드는 수공업장인 유점(鍮店), 쇠를 녹여 쇠붙이제품을 생산하는 주점(鑄店), 숟가락, 젓가락 등을 만드는 시점(匙店), 놋담배통과 놋물부리를 만드는 연죽점(煙竹店) 등이 기록되어 있었다.198) 유기제품을 생산하는 수공업자들 사이에서 이처럼 제품별 분업이 이루어 진 것은 공장제 수공업의 특징을 나타내는 것이다.

19세기 전반에 유기생산은 기술수준에 맞추어 일정한 노동분업을 나타냈는데 분업의 형태는 '붓배기' 유기의 경우와 '방짜' 유기의 경우가 달랐다. 전자는 유기원료를 높은 열로 가열한 후 주형(鑄型) 틀에 부어서 만드는 방식이고, 후자는 유기원료를 고열에 녹인 뒤 기물(器物)로 두들겨서 만드는 방식이다. 안성에서는 주로 '붓배기' 방식을 사용하였으며, 납청은 '방짜' 유기가 유명하였다.

먼저 붓배기 유기제조공정은 다음과 같다.

① 대장 : 1명

② 주물부(鑄物夫, 대장이 겸하기도 함) : 1명

③ 조수(풍구) : 1명

④ 가질[선반공(旋盤工)] : 2명   ──────── 선반공정

⑤ 참나무 숯, 갯토[海土], 차돌, 물 등 담당 : 1명

①②③ 주물공정

즉 '붓배기' 유기제조공정에는 5명의 노동자가 필요하게 된다. 한편 '방짜' 유기공정은 그 노동분업이 한층 복잡하다.

---

198) 金泳鎬, 〈安城鍮器産業에 관한 調査報告〉, 《亞細亞研究》 20호, 1965, 고려대 아시아문제연구소, p. 158.

① 주물공정(부리)

　　㉠ 겉대장(부책임자) : 1명

　　㉡ 발풍구(풍구질군) : 1명

② 암연공정(네피)

　　㉠ 대장(총책임자) : 1명

　　㉡ 앞망치(제1망치군) : 1명

　　㉢ 겉망치(제2망치군) : 1명

　　㉣ 제망치(제3망치군) : 1명

　　㉤ 네핌가질(압연선반공) : 1명

　　㉥ 네핌앞망치(연연망치군) : 1명

　　㉦ 반풍구(숙련풍구책임자) : 1명

③ 선반공정(가질)

　가질(선반공) : 2명

이렇게 11명의 노동자가 필요했으며, 그 밖에 소나무, 숯, 갯토 등을 운반하는 인부 1명이 필요했다.

두 가지의 유기생산 형태가 안성과 납청에서 주되 분업 형태로 이루어졌던 것은 두 지역 사이에 어느 정도 지역적 분업이 행해진 것을 반영한다.

안성의 유기수공업주들은 특권상인 출신이 아니라 농업에서 유기수공업으로 전환(분리)되는 과정에서 형성된 것으로 보았다. 자본 측면에서는 농업자본에서 산업자본으로 전환되는, 인적 측면에서는 농민에서 수공업자로의 발전되는 과정이었다. 한편 그들은 상인적 요소를 갖고 있어서 5일장을 대상으로 원료를 구입, 제품을 생산하여 판매하는 전(廛)내기 또는 '장내기'를 하였으며, 주문에 응하여 생산을 하는 '맞춤'생산도 하였다.

주문의 주체는 상인, 개주, 관아(官衙), 민간소비자 등이었지만 선대적이거나 예속적이지 않았다. 곧 안성유기업은 업주들이 생산과 판매를 겸하는 과정에서 농민적 시장의 일반 민수 증가에 따라 맹아이윤을 축적하면서 발전해 갔던 것으로, 자본주의 발생에서 제1의 길로 전개되었다.199) 곧 안성의 유기수공업주는 상인적 요소와 수공업적 기술을 겸한 발생기 근대 기업가로서, 생산자들이 상인 겸 자본가로 전환되는 과정이 진행되었다.

이와 달리 납청에서는 상인자본이 산업자본으로 전환되는 과정이 진행되었다. 유기점주들은 타인의 자본으로 경영하는 자들이 적지 않았으며, 그들은 대개 상인에게서 자금이나 원료를 공급받고 제품을 생산하여 제공하였다. 따라서 유기점주는 명목상으로는 독립되었으나 실질적으로는 매점상인에게 예속되어 있었다. 이는 상인이 직접 생산을 자신에게 종속시키고 나아가서 산업자본으로 전환하는 과정이 진행된 것이었다.[200]

한편 안성이나 납청에서 유기점에 고용된 노동자들은 노동력 밖에 가진 것이 없는 독립적이며 자유로운 노동자였다. 이들은 농민층 분해과정에서 창출된 품팔이 노동자였으며, 임금의 고저에 따라 이동하는 새로운 성격의 고공이었다. 유기경영주와 노동자 사이에는 대인적 지배관계가 없었고 대물적 계약관계가 형성되었다.[201] 생산수단의 소유자와 노동자 사이에는 상당한 독립적 존립이 형성되어 있었고 공업부락에는 다수의 주민이 노동자로 구성되어 있었다. 다시 말해 소수의 상인 및 상인자본과 다수의 노동자계층이 형성되어 자본에 예속된 고용노동관계가 이루어지는 등 선행단계와 다른 공장제 수공업의 성격을 지니게 된 것이다.[202]

3) 철가공수공업의 발전

18세기가 되면 거의 모든 철점(鐵店)은 민영화되었으며 이러한 배경에서 철가공수공업이 발달하였다. 철가공수공업은 평안도에서 가장 발달하였으며 그 가운데서도 개천(价川) 지방이 유명했다. 곧 18세기 중엽 이후 개천 서남지방인 은

---

199) 위의 글, 위의 책, p. 160.

200) 홍희유 지음,《조선중세수공업사연구》, pp. 306~307.

201) 金泳鎬,〈安城鍮器産業에 관한 調査報告〉, 앞의 책, p. 159.

202) 홍희유 지음,《조선중세수공업사연구》, p. 307.

산현(殷山縣) 봉명방(鳳鳴坊)에는 쇠부리(제철)업과 가마부리업[제부(製釜), 솥제조업] 등이 광범하게 발전하고 있었으며, 이들에게 연료공급을 전업으로 하는 솥구이영업[炭幕]도 발달하고 있었다.

1775년에 편찬한 《은산지》(銀山誌)에 따르면 이곳에 취철막(吹鐵幕 : 무쇠를 제련하는 작업장), 숙철막(熟鐵幕 : 강철을 제련하는 작업장), 탄막(炭幕 : 숯을 생산해서 공급하는 작업장), 산로(山爐 : 괭이, 호미 등 단조품을 제작하는 작업장)가 산재하였다고 한다. 이들은 상품생산자로서 대부분 농민에서 전환하였으며, 철가공업이 발전하면서 소상품생산자로 발전하였다. 그 가운데 일부는 비교적 큰 작업장으로 발전하였다.

처음에는 소생산자 작업장의 노동자 규모가 자본주의적 특징의 작업장과 구별하는 기준이 될 수 있었다. 고용되는 노동자의 수가 적은 소생산자의 작업장에서는 자본주의적 경영의 특징이 진전되지 않았지만, 점차 많은 수의 고용노동력이 채용되면서 생산양식에 변화를 가져왔다. 곧 소상품생산자의 수가 비교적 많은 작업장은 보다 높은 공업 형태로의 이행과 소상품생산에서 자본주의적 단순협업의 발생을 뜻하는 것이었다. 결국 18세기 중엽 이후 상품생산관계의 발전, 자유로운 노동력의 형성, 상업자본과 화폐자본의 성장 집적은 철 가공업에서 높은 단계의 경영형태를 가능하게 하였다.

새로운 경영형태는 수공업 방식이었으나 분업적 협업에 기초하여 전개되었는데, 철가공업은 용광(鎔鑛)수공업으로서 평안도 개천 일대와 경상북도 운문산(雲門山) 일대, 강원도 홍천 일대에서도 발전하고 있었다. 용광수공업인 철 가공업은 제철(쇠부리)수공업과 솥제조업(가마부리, 製釜)이 대표적이었는데 운문산과 개천의 철기수공업의 생산공정은 다음과 같이 보고되고 있다.

먼저 운문산 일대는 ① 전주(錢主) : 1명, ② 관리인 : 2명, ③ 원불편수 : 1명, ④ 뒷불편수 : 1명, ⑤ 골편수 : 1명, ⑥ 독수리 : 1명, ⑦ 풀무군(풀무대상 외) : 16명, ⑧ 숯쟁이(숯대장 외) : 8명, ⑨ 쇠쟁이(겉대장 외) : 8명, ⑩ 공양주(취사노파) : 2명 등 41명으로 구성되어 있었으며 거의가 임금을 받는 노동자였다.203)

개천의 철기수공업의 생산공정은 ① 대보수군(쇳물 용해 담당자) : 2명, ② 숯거리군(광석과 숯을 배합하여 용광로에 넣는 기술자) : 4명, ③ 너울군(풍구질군) : 16명, ④ 숯패쟁이(숯 공급 담당자) : 2명, ⑤ 돌패쟁이(광석 공급 담당자) : 2명, ⑥ 보조노동자 : 4~5명 등 30여 명의 인원이 필요하였다. 이 가운데 대보수군, 숯거리군, 숯패쟁이, 돌패쟁이 등은 쇠부리물주(제철물주)에게 상시 고용된 전업적 기술자였으며, 기타는 단기적 임금노동자로서 반농반공의 형태였다.204)

한편 솥을 만드는 용선수공업(鎔銑手工業, 가마부리)의 분업적 생산공정은 다음과 같다. 재래식 기술로 주조한 솥을 ‘막부리’라고 하고 근대식 솥을 ‘생부리’라고 하는데, 막부리 솥을 만드는 작업은 ① 바숨[鑄型]작업, ② 불[鎔鑛]작업, ③ 골[送風]작업, ④ 오리[鑄造]작업 등 네 개의 공정으로 분화되어 분업적으로 진행되었으며 그 내용은 다음과 같다.

첫째, 바숨작업이다. ① 흙건드러기 : 2명, ② 손짓군 : 2명, ③ 허드렛군 : 1명, ④ 짙불군 : 1명, ⑤ 송쇳군 : 1명, ⑥ 도래질 편수 : 1명, ⑦ 수중군 : 1명, 계 10명

둘째, 불작업이다. ① 직접쌓기 : 10명, ② 원불편수 : 1명, ③ 뒷불편수 : 1명, 계 12명

셋째, 골작업이다. ① 골편수 : 1명, ② 독수리 : 1명, ③ 쇠치기 : 16명, ④ 불멧군 : 2명, ⑤ 허드렛군 : 5명, 계 25명

넷째, 오리작업이다. ① 큰괭이군 : 2명, ② 솥내기 : 2명, ③ 솥굴리기 : 2명, ④ 오릿군 : 6명, ⑤ 가래지금군 : 1명, ⑥ 발매깃군 : 1명, ⑦ 쪼글쇠잡이 : 1명, ⑧ 나빗짚군 : 1명, 계 16명

4개의 공정으로 분해된 전통적 ‘막부리’ 솥을 만드는 수공업은 60여 명의 노동자가 분업적으로 작업하는 매뉴팩처경영 형태였다는 것이다.205)

한편 개천지역에서 솥제조수공업의 생산공정은 용해공정, 주물공정, 주형공

---

203) 權丙卓, 〈李朝末期의 鎔銑手工業〉, 《韓國經濟史特殊研究》, 嶺南大産業經濟研究院, 1972, pp.76~77.

204) 홍희유 지음,《조선중세수공업사연구》, p. 292 및 金泳鎬, 〈수공업의 발달〉,《한국사》33, p. 181.

205) 權丙卓, 앞의 글, 앞의 책, pp. 110~118.

정으로 나누어 진행되었다.

① 용해공정에는 원대장(생산공정을 책임지는 기능자)과 곁대장이 1명씩 배치되었고, 풀무질군(너울군) 16명이 교대로 작업하였다.

② 주물공정은 철덕에서 쇠를 분해하는 공정과 주형을 구워내는 공정이 진행되었다. 원불편수(1명)와 뒷불편수(1명)가 이 공정을 책임졌다.

③ 주형을 만드는 공정은 도랫대장(주형공정의 책임자)의 지휘 아래 안수종군, 목대군 등 7~8명이 배속되었다.

이처럼 원대장(용해공정), 불편수(주물공정), 도랫대장(주형공정) 등이 책임진 3개의 생산공정은 분업적 협업에 기초하여 생산을 진행하였다.[206]

이러한 철가공수공업은 상인자본의 지배를 받고 있었다. 철의 산지로 유명한 강원도 홍천(洪川)지방의 철덕도고(鐵德都賈)라는 용어는 상인의 수공업 지배를 암시한다.[207] 17세기 말 이후 상품화폐관계의 발전 속에 성장한 상인자본은 전업적 수공업부문에 적극 진출하였다. 홍천지방에서 상인자본은 권력과 결탁하여 철 가공업의 경영권을 독점하였고 이들을 예속시켰으며 나아가 자신이 산업자본가로 전환되어 갔다. 쇠부리도고(제철도고) 또는 가마부리도고(제부도고)라고 불리는 이들은 독자적으로 원료를 구입하기도 하고, 또 생산자에게 미리 주문을 하거나 선금을 주고 제품을 독점 매집하였다.

이들은 상당한 자금으로 생산수단과 노동력을 구입하여 기업을 경영하는 자본가들이었지만 직접 생산에 개입하지는 않았다. 그들은 생산과정의 지휘나 노동자의 감독은 대보수군(쇠부리 생산공정 책임자)과 원대장(가마부리 생산공정 책임자)에게 맡기고 자신은 원료의 구입과 생산물의 판매에서 이윤을 독점하였다. 이러한 소수의 자본가와 공업촌락에 형성되고 있는 자유로운 임금노동자의 발

---

206) 홍희유 지음,《조선중세수공업사연구》, pp. 294~295.

207) 1857년 홍천 현감이 상인에게 쇠부리 영업의 독점권을 넘겨준 일이 있는데 이 독점권을 철덕도고(鐵德都賈)라고 하였다(《日省錄》, 哲宗 8年 11月 27日). '철덕' 또는 '덕'(德)은 철을 제련하는 노(爐)를 말하며 용광로의 전신이라고 할 수 있는데 여기서는 쇠부리 영업을 뜻하고 있다.

생은 자본·임노동관계에서 선행단계보다 진전한 자본주의적 공장제 수공업단계로의 발전을 보여준다.[208]

4) 농촌 가내수공업의 전업화

상품생산은 전업적 수공업에서뿐만 아니라 농민의 가내수공업에서도 촉진되었으며 18세기 이후 현저히 발전하였는데, 대표적인 가내수공업은 직물업(織物業)이었다. 고려시대부터 내려오는 견직업, 마직업, 저직업(苧織業) 이외에 조선시대 초기 이후 후기로 갈수록 더욱 발전한 면직업은 직물업의 중심이 되었다. 직물업은 그 원료를 주로 농업생산에 의존하고 있었으므로 농업과 결부된 수공업부문이 되지 않을 수 없었다.

상품경제가 발전하면서 가내수공업제품, 특히 직물업 생산이 현저히 시장에 편입되었다. 그에 따라 19세기에는 대표적인 직물업 명산지가 형성되며, 상업적 작물이나 지역적 특산물로 전업화되는 경향을 보였다. 예컨대 충청도 한산(韓山), 임천(林川), 서천, 홍산(鴻山), 비인, 정산(定山), 감포(監浦) 등 '저산(苧産)7읍'은 모시의 명산지로 유명해졌으며, 이 지역 모시는 전국적 특산물이 되었다. 또한 명주는 평안도 지역에서 생산되는 것이 유명해져 이 지역이 견직업의 중심지로 발달하였다.

이러한 직조수공업 지구는 농업과 결합한 농민의 가내수공업 지구지만, 상품생산이 확대 발전하면서 점차 농업에서 분화되어 전업화하는 경향을 보였는데, 이는 시장을 위한 생산이 확대된 결과였다. 19세기 초의 실정을 보면, 《임원경제지》에는 1,052개의 장시가 실려 있는데, 그 가운데 325개 처의 거래상품이 기재되어 있다.[209]

325개 장시 가운데 면화 135, 면포 253, 마포 150, 저포 43, 명주(明紬) 46 등으로 기록되어 광범하게 직물업 상품이 유통되었음을 나타내주고 있다. 이에 따라

---

208) 홍희유 지음, 《조선중세수공업사연구》, p. 296.

209) 《林園經濟志》, 倪圭志, 八成場市條.

직물생산을 전업화하는 직물 전업수공업이 생기게 되었다. 농가부업이던 직물수공업이 점차 농업에서 분리되어 전업화한 것이다.

그 결과 각 지방의 직물업은 농가부업에서 벗어나, 농업에서 분리된 소수의 전문적 직물생산자에 의하여 생산되었다. 이 경우 전문적 직물생산자들은 임금노동자를 고용해서 상업적 경영을 하기도 하고, 또 선대제적인 지배를 받기도 하면서 생산품의 수요를 충족하였다.[210]

직물업은 그 원료의 생산지와 관련되어 주산지(主産地)를 형성하였다. 주산지의 직물업은 직조기술을 터득한 중소산업자가 수행했으며, 그들 가운데는 자본이 비교적 넉넉한 직조업자나 경영형 부농에 의하여 상업적 농업으로 경영되는 경우도 있었고 영세빈농층이 경영하는 경우도 있었다. 이 때 전자는 가족노동에 그치지 않고 전문적인 기술자를 고용하여 경영하는 것이 보통이었다. 자가 경영으로 직조하려면 일정한 자금이 필요하였고, 이에 따라 직물생산에 관심이 있는 상업자본가와 결탁하였다. 이 경우 자금이 부족한 기술자는 선대제적 직조경영을 하였으며, 그렇지 못한 기술자는 부유한 직물업자에 고용되어 임금노동을 하였다.

유통시장에서 판매되고 있는 직물은 많은 부분이 소수의 직물생산업자에 의하여 생산되었다. 이들 직물생산업자 가운데는 임금노동자로 기술자를 고용하고 있는 이른바 '매뉴팩처'적 성격의 수공업자도 있었고, 선대제적인 상인자본가도 있었으며, 그리하여 이들이 생산물의 수요를 충족하였다고 보았다.[211]

한편 조선 말기 농촌의 직물수공업에서는 '수넷베'라고 하는 일종의 선대제적 생산양식이 행해지고 있었다. 이것은 비록 서구에서 전형적으로 나타났던 것과 동일한 개념은 아니지만 공장제 수공업의 형태로 검증되며, 특히 나주, 한산 등 길쌈수공업이 번창했던 지역에서 광범하게 존재하였다는 연구결과도 있다.[212]

---

210) 金泳鎬, 〈朝鮮後期 手工業의 發達과 새로운 經營形態〉, 앞의 책, pp. 187~188.

211) 金容燮, 〈朝鮮後期의 經營型 富農과 商業的 農業〉, 앞의 책, pp. 165~167.

212) 權丙卓, 〈李朝末期의 農村織物手工業研究〉, 《論文集》 제1집, 영남대, 1968 및 《한국산업사연구》, 영남대출판부, 2004, p. 196. 여기서는 공장제 수공업을 '돈이 많은 사람 집에 베틀이나 물레를 여러 대 차려놓고 사람을 데려서' 길쌈을 생산하는 것으로 하여 설문을 행하였

당시 직물을 생산하는 노동분업은 다음과 같이 세 가지 공정으로 나누어져 있었다.[213]

① 직조공정 : 직장(織匠) 약간명

② 인문(引紋)공정 : 인문장 약간명

③ 위(緯)공정 : 위봉도(緯奉走) 약간명

각 공정에 필요한 노동자의 수는 생산규모에 따라 달랐다. 그러나 직물수공업에서는 가족노동, 특히 부녀노동이 근간을 이루고 있었다. 이처럼 부녀노동을 중심으로 한 가족노동의 높은 비중은 직물업의 전업화와 그것의 매뉴팩처적 발전을 가로막았다. 국가가 조세수취를 하는 데서 포납(布納)을 고집한 것도 전업적 직물업의 발달에 장애요인이 되었지만, 이것은 조세의 금납화가 시행되면서 어느 정도 해소되었다. 그러나 저급한 기술수준, 특히 방직(spinning)과정의 낙후성은 극복되어야 할 시급한 과제였지만 그 개량의 필요성이 지적되었을 뿐 실현되지 못하였다.[214]

또한 서유럽에서 가내수공업이 전업적 수공업으로 전환하면서 농촌공업지대가 형성, 성장된 프로토 공업화(Proto-Industrialization)와는 달리, 조선 후기에도 무명, 삼베, 모시의 주산지가 형성되었지만 그것은 농가경영의 부차적 생산활동에 그쳐서 본래적 의미의 농촌공업지대로 보기는 어렵다는 지적도 있다. 그 주요한 원인은 수요기반이 협소했기 때문인데, 서유럽의 경우 전 유럽적인 원격지 유통이 있었음에 대하여 조선 후기에는 직물의 해외 시장이 없었고, 국내외 원격지 유통도 활발한 편이 아니었다는 것이다.[215]

으며, 분업에 따른 협업을 60퍼센트 이상이 시인하여 길쌈생산양식에 자본주의적 요인이 싹트고 있었다고 보았다.

213) 金泳鎬, 〈朝鮮後期 手工業의 發達과 새로운 經營形態〉, 《19세기의 韓國社會》, p. 209.

214) 權泰檍 著, 《韓國近代綿業史硏究》, 一潮閣, 1989, p. 19 및 p. 37.

215) 李憲昶 著, 앞의 책, p. 167.

3. '자본주의적 관계'의 발생과 그 성격

일반적으로 봉건경제가 일정한 발전단계에 이르면 그 테두리 안에서 자본주의적 생산관계가 싹트게 되고, 마침내 새로이 자본주의경제형태가 지배적 지위를 차지하게 되어 봉건경제가 소멸하는 합법칙적 과정이 진행된다. 조선 후기에도 비록 미약하고 완만하지만 18세기 중엽 이후 봉건사회의 테두리 안에서 자본주의적 관계가 발생 발전하는 합법칙적 과정이 진행되었다.

자본주의적 생산관계는 생산수단에 대한 자본가들의 사적 소유에 바탕을 두고 있다. 자본가는 노동시장에서 노동력을 구입하고 생산과정에서 생산수단과 노동력을 결합시켜 잉여노동과 이에 기초한 잉여가치를 수취한다. 따라서 자본주의적 관계가 이루어지려면 한편으로 상당한 양의 자본이 집적되어 있어야 하며, 다른 한편으로는 노동력을 팔고 사는 노동시장이 일정하게 형성되어 있어야 한다. 이러한 관계는 상품화폐관계의 일정한 발전단계에서만 이루어질 수 있다.

상품화폐관계는 18세기 중엽 이후 현저히 발전하였으며 이와 관련, 상업자본도 한층 발전하여 매점상인(도고)을 등장시켰다. 이들은 생산물의 판매와 원료의 구입을 위한 상업활동에 전문적으로 종사하면서 일정한 형태로 소영업자(소상품생산자)를 자기에게 종속시켰다.

자본주의적 관계는 자유로운 노동력의 형성을 필수적 전제로 한다. 18세기 이후 상품화폐경제가 농촌에 침투하면서 농촌에서 계층분화가 진행되었다. 상품화폐관계의 농촌 침투는 화폐 추구에 적극적인 지주들의 농민착취를 강화시켜 농민을 토지로부터 이탈하게 만들었으며, 이것이 농민 계급분화의 기본요인 가운데 하나로 작용하였다. 그리고 상품화폐관계의 농촌 침투는 농민을 소상품생산자로 전환시키는 과정을 촉진하였다. 18세기 중엽 이후 장시가 확대되면서 시장생산에서 이윤을 취득한 농민은 여러 가지 영업분야에 진출하였으며 상업분야에도 진출하였다.

또한 농민의 소상품생산자 전환은 농민의 계급분화를 촉진하였다. 상업적 농업으로 이윤을 얻은 일부 농민들은 부유해졌지만 그렇지 못한 농민들은 파산하였으며, 이것이 또 하나의 농민 계급분화를 불러온 부차적 요인이었다. 상업적 농업으로 부유해진 자는 인삼, 담배, 목화를 비롯한 공예작물재배와 도시 주변의 채소 재배자들이었는데, 이들은 그 경영을 통하여 많은 부를 축적하였으며 자기 경영을 현저히 개선할 수 있었다.

이러한 과정에서 토지를 잃은 농민들은 농촌을 떠나서 광산이나 수공업장의 노동자가 되었다. 토지를 떠난 유랑농민은 농업이 아닌 다른 생산부문의 노동예비군이 되었으며, 노동시장에서 고용노동의 원천이 되었다. 자본주의 발생 초기 도시와 농촌에서 유랑민의 형태로 존재하던 과잉노동력은 18세기 말에 이르러 고용노동이 널리 보급되면서 품팔이를 생업으로 하는 노동자가 되었다.

이들은 광산업 및 금속가공업과 같은 일부 특수한 생산부문에서 경영주에게 고용되어 자본주의적 고용관계를 형성하였다. 이들 생산부문에서 고용주는 노동자를 고용하여 협업에 기초한 경영방법으로 생산하였으며, 고용주와 노동자의 관계는 가부장적 관계의 틀을 완전히 벗어날 수는 없었지만, 기본적으로는 계약에 바탕을 둔 경제적 지배관계였다.216)

18세기 말 이후 광업에서는 이러한 자본주의적 관계가 전형적으로 검증되고 있었다. 조선시대 광업은 초기에 국가주도의 부역노동에 기초한 채굴이었으나, 17세기 중엽 이후 상품화폐경제의 전개와 함께 설점수세제(設店收稅制)가 채택되었고, 숙종 13년(1687)의 별장제(別將制)를 거쳐 영조 51년(1775)에는 수령세수제(守令收稅制)로 전환되었다. 18세기 말 이후 지방수령과 결탁한 민간물주의 잠채(潛採)로 민간투자가 금광업에서 활기를 띠었다.

도고상업의 성행과 함께 상업자본은 별장제 폐지 이후 광업부문에 쉽게 진출할 수 있게 되었으며, 18세기 말 이후 물주들은 금광에 많이 몰렸다. 이 시기 금광경영은 소규모의 잠채가 아닌 경우 대개 물주, 덕대(德大), 연군(烟軍)으로 이루어져 전개되었다.

---

216) 사회과학원연구소,《조선통사》(상), 북한학술론서①, 1977년판, 오월, 1988, pp. 459~464.

물주는 점소(店所)를 설치 운영하는데 필요한 자금을 선대하여 혈주(穴主, 은, 동 광산의 경우)나 덕대를 선정하고 그들에게 점소의 작업을 관장하게 해서 생산물을 장악 판매하였다. 주로 사상도고나 무역부상(貿易富商)이 물주로서 광업에 적극 투자하였으며 그 밖에 양반 토호 등도 참여하였다. 덕대는 대개 현지 출신으로 물주로부터 자본을 조달받아 10~20명의 노동자를 고용하여 채굴, 선금(選金) 등 광산노동과정을 지휘 감독하고 생산한 금을 물주에게 바치는 실질적인 광산경영자였다. 연군(굴진공)은 물주로부터 미리 선금과 생산도구를 받고 작업하였는데 고가(雇價)는 대개 일급으로 계산해서 동전으로 받았다.

광업의 노동과정은 동점(銅店)의 예에서 살펴볼 수 있다. 채광과 제련의 두 공정으로 구분된 노동공정은 모두 분업에 기초한 협업으로 진행되었다. 채광공정에서는 연군이 광맥을 찾아 굴진하면 동발군(銅鉢軍)인 구군들이 갱을 만들어 나가고, 캐낸 광석은 운반공인 수운군(輸運軍)에 의해 갱 밖으로 옮겨졌다. 갱 안에 고인 물은 반수들이 길어낸다. 이 채광공정은 대개 연군 40명에 수운군 20명의 4:2 비율로 하고, 동발군 2~4명, 급수군 6~8명이 협업에 참가하였으며 채굴업자인 혈주는 채굴과정을 총지휘한다.

캐낸 광석은 제련업자인 성련주들이 제련한다. 제련공정에는 2~3명의 편수(제련기술노동자)가 6~8명의 별패(풍구군), 그리고 몇 명의 목탄공 등 8~10명 정도의 노동자들이 분업적 협업으로 작업하였다. 생산공정은 수공업적 도구나 기술을 기본적으로 이용하고 있었으나, 점차 광석운반에 자애줄(권양기)를 사용하는 등 기술적 진보가 있었다.

광업의 경영형태 및 노동과정에서 보면 다음과 같은 사실을 알 수 있다. 첫째, 직접생산자, 곧 혈주, 덕대와 같은 광업기술자가 자본을 투자한 것이 아니라 상인이 물주로서 자본을 투자하여 이들을 지배하였음을 알 수 있다. 물주인 상인은 생산과정에 새로운 기술이나 도구를 도입하여 생산증대를 두무하기보다는 노동자에게 생활자금과 도구를 선대해줌으로써 이들을 수탈, 이윤을 추구하였다. 둘째, 광업은 대자본이 필요하지만 당시에는 단일한 대규모 경영형태가 아니라 분산적 소규모가 많았는데, 이것은 전반적인 자본축적의 부족과 기술적으로

로는 종래의 노동조직 답습, 그리고 봉건국가의 가혹한 억압과 수취 때문이었던 것으로 보인다.[217]

이러한 자본주의적 관계가 발생한 특수성에 대해선 두 가지가 지적되고 있다.

첫째는 자본주의적 관계가 발생한 분야에 대한 것이다. 17세기 중엽 이후 농업과 수공업에서 생산력이 발달하고 상품화폐관계가 발전하였으며, 18세기에 여러 생산부문에서 자본주의적 관계가 발생하였는데, 그것은 주로 국가의 권력이 미치지 못하는 영역에서였으며 국가의 통제가 심한 곳에서는 발생하지 못하였다는 것이다.

농업부문에서는 고율의 생산물 지대를 수취하는 봉건적 소작관계가 광범하게 지배하여 농업생산력 발전을 제약하였고, 또 자본의 농업생산 침투 여지를 주지 않아 자본주의적 관계 형성을 결정적으로 저해하였다. 일부 상업적 농업에서는 부농경영, 또는 기업적 농업 형태도 나타났으나 여전히 봉건적 소농경영이 지배하고 있어서 직물업이나 식료가공업에서는 자본주의적 관계가 형성되지 못하였다고 보았다.

그 결과 자본주의적 관계는 농업과 떨어져 있던 전업적 수공업(쇠부리, 가마부리, 유기제조업 등)과 광업에서 먼저 그리고 비교적 광범하게 발생하였다. 또한 국가의 봉건적 통제가 일상적으로 강하게 미치지 못한 데다 처음부터 동업조합적 구속도 존재하지 않았던 점촌, 즉 동점촌, 은점촌, 금점촌 등이 보통의 수공업 마을보다 자본주의적 관계 발생의 기반이 되었다. 봉건적 착취와 억압에 시달리던 농민들의 피난처는 서구에서와 같은 자유도시(농촌)가 아니라 국가의 통제에서 벗어나기 쉬운 점촌이나 광산촌이었다.

둘째는 자본주의적 관계 발생의 과정에 관한 것이다. 조선 후기 자본주의적 관계의 발생과정은 생산자 자신이 상인 겸 자본가로 되는 길보다 상인이 직접 생산을 자기에게 종속시킴으로써 자본가로 되는 길이 지배적이었다고 보았다.

---

217) 전석남·허종호·홍희유, 《조선에서 자본주의적 관계의 발생》, pp. 174~182(吳美一, 〈상품경제의 발전과 자본주의적 관계의 발생〉, 앞의 책, pp. 223~225 참조).

이 길은 낡은 생산방식을 혁명적으로 청산하지 못하고 오히려 그것을 토대로 하여 자본주의적 관계가 이루어졌다는 것을 뜻하며, 이는 자본주의적 관계 발생을 불명확하게 하였고, 그 뒤 자본주의 발전에서 완만성과 미숙성을 띠게 하는 원인이 되었다.

이처럼 조선 후기 발생한 자본주의적 관계는 미숙하고 제한적이었지만 사회 발전의 합법칙성을 구현한 필연적 현상이었다. 그러나 19세기 후반에 외래자본주의의 침략을 받게 되었고, 20세기 초에는 일본 제국주의자들에게 강점됨으로써 정상적 자본주의 발전단계를 거치지 못하게 되었다는 것이다.[218]

---

218) 전석담·허종호·홍희유, 위의 책, pp. 211~214.

제5장
개항기 상공업과 그 변화(Ⅰ)

제1절 개항과 근대의 기점 논의

조선 후기 사회에서 형성되었던 상품화폐관계의 진전에 따라 상인자본이 발달하였으며, 광공업부문에서도 상품생산이 전개되면서 자본주의적 관계가 발전하였다. 또한 생산력이 발전하고 과학기술의 기반이 확충되는 등 사회경제적 변화가 진전되었으며, 이를 뒷받침하는 새로운 사상이 출현하는 등 내재적 발전으로 중세경제사회에서 근대로의 이행을 위한 선행조건이 어느 정도 구비되었다. 비록 그것이 충분한 것은 아니었지만, 적절한 계기가 주어지면 후발산업화로 나아갈 수 있는 가능성을 지니고 있었다.

내재적 발전의 길을 걸어 온 조선 후기 사회가 더 높은 차원의 발전을 이루기 위해서는 근대적 생산력과 중화질서(中華秩序)를 벗어난 다면화된 국제관계, 그것을 지원할 수 있는 정치제도의 변혁이 요구되었으며, 이것은 전통적인 사회경제적 틀에서 탈피하는 대변혁의 필요성을 뜻하는 것이었다. 곧 전통적 조선의 사회경제가 근대적 변혁을 하기 위한 중요한 자극이 필요하였는데, 그 계기는 세계자본주의체제로의 편입이었고, 구체적으로는 개항(開港)이었다.

개항 이후 동양인의 역사인식에 '근대'의 개념이 도입되었다. 이는 유럽사상의 유입으로 비롯되었으며, 그것은 19세기 유럽인이 인식하고 있던 근대의 개념이었다. 시민혁명을 완수하고 자본주의적 공업화를 이룩한 서구의 근대 개념이 동양인의 역사인식에 도입된 것이다.[1] 산업혁명 이후 유럽 문화가 대량으로 동양에 상륙한 것은 19세기 중엽 이후이며, 한국에서는 1876년 강화도조약을 계기

---

1) 역사인식에서 '근대' 개념은 유럽 사회에서 르네상스 및 종교개혁 이래 형성된 것으로, 19세기에 와서 프랑스혁명을 비롯한 시민혁명과 영국에서 시작된 산업혁명으로 구체화됐다.

로 한 1880년대의 세계 각국에 대한 개항이 그 시발점이 되었다. 그런 뜻에서 한국근대사의 기점(起點)은 개항이라고 볼 수 있다.[2]

1967년 및 1968년 '한국사 시대구분문제' 심포지엄에서는 시대구분문제 외에 한국근대사의 기점에 대하여도 다음과 같은 견해가 제시되었다.

① 자본주의 맹아를 중심으로 한국사회경제질서의 변화에서 근대의 기점을 찾는 입장에서는 상업활동과 자본축적을 근대 자본주의적 경제 내용으로 파악하여 18세기 후반 영·정조시대가 근대의 기점으로 제시되었다.[3]

② 유럽 근대문명의·도전에 대한 한국의 대응 형태 속에서 근대의 기점을 찾는 입장에서는 1860년 동학(東學)의 발생과 대원군의 쇄국정책을 평가하여 1860년대 기점설이 제시되었다.[4]

그 뒤에 중세사회를 극복하고 자본주의체제를 수립하려는 흐름이 시작되었다는 관점에서 1850년대 말 내지 1860년대 초를 근대사의 기점으로 보는 견해[5]와, 정치·경제·사회·문화 전반에 걸친 근대적 변화를 처음으로 추구한 계기를 갑신정변이라 하여 1884년을 근대의 기점으로 설정하는 견해도 있었다.[6]

한편 1992년에 국사편찬위원회에서, 그리고 1993년에는 한국역사연구회에서 근대기점에 대한 토론회가 있었다. 먼저 국사편찬위원회의 토론회에서는 한국사 전체의 시대구분문제가 주제였지만, 여기서는 근대의 기점문제도 논의되었는데, 이를 정리하면 다음과 같다.

첫째, '근대'와 '근대화'를 구분하여 근대의 기점은 1876년의 개항이며, 근대화

---

2) 개항이 한국사 전개과정에서 근대로의 전환기가 될 수 있었지만, 불행하게도 그것은 한국 민족의 민주국가 형성 및 경제 '근대화'의 기점이 되지 못하고 오히려 식민지화의 과정을 마련해 주었다. 그 뒤 식민지의 근대사는 반제(反帝)·반봉건투쟁(反封建鬪爭)의 역사였다고 지적되었다(趙璣濬, 〈韓國史에 있어서의 近代의 性格〉, 韓國經濟史學會, 《韓國史時代區分論》, 乙酉文化史, 1970, p. 186 및 pp. 202~203).

3) 劉元東, 〈韓國史에 있어서의 近代의 起點〉, 위의 책, p. 151.

4) 李瑄根, 〈近代化의 起點問題와 1860年代의 韓國〉, 위의 책, p. 181.

5) 愼鏞廈, 〈書評座談〉, 《신동아》, 1984년 9월호.

6) 姜萬吉, 〈한국 근현대를 어떻게 볼 것인가〉, 《신동아》, 1986년 8월호.

의 기점은 초기 근대화가 시작되는 1880년으로 보는 견해이다. 개항의 직접적인 계기는 일본의 무력침공이지만, 국내적 요인으로 국내의 정권교체 이후 개화파(박규수 등)의 대두를 들지 않을 수 없다는 것이다. 개항은 동아시아의 국제관계와, 나아가 세계사의 흐름과 깊은 관계를 맺으면서 이루어졌는데, 1860년대와 1876년의 개항을 하나의 통일된 과정으로 보지만 한국근대사의 기점으로서 개항을 중요시하는 이유로 다음과 같은 것을 들었다. 곧 조선은 개항으로 세계자본주의 시장의 일환으로 편입되었고 이에 따른 본질적인 사회변동이 있었으며, 개항을 계기로 우리 민족이 외래자본주의 침략에 대응하여 근대민족으로서 민족주체를 형성하기 시작하였기 때문이라는 것이다. 따라서 1860년부터 1876년까지를 근대를 향한 태동기 내지 준비과정으로 보고 한국근대사의 기점을 1876년의 개항이라고 보았다.

한편 '근대화'란 초역사적 개념으로서 경제적으로 공업화를, 정치적으로는 민주화를 뜻한다. 그러나 역사적 개념으로서 근대화는 '근대'의 자기의식화가 전제되어야 하는데, 이는 근대화에 대한 주체적 의식이 작용해야 하고 근대적인 것을 지향해서 발전하려는 의욕이 나타나는 현상이라야 한다. 이러한 근대화의 구체적 양상은 국가와 문화권에 따라 다르게 나타나지만, 한국역사에서 근대화의 역사적 기점은 정부 주도의 초기 근대화정책이 실시되는 1880년이라고 볼 수 있다는 것이다.[7]

둘째, 개항은 한국민족사의 전개에서 결정적 전환기가 되었고 이 시기를 기점으로 한국근대사가 진행되었다고 보는 주장이다. 개항 이후 서구자본주의 문화가 유입된 이래 한국의 사회경제는 큰 격변을 맞게 되었으며, 이 문화를 받아들여 개혁이 진행되었고, 한국의 전통적 사회경제체제가 붕괴되었기 때문이라는 것이다. 이 견해는 개항 이후 서구자본주의 문화가 유입되고 일각에서 자본주의적 개혁이 시도되었지만, 개화기에는 자본주의가 한국의 사회경제체제 속

---

7) 金敬泰, 〈韓國近代史의 起點과 時期區分問題〉, 국사편찬위원회, 《國史館論叢》 제50집, 1993, pp. 103~104.

에 정착하지 못하였기 때문에 이 시기를 한국자본주의의 기점으로 볼 수 없다는 반대 이론의 논거를 일리가 있는 것으로 수용한다.

그러나 보다 중요한 것은 개항 이후 우리 사회에서 거세게 진행된 근대화의 풍조와 역사과정이며, 이 때 서구자본주의에 접하면서 우리 사회에서 일어난 개방과 개혁의 풍조를 경시할 수 없다는 것이다. 1876년의 강화도조약으로 일본과 수교하고 1880년대 초 이후 서구제국과 통상을 맺게 되면서 개화의 물결이 정치·경제·사회·문화의 각 분야에서 크게 일어났다는 것이다.[8]

한편 한국역사연구회의 토론회에서는 근대기점에 대해 다음과 같은 견해가 제기되었다.

첫째, 한국근대사의 기점을 자주적 방향의 근대화를 지향하는 반봉건운동과 반침략투쟁이 결합하여 민족혁명운동이 맹아적 모습으로나마 점차 지향 발전되어 가는 시기로 판단되는 1860년대부터라고 보는 견해이다. 이 시기에는 반침략투쟁의 전개와 관련한 자본주의적 관계가 앞 시기에 견주어 상대적으로 발전한 가운데 전개되었고, 정치적·사회적 측면의 변동과 함께 전형적인 것은 아니지만 부르주아적 세력이 맹아적으로 출현하였다는 것이다.

이 견해에선 계급모순만이 기본모순으로 존재하였던 서진자본주의의 역사적 경험을 추상화한 사회구성체 이론으로 시대구분을 하는 것은 제국주의 외세와의 싸움이 주요경험이었던 우리 사회의 역사 발전을 과학적으로 분석하고 설명하기에는 이론적 한계가 있다고 보았다. 따라서 이를 극복하려면 우리 역사 발전의 주요 경험인 반침략투쟁과 반봉건운동의 전개를 주목해야 한다는 것이다. 그래서 한국근대사의 기점을 반봉건운동과 반침략투쟁이 맹아적 모습으로나마 최초로 결합되기 시작한 시기로 판단되는 1860년대부터라고 보았다.[9]

두 번째 견해는 한국근대사의 기점을 봉건권력의 타도와 부르주아권력의 수

---

8) 趙璣濬, 〈經濟史에서 보는 韓國近現代史問題〉, 위의 책, pp. 161~162.

9) 장동표, 〈1860년대 반침략·반봉건운동의 의의〉, 한국역사연구회, 《역사와 현실》 제9호, 역사비평사, 1993, p. 138 및 p. 146.

립이라는 정치적 상부구조 이행의 측면에서 설명하기 어렵다고 보았다. 곧 내재적으로 성장해오던 자본주의적 생산관계가 급속히 확대되는 계기와 한국자본주의의 형성·발전을 강요하는 왜곡된 계기인 외부로부터의 압력에 주목하지 않을 수 없다는 것이다. 그러므로 내재적으로 성장해 오던 자본주의적 생산관계를 급속히 확대하고 왜곡한 계기이자 동시에 근대민족국가 수립운동의 출발점이 되었던 1876년의 개항을 한국근대사의 기점으로 설정해야 한다는 것이다.10)

세 번째는 전형적인 사회구성체론의 입장에서 1894년의 갑오개혁을 근대의 기점으로 삼는 견해이다. 여기에선 시대구분을 할 때 자본주의적 생산양식이 역사상 최초로 출현한 시점을 곧 자본주의 사회구성체의 기점으로 파악해서는 안 된다고 보았다. 왜냐하면 자본주의적 생산양식이 부분적으로 나타났던 고대나 중세의 어느 한 시점을 근대의 기점으로 파악할 수도 있기 때문이다. 본원적 축적이 자본·임노동관계로 전환되고, 새로 출현한 자본주의적 생산양식이 더 이상 이전의 생산양식으로 돌이킬 수 없을 만큼 강력한 힘으로 추동할 수 있게 하는 것은 상부구조인 국가권력이나 그 표현인 법률관계라는 것이다.

따라서 자본주의적 생산양식만이 아니라 그에 조응하는 상부구조의 통일로서 자본주의적 사회구성체가 출발하는 것이 곧 근대의 기점이 된다. 그런데 갑오개혁과 그 이후 조선 사회에서는 부르주아 국가권력(또는 부르주아적 지향을 갖는 절대주의적 국가권력)의 지배하에서 본원적 축적이 급속히 진행되면서 자본주의적 생산양식이 형성되어 가는 추세가 확립되었다고 할 수 있다는 것이다.11)

민족문제를 중요시하는 입장은 반침략·반봉건투쟁의 시작에서 근대의 기점을 설정하였으며, 제국주의의 규정성을 우선하는 논의는 개항이라는 역사적 조건을, 그리고 보다 근대적인 사회체제의 성립을 기준으로 하는 입장은 갑오개혁에 근대의 기점을 설정하였음을 알 수 있다.

---

10) 이윤상, 〈한국 근대사에서 개항의 역사적 위치〉, 위의 책, p. 155.

11) 도면회, 〈근대=자본주의사회 기점으로서의 갑오개혁〉, 위의 책, pp. 166~167 및 p. 178.

제2절 세계자본주의체제로의 편입과 외압의 실체

1. 도전과 응전 : 쇄국정책론의 후퇴와 통상개방론의 대두

한국근대사에서 근대의 기점에 대한 논의는 자본주의 맹아를 중심으로 하여 근대의 기점을 18세기 후반기로 보아야 한다는 주장에서부터 상부구조를 포함한 근대적 사회경제체제의 성립을 기준으로 하여 이를 갑오개혁에서 찾아야 한다는 주장에 이르기까지 다양한 견해가 제시되었다. 그 가운데 학계의 일반적인 동의를 얻은 것은 1876년의 개항이 '근대'의 시점이라는 견해 같다.

동양인의 역사인식에서 '근대'의 개념은 개항 이후 서구사상의 유입에서 도입된 것이고, 이것은 시민혁명을 완수한 뒤 자본주의적 공업화를 이룩한 서구의 근대를 뜻하는 것이었다. 서구의 근대에서는 시장이 지배적 자원의 배분기구가 되고, 또 공장제 기계공업이 성장하면서 임노동자를 고용한 기업(산업자본)이 생산의 기본단위가 되어 경제가 지속적으로 성장할 수 있었는데, 이러한 서구의 근대경제는 점진적으로 형성되었다.

그러나 동아시아에서는 개항 전부터 근대지향적 변화가 서서히 진전되었지만 전통경제의 기본틀을 바꾸지는 못하였다. 구미 근대문명의 충격을 봉쇄하던 쇄국정책이 19세기의 강제적 개방에 따라 일거에 해제되면서 근대화를 위한 급격하고 단절적인 변화양상이 나타났다. 그런 점에서 한국을 포함한 동아시아에서는 개항을 근대사의 기점으로 잡을 수 있다. 개항이란 외국인의 거주와 통상을 위하여 항구를 개방하는 것을 말하는데, 이는 쇄국에서 벗어나 서구문명에 문호를 개방한다는 의의를 가졌다.[12]

내재적 발전을 지속하던 조선 후기 사회경제가 개항을 계기로 접하게 되었던 근대는 우선 서구문명의 유입과 산업혁명 이후 공업화를 이룩한 자본주의체제였으며, 이때를 전환점으로 하여 한국근대사에는 새로운 사회구성이 전개되었다. 그것은 이식자본주의(移植資本主義)사회13) 또는 과도적 자본주의(過渡的 資本主義)14)라고도 지적되고 있다.

이것은 후진제국에서 자본주의를 그 자체의 내부사정과 보다 우세한 선진자본주의로부터의 외압(外壓)에 의하여 그 자체로서는 자연적이며 순조로운 길을 전개하지 못하고, 선진자본주의의 모습과 다른 국민경제의 구조를 형성하여 일정한 왜곡(歪曲)을 포함하는 것을 말한다.15) 곧 후진자본주의에는 선진자본주의의 외압에 의하여 전형적인 고전적 자본주의와 다른 구조의 자본주의가 전개되는데, 이런 관점에서 개항 이후 전개된 한국자본주의를 이식자본주의나 과도적 자본주의로 규정했다고 볼 수 있다.

개항은 자본주의 문화의 유입과, 내재적 발전의 길을 걸어온 조선 후기 사회를 세계자본주의체제에 편입시키는 계기가 되었다. 개항으로 조선은 근대적 국제분업체제에 편입되었고 사회경제구조의 근본적 변혁을 불러오는 계기를 맞게 되었지만, 동시에 자본주의 열강이 가해 온 외압에 따라 사회경제적으로 발전이 왜곡, 저해되었다.

개항을 통한 근대 자본주의체제로의 편입은 근대적 변혁을 이룰 수 있는 중요한 자극이었다. 이것은 조선 후기 정체적 중화세계질서에의 안주를 넘어서, 서구문명과의 교류로써 전통적 사회에서 성장의 애로를 벗어나게 하는 자극이 될 수 있었다. 무역의 다변화와 시장 및 상인자본의 발달, 그리고 근대적 기술의 도입으로 생산력의 발전을 가져올 수 있었기 때문이었다. 그러나 서구문명이 최초로 후진사회에 전래되기 시작한 시점이 훨씬 지난 1870년대의 국제관계는 후

---

12) 李憲昶 著,《韓國經濟通史》(제2판), 法文社, 2003, p. 215.

13) 白南雲 著,《朝鮮社會經濟史》一卷, 改造社, 1933, p. 9.

14) 趙璣濬 著,《韓國經濟史新講》, 일신사, 1994, p. 319.

15) 大塚久雄 編,《後進資本主義の展開過程》, アジア經濟研究所, 1973, pp. 6~7.

진 약소국의 침략과 주권의 탈취를 추구하는 제국주의적 속성을 지니고 있었다. 제국주의가 본격화되던 1870년대 조선의 문호개방은 조선의 문화적·지정학적 요인으로 말미암아 식민지로 전락할 가능성을 지니고 있었다.

문호개방이 가져온 이러한 외압이라는 도전(挑戰)에 대응하면서, 충족되지 못한 근대화 선행조건의 대체물을 조성하고 후발성의 이점을 활용하여 근대화를 추구하는 응전(應戰)이 근대의 기점인 개항 이후 한국근대사의 전개방향을 결정하였다. 개항 이후 한국근대사의 변화는 첫째로 개항 전 근대화를 위한 선행조건의 충족 정도와 사회경제구조가 근대적 변화에 적응할 수 있는가에 따라 규정되었다.[16] 둘째는 외부적 충격의 실태에 따랐다. 외부적 충격은 근대적 변혁을 위한 자극을 제공하지만, 동시에 식민지로 전락할 가능성을 주는 양면성을 지녔다.[17] 셋째는 외부의 충격(외압)이라는 도전에 대한 응전의 양상이다. 근대화를 위한 선행조건이 결여된 상태에서 그것의 대체물을 마련해 주고 민간부문의 대응을 지원하는 국가주도의 노력, 즉 식산흥업정책(殖産興業政策)으로 대표되는 근대화정책의 효과적 추진 여부가 중요한 문제로 떠올랐다.

조선의 개항, 즉 문호개방은 국가주권을 제약하는 불평등조약으로부터 출발하였으며, 이것은 식민지로 전락할 가능성을 시사하는 것이었다. 그러나 세계자본주의체제로의 편입 그 자체가 식민지화 과정과 동일하다고 보기는 어렵다. 물론 제국주의의 폭압적 침탈이 식민지화를 강요하였지만, 개항 이후 조선 사회의 변화는 외압에 따라 일방적으로 진행된 것만이 아니라, 새로운 환경에 대한 자주적 대응으로도 이루어지고 있었다. 따라서 개항 이후 조선 사회의 변화는 제국주의의 폭력적 침탈에 따른 외압의 실체뿐만 아니라 내재적 발전을 지속해온

---

16) 여기에 대하여는 내부적 요인으로서 ① 시민계급 성장의 미약, ② 개항 당시 집권세력 가운데 혁신세력의 부족, ③ 혁신정부에 소요되는 재원의 결핍이 지적되었다(趙璣濬, 〈韓國史에 있어서의 近代의 性格〉, 《韓國史時代區分論》, pp. 203~204).

17) 일본군국주의의 집요한 침략정책으로 말미암아 개항이 한국 민족의 민주국가 형성과 자주적인 근대화의 기점이 되지 못하고, 식민지 또는 반식민지로 전락하였으며, 아시아 대부분의 민족사에서 근대사는 반제·반봉건투쟁의 모습을 보였다는 것이다(위의 글, 위의 책, pp. 204~206).

한국 사회의 내면적 변화를 동시에 고찰할 필요가 있다.

근대경제의 형성과 발전은 일국사적(一國史的) 관점으로만 이해할 수 없는 것이다. 그렇게 볼 때, 개항과 문호개방은 근대사회로 진입하기 위한 필수적 과정이며 근대의 기점이지만, 동시에 여기에는 선진자본주의 또는 제국주의적 외압이 수반되기 마련이었다. 외부적 충격인 외압이라는 도전에 대하여 자주적 대응이라는 응전이 자주적 근대화에서 중요한 과제가 되는 것이다.

서구세력에 대하여 확고한 신념을 갖고 대응책을 강구한 것은 고종 등극(1863)과 함께 실권을 잡은 흥선대원군(興宣大院君)에서 비롯한다. 그는 아편전쟁(1840~1842) 이후 난징조약(南京條約, 1842) 및 톈진조약(天津條約, 1858) 등 통상조약으로 개국당한 청국이 국권 상실의 위기에 놓인 것을 보고 서구세력에 대해 적개심을 가지면서 강경한 쇄국정책(鎖國政策)으로 일관하였다. 그러나 대원군의 쇄국정책이 영구적인 것인지는 논의의 여지가 있다. 청국을 개국한 서구세력이 언젠가는 조선의 개국도 달성하리라는 것을 대원군 자신도 예측하고 있었다. 그는 외세를 받아들이기에 앞서 국권을 공고히 하고자 쇄국정책 속에서 내정개혁에 착수했으며, 또한 서구의 과학문화에 대해서도 깊은 관심을 가지고 있었다.[18]

1873년 대원군이 물러난 뒤 고종친권체제에서 실권을 잡은 인물들은 명성황후(明成皇后) 민비(閔妃)와 그의 척신들이었다. 이들에게는 대원군과 같은 강인한 신념을 가진 정치인이 없었으며 오히려 약체화된 정부였는데, 이를 기회로 일본의 군사적 위협 속에 개항이 이루어졌다.

서구제국의 상선이 조선에 통상을 요청한 것은 19세기 초 이래의 일이다. 영국 상선 로드 애머스트(Lord Amherst)호가 1832년(순조 32)에 파견되어 통상의 가능성을 타진한 바 있으며, 1866년 프랑스 함대의 병인양요(丙寅洋擾), 1866년 미국 상선 제너럴셔먼(General Sherman)호의 내도(來到)와 1871년(고종 8)의 신미양요(辛未洋擾) 등의 사건은 조선이 더 이상 세계자본주의체제에 편입되지 않을 수

---

18) 趙璣濬, 〈開港前後의 市場經濟의 發達과 思想〉, 《韓國資本主義의 形成과 展開》, 韓國精神文化硏究院, 1984, p. 27.

없음을 말하여 주는 것이었다. 다만 이 시기에 조선에 대한 서구제국의 관심은 소극적인 것이었으며, 조선과의 통상에 대하여 적극적인 관심과 열의를 가진 것은 아니었고, 그로 말미암아 1870년대 초에 이르기까지 조선은 쇄국정책을 유지할 수 있었다.[19] 그러나 조선에 대한 일본의 관심은 직접적이며 강력했다. 그 결과 서구자본주의 제국이 성취하지 못한 개항이 조선보다 20년 앞서 문호를 개방한 일본에 의해서 대행되었다.

서구제국의 상선에 의해 문호개방이 요구된 1870년대 초의 조선 정부는 보수적이고 서구문화에 대해 지극히 소극적이었다. 그러나 재야 청년 지식층에서는 진취적이고 혁신적인 세력이 태동하였다. 이들은 중세적 사상의 테두리 안에서 근대적 요소를 지닌 실학사상(實學思想)을 계승하면서 근대문명의 충격 속에 근대사상인 개화사상을 성립시켰다. 조선 후기의 실학사상, 특히 18세기 후반의 북학사상(北學思想)의 계보를 이은 박규수(朴珪壽)와 역관 출신 오경석(吳慶錫), 한의사 출신 유대치(劉大致 혹은 劉鴻基) 및 개화승 이동인(李東仁) 등의 영향을 받아 서구문화에 적극적인 관심을 갖는 청년 지식인들이 양성되어 핵심 개화인물이 되었다. 김옥균(金玉均), 박영효(朴泳孝), 홍영식(洪英植), 서광범(徐光範), 유길준(俞吉濬), 김윤식(金允植) 등이 그들이며, 이들이 중심이 되어 1879년경(1880년 전후)에 결사단체인 개화파(開化派)가 형성되었다.

개항 당시 후자 그룹인 청년 지식층은 10대 및 20대의 청년이어서 정부의 요직에 등용되지 못하였고, 따라서 그들의 관심은 정부에 반영되지도 못하였다. 다만 전자 그룹인 봉건권력 내부의 개명관료와 선각적인 중인 출신 지식인들은 개항 직전 개항론(통상개화론)을 주장하였고, 이들이 개화사상의 원류를 형성하였다.

쇄국론에 반대하는 이들 개항파(통상개화론자)는 그 뒤 동도서기파(東道西器派)와 개화파(開化派)로 분화되었다. 전자에는 김윤식, 어윤중(魚允中), 김홍집(金弘集) 등

---

19) 일찍이 산업혁명을 일으킨 영국은 1830년대에 그들의 근대공업 생산품의 시장은 자국과 유럽 내의 시장으로 충분하였고, 1830~40년대에 산업혁명을 맞이하는 다른 서구제국의 해외 진출은 산업혁명을 위한 자본조달이 주목적이어서 그들의 관심은 귀금속과 자원이었는데, 이런 점에서 조선은 그다지 매력적인 존재가 아니었다.

이, 후자에는 김옥균, 박영효, 서광범, 유길준, 윤치호 등이 포함되었다.[20]

이처럼 개항 전에 이미 통상개화론 및 근대사상과 근대적 변혁주체가 태동하였고, 개항과 근대문명의 충격으로 개화사상과 개화파가 결성되었다.

2. 강제적 개항과 외압의 실체

내재적 발전을 지속해 온 조선 후기 사회에 내부적으로 근대사상과 근대적 변혁주체(개화사상과 개화파)가 등장한 시기의 서구제국은 조선과의 통상에 소극적이었으나, 일본은 조선에 대한 관심이 직접적이고 강력하였다. 1868년에 수립된 메이지유신 정부의 근대개혁은 위로부터 계획, 수행되었으며 여기에는 막대한 정부지출이 요구되었다. 일본의 경우 봉건 말기 일부 지역에서 상인자본이 어느 정도 축적되어 있었다. 그러나 근대개혁과 공업건설을 시작한 시기에 민간층의 자본축적이 충분한 것은 아니었으며, 그렇다고 외국자본에 의존할 수도 없었다. 오직 농민으로부터 고액지세의 징수, 불환지폐의 발행, 약간의 생사수출에 의존하는 것 외에 인접국가인 대만과 조선을 침략 약탈함으로써 자원을 마련하려고 하였다.

---

20) 개화(enlightened civilization)란 자원의 개발에 의한 산업의 근대화를 뜻하는 개물(開物)과 계몽과 교육에 따른 의식과 지식의 근대화를 뜻하는 화민(化民)의 준말이다. 한편 동도서기파와 개화파는 개항 초기 조선의 근대화를 위한 노력의 차이에서 분화되었다. 전자(초기 자강파 또는 초기 근대화정책파)는 청국과의 전통적인 종속관계를 유지하면서 청국과의 협조를 통해서 양무적 자강(洋務的 自强)과 근대화를 추진하고자 하였다. 이에 대하여 후자는 청국으로부터의 독립과 부국강병론을 주장하고 일본의 메이지유신(明治維新) 이후의 근대화를 모델로 하였다(김경태, 〈중화체제·만국공법질서의 착종과 정치세력의 분열〉, 《한국사》 11, 근대민족의 형성-1, 한길사, 1994, p. 104). 즉 동도서기론은 과학기술만을 받아들여 강병을 이룩함으로써 전통적 지배질서를 확실하게 보존·유지하려는 것이었고, 개화사상은 과학기술뿐만 아니라 법·제도까지 서양의 것을 수용하여 부국강병을 이룩함으로써 국가의 독립성을 유지하려는 것이었다. 전자는 1880년경에, 그리고 후자는 1884년의 갑신정변에서 역사의 표면에 모습을 드러내었다(정창렬, 〈근대국민국가 인식과 내셔널리즘의 성립과정〉, 같은 책, p. 65).

따라서 일본의 조선침략은 자본주의 확립의 결과가 아니라 그 성립을 위한 자본의 본원적 축적 수단이었다. 이에 일본에서는 유신 정부 수립 이후 줄곧 정한론(征韓論)이 대두하였으며, 특히 1873년에 대원군이 퇴각하고 민씨 척족파가 집권한 뒤 더욱 그러했다.

1875년에 조선 정부가 일본 외무성서계(外務省書契)의 수리를 거부하자 일본은 그들의 침략적 의도에 따라 통상조약을 강요할 수 있는 기회로 생각하고 그 해 9월에 운요호(雲揚號)를 강화도 앞바다에 보냈으며, 초지진(草芝鎭)의 수비병이 이에 발포한 사건인 이른바 강화도사건이 발생하였다. 이 사건을 구실로 1876년에 군함 6척과 군대 400명을 강화도에 보내어 서울로 들어가는 영종진 포대(永宗鎭 砲臺)를 점령하는 등 함포의 위협 아래 무력시위를 하면서 조선 정부에 협상을 요구하였다.

조선 정부에서는 일본의 이와 같은 행위에 대부분 척왜(斥倭)로 일관하였으나, 역관 오경석이 통상개화론자인 우의정 박규수를 움직여 통상수교로 방침을 결정하게 하였다.21) 그 결과 1876년 2월 26일에 드디어 한일수호조약(韓日修好條約) 또는 조일수호조규(朝日修好條規)가 체결되었으며 이것이 곧 강화도조약(江華島條約)으로서, 한국이 근대국제법상 외국과 체결한 최초의 통상조약이다. 같은 해 8월 24일에는 한일수호조약 부록과 무역장정규칙을 체결하여 수호조약의 규정을 실시하는 데 대한 세목을 정하였다. 강화도조약과 그 부록조약 및 무역규칙은 1842년 영국이 아편전쟁을 일으킨 후에 청국에 강요하여 체결한 난징조약이나 일본국 자신이 1854년 미국으로부터 강요당한 미일화친조약(美日和親條約)과 같은 것을 조선에 강요한 굴욕적인 불평등조약이었다. 형식적으로는 중국 중심의 국제질서인 전근대적 중화체제(中華體制)를 벗어나 근대국제법인 만국공법(萬國公法)에 바탕을 두고 조선과의 관계를 수립하여 일본과 조선의 평등한 지위를 규정하고 있는 듯하지만, 실질적으로는 청나라의 발언권을 봉쇄하고 일본의 세력을 확대하려는 의도에서 나온 불평등조약이었다.

---

21) 李基白 著, 《韓國史新論》(改正版), 一潮閣, 1987, p. 319.

첫째, 일본은 수입품에 대하여 5퍼센트의 관세에 응할 의향이 있었음에도 불구하고, 조선은 국제조약에 대한 무지로 말미암아 무관세(無關稅)를 허용하였다.

둘째, 본래 일본 공관이 있던 부산과 그 밖에 두 항구를 개항하기로 하였으며, 일본은 조계[租界, 또는 거류지(居留地)]의 토지를 헐값으로 영구히 차지(借地)하고 조계의 관리권을 획득하였다.

셋째, 조계로부터 사방 십 리를 간행이정(間行里程)으로 정하여 그 지역 안에서 일본인의 자유로운 통행과 행상활동을 허용받았다.

넷째, 무관세규정에 따라 관세주권이 상실되고 반식민지(半植民地) 안의 식민지인 개항장이 설치되어 영토주권이 침해받았다. 또 치외법권(治外法權) 규정에 따라 사법주권이 침해받았으며, 또한 일본인의 불법행위에 관련한 사건을 일본인 관원이 심의하는 영사재판권(領事裁判權)도 인정됨으로써 불평등조약의 삼대지주(三大支柱)가 정비되었다.

다섯째, 일화유통권(日貨流通權), 곡물수출권이 허용되었다. 일화유통권으로 말미암아 조선 정부의 화폐정책에 대한 통제권이 약화되고 국내 통화체제가 교란당하였다.

강화도조약의 이러한 불평등성은 일본의 무력시위라는 강제성과 조선 정부의 무지 속에서 만들어진 것이었다.

강화도조약 이후 조선에서의 일본의 독점과 세력부식을 견제하고자 1880년대 초 이후 서구국가에게도 문호를 개방하였는데, 1882년에 체결된 조미통상조약은 서양에 문호를 개방하는 계기가 되었다. 이 조약에서는 관세자주권을 인정하여 관세율을 수입품 10퍼센트, 수출품 5퍼센트로 정하였다. 곡물수출을 금지하는 방곡령(防穀令)이 인정되고 최혜국대우(最惠國待遇) 조항이 첨가되었다. 만국공법적 국제질서와 근대적 통상관계의 지식 등을 첨가한 결과 이 조약에서는 불평등성이 상당히 시정되었다.

이어서 1882년 임오군란 이후 청나라와 체결한 조청상민수륙무역장정(朝淸商民水陸貿易章程)은 전통적 종주국과 근대적 불평등성을 강요하여 의례적 사대관계를 실질적인 지배종속관계로 전환시킨 것이었다. 더욱이 중국상인은 양화진(楊

花津)과 한성에서 점포를 개설할 수 있게 되었고, 수출상품에 대해서는 간행이정을 벗어난 내지에서의 상업활동이 가능한 내지통상(內地通商)과 개항장 사이의 연안무역이 허용되었으며, 간행이정은 50리로 확대되었다.

또한 강화도조약의 무관세라는 불평등성을 개선하려는 교섭이 있었지만 1883년에 체결된 일본과의 조일통상장정(朝日通商章程)에서는 조미조약의 관세자주권이 부정당하고 수출 5퍼센트, 수입 8퍼센트를 기본으로 하는 협정관세(協定關稅)가 규정되었으며, 간행이정은 다시 100리로 확장되었다.

1883년에 영국과 체결된 조약에서는 수출 5퍼센트, 수입 7.5퍼센트를 기본으로 하는 협정관세가 명시되고 일체의 내지관세(內地關稅)가 부정되었으며, 양화진과 한성의 개방이 영국에도 허용되었다. 여기서는 개항장과 개시장(한성처럼 항구가 아니면서 외국인에 개방된 시장)에서 토지·가옥의 임차·구매와 공장의 설립이 허용되었다. 더욱이 구매와 판매를 모두 허용한 내지통상권이 부여되었다. 이 조영조약(朝英條約)은 서구국가와 체결한 불평등조약의 원형이 되었으며, 일본, 중국, 미국도 최혜국대우 조항에 따라 같은 특권을 균점하게 되었다.

이런 가운데 조선에게는 미국, 영국 등 선진자본주의 국가의 외압뿐만 아니라 후발자본주의국으로 발돋움하던 중국과 일본의 외압이 복합적으로 가해졌고, 갈수록 외압이 누적되어 조약의 불평등성은 심화되었다. 더구나 중국과 일본은 정치적·군사적 지배까지 추구하였다.

그러나 조약의 불평등성을 외압의 탓으로만 돌릴 수는 없으며, 이는 조선의 외교적·군사적 역량의 취약함이 강렬한 외압과 상호작용하여 빚어진 것이었다. 그 결과 불평등조약은 국가주권을 제약하여 반식민지화(半植民地化)의 바탕이 되었으며, 외국자본주의는 그것에 의지하여 경제적 침투를 수행하였다. 관세의 자주적 결정을 금지한 협정관세는 관세장벽으로 국내 산업을 보호하며 재정수입을 확보하려는 것을 가로막았다. 개항장과 개시장은 외국의 관리구역으로 발전하면서 내지에 대한 경제적 침투의 거점이 되었다. 영사재판권은 외국인에 대한 재판권을 박탈함으로써 불법적 침략활동을 조장하였다. 외국상인은 개항장에서 외국무역을 독점하였고, 내지통상권과 연안무역권으로 내지와 연안의 상권을 침식할 수 있었다.

　결국 통상조약은 조선을 자본주의적 세계시장에 연결시키는 주된 매개수단이 되었지만, 불평등조약이 추구한 중심적 과제는 근대적 자유무역인 동시에 불평등성에 바탕한 반식민지적 무역을 강요하는 것이었다. 이것이 개항 이후 외압 속에 체결된 불평등조약의 실체였으며 또한 외압의 실체였다.[22]

제3절 자본주의 문화의 유입과 반(牛)식민지화 과정

1. 반식민성과 개항 35년의 과정

　경제사학에서 근대는 자본주의사회가 형성되는 시기를 말하며, 자본주의사회란 경제활동이 자유시장 경제원리에 따라 운영되는 사회경제체제이다. 자본주의적 사회경제체제 속에서는 기업이 발생하고 기술혁신이 진행되며, 이 과정에서 자본을 축적하고 사회적 세력으로 부상한 진보적 시민계층이 성장하여 전통적 봉건사회를 대체할 시민적 질서를 실현시키고 근대적 시장경제질서를 형성, 확대하는 등 자본주의 경제문화를 창출하였다.

　개항 이후 조선 후기 사회 내부에서 내재적 발전을 지속해오던 사회경제는 이러한 서구자본주의 문화가 유입되면서 두 가지의 과제에 직면하게 되었다. 하나는 전통적 봉건체제를 극복하는 것이었고, 다른 하나는 서구자본주의 세력에도 대항하면서 근대적 개혁을 진행시켜야 하는 것이었다. 곧 탈봉건(脫封建)·반침략적 근대개혁으로 자주적이면서 근대적 개혁을 지향해야 했다.

---

22) 李憲昶 著, 앞의 책, pp. 221~224 참조.

그런데 개항(1876) 이후 한일병합(1910)에 이르는 개항 35년의 과정은 예속적 근대화과정이었으며 반식민지화과정이라고 할 수 있다. 선진자본주의가 후진지역에 진출하는 경제적 목적은 상품판매시장, 식량·원재료 공급 및 자본투하시장의 확보라는 세 가지로 요약된다. 앞의 두 가지는 외국자본이 국제무역을 통하여 후진지역에서 공산품을 판매하고 그로부터 값싼 원료와 식량을 공급받아서 이윤을 추구하는 것이고, 마지막은 후진지역의 저렴한 노동력과 원료를 활용하여 이윤을 얻으려는 것이다. 대체로 앞의 두 가지 목표를 위한 초기의 경제적 침투는 무역활동을 중심으로 이루어지고, 조선의 경우도 1920년대까지 주로 그러하였다. 본격적인 자본투하는 선진자본주의의 자본축적과 후진지역의 사회간접자본 및 노동력시장의 확대를 전제로 한다.

개항 이후 조선에 진출한 선진자본주의는 그들의 목표를 불평등조약의 강제로써 달성하였고, 이것은 국가주권을 제약하여 반식민지화를 강요하는 것이었다. 통상조약은 조선을 자본주의적 세계시장에 연결시키는 주된 매개수단이었지만, 불평등조약에 기초한 근대적 자유무역은 반식민지적 무역을 강요하는 것이었다. 결과적으로 개항 이후 자본주의 문화의 유입은 근대적 시장경제를 형성하고 자본주의적 관계를 진전시켰지만, 조선을 반식민지적 사회로 만들었다.

선진자본주의의 지배력은 자본주의라는 생산관계가 후진지역에 직접적으로 미칠 수 있는 것은 아니다. 그것은 선진자본주의가 후진국의 국가권력에 개입하여 그것을 직접적으로 또는 간접적으로(반식민지적으로) 규제함으로써 실현된다. 따라서 반식민성은 후진국에 대한 선진자본주의의 지배력을 의미하지만, 현실적으로는 후진국의 국가권력에 대한 선진자본주의의 지배를 뜻하고, 후진국(반식민지) 측에서 본다면 국가권력의 비자립성을 뜻한다. 곧 반식민성은 국가권력인 상부구조에 대한 범주규정인데, 반식민지에서는 이러한 상부구조가 하부구조인 경제의 비자립성과 반봉건성(전근대성)을 규제한다는 것이다.23)

---

23) 小谷汪之, 〈(반)식민지·반봉건사회의 개념구성〉-中西功·大上末廣의 所說의 검토-, 藤瀬浩司 외 지음, 장시원 편역, 《식민지반봉건사회론》, 한울, 1984, p. 349.

개항 이후 조선에 대한 선진제국주의 지배력의 외압으로 국가주권이 제약을 받는 가운데, 조선의 내재적 근대화와 개혁을 위한 노력이 있었지만 결국 불평등조약으로 반식민지적 경제구조가 정착되었다. 문호개방 이후 한일병합까지 개항 35년은 대개 세 시기로 구분된다. ① 1876년의 문호개방부터 갑오개혁(甲午改革)과 을미개혁(乙未改革 : 제2차 갑오개혁)까지 20년에 걸치는 제1기, ② 대한제국이 성립한 때부터 러일전쟁이 발생한 때까지 약 8년간의 제2기, ③ 러일전쟁 때부터 한일병합까지의 제3기의 구분이 그것이다.[24]

2. 개항 초기의 개혁정책과 그 한계

조선은 이 기간에 제국주의적 외압으로 반식민지화 과정을 겪었지만 그런 가운데서도 꾸준히 근대화와 개혁을 추진하면서 이에 대응하였다. 개항을 계기로 세계자본주의체제의 일부로 편입된 조선에게는 새로운 상황에 대응하기 위한 체제변혁과 개혁이 요구되었다.

일본의 포함외교와 무력시위에 의해 개항을 강요당했던 조선 정부는 새로운 대내외 정세에 대응하기 위한 정책을 수립하게 되었다. 1880년 7월 일본에 파견됐던 수신사 김홍집(金弘集)의 귀국 후 복명[25]을 계기로 고종과 개명관료들은 동아시아의 새로운 관계를 직시하여, 화이론적(華夷論的) 세계관[26]을 고수하는

---

24) 姜萬吉, 〈開化期의 商工業問題〉, 《朝鮮時代商工業史硏究》, 한길사, 1984, p. 265. 또는 개항기의 역사를 ① 1876년의 개항에서 1894년의 갑오농민전쟁까지(양절체제의 국가), ② 그 이후 1905년 을사조약까지의 시기(만국공법체제의 국가), ③ 다시 1910년 한일병합까지(내셔널리즘의 성립)의 세 시기로 나누어서 국제관계질서 속에서 한민족의 국가(nation)의 정립을 고찰하기도 한다(정창렬, 앞의 글, 앞의 책, p. 62).

25) 김홍집이 복명서와 함께 제출한 황쭌셴(黃遵憲)의 《조선책략》(朝鮮策略)은 당면한 조선의 외교정책을 논술한 것으로서, 조선이 자강(自强)하려면 서양 여러 나라들과 수호통상이 불가피하다고 강조하고, 조선의 당면 외교정책으로 친중국(親中國), 결일본(結日本), 연미국(聯美國)하여 러시아의 남하를 막아야 한다는 것을 제시하였다.

재야 유생들의 반대를 무릅쓰고 자강을 위한 일련의 근대화정책을 시행했다.

1880년대 초기에 시행된 근대화정책은 개항으로 말미암은 후유증과 새로운 관계의 대내외적 위기에 대처하여 취해진 정책이지만, 이것은 고종과 개명관료 등이 주도하여 주로 군비와 기술의 자강(自强)을 통해 왕조체제를 재편 강화하려는 위로부터의 개량적 대응이었으며, 개항 후 자주적 구미문화 수용의 시발 형태였다. 이 시기 자강을 위한 근대화정책을 사상적으로 뒷받침해준 것은 동도서기(東道西器)의 논리였다.[27]

초기 근대화정책에서는 1880년 12월에 관제를 개혁하는 등 근대화 개혁을 추진하였지만 이는 두 가지 측면에서 도전을 받았다. 하나는 수구적인 유생들의 신사척사운동(辛巳斥邪運動)이었고, 다른 하나는 근대화정책에서 소외된 채 냉대와 생활에 위협을 받게 된 구군졸(舊軍卒) 등 빈민층의 생활권 투쟁이었다. 임오군란 뒤 한 때 대원군의 쇄국정책이 부활하고 조선에 대한 청국의 종주권이 강화되자 쇄국정책에 반대하던 당시의 집권세력인 개항파(통상개화론자) 내부에 분화가 일어나 동도서기파(초기자강파)와 개화파로의 분화가 나타났는데, 이것은 개항 초기 조선의 근대화를 위한 노선의 차이이기도 하였다. 임오군란은 개항 이후 일본세력의 정치·경제적 침투에 대한 최초의 대중적 항일투쟁이었지만, 결과적으로 청일 양국의 군사·경제적 침투를 가중시켰다.

임오군란의 발생으로 한 때 중단되었던 초기 근대화정책은 군란 이후 다시 추진되었다. 더욱이 임오군란 이후에는 1880년 전후에 형성된 개화파의 본격적이고 조직적인 활동이 표면에 나타났다. 임오군란 후 당시 집권세력, 특히 상층 실

---

26) 세계는 유교적 예악(禮樂)이 완전히 갖추어져 있는 화(華)로서의 중국과 그 축소판이자 소화(小華)인 조선과 유교적 예악이 결여된 이(夷), 그리고 이조차도 되지 못하는 금수(禽獸)로서의 서양이 계서적(階序的)인 구조를 이루면서 구성되었다고 생각하는 세계관이다.

27) 이는 그 사상적 기반이 개화사상과는 지향을 달리하고 있으며 정책목표도 양무론적(洋務論的) 자강이었으므로 개화파 조류와 구분하여 초기 근대화정책이라고 쓰기도 한다. 여기서 양무론적 자강은 중국에서의 중체서용(中體西用) 사상에 바탕을 둔 것으로서, 전통적 아시아 사회의 근대화 지향 초기 단계에 등장한 구미문화에 대한 선별적 섭취론이며 동도서기론도 이것과 궤를 같이 한다.

세들이 청국에 정치적·상업적 특권을 넘겨주면서 종속성을 심화시키자, 김옥균 등 개화파는 청국군이 서울에 주둔하고 있는 조건에서는 나라의 자주적 근대화를 이룰 수 없다는 입장을 취하였다. 그들은 1883년 8월 박문국(博文局)을 설치하고 같은 해 10월《한성순보》(漢城旬報)를 창간하는 등 개화운동을 전개하였다.

3일 천하로 막을 내린 갑신정변(1884년 11월)에서 개화파는 대청독립론(對淸獨立論) 속에 경제개혁구상으로 ① 국가재정의 통일, ② 지조법(地租法)의 개혁, ③ 탐관오리의 중간수취 근절, ④ 환곡제도의 폐지, ⑤ 보부상 등 봉건적 특권상업의 폐지 등을 주장하였다. 그러나 조선 사회의 근대화 개혁에서 핵심적 과제였던 지주·전호제도로 집약되는 봉건적 토지소유관계의 폐지를 제기하지는 않았다. 그럼에도 갑신정변은 국민주권주의를 지향한 최초의 정치개혁운동으로서 '위로부터의 부르주아개혁'의 시초였다.

비록 그들의 개혁운동은 실패하였지만《갑신일록》(甲申日錄)과 연이어 발표한 80여 종의 개혁안을 볼 때 개화파가 제기한 것은 부르주아적 입장에서 반봉건적·반침략적인 것의 표현이었다. 수구파가 뒷받침하는 낡은 봉건적 생산관계를 개혁하고 신흥부르주아의 요구를 반영하여 자본주의적 생산방식을 수립하려는 것이었다. 또한 외래자본의 침입을 막고 국내 시장의 안전과 그 확대를 바탕으로 상품생산의 자유로운 발전을 도모하려는 것이었다.[28]

김옥균 등 개화파가 일으킨 갑신정변의《갑신일록》가운데 제9조 '혜상공국혁파사'(惠商公局革罷事)는 개화사상을 견제하려던 보부상(褓負商) 등 특권경제단체를 해체하고 근대적 경제질서를 수립하려는 조치였다.[29] 이는 봉건적·특권적 경제질서를 타파, 자유로운 경제활동을 보장해 신흥부르주아를 성장시켜 자본주의적 상품관계를 발전시키고, 또한 이에 장애가 되는 외래자본의 침투를 저지하려는 반침략사상이 표현되어 있는 등 당시로서는 진보적 성격을 지닌 것이었다.

---

28) 김광진·정영술·손전후,《조선에서 자본주의적 관계의 발전》, 사회과학출판사, 1973, pp.70~71.

29) 姜萬吉,〈開化期의 商工業問題〉, 앞의 책, p. 267.

그러한 갑신정변은 실패했으며, 개화파의 국정개혁 또한 좌절되었지만 그들의 개혁정책은 그 뒤 수구파 정권에서도 부분적으로 채택되었고, 이에 따른 국정개혁이 실시되었다. 우선 1883년에 삼청동 북창(北窓)에 기기창(機器廠)을 건립하고 총포 및 화약 등 근대무기 제조에 관심을 기울였다. 또한 같은 해 전환국(典圜局)을 두고 화폐주조를 위한 조폐공장을 관할하게 하였다. 이 해 8월에는 박영호의 건의로 박문국을 설치하고 일본에서 인쇄기계를 수입하여 정부의 인쇄물을 인쇄하는 한편, 그 해 10월 1일부터 《한성순보》를 인쇄 발행하였는데 이것은 우리나라 최초의 신문이었다. 1884년 8월 21일에 일시중단되었다가 1886년 1월에 《한성주보》(漢城週報)로 개칭 발간되었는데, 국한문 혼용으로 간행되어 서구의 근대문명을 소개하면서 국민의 개혁의식을 촉구하였다. 그러나 1888년에 박문국이 폐쇄되면서 폐간되었다. 또한 1885년에 직조국(織造局), 1887년에 조지국(造紙局) 및 광무국(鑛務局)을 설치하면서 서구 근대산업의 도입을 시도하였다. 직조국 관장 아래에 모범직조공장을 건설했으며, 또 조지국 밑에 제지공장을 설치하였는데, 이들 공장들은 1889년 전후에 설립되었다. 모범직조공장에는 서구식 직조기계를 도입하고 청국에서 방직기술자를 초빙하여 국내 기술자를 양성하였고, 제지공장에서도 일본으로부터 기계를 구입하였다.

광무국 설치 뒤에는 광산개발에도 노력하였다. 미국 광산기술자를 초빙하여 전국의 광산을 답사·조사하였고, 미국에서 채광기를 도입하였으며 민간에도 광산회사 설립을 종용하는 등 그 개발을 촉구했다. 그러나 당시 우리나라에는 지하자원개발에 대한 조사와 기술이 부족했다. 이에 1880년대 초부터 열강들은 광산개발의 특허를 요청했고, 그 결과 1890년대에는 영국, 일본, 미국, 러시아, 독일 등 열강에 주요한 광산의 채굴권이 넘어갔다. 이 밖에 철도·해운에서도 근대적 개혁을 단행하여 수송부문에서도 외국자본의 진출을 방어하려는 노력을 하였다. 1883년에 전운국(轉運局)을 설치했고, 1900년 4월에는 철도원(鐵道院)을 두고 육운과 해운을 정부가 직접 관장을 시도했다.

1890년에는 양지아문(量地衙門)을 신설하고 양전사업(量田事業)에 착수하였다. 일부 선각자들 사이에서 논의되었던 양전론이 개항 이후 일본인 등 외국인의 토지불법소유 증대와 재정규모 팽창에 따른 세원 포착의 시급성으로 정부에 의하여 양전사업으로 실시된 것이다. 1894년(고종 31)에 역둔토(驛屯土) 정리사업이 시도되었는데, 정변으로 중도에 좌절되었다.

이처럼 개항 후 정부도 자본주의 문화의 유입과 식산흥업정책에 힘써 왔으나 그 실적은 크지 않았다. 그런데 갑신정변이 실패한 뒤 수구파 정부의 근대적 개혁에는 한계가 있었다. 서구의 근대기술 도입에는 적극적이었지만, 정치 및 행정개혁에는 소극적이었던 것이다. 수구파의 기본이념은 동도서기에 있었으므로 서구의 근대기술 도입은 봉건왕국의 유지 보강을 목적으로 한 것이었다. 이러한 동도서기의 이념은 1860년대 중국의 양무개혁파(洋務改革派)의 중체서용(中體西用)의 이념과 맥을 같이 하는 것이었다.[30]

갑오개혁은 넓은 의미로는 1894년 7월 군국기무처(軍國機務處)의 활동 이후 1896년 2월 고종의 아관파천(俄館播遷)으로 개혁파가 제거될 때까지 진행되었던 일련의 개혁운동을 지칭한다. 그러나 좁은 의미의 갑오개혁 또는 갑오경장은 김홍직, 유길준 중심의 갑오파(갑오경장파)가 대원군파와 제휴하여 군국기무처를 중심으로 개혁운동을 전개한 제1기 개혁기(143일)를 뜻한다. 제2기(156일)에는 갑오파가 박영효, 서광범 등 갑신파와 연립내각을 구성하여 공동으로 개혁을 추진하였는데 이를 을미개혁이라고도 한다.

1894년 7월 23일 일본군은 군대를 출동시켜 조선군을 무장해제시키고 대원군을 입궐시켜 친청정권 대신 김홍집을 수반으로 한 친일계와 중립계로 구성된 친일정권을 수립, 초정부적 존재인 군국기무처를 중심으로 개혁을 실시하였다. 그러나 군국기무처의 구성은 갑신정변을 일으킨 개화파 인사들이 그 핵심을 이루었으며, 따라서 갑오개혁(갑오경장)은 갑신정변을 일으켰던 개화파 개혁운동의 새로운 형태라고 할 수 있다.[31]

경제부문의 개혁을 보면 왕실재정과 국가재정을 분리하여 국가의 재정을 탁

---

30) 趙璣濬 著, 《韓國經濟史新講》, 일신사, 1994, pp. 365~367 참조.

31) 李基白 著, 앞의 책, p. 345.

지부(度支部)로 일원화시켜 왕실이나 기타 기관이 직접 수세하는 폐단을 없애고자 하였다. 또한 화폐제도를 개혁하였는데, 군국기무처는 신식화폐발행장정(新式貨幣發行章程, 총 7개조)을 의결하여 은본위제(銀本位制)를 채택하고 백동(白銅), 적동(赤銅), 황동(黃銅)을 보조화폐로 하였다. 그러나 신식화폐가 다량으로 주조될 때까지 잠시 외국화폐를 혼용할 수 있다고 규정하여 일본화폐가 국내에 유통되는 결정적 계기를 마련하였다. 또한 지세(地稅)의 금납화와 도량형 통일을 시행하였으며, 육의전의 금난전권을 철폐하는 등 화폐경제의 농촌침투와 경쟁적 상업질서를 추구하였다.

한편 청일전쟁에서 우위를 확인하면서 일본 정부는 조선의 보호국화를 대한정책(對韓政策)의 목표로 하게 된다. 그 일환으로 이노우에 가오루(井上馨)를 주한 공사로 임명한 뒤 대원군을 퇴각시키고, 친일 인물인 박영효를 핵심으로 하는 김홍직·박영효 내각을 출범시킨 뒤 한국 최초의 헌법이라고도 하는 홍범(洪範) 14조를 발표하였다. 여기서는 청국에 의부(依附)하는 생각을 그만두고 자주독립의 기초를 세우는 등 자주독립을 선언하였지만, 동시에 이는 친일적 성향을 더욱 짙어지게 하였다.

갑오개혁은 내부적으로는 갑신정변 이래 계속된 개혁의 요구와 동학농민군의 개혁안을 수용하면서 이루어진 개혁이었지만, 밖으로는 청일전쟁 동안의 청국과 일본의 대한정책과 관련을 가지면서 진행되었다. 조선왕조의 정치·경제·사회·문화 등 전 분야에 걸친 전면적 개혁으로 기존의 지배질서는 변혁되었으나, 지배세력과 열강이 연합하여 밑으로부터의 반봉건·반침략운동을 무력으로 진압할 수 있는 기회를 제공하였다. 결국 갑오개혁은 근대화의 획기적 계기이었지만 한편으로는 식민지화의 단서가 되기도 하였다.

3. 광무정권의 식산흥업정책과 외압의 가중

1896년 2월 11일의 아관파천이 있은 지 1년 만인 1897년 2월에 고종은 경운궁

(慶運宮)으로 환궁하였다. 아관파천으로 친일개화파 정권이 붕괴되어 조선은 일본의 영향에서 벗어날 수 있었지만, 갑오년 이후 지속되어 온 러시아를 비롯한 구미 열강의 이권침탈 및 차관공세는 더욱 적극화되었다. 무역, 상업, 공업, 광업, 철도, 금융 등 경제부문에 대한 외래자본의 침투는 조선경제를 반식민지의 위치로 몰아갔다. 외래자본은 불평등조약을 근거로 유리한 조건 아래에서 유통부문으로부터 생산부문으로 침략을 점차 확대해 나갔다.

이런 배경에서 경제적 침략을 막으려는 국민의 고조된 자주의식과 함께 환궁 이후 청국세력의 후퇴와 열강의 세력균형이라는 조건에서 대한제국이 성립하였다. 1897년 10월 광무(光武)라는 독자적 연호의 제정과 황제즉위의 과정을 거쳐 광무정권이 탄생하였다.

광무정권은 일본세력을 등에 업고 개혁을 추진했던 개화파의 외세의존적 성격을 비판하고 전제군주체제를 옹호하던 양반 유생층이 그 주된 세력기반이었다. 또 특권을 얻어 상권을 독점하려던 상인층이 그 기반이었는데, 상무소(商務所)를 설립(1899년 5월 이후 상무사에 흡수)하여 상품유통의 독점권을 요구하던 보부상과 시전상인이 그들이었다. 이들은 국가권력에 의존하여 외국상인에 의해 무제한적으로 침탈되던 상권을 보호하려는 것이었으며, 이러한 상권보호의 명분하에 특권을 요구하였다. 결국 광무정권의 잡세(雜稅) 수취 등 재정확보책과 맞물려 지주제 및 특권상업체제가 부활·강화되었다. 정부는 이를 통하여 전제군주제의 물적 토대를 확보하고 관료자본의 주도로 개혁을 추진하였다.

1905년 통감부가 설치되면서 실질적인 식민지체제로 편입될 때까지 추진된 개혁(광무개혁)은 갑오개혁의 급진적·외세의존적인 것과는 달리 구본신참(舊本新參), 곧 구법을 중심으로 하고 신법을 참작하는 절충적 방향으로서, 지배층 입장에서 '위로부터의 개혁'을 지향한 것이었다.[32]

재정개혁에서는 갑오·을미개혁에서 추진된 조세금납화 등을 계승하면서 갑신정변으로 일시 중단되었던 양전사업을 다시 추진하였다. 1898년 양지아문이

---

32) 나애자, 〈대한제국의 권력구조와 광무개혁〉, 《한국사》 11, 한길사, pp. 158~160 및 p. 172.

설치되어 1899년부터 이 사업이 실시되었고, 1901년에 중지되었다가 1902년 지계아문(地契衙門)이 설치되었으며 이것이 양지아문의 기능을 통합하면서 재개되었다. 토지등기작업이 병행되었고, 측량이 완료된 지역에 대해서는 토지대장인 양안(量案)을 작성하였으며, 근대적 토지소유권 증서인 지계(地契)를 발급하였다. 1904년 러일전쟁으로 이 사업은 중단되었지만, 토지에 대한 근대적 소유권을 확립하여 지주제를 근대적으로 전환시킨 것이다. 그 뒤 일제는 토지조사사업으로 지주제를 재확인하면서 토지를 약탈하였다.

갑오개혁 때 '신식화폐발행장정'의 공표로 말미암아 사실상 일본의 화폐제도에 종속되어 있었던 조선의 화폐제도는 광무정권 때인 1898년부터 1904년까지 화폐제도개혁 및 중앙은행 창립을 시도하였다. 그러나 1901년(광무 5)의 금본위제도를 채택한 '신화폐조례'(新貨幣條例)는 발표만 되고 러일전쟁으로 중단되었다.

상업정책에서는 갑오개혁 때 잡세를 혁파하고 외국상인에 대한 육의전의 도고권을 폐지하는 등 자유주의 상업정책을 실시했던 것을 부정하고 다시 특권상인을 보호하는 특권상업제도로 복귀하였다.[33] 이는 제국주의로부터 상권침탈을 보호한다는 명분에서였다. 보호관세의 설정 등 불평등조약의 개정이 이루어지지 않은 상태에서 잡세와 도고권의 혁파 등 자유로운 상업활동이 지향은 이구 상인의 국내 상권에 대한 무제한 침탈을 불러왔다. 이에 보부상, 시전상인이 국내 상권의 보호를 위해 독점권의 보장을 요구했고, 정부에서 이를 받아들이면서 상인에 대한 통제를 강화하였다.

자본제 상품의 유입과 외래자본의 생산부문 침투를 막기 위해서 식산흥업정책을 실시했다. 광무정권은 1899년 상공학교관제를 발표하여 상업자의 양성에 노력하였으며, 전·현직관료와 황제 측근 세력을 중심으로 근대적 기업을 설립하고 선진기술을 도입하였다. 직물업, 양잠업, 연초업, 해운업, 금융업 등 분야에서 고위관료가 상인 등 민간자본을 선도하거나 대규모의 자본을 직접 투자하면서 기업경영에 진출하였다. 이런 일이 가능했던 이유는 이들이 대지주 출신으로

---

33) 姜萬吉, 앞의 글, 앞의 책, pp. 272~273.

자금동원력이 있고 정보에 밝으며 각종 특권을 누릴 수 있었기 때문이었다.

그러나 광무정권의 식산흥업정책은 큰 성과를 거두지 못하였다. 기업성장의 기본조건인 근대적 화폐금융제도와 교통부문의 미비, 재정궁핍으로 말미암은 금융지원의 결여가 큰 원인이었다. 여기에 불평등조약이라는 외압의 작용도 중요한 요인이었다. 저율관세와 편파적 협정관세체제에서는 선진자본주의의 상품 유입에 국내 산업이 보호받을 수 없었기 때문이었다. 개화파와 마찬가지로 광무정권도 지주층의 보호육성을 기본으로 한 근대화를 추구하였고 따라서 미곡수출의 증대에 따른 지주층의 성장을 기하기 위하여 저율관세의 자유무역을 표방하였고, 보호관세에 대하여는 부정적이었다.34)

결국 광무연간의 근대화 개혁은 제국주의 침략에 대응하여 부국강병을 목표로 외세의 노골적 침략을 일정하게 저지하였으며 특정한 외세의 간섭 없이 자율적으로 추진되었다. 그러나 재정적 뒷받침의 부족과 지주·특권상인 편향적인 정책의식으로 말미암은 개혁성 부족이란 한계성으로 큰 성과를 보지 못하였다. 더욱이 외국상인의 상권침략을 막고 상인자본을 육성한다는 명목으로 부활 강화된 특권상업체제는 오히려 소상인을 침탈하였고, 상업의 자유로운 발전을 저지하였다. 곧 광무개혁은 봉건체제를 유지한 채 근대화를 추진하려고 하였으나 민중의 지지를 받지 못하였으며, 자주적 개혁의지와는 달리 외압을 가중시켰고, 마침내 러일전쟁으로 중단되었다.35)

4. 통감부 설치 후 반(半)식민체제의 정착

1905년 이후 조선에는 일본의 보호국체제가 전개되었다. 일본은 1904년 2월 10일 선전포고로 러일전쟁을 일으켰고, 이 전쟁은 1년 6개월 동안 진행되어 결

---

34) 김순덕, 〈1836~1905년 관세정책과 관세의 운용〉, 《한국사론》 15, 1986, pp. 284~286.
35) 나애자, 앞의 글, 앞의 책, p. 191.

국 1905년 8월에 일본의 승리로 끝났다. 이 전쟁은 크게 볼 때 영국·미국·일본을 한편으로 하고, 프랑스·독일·러시아를 다른 한편으로 하는 양대 제국주의 진영 사이의 대결이었으며, 국지적으로는 10여 년 동안 동북아시아의 지배권을 놓고 대립해 온 후진제국주의 국가인 러시아와 일본 사이의 전쟁이었다.

전쟁에 앞서 러·일 사이의 충돌을 예견한 조선 정부는 1904년 1월에 국내외에 엄정중립을 선포한 바 있으나, 일본은 전쟁이 시작되자마자 한반도를 무력점령하고 1904년 2월 23일 협박 매수로 한일의정서(韓日議定書)를 체결했으며, 이에 근거하여 1904년 8월 22일에는 제1차 한일협약(韓日協約)을 체결하였다. 이 협약은 일본인 재정고문과 제3국인인 미국고문을 초빙하도록 되어있는데, 재정고문으로는 메가타 다네타로(目賀田種太郎), 외교고문으로는 미국인 더럼 W. 스티븐스가 초빙됨으로써 이른바 고문정치(顧問政治)가 시작되었다. 전쟁에서 승리한 일본은 미국, 영국, 러시아로부터 조선의 보호국화(保護國化)에 대한 사전승인을 받은 뒤, 1905년 11월 17일에 이토 히로부미(伊藤博文)가 주재하는 조선각료회의에서 이른바 을사보호조약(乙巳保護條約)을 체결하였다. 그 후 일본은 한반도에 보호국체제를 수립하고 통감정치(統監政治)를 시행하기 위한 기틀을 마련, 1906년 2월 1일에 통감부(統監府)를 설치하였으며, 초대통감에 이토가 부임하였다.

이후 조선 정부는 현실적으로 아무 실권을 갖지 못하는 형식적 존재로 전락하였다. 이어 일본은 1907년 6월의 헤이그 밀사사건을 계기로 그 해 7월 고종을 퇴진시키고, 이완용(李完用)의 친일내각과 맺은 한일신협약(韓日新協約)의 비밀각서에서 조선 군대를 해산시키고 일본인의 차관임명을 가능하게 하여 이른바 차관정치(次官政治)를 실현하는가 하면, 경찰권과 사법권의 이양에까지 이르렀다. 이후 조선은 사실상 일본 식민지로 전락하였으며, 일본은 식민지 지배를 위한 기초 작업에 적극 착수하였다.

내재적 발전을 지속하던 조선 후기 사회의 자주적 근대화가 좌절된 데는 제국주의 열강, 특히 일본의 강압적 지배구조 실현이라는 상부구조의 (반)식민성에 규정된 바가 크다. 그러나 경제구조(하부구조)에서는 열강의 이권침탈과 이에 밀접한 관계를 갖고 있는 투자(차관)에 따른 경제침탈이 그 내용을 이루었다. 이권이란 자본주의·제국주의 열강이 후진국에서 경제적 이익을 착취하는 권리와 이를 위해 경제적 기관을 지배하는 권리를 후진국 정부로부터 강제로 허용받는 것을 뜻한다.

경제적 이익에 관한 이권에는 광산채굴권, 전선가설권, 어채권, 철도부설권, 산림채벌권, 관세협정권, 연안해운권, 공장건설권이 포함되며, 경제적 기관에 관한 이권에는 해관운영권, 해관수세권, 은행설치권 등이 해당된다. 또 이러한 이권과 함께 특권이 존재하는데, 특권이란 이권침탈과 그 이권을 기반으로 전개하는 사업의 수행을 보장받고자 후진국으로부터 강제로 이양 받는 권리를 말한다. 여기에 포함되는 것으로는 개항장설치권, 조계설치권, 치외법권(영사재판권), 군함내왕권 등이 있다.36) 한편 차관은 투자에 의한 경제적 침탈의 전형적 형태인데, 그것은 국가간 채권채무관계를 넘어서 채권국이 채무국의 내정을 간섭하고 이권을 침탈하는 기반이 된다.

청국과 일본을 비롯한 미국, 영국, 독일, 러시아 등 자본주의·제국주의 열강의 조선에 대한 이권침탈은 이미 1880년대부터 시작되었으며, 갑오농민전쟁과 청일전쟁을 거치면서 방대한 자본규모와 높은 과학기술이 요청되는 이권으로 전환되면서 진행되었다. 그 뒤 제국주의 열강 사이의 세력균형을 바탕으로 독립을 유지하려는 정책을 폈던 광무정권에 들어와서 이권침탈은 더욱 심해졌다. 제국주의의 압력에 따른 이권양여도 있었고, 또는 제국주의 열강에 스스로 이권을 양도하기도 하였는데 이것이 때로는 일본의 조선 식민지화를 저지하려는 노력의 일환이기도 했다.37)

일본은 러일전쟁 이후 조선에 대한 본격적인 식민지화 작업에 착수하였고, 식량·원료의 공급기지 및 상품시장의 확보라는 제국주의적 요구를 관철하고자 식민지지배의 기본요건을 마련하는 정책을 추진하였다. 각종 법령의 정비와

---

36) 김정기, 〈자본주의 열강의 이권침탈연구〉, 《역사비평》 11, 역사비평사, 1990, pp.74~75(이윤상, 〈열강의 이권침탈과 경제의 예속화과정〉, 《한국사》 11, 한길사, 1994, pp.278~279 참조).

37) 개항 이후 이권침탈의 내용과 침탈국에 대하여는 이윤상, 위의 글, 위의 책, pp. 280~281의 〈표-4〉를 참조할 것.

군대 및 경찰의 해산, 철도·항만·도로 등 사회간접자본의 확충, 농업이민의 장려 등을 추진하면서 조선을 자국의 식량 원료공급지 및 상품판매시장으로 만들어 나갔다.

1904년 10월에 재정고문으로 부임한 메가타는 조선 재정의 문제점을 화폐제도의 문란, 왕실과 정부 재정의 혼동, 세출의 남발과 징세기관의 문란 등으로 지적하고 이를 시정한다는 명분하에 재정금융의 식민지적 개편작업에 착수하였다. 그는 전환국을 폐지하면서 조선의 화폐제도를 일본의 화폐제도에 흡수 통합하고 민간은행인 일본 제일은행의 서울지점을 중앙은행으로 합법화시키기도 하였다. 그러면서 조선화폐인 백동화와 엽전을 신화폐로 교환하는 화폐개혁(화폐정리사업)을 시작하였다.

이는 1905년 7월부터 백동화의 정리, 엽전·기타 화폐의 정리, 새 화폐의 발행 등 세 과정으로 진행되었는데, 구화폐는 교환·공납·회수 등 세 가지 방법으로 정리되었다. 백동화를 액면가격이 아닌 실질가치기준으로 교환한다면서 이를 갑·을·병으로 구분, 갑종은 액면가격, 을종은 액면가격의 이하로 교환해주고 병종은 교환하여주지 않았다. 이 개혁은 갑종 백동화를 많이 소유한 소수의 일본인에게는 유리했지만, 더 많은 비중이 을종 및 병종 백동화를 소유한 조선인은 타격을 받았고 이 과정에서 파산이 속출하였다. 그 결과 조선인 상인·자본가들은 막대한 화폐자산을 침탈당했는데, 화폐정리사업의 여파는 화폐금융공황으로 이어져 조선인 자본의 성장 가능성을 상실하게 만들었다.

러일전쟁 이후 통감부의 식민지화 공작의 강화, 특히 화폐정리사업과 재정정리사업[외획(外劃)제도 폐지 등] 및 조선의 식량·원료공급기지화정책으로 말미암아 많은 조선상인과 자본가들은 자본을 빼앗겼고, 나아가 근대적 자본가로 성장할 수 있는 바탕까지도 상실했다. 청일전쟁 이후 외국, 특히 일본자본에 대항하면서 근대적 자본가로 성장하려고 노력했던 많은 조선인 자본가들은 일본의 식민지화 정책으로 타격을 받아 일본자본에 예속되거나 몰락의 운명에 몰리게 되었다.

제4절 외압과 반(半)식민지적 무역구조의 전개

1. 외압의 정치·군사적 폭력성

세계자본주의 형성과정은 비자본주의의 세계에 속한 나라가 기존의 자본주의 세계 측에서 가해 오는 경제적·정치적·군사적 충격(Impact, 外壓)에 대응해 가면서 자율적으로 변혁을 성취, 자본주의 세계 측에 가담해 가는 연쇄반응적 과정이다. 한편 생산력과 군사력이 일정한 단계에 도달한 자본주의 국가가 내재적 발전도상에 있는 비자본주의 세계를 자기에게 종속시키는 형태를 취하여 경제적으로 자본주의 세계로 이끌어가는 과정이기도 하다.

이 때 후발자본국 또는 비자본주의 국가의 발전에서 외압은 두 가지 측면의 작용을 한다. 하나는 자본주의 세계로부터 상품유입이 전개과정에 있는 국내 상품생산을 보다 급속하게 발전시키고 시장경제를 촉진하며 생산기술을 전파시키는 긍정적 작용이다. 다른 측면은 국내의 상품생산자가 시장에서 불리한 경쟁으로 압박을 받아 도산 몰락하는 부정적 측면인데, 이 경우에는 국가권력의 두터운 보호 육성이 요구된다. 어쨌든 외압은 변혁을 가속시키지만 그것이 없을 경우의 점진적 변혁과정과는 다른 '왜곡'(歪曲)을 조성하게 된다.

흔히 외압은 압력을 가하는 측의 발전단계에 따라 크게 ① 원시적 축적단계형, ② 산업자본단계형, ③ 독점자본단계형 등 세 가지로 구분되고 있다. 여기서 원시적 축적단계형 외압은 아직 외압을 가하는 측의 생산력 발전이 낮은 단계이기 때문에 외압을 받는 측의 경제구조에는 표면적인 타격을 주는데 그치지만, 이 단계 특유의 노골적이고 폭력적인 약탈과 파괴라는 형태를 취하여 산업자본단계형 이상으로 파멸적 타격을 주기도 한다.

　외압에서 경제적 외압 그 자체는 일반적으로 왜곡을 강화시키지만, 국가의 강력한 보호 육성과 기술전파를 전제로 하는 한 결정적 제약조건은 아니다. 그러나 군사·정치적 외압은 직접 또는 간접적으로 변혁주체를 파멸 또는 변질시키기 때문에 발전의 길을 막아버린다.

　조선은 동아시아의 다른 봉건국가였던 일본, 중국보다 개국이 늦었고, 시기적으로도 늦어진 만큼 외압은 더욱 강했다. 그런데 개항 이후희 변혁과정에 직접 압박을 가한 측은 서구자본주의 국가가 아닌 일본과 중국이었다. 일본과 중국이 받은 외압은 산업자본단계를 걷고 있던 서구자본주의에 의한 것이었지만, 조선이 받은 일본과 중국으로부터의 외압은 당시에 산업자본단계를 거쳐 독점자본단계로 접근해 가고 있는 서구자본주의의 외압을 배경으로 한, 원시적 축적단계형의 외압이었으며, 결국 '이중의 외압'에 직면한 것이었다. 이것은 일본과 중국이 직면했던 외압과는 질적·양적으로 근본적인 차이가 있었다. 서구자본주의의 외압을 받은 일본과 중국이 직면한 모순의 배출구로서 조선에 가해진 외압은 그 방법과 정도에 차이가 있기 때문이다.

　경제적인 면에서 일본과 중국의 조선에서의 쟁탈전은 면포의 중계무역권과 부등가교환에 의한 금의 획득이었고, 또 이것은 그들의 급속한 국내 경제의 변동과정에서 수반된 여러 모순의 탈출구를 만드는 것이었다. 그 결과 일본과 중국은 처음부터 경제적 측면보다 정치·군사적 측면을 중심으로 강하게 압박을 가해 원시적 축적단계형 외압 특유의 노골적 폭력성을 띠었다. 더구나 그 성격은 그들이 서구자본주의에게 외압을 받고 있었던 만큼 더 배가되었다. 군사행동과 함께 조선의 변혁구조 내부로 잠식해 들어와 정치공작으로 변혁의 진로를 교란시켰다.[38] 이러한 정치적·군사적 외압을 통하여 조선을 지배하려고 했으며, 경제적 외압도 이러한 폭력적 성격을 배경으로 하였다. 정치적·군사적 폭력성을 특성으로 하는 원시적 축적형의 외압은 개항 이후 조선 사회의 반식민

---

38) 梶村秀樹, 〈동아시아 지역에 있어서 帝國主義體制로의 移行〉, 사계절편집부 編, 《韓國近代經濟史研究》-李朝末期에서 解放까지-, 1983, pp. 60~69 참조.

성을 규정하는 근본적 원인이었으며, 경제도 이러한 반식민성의 영향 아래 전개되었다.

원시적 축적형의 외압 아래 체결된 불평등조약은 근대적 자유무역을 추구하는 것이었지만, 동시에 불평등성에 바탕을 둔 반식민지적 무역을 강요하는 것이었다. 그러나 다른 한편으로는 조선을 자본주의적 세계시장에 연결시키는 주된 매개수단이기도 하였다. 개항 전의 국제무역은 그 대상이 주로 지배계급의 사치성 수요였기 때문에, 그 규모의 확장이 제한적이었고 국내 경제에도 제한적 영향을 미칠 뿐이었다. 그러나 불평등조약에 기반한 무역에서는 외국상인에게 무관세 또는 저율의 협정관세로 자유무역이 보장되면서 무역의 확대가 진행되었다. 무역은 대중품을 중심으로 확대되었고 경제에 미친 영향도 전반적이어서 국내 경제에 큰 충격을 주었다.

외국자본주의는 후진지역을 상품판매시장과 식량·원료공급지로 만들고자 자유무역을 바라지만, 후진지역에는 자급자족성이 강한 경제와 외국무역을 통제하려는 권력, 자유로운 상업활동을 제약하는 특권과 규제, 민족적·문화적 이질성 등 비관세장벽이 존재하여 무역의 확대를 억제하였다. 조선에서도 자급자족적인 경제와 폐쇄적인 성격의 상인들은 외국무역에 대해 소극적·부정적이었으며, 무역활동에 대한 관의 통제와 제한도 강했다. 난전금지권·주인권과 같은 특권적인 유통독점, 통행세 등은 무역과 관련한 상품의 국내 유통에 지장을 주었으며, 전통적인 의식주 관습도 새로운 수요창출을 억제하였다. 외국자본주의의 외압은 이러한 무역장벽을 제거하려는 목적에서 불평등조약을 강제하였고, 국가주권을 제약하여 반식민적 무역구조를 전개시켰다.

2. 무역구조의 반(半)식민성과 '미면교환체제'

개항 이후 외국인의 경제적 침투는 수출입무역 형태로 시작되었다. 이는 일본과 청국 등 후발자본주의의 제국주의적 성격을 반영하는 원시적 축적형의 외압과 1870년대에 본격화된 선진제국주의의 흐름이라는 '이중의 외압'이 실현된 것이었다. 개항 이후 국제무역에서는 본격적 근대적 무역제도가 전개되었으며, 수출입의 규모도 급격히 증가하였다. 또 무역량은 매년 2~3배 늘어났으며 무역구조도 크게 변화하였다.

1876년 강화도조약이 체결된 이후 1882년 미국과의 통상조약 및 청국과 조청상민수륙무역장정이 체결될 때까지 한동안 일본은 조선과의 무역을 독점하고 있었다. 이것은 당시 일본이 통상조약을 체결한 유일한 통상국이라 조선 개항무역에서 경쟁상대국과 외국상인이 없었으며, 독점 및 무관세권에 따른 일본상인의 유리한 조건을 바탕으로 부등가교환에 의한 약탈적 무역이 가능했기 때문이었다.[39]

개항장무역에서 일본의 수출품은 쌀, 콩, 그리고 소가죽 등 농산물인 1차산품이었으며, 일본으로부터의 수입품은 면제품을 중심으로 한 서구 공장제품이 주류를 이루었다(〈표5-1〉). 일본 국내산 상품으로는 식료품과 주류 등이 있었고, 직물류로는 일본에서 생산한 수공업 견직포와 마직포, 소량의 납, 구리, 도자기 등이 있을 뿐이어서 일본에 근대적 공장이 별로 발전되지 않은 상태였음을 알 수 있다. 곧 당시에 조선과 일본의 무역은 농업후진국 사이의 무역패턴을 보이고 있었다. 개항 이후 조일무역에서 대종을 이룬 면제품 등은 서구산 공장제품이었으며 일본 국내산은 12퍼센트에 불과했으며, 88퍼센트는 서구산 공장제품이었다.[40] 즉 일본은 강화도조약 이후 서구 공장제품을 서구상인에게서 대량으로 수입하여 이를 조선에 재수출함으로서 무역이득을 취하는 중계무역(中繼貿易)을 하였던 것이다. 개항 초기 조일무역은 일본이 조선에 대하여 공업생산의 확고한 비교우위를 지닌 데서 온 것이 아닌 중계무역이었으며, 오히려 조선은 일

---

39) 姜德相, 〈이씨조선 개항직후에 있어서 朝日무역의 전개〉, 《甲申甲午期의 近代變革과 民族運動》, 청아출판사, 1983, pp. 68~71.

40) 1879년부터 1883년 사이 일본이 독점하던 시대의 무역에서 한국에 수입된 상품 중 11.7퍼센트만이 일본산 상품이었으며, 88.3퍼센트는 서구산 상품이었다는 자료가 있다(社團法人 朝鮮貿易協會 編, 《朝鮮貿易史》, 1943, pp. 42~43).

연도	수출액과 그 구성			수입액과 그 구성		무역총액	무역수지
	총액	미곡	콩	총액	면제품		
1876	93			188	6.2	281	−95
1877	59	3.3	7.1	127	42.9	186	−68
1878	181	27.9	14.0	245	68.7	426	−64
1879	612	58.6	16.2	567	84.2	1,179	+45
1880	1,256	58.1	9.5	978	78.6	2,234	+278
1881	2,230	17.1	8.8	1,874	79.8	4,104	+356
1882	1,769	1.2	17.6	1,562	82.1	3,331	+207
1883	1,656	2.8	17.8	2,178	41.9	3,834	−522
1884	884	0.0	11.4	794	62.7	1,678	+90
1885	338	4.0	7.4	1,672	67.1	2,060	−1,284
1886	504	2.4	10.3	2,474	52.8	2,978	−1,970
1887	805	11.2	41.7	2,815	67.3	3,620	−2,010
1888	867	2.5	54.4	3,046	64.4	3,913	−2,179
1889	1,234	6.3	52.3	3,378	50.6	4,612	−2,144
1890	3,550	57.4	28.3	4,728	56.6	8,278	−1,178
1891	3,366	54.1	27.1	5,256	54.7	8,622	−1,890
1892	2,444	40.9	32.7	4,598	47.5	7,042	−2,154
1893	1,698	21.6	37.0	3,880	44.7	5,578	−2,182
1894	2,311	42.4	21.9	5,832	42.8	8,143	−3,521
1895	2,482	29.8	37.2	8,088	58.3	10,570	−5,606
1896	4,729	53.1	27.0	6,531	53.3	11,260	−1,802
1897	8,974	61.9	19.1	10,068	52.4	19,042	−1,094
1898	5,709	48.3	19.7	11,825	43.9	17,534	−6,116
1899	4,998	28.4	39.5	10,308	52.2	15,306	−1,574
1900	9,440	38.4	25.1	11,014	52.3	20,454	−5,310
1901	8,462	49.6	22.2	14,822	41.7	23,284	−6,360
1902	8,317	42.4	20.9	13,657	40.7	21,974	−5,340
1903	9,478	44.6	16.1	13,875	43.3	23,353	−4,397
1904	6,934,	18.8	34.6	27,034	31.3	33,968	−20,100
1905	6,904	12.9	37.8	31,960	37.6	38,864	−25,056
1906	8,133	19.7	43.2	29,535	27.8	37,668	−21,402
1907	16,480	45.9	23.6	41,612	30.2	58,092	−25,132
1908	13,464	48.2	25.0	41,021	27.6	54,485	−27,557
1909	15,400	35.9	22.8	36,646	25.4	52,046	−21,246
1910	18,868	34.1	27.7	39,737	29.0	58,605	−20,869

자료 : 李憲昶 著, 《韓國經濟通史》(제2판), p. 225.

〈표5-1〉 수출입액과 중요 수출입품의 비중 [단위 : 천원(圓), %]

본 또는 중국을 매개로 서구자본주의국과 농공분업관련(農工分業關聯)을 맺은 것으로 볼 수 있다. 이러한 중계무역의 성격은 1880년대 초 이후 청국과의 무역이나 청일전쟁 이후 이루어진 조선과 러시아 사이의 무역에서도 나타나고 있었다. 더욱이 일본은 공업건설을 위한 자본축적(원시적 축적)을 조선에서의 중계무역이라는 약탈무역으로 달성하려 하였고, 이것이 조기정한론(早期征韓論)과 강화도조약의 본질임을 알 수 있다.

한편 개항 이후 조선과 일본 사이의 무역을 ① 1885년의 단계, ② 1896년의 단계, ③ 1908년의 단계 등 세 단계로 나누어 설명하기도 한다(〈표5-2〉).

	1885		1896		1908
	국내산품	외국산품	국내산품	외국산품	국내산품
곡 물	48.6(20.84)	5.3(2.33)	7.2(0.24)	0.0(0.01)	111(0.38)
술	11.6(4.98)	4.1(1.79)	122.7(4.00)	4.5(1.48)	1,922(6.50)
가공식품	3.4(1.47)	3.6(1.59)	34.5(1.13)	16.0(5.29)	801(2.71)
음·식료품 합계	74.2(31.80)	21.8(9.58)	336.4(10.97)	50.1(16.57)	4,509(15.25)
연 초	3.6(1.54)	0.8(0.33)	63.9(2.08)	4.6(1.52)	896(3.03)
약재·안염도료	3.4(1.45)	34.7(15.24)	12.3(0.40)	35.8(11.84)	447(1.51)
견 포	27.4(11.76)	1.2(0.53)	79.6(2.60	0.8(0.28)	188(0.64)
면화(타면)	–	6.2(2.73)	142.6(4.65)	9.2(3.04)	486(1.64)
면 사	–	9.8(4.29)	403.7(13.17)	1.7(0.56)	2,733(9.24)
면 포	20.7(8.88)	89.9(39.52)	880.2(28.72)	16.5(5.45)	5,523(18.68)
섬유·의료·의복 합계	53.1(22.75)	116.9(51.40)	1,633.4(53.29)	43.9(14.53)	10,466(35.40)
금속제품	6.4(2.72)	1.6(0.69)	118.1(6.14)	3.2(1.06)	1,186(4.01)
광물·금속·금속제품 합계	57.0(24.42)	16.4(7.22)	270.1(8.81)	65.3(21.60)	1,636(5.53)
기계·기계부품	–	1.2(0.55)	0.6(0.02)	0.7(0.22)	484(1.64)
시계·학술용기구·배·차·기계 합계	0.0(0.00)	1.6(0.72)	8.8(0.29)	3.3(1.09)	770(2.60)
도자기·유리·벽돌	4.9(2.10)	0.3(0.11)	59.0(1.92)	4.8(1.59)	669(2.26)
목재·판	2.0(0.86)	–	23.5(0.77)	0.1(0.04)	1,944(6.57)
종이·종이제품	2.3(0.96)	2.3(1.00)	19.4(0.63)	0.7(0.24)	1,072(3.62)
기타	8.4(3.62)	9.5(4.17)	68.0(2.22)	5.3(1.74)	1,813(6.13)
분류미상·소모품	20.6(8.83)	1.1(0.50)	403.6(13.17)	7.2(2.37)	2,463(8.33)
합계	233.3(100.00)	227.4(100.00)	3,065.3(100.00)	302.4(100.00)	29,569(100.00)

자료 : ① 《大日本外國貿易年表》에서 작성. 분류기준은 《大日本外國貿易 四六年對照表》에 따름.
　　② 村上勝彦 지음, 정문종 옮김, 《식민지》, pp. 16~17.

〈표5-2〉 일본의 조선에 대한 수출품의 구성[국내·외산품, 단위 : 천원(圓), %]

첫 번째 단계의 조일무역은 수출·수입의 각각 절반이 중계무역의 성격을 갖고 있다. 일본에서 1885년을 전환점으로 국내 상품 수출액이 처음으로 외국상품 수출액을 약간 상회하였고, 그 이후 급속히 국내 상품의 비율이 높아졌는데, 4~6년 전만 해도 외국상품이 89~92퍼센트의 높은 비율을 차지하였다. 이것은 조선에 중국상인이 진출하면서 일본상인의 중계무역 독점이 종료되는 데도 기인하지만, 1880년대 이후 일본에서 공업화가 급진전되어 국내 생산이 발전하고 그것이 수출증대로 이어진 때문이기도 하였다.

일본의 조선에 대한 중계무역에서 외국산 수출품으로는 면포가 주를 이루었고(40%), 다음으로 염료(15%), 석유(10%), 면사(4%) 등 영국, 미국, 독일제품이 중심이었다. 이것을 제외한 조선과 일본의 재생산연관은 일본에서 조선으로의 곡물, 구리, 면포의 수출과 조선에서 생우피(生牛皮), 두류(豆類), 쌀, 약재, 생사, 누에고치의 수입이라는 농업후진국적 무역관련의 성격이었다.

다음에 1896년의 단계에서는 일본에서 국내산 수출품이 수출의 91퍼센트를 차지하여 중계무역적 성격을 거의 탈피하였고, 무역품목 구성에서도 구조전환이 나타났다. 일본의 수출에서 면포와 면사가 국내산 수출의 40퍼센트 이상을 차지했고, 그 외에 금속제품, 술, 성냥이 조선에 수출되었으며, 제품의 가공도도 높아졌다. 한편 수입품은 쌀(36%), 대두(30%) 등 두 상품이 대종를 이루고 있다 (〈표5-3〉).

즉, 청일전쟁 직후의 단계에서는 면제품을 수출하고 쌀 (및 대두)을 수입하는 무역구성이 형성되었던 것인데, 이러한 무역구성을 미면교환체제(米綿交換體制)라고 불렀다. 일본이 산업혁명을 수행하면서 조선보다 높은 차원의 공업생산력을 확립하였고, 그것을 토대로 두 나라 사이에 농공분업관련(農工分業關聯)이 형성된 것이다.

1905년의 단계에서는 기본적으로 미면교환체제의 테두리에 있지만 새로운 특징이 나타났다. 곧 일본의 조선에 대한 수출에서 면포, 면사의 비중이 낮아지고 목재판(木材板), 술, 석탄, 종이의 비중이 높아졌으며, 이전에 무시할 정도였던 기계류와 설탕의 비중도 증대되었다. 이와 달리 수입에서는 철광석, 비료, 면화가

	1885	1896	1908
쌀	27.2(5.83)	2,852.0(56.37)	6,036(44.44)
대 두	53.5(11.46)	1,534.1(30.32)	4,226(31.12)
음식료품 합계	124.6(26.69)	4,585.1(90.63)	10,859(79.96)
건 어	0.9(0.19)	62.7(1.24)	234(1.72)
비료 합계	3.9(0.84)	69.3(1.37)	452(3.33)
생우피	305.0(65.3)	231.8(4.58)	559(4.12)
동물·식물	0.2(0.05)	17.0(0.34)	440(3.24)
약재·안염도료	15.9(3.41)	76.4(1.51)	10(0.07)
생사·견·진면류	11.9(2.54)	0.1(0.00)	4(0.03)
면화	0.0(0.00)	2.2(0.04)	248(1.83)
섬유·의류·의복 합계	13.6(2.91)	4.8(0.09)	254(1.87)
석탄·코크스	–	–	8(0.06)
철광석	–	–	415(3.06)
광물·금속·동제품	0.7(0.16)	5.8(0.11)	516(3.86)
기타	2.9(0.62)	69.3(1.37)	473(3.48)
합계	466.9(100.00)	5,059.3(100.00)	13,581(100.00)
재수출	227.4	?	?

자료 : 〈표5-2〉의 ②와 같음(p. 19).

〈표5-3〉 일본의 조선으로부터의 수입 구성 [단위 : 천원(圓), %]

중요한 몫을 차지하게 되었다. 이것은 일본과 조선의 무역에서 철광석 수출-기계류 수입, 곧 원료수출-제품수입에 연관된 특징이 나타난 것이다. 수입된 기계류는 발전기, 전동기, 인쇄기, 정미기 등 주로 일본자본과 조선 정부의 수요에 응하는 것이어서 조선 민족자본의 생산력 발전에 기여하는 것은 아니었다.

또 조선의 면화수출은 조선이 일본의 면화공급기지로 편성되어가는 과정을 뜻하며, 1904년 러일전쟁 발발과 동시에 반관반민적 성격의 '면화재배협회'가 추진하면서 시작된 '육지면재배사업' 진전의 결과였다. 이것은 조선의 소농민에 대한 면화의 재배강제와 판매강제를 통해 일본 면방자본에 저렴하고 확실한 원면공급을 목적으로 힌 것이었다.41) 일본의 이러한 면포·면사의 수입과 일본에

---

41) 梶村秀樹, 〈李朝末期 朝鮮の纖維製品の生産及び流通狀況〉, 《東洋文化硏究紀要》 第40冊, 1968, pp.288~289.

대한 면화수출의 특징은 조선면업에서 식민지적 재생산구조의 실현이었다.

1890년 이후, 특히 일본의 산업혁명기에 크게 소요된 수입미는 값이 저렴하여 일본의 하층사회, 즉 농민, 어부, 하급노동자가 주된 수요층이었다. 그런데 조선미는 수입미 가운데 품질이 좋은 편이면서도 그 가격은 저렴하였다. 조선미는 그 3분의 2 이상이 조선 수입면제품의 주산지인 오사카 지방의 하층민과 영세민, 즉 하층노동자와 도시 잡업층의 주식용으로 소비되어 저임금 기반을 유지하는 기능을 하였다.

한편 조선에서의 쌀 수출은 지주에 의한 상품화가 주된 것이고, 직접생산자에 의한 상품화는 조세금납화나 부채의 부득이한 상환에 기인한 궁박판매였으며, 특히 청일전쟁 이후 일본상인의 청전매(靑田買)는[42] 조선 농민을 몰락시켰다.

그리고 면제품 수입은 조선 내 소부르주아적 발전의 잔존거점인 직포업(토포생산)의 몰락을 가져왔으며, 동시에 쌀 및 콩 등 농산물 수출로 얻은 화폐는 면제품 등 일본 공업제품의 구입에 지출되었다. 곧 쌀 등 농산물 수출과 면제품 수입은 한신(阪神) 공업지대와 조선 농촌을 연결하는 구조적 연관이었다. 그 내부에서는 일본 공업지대의 노동자 하층민의 저임금 기반의 유지와 조선의 직접생산자인 농민의 궁박판매, 영세화와 소작인화가 진행되었다. 이는 산업혁명기 일본자본가의 자본축적의 진행과정이었으며, 한편으로는 조선을 식량·원료공급기지 및 제품판매시장으로 만들려는 일본의 식민지적 요구의 반영이었다.[43]

외국자본주의의 침투는 한편에서 토착자본의 순조롭고 정상적인 성장기반을 억압하지만, 다른 한편에서는 근대문명에 대한 자각을 일으키고 가내수공업을 해체시켜서 자본주의적 공업을 위한 시장을 창출하고, 교통, 금융, 통신 등 근대

---

42) 일본상인은 미곡의 상거래를 개항장 내지 경성(京城)의 한인조합의 객주에게서 구입하거나, 직접 생산지에 출장하여 행하였는데, 청일전쟁 이후에는 직접 생산지에서 이루어지는 직매(直買)가 활발했다. 이 경우 지방중개인에게서 구입했으나, 쌀 확보의 수단으로 농민에게 주로 궁핍기에 급전을 선대(先貸)하여 독점적 계약을 맺었는데 이를 청전매라고 한다.

43) 村上勝彦 지음, 정문종 옮김, 《식민지》-일본산업혁명과 식민지조선-, 한울, 1984, pp.15~32 참조.

적 설비를 이식시켜 자본주의적 관계의 발전을 촉진하는 등 두 가지의 상반된 측면이 있다. 이 양면성 가운데 어느 측면이 강하게 나타나느냐에 따라 식민지화의 길을 갈 수도 있고 자주적 근대화의 길을 전개할 수도 있다. 이는 외압과 내인(외압을 극복하는 내적 역량의 축적)의 상호관계에 달려있다.

조선이 자주적 근대화에 성공하지 못하고 반식민지·식민지로 전락한 것은 내적 변혁역량에 견주어 외압이 너무 가혹하였기 때문이었다. 1870년대 이후 억압적이고 착취적인 제국주의적 경쟁과 후발자본주의의 정치적·군사적 간섭행위를 앞세운 원시적 축적형의 외압이라는 이중의 외압은 경제적 종속을 불러왔으며, 그 뒤 일본의 산업자본주의단계의 외압에서도 그러한 흐름은 지속되어 결국 조선의 반식민지화를 초래하였다.

제6장
개항기 상공업과 그 변화(Ⅱ)

제1절 외국상인의 침투와 민족상인[44]의 대응

1. 외국상인 침투의 거점 : 개항장과 개시장

개항 이후 외국상인의 침투는 불평등조약에 의거한 개항장(開港場)과 개시장(開市場)을 거점(據點)으로 하여 진행되었다. 1876년 일본 포함의 시위 아래에서 맺게 된 강화도조약은 조선이 최초로 문호를 개방한 불평등조약이었는데, 이 조약에서 종래 일본의 공관이 있던 부산과 그 밖의 두 항구를 개방하기로 함으로써 일본상인 침투의 거점이 마련되었다. 일본은 개항장에서 조계(租界 : 조차지, 거류지)의 토지를 헐값으로 영구히 차지(借地)하고 조계의 권리를 획득하였다. 조계로부터 사방 10리를 간행이정(間行里程)으로 정하여 해당지역 안에서 자유로운 통행과 행상활동을 허용받았다. 그 밖에 영사재판권이 인정되었고, 무관세를 허용하여 관세주권이 상실되었다. 그리고 일본 화폐의 유통과 곡물수출권이 인정되는 개항장이 설치되어 일본상인 침투의 거점이 마련되었다.

여기서 일본상인은 토지, 건축 및 거주의 자유를 얻게 되었고, '임자무역'(任自

---

44) 부르주아의 성격규정은 경제적 수준뿐만 아니라 정치적 이데올로기적 토대를 총체적으로 파악함으로써만 가능한 것이라는 점에서 개항 이후 조선상인 일반을 그 국적에 따라 민족상인으로 보는 것에 대해 의문이 제기되고 있다(李炳天, 〈開港期 外國商人의 侵入과 韓國商人의 對應〉, 서울대학교 경제학박사학위논문, 1985, p. 5). 그런데 개항 이후 조선상인이 외국상인과의 거래에서 종속적·비민족적 성향이 부분적으로 나타날 수도 있었다. 그러나 내재적 발전의 기반에서 성장한 대부분의 상인은 외국상인의 침투로 그 상권을 침해받으면서 그들의 상권보호를 위하여 투쟁했으며, 또한 외국상인과의 거래에서 협조적 '천통'(串通)이 있었다고 하더라도 그 바탕은 이해관계를 둘러싸고 상충·대립적 성격을 지녔으며, 그런 점에서 외국상인의 침투에 대응하던 조선상인은 기본적으로 민족적이었다고 볼 수 있다.

貿易)을 구실로 조선 관리의 간섭·제한도 배제하였다. 이로써 일본은 개항 이후 서구 제국보다 앞서 대조선무역을 독점하였으며, 부산을 비롯한 원산(1880), 인천(1883)이 개항장으로 지정되면서 각 조계를 거점으로 일본상인의 침투를 확대하였다.

1882년 임오군란 뒤 맺은 제물포조약(濟物浦條約)에서 일본은 개항장에서 일본의 간행이정을 사방 10리에서 50리로 확대시키는 동시에, 2년 뒤인 1884년부터는 간행이정을 다시 사방 100리로 확대할 것을 조선 정부와 약정하였다. 또 제물포조약 체결 1년 뒤에는 양화진(楊花津)을 개시장으로 개방하게 하여 서울 개시의 법적 근거를 마련하고, 일본 공사관의 영사와 그 수행원이 조선 내지의 곳곳을 유역(遊歷)할 수 있게 하였다. 이로써 갑신정변 후인 1884년 이후에는 일본인의 간행이정은 개항장에서 사방 100리로 확대되었고 세 개항장의 일본조계는 일본상인 침투활동의 전초기지가 되었으며, 그들의 활동범위는 사실상 국내 전반에 걸치게 되었다.[45]

한편 1882년 7월 임오군란에 대한 무력개입을 계기로 청나라는 조선에 대한 전통적 종주권과 근대적 불평등성이 복합된 조청상민수륙무역장정(朝淸商民水陸貿易章程)을 강요하여 두 나라의 관계를 실질적인 지배종속관계로 전환시켰다. 이 조약을 통해 중국상인은 양화진과 한성에 들어와 점포를 개설할 수 있게 되었고, 수출상품의 내지통상(內地通商), 곧 간행이정을 벗어난 내지에서의 상업 활동과 개항장 사이의 연안무역을 허용받았다.

외국상인의 내지행상(지방행상)[46]은 1883년에 체결된 조영통상조약(朝英通商條約) 제4조 제6항에서 적극적으로 규정, 허용되었다. 이 조약에 따라 영국인은 통상 항구로부터 조선 이수(里數)로 100리 이내, 또는 양국 정부 당국 사이에 동의할 수 있는 한계 안을 여행권 없이 자유로이 갈 수 있게 되었다. 또한 여행권을

---

45) 韓㳓劤 著,《韓國開港期의 商業研究》, 一潮閣, 1970, p. 46.

46) 개항장, 개시장의 경계를 벗어나면 내지(內地)가 되기 때문에 내지는 개항장, 개시장 이외의 연안, 해안도 포함된다. 여기서 개시장은 한성처럼 항구가 아니면서 외국인에게 개방된 시장을 말한다.

지니고 여행하거나, 상업을 위하여 조선 내지를 여행할 수 있게 되었으며, 조선 정부가 불허하는 서적 등을 제외하고는 어떤 종류의 물품이든 운송 판매할 수 있고, 국산품을 구매할 수도 있게 되었다. 여행권은 영국 영사가 발급하며 조선 지방관이 부서 또는 날인한다[47]고 되어 있다.

이 내지통상권은 조청장정에서 조선 상품의 구매에 대해서만 규정한 것을 구매와 판매 모두에 대하여 일반화한 것이며, 통상호혜원칙에 따라 청국과 일본 등 통상조약을 체결한 다른 나라 상인에게도 허용되었다. 이로써 일본과 청국상인의 내지행상이 확장되면서 외국상인의 침투는 가속화되었고, 민족상인의 수난이 시작되었다.

불평등조약으로 외국상인에게는 개항장, 개시장에서 토지·가옥의 임차·구매 및 주택·창고·공장의 설립이 허용되었으며, 간행이정을 점차 확대하고 내지통상권을 인정받음으로써 내지에까지 상업망을 확장할 수 있는 제도적 기반을 마련하였다. 강화도조약이 체결된 뒤 제일 먼저 개항된 항구는 부산이었다. 부산에는 강화도조약의 체결 이전에도 다수의 일본상인이 상륙하였고, 초량(草梁)에 전관거류지역(專管居留地域)을 허락받아 여기에 상관을 설치하고 상업에 종사하였다. 그래서 개항 당시 부산에 거류하고 있던 일본인은 40여 호에 인구 80여 명이었는데, 거의 모두가 상인이었고 이들 가운데는 미쓰이구미(三井組), 고니시키구미(小錦組) 등 쟁쟁한 실업인이 끼어 있었다. 개항 직후에는 사설은행인 제일은행(弟一銀行)이 창립되었는데, 이것은 1878년 일본 국내 제일은행에 흡수, 국립 제일은행 부산지점이 되어 조선 식민지화의 기수 역할을 하였으며, 이는 조선에 상륙한 최초의 일본 금융기관이었다.

조선 최초의 개항지인 부산에는 특히 일본상인의 진출이 현저하였고, 개항 10년 뒤인 1889년에는 부산 거류 일본상인이 949명에 이르러 개항 직후보다 15~16배 증가하였다. 이리하여 부산의 무역과 상권은 일본상인이 독점하였으며 청일전쟁 이후에는 더욱 강화되었다.

---

47) 李炳天, 앞의 논문, p. 49.

1883년에 개항한 인천에는 일본상인뿐만 아니라 청국상인 및 서구상인까지 진출하여 부산항과는 달리 개항과 함께 국제항의 모습을 띠었다. 일본상인은 개항 초 부진했으나 1884년 이후 그 진출이 격증했고 영업도 활발하였다. 1883년 11월에 일본 제일은행 출장소를 비롯한 일본 금융기관이 설립되어 지금(地金)매입 및 미곡수집자금을 대부하면서 일본상인의 상업활동을 지원하였다. 일본상인들은 1891년에 무역상조합을 구성하였고, 1896년에는 계림장업단(鷄林獎業團)이란 행상단체를 조직하여 인천을 중심으로 지방도읍의 진출을 꾀하였다. 그러나 초기의 일본상인은 조잡한 상품을 속여서 비싼 값으로 판매하고, 또한 지방민에 오만불손하여 행상에 많은 곤란을 겪었는데, 그나마 조직적 행상을 도모하던 계림장업단은 일종의 폭력단체여서 그에 대한 반발로 1898년에 해체되었다. 당시 일본상인은 지위나 신분이 있는 '신상'(紳商)이 아닌 영세상인에 지나지 않았으며, 어민, 목수, 토역군(土役軍), 부채자, 모험자 등이 주요한 계층인 낭인(浪人)이어서 사기적 수단을 쓰거나 고리대 위주의 상행위를 하였다.48) 그 뒤 러일전쟁을 전후하여 대상사 진출이 급증하면서 인천의 상권은 일본상인의 수중에 들어갔다.

개항 이후 인천에 진출한 청국상인도 증가하여 일본상인과 경쟁하였다. 상해에서 수입된 서구산 면직물과 국내 수공업 상품인 견직물을 수입하고 미곡과 우피(牛皮)를 수출하였다. 일본상인과 대조적으로 신의가 있고 겸손하여 호감을 주는 '유용'(遊勇)이 많았다.

한편 인천에 진출한 서구상인으로는 독일계의 세창양행(世昌洋行 : Meyer & Co.), 영국계의 이화양행(怡和洋行 : Jardine Matheson & Co.)과 광창양행(廣昌洋行 : Bennett & Co.), 함릉가양행(咸陵加洋行 : Holme Ringer & Co.) 그리고 미국계의 타운선양행(陀雲仙洋行 : Townsend & Co.) 등이 있었다. 이들은 자본제 섬유제품 등을 수입하고 곡물, 우피를 수출하는 등 무역에 종사하였지만 1890년 이후에는 순수한 무역행위를 거의 하지 않아 일본상인 및 청국상인과는 달리 조선상인의 상권에 영향을

---

48) 韓沽劤 著, 앞의 책, p. 80.

주지 않았다.

1882년 8월에 체결된 조일수호조규속약(朝日修好條規續約) 제1조 2항에서 1년 뒤를 기점으로 양화진을 개시장으로 하기로 한 것에 따라 서울이 개시되었다. 그러나 일본상인이 서울에 거주하기 시작한 것은 그 이전부터이다. 1880년에 이미 일본 공사관이 서울에 설치되었고, 1882년 임오군란 이후 일본의 강요로 일본군인이 서울에 주둔하게 되면서 이들에게 물품을 조달한다는 구실로 일본상인이 서울에 입성하였다. 그러나 이들이 조선의 일반인을 상대로 상거래를 할 수 있는 것은 아니었으며, 1885년부터 그것이 가능하게 되었다. 1884년 10월 개시장이 일본 측 요구로 양화진에서 용산으로 바뀐 뒤, 특히 진고개에 일본상인이 집결하면서 적극적으로 서울 시장에 침투하였으며, 이들은 서양 면직물과 잡화 등 수입품의 관로 확장을 도모하였다. 이들은 1887년에 경상업의회(經商業議會)를 조직하고 세력 확장을 기도하였으나, 그들이 서울에서 확고하게 상권을 장악한 것은 청일전쟁 이후였다.

한편 1882년 이후 서울에 진출한 청국상인은 수표교(水標橋)와 남대문 일대에 자리 잡았는데, 상하이와 홍콩 등지에서 수입한 서양 면직물 및 잡화와 중국산 견직물, 한약재 등을 판매하였으며 인삼, 곡물, 우피, 해산물 등을 수출해갔다. 1884년에는 중화회관을 설립하고 상업회의소를 조직하는 등 청국의 정치적 영향과 그들의 상업상의 신의를 바탕으로 번영을 이루었으며, 일부 상인은 서울의 전통적 상가인 종로까지 진출하였다.

청일전쟁 이후 청국상인의 위치가 위축된 것과 달리, 일본상인의 서울 진출은 크게 증가하였다. 이 시기 일본상인은 초기와는 달리 거상이 많았으며, 서울에 정착, 영구체류하려는 자세를 지녔다. 이리하여 서울의 상가는 종로를 중심으로 한 전통적 시전가와 진고개와 남대문에 이르는 일본인 상가 및 소공동 일대의 청국상인 상가까지 세 개의 중심지로 나뉘어졌다.[49]

일본상인과 청국상인은 불평등조약체제의 유리한 조건을 배경으로 외국무역

---

49) 趙璣濬,〈開港前後 市場經濟의 發展과 思想〉,《韓國資本主義의 形成과 展開》, 1984, pp. 19~26.

을 독점하고, 개항장과 개시장(서울)을 거점으로 내지시장에 침투하여 재래유통
구조를 교란시켰다. 더욱이 서울에서 개잔권(開棧權 : 점포개설권)을 획득한 뒤 적
극적으로 서울 시장에 침투하여 상설점포를 개설하고 서울을 거점으로 수입품
의 판로를 확장하였다. 특히 청국상인은 1880년대 전반기 이후 개항장보다 한성
개잔에 주력하였으며, 이들은 주로 금건류(金巾類)와 잡화의 소매업에 종사하였
다. 그 결과 수입품의 판매전매권을 갖고 있던 육의전의 상권을 침탈하고 인천
의 객주 및 상인에게도 타격을 주었다.

조선 정부의 억제요구에도 외국상인의 서울 번화가 상설점포 개설은 더욱 확
장되었으며, 1890년대 청상은 국내 무역품(거래상품)까지 취급하면서 시전상인
과 경쟁을 하고 노점을 차리거나, 심지어 동대문과 남대문의 조시(朝市)에도 침
투하였다. 뒤이어 일본상인도 수입품만이 아니라 국내 무역품으로서 시전상인
의 전매상품인 명태 등의 생선과 백목면 등을 개항장이나 내지에서 구입 수송
하여 직접 판매하였다. 특히 임오군란 이후 강화된 청국의 영향력을 배경으로
청국상인은 서울 시장에서 확보한 상권을 기반으로 내지 깊숙이 침투하여 장시
마다 청상이 눈에 띨 만큼 내지행상의 확대를 가져왔다.

이들 외국행상은 서울이나 각 개항장의 무역상이 파견한 점원이거나 자금을
대부받은 영세상인이었다. 따라서 '한성개잔'(漢城開棧)의 문제는 서울 시장의 상
권을 외국상인에게 빼앗긴 시전상인과 이에 연관된 개항장 객주 및 중간상인의
상업이윤이 박탈되는 것을 넘어서, '내지행상'의 확대와 관련되어 재래의 유통
구조를 전국적으로 재편시키는 문제이기도 하였다.[50]

---

50) 나애자, 〈개항 후 외국상인의 침투와 조선상인의 대응〉, 한국역사연구회 지음, 《1894년 농
  민전쟁연구》 1-농민전쟁의 사회경제적 배경, 역사비평사, 1994, pp. 186~187 참조.

2. 수출입무역과 외국상인의 침투 및 개항장객주

개항 이후 수출입무역은 개항장을 중심으로 전개되었으며, 개항장은 외국무
역의 거점으로서 내지(內地)의 생산자들과 소비자들을 새로운 국제분업관계 속
에 편입시키는 시장이 되었다. 개항장은 외국과 국제분업관계를 맺을 뿐만 아니
라 국내의 원격지와도 국내분업관계를 맺었는데, 그 과정에서 개항장의 상품유
통망 속에 편입시키는 배후지를 형성함으로써 개항장시장권을 조성하였다.51)

개항장은 지역 내적인 동인이 아닌 불평등조약체제에 따라 외부로부터 강제
된 외국무역을 독점적으로 담당하면서 성립 발전하였으므로, 외국무역과 관련
된 상품유통은 궁극적으로 개항장에 수렴되었다. 더구나 개항장이 반식민지 내
의 식민지였기 때문에, 외국상인의 자본은 여기에 그들의 무역설비를 집중하였
고, 그와 더불어 조선상인도 이곳으로 이주해오면서 외국상인은 수출입무역을
장악하였다.

개항 초기 외국무역상인의 개항장 상품유통은 개항장객주와 선상, 그리고 전통
적 시장구조에 의존했다. 그런데 외국무역상이 외국무역을 독점하는 가운데 점차
개항장객주와 선상 등 중간상인을 배제하면서 산지(産地)와 소비지의 상인·생산
자 및 소비자들과 직접 접촉하게 되고, 그에 대응하여 개항장이 전통적 시장구조
를 재편하고 중간단계의 고차중심지52)를 점점 배제하면서 산지와 소비지의 시장
에 직결되는 경향이 나타났다. 곧 내지행상, 자금선대, 외국선박의 불개항장(不開
港場) 항행, 내지정주(內地定住), 철도운송 등에 의지하여 개항장은 내지시장을 지

---

51) 李憲昶, 〈開港期 市場構造와 그 變化에 관한 硏究〉, 서울대학교 경제학박사학위논문, 1990,
　　p.36.

52) 중심지는 시장구조에서 주변지역에 대한 상대적 중요성, 즉 중심성(centrality)을 가진 장소
　　이며, 고차중심지는 광역에 걸쳐 중심지기능을 행사하는 지역이다. 도매기능을 통하여 표
　　준시장[농산품과 수공업품이 고차중심지로 상향이동하는 출발점이며 농민의 소비를 위한
　　수이입품(輸移入品)이 하향하는 종착점으로서 기초시장]에 수이입품을 배급하여 그로부터
　　상향이동하는 상품을 집하하는 지역인 중앙시장을 말한다.

배했고, 개항장의 외국상인은 외국무역에 관련된 국내 유통까지 장악한 것이다. 또 개항장은 전통적인 고차중심지(高次中心地)를 배제하면서 철도역이나 포구와 같은 전략적 요충을 통하여 산지와 소비지의 시장과 직접 연결되었다.53)

그에 상응하여 개항장을 거점으로 활동한 일본 무역상인은 객주나 선상에 의존하지 않고 전략적 시장의 일본상인을 거쳐 산지의 상인과 농민을 직접 파악할 수 있었고, 장시를 경유하지 않고도 일본인 상점을 통하여 중앙시장과 직결되는 상품유통구조를 발생시켰다. 이로써 전통적 유통구조가 외국상인에게 침식당하는 가운데 식민지적 시장구조가 정착되어갔다.

개항 초기 개항장무역을 독점한 외국상인의 활동범위는 조계로부터 간행이정으로 제한되었으므로 개항장 밖의 내지에서 수출입품을 거래할 수 없었다. 따라서 외국무역상인을 상대로 수출입 상품유통을 담당할 새로운 유통조직으로서 조선상인의 존재가 필요하였고, 이에 개항장을 기반으로 한 객주(개항장객주)가 출현하였다. 시전상인과 내지의 객주·선상·행상 등의 전통적 상인이 시전·포구·장시와 같은 전통시장을 거점으로 생산자와 소비자를 연결시켜준 데 대하여 개항장객주는 국내 상인과 외국 상인 사이의 무역에서 매매주선을 담당하는 개항장의 상인이었다. 개항장이 외국무역은 물론 국내의 원격지간 유통의 중심지로 발달하면서 개항장객주도 점차 성장하였다.

개항장객주는 내지로부터 진출, 정착한 상인들로서 조선 후기 상품유통의 중심적 담당자였던 사상 출신이 있는가 하면, 소상인[東西南北之人]의 경우도 있었으며, 내지객주에서 개항장객주가 된 경우도 있었다. 그러나 내지객주는 유문권주인(有文券主人)으로서, 경강과 외방포구에서 오랫동안 매매 상속되어온 주인권을 소유하고 있었지만, 개항장객주는 이러한 주인권을 소유하지 않아 객상(客商)이 자유롭게 객주를 선택하였다. 또한 객주였다는 것이 개항장객주의 권리를 보장

---

53) 국내분업관계에 입각한 상품유통의 경우 개항장의 독점력이 그렇게 진전되지 못하고 조선상인의 지배력이 강했지만, 개항장 중심의 상품유통에서는 국내 분업은 국제분업관계에 종속되어 갔다. 한편 개항장과 외국상인의 국내 유통 장악이 수지상형(樹枝狀形) 시장구조를 형성하였다고 보았다(李憲昶, 위의 글, p. 72 및 p. 86).

하는 것도 아니어서 그 연속성은 보증되지 않았다. 곧 개항장객주는 개항기에 새로 형성된 상인의 분파인 것이다.[54]

개항장객주는 내지객주와 마찬가지로 위탁매매가 그 기본적 역할이었으며, 금전거래상의 신용, 현물수집의 안전 등 대외 상거래상 교섭조건을 갖추었고, 내외상인 사이의 구매와 판매의 시간적 불일치 때문에 외국상인의 객주 의존은 불가피했다.[55] 즉 외국상인의 활동이 개항장을 중심으로 한정되었던 개항 초기에 외국상인은 개항장객주의 중계를 거치지 않을 수 없었지만, 개항장객주가 외국상인으로부터 자금대부 등의 금융지배를 받으면서 그들과 결탁·종속되는 경우도 생겼다.[56] 그러나 객주의 위탁매매영업은 중국의 매판(買辦)처럼 특정의 외국상인과 고용관계를 체결하여 그의 고정된 대리인으로서 활동한 것이 아니라 독립적 영업주체로서 수행한 것이었다.[57] 다만 금융적 종속성 때문에 조선 객상의 이익을 대변하기보다 외국상인에 유리한 입장에서 매매를 주선하는 경우는 있었을 것이다.[58]

〈그림6-1〉은 일본상인(무역상)이 수출곡물을 매입하는 방식을 표시한 것으로, 조선상인(개항장객주와 지방상인)에 대한 일본상인의 금융지배를 분석하기 위한 것이다. 여기서는 ① 내지통상, ② 거류지매입, ③ 선대매입 등 세 가지 방식이 제시되어 있다. 내지통상(①)은 수출곡물 매입에서 무역상의 직원 또는 무역상과 관계를 갖는 자가 내지통상을 담당하여 개항장객주의 개입을 배제, 거류지무역에서 외국상인이 수출입 상품유통의 지배권을 장악하는 경우이다. 외국상인은 곡물매입 활동을 내지객주에 의존하며 농민에게서 직접 곡물을 매점하기도 하는데 주로 자금을 선대하는 경우가 많았다.[59]

---

54) 李炳天, 앞의 논문, pp. 59~60.

55) 위의 논문, p. 71.

56) 위의 논문, p. 81.

57) 위의 논문, p. 71.

58) 위의 논문, p. 81.

59) 내지객주는 조선 후기 이래 위탁판매·창고업·숙박업·금융업을 겸하고 자기 자본을 직

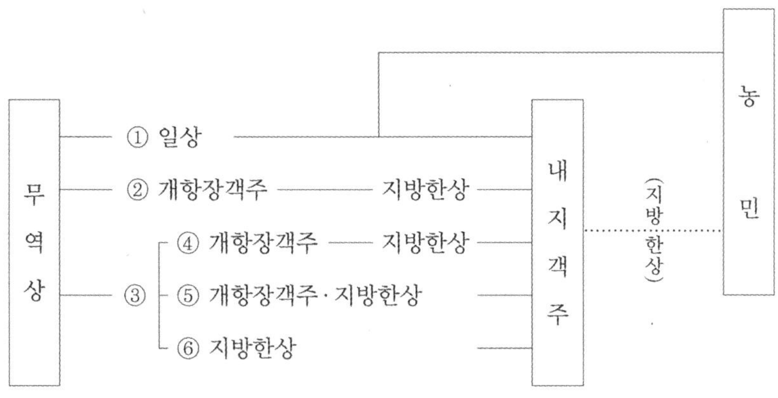

① 내지통상, ② 거류지매입, ③ 선대매입

자료 : 李炳天, 〈開港期外國商人의 侵入과 韓國商人의 對應〉, 서울대 경제학박사학위논문, p. 105.

〈그림6-1〉 일본상인의 수출곡물 매입방식

다음은 거류지매입인데 이것은 거류지(주로 개항장)에서 조선인이 가져오는 곡물을 구매하는 형태(②)이며, 자금 융자를 수반하지 않는 일반적인 상품교역 방식이다.

세 번째는 일본상인이 자금선대 형태(③)로 금융지배를 전개하는 방식이다. 이 때 개항장객주가 직접적인 차주(借主)로 되는 경우(③-④)와 개항장객주를 보증인으로 하는 경우(③-⑤) 및 일본상인이 개항장객주의 개입을 배제하고 개항장으로 들어오는 지방상인에 대해 직접 자금을 선매하는 경우를 들 수 있는데(③-⑥) 이 형태는 소수였으며 ③-④와 ③-⑤의 형태가 다수였다. 내지통상

접 상업자본으로 운용하는 도매상업으로 성장하였으며 화물의 집산지인 포구나 대장(大場) 에서 매매를 주선하였다. 개항 이후에도 외국상인은 이들을 거쳐 상품을 거래할 수 있었으 므로 이들은 더욱 성장하였다. 외국상인은 매집 대상곡물을 내지객주에게 부탁하고 이를 매집할 때 자금을 선대하는 관습이 있었는데, 자금선대의 방법 가운데는 농민이 경작에 착 수할 때 자금을 선대하여 가을철 수확기에 수확물의 일부를 인도받는 것을 조건으로 하는 청전대(靑田貸, 여기서 靑田은 미수확농산물의 뜻)의 방법도 있었다.

이 곡물수집의 주요한 방식이긴 하였으나, 여기에는 곡물운반에 많은 시일과 경비가 소모되었기 때문에 거주지에서 개항장객주와 지방상인에 대한 대부방식을 바탕으로 수출곡물 매집이 전개되었다. 그러나 이것은 일본상인의 이윤폭을 확대하는 방향으로 진행되었기 때문에 일본상인에게서 대부받은 개항장객주와 지방상인, 내지객주에게 자본축적의 여지는 제한적이었다.60)

개항장객주와는 달리 내지객주는 봉건적 제 권력에 의해 매매주선권을 보장받은 특권적 상인이어서 도고와 더불어 소상인이나 소상품생산자의 이윤을 침탈하였고, 개항 뒤에는 외국상인이 들여온 수입품의 반입 및 곡물 등 국산품의 반출을 맡은 유통기구로서 외국인의 내지정주상인이 허용되기 이전까지 지속해서 성장하였다. 더욱이 1880년대 후반 이후 곡물매집과정에서 일본상인은 국내 정주상인에 의존하였고, 이 때 곡물매입자금의 선대로 말미암아 일본상인에 대한 종속화 경향이 심화되면서 내지객주는 외국상인과 결탁, 매판적 성격을 드러내기도 하였다는 지적도 있다.61)

3. 내지통상의 확대와 외국상인의 침투

수출입무역 유통구조는 개항 초기에 다음과 같은 유통과정을 거쳤다.

① 수출품의 경우 : 생산자→행상·중매상→포구·산지객주→행상·선상→개항장객주→거류지 외국상인

② 수입품의 경우 : 거류지 외국상인→개항장객주→행상·선상→포구·산지

---

60) 일본상인이 객주에 대한 자금선대로써 확보할 수 있던 곡물은 주로 소농민에 의해 상품화된 부분이었다. 소농민의 상품화는 조세납부 및 비자급적 생필품의 구입을 위한 궁박판매였던 것과 달리, 지주의 소작미 판매는 영리의 추구를 위한 것이어서 일본상인이 이것까지 확보할 수는 없었다. 지주층의 소작미는 지주 자신이 상인이 되어 직접 개항장으로 반출하는 형태가 일반적이었다(李炳天, 앞의 논문, pp. 159~160).

61) 나애자, 앞의 글, 앞의 책, pp. 210~211.

객주→행상·중매상→소비자

그러나 내지통상의 전개로 거류지 무역상의 점원·외국중매상(선상)이 내지에 침투, 등장하면서 이 과정은 다음과 같이 단축되었다.

① 수출품의 경우 : 생산자→행상·중매상→포구·산지객주→거류지 무역상의 점원·외국중매상(선상)→거류지 무역상

② 수입품의 경우 : 거류지 무역상→거류지 무역상의 점원·외국중매상(선상)→포구·산지객주→행상·중매상→소비자

이와 같이 유통과정이 줄어들면서 개항장객주와 원격지유통을 담당했던 선상들에게 심대한 타격을 주었다.[62]

외국상인의 내지통상은 강화도조약 이후 간행이정의 설정 확대와 1882년의 조청상민수륙무역장정에 의거, 최초로 내지 전체가 청국상인에 독점적으로(여기서는 국내 상품의 구매권만 인정) 인정되었다. 이어 1883년의 조영조약에서는 수출입 양면에서 외국상인에게 완전한 형태의 내지통상권이 용인되었으며, 그 뒤 청국상인과 일본상인도 특권을 균점하게 되었다. 이러한 과정을 거쳐 인정된 내지통상권은 개항장객주의 개입을 배제하여 거류지무역에서 수출입상품 유통기구의 지배권을 직접적으로 외국상인이 행사할 수 있게 하였다. 또한 개항장과 내지 사이의 상품 매매가격의 차익을 외국상인이 흡수하게 되었으며, 개항장으로 들어오는 조선상인만을 상대로 상품을 매매하는 한계를 벗어나 시장의 규모 자체를 크게 확대시켰다. 이에 따라 조선상인은 고유한 독자적 자본축적 영역을 박탈·침식당하게 되었다.

외국인이 내지 왕래를 하기위해서는 조선정부[統理衙門]로부터 호조(胡照 : 내지여행허가증)를 발급받아야 했다.[63] 따라서 내지여행(허가)권을 받은 수는 내지통상자를 파악하는 일차적 자료가 된다(물론 여행권을 소지하지 않은 불법 내지통상자도 많이 존재하였다).

---

62) 앞의 글, p. 191.
63) 韓沽劢 著, 앞의 책, p. 85.

청국상인은 임오군란 이후 조선 진출과 함께 내지통상을 시도하였으며, 초기에 진출한 자들은 대부분 소상인이었다. 1888년까지는 내지통상이 부진하다가 1889년부터 크게 증가하였다. 갑오개혁 이전까지 청국상인의 내지통상(행상)은 상당히 진전하여 강경, 예산, 공주, 안성, 장호원 등 서울이남 경기・충청의 내지상업중심지에 깊숙이 침투, 조선상인에게 타격을 주었다. 안성에서는 청국상인의 행상으로 말미암아 수입품 판매에 종사하던 100명이나 되는 조선상인이 폐업하기에 이르렀다. 중소상인[賤商]이었던 청국상인은 주로 생금건(生金巾)을 비롯하여 수입 양포류(洋布類)의 판매에 종사하였지만 그 밖에 곡물매입에도 상당한 자금을 투입하여 일본상인에게 전매하였는데, 이것은 주로 수입품 판매의 대가로 획득한 한전(韓錢)을 처분하기 위한 방법이었다.

불평등조약상 외국상인의 내지통상권은 '행상'으로 제한되었으므로 개항장・개시장 밖의 지역에서 이들의 주거(住居)・설점(設店)은 허용되지 않았지만, 극히 제한적이기는 해도 그러한 불법 정주 형태가 갑오개혁 이전에도 나타나고 있었다. 내지의 상품유통이 발전한 곳인 포구나 장시에서 외국상인은 객주의 중계를 거쳐 상품매매를 하였으며, 조선상인과 마찬가지로 객주에 의존하여 내지활동을 하였다.

청일전쟁 기간 동안 청국상인은 본국으로 귀국, 후퇴하였다가 1895년 전후에 다시 입국하였으며, 1896년에는 전쟁 전의 수준을 회복하였다. 이 때의 판매제품은 양포류가 주였으며, 기타 잡화, 염분(染粉), 성냥 등 수 개 품목이었다. 그리고 일본인의 공백기(단발령과 민비시해사건에 기인)에는 백목면(白木綿), 방적사, 권연초(卷煙草) 등도 판매하였다. 청국상인은 특히 일본인의 공백기에 외국화물을 염가로 지방농민에게 공급하는 등 외국수입품 판매를 통하여 내지통상을 확대시켰다. 심지어는 예산, 강경, 안성 등 내지상업중심지 요소마다 유력상인으로 거주 설점하는 자도 있었으며, 이곳을 내지의 상품공급거점으로 하여 주변의 장시까지 행상자로 진입하는 구조를 갖추기도 하였다. 그 결과 개시장이 없거나 교통 운수사정이 불편한 곳을 제외하면 거의 모든 지역에서 청국상인이 활동하면서 내지 깊숙이 침투하였다.

청상의 판매품목은 청국에서의 수입품목인 금건(金巾), 염분에 그치지 않고 일본 국내 상품인 목면, 방적사, 성냥, 잡화류 등 광범위하였고, 일본 국내 상품을 간접 구입 및 직수입하여 수입품의 내지통상권을 확대하였다. 또한 이 시기에 유력한 내지정주상인으로 존재하면서 내지행상에 대한 상품공급의 거점 역할을 하였기 때문에 내지객주의 중개에 의존하지 않게 되었다. 그 결과 조선상인, 특히 소상인의 몰락이 촉진되었으며, 내지시장에서조차 조선상인의 자본축적영역은 축소되었다.

1899년 9월 새로운 조청조약(朝淸條約)의 체결로 내지행상은 합법화되었다. 내지정주는 승인되지 않았지만, 청국 측의 조약 억지해석으로 내지정주는 사실상 합법화되었으며, 이들은 서울 이남의 경기·충청지역에서 내지상권의 확대를 도모하였다.

일본상인의 내지통상은 1880년대 중반까지 부진하다가 1880년 후반에 곡물매입활동을 중심으로 활발하게 전개되었다. 일본상인의 내지통상은 대부분 곡물매입상이었으며, 수입품의 판매에 종사하는 내지통상자의 수는 적었고 또한 영세하였다. 1890년대 이후 미곡수출이 본격화되면서 미곡매입을 위한 내지통상이 증가하였는데, 일본상인의 곡물매입활동도 청국상인과 마찬가지로 대부분 내지객주의 중계에 의존하였다. 일본상인은 내지객주를 직접 상대하여 자금를 선대(先貸)하는 경우가 적지 않았으며, 농민에 대한 직접적 선대는 극히 제한적이었다.

내지통상시 교통·운수사정과 관련하여 주목할 것은 1887년 4월에서 1888년 7월 사이에 여행권을 지닌 일본상인이 조선 범선을 고용하여 개항장과 비개항장 사이를 항해할 수 있는 특권을 조선 정부로부터 인정받았고, 이후 곡물매입시 조선 범선을 이용한 개항장 및 연안운행이 가능하게 되었으며, 그 뒤 청국상인에게도 이 특권이 균점되었다

청일전쟁 기간 동안 내지통상은 일본상인이 독점하였다. 전쟁 기간 동안 우세한 군사력을 배경으로 일본상인의 수가 크게 증가하였으며, 일본군의 병참부(兵站部)가 설치된 곳에는 단순한 행상자가 아닌 출장점(出張店)이 설치되었고, 이

를 거점으로 금건 판매에 종사하였다. 나아가서 내지의 몇몇 주요도시에서는 내지정주로까지 발전하였다. 미곡의 매입을 목적으로 체류한 이들은 선급금을 대부하기도 하고, 미곡의 인도를 조건으로 양포(洋布), 석유 등의 물품을 대여하기도 하였다.

1896년 단발령과 민비시해사건으로 일시 퇴거하였던 일본상인의 내지통상은 수개월 뒤 다시 재개되었다. 이들은 전쟁기의 경험에 힘입어 내지의 여러 곳에 정주자를 두었다. 내지정주상의 경우 수출입 양면에 종사하였지만, 일반 행상자의 경우에는 수출곡물의 매입을 주목적으로 하였을 뿐 수입품 판매의 전문상은 거의 없었다. 곡물매입에서는 주로 내지객주에 의존하였으며, 객주에게 자금을 선대하여 농가로부터 곡물을 매집하였고, 청전대(靑田貸)의 방법도 있었다. 이로서 일본상인은 수확기보다 저렴한 가격으로 곡물을 확보할 수 있었다.

청국상인의 내지통상지역이 서울 이남의 경기·충청지역에 집중된 데 대하여 일본상인은 경상·전라 등을 그들의 독점적 지역으로 하였다. 그 밖에 평양, 개성, 강경, 예산, 공주, 전주, 대구 등지에도 일본상인의 정주자가 있었다.[64]

4. 내지정주상업의 전개와 일본상인에 의한 상업 재편성

개항 이후 외국무역을 독점한 개항장을 중심으로 개항장시장권이 형성되었고 외국상인의 내지통상이 확대되면서 그들의 시장침투가 진행되었다. 그러나 외국무역의 성장에 따라 국내 시장의 재편이 일어났던 중요한 획기적인 이유의 하나는 바로 러일전쟁이었다. 러일전쟁 이후 일본인 내지정주상업, 외국선박의 완전한 자유항행, 철도운송의 본격화로 수지상형(樹枝狀形) 시장구조가 확립되었으며,[65] 국내 시장은 일본상인의 주도하에 재편성되었다. 을사조약 이전까지 일

---

64) 李炳天, 앞의 논문, pp. 127~159 참조.

65) 李憲昶, 앞의 논문, p. 363.

본상인의 내지통상은 수출곡물의 매입에 한정되었고, 수입품의 판매면에서는 보잘 것이 없었으며, 그나마도 거주지무역에 의한 것이 주요형태였다.

인마(人馬)나 수로(水路)에 의존하던 전근대적인 교통운송기구로 말미암은 과다한 운반비용과 시일의 지체는 내지통상 부진의 주요요인이었다. 이러한 상품유통의 발전 장애 요인은 일본상인의 내지침투를 저지하였으며, 내지시장에서 조선상인의 존립기반이기도 하였다. 그러나 1905년 1월에 경인선, 1906년 2월에 경의선 철도가 완성되면서 일본상인은 내지시장에서 주도권을 확대하는 데 결정적으로 유리한 조건을 얻게 되었다. 이는 또한 인천을 거점으로 하던 청국상인에 타격을 주고 일본상인이 대외 무역에서 지배권을 장악하는 중요한 계기가 되었다. 육상운수에 이어서 수상운수에서 1906년 8월에 체결한 '한국해안 및 내하(內河)의 항행에 관한 약정서'로 개항장과 미개항장을 막론한 연해 및 내하의 모든 지역에서 일본 선박의 자유항해권이 보장됨으로써 조선상인의 연안해운과 연안무역은 치명적 타격을 받았다.

일본상인 주도의 상업재편성이 일어난 또 하나의 계기는 식민지적 화폐·재정정리의 영향이었다. 불평등조약체제에서도 외국상인과 경쟁하면서 꾸준히 축적되어 온 조선인의 상업자본을 폭력적으로 수탈한 것이 화폐정리였으며, 당시 거의 유일한 금융기반의 역할을 수행해 온 조세의 상업자금 운용기구를 일거에 해체시킨 것이 재정정리였다. 화폐정리과정에서 조선상인의 백동화(白銅貨) 투매와 실물구입, 그리고 일본상인과 청국상인에 의한 백동화 추적 및 매점은 조선상인의 희생을 바탕으로 한 외국상인의 막대한 화폐자본 축적을 실현시켰다. 거기에 이로 말미암은 화폐결핍현상[錢慌] 등으로 조선상인은 결정적 타격을 받았다.

한편 당시에는 조선상인이 중앙 및 지방관료와 결탁하여 조세를 상업자본으로 이용하는 관행이 있었으며, 이는 특히 갑오개혁 이후 조세금납화로 일반적 현상이 되었다. 이것은 근대적 금융기관이 결여된 조건에서 조선상인이 외국상인과 경쟁하는 데 가장 중요한 금융기반이었다. 그러나 재정정리가 시행되면서 이 외획제도(外劃制度)66)가 폐지되고, 조세의 중앙·지방금고 집중조치로 조세의 상업신용기구 활용이 일거에 폐지됨으로써 조선상인의 화폐금융기반이 소멸되었다.

화폐·재정정리로 말미암은 타격은 전국적인 현상이었지만, 서울의 시전상인과 경강상인 등 서울상인이 더 큰 타격을 받았다. 그리고 이는 식민지적 금융기구의 재편성과 일본상인 중심의 상업재편성의 계기가 되었다. 이처럼 을사조약 이후 철도의 건설에 따른 교통운수기구의 근대화, 선박의 자유항해권 획득과 화폐·재정정리에 따라 일본상인은 상업권 재편성에서 주도권을 확보하였다.

이런 가운데 일본상인의 내지정주상업이 전개되었다. 청일전쟁 이후 일부 일본상인의 내지거주가 있었지만 그것은 소수에 불과하였고, 절대적 다수는 개항장과 개시장에 거주하였다. 그러나 러일전쟁은 일본인의 내지정주에 중요한 계기를 마련하여 그 수를 증대시켰다. 내지에서는 개항장이나 개시장과 달리 외국인의 거주가 법률적으로는 인정되지 않았지만, 1906년 10월 토지가옥증명규칙(土地家屋證明規則)이 통감부(統監府)에 의하여 공포됨으로써 외국인의 내지에서 토지소유가 법적으로 인정되었다. 그 뒤로 특히 교통의 요지인 철도연변에 일본인의 밀집지역이 형성되어 주요식민지역이 되었으며, 각 도의 행정·상업의 중심지에도 많은 일본인이 진입하여 본격적인 내지정주상업(內地定住商業)을 펼쳐나갔다.

즉 을사조약 이후 다른 산업분야에서와 마찬가지로 상업분야에서도 회사 형태가 다수 발전되었는데, 일본상인이 압도적 우위를 차지하였다. 일본상인의 내지정주상업은 식민지 수도로 변질된 서울에서 크게 발전하여 상업의 주도권을 확고하게 장악하였다. 서울에서 일본상인은 미곡상인으로 대거 출현하였다. 러일전쟁 이전까지 서울에서 일본인 미곡상인의 세력은 미미하였지만, 그 뒤 자본력과 신용이 확실한 자가 진출하였고, 그 가운데는 대규모의 기계정미업과 미곡도매업을 경영하는 자도 있었다. 이들은 산지상인에 위탁하여 미곡을 경매의 방식으로 구입하였고, 정미(精米)의 판매에서도 일본인 시장에 그치지 않고 경강상인의 전통적인 시장지역인 조선인 시장까지 침투하였다.[67]

---

66) 금융기관이 미비된 상태에서 조선상인이 조세를 상업자금으로 활용하는 제도로서, 갑오개혁의 지세금납화이후로 상인이 지방의 세금을 탁지부로 상납하는 과정에서 상업자금으로 활용하는 이 제도가 활성화되었다.

주된 수입품목인 면직물에서도 일본상인은 청국상인을 압도하였다. 일본자본주의의 조선에 대한 면제품 수출은 1906년을 기점으로 하여 시팅(sheeting)이 백목면을 압도하였다. 그리고 1908년에는 시팅 중심의 면포수출주도형이 확립되는데, 여기서 주도적 역할을 한 것이 시팅 수출카르텔인 삼영면포(三榮綿布) 수출조합이었으며, 이 조합의 특약판매점은 서울의 면제품 수입판매를 지배하였다.

서울 이외의 지역에서 일본상인의 정주상업은 초기에 대부분 거래선이나 금융면에서 개항장 상인에 의존하였으며 그 출장점인 경우가 많았으나, 그들이 점차 독립성을 획득하여 독립적인 내지정주상인이 되었다. 그들은 조선 내지와 일본 사이의 직접적인 거래를 발전시켰으며, 특히 철도연변에 정주한 일본상인의 경우에 이것은 일반적 현상이었다. 을사조약 이후 특히 일본상인은 교통이 편리한 지방에서 시장에 점포를 상설하였다. 그 결과 일본상인은 철도연변을 중심으로 한 상품유통을 지배하였다(〈표6-1〉).

일본상인의 수출입 화물수집 판매방식에서 곡물매입의 경우 소량거래는 현금매입이 대부분이었지만, 다소 규모가 큰 거래에서는 가을철 수확기에 곡물의 인도를 조건으로 고리대 선대법[靑田買入]이 성행하였다. 수입품 판매에서는 농촌시장의 소매상업을 청국상인이나 조선상인의 행상이 담당하였고, 일본상인은 두매상업의 위치에 있었다. 농촌시장에서 청국상인과 조선상인이 주로 소매상업을 담당할 수 있었던 것은 일본상인의 상설점포가 철도연변 및 주요도시를 중심으로 발전되었으며, 아직 농촌시장까지는 침투하지 않았기 때문이었다. 곧 청국상인과 조선상인은 일본상인의 상설점포가 개설되지 않은 오지(奧地)의 농촌시장을 존립영역으로 하여 행상을 지속할 수 있었으며, 이러한 구조는 한일병합 전까지 유지되었다.

그 결과 을사조약 이후에도 서울 이외의 지역에서 청국상인과 조선상인의 내지상권이 절대적 수준에서는 행상과 소상인으로 존립하는 등 결코 약화되지 않은 것이다.[68] 그러나 일본상인이 내지정주상업으로 발전하는 것은 조선상인의

---

67) 李憲昶, 〈韓國開港期의 日本人搗精業에 관한 研究〉, 《經濟史學》 7, 1984. 6., pp. 165~166.

상인 경부선	곡물상수		잡화상수		상인 경의선	곡물상수		잡화상수	
	일상	한상	일상	한상		일상	한상	일상	한상
구포	5	6	6	6	문산	3	–	5	10
물금	–	–	5	3	개성	–	40	18	100
삼량진	–	–	–	–	금교	2	13	2	6
밀양	3	5	7	5	한포	5	20	4	8
청도	12	4	7	2	남천	3	6	5	8
경산	9	6	7	–	신막	3	–	7	20
왜관	3	5	6	4	사리원	3	7	8	–
약수	1	–	2	1	황주	2	4	8	10
금천	–	–	–	–	묵교	1	3	2	3
영동	–	–	7	–	중화	–	–	2	6
대전	15	4	3	14	숙천	–	–	4	10
미강	–	–	7	–	신의주	–	–	8	1
조치원	22	6	13	14	영미	–	–	9	–
천안	3	3	4	4	정주	–	1	10	14
성환	–	–	3	4	곽산	1	4	2	10
평택	4	15	5	5	선천	3	7	8	20
오산	4	1	5	0	차련관	–	3	4	9
수원	–	1	11	18					
영등포	–	–	4	7					

자료 : ① 鄭在貞, 〈韓末日帝初期(1905~1916年) 鐵道運送의 植民地的 性格(下)〉《《한국학보》 제29집, 1982
년 겨울), pp. 162~163. 원 사료는 朝鮮總督府, 《朝鮮鐵道驛勢一斑》(上・下), 1914.
② 〈그림-1〉과 같음(p. 209).

〈표6-1〉 경부선・경의선의 주요연선에 개설된 일상의 상설점포

독자적 자본축적영역인 내지시장의 침투・소멸을 뜻하는 것이었다. 한일병합까
지 일본상인의 침투 깊이는 제한적이기는 하였지만, 철도연변과 주요도시를 중
심으로 하여 내지시장에서 조선상인에 대한 우위를 확립하였다.[69]

---

68) 이것은 일본상인이 주도하는 외국무역(국제분업관련)이 국내 경제에 대한 포섭의 정도가
큰 비중은 아니었으며 국내분업관련에 입각한 상품시장이 지배적인 지위를 차지하고 있는
데 기인한 것으로 보인다(李憲昶, 〈開港期 市場構造와 그 變化에 관한 硏究〉, p. 364).

5. 상업구조의 변화

(1) 시전상인의 변화

개항 이후 개항장에는 외국무역을 독점한 외국상인을 상대로 하여 수출입 상품유통을 담당하는 새로운 유통조직으로서 조선상인인 개항장객주가 출현하였음은 앞에서 본 바와 같다. 이들은 국내 상인과 외국상인 사이의 거래에서 매매주선을 담당하는 무역시장의 상인이었다. 이에 대하여 개항 이전부터 전통적으로 내려오는 상업체로는 시전상인, 내지객주, 행상 등이 있었다. 또한 자본규모가 큰 대상인으로는 조선 후기 이후 상품유통을 주도해온 사상층이 있었는데, 많은 사상들은 선상활동을 통하여 자본을 축적하였으며, 경강상인이나 개성상인처럼 선상과 객주를 겸하기도 하고 행상조직을 갖추기도 하였다. 대상인인 사상층은 대체로 독점적 도매상이라는 뜻에서 도고 또는 사상도고라고 하였다.

개항 이후 외국상인의 내지통상과 내지정주상업의 전개로 가장 먼저 타격을 입은 것은 개항장객주였지만, 기타 내지에서 광범위하게 상업활동을 하던 시전상인, 내지객주, 행상(보부상) 등 전통적 상업체도 큰 영향을 받았다.

시전상인은 국역의 부담과 금난전권을 바탕으로 존재하는 특권상인이었다. 금난전권은 초기에 '판매독점권'에서 출발하였으나, 이윽고 소매상인에 대한 '구매독점권', 나아가 소상인 일반에 대한 '분세징수권'으로 확대되었다.[70] 1791년(정조 15) 신해통공[71]으로 육의전을 제외한 모든 시전품종에 대하여 통공발매를

---

69) 李炳天, 앞의 논문, pp. 204~213 참조.

70) 19세기에 와서 분세징수권은 국가권력이 상인에게 부여하는 특권의 주요내용을 구성하였으며, 육의전을 비롯한 관상도고인 시전상인뿐만 아니라 사상도고도 분세징수권을 확보하였다. 분세는 특권상인(사상도고 포함)과 국가권력이 소상인으로부터 상업이윤을 분여 받아 나누는 매개였으며, 조선 후기 도고상업체제(都賈商業體制)는 분세를 매개로 국가권력과 특권상인이 상업이윤을 과점하는 체제가 되었다(전우용, 〈근대이행기(1894~1919) 서울 시전상업의 변화〉,《서울학연구》22, 2004, p. 30).

허용하였지만, 육의전은 물론 그 이외의 일부 시전도 원전세수(原廛稅收)라는 형식으로 이전과 같은 특권을 지속하였고 분세징수권도 유지되었다. 거기에 경강의 여객주인 등 사상들도 분세를 징수하였으므로, 조선 후기 도고상업체제는 시전상인과 사상의 분세징수를 기반으로 한 체제였다.

개항 이후 외국상인의 한성개잔은 육의전 중심의 도고상업체제 외부에 새로운 상업질서가 자리 잡은 것이었다. 이는 시전상인과 사상도고 등 도고상업체제에 대한 도전과 동요를 뜻하는 것이었다. 1880년대 중반 이후 서울에 진출하기 시작한 청국상인과 일본상인 등 외국상인은 통상조약의 일물재세금지(一物再稅禁止) 규정을 구실로 국내에서의 상업과세를 거부하였기 때문에 육의전 등의 분세징수권을 수용하지 않았다. 또한 외국상인이 취급하는 물품은 대개 섬유류로서 육의전의 전관물종이었으므로, 육의전 상인의 입장에서는 외국상인의 상행위는 난전행위였지만 육의전은 이들에게서 분세를 징수할 수도 없었다.

청일전쟁 이전까지 외국상인은 영국제 면제품을 수입 판매하였으나, 청일전쟁 이후에 청국상인은 영국제 면제품과 중국산 견직물 등 고급직물을 수입하였으며, 일본상인은 일본산 면포와 방적사를 수입 판매하는 형태로 시장을 분할하였다. 직물류 외에 성냥, 석유 등 일상 소비품도 외국상인의 주요 취급품목이었지만 이 물품들은 당초 조선상인과 관계가 없는 것이었다. 따라서 외국상인의 서울 진출로 말미암은 피해는 육의전, 특히 입전(立廛), 백목전(白木廛), 청포전(靑布廛), 저포전(苧布廛) 등에 집중되었으며, 수입품의 영향을 받지 않은 포전(布廛)만이 상권을 유지할 수 있었다.

육의전 상인들은 외국상인에 의한 상권침해와 함께 이들에 대한 분세징수를

---

71) 시전상인을 봉건적 특권상인으로, 사상도고(난전)세력을 자유경쟁적 상인으로 보는 시각에서는 신해통공을 사상세력의 부분적 승리로, 갑오개혁 이후 육의전의 폐지를 사상의 최종적 승리로 보고 있다. 그러나 난전의 주역이었던 사상도고도 자유경쟁적 비특권상인으로 볼 수 없으며, 신해통공이 도시영세민의 생계 안정화에 주안을 둔 조치였다는 지적은 신해통공의 역사적 의미에 대한 전자의 해석, 곧 '자유상업의 발달'의 시각에 문제를 제기하는 것이다.

할 수 없게 되자 외국상인(특히 일본상인)에게서 상품을 매입하는 조선상인에게서 분세를 징수하는 방안을 모색하기도 하였다. 이에 일본상인 등 외국상인은 조선상인에 대한 분세징수가 결과적으로 그들이 취급하는 물품의 가격을 높여 시장의 확대를 가로막는다고 하여 육의전 중심의 시전체제를 공격하였다. 개항 이후 도고상업체제는 외국상인이 국내 생산품을 국외로 반출하는 데 저해작용을 하였으며, 반대로 그들이 자국상품을 조선에 수입 판매하는 데도 제약을 주는 등 이 시기 대표적 토착자본 발전의 기반이었다. 이에 따라 개항 이후 국내에 침투한 외국자본에 의한 도고상업 해체노력은 집요하였다. 여기에 도고상업이 자유상업의 발전을 저해하므로 상업의 근대적 발전을 위하여 지양되어야 한다는 국내 난전의 공격과 개화파 정치세력이 함께 작용하였다.[72] 이에 친일적 갑오개혁은 마침내 1895년 3월 23일에 육의전 폐지조치를 이끌어냈으며,[73] 이 결과 가장 큰 이익을 얻은 것은 일본상인이었다.

갑오개혁파 내각이 붕괴된 뒤 보수적인 광무정권은 황제측근·관료·지주 및 특권상인층을 지지기반으로 해 강력한 황권(皇權)을 구축하고 그를 토대로 개혁을 추진하고자 했다. 구본신참(舊本新參)의 기본강령 아래 갑오개혁의 성과를 계승하되, 조선 후기 이래의 관례나 관습도 존중하는 입장을 지녔다. 시전문제에서는 금난전권을 철폐하고 형식상으로는 분세징수권(도고수세)도 폐지했으나, 갑오개혁파와 달리 시전상인과 국가의 관계는 종전대로 유지하고자 하였다. 상인의 국역이 지속되었고, 국가를 상대로 한 거래에서는 시전상인이 특별한 대우와 지원을 받았다. 또한 정부의 재정운영에 시전상인을 개별적·집단적으로 참여시키고 황실이나 고위관료가 시전상인과 함께 특권적 회사를 설립했다.

---

72) 姜萬吉,〈開化期의 商工業問題〉,《朝鮮時代商工業史硏究》, 한길사, 1984, pp. 268~269.

73) 갑오경제개혁은 ① 화폐개혁, ② 재정개혁, ③ 공물제도의 혁파와 시가무용(市價貿用), 육의전 폐지, 상리국(商理局)의 혁파, 각종 특권회사와 수세도고(收稅都賈)의 혁파, 잡세 철폐, 지방관에 의한 방곡(防穀)의 금지 등 상업유통구조개혁 등으로 구성되어 있다(吳斗煥,〈甲午 經濟改革의 構造와 性格〉,《仁荷大論文集》, 1984, p. 14). 분세징수권은 광무정권에서 형식상 폐지되었으나 실제로는 메가타 개혁 이전까지 지속되었다.

육의전이 폐지되면서 시전을 관리하던 평시서(平市署)는 1899년 5월에 상무사(商務社)로 개칭되었는데, 이 기관은 전국 상업을 통괄하면서 한편으로 도고상업체제의 유지기구로 기능하였다. 실질적으로 국역을 부담하면서 국가와 시전 간의 상호보상관계가 지속된 것이다. 구본신참의 논리 아래 도고상업체제를 해체하기보다는 그것을 근대적 경제제도에 접합시키려 하였고, 도고상업체제에서 특권적 지위를 누렸던 시전상인 등 상인집단을 근대적 은행·회사 등에 참여시켜 그들의 경험과 자본을 활용하고자 하였다.

1894년 말 남대문통에 일본인 점포가 생긴 이래 진고개-남대문로 일대는 일본인들의 독점상권이 되었지만 일본인 상가가 서울 상계에서 점하는 지위는 그리 높지 않았다. 청일전쟁 이후 미면교환체제에 돌입한 뒤에도 일본무역상인의 활동은 개항장을 중심으로 했으며, 대부분 영세상인이었고, 서울 거류 일본상인은 서양물화를 판매하는 잡화상과 조시(朝市)에서의 행상이 대부분이었다. 그러나 러일전쟁 이후 일본상인은 '특권집단'이 되었고, 을사조약으로 메가타가 재정고문으로 부임하면서 시전상인이 전담하고 있던 정부의 용달권(用達權)이 일본상인에게 넘어갔으며, 일본상인은 정부조달이라는 대규모 시장을 안정적으로 확보하면서 시전상인을 배제하였다. 동시에 비상업인구인 일본인의 수적 증가와 병행하여 서울에 일본인 소비시장이 형성 확대되면서 진고개-남대문상가는 종로 시전상가를 능가하는 서울의 대표적 상가가 되었으며, 시전상인의 상권은 위축되었다.

메가타의 화폐·재정정리조치는 시전상인의 몰락을 촉진하였으며, 시전상인에 대한 권력의 보호를 배제시켰다. 화폐정리조치 이후 전황으로 다수의 시전상인이 파산하는 상황에서도 시전에 대한 지원은 중단되었다. 메가타 개혁조치 이후 시전체제는 실질적으로 소멸되었으며, 이제 시전상인은 일본인 도매상으로부터 상품을 공급받는 단순 소매상으로 전락하였다. 이로써 광무정권 아래에서 황실이 주도하는 자본주의화 기획의 한 주역으로서 근대적 자본가로 성장을 도모했던 시전상인의 계획은 실현되지 못하였다.[74]

(2) 내지객주의 변화

조선 후기 상업발달의 결과이자 주역이었던 객주는 사상도고의 중추적 지위를 차지하고 있었고, 더욱이 경강 일대의 객주는 서울의 상업도시화 과정에서 전국적 유통망을 형성, 이를 지배하였으며, 개항 이후에도 상당 기간 도매상업을 주도하였다. 이러한 객주에 대해서는 그 특권성, 기생성과 매판성이 지적되기도 하였고,[75] 그와 달리 전국적 시장의 성립과 지역상업 발달을 촉진한 역할, 곧 근대적 상업 발달의 주역으로 평가되기도 하였다.[76] 또한 객주는 한국 중세 상업의 해체과정에서 출현한 '과도적 존재'로서 조선 후기부터 일제강점기의 이행기에 출현과 동시에 소멸의 계기를 내포한 존재였다. 따라서 봉건적·중세적 측면과 근대적 측면을 함께 지녔기 때문에 두 측면의 어느 한 쪽만을 일방적으로 강요할 필요는 없다고 보기도 한다.[77]

17세기 중엽 경강 일대에는 다양한 주인층(主人層)이 형성되었고, 후반 이후에는 이들이 여객주인(旅客主人)이 되면서 객주와 객상 사이에 지배종속관계가 생겼으며, 18세기 중반에는 '지역주인권'이 보편적으로 성립하였다. 그런데 지역주인권은 객주와 객상 사이의 개인적인 계약만이 아니라 공적·사적 권력의 뒷받침을 받아서 성립이 가능하였고, 결국 객주들은 권력과 상업이윤을 분할하면서 객주구문(客主口文)에 부과되는 분세(分稅)가 관행적으로 성립하였다.

객주구문에 부과되는 분세의 징수에 대한 일관된 규정은 만들어지지 않았지만, 1889년 통리아문(統理衙門)에서 인천항에 '객주영업세'를 창설하면서 '경강유문권주인예'(京江有文券主人例)를 적용한 바가 있다. 이로 보아 이 무렵 이전에 경

---

74) 전우용, 앞의 글, 앞의 책, pp. 32~46 참조.

75) 韓㳓劤 著, 앞의 책 및 李炳天, 앞의 논문 등.

76) 高東煥 著,《朝鮮後期서울商業發達史硏究》, 1985, 지식산업사 등.

77) 전우용,〈근대이행기 서울의 객주와 객주업〉,《서울학연구》24, 2005, pp. 132~133.

강 일대 객주가 구문의 일부를 분세로 납부하면서, 유문권주인으로 객상이 수송한 물종에 대한 전관매매권을 공식적으로 인정받고 있었음을 알 수 있다. 이러한 공식적 분세 납부는 객주에게 부여된 특권의 공적 근거를 뜻한다.

객주가 경강의 유문권주인으로 공식화되고 있었지만 개항 이후 객주의 상업환경은 그다지 유리하지 못하였다. 경강은 전국의 물화가 모여드는 집산지였지만 부산, 원산, 인천의 개항으로 서울의 유통구조는 심각하게 변화되었다. 개항장이 새로운 집산지로 부각되면서 당장 경강객주들이 인천으로 주거를 옮겨 개항장객주로 전신(轉身)하기도 하였다. 1882년에 조청상민수륙무역장정 체결 이후 외국상인의 내지통상이 확대되면서 이들이 강력한 경쟁상대로 나타나자 객주의 독점적 영업은 타격을 받았다. 1883년에는 세곡운송에 기선이 도입됨으로써 세곡운송으로 치부하던 선상과 그를 객상으로 지배하던 경강상인에게 타격을 주었다. 이 때문에 1890년대 초반 경강객주들은 미곡 대신 대두(大豆)를 취급하거나 기타 국내산품(소금, 젓갈 등) 등에 대해서만 전관매매권을 행사할 수 있을 뿐이었다.

갑오개혁이 잡세 철폐와 수세도고(收稅都賈)의 혁파 등 경제개혁을 추구하면서 유문권주인과 분세징수권이 부인되었고, 이에 따라 객주의 특권도 소멸되었다. 그러나 개화파 정부의 퇴진과 함께 경강객주 또한 과거의 관행으로 복귀하려는 경향을 보였으며, 대한제국 선포 이후 도고 부활의 추세가 빨라졌는데, 이는 광무정권의 내장원(內藏院)이 재정확보를 위하여 수세 및 도고 부활을 추구했기 때문이었다.

그러한 가운데 과거의 관행대로 수세하려는 객주들과 그 합법성을 인정하지 않으려는 객상들 사이에 분쟁이 일어났고, 유문권객주는 부활하였지만 과거와 같은 독점권을 행사할 수가 없었다. 주인권의 공식성이 크게 훼손되었기 때문이었다. 여기에 일본상인의 서울 진출과 내지행상의 확대는 갑오개혁 이후 객주의 주인권을 더욱 위축시켰다. 청일전쟁 이후 인천 등지의 일본상인은 서울로 근거지를 옮겼고 일본에서 새로 진출하는 경우도 있었다. 이들이 취급하는 물품은 증가하였지만 거기에 객주가 개입할 여지는 없었다.

개항장의 외국상인이 수출품의 매집상이면서 수입상이었던 것과는 달리, 서울의 외국상인은 주로 수입상인이었다. 객주는 외국상인이 수입해 온 물자를 국내 시장에 배급하는 과정에서 일정한 역할을 담당할 뿐이었다. 여기에 일본인이 내지행상에 나서면서 객주의 역할은 더욱 축소되었다. 그들의 역할을 객상이 부인하고 일본상인이 배제하는 상황에서 객주는 수세는 물론 그 기본적 업무도 하기 어렵게 되었다.

여기에 유문권객주의 혁파로 객주로의 진출 장벽이 제거되고 육의전의 금난전권이 폐지되면서 객주의 활동영역은 도성 안으로 확장할 수 있게 되었다. 1895년경부터 남대문 밖이나 이현(梨峴) 등 도성 밖과 외곽지역에 새로 점포를 내고 객주업을 시작하는 사람들이 늘어났으며, 이들은 경강객주와는 달리 일본상인과의 거래에 집중하였다. 곧 과거 경강객주가 지방생산자→선상·행상→경강객주→시전→소비자로 이어지는 유통체계에 서 있었다면, 도성 인근 객주들은 일본상인→객주→소매상 및 도성 내 소비자, 또는 일본상인→객주→지방행상으로 이어지는 유통체계에 서 있었다. 결국 이들은 일본상인의 상권확대를 방조하면서 그들의 하위 파트너로 자리잡았다. 더욱이 1899년 경인철도가 개통되면서 도성 외곽지역의 객주 신설이 증가하였다. 인천을 경유하여 서울로 들어오는 화물의 집산지가 경강일대에서 남대문 정거장 주변으로 이전하였고, 이에 따라 남문(南門) 밖의 상업적 중요성이 커졌다. 이러한 가운데 새롭게 진출한 객주는 더욱 일본상인의 하위조직이 되어갔고, 그에 따라 서울의 상업질서는 크게 동요하였다.

러일전쟁 이후 메가타의 화폐재정조치를 거치면서 육의전의 금난전권 등을 기축으로 하던 시전체제는 실질적으로 소멸되었고, 조선 후기 이후 국가권력 및 사적 권력과 결부되어 있던 도고상업체제는 결정적으로 붕괴되었다. 이에 따라 사상도고의 중추적 지위를 차지하던 객주도 치열한 자유경쟁에 휘말리면서 큰 피해를 입게 되었으며, 이것은 경강객주의 경우도 마찬가지였다. 메가타의 조치 과정에서 파생된 전황, 외획제도와 무명잡세(無名雜稅)의 폐지 등은 조선상인의 파산을 불러오고 객주의 활동근거를 축소시켰으며, 결국 광무정권에서 부활했던 도고체제를 해체시켰다.

러일전쟁 이후 통감부는 조선의 상권을 장악하려는 일본상인의 이해와 요구를 반영하여 자유상업질서 구축작업을 강력히 추진하였는데, 그것은 조선상인 사이의 자유경쟁이었을 뿐, 일본상인은 권력의 비호 아래 도처에서 성장하였다. 이러한 불리한 영업조건에서 객주들은 동업자끼리의 합자를 통해 자본규모를 늘리거나, 활동 근거지를 철도역 주변으로 옮기기 시작하였다. 1907년경부터 철도운송이 경강의 수운(水運)을 압도하였고, 지방의 지주나 객주가 연안항운보다 철도편을 이용하면서 경강객주는 그 위상이 크게 약화되었다. 대신에 남대문 정거장 주변이 경강을 압도하는 새로운 상업중심지로 부각되었다. 1906년 남대문 정거장 옆에 객주들이 설립한 대한무역상사는 서울에 본사를 두고 평택, 대전, 대구, 개성, 평양, 인천, 신의주 등 21개 역에 지점을 설치하였는데 객주들은 이 지점의 구실을 하게 되었다.

즉 조선경제가 일본경제권에 깊숙이 편입됨에 따라, 수출입무역이 급증하고 있던 상황에서 철도화물운송의 정시성(定時性)과 안정성 제고는 객주업의 분화와 영역의 축소 및 객주근거지의 이동이라는 현상을 초래하였다. 동시에 객주업의 분화 과정에서 객주업무 가운데 운송업만을 독립시킨 철도운송업체가 급증하였다. 또한 객주업이 다양하게 분화되면서 국가와 거래가 단절된 시전상인이 객주업에 진출하기도 하였다.

일제가 조선을 병합하는 시점에서 구래의 객주들에게 남은 것은 거의 없었다. 일제는 일본상인의 하위 파트너로, 또 일본상품의 안내자로 기능하는 객주만을 원했을 뿐 독자적 유통망을 확보한 객주는 필요치 않았다. 남대문 주변으로 옮겨 온 객주들도 영세한 위탁매매업자나 운송취급자의 지위에 머물 수밖에 없었으며, 객주에겐 더 이상 성장할 길이 없었다. 경강객주든 남대문 밖의 객주든 종로객주든, 이제 객주업은 조선인이 소비하는 조선 특산물을 취급하거나 남대문시장, 광장시장 주변에서 중간도매상을 하는 것으로 그 역할이 축소됐다. 중세적 상업 발달의 결과였던 객주는 중세적 상업질서가 해체되면서 사라질 수밖에 없는 운명이었지만 그 과정은 일제 권력에 의해 왜곡되고 제한되면서 진행됐다.[78]

6. 민족상인의 대응

(1) 행상·보부상의 대응

시전상인·객주와 함께 국내분업관계의 중추적 지위에 있었던 행상은 지역 내의 유통과 원격지유통을 담당하였는데, 이 행상 가운데 육상수송수단인 지게와 보자기, 질빵을 이용하여 영업을 하는 상인이 보부상(褓負商)이었다. 상설점포가 없는 장시에서 보부상은 상품유통의 주된 담당자였고 도시시장과 농촌의 연계도 이들에 의하여 이루어졌다. 상품유통과정에서 시전상인 및 객주와 밀접한 관계를 맺으면서, 수도를 제외하면 내지상업은 대부분 보부상에 의해 행해졌으며, 전국 각지의 시장은 대부분 행상, 보부상으로 채워졌고, 이들이 시장의 주인공 역할을 하였다.[79]

개항 이후 보부상은 수출품을 수집하고 수입품을 배급하는 기능도 담당하였다. 개항장에서 구입한 수입품을 보부상이 장시에서 노점에 진열 판매하기도 하였으며, 행상은 개항장객주에게서 수입품을 외상구입하기도 하였다. 1880년대 말부터 외국상인의 내지행상이 본격화되면서 청국상인과 일본상인이 보부상의 상권을 침식하였고, 양자 사이에는 갈등이 조성되었다. 예컨대 송상(松商)의 지배력이 강했던 개성을 비롯한 서울 이북의 경기·황해지역에서는 외국상인의 내지행상은 거의 볼만한 것이 없었다. 그러나 충남 제일의 상업중심지이면서 또한 청국상인의 내지행상의 거점이었던 예산(禮山)지방에서는 송상과 청국상인 사이에 수입상품의 판매권을 둘러싼 치열한 경쟁이 전개되었다. 이 대립에서 청국에서 외국수입품을 직접 수입하는 청국상인이 우위에 있었으며, 양포판매권(洋布販賣權)에 관한 한 서울 이남의 청상의 주된 내지활동지역에서 청국상인은

---

78) 위의 글, 위의 책, pp. 134~165 참조.

79) 李憲昶, 〈朝鮮末期 褓負商과 褓負商団〉, 《國史館論叢》 제38집, 1992, p. 145.

송상을 압도하였다.[80]

이처럼 개항 이후로 보부상은 외국상인의 침투와 상업의 자유화에 밀려 극심한 난국에 처함에 따라 이에 대한 정부의 보호가 필요하였다. 19세기 이후 보부상은 그 지방조직이 성장하였고, 그에 대한 공인이 지방관의 차원에서 중앙정부 차원으로 진전되는 추세였다. 개항에 따른 충격이 이어지면서 1879년에는 보부상에 대한 중앙정부의 전국적 통섭(統攝)이 펼쳐졌다. 보부상의 조직이 지닌 충성심과 행상세 등 정부의 재정상의 이유가 보부상의 전국적 조직과 이들을 관할하기 위한 정부기구인 혜상공국(惠商公局)을 설립토록 하였다.[81] 여기에는 1883년 8월 보부상들의 강력한 건의가 크게 작용하였다. 곧 '현재 세계 여러 나라들은 모두가 상업을 가져서 상국(商局), 상사(商社), 상회(商會) 등과 같은 것을 비롯하여 나라에서 통상을 보호하는 길이 있고 이것이 스스로 하나의 규례(規例)로 되어 있는데 우리나라에서만이 우리들을 구관하지 않으니 어찌 당세(當世)의 모자람이 아니겠는가'[82]라는 것이었다.

혜상공국의 설립(1883)은 1881년부터 추진된 개화정책의 일환이었다. 이를 반영하여 임오군란 이후 국무의 효율적인 집행을 위해 기구개편을 단행하면서 통리군국사무아문(統理軍國事務衙門)의 관할 아래 혜상공국이란 기구를 특설하여 보부상을 구관하게 되었다. 혜상공국은 1885년(고종 22)에 상리국(商理局)으로 개칭되었다가, 1894년(고종 31) 갑오개혁에 따른 기구개편 때 농상아문(農商衙門)의 설치와 함께 이에 통합되었다.

개항 이후 수입품이 다량으로 유입되고 이것이 국내의 군소도읍에까지 유입되면서 상권은 확장되었다. 이에 보부상단체에 가입되지 않은 다수의 행상, 특히 청국상인과 일본상인 등 외국상인이 지방소읍까지 침투하여 전통적 상업체인 보부상의 상권을 침해하였다. 보부상은 이러한 사태에 대응하여 광무정권에

---

80) 李炳天, 앞의 논문, pp. 161~163.

81) 李憲昶, 〈朝鮮末期 褓負商과 褓負商团〉, 앞의 책, pp. 164~165.

82) 韓㳓劤 著, 앞의 책, p. 152.

게 내지통상의 상품유통상 독점 요구와 보부상 보호를 위한 전담기구설립을 강력히 건의하였고, 이것이 정부의 재정적·정치적 목적과 결부되어 전담 구관청(勾管廳)이 탄생하였다. 갑오개혁의 상업자유주의정책으로 말미암아 그 이후 이 기구는 폐지되었으나, 광무정권의 상업통제정책하에서 1898년 6월 독립협회와 만민공동회의 민권운동에 반대하고 전제군주제를 옹호하는 양반유생층과 시전상인 및 보부상을 주된 기반으로 하는 황국협회(皇國協會)가 다시 결성되었다.

황국협회의 장정(章程)에서도 외국상인은 흥성하는데 국내 상인의 생업은 쇠잔하여, 심지어 전(廛) 자리를 외국인에게 방매하기에 이른 상황에서 그에 대한 대응이 주요 과제로 떠올랐다. 이에 따라 황국협회 산하에 1898년 11월 상무소(商務所)가 설립되었다가 만민공동회 습격사건으로 혁파되었지만 다시 복설(復設)되었다. 그 뒤 상무회의소(商務會議所)로 그 명칭을 바꾸어 활동하다가 1899년에 상무사(商務社)가 설립되자 이에 흡수되었다.[83] 그런데 상무사는 설립 초부터 시전상인을 배제하였고 보부상이 그 중심이었는데,[84] 1904년에 상무사는 혁파되었지만 지역적 상업활동을 하는 '소부대적' 지방조직은 존속하였다. 그런 가운데 시장이 있는 곳에는 보부상의 힘이 작용하였으며, 상계(商界)에서 보부상의 패권은 지속되었다.

한편 서울의 행상은 중세 이후 시전을 정점으로 하는 중세적 유통구조 안에서 수공업적 생산을 배후로 하여 존재하였지만, 개항 이후 근대이행기의 도시행상은 미면교환체제를 기축으로 하는 식민지적 유통구조 안에서 일본의 자본제적 공장제 생산품을 배후에 두는 존재로 바뀌었다. 그러나 여전히 대다수 도시행상은 농업생산물이나 수공업생산물 등 예전의 상품과 관련을 맺으면서 존립하였다. 그런 가운데 도시생활에서 점차 그 비중이 높아가는 공장제 생산물들, 특히 일본에서 생산된 상품은 일본상인 중심의 근대적 유통구조를 거쳐 소비자

---

83) 李憲昶, 〈朝鮮末期 褓負商과 褓負商団〉, 앞의 책, p. 170.

84) 조재곤, 〈한말 근대화과정에서의 褓負商의 조직과 활동〉, 연세대사학과 석사학위논문, 1990, p. 66.

에게 전달되었으며, 거기에서 행상은 배제되었다. 행상은 근대적 유통기구와 구별되는 전근대적 유통기구에서 최하층에 위치[85]한 채 끈질기게 존속하였다.

(2) 객주의 대응 : 객주회 및 상업회의소의 결성

보부상은 항상 정부의 보호 밑에서 특권을 향유하였기 때문에 새로운 문화에 대한 자세 전환을 이루지 못하고 특권의식을 벗어나지 못하였으며, 보부상인단체도 근대적 상인단체로 성장하지 못하였다. 이와 대조적으로 개항장의 객주들로 조직된 객주회(客主會)는 새로이 형성된 수출입 상업유통망의 형성이라는 사태에 적극적으로 대응하여 자신들의 상업이익방지법[商路利益之方]을 도모하고자 자발적으로 결성된 조직이었다. 비록 오늘날과 같은 근대적 상회소는 아니며 전근대적 관계에 규정되어 있던 조직이었지만, 점차 개항장에 유입된 근대적 상업질서를 받아들임으로써 개항장에 진출한 외국상인과 경합하며 점차 근대적 상인단체로 발전하였다. 강화도조약과 더불어 부산항이 개항되고 1880년대 초에 원산 및 인천이 개항되자, 개항장에 집결한 다수의 객주는 객주조합(客主組合)을 결성하고 새로운 상업양상에 대응하였다.

1883년(고종 20)에 원산의 상인들은 혜상공국의 허가를 받아 상의소(商議所)를 설치하였으며, 1885년에는 부산과 인천에도 또한 객주상회(客主商會)가 조직되었다. 그 뒤 각 항구가 개항됨에 따라 그곳에 모인 상인들은 모두 조합을 결성하여 새로운 상업양상에 맞추어 자세 전환을 기도하였다.

개항장의 객주조합(객주단체)은 원산상의소, 인천객주상회[훗날 신상협회(紳商協會)], 원산상업회사, 목포상객주[商客主, 훗날 토상회(土商會)] 등 명칭이 다양했으나, 그것은 모두 개항장에 설립된 일본인 상의소에 대항하여 자신들의 상권옹호를 목적으로 설립된 조선인 단체였다. 객주회는 일본상인의 내지침입에 따른 개항장객주의 중계배제사태에 직면하여 지방권력의 지원 아래 일본상인의 내지활동

---

85) 전우용, 〈한말 일제초 서울의 都市行商(1897~1919)〉, 《서울학연구》 29, 2007, p. 179.

을 규제하면서 개항장객주를 정점으로 형성되어 있는 유통기구를 유지하려고 하였다. 이것은 거류지무역에서 객주의 지위를 유지·강화하려는 것이었으며, 그러한 노력은 불평등조약상 외국상인의 내지통상권의 존재 아래에서 외국상인의 침투로부터 내지시장을 보호하려는 민족적 요구와 일치하는 것이었다.

외국상인과의 교역에서 객주의 상권을 옹호하고 영업상의 이익을 도모하는 객주상의소는 곡물거래규칙, 가격협상, 대금결제방식 등 다방면에 걸쳐 그 역할을 수행하였는데, 이는 단지 객주뿐만 아니라 객상과도 밀접하게 관련되어서 그들의 이해관계도 대변해주는 것이었다. 객주상의소는 외국상인과의 관계에서만이 아니라 전근대적 수탈 및 압박으로부터 객주의 상권을 보호하는 역할도 하였다.

갑오개혁 이후에는 외국상인과의 교역에서 객주의 중계독점권이 상회소 장정에 명시되기도 하였다. 그러나 그것은 불평등조약에 의해 보장된 외국상인의 자유임의무역을 저해할 수는 없었기 때문에 주로 조선인 객상을 대상으로 한 것이었다. 객주는 객상에 대한 이러한 유통지배수단을 바탕으로 거류지무역에서 외국상인에 대응하였다.[86]

객주상회소는 개항장의 외국상인, 특히 일본상인의 불법행위를 규탄 고발하고 그 시정을 청원하였으며, 상거래상 필요한 개혁을 정부에 건의하기도 했다. 객주회는 1883년의 방곡령(防穀令)에 즈음하여 일어난 일본상인들의 불법행위와 계림장업단의 행태를 규탄했고, 일본 제일은행이 부산에서 은행권을 발행했을 때도 그 불법을 규탄, 정부에 금지를 건의하였다.

객주회는 또 외국상인에게서 상업정보를 수집하여 이를 회원에게 주지시키고 회원들의 영세자본을 모아 근대적 회사설립을 추구했다. 1890년대 조선에서 다수의 상사(商社)가 설립되었는데, 그 주동적 인물은 대개 객주와 여각(旅閣)들이었고 각지의 객주회는 항상 이를 도왔다. 광무연간의 민족은행 설립에서도 객주 출신 상인의 참가가 큰 비중을 차지했다. 이와 같이 개항장에서 외국상인과 접촉하며 상거래에 종사하고 있던 객주들은 객주조합인 객주회 또는 상의소를 결

---

86) 李炳天, 앞의 논문, pp. 97~98 참조.

성하고 상권옹호와 상업발전을 도모하였다. 이들이 중심이 되어 자발적으로 결성한 상인단체는 특권적 보부상단체와는 달리 진취적이고 혁신적 성격을 띠었으며, 근대적 상업회의소가 창설되기까지 각지의 객주회가 상업회의소의 역할을 담당하였다. 따라서 객주회는 근대적 상업회의소의 전신이며, 이것이 모체가 되어 그 속에서 조선인 상업회의소가 설립되었고, 한말의 상인단체로서 민족상인의 상업보호를 위한 주요한 임무를 담당하였다.[87]

근대적 상업회의소는 1895년(고종 32) 11월 10일에 법률 제17호로 상무회의소 규칙(商務會議所規則)이 발표된 이후에 설립되었고 광무연간에 각 지방에 창설되었다. 객주조합은 객주회 또는 상의소 등 통일되지 않은 명칭을 사용하였으나, 갑오개혁 때 '상무회의소 규칙'을 제정, 개항장에 결성되었던 상인단체는 이 규칙에 따라 상업회의소로 그 명칭이 통일되었다. 이로써 정부가 각지의 상인단체의 결성을 관장하게 되었다. 이러한 규정의 제정은 개항 이후 일본상인과 청국상인의 침투에 대항하여 개항장에서 자연발생적으로 조직된 객주회 등 민족상인단체를 정부가 구관(勾管)하고 보호하기 위한 조치였다.

갑오개혁 당시 갑오개혁파의 상업자유정책의 바탕에서 제정된 이 규례는 광무정권하에서 개정되었고 상무회의소는 상무사로 개칭되었다. 상업통제정책을 지향하는 광무정권은 1899년 4월 3일 칙령 제19호로써 상무회의소 규칙을 개정하였는데, 이를 통하여 상인에 대한 적극적 통제를 강화하였다. 이에 따라 상무사가 전국의 상무를 통할(統轄)하고 민간주도의 자치적 상인조직을 설립하는 것이 금지되었으며, 관료의 통제가 강화되었다. 또 관료자본의 주도로 민간자본과 결합, 자금력을 강화하여 유통지배권을 부여함으로써 자금력이 우세한 외국상인의 상권침탈에 대응하려 하였다. 그러나 다른 한편에서 보면 이는 특권상인의 지배를 받던 영세한 비특권상인에게는 또 하나의 수탈체제일 뿐이었다.[88]

통감부 설치 이후 일제의 내정간섭에 따른 조선인 상권의 침탈은 더욱 거세

---

87) 趙璣濬, 〈開港前後 市場經濟의 發展과 思想〉, 앞의 책, p. 46.

88) 나애자, 〈대한제국의 권력구조와 광무개혁〉, 《한국사》 11, 한길사, 1994, p. 177.

게 전개되었으며, 민족계 상인들은 강력한 단결로서 이에 대응하지 않을 수 없었다. 1905년(광무 9)에 설립된 한성상업회의소(漢城商業會議所)도 이러한 상황에서 창립되었다. 통감부 설치와 일본상인의 내지정주상업이 적극적으로 전개되던 시기에 내지의 주요도시에서 다수의 상업회의소가 신설되었다. 주로 경기도 및 서울 이북지방에 신설이 집중되었는데, 이는 이들 지역에서 조선상인의 강한 상권과 밀접한 관련이 있다. 개항장의 상업회의소도 관료와 상인의 결합체적 성격을 벗어나 상인들의 자주적 운영의 조직체로 변모되었다. 내지 상업회의소는 조선 후기 이후 지속되던 유문권주인이 이 시기에 최종적으로 폐지되면서 자유상업을 기반으로 설립되었다.[89]

조선인 상업회의소는 한일병합을 전후한 시기에 당면하게 된 민족계 상인의 어려움을 단결로써 정부에 호소하였고, 식민정권의 부당한 압박에 대한 시정을 촉구하는 한편, 회지(會誌) 등을 발행하여 민족계 상인들의 계몽에도 노력하였다.

(3) 상사회사 및 근대적 기업회사의 설립

1880년 초 이후 외국상인의 내지통상(지방행상)이 허용되면서 청국상인과 일본상인은 그 상업망을 지방까지 확장하였고, 객주와 여각을 상대로 거래하기보다 직접 조선인 거간을 고용하여 지방소읍까지 진출, 판매와 화물수집을 함으로써 민족상인의 수난이 시작되었다. 수입품의 국내 판매와 수출품의 수집을 담당하고 있던 객주, 여각 및 보부상은 외국상인의 지방 진출로 상권에 큰 타격을 받게 되었고, 이에 민족상인 사이에 상업방식을 혁신하고 상업을 조직화하여 외국상인에 대항하려는 운동이 전개되었다. 1880년대 초부터 상사를 설립하는 등 회사기업이 민족상인계에 태동한 것은 이러한 정세변화에 대응한 혁신운동의 결과였다.

상업계 일각에서 태동한 상업의 조직화 및 상업방법의 혁신운동과 때를 같이

---

89) 李炳天, 앞의 논문, pp. 224~227.

하여 일부 지도층 인사들도 서구의 회사제도를 소개하면서 회사 설립을 촉구하였다.[90] 이들은 근대상업에서 회사 설립의 필요성과 그 조직 및 설립절차를 상세히 소개하여 개항 이후 민족상인의 회사 설립에 대한 지침을 제공하였다. 이에 따라 상업계에서도 상사회사 설립의 기운이 일어났다.

우리나라에서 상사, 공사(公司) 또는 회사 등의 명칭을 갖는 새로운 상업조직이 문헌상에 등장한 것은 1880년대 초부터이다. 김윤식(金允植)의《음청사》(陰晴史, 下卷)에 대동상회(大同商會), 장통회사(長通會社), 그리고 권인국(捲姻局), 양춘국(釀春局), 두병국(豆餠局)의 설립이 기록되어 있는데, 이것이 한말에 설립된 최초의 민족계 상사회사이며, 1883년의 일이었다. 1884년 4월 15일자《한성순보》에서도 장통사(長通社), 인무국(姻務局), 보영사(保瓔社), 촬영국(撮影局), 장춘사(長春社), 광인사(廣印社) 등의 설립을 전하였다. 이처럼 서울을 비롯한 대도읍과 개항장에는 서구의 상사회사를 모방한 각종 회사가 설립되었는데, 갑오개혁 이전에 이미 40여 개에 달한 것으로 보고 있다.

그런데 갑오개혁 이전, 즉 초기에 설립된 회사들은 그 조직이나 기능면에서 근대적 회사의 성격을 갖지 못했다. 첫째로 초기 회사들의 명칭은 회사, 상사, 상회사 등이었지만 그 조직은 반드시 회사라 할 수 없는 개인 상사에 불과했으며, 광인국(廣印局) 또는 촬영국 등과 같이 정부의 한 부서 같은 명칭이 있으나 실제로는 개인 영업체였다. 둘째로 이 시기 회사들의 명칭은 기업회사이지만, 그 조직과 기능은 일종의 동업자조합이나 협회인 것이 적지 않았다. 셋째로 초기의 회사들은 대부분 일종의 특권단체였는데, 관설회사, 관허회사가 적지 않았고, 여기에는 특권이 부여되어 있었다.

개항 이후 초기에 설립한 회사들은 대부분 객주, 여각이 만든 것이었는데 이들은 조선 후기에 상업상의 특권을 누리거나 경제적 독점으로 거상(巨商)으로 성장한 상인층이었다. 따라서 이들은 회사 설립 자체를 일종의 특권으로 간주하였

---

90) 兪吉濬,〈會社規則〉,《兪吉濬全集》第4卷, 一潮閣, 1971, p. 89 이하 및《漢城旬報》第3号, 1883
　　年 癸未 10月 21日 會社說.

고, 그 결과 회사는 설립과 더불어 일종의 특권단체의 성격을 갖게 되었다. 이러한 회사의 특권적 성격은 1895년 갑오개혁 이후 육의전의 특권이 폐지되고 적극적 상공업 장려정책으로 다수의 기업회사가 발생하면서 약화되었으며, 민족회사는 그 조직 및 기능면에서 점차 근대적 기업회사의 성격을 갖게 되었다.[91]

갑오개혁 이후 민족자본에 따른 회사설립운동은 1890년대 이후 활발하게 전개되었는데, 비단 상사회사뿐만 아니라 각종 산업분야에서 근대적 기업회사가 설립되었다. 은행기업이 발생하였고, 철도, 광산업, 해운업, 육운업, 철광업, 농수산업 등 여러 산업분야에서 근대적 기업회사가 설립되었으며, 특히 주목되는 것은 근대적 공장공업의 건설이었다. 그러나 수적으로 다수를 차지한 것은 상업부문의 상사회사였다.

이 시기의 회사들은 초기 개화기의 것과 같은 특권회사는 아니었지만, 회사설립과정에서 일반 서민 출신의 기업가가 귀족 또는 관료 출신의 기업가와 합작하는 것이 특징이었다. 그것은 자금 또는 회사설립 및 운영면에서 손쉬운 방법을 택했기 때문이었다. 곧 이 시기 근대기업회사 설립에서 귀족 및 관료계층 출신이 큰 역할을 하였는데, 특히 금융, 해운, 철도 등 비교적 거액의 자금이 소요되는 대규모 기업익 설립에서 그러했다.

1890년 후반 자본제 상품의 유입과 외래자본의 침투를 막고자 적극적인 식산흥업정책이 실시되었다. 이에 광무정권은 전·현직관료와 황제측근세력을 중심으로 근대적 기업을 설립하고 기술을 도입하는 등 고위관료가 민간기업을 선도하게 하였다. 이러한 정책적 배려말고도 관료나 귀족이 근대적 기업회사 설립에 주동적 역할을 한 데에는 몇 가지 원인이 있었다.

첫째는 자본력의 문제인데, 개항 이후 객주, 여각, 보부상 등이 유통부문에서 활약하면서 자본을 축적하였으나, 이러한 자본이 근대적 기업을 독자적으로 설립히기에는 미흡하었다. 이 시기 대자본의 소유자는 주로 미곡수출에서 자본을 축적한 대토지 소유자나 고급관료였다. 둘째는 근대기업에 대한 식견과 경험의

---

91) 趙璣濬 著, 《韓國企業家史》, 博英社, 1973, pp. 36~45 참조.

문제인데, 1880년대 이후 서구 문화의 유입에 대응하여 개혁작업을 담당한 것은 혁신적 관료였으며, 이들이 근대기업의 설립 및 운영에서 그 능력을 발휘하였다. 셋째는 봉건적 잔재인 특허행정의 문제이다. 1895년 4월 1일 칙령 제48호 이후 회사 설립이 농상공부의 허가사항으로 지정되었는데, 이 허가에 대한 고급관료의 영향이 커서 회사설립에 귀족 및 고급관료와 합작회사가 많아지게 되었다.

근대기업회사 설립에서 대규모 기업회사는 거의 전부가 귀족·관료와 상인 자본의 합작이었다. 그러나 소규모의 중소기업회사에서는 상인 또는 수공업자의 단독설립이 주류를 이루었다. 이처럼 1890년대 초부터 1905년 을사조약이 체결되는 약 10여 년 동안의 기간에 관료 출신의 근대기업계 진출은 활발하였다. 그러나 관료·귀족 출신 기업인의 대다수는 을사조약 이후 일제의 침략정책에 영합하면서 그들이 설립한 기업체에 일본인 자본을 받아들여 매판적 성격의 업체로 변신하였다. 곧 이들은 일찍이 개화사상에 눈 떠 정부의 식산흥업정책을 수립하고 근대기업회사 설립을 주도하였으며, 상인자본과 합작하여 기업주로 활약하였으나, 정권이 일제에 장악되자 일제 협력자로 변신하였다. 귀족·관료 출신 기업인의 이러한 행태는 식민지 지배 기간에도 이어지면서 한국자본주의를 왜곡된 방향으로 이끌어 갔다.[92]

---

92) 趙璣濬 著,《韓國經濟史新講》, 일신사, 1994, pp. 382~384.

제2절 자본제 공업제품의 유입과 민족경제의 변화

1. 개항 초기 자본제 공업제품의 유입과 민족경제

원래 대외 무역의 발전은 국내 시장의 대외적 연장이고, 경제관계에서 대외적 유대를 강화는 것을 뜻하며, 그것은 국내 시장의 새로운 발전을 자극한다. 그리고 대외 무역이 국내 시장을 발전시키고 민족경제의 자주적 발전을 실현하려면 민족경제의 내재적 요구에 따른 것이어야 한다. 그런데 개항 이후 강요된 개방에 따라 불평등하게 전개된 대외 무역은 국내 시장과 민족경제의 내재적이며 자주적 발전을 왜곡시켰다.

개항 초기 자본제 공업제품이 유입되면서 한때 국내 상업도 활기를 띠었고, 객주, 여각, 거간, 보부상 등 전통적 상인들도 가자의 역할에 따라 상당한 상업이윤을 취득, 축적할 수 있었다. 그러나 외국상인의 국내 상업 침투가 깊지 않았던 과도기 이후 대외 무역을 독점한 외국상인의 내지통상과 내지정주상업이 실현된 단계에서는 외국상인이 국내 상인의 경쟁자가 되면서 국내 상업자본의 발전은 제약을 받았으며, 상업자본이 산업자본으로 전환되는 길도 강력히 차단되었다.

강화도조약의 체결로 개항된 이후 1882년 조청, 조미통상조약이 조인될 때까지 일본은 조선과 유일한 통상국으로 조선과의 대외 무역을 독점하였다. 개항 후 양국의 무역은 양적으로 크게 증가하였다. 수입품의 대부분은 직물, 피복, 염료 등(85.1%)이었으며, 금속 및 금속제품(8.0%), 식료품(1%), 기디 주류, 구리와 납, 도자기 등 잡제품(5%)이 있었다. 직물류에는 일본 국내에서 생산되는 수공업 견직물과 마직포 등이 포함되어 있지만, 대부분 서구 공장제 면직물(영국 맨체스터의 근대적 방직공장에서 생산된 면포 포함)이었다. 1877년 상반기부터 1882년 상반기까지 조선에 대한 일본의 수출품의 88.3퍼센트가 서구산 공장제품이었으며, 11.7퍼센트만이 일본 국내산이어서[93] 이 시기 일본에는 근대적 공장이 별로 없었다는 것을 알 수 있다.

곧 강화도조약 이후 일본상인은 서구 공장제품을 서구상인으로부터 대량으로 수입하여 이를 조선에 재수출함으로써 이득을 취득하는 중계무역을 한 것이다. 일본은 유럽의 직물류와 기타 상품들을 중계무역을 통하여 원가의 20배 이상 취득하는 약탈무역(掠奪貿易)[94]을 하였고, 일본 공업건설을 위한 자본축적의 원천으로 삼았으며, 이것이 무력을 동원하여 강제적으로 강화도조약을 체결한 이유였다.

1880년대 초에 이르러 조선의 대외 무역에서 일본의 독점적 지위는 무너졌는데, 더욱이 1882년 8월에 조인된 조청상민수륙무역장정 이후 조선과 청나라의 무역이 크게 신장된 영향이 컸다. 임오군란 이후 조선 조정에 대한 청국의 영향력이 강화된 것과 달리, 일본은 그들의 지원을 받은 개화파가 주도한 갑신정변이 실패하면서 그 영향력이 감소하였다. 청국의 조선으로의 수출은 1885년에 19퍼센트(일본 81%)였던 것이 청일전쟁이 일어나기 직전인 1893년에는 49.1퍼센트(일본 50.2%, 러시아 0.7%)가 되어 일본의 조선 수출과 거의 동등한 지위까지 상승하였다. 청국상인은 상하이, 홍콩, 톈진 등지에서 수입한 서양 면직물 및 잡화나 중국산 견직물 및 한약재 등을 수입 판매하였으며, 인삼, 곡물, 수피, 해산물 등을 수출해 갔다.

이처럼 개항 이후 청일전쟁 때까지 일본과 청국의 조선 무역은 경제적 조건에서 보면 다 같이 서구 공장제제품, 그 가운데서도 주로 면직물을 수입하여 조선에 판매하는 중계무역이라는 점에서 동일한 위치에 있었다. 일본의 경우 1885년에 외국상품 수출품으로는 면포(綿布)가 주를 이루었고(40%), 다음으로 염료,

---

93) 전석담·최윤규 외 지음, 《조선근대사회경제사》(19세기 말~일제통치 말기의 조선사회경제사), 이성과현실, 1989, pp. 32~33.

94) 최윤규 지음, 《근현대조선경제사》, 갈무지, 1988, p. 24.

석유, 면사 등 영국, 미국, 독일제품이 중심이었다.[95]

　전체적으로 보아 1894년의 이전단계에서 수입자본제 상품은 조선 주민이 소비하는 섬유제품의 4분의 1 정도를 충당하고 있었다. 당시 수입품목 가운데 가장 큰 비율을 차지한 것은 영국자본제 면제품인 생금건[生金巾, 양목(洋木) 또는 canequine. 금건은 옥양목(玉洋木)이라고도 함]과 한랭사(寒冷紗)였는데, 이 두 가지는 수입 섬유제품의 50퍼센트 이상을 점하였다. 이 상품들은 한랭사로 여름옷을, 생금건으로 겨울옷을 만드는 층에서 수요하였는데, 이것은 하층 직접생산자나 상층의 견포(絹布) 등을 상용하는 고급 양반관료의 습관과는 다른 것이었다. 곧 이 수입품의 시장은 양자의 중간에 있는 하급관료층, 도시중인층, 상인층, 지방 관청의 서리층, 나아가 농촌의 신흥상인층이나 지주부농층이었으며, 하층의 직접생산자에 해당되지는 않았다.[96]

　수입자본제 섬유제품은 이른 시기부터 사치품적 성격이 농후해서 그 유입이 기본적으로 직접생산자인 농민의 수요에 따른 것이 아니었다. 수입 섬유제품은 값이 싸고 겉모양은 좋았으나 내구성이 약하여 생산노동에 종사하는 농민들은 투박하고 조잡하지만 질긴 토포(土布, 전통적 방식으로 생산하는 우리나라 면포)를 사용했다. 개항 후 값싼 수입 섬유제품이 유입되었지만 국내 수요의 4분의 3은 토포가 충당하였고, 그 가운데서 유입되고 있었던 양포(洋布)의 양만큼의 토포가 상품으로 유통된 것으로 추정하였다. 즉 소상품생산자가 생산하는 토포는 뛰어난 내구력으로 옥양목에 대한 수요를 막으면서 토포시장을 형성,[97] 수입 섬유제품 시장과 차원을 달리하면서 필적, 존재하였다. 또한 토포가 상품으로 유통되면서 자급자족경제가 섬유제품부문에 관한 한 상당한 정도까지 붕괴되었지만, 아직도 자급자족부문은 적어도 총 섬유소비량의 반을 차지하는 등[98] 토포

---

95) 村上勝彦 지음, 정문종 옮김, 《식민지》-일본산업혁명과 식민지조선-, 한울, 1984, p. 18.

96) 梶村秀樹, 〈李朝末期朝鮮の纖維製品の生産及び流通狀況-1876年開國直後のデータを中心に〉, 《東西文化研究所紀要》 第46分冊, 1968, pp. 229~232, 〈李朝末期 綿業의 流通 및 生産構造-상품생산의 자생적 전개와 그 변동〉, 《韓國近代經濟史研究》, 사계절편집부, 1983, p. 128.

97) 위의 글, 위의 책, 日書, pp. 236~237.

생산이 전면적 쇠퇴과정에 있지는 않았다.

이 시기 수입자본제 상품은 거의 소비품이었으며, 경공업제품이 90퍼센트 이상이었고, 그 가운데서도 면제품의 비중이 높았다(1877년부터 1882년 사이 80%). 이들 면직물은 주로 부유한 양반 지주들의 수요를 위한 것일 뿐, 일반 주민들은 국내 면직물을 수요하였기 때문에 그러한 기반 위에서 국내 면직업은 계속 발전할 수 있었다. 그러나 수입 면직물은 점차 그 판매시장을 확대하면서 수공업체와 면직업분야에서 싹트고 있었던 자본주의적 경영의 발전을 억제하였다. 그것은 직물업분야에서 견직물과 마직물의 경우에도 마찬가지였다.

19세기 후반기 수공업은 전반적으로 전업적 수공업경영이 현저히 성장하여 수공업경영의 내적 분화가 일어났고, 자본주의적 공장제 수공업이 상당한 정도 발전하고 있었으며, 일부에서는 기계제 생산도 나타났다. 더욱이 유기제조업, 철 가공업, 종이생산, 요업, 일부 직물업 등 이전부터 상품생산과 자본주의적 생산이 발전하고 있던 부문에서 발전이 이어졌다.

유기생산은 납청, 개성, 안성, 구례 등에서 자본주의적 경영으로 경영주와 임금노동자가 분화되었고, 농업과도 분리되어 있었으며, 상호 경제적 연계를 맺으면서 생산전문화와 경쟁적 판로확대를 도모하였을 뿐만 아니라, 상업자본과도 밀접한 관계를 가지고 있었다. 일본 유기제품이 1889년부터 수입 판매되었지만 유기생산의 전통과 주민의 수요 적응 및 자본주의적 경영이 가지는 경쟁력, 그리고 높은 기술로 일본 상품을 압도하였다.

19세기 후반기 개천지방에서 전업적 수공업 지역을 중심으로 발달한 철가공업도 상인과의 연계를 가지면서 협업적 분업노동을 하였으며, 자본주의적 관계에 기초한 공장제 수공업을 시행하였다. 철제품생산은 수입 철제품의 영향을 받기도 하였으나, 제품의 높은 품질과 유리한 원료공급조건, 내적 수요에 대한 적응력 등으로 일본 철제품을 구축할 수 있었다.

요업부문에서는 19세기 후반기에 상품생산과 자본주의적 관계가 발전하였으

---

98) 위의 글, 위의 책, p. 292 및 權泰檍 著,《韓國近代綿業史硏究》, 一潮閣, 1989, pp. 41~42.

며, 민간요업에서도 전업적 수공업과 자본주의적 경영이 확대되었다. 조선 각지의 도기 생산부락은 약 100개 군에 걸쳐 600군데에 이르렀으며, 가마의 수는 1,000여 개나 되었고, 자기생산부락도 60개 군에 150개나 되었다는 기록은[99] 조선 도자기업의 기반을 말하여 주고 있다. 1895년에는 비교적 규모가 큰 공장제 수공업으로 경영되던 공장의 수도 35개나 되었다(〈표6-2〉).

공장별	1876년 전에 세운 공장	1877~1895년 사이에 세운 공장	계
도자기공장	10	11	21
옹기공장	6	7	13
기와공장	–	1	1
계	16	19	35

자료 : ① 《조선의 요업》, pp. 14~52 참고.
　　② 최윤규 지음, 《근현대조선경제사》, p. 86.

〈표6-2〉 개항기 요업공장

　도자기생산은 오랜 역사를 가지고 있었고, 이름을 떨치던 도자기류 생산보다 대중소비용 식기나 옹기류 등의 생산이 확대되면서 상품성이 높아지고 경영의 구조적 성격도 변화되었다. 이런 도자기생산은 풍부한 원료원천, 오랜 역사성을 기반으로 하여 소규모 투자로 도처에서 생산되었는데 값싼 노동력을 이용할 수 있어서 강한 경쟁력을 가지고 있었다. 낮은 생산원가를 바탕으로 하여 대중용으로 생산되던 도자기, 옹기류 등은 19세기 후반 수입이 시작된 일본제품보다 유리한 판로를 가지고 있었다. 수입도자기는 상층이 주 구매대상이었으며 대중용 도자기는 서민의 수요대상이었지만, 일본상품이 대량으로 침투하면서 국산은 점차 판매시장을 상실하여 갔다.

　조선 후기 사회에서 내재적으로 발전하였던 유기·철제품·도자기·종이·

---

99) 山口精 編著, 《朝鮮産業誌》 中卷, 1911, 寶文館, p. 411 및 p. 423.

직물생산업에서는 상품생산이 확대되고 자본주의적 공장제 수공업이 발전하였으며, 일부에서는 제품별 전문화와 생산공정 내부에서의 분업이 발전하였다. 그러면서 장차 기계도입을 위한 노동의 세분화가 상당히 진행되었고, 부분적으로는 기계제 생산도 발전하고 있었다. 각 부분에서 상업자본과의 결합이 활발히 이루어졌으며, 상업자본이 산업자본으로 전화되는 현상과 독립적 생산자들이 임금노동자로 전화되는 과정도 촉진되었다.

그러나 이러한 발전의 길은 내부적으로 봉건적 착취와 외부적으로 외국자본, 특히 일본자본과 상품의 침투 등 일련의 요인의 제한을 받았다. 초기자본주의 발전에서 중요한 역할을 해야 할 직물업에서 그러했고, 다른 부문에서도 전반적으로 기계제 생산으로 이행하지 못하였다. 전업적 수공업으로부터 산업자본으로의 전화과정도 극히 미약하였으며, 외국자본과 기계로 생산한 자본제 상품이 침투하면서 기계제 생산으로의 발전은 억제되고 생산구조면에서 기형적 발전의 소지가 있었다.[100]

1876년부터 1894년의 기간에 일본과 청국은 자본제 상품을 유입시키면서, 즉 국내의 상업유통분야에 침투하면서 조선경제에 영향을 주었다. 이 기간에 고리대자본과 은행자본 등 자본거래의 침투가 있었지만 그것이 조선의 자본주의적 관계의 발전에 미친 부정적 영향이 그렇게 큰 것은 아니었다. 외국상품의 유입을 통한 상품유통분야 침투는 국내 상품의 판매시장을 침식하여 민족자본가 생산품의 상품실현을 억제하고 공업에서 자본주의적 관계의 발전을 지연시켰다. 그러나 민족경제가 지니고 있는 유리한 조건, 곧 원료공급원, 생산품의 역사성, 국내 시장의 수요(국민의 기호)에 적응하는 상품생산구조 등과 대중의 외래상품 배척운동 등으로 말미암아 민족경제는 새로운 발전을 이룰 수 있었다. 또한 청일전쟁 이후에 견주면 자본제 상품의 침투가 상대적으로 크지 않았으며, 아직 침략 초기라 조선의 실정에 미숙하다는 점이 작용하여 자본제 상품 수입의 타격은 제한적이었다.

---

100) 최윤규 지음, 앞의 책, pp. 74~89 참조.

2. '미면교환체제'의 전개와 일본자본의 침투

(1) 청일전쟁 이후 무역구조의 변화와 '미면교환체제'

청일전쟁 이후 외국의 자본제 상품이 대량으로 유입되면서 조선경제에는 근본적인 것은 아니었지만 커다란 변화가 일어났다. 청일전쟁 이후부터 러일전쟁에 이르는 기간 동안 조선의 전통적 자급자족적 자연경제는 아직 완전히 와해되지는 않았지만 현저하게 분해되고 있었다. 이 기간에 가내수공업은 결정적 타격은 아니지만 두드러지게 쇠퇴하고 있었다.[101] 이것은 이 기간에 개항 뒤 초기와는 달리 외국상품이 대량으로 유입되었고 외국자본도 침투하였기 때문이었다.

청일전쟁 이후 조선의 대외 무역은 크게 변화하였다. 청국의 지위가 다시 열세로 전락하고 일본과의 무역이 급증하였다. 여기에 러시아와의 무역에서 수출되는 상품은 소, 말, 귀리, 밤[栗], 대두, 연초 등의 농산물과 어류, 해삼 등 해산물이었고, 수입되는 상품은 면직물, 철기제품, 석유, 바늘, 성냥 등의 잡화류였다. 당시 수입 공업제품은 대부분 영국제였고 러시아 내의 생산물은 10퍼센트 미만이어서 청국과 마찬가지로 중계무역의 성격을 면치 못하였는데, 이는 러일전쟁 이후 급격히 감소하였다.

청국 지위의 열세 전환과 일본무역의 급증은 청일전쟁에서 청국의 패배에 따른 정치적 요인 변화의 귀결이었지만, 경제적으로는 청국의 공업화 부진과 일본의 급진적 공업화가 그 주된 원인이었다. 일본의 공업화는 1880년대에 급진전하였고, 1890년대 이후 일본의 무역품목에는 자국 생산의 근대적 공업제품이 상당한 비중을 차지하였는데, 이와 달리 청국은 아직도 중계무역의 성격에서 벗어나지 못하였다. 일본은 1880년대에 국유기업의 민간불하로 공업화의 기틀을 마련하였고, 인플레에 따른 농민수탈과 생사(生絲)의 대외 수출로 공업화 자금을 조

---

101) 전석남·최윤규 외 지음, 앞의 책, pp. 34~35.

달한데 이어, 특히 대외적 약탈무역과 조선에서 지금(地金)의 불법반출, 청국에서의 전쟁배상금 수취 등으로 공업화의 재원을 마련하였다.

일본은 1890년대부터 본격적으로 공업화되면서 대외 무역에서도 중계무역의 성격을 탈피하였다. 이에 따라 조선에 대한 공장제 제품 수출도 급격히 증가하였으며, 그와 달리 식량은 조선에서 많이 수입하였다. 을사조약 이후 통감부가 설치되면서 일본은 조선과의 무역을 거의 독점하였고, 무역액도 급격히 증대되었다. 이는 외부적으로는 일본의 경제적 침략과 함께, 내부적으로는 조선 내의 경제구조 변화라는 두 가지 요인이 작용한 결과였다. 조선에서는 농촌의 자급자족적 경제구조가 분해되고 시장의존도가 증대하였다. 개항 이래 서구의 공장제 제품이 수입되면서 농촌에 유입, 자급자족경제의 분해가 시작되었지만 1900년대 이전까진 그다지 심각한 수준이 아니었다. 도시에서는 일용 생활용품으로 고객을 얻을 수 있었으나, 농촌까지 대량으로 침투하지는 못하였기 때문이었다.

면직물(면포)의 경우 1800년대 말까지는 공장제 제품이 농촌시장을 휩쓸지 못하여 농촌의 수공업적 면포생산업은 붕괴되지 않았다. 그러나 1900년대 이후에는 일본의 공업화에 따라 그 공장제품이 대량으로 수입되었고, 또 한편에서는 조선의 재래 수공업자들도 서구식 면직기를 도입하여 공장생산에 착수하기도 하면서 농촌 가내공업은 급격히 붕괴되기 시작하였다. 면사를 제조하는 방적은 1900년 초에 이르러 수방사(手紡絲)를 밀어내고 수공업적 직포업에서도 거의 전부 수입기계사를 사용하기에 이르렀다. 면제품을 포함하여 일본 공장제 상품이 대량으로 수입되고 조선의 농산물 등 상품수출도 급증하면서 일본과의 무역액은 크게 증가하였다.

1900년대 초 조선의 대외 수출품목은 미곡·대두·대맥·밤·인삼·면화·생사 등의 농산물, 선어·건어·절인생선 등 해산물, 생우·우피 등 가축생산물과 모피, 그리고 금·사금 등 광산물이었는데, 그 가운데 미곡과 대두가 가장 많아 전체 수출의 60퍼센트 이상을 차지하였다. 한편 수입품으로는 면포·면제품·방적면사·모직물·마포·잠직물 등 직물류, 아연·철·주석·양은 등 광산물, 석유·석탄·목탄 등 연료, 간장·설탕·청주·소금·담배 등의 음식물,

양지(洋紙)·필기용지·미농지 등의 지류, 철사·레일·철관·쇠가마·전화용 부품 등 금속제품, 기타 염료, 약품, 유리, 도자기, 판재(板材) 등 다양한 공장제품이 중심이었으며, 특히 직물류의 비중이 높았다. 이처럼 각종 농산물이 상품화되어 대외 수출품으로 등장하였고, 동시에 각종 공업제품이 수입되어 농민생활의 필수품이 되어갔다.[102]

미곡과 대두를 중심으로 곡물을 수출하고 면직물을 중심으로 직물류를 수입하는 무역구조는 바로 '미면교환체제'를 뜻하는 것이었다. 일본상인 등 외국상인은 조선시장을 침투하면서 두 가지 길을 택하였다. 하나는 주로 개항 초기에 지배계급을 대상으로 하는 고급자본제 상품을 수입하여 시장에 투입함으로써 소비수요를 지배하는 것이었다. 다른 하나는 점차 농민 등 서민대중을 상대로 하는 대중소비품을 생산하여 조선의 광범한 소비시장을 지배하는 것이었다. 후자는 농민들이 자기 수요를 충족하려고 생산하거나 생계의 보조적 수단으로 상품화를 목적으로 생산하는 가내수공업제품과 유사한 상품(특히 직물 등)을 생산·수입·판매하여 상품수요를 확대하려는 것이었다.

1894년 청일전쟁 이후 일본이 시팅[sheeting, 조포(粗布) 또는 광목(廣木)]과 소폭목면(小幅木綿)을 생산하여 조선에 수출 판매한 것은 바로 이러한 시도였다. 소폭목면과 시팅은 모두 생금건(양목)보다는 굵은 원사를 써서 튼튼하게 짠, 토포에 가까운 품질의 면포이다. 곧 일본제 소폭목면은 조선의 토포시장을 겨냥하여 생산한 것으로 그 방적−직포의 과정이 토포의 것과 동일하며, 따라서 규격 및 품질이 유사하였다. 시팅은 주로 영국, 특히 미국제품인 금건(옥양목)과 똑같이 제작되었지만 단지 굵은 실을 기계로 짠 것이며, 금건과 소폭목면의 중간에 위치하는 품질과 내구력을 가지고 경기지방의 서울, 개성, 인천 등 도시시장을 중심으로 소비지역을 넓혀갔다.[103] 그 결과 개항 초기 생금건(옥양목)이 전체 수입면직

---

102) 趙璣濬 著, 《韓國經濟史新講》, 일신사, 1994, pp. 357~358.

103) 梶村秀樹, 앞의 글, 앞의 책, pp. 281~283 및 吉野誠, 〈李朝末期に於ける綿製品輸入の展開―貿易統計を中心して〉, 《朝鮮歷史論集》 下卷, 1979, pp. 156~159.

물의 반 이상을 차지하였고, 소폭목면, 시팅, 방적사의 합계가 이에 훨씬 미달하던 생산 및 소비구조[104]는 크게 변화되었다. 기계제 태사광폭금건(機械制 太絲廣幅金巾)인 시팅과 방적사를 이용하는 재래의 매뉴팩처 및 선대제 제품인 소폭목면(일본목면)이 주된 수입품목이었는데, 이는 청일전쟁을 기점으로 일본제 면포가 급속히 침투한 결과였다.[105]

일본제 시팅과 소폭목면의 급속한 침투는 서양 자본제 상품시장을 밀어내면서 조선에 보다 넓은 수요시장을 형성하였다. 청일전쟁 이전에 자본제 상품은 내구성과 수요습관 때문에 조선 주민이 소비하는 섬유제품의 4분의 1 밖에 침투하지 못했고, 조선 농민은 토포를 계속 사용했는데[106] 이 토포시장에 일본제 시팅과 소폭목면이 진출한 것이다.

토포생산은 기본적으로 자급자족을 위한 농가부업으로 가내수공업에서 이루어지고 있었는데, 토포생산의 중심지역에서는 여러 가지 과도적 형태의 경영체가 발생하였다. 충청, 경기, 황해의 면화다산지를 끼고 있는 지역에서는 직포공정의 전업화가 나타났고, 아직 매뉴팩처생산은 아니지만 약간의 고용노동력을 사용하는 생산이 전개되었다.[107] 일본제 시팅 및 소폭목면의 침투는 토포와 경쟁을 통하여 조선의 소부르주아적 발전을 억압하였고 농민의 자급자족 경제를 해체시켰다. 이들 소상품생산자 및 자급자족 농민은 우선 '양화로서 양화를 제압한다'는 방법을 이용하였는데, 즉 외국방적사를 사용하여 면포를 생산한 것이다. 농민은 면화재배에서 대두, 맥작으로 전작(田作)을 전환하였고 대두, 잡곡을 팔아 면포·면사를 구입하였다. 그 결과 쌀 다음으로 대두가 증산되었고, 그 수출이 일본 면제품 진출로 촉진되었다.

청일전쟁을 기점으로 하여 급격히 증가한 일본제 면제품 침투는 청일전쟁 이

---

104) 梶村秀樹, 앞의 글, 앞의 책, p. 221.

105) 村上勝彦 지음, 정문종 옮김, 앞의 책, pp. 28~29.

106) 梶村秀樹, 위의 글, 위의 책, p. 210.

107) 위의 글, 위의 책, pp. 263~264, p. 268, p. 294, p. 256.

후 영국과 미국제 금건 구축(驅逐), 그리고 조선에서의 방적기=수직기 분쇄=토포생산 괴멸화를 통하여 일거에 확대되었으며, 동시에 조선의 원료면화 공급기지화가 강권적으로 진행되었다. 곧 '미면교환체제'는 청일전쟁을 기점으로 러일전쟁 이후에 적극적으로 형성되었으며, 일본 산업혁명기에 형성되었다. 그 결과로 조선에서의 토포생산의 괴멸화 등[108] 조선의 자본주의적 발전이 억압 왜곡되었으며, 조선에 대한 일본의 반식민지적, 식민지배적 지배의 기틀이 마련되었다.

(2) 일본자본의 침투와 민족경제

개항 초기, 즉 1876년부터 1894년까지 외국자본은 주로 무역을 통하여 국내상업부문에 침투하였다. 그리고 고리대자본과 은행자본도 진입하였는데, 이 가운데 은행자본과 일부 규모가 큰 상인자본을 제외하고는 대부분 영세하였다. 따라서 이 시기에 외국자본이 조선의 자본주의적 관계에 미친 부정적 영향은 그다지 크지 않았다. 이것은 무엇보다도 자본을 침투시킨 일본자본과 청국자본이 미약했던 점에 그 원인이 있었다.

당시 일본은 조선에 수출할 상품생산과 자본축적이 충분하지 못하였으며, 다만 침략적 목적으로 행상 등 영세자본을 조선에 침투시켰을 뿐이었다. 이러한 영세자본으로는 당시 발전하고 있던 조선의 자본주의적 관계를 억제할 수는 없었다. 청국 또한 서구자본주의의 침략을 받고 있었으며, 봉건경제에서 축적된 자본의 규모는 크지 못하였고, 따라서 조선에 진출한 자본은 영세성을 면치 못하였다. 이들 외국자본의 침투는 그 활동영역이 합법적으로는 개항장 부근에 제한되었으며 또한 상업유통분야에 주로 국한되었기 때문에, 조선에서 자본주의

---

108) 村上勝彦 지음, 정문종 옮김, 앞의 책, p. 31. 한편 개항기의 무역을 쌀만이 아니라 대두를 포함한다는 측면에서 '곡면교환체제'(穀綿交換體制)라고 개념을 규정한 뒤 외국상인의 무역 주도권을 놓고 무역사의 시기 구분을 시도하기도 했다(崔泰鎬, 〈開港期의 貿易構造와 貿易物量에 관한 研究-開港期의 穀綿交換體制를 中心으로〉, 《許善道先生停年紀念 韓國史學論集》, 一潮閣, 1992).

적 관계가 발전하고 있던 광업·금속가공업·유기제조업·제지업·요업부문
등과는 직접적인 경쟁이 이루어지지 않았다.[109]

다만 외국자본은 상품화폐유통분야를 급속하게 침식하여 조선인 제품 상품화에
장애를 조성하고, 조선에서 원료를 수취해 감으로써 재생산의 순조로운 확대를 억
제하는 등 공업 발전을 간접적으로 지연시켰으며, 금, 은 등 귀금속의 수탈로 조선
의 자본축적에 부정적 영향을 주었다. 또한 상인의 활동영역을 축소하여 상인자본
축적을 저해하였으며, 조선인 산업자본가 및 수공업자와 도매상인 사이의 제품판
매 및 원료구입경로를 제한하여 자본주의적 관계의 발전을 억제하였다.[110]

1890년대 중반까지 외국자본은 그 규모와 침투영역에서 제한이 있었으며 조
선의 자본주의적 발전에 치명적 타격을 주지는 않았다. 그러한 상태에서 국내
공업은 내재적 발전과정의 기술적 토대와 증가하는 국내 수요를 대상으로 발전
하고 있었다. 그러나 국내 시장이 외국상품의 판매시장으로, 또 원료와 식량의
공급기지로 전환될 위협에 직면하면서 보다 적극적이고 전형적인 자본주의적
발전의 가능성이 사라져가는 과정에 있었다. 그런 가운데 이 시기 외국자본은
상품화폐유통분야에 대한 침투를 넘어서 제한적이지만 직접생산에도 투자하여
민족경제의 주요분야를 침식하기 시작하였다.

일본자본이 식민지 초과이윤을 추구하여 조선에 설치한 공장은 우선 조선의
미곡을 정미(精米)하여 일본으로 반출하기 위한 정미공장이었으며, 이것은 식민
지 통치 기간 동안에도 지속되었다. 일본인 무역상과 미국인 무역상이 합작하여
1892년 가을에 일본에도 아직 없었던 최신식의 미국제 엥겔식 정곡기(精穀機) 4
대를 사들여 인천과 부산에 정미공장을 설치하였다. 그리고 청일전쟁 이후에는
군산, 남포 등의 개항장에도 다수의 정미공장이 신설되었다. 조선 미곡의 품질
을 높이고 수출을 촉진하려는 정미공장 건설은 미곡수출이 증대하면서 더욱 발

---

109) 김광진·정영술·손전후, 《조선에서 자본주의적 관계의 발전》, 사회과학출판사, 1973,
    pp. 152~153.
110) 위의 책, p. 155.

전하였다. 그러나 새로운 정미공장은 국내의 수공업적 방법 또는 매뉴팩처적 형태를 완전히 밀어내지는 못하였고 오랫동안 병존하였으며, 매뉴팩처에서 공장제로의 전환과정은 1910년대까지 계속되었다.[111]

청일전쟁 이전까지 외국자본의 침투는 침투분야도 제한되고 그 규모도 영세하며 초기적이어서 조선의 자본주의적 관계 발전에 큰 영향을 주지는 않았지만 상당한 제동 구실을 하였다. 1894년 이후 침투한 외국자본은 이전부터의 상업자본과 은행자본의 침투 강화와 함께 전 산업분야, 특히 광업을 비롯한 채취공업과 철도를 비롯한 교통운수 등 분야에 깊이 침투하였으며 공업과 농업분야도 침식해 들어왔다. 외국자본은 정치·군사적 침략과 내정간섭, 이권탈취, 차관제공 및 고문초빙의 방식으로 자본침투를 촉진하였다.[112]

일본자본의 공업분야 침투는 개항지에서 시작되었다. 1890년대부터 부산, 인천, 서울 등 개항장과 개시장에 이주한 일본인의 수요를 충족시킨다는 구실로 정미업, 철공업, 술, 담배, 제면(製綿), 간장, 과자 등의 제조업과 염색업, 양복점 등을 개설하였다. 그 뒤로 점차 그 규모를 확대하여 조선 안의 전국 시장에 판로를 확대하면서 공업분야 침투를 강화하였다(〈표6-3〉). 이들 공업을 경영하는

업종	공장수	업종	공장수	업종	공장수
철공소 및 대장간	73	술양조업	11	통조림제조업	6
정미업	44	염색업	13	담배제조업	5
솜제조업	17	기와벽돌제조업	9	청량음료제조업	3
간장·된장제조업	19	비누제조업	2	제재업	3
양철가공업	15	양초제조업	2		

자료 : ① 《한국총람》, pp. 903~905.
　　　② 김광진·정영술·손전후, 《조선에서 자본주의적 관계의 발전》, p. 182.

〈표6 3〉 1904년 말 현지 재조선 일본인 경영의 주요 공입종류별 공장수

111) 전석남·최윤규 외 지음, 앞의 책, pp. 64~65.
112) 김광진·정영술·손전후, 앞의 책, p. 166 및 p. 169.

일본인은 맨손으로 조선에 와 약간의 자본을 축적한 자와 무역업자 또는 중소 상인들이며, 이들이 자금을 투자하여 경영한 것은 대부분 소규모 공장들이었다.

이들 업종 가운데는 정미, 제면 등 조선의 생산물을 일본으로 수출하기 위하여 가공하는 것이거나, 담배, 술, 과자 등 조선인에게 판로를 넓혀 상품소비시장을 침식하려는 것, 철공업과 같이 선박과 운수기계의 수리로 그들의 무역과 상업을 촉진시키려는 것 등이 있었다. 개항지역에 설치된 이들 공장은 조선인 자본가와 제품판로 경쟁을 벌였다. 그런데 이들의 공업의 규모는 소규모였고 업종도 조선인의 것과 차이가 있어서 국부적 경쟁에 그쳤다.

그러나 철공소는 농기구 생산 및 수리로 조선의 철공업과 경쟁하였으며, 정미업과 제면업은 농산물의 가공 반출로 그 제품의 판매시장 축소 및 원료가격 상승을 가져왔고, 간장·된장제조업도 점차 국내 소비층을 침식하였다. 더욱이 일본자본은 처음부터 광범한 국내 상품판매 시장에 침투하여 이를 독점하고 일본인의 생산제품을 확대, 나아가서 일본으로부터 잉여상품을 투입하여 높은 가격으로 판매를 실현하려 하였고, 이들 부문에서는 조선인 경영과 전면적 경쟁을 일으켰다. 예컨대 청주, 된장, 담배 등의 생산분야는 점차 시장침투가 확대되고 일본인의 자본금 규모도 소규모 영세자본에서 성장 확대되었다.[113]

이처럼 공업부문에 침투한 일본자본은 민족공업의 상품판매시장을 점차 침식함으로써 그 발전을 저해하였다. 이 시기에 공업, 특히 채취공업, 교통운수 등 주요경제부문과 공업, 농업분야 등에 전면적으로 침투한 일본자본은 이전에 침투한 무역, 상업, 은행 등 분야의 침투 확대와 병행해서 조선의 자본주의적 관계의 정상적 발전을 가로막았으며, 결국 그것은 식민지적 성격을 띠게 되었다.

러일전쟁과 을사조약 이후 조선 정부를 무력화시키는 협정과 법령을 제정하고 고문정치와 차관정치의 방법을 동원하면서 일본자본은 상업과 은행업을 비롯하여 공업부문에도 크게 진출하였다(〈표6-4〉). 일본 회사자본은 주로 중소상인들의 합자에 따른 자본이었으며, 개항 이후 상업, 무역, 고리대업의 경영과정

---

113) 앞의 책, pp. 182~184.

에서 축적한 것이었고, 개인의 소규모 영세자본이었다. 공업부문에서 일본자본
이 침투한 업종(《표6-5》)은 일본인 수요를 충족하다가 점차 국내 시장을 겨냥한
일용 필수품 또는 일본으로 그 생산품을 수출하려는 농산물가공업이었다. 부산,
인천, 원산, 서울 등 개항장과 개시장에 설치된 중소규모공장이 대부분이었으
며, 철 공장은 간단한 도구와 수리, 식료품공업은 간장, 술, 과자 등 수공업적 제
품생산, 기타 제재업, 인쇄업, 구두제조업 등 초보적 일용필수공업이었다.

업종	조선에 본점을 둔 회사수	일본에 본점을 두고 조선에 지점을 설치한 회사수
가공공업	11	2
수산업	2	–
전기업	2	–
농업	3	1
운수업	2	2
상업	22	6
은행업	11	3
계	53	14

자료 : ① 《통감부통계연보》에 따라 작성.
　　　② 〈표6-3〉의 ②와 같음(p. 203).

〈표6-4〉 일본인 회사수(1906년 말)

업종	공장수	자본금총액	노동자수	연간생산액
정미업	25	774,500	867	1,976,707
기와·벽돌·석회제조업	15	138,900	559	252,740
철공장	12	85,300	168	212,212
식료공업	10	339,800	143	121,661
담배공장	4	91,850	593	137,800
기타	13	678,000	915	605,565
계	79	2,107,350	3,245	3,306,685

자료 : ① 《통감부통계연보》에서 작성.
　　　② 〈표6-3〉의 ②와 같음(p. 204).

〈표6-5〉 1908년 말 조선에서 일본자본이 경영하던 공장 (단위 : 원, 명)

이처럼 이 시기 공업부문에서 일본자본은 주로 조선인 자본이 경영하는 부문과 다른 부문에 투자되었고 그 규모도 크지 않았다. 조선인 자본가가 경영하던 공업의 업종은 제지업, 도자기 제조, 유기제품, 금속가공업, 담배제조업 등이었다. 따라서 이 시기까지는 아직도 조선에서 공업에 투자된 일본인 자본이 이 부문의 조선인 자본 발전에 그다지 큰 영향을 주지는 못하였다. 그러나 일본인 자본은 조선인자본보다 상대적으로 큰 데다, 업종도 점차 다양해져서 조선인 자본의 새로운 분야진출을 억제하였다. 공업분야에서 자본주의적 관계의 발전을 심하게 억제한 것은 조선에 침투한 일본의 공업자본보다도 오히려 국내 생산제품과 같거나 유사한 외국상품을 국내 시장에서 판매하는 일본 상업자본이었다.

일본 자본가들은 면제품 외에도 견직물·마직물·모직물 등 직물과 청주 및 맥주, 담배, 과자, 종이, 석유, 잡화, 가마니, 석탄, 목재 등 주로 소비품을 대량으로 수입하여 조선을 그 상품시장으로 만들었고, 식량 및 원료공급지로 만들기 위해 경제적 침투를 강화하였다. 그 결과 일본의 자본주의적 발전은 촉진되었지만, 조선의 민족경제는 점차 일본경제의 부속물화 되어갔다.114)

3. 식산흥업정책과 민족경제의 대응

(1) 식산흥업정책과 민족경제의 대응

1880년대 초에 정치세력으로 형성된 개화파는 정치개혁과 함께 경제적으로 국내 시장을 보호하고 근대산업을 발전시키려는 정책을 추진하였는데, 이는 산업근대화와 '산업혁명의 시도'였다. 자본주의적 관계가 일정하게 발전하였지만 봉건경제의 제약이 여전히 작용하였고, 또한 아직 자본의 원시적 축적이 제한되어 있는 조건에서 산업의 근대화는 국가권력에 의해 실현될 수밖에 없었다. 개

---

114) 앞의 책, pp. 203~209.

항 이후 외국의 자본주의적 침투가 강화되고 있는 시점에서 국내 시장의 보호
는 산업근대화의 전제조건이었다.

개화파는 봉건제도 안에서 성장한 상인자본과 공장제 수공업 등 신흥부르주
아의 요구를 반영하여 자본의 자유로운 활동을 보장하고 자본주의적 발전을 도
모하였다. 그들은 자본주의적 상업과 공업의 자유로운 발전이 봉건적 구속에서
벗어나 부르주아의 지배가 실현되고 기계제 생산이 실현되는 등 산업혁명에 의
하여 보장될 수 있다고 보았다. 부르주아의 발전 성장에 장애가 되는 외국상품
의 침투를 막고 국내 시장의 보호과 확대를 실현하는 것은 신흥부르주아가 자
본을 축적하기 위한 과제였다.115)

이에 개화파는 국내 시장을 보호하고 회사를 설립하였으며 공업에서 기계제
생산의 도입을 적극 추진하였다. 1850년대 이후 광업부문에 일종의 기계화가 도
입되고 유기제조업, 철기공업, 야금업, 종이생산업, 요업을 비롯한 여러 부문에
서 기계가 부분적으로 도입됨으로써 공장제 수공업으로부터 기계제 생산으로
이행되고 있었다. 이를 반영하여 개화파는 이를 더욱 촉진, 근대산업의 발전을
적극 추진하였다.116) 비록 그들의 시도는 실패하였지만, 그 뒤 외국자본주의의
침투와 갑신정변 실패 후 성립된 보수적 통치체제에서두 공장제 수공업에서 기
계제 생산으로 이행은 지속되었다.

보부상과 시전상인 등 특권상인을 지지기반으로 했던 광무정권은 이들의 상
권보호와 함께 식산흥업정책을 추진하여 자립적 국가경제를 건설하려고 노력하
였다. 갑오개혁파의 자유주의 상업정책을 부정하고 특권상인을 보호 육성하는
봉건적 특권상업체제로 복귀함과 동시에, 자본제 상품의 유입과 외래자본의 생
산부문 침투를 막고자 적극적인 식산흥업정책을 실시하였다. 갑신정변(1884)과
갑오개혁(1894. 7.~1896. 2.) 및 광무정권(1897. 10.) 이후 식산흥업정책의 흐름 속
에서 민족자본에 익한 기업활동은 1890년대 후반기 이후 활기를 띠었다. 특히

---

115) 앞의 책, pp. 71~72.
116) 최윤규 지음, 앞의 책, pp. 37~40.

갑오개혁 이후 다수의 민족계 회사들이 설립되었고, 이 회사들은 그 조직에서도 근대적 회사의 요건을 갖추었다. 여기서 주목되는 것은 근대적 공장공업의 건설이 활발하게 전개되었다는 점이다.

민간기업인이 근대적 공장공업 부문에서 제일 먼저 설립을 계획한 것은 방직공업이었다. 청일전쟁 이후 일본의 조선 진출이 적극성을 띠면서 일본제 상품이 도시뿐만 아니라 농촌까지 침투하였고, 근대공장제품은 대중의 일상생활용품으로 등장하였다. 이에 민족상인들도 일본상인이 수입한 공장제품을 판매하지 않을 수 없었고, 수공업자들도 이에 대응하고자 공장을 차리고 기술을 도입하여 수입상품과 똑같은 근대적 상품을 제조하였다.

개항 초기에는 영국제 면직물이 주로 청국상인을 거쳐 수입되었으나, 청일전쟁 이후에 등장한 일본상품은 품질이 조악하면서도 직접 지방도읍에 진출하여 고가로 판매되는 등 피해도 컸다. 1896년에 인천에서 발족한 일본인 계림장업단의 사기적 상거래가 그 사례였다. 그들은 민족상인에게 일제 수입 상품을 도매하지 않고 직접 소비자에게 소매 행상을 함으로써 민족상인인 종로의 백목전·객주·여각·보부상이 거래상품을 구할 수 없는 어려움을 겪게 만들었다. 이에 민족상인은 상하이와 오사카의 생산자와 직접거래를 기도하는 한편, 국내 생산공장의 건설을 계획하였다.

광무 원년(1897)에 안경수(安駉壽)가 주동하여 대한직조공장을 건립하였다. 근대기업에 깊은 관심을 가진 선각자적 관리였던 안경수가 직조공장을 건립한 것은 청일전쟁 후 대량으로 유입되던 일제 면제품을 국내 생산품으로 대체하려는 의도였으며, 이를 모범공장으로 하여 국내 기술자를 양성하고 면직공업의 보급을 목적으로 한 것이었다. 반관반민으로 설립된 이 회사는 일본으로부터 직조기를 도입하였지만 생산실적까지는 올리지 못하고 도중에 폐문하였다. 또한 안경수는 저마사(苧麻絲)의 수출을 목적으로 저마제사회사의 설립을 계획했으나 공장 건립에 이르지 못하였다.

한편 종로 백목전(면포전)이 주도하여 광무 4년(1899)에 종로직조사를 건립하였다. 종로 백목전 상인들은 일본상인이 면포수입을 독점하고 있어 민족상인이 이를 구입하는 데 어려움이 있었기 때문에 이를 자신들의 공장에서 직접 제조하려는 것이었다. 또한 이 시기에 방직물을 생산하는 소규모 공장제 수공업에 종사하던 기업인들이 근대적 직조기계를 도입하고 공장공업에 진출하였는데, 그 대표적인 사례가 장사동(長沙洞)에 건설된 김덕창(金德昌)의 직조공장이었다. 그는 일본에서 기계를 수입하여 1902년에 사업을 확장하였다. 이 시기에 서울에는 양대호(恨大鎬)의 염직공장, 노홍석(盧洪錫)의 직조공장, 최규익(崔奎翼)의 면직공장 등 군소직조공장이 개량직기시설을 갖추고 있었다. 그 밖에 직조공장으로는 한영서원실업장(韓英書院實業場)이 있었으며, 견직공장으로는 대한부인회 소속의 것이 있었다.

방직공업 이외의 공업부문에서도 근대공업의 건립노력이 있었다. 1903년에 최석조(崔錫肇)가 설립한 연초공장, 1902년에 이용익(李容翊)의 자기제조소가 그것이다. 이 밖에 서강신창내(西江新倉內)에 설립한 이흥우(李興宇)의 구성수철공장(九成水鐵工場)을 비롯한 각종 철공장, 개문사(開文社), 속문사(屬文社) 등의 인쇄공장, 마포연와공장, 정미공장 등 다수를 들 수 있으나 대부분 근대공장으로는 규모가 작은 영세공업이었다.

한말이 정부가 시산흥업정책을 표방하고 경제입국을 주장하였으며, 기업인도 근대적 산업건설에 노력했지만, 한일병합 시점에서 근대적 공장은 일본인 공장이 다수를 차지하였고 이는 을사조약 이후 통감부가 설치되면서 자본이 풍부한 일본인이 대거 진출한 때문이었다.[117] 민족계 영세공장은 일본자본과 일본 자본제 상품에 밀려 고난과 저항을 겪으면서 잔존하였고, 자본의 영세성과 기술의 낙후로 그 진출영역이 제한될 수밖에 없었다.

일본 자본제 상품의 침투에 대한 민족경제의 저항과 구축, 도태과정은 일본 면직물 수입에 대한 대응과정에서도 나타나고 있다. 일본제 시팅 및 소폭목면이 조선의 소상품생산자 발전을 억압하고 농민의 자급자족경제를 해체시키는 작용을 하였지만 여기에 대한 저항도 매우 강력하였다. 경인지방에서는 '수입방적사

───────────────

117) 趙璣濬, 〈開港前後 市場經濟의 發展과 思想〉, 앞의 책, pp. 42~43.

를 이용한 직포'라는 방식으로 저항하였다. 다른 지역에서 생산하던 면화원료에 의존하던 생산, 곧 면작, 방사, 직포 사이에 분화가 이루어지고 있었던[118] 비면 작지역(경기, 황해, 충청 등)에서는 수입방적사를 이용한 새로운 직물업이 발달하였다. 이들 지역에는 광범한 농촌시장이 존재하였고, 또 값싼 노동력을 활용하여 일본제 시팅 및 소폭목면에 저항할 수 있었다.[119]

'목화의 산지가 목면의 산지'였던 경상도나 전라도 등 남부지역에서는 면직, 방사, 직포의 세 과정이 미분화된 상태에서 토포생산이 이루어졌고, 그 생산이 고용노동보다는 농한기의 부인노동 등을 이용한 부업적 가내수공업으로 이루어졌기 때문에 가내노동을 이용한 낮은 가격으로 수입 면포에 대항할 수 있어서 재래 면포가 꾸준히 생산되었다.[120]

다음으로 수입되는 기계방적사를 손쉽게 구할 수 있는 교통의 요지나 광범한 소비인구를 가진 도시가 새로운 직물업의 중심지가 될 수 있었는데 그 지역이 바로 서울이었다. 서울지방의 많은 직물업자들은 개량직기를 만들기도 하고 기계를 이용한 공장을 설립 운영하여 일제 초기(1910년대)까지 서울은 가장 직물업이 발달한 지역이었다.[121]

그러나 근대방적업과 재래면포생산에 따른 이러한 저항은 결국 일본 방직자본의 침투로 실패하고 말았다. 경인지방의 경우 1899~1900년을 고비로 시팅 수입이 증가하여 농촌시장까지 침투하였으며, 남부지방에서는 1904~1905년을 정점으로 하여 재래면포의 생산이 위축되었다.[122] 전체적으로 보아 1905년 이후 면제품의 수입과 면화의 수출이 비약적으로 증가하는 가운데, 1905년 이후에는 일본 면제품이 영국제품을 압도하였다. 조선의 면제품은 일본의 기계제 면제품

---

118) 吉野誠, 앞의 글, 앞의 책, p. 45 및 權泰檍 著, 앞의 책, p. 43.

119) 吉野誠, 위의 글, 위의 책, p. 157 참조.

120) 위의 글, 위의 책, p. 147.

121) 權泰檍 著, 앞의 책, p. 44.

122) 村上勝彦, 〈日本資本主義による朝鮮綿業の再編成〉, 小島麗日 編, 《日本資本主義と東アジア》, アジア經濟研究所, 1979, p. 147.

과 힘겨운 경쟁을 하였으나 1905년 이후 식민지 권력이 강제적 육지면재배사업(陸地棉栽培事業)을 실시하면서 결정적 타격을 받았다.[123]

(2) 일본인 기업의 높은 비중과 민족기업의 구축 및 잔존

1911년 말 현재 한국에 설립된 '근대적 공장'(종업원 10인 이상, 동력사용공장)은 270개소이며, 그 가운데 민족계 공장은 86개였고 나머지는 일본인 공장으로 이들이 압도적 비중을 차지하였다. 민족계 공장이 비교적 많은 업종은 요업(20), 정미업(15), 철공업(13), 직물업(10), 제지업(9), 연초제조업(8)이었고, 기타 제분업, 금은세공업, 제혁업, 인쇄업 등이 있었다.[124]

한편 일본은 이 시기에 조선 공업에 대한 투자조건이 조성되지 못했다고 보고, 독점자본 등의 본격적 투자를 시행하지 않았다. 다만 식민지 약탈을 위한 기초적 부문에 진출하였다. 자본규모가 작으면서 자본회전이 빠르고, 고율의 초과이윤을 수취하면서 식민지 지배에 요구되는 생산물을 생산하는 부문이 대상이었다.

곡물수출을 위하여 정미공장이 항구도시와 곡창지대에 건설되었다. 공업원료로서 면화(綿花)의 약탈을 위한 조면업(繰綿業), 풍부한 농산물을 원료로 하는 주류공장과 식료품가공업, 연초제조업과 기타 건재생산[연와·벽돌·토관제조와 제재(製材) 등], 철가공업, 가스전기업, 인쇄업 등에 일본자본이 주로 침투하였다. 그 결과 내재적으로 발전하던 조선의 전업적 수공업은 그 자립적 발전이 저해되었으며, 공장제 수공업에서 기계제 생산으로의 이행이 억제되고, 경제의 주요 부문에서 일본자본의 침투가 지속되는 가운데 기형적 자본제 관계가 진전되면

---

123) 이윤상, 〈열강의 이권침탈과 경제의 예속화과정〉, 《한국사》 11, 한길사, 1994, p. 278. 본격적인 '육지면재배사업'은 을사조약 이후 통감부 설치로 조선이 사실상 일본의 식민지가 되면서 1906년에 조선농업을 '지도'할 권업모범장(勸業模範場) 설치계획을 수립하였는데 여기에 면화재배에 관한 각종 계획이 포함되면서 국가적 사업으로 추진되기 시작하였고, 이어서 면화채종포(棉花採種圃)를 설치, 육지면의 종자 보급을 시도하였다(權泰檍 著, 앞의 책, pp. 88~89).

124) 趙璣濬 著, 《韓國經濟史新講》, p. 390.

서 민족기업은 밀리고 말았다.

동력을 이용한 10인 이상의 기계제 생산공장에서 일본인 경영이 압도적이었는데(1911년 현재) 그 생산구조는 일제의 수탈과 직접적 관련이 있다. 정미업과 조면업 가운데 대일본 수출을 위한 농산물가공업이 높은 비중(총 공장생산의 61%, 일본인 경영 생산액의 55%)을 차지하였고, 주류와 담배 제조는 조선의 값싼 원료와 노동력을 이용하여 국내 판매시장 지배를 목적으로 한 것(총 공장생산의 16%, 일본인 경영 생산액 15%)이었으며, 건재(주로 요업)·철가공·제재·인쇄·가스전기업은 식민지 지배를 위한 부수적 부문(총 공장생산액의 13%, 일본인 경영 생산액 12%)이었다. 그 결과 기계제 생산에서 총 생산액의 81퍼센트가 일본자본에 속한 것이어서 조선인 공장제 공업의 비중은 극히 낮았다. 결국 조선의 공업구조는 일본자본에 예속되면서 식민지적 왜곡성을 지니게 되었다.

1911년 현재 공산물생산액(조선인 경영 64.0%, 일본인 경영 35.0%) 가운데 조선인의 자가소비를 목적으로 하는 자연경제적 생산액을 제외한 '상품생산액' 가운데 일본인 경영의 생산액은 50퍼센트를 상회, 토착공업의 그것을 능가하여 일본자본이 지배적 지위를 점하였다. 더욱이 정미, 조면업, 담배생산 등 넓은 대중소비기반이 있어서 기계제 생산으로 이행이 가능하여 자본주의적 생산이 쉽게 발전할 수 있는 부문에서 일본자본이 지배적 지위를 차지하면서 민족공업의 근대화를 크게 억제하였다.

이런 현상은 오랜 역사를 지닌 도자기를 비롯한 요업과 철공업 및 금속제품 생산분야에서도 일어나고 있었다. 여기에 총 공업생산과 거의 동등한 수준의 외국상품 유입(예컨대 국내 섬유제품 유통량의 64%가 수입 섬유제품)은 민족경제의 근대적 발전을 저해하고 몰락시키면서 민족경제를 소비면에서는 일본상품의 판매시장, 생산면에서는 일본경제의 부속물로 변화시켰다.[125]

이에 민족경제는 외국자본의 운동양식에 맞추어 일부는 근대적인 부문으로 전환되었지만, 대부분은 근대적인 경제제도가 아닌 전근대적인 부문으로 남아

---

125) 최윤규 지음, 앞의 책, pp. 166~168.

식민지하 국민경제의 이중구조를 이루는 바탕이 되었다. 식민지 종속하에서 민족경제는 부단히 종속, 쇠잔, 도태의 과정을 거쳤고, 그 소멸과 생성의 사회적 대류(社會的 對流) 속에서 민족의 자기 생존기반이 되어 외국자본과 경합하면서 그 잔존을 지속하였다.

제7장
식민지자본주의의 전개와 중소기업(Ⅰ)

제1절 일제 식민지 지배의 성격과 그 전개

1. 식민지 지배의 기본성격

식민지와 본국과의 관계는 이민족에 의한 지배·종속관계를 본질로 한다. 식민지 지배의 구체적 양상은 식민지 본국의 정책과 식민지 측의 특수한 상황 및 대응에 따라 다양하게 나타나고 시기에 따라서도 변화하였다. 식민지 지배의 다양한 지배방식은 흔히 자치방식과 동화방식으로 유형화하여 파악되고 있다.

근대 식민지 지배의 역사는 일찍이 유럽의 신대륙 발견에서부터 시작되었지만, 특히 19세기 후반 이후 새로운 양상을 보이게 되었다. 곧 초기의 이주식민지형(移住植民地型)에서 이민족지배형(異民族支配型)으로 변화된 것이다. 이것은 유럽에서 자본주의가 확립되고 나아가 독점자본주의가 전개되면서 생산력에 결정적 우위가 형성된 것을 그 배경으로 하고 있다.

제국주의 단계에서 전개된 이민족지배형의 식민지 지배는 영국의 자치방식(自治方式)과 프랑스의 동화방식(同和方式)으로 구분되고 있다. 이주식민지형의 경우는 유럽인이 식민지에 이주하여 본국의 법과 제도를 이식하는 과정이어서 본국과 거의 동질적 사회를 만드는 것이었다. 그러나 이민족지배형의 식민지에서는 그 상황이 달랐다. 식민지라는 이질적 사회를 통치하고자 기존 사회의 지배질서를 파괴한 다음, 그 위에 새로운 관료기구를 이식하여 직접 통치하거나, 또는 식민지 전통사회의 기존 질서를 온존시킨 채 기존의 지배자를 통하여 간접적으로 지배하는 두 가지 방식이 있다. 프랑스가 식민지 지배에서 택한 동화방식이 전자이며, 영국이 택한 자치방식이 후자이다.

예컨대 영국은 인도의 식민지 통치하에서 직접적 통치는 영국인 관리가 최소한의 범위에서 수행하였고, 전통사회의 문화, 종교, 관습 등에는 간섭하지 않는 간접통치방식을 택하였다. 식민지를 본국에 통합하여 동질화를 지향하기보다 동일 제국 내에 묶어두면서 별개의 실체를 인정하여 본국과 다른 법과 제도를 가질 수 있게 한 것이다. 곧 제국 안의 테두리에서 식민지가 자신의 정부를 갖는 자치도 허용하는 것이었다.

이에 견주어 프랑스는 식민지를 본국의 불가분한 한 부문으로 통합하려 하였다. 이러한 접근방법은 프랑스혁명 이래 식민지도 공화국의 일원으로서 자유·평등·박애라는 혁명의 원리를 향유하는 데 예외일 수 없다는 근대 시민사회의 보편적 원리에 입각한 것이었다. 동화정책은 본국 정부에 권력이 집중되는 형태로 구체화되었으며, 식민지 주민의 입법권 행사(의회선거)는 거의 배제되었다. 통치권한의 중앙 집중은 식민지에서 자치의 결여로 나타났으며, 식민지 통치는 본국 정부를 정점으로 하여 관료적으로 통제되는 중앙집권적 체제를 만들어 냈다. 동화주의가 이상으로 하는 평등과 대의정부(代議政府)라는 신념과는 달리, 실제로는 식민지 자치를 부정하고 식민지 주민에 대한 차별을 정당화했다. 동화주의의 관료주의적 직접통치방식은 주민과의 마찰을 격화시키면서 영국의 자치방식보다 억압적이고 군사적 성격을 띠게 되었다. 전통사회질서를 파기하고 본국의 원리를 이식하거나 강요하는 억압적 과정을 거치면서 결과적으로 전통적인 지배계급의 붕괴와 식민지에서 민족의식의 형성을 촉진하였다.

일본제국주의의 식민지 지배는 자치주의를 부정하고 동화주의를 일관되게 지향하였다. 따라서 일본제국주의는 식민지의 전통사회질서를 재편하고 본국의 제도를 이식하는 데 적극적이었으며, 이를 위한 수단으로 중앙집권적인 거대한 관료기구를 창출해내는 등 프랑스의 동화방식에서 볼 수 있는 일반적인 특징을 공유하였다. 동화를 지향하는 직접지배방식은 영국의 자치방식보다는 직접관여에 따르는 본국 부담이 크고, 식민지 주민과의 마찰도 증대시켜 억압적이고 군사적인 성격을 강하게 띠었다.

그러나 프랑스의 동화정책이 인류의 평등과 공화주의(共和主義) 등 근대 시민사회의 보편적 원리에 입각해 있던 것과 달리, 일본의 동화주의는 일시동인(一視

同仁), 황민화(皇民化), 내선일체(內鮮一體) 등으로 표현되었지만 이것은 단지 식민지 주민의 영속적인 지배수단이었으며, 동화의 논리를 합리화한 것에 불과하였다. 그 이념도 근대의 보편적 가치와 동떨어져 있어, 동화정책의 구체화과정에서도 프랑스의 원리주의적 접근에 견주어 편의주의적 접근이 두드러졌다.[1]

 1910년 8월 22일 일제의 조선병탄을 주도한 통감 데라우치 마사타케(寺內正毅)와 이완용 사이의 한일합병조약이 강제로 체결된 이후 일본 침략정책의 근간이었던 동화주의는 식민지 지배 기간 동안 지속되었다.[2] 조선을 병합하여 이를 일본제국의 일부로 할 것을 결정한 일제는 한반도를 일본 영토의 일부로 귀속시키려는 동화주의를 지속하였다. 민족의 문화와 역사를 말살하고 민족의식을 마비시켜 조선민족을 일본인으로 동화시키려는 민족말살정책을 추구하되, 경제적으로는 철저한 수탈을 병행하여 일본의 하층민으로 동화 편입시키려는 것이었다. 또 조선민족을 일본인과 동등하게 대우하는 것이 아니고 식민지 피압박민족으로 취급, 민족차별정책을 당연한 것으로 제도화하였으며, 다만 대외적으로는 일본인으로 간주하여 해외에서 항일독립운동을 하던 조선인들을 체포, 일본으로 압송하였다.

 일제의 침략적이고 차별적인 동화정책은 일본자본주의의 후진성에서 그 연원을 찾을 수 있다. 서구자본주의에 견주어 뒤늦게 출발하여 급속한 공업화로 자본주의 발전을 추구해야 했던 일본제국주의는 그 순조로운 발전을 위하여 해외시장 확보가 요구되었다. 이미 서구제국주의 국가가 세계시장을 대부분 점유한 상황에서, 새로운 시장 확보를 아시아 대륙의 침략이라는 방법을 통해 그 활로를 찾았다.[3] 그 결과 일제는 조선을 병합하여 식량·원료공급지, 일본 상품의

---

1) 김낙년, 〈일본제국주의 식민지지배의 특징〉,《한국사》 13, 식민지시기의 사회경제, 한길사, 1994, pp. 62~69 및 pp. 105~106.

2) 대체로 대만과 조선에 대한 동화정책의 성립기점은 한일병합 전후라고 보는데 이 시점은 이미 프랑스의 동화주의가 후퇴하고 있는 시기로서, 일본의 동화정책은 서구 모델의 모방이 아니고 그 역사적 실패로 말미암은 후퇴를 인식한 뒤에 영속적인 지배수단으로서 채용된 것으로 보고 있다.

판매 시장 및 자본의 투하지역으로 삼아 일본자본주의의 외연을 확대하고 대륙
침략을 실현할 수 있는 기초를 마련하였다. 일제의 조선 지배는 일본자본주의
발전의 기틀이었으며, 이를 위해 조선을 일본의 일부로 편입시키고 한민족을 일
본인으로 차별 동화시키려는 것이 일제 식민지 지배의 본질이었다.

2. 일제 식민지정책과 시대구분

(1) 일제 식민지정책의 전개

1) 무단통치정책 : 고전적 식민지 건설

1910년 8월 '한일합병조약'에 근거하여 조선을 병합한 일제는 먼저 조선경제
를 일본자본주의에 예속시키고, 조선인을 억압 수탈할 통치기구 및 통치체제를
본격적으로 정비하였다. 1910년 8월 29일 '조선총독부설치에 관한 칙령'을, 그리
고 9월 30일에는 '조선총독부제'를 발표하여 조선을 직접 통치하기 위한 지배기
구로 조선총독부를 설치하였다. 그리하여 조선총독부는 한반도에서 독자적으로
입법·행정·사법의 권한을 행사하는 통치기구가 되었으며 통치권은 총독에게
집중되었다. 조선 총독은 일본 천황이 임명하고 그에 직속되어 있었으며, 일본
관제에서 최고위에 해당하는 친임관(親任官)으로, 내각총리대신과 동격이었다.

일제는 조선총독부를 설치한 뒤, 1910년 10월 1일 일본 육군대신 겸 통감이던
데라우치를 육군대신 겸 조선 총독에 임명하고(데라우치는 1911년 8월에 육군대신
직을 사임하고 전임총독이 됨) 조선인의 광범한 저항을 억압하고자 강력한 헌병경
찰력을 바탕으로 한 폭력적이고 강압적인 무단통치(武斷統治)를 실시하였다.
1910년대 무단통치는 무관총독(武官總督)의 직접통치와 헌병경찰제도를 골격으
로 이루어졌다. 무관총독의 직접 통치는 일제의 식민지 통치 기간 동안 지속되

---

3) 강동진, 《일본근대사》, 한길사, 1985, pp. 193~194.

었지만, 특히 이 시기에는 '조선총독부 관제'에 "총독은 육·해군대장으로 충원하며 제반 정무를 통할할 뿐만 아니라 위임의 범위에서 육·해군을 통솔하여 조선 방비의 일을 관장한다"고 규정하였다. 이것은 무관총독의 직접적인 군권장악을 규정한 것이어서 군사통치의 성격을 분명히 하는 것이었다.

군사력을 동원한 일제의 무단통치는 곧 군사통치였으며, 헌병경찰제도(憲兵警察制度)로써 그 특징이 두드러졌다. 헌병경찰제도란 군사조직인 헌병이 경찰권을 장악하는 체제로서, 경찰과 헌병의 이원조직으로 이루어진 경무통감부(警務統監府)로 통합되었다. 헌병사령관이 치안의 최고책임자로서 헌병과 경찰의 두 조직체계를 통일적으로 지휘하여 실질적인 통치기능을 수행하였다.

일제는 정치적으로 무관총독과 헌병경찰제를 골격으로 한 무단통치로 억압적인 통치를 수행하면서, 경제적으로는 본격적인 수탈의 시책을 추진하였다. 일제가 조선을 식민지로 삼았던 가장 큰 이유는 조선을 일본경제의 하부구조, 즉 원료의 공급지와 상품시장, 나아가서 자본투하지역으로 편입하는 데 있었다. 이미 통감부 시기부터 조선경제의 각 분야를 일제의 경제체제에 예속시키는 조치가 취해졌으며, 그러한 작업은 한일병합을 기해 더욱 본격화되었다. 한일병합 뒤 조선총독부는 두 개의 법령을 발표했는데, 하나는 '조선토지조사령'(1911~1918)이고 다른 하나는 '조선회사령'(1910~1919)이었다. 전자는 조선의 토지와 농민 및 농업정책을, 그리고 후자는 조선의 상공업정책을 집약한 것이었다.

병합 뒤 실시된 토지조사령은 첫째로 전국의 토지 및 삼림의 정확한 면적을 파악하여 재정정책의 기초를 삼으려는 것이었고, 둘째는 소유권의 불분명함을 구실 삼아 국유지의 대량 조출을 강행, 이를 총독부 재산에 편입시켜 재정재원으로 하며, 또 일인 농회사의 진출을 방조하려는 것이었다. 셋째로는 조선의 양반·귀족을 인정하고 구래의 소작제도를 유지시킴으로써 이들을 무단정치의 협력자로 포섭하려는 의도였다.

조선회사령의 발표는 조선을 일본의 원료생산지와 상품시장으로 육성한다는 고전적인 식민지이론을 실천에 옮긴 것이었다. 회사령에서는 조선에서의 회사 설립 및 조선 밖에서 설립된 회사가 조선 내 지점을 설치할 때 조선총독부의 허가를 받도록 규정하여 회사 설립에 대해 허가주의(許可主義)를 채택하였다. 1910년 12월에 제정 발표되고 1911년 1월 1일부터 실시된 이 법령의 표면상 이유는 조선의 산업 발전을 위한 것이었으나, 그 진의는 일제의 조선 개발정책에서 조선 내의 근대공업 건설을 견제하는 데 있었다. 더욱이 조선인의 기업 발전을 억압하여 조선은 일본에 원료를 공급하되 공산품을 제조해서는 안 된다는 조선 초기의 산업정책, 곧 조선의 자본주의적 공업 발전을 저지하는 한편으로 식민지적 식량 원료의 공급지이자 상품시장으로 묶어두려는 침략정책의 결과였다. 일제는 민족자본의 성장을 억압했던 것과 달리, 일본자본의 조선 유입과 활동은 적극적으로 지원하여, 일본자본의 이식으로써 그들이 주도하는 조선에서의 공업 발전을 도모하였다. 그 결과 1910년대 조선에서는 일본인 공업이 조선인 공업을 압도하게 되었다.[4]

2) 문화정치로의 전환 : 식민지 지배의 효율화

문화정치란 경찰제도나 지방제도 등의 제반 개혁을 거쳐 헌병 중심의 노골적인 무단통치를 보다 세련된 모습을 갖춘 경찰 중심의 정보정치로 바꾸고, 친일 세력을 육성해 탄압과 회유를 강화하려는 것이었다. 한편 개발정책과 민족분열정책을 이용, 수탈과 지배를 심화하여 궁극적으로는 일제와의 동화를 달성하고자 하였다. 이를 위하여 1918년 전국적인 쌀소동을 계기로 일본에서 최초로 평민 재상이 된 하라 다카시(原敬)는 1919년에 ① 문민본위의 제도로 개정할 것, ② 교육은 조선인과 일본인에게 동일방침을 취할 것, ③ 헌병제도를 개편하여 경찰제도로 할 것, ④ 조선을 내지의 연장으로 인정하여 조선을 동화할 것 등의 조선 통치정책 개혁방침을 지시하였다.

이러한 조선 통치정책의 전환을 가져온 원인은 크게 세 가지로 요약할 수 있다. 첫째는 제1차 세계대전 후 일본자본주의가 직면한 경제불황이며, 둘째는 3·1운동에서 나타난 조선민족의 대중적 저항이고, 셋째는 일본 국내 정치의 변화

---

4) 朴慶植 著,《日本帝國主義의 朝鮮支配》, 청아출판사, 1986, p. 106 참조.

등이다. 이러한 요인들이 겹쳐서 조선의 통치정책을 전환시킨 것이다.

일본경제는 제1차 세계대전 동안 전시경기로 비약적인 발전을 이루었으나, 전쟁이 끝나면서 대외 무역이 격감하고 침체 상태에 빠지게 되었다. 전시에 과잉투자했던 일본공업은 불황에 접어들면서 한편으로 자본의 집중화가 나타났고, 다른 한편으로는 누적된 잉여자본의 해외 진출이 기도되었는데 그 대상은 조선이었다. 또한 전쟁 동안 공업의 비약적인 발전과 반비례하여 일본의 농업생산력은 저하돼 미곡생산은 수요를 따르지 못하였고, 이를 조선미와 대만미로 충당하였다. 전쟁 뒤의 불황과 함께 온 미가 상승은 드디어 1918년에 '쌀소동'을 일으키게 하였다. 일본의 조선 농업정책이 소수의 지주 중심에서 벗어나 1920년대에 소농(小農) 상대의 미곡증산정책으로 변화하게 된 계기도 여기에 있었다.

또 하나의 원인은 3·1운동에서 나타난 민족항거운동이었다. 일제는 토지조사사업으로 소수의 구(舊) 귀족과 양반을 포섭하고 그들을 통해 소작관계에 있는 농민을 회유하는 정책을 무단통치 기간에 시도한 바 있다. 그러나 3·1운동에서는 지주권을 인정받은 귀족·양반이 포함된 거국적 농민의 항거가 주류를 이루었다. 일부 예속자본가를 제외하면 무단통치로 일본자본에게 자신의 위치를 침해받던 토착 상공업자, 그리고 부등가교환에 따른 수탈, 토지 기부의 강요, 회사령에 의한 민족자본의 발전 저지 등에 불만을 품은 지주 등 거의 모든 계층이 포함된 거족적인 조선민족의 항일독립운동이 3·1운동이었다. 이러한 조선민족의 항일의식은 폭압적 헌병경찰과 무단통치가 가져온 귀결이었기에 드디어 폭넓은 통치방식의 변화를 단행한 것이다.

셋째로 일본 국내 정치의 변화도 통치정책을 전환시키는 데 작용하였다. 일본에서는 1918년 쌀소동을 계기로 정국이 전환되어 최초의 평민 재상인 하라 다카시가 수상이 되었으며 정당내각이 출현하였다. 국민의 정치참여가 활성화되는 이른바 다이쇼 데모크라시[Taisho(大正) Democracy]가 전개된 것이다. 메이지 유신 이후 일본을 지배해 온 번벌과두체제(藩閥寡頭體制)가 와해되고 재편성되었는데, 권력의 헤게모니가 번벌관료와 군벌에서 부르주아 성장을 배경으로 한 정당세력으로 일시 이양되었다. 이 시기에 조선민족의 거국적인 독립투쟁에 직면하자 하라 내각은 그때까지 군벌이 주도했던 무단통치정책의 수정을 단행한 것이다.

1919년 일제는 조선 총독을 데라우치에서 사이토 마코토(齊藤実)로 교체했고 무단정치에서 문화정치로 통치정책을 전환했다. 경제적으로 보아 문화정치의 내용은 미곡증산을 위한 농업진흥정책과 노동력의 효율적 이용을 위한 초등교육기관의 설립, 1919년의 회사령의 철폐 등 기업 활동 제한의 완화로 표현된 공업화정책이었다. 1920년대 전개된 산미증식정책은 일본의 식량난을 해소하려는 것이었으며, 초등교육기관의 확충은 농촌시장의 개발과 노동인력의 효율화를 기대하는 것이었다. 또 기업 활동 제한의 완화는 일본 유휴자본이 조선으로 진출하는 길을 열어준 것이었다. 일제가 표방한 문화정책은 일본자본 진출을 위한 정책이기는 했지만 1920년대 조선에 진출한 초기의 일본자본은 주로 일본 국내에서 독점자본에 밀려난 중소자본이었다. 그리고 일본의 독점자본은 1930년대 접어들면서 본격적으로 해외로 진출하기 시작하였고, 특히 조선이 그 주요대상이었던 것이다. 이렇게 볼 때 1920년대 펼쳐진 문화정치는 경제적으로는 자원 및 인력의 효율화정책의 시기였지만, 동시에 종속과 수탈 및 동화를 더욱 효율적으로 심화시키기 위한 기간이었다고 할 수 있다.

3) 차별적 동화정책의 본격화 : 대륙침략의 전초기지화

1920년대 말부터 1930년대 초에 걸친 경제공황, 특히 장기적인 농업공황으로 식민지 조선의 농업이 황폐화하고 농민의 경제적 몰락이 심화되었다. 또 민족해방운동이 고조되면서 조선인과 일본제국주의의 모순은 격화되었으며, 이에 일제는 식민지 지배정책을 다시 전환하게 되었다. 일제의 중국대륙침략(만주침략)이 시작되면서 조선은 일제의 미곡수탈과 잉여자본 투하시장으로서 식민지로서만이 아니라 전쟁수행을 위한 병참기지로 중요한 역할을 하게 되었다. 1920년대 외지경제(外地經濟)에 머물러 있던 조선의 경제권은 압록강 밖에 일제의 예속국인 만주국이 수립되면서 일본의 내지경계(內地境界)가 압록강까지 확대되었고, 이에 따라 내지에 포함되었다. 이와 동시에 동화정책은 한층 본격화하였는데,

그것은 어디까지나 조선인과 일본인의 동등한 지위를 지향하는 정책이 아닌 차별적 동화정책이었다.

1931년 6월 새로 조선 총독에 취임한 우가키 가즈시게(宇垣一成)는 황폐해진 조선 농촌을 구제한다는 명목으로 '농어촌의 진흥, 자력갱생의 실시계획'(1932. 6.)을 발표하고 농촌진흥운동과 자력갱생운동을 일대 국민운동으로 전개하면서 식민지 지배정책을 재편성하였다. 조선 전역에 걸친 이 운동은 민족주의운동을 타도 저하시키고 일선융합(日鮮融合)과 내선일체화를 추진하려는 것이었다.

1936년 2 · 26사건5)을 계기로 다시 일본은 군부독재로 이행하였고, 국가독점자본주의의 군사적 편성이 이루어졌다. 1937년 7월에는 본격적인 중국침략을 개시하면서 전시체제로 전환하였으며, 동시에 조선인에게는 전쟁수행정책에 대한 전면적 협력이 강요되었다. 곧 일제는 조선인을 내선일체, 황국신민화(皇國臣民化)의 기치 아래 총동원하였고, 경제적으로는 농공병진정책을 진행하면서 조선을 대륙병참기지화(大陸兵站基地化)하였다.

1936년 8월 미나미 지로(南次郎) 총독이 취임하면서 내선일여(內線一如), 선만상의(鮮滿相依)의 기치 아래 보다 철저한 민족말살정책과 황민화정책을 추진하였다. 1937년 신사참배(神社參拜) 강요와 황국신민서사(皇國臣民誓詞)의 제창, 1938년 지원병제도 제정, 1939년 창씨개명(創氏改名)제도의 시행 등 차별적 동화정책이 더욱 본격화되었고, 국민총동원체계 편성, 군수공업총동원법, 국가총동원법이 제정되면서 이는 더욱 가속화되었다. 1942년 태평양전쟁이 일어나고 같은 해 5월에는 고이소 구니아키(小磯国昭), 그리고 1944년 7월 아베 노부유키(阿部信行)로 총독이 바뀌었으나 조선에 대한 지배정책은 별다른 변화가 없었다.

동화정책으로 수행된 민족문화의 말살과 정치적 통합은 1930년대 후반부터 본격화된 것이었다. 이에 대하여 또 하나의 동화정책은 조선경제를 일본경제에 편입시키려는 것이었는데, 그 시도는 1930년대 초부터 적극화되었다. 이것은 일본군국주의의 해외 팽창과 일본 독점자본의 조선 진출로 구체화되었다. 일본자

---

5) 2월 26일 일본의 황도파(皇道派) 장교들이 무력으로 정권장악을 기도한 사건을 말한다.

본주의는 제1차 세계대전 동안에 비약적 발전을 이룩하였고, 전쟁 이후 불황기에 자본집중이 진행되어 독점자본이 형성되었다. 1920년대 조선에 진출한 초기의 일본자본은 주로 국내에서 독점자본에 밀려난 중소자본이었다. 그러나 일본 독점자본은 1930년대에 접어들면서 해외 진출을 적극화하였고, 특히 조선이 그 주요대상이 되면서 일제 동화정책의 경제적 측면을 형성하였다.

일본 독점자본이 조선에 진출하게 된 것은 정치적인 목적 이외에 조선이 근대공업 건설기지로서 몇 가지 유리한 공업입지조건을 갖고 있었기 때문이었다. 그것은 첫째로 풍부한 공업자원이었고, 둘째로는 국민교육의 보급으로 이룩된 훈련된 저임금의 노동인구이며, 셋째는 치안의 확보였다.

이를 바탕으로 1930년대 일본 독점자본이 조선에 진출하였고 대규모 공장 건설이 시작되었다. 더욱이 일본의 중국 침략 개시와 더불어 중화학공업이 조선 북부지방의 동력 및 원료와 결부되어 건설되었다. 이러한 조선에서의 공업건설은 일본 독점자본의 외향적 확장의 결과이며, 조선경제가 일본경제로 적극 편입되었음을 뜻하는 것이었다. 그 결과를 '일본제국주의 공헌론'으로 지칭하기도 하지만, 1930년대에 '조선의 경제'는 발전했으나 '조선인의 경제'는 그에 상응하지 못했으며, 조선인은 궁핍화와 유랑하이 길을 걸은 것이 이른바 '조선의 공업화' 과정이었다. 결국 병합 뒤의 일제의 조선 통치정책은 항상 일본자본주의의 요청에 따라 변천하였으며, 조선경제의 구조적 변화도 그에 따른 것이었다.[6]

(2) 일제 식민통치기의 시대구분문제

1) 식민통치기의 시대구분

일제의 식민지시대는 일반적으로 일본자본주의의 변화와 식민지 통치정책을 기준으로 하여 세 단계로 구분한다. 만 35년 동인 지속된 일본의 한반도에 내한

---

6) 김경택, 〈일제의 침략정책〉,《한국사》13, 한길사, 1994, pp. 111~158 및 박경식, 〈일제의 황민화정책〉, 같은 책, pp. 159~168 및 조기준, 〈植民地統治政策의 三段階〉,《韓國經濟史新講》, 일신사, 1994, pp. 489~496 참조.

식민통치는 합병에서부터 3·1운동까지의 제1기와 3·1운동 이후 만주사변 (1931)이 일어나기까지의 제2기, 그리고 만주사변 이후부터 일본이 패전하여 물러가기까지의 제3기로 나눈다. 여기서 제1기는 무단통치시기, 제2기는 문화정치의 시기였다. 제3기는 '다이쇼 데모크라시'가 지난 뒤 파쇼체제로 넘어가면서 침략전쟁을 만주사변, 중일전쟁, 태평양전쟁 등으로 확대하고 식민지 조선에 대한 협력의 강요와 민족말살정책을 시행하던 시기이다.[7]

이러한 구분은 식민지시대를 ① 무단정치시기(1910~1919년의 3·1운동), ② 문화정치시기(1920~1931년의 만주사변), ③ 대륙침략병참기지 추구기(1931~1945년의 해방)의 세 시기로 구분하는 것과 일치한다. 그런데 이러한 시대구분에서 식민주의 전개과정을 경제사적 관점은 ① 중상주의 시대, ② 자유주의 시대, ③ 제국주의 시대의 3단계로 구분하여 설명하고, 이를 식민지시대의 세 시기 구분과 대응하여 설명하기도 한다. 즉 상인이 추진세력이었던 식민주의의 제1단계(16세기 초에서 19세기 말)인 중상주의 시대의 특징은 노골적인 물리적 폭력에 따른 약탈과 부등가교역에 의한 수탈이었다. 일본의 조선 침략에서 이러한 특징은 1876년의 개항에서 1910년의 합병까지, 그리고 1910년대의 식민지 초기까지 지속되었던 바, 개항 이후 무단정치기가 여기에 해당한다.

산업자본가가 담당세력이었던 식민주의의 제2단계인 자유주의시대(19세기 초에서 19세기 말)의 특징은 '문명의 통상', 즉 자유무역이라는 기치 아래 그 이전의 무궤도한 수탈을 합리화시킨 것이다. 중상주의시대에는 그래도 수공업과 농촌경제가 결부된 식민지 사회의 기본적인 사회경제체제에는 손을 대지 않았으나, 자유주의시대에는 그와 같은 농촌경제를 유럽자본주의의 그물 속에 끌어넣어 그것을 원료의 공급과 상품의 판매를 위한 기형적인 식민지적 종속경제체계로 재편성하였다. 1차 대전 이후 조선을 식량 및 공업원료 공급지로서, 또한 상품

---

7) 姜萬吉 著,《韓國現代史》, 創作과批評社, 1984, pp. 17~18. 그러나 제3기를 만주사변이 발발한 1931년부터 중일전쟁이 발발한 1937년까지의 준전시체제의 시기와 중일전쟁 이후 종전까지의 전시체제의 시기로 구분하여 전자를 제3기 후자를 제4기로 구분하는 경우도 있다 (金玉根 著,《日帝下朝鮮財政史論攷》, 一朝閣, 1997, p. 11).

의 독점적 판매시장으로 개편 종속시키는 데 치중한 문화정치시기에 이러한 특징이 반영되었다.

금융독점자본가들이 담당세력이었던 식민주의 제3단계(19세기 말에서 2차대전)가 제국주의시대이다. 제국주의는 상품수출보다도 자본수출에 치중하여 투자의 안전도를 높이고자 정치적·군사적으로 더욱 철저한 식민지 장악을 시도하였고, 그 결과 식민지 재분할 경쟁이 벌어져 마침내 제1차 세계대전이 발생하였는데, 조선에서는 만주사변 이후 자본수출에 치중한 대륙침략병참기지화 시기에 이런 특징이 반영되었다. 1900년대를 기점으로 제국주의로 이행한 일제의 식민지 통치는 36년이라는 상대적으로는 짧은 기간이었지만 서구의 식민주의 전개의 3단계를 모두 거쳤다고 보았다.[8]

또한 일제강점기 조선인 자본가계급의 역사적 궤적에 따라 ① 1910년대(제1기), ② 1920년대부터 1930년대 중엽(제2기), ③ 1930년대 중반 이후 전시체제제기(제3기)로 구분하여 자본가계급의 역할과 성격의 변화를 자본의 운동논리(계급문제)와 민족주의의 상관성에 관련지어 고찰하기도 한다. 제1기에는 전반적인 민족억압정책에 따라 개별 조선인 자본가들의 성장 가능성이 제약당했고, 아직까지는 일제의 지배를 현실로 수용할 수 없는 강한 저항민족주의의 형성에 맞물려 조선인 자본가계급도 저항적 부르주아 민족주의운동에 참가하였으며, 이는 3·1운동까지 이어졌다.

제2기에는 일제의 조선 지배를 현실로 받아들이는 분위기가 형성되고 있었다. 조선인 자본가는 민족적 명분과 자본가적 실리 사이에서 전자가 후자에게 기여해 주기를 바라는 역사적 특수성에 처해 있었으며, 이런 바람이 민족운동 차원에서 전개된 것이 물산장려운동이었다. 일본의 지역경제로 운영되고 있는 조선의 현실경제 속에서 조선인 자본가는 민족운동을 통해 민중생활권 속에 시장을 좀 더 확장하고자 하는 '가변적 민족경제권'의 형성문제와 깊은 관련을 맺

---

8) 車基璧, 〈日本帝國主義 植民政策의 形成背景과 그 展開過程〉, 車基璧 엮음, 《일제의 한국식민지통치》, 정음사, 1995, pp. 18~19.

고 있었다. 곧 '가변적 민족경제권'은 자본가의 실리(계급문제)와 민족운동의 관련성을 반영하는 공간이었고, 그것은 조선인 자본가의 민족주의 성향과 운동력에 좌우되는 것이었다. 계급이해와 민족주의의 관련성 속에서 조선인 자본가의 민족주의는 '우파' 부르주아민족주의(타협적 부르주아민족주의)의 계급적 기반을 형성할 수 있는 근간이 되었고, 계급적 기반을 초월하여 민족주의에 편향된 비타협적 민족주의('좌파' 부르주아민족주의)와 대비되었다. 결국 제2기는 자본가의 실리(계급적 이익)와 민족주의의 명분이 관련을 맺으면서 후자가 전자를 위해 기여해 가는 시기였다.

제3기에는 조선경제의 양적 팽창과 적극적인 민족성 말살정책에 따라 계급문제와 민족주의의 상관성은 급격히 떨어지고, 조선인 자본가계급은 그 긴장감마저 상실하였다. 그들에게는 일본자본주의의 위성적 존재로서 성장할 공간은 열려 있었지만, 민족주의 진영에서는 점차 탈락해갔다. '소수의 선택된 자들'만이 일제의 전위로 전락하였으며, 대부분의 조선인 자본가계급은 호모 이코노미쿠스(Homo Economicus)와 같이 이윤추구에 몰두하는 '합리적 기업가'일 수밖에 없었다.9)

2) 식민지자본주의의 세 단계와 '공업화'의 시기문제

한편 식민지시대를 세 시기로 구분하되, 식민지 조선에서 일본자본의 운동이 일반 식민지에서의 선진자본운동의 정형에 따라 세 개의 단계적 양상을 보여주면서 진행되었다고 보고, ① 자본의 원시축적기(1905~1919), ② 산업자본단계(1919~1929), ③ 금융자본단계(1930~1945)로 구분하기도 한다. 여기서는 시대구분을 자본주의의 제도적 측면, 특히 총독부의 권력 등 상부구조와 관련시켜 파악하고 있다.

자본의 원시축적기는 식민지 통치 권력을 지렛대로 하여 조선 사회를 일본자본의 경제활동이 가능하도록 재편성하고 식민지 지배를 위한 총독부 권력의 경

---

9) 이승렬, 〈일제하 조선인 자본가의 '근대성'〉, 역사문제연구소편, 《한국의 '근대'와 '근대성' 비판》, 역사비평사, 2004. 6., pp. 232~233 및 趙璣濬 著, 《韓國企業家史》, 박영사, 1973, p. 26.

제적 기초의 축적을 이루는 시기이다. 이후 제2기에서는 식민지에서 일본 독점자본의 요구가 기본적으로 산업자본가적 요구의 형태로 전개되었다는 것이다. 곧 조선을 일본경제의 보완적인 한 부분으로 편입시키면서 원자재 획득 및 상품시장으로 만드는 산업자본단계가 이루어졌다. 다음에 일본자본주의가 경제적으로 성숙하고 세계자본주의가 만성적 불황에 진입하면서 조선에서 일본 독점자본의 운동은 큰 변화를 보여 제국주의단계 독점자본의 자기모순을 나타냈는데, 이것이 제3기(금융자본단계)라는 것이다.

1929년 이전까지도 상당수의 일본 독점자본이 식민지 조선에 진출하고 있었으나, 그것은 섬유나 일부 특정 업종에 한정된 것이었고 일반적인 자본수출의 양태는 아니었다. 그러나 1929년에 세계경제불황이 심각해지면서 1931년에 일본 본토에서도 '중요산업통제법'이 시행되었고, 이에 식민지 초과이윤의 획득을 위한 일본 독점자본의 조선 진출이 본격화되었다. 더구나 일본제국주의가 공황과 국내의 계급적 모순을 해결하려는 목적에서 대외적 침략을 강행하자, 군수병참기지로서 조선의 중요성이 인식되면서 일본 독점자본의 요구는 군국주의적 식민지정책과 결합하여 조선에 대한 자본수출을 일반화하였다. 그 결과 조선에서 일본자본의 운동은 사회적 생산력을 발전시키고 자본주의제도의 굳건한 확립과 산업구조의 고도화 등 근대화의 제 지표를 구체화시켰다. 그러나 이런 현상이 식민지적 상황에서 벗어난 것은 아니었고 한다.[10]

한편 식민지 조선에서 일본자본의 작용이나 일본경제정책의 변화를 기준으로 하기보다 독자적인 조선경제의 움직임과 구조변화에 따라 식민지시기를 구분하는 경향이 제기되었는데, '조선 공업화의 시기'에 관한 논의가 그것이다. 곧 조선 공업화의 시기를 종래에는 일본 독점자본의 진출을 근거로 하여 1930년대 후반인 전시경제 이후로 설정하였었다.[11] 그러나 조선 공업화의 시기를 몇 단

---

10) 박현채, 〈해방 전후 民族經濟의 성격〉, 한길사, 《한국사회연구》 1, 1983, pp. 372~375.

11) 예컨대 鈴木武雄, 《朝鮮の經濟》, 日本評論社, 1942; 허수열, 〈식민지적 공업화의 특징〉; 吳斗換 編著, 《工業化의 諸類型》(Ⅱ), 經文社, 1996. 그러나 전자가 이 시기를 '조선산업혁명'으로 규정한 데 대해서, 후자는 공업화의 식민지적 특성을 강조하고 있어 대조적이다.

계로 구분하고, 그 가운데 1910년대 후반 또는 1920년대의 공장설립 및 '공업화'에 주목하는 견해가 있다. 곧 식민지시기의 공업화를 1920년대와 1930년대 중반까지의 주류를 이룬 경공업 중심의 공업화, 중일전쟁 이후의 중화학공업 중심의 전시공업화로 구분하되, '조선의 공업화'는 1920년대 이래 경공업 중심의 공업화의 흐름이며, 이것이 조선경제를 근본적으로 변화시켰다고 보는 것이다.[12]

'공업화'의 시기에 대한 견해 차이는 공업화의 기준에 대한 시각 차이에서 비롯된다. 공업화의 기준을 대량생산체제인 자본주의적 생산방식이 모든 공업부문에서 관철되느냐, 또는 원동력 사용률은 낮으나 공장제 기계공업이 일상 생활 필수품을 생산하는 경공업에서 일반화되느냐, 아니면 총 공산액 가운데 공장생산액의 비중, 그리고 1차 산업과 2차 산업의 비중을 기준으로 적용할 것인가의 시각 차이이다.

한편 조선경제 전체에 대해서는 아니지만, 조선인 공장의 동향을 분석하면서 조선인 기업의 성장과 몰락시기를 기준으로 ① 제1차 기업발흥기(1916~1920), ② 만성적 불황기(1920~1933), ③ 제2차 기업발흥기(1933~1937), ④ 전시체제하 조선인 기업의 몰락과 성장(1937~1945)으로 식민지시대를 구분하기도 하였다.[13]

3. 식민지자본주의의 전개

(1) 후진자본주의와 식민지자본주의

흔히 자본주의 전개의 유형을 구분하면서 '세계사상 최초로, 따라서 자생적 또는 내발적 근대화를 이룩한 영국'에 대비되는 것으로 후진자본주의를 들고 있

---

12) 橋谷弘, 〈1930~40年代の朝鮮社會の性格をめぐつて〉, 《朝鮮史硏究會論文集》 27号, 1990.

13) 허수열, 〈식민지 경제구조의 변화와 민족자본의 동향〉, 《한국사》 14, 식민지시기의 사회
　　 경제-2, 한길사, 1994, pp. 94~125.

다.14) 이들 후진자본주의는 ① 그 자체의 내부 사정과 ② 그보다 우세한 선진자본주의로부터의 외압(外壓) 때문에 그 자체로서는 자연적 또는 순조로운 길을 걷지 못한다. 그 결과 선진제국과 다른 국민경제의 독자적 구조를 형성하게 되는데, 말하자면 왜곡성을 내포하게 되는 것이다.

세계사에서 복수의 '국민경제'가 병존하면 그것이 자연적 상태에 방치되어 있는 한, 상호간에 근본적인 이해의 대립이 발생할 조건을 본래적으로 갖고 있게 되며, 실제로도 이해의 대립이 발생한다. 이 때 선진자본주의는 무역으로써 외국산업의 일부까지도 자국의 산업구조를 지탱하는 사회적 분업체계 속에 끌어들이고, 그것으로써 국민경제를 넘어선, 규모가 큰 제국경제(帝國經濟)라는 형태로 자국경제의 자급자족만으로 부족한 부분을 보충하려고 한다. 이로 말미암아 후발 또는 후진지역에서 자본주의가 전개되는 경우 선진지역으로부터의 외압에 따라 당연히 그 산업구조에 일정한 왜곡(歪曲)이 생긴다. 그리고 이는 각기 국내 또는 지역 안에서 상이한 질량(質量)으로 존재하고 있는 전근대적·전통적 제 관계의 이해와 결합한다. 그로 말미암아 그와 같은 분업관계의 왜곡이 해소되기는커녕 도리어 구조로 고정된다. 이런 결과로써 산업구조상의 왜곡을 항상적으로 내포하는 국민경제의 체계가 형성되는데, 이것이 바로 후진자본주의라는 것이다.15)

이러한 후진자본주의는 자본주의 전개의 두 가지 유형 가운데 이식형적(移植型的) 전개유형에 속한다. 한 사회에 내재된 사회적 생산력의 발전에 따라 자본주의 전개가 이루어지는 고전적(古典的) 유형과 달리, 한 사회의 내재적인 사회적 생산력에 의거하지 않는 것이 이식형적 유형이며, 전자가 선진자본주의라면 후자는 후진자본주의이다. 이식형적 전개의 유형, 즉 후진자본주의는 다시 두 개의 유형으로 구분할 수 있는데, 그 하나는 후발선진(後發先進) 자본주의에서의

---

14) 그리고 후진자본주의의 제 유형을 구조의 관점에서 ① 파행구조형, ② 국민경제결여형, ③ 모노컬처(monoculture)형 또는 저개발국형으로 구분한다(大塚久雄, 〈後進資本主義とその諸類型〉, 大塚久雄 編, 《後進資本主義の展開過程》, アジア經濟研究所, 1973, p. 15 및, p. 22).

15) 위의 글, 위의 책, pp. 8~10 참조.

전개유형이고, 다른 하나는 식민지 종속을 자본제화의 계기로 갖는 유형으로, 이는 다음과 같이 설명되었다.

이식형적 전개의 특성은 내재적인 사회적 생산력의 발전에 따른 자연적 질서의 과정이 아니라 자본주의 제도가 전통사회에 접합된, 국민경제의 위로부터의 이식이라는 점이다. 따라서 후진지역에서 지배적 경제제도가 되는 자본주의 제도는 낡은 전통사회를 분해할 수 있는 능력이 제한되어 선진자본주의 전개와 다른 양상을 띠게 된다. 자본주의 발전이 내생적이 아니기 때문에, 지배적 경제제도와 종속적 경제제도 또는 전통사회와의 관계가 내부적 생산관계가 아니라 화폐상품경제의 외부적 침투와 같은 외부적 조건에 의하여 규제된다. 그 결과 자본주의 전개에서 국민경제는 동질적으로 통합되지 못한 채 이중구조(二重構造)가 필연적으로 형성된다.

역사적으로 보아 이식형적 전개는 주로 세계자본주의가 독점자본단계에 이른 19세기 후반에 이루어졌으며, 식민지 종속이 자본제화의 계기가 된 식민지자본주의에서 이러한 특성이 더욱 심화되었다.

식민지의 자본주의 전개는 낡은 봉건적 생산관계를 청산하는 대신, 그것을 온존한 채 그 위에다 종주국의 식민지적 수탈관계를 접합한 것에 지나지 않는다. 곧 국내적으로 볼 때 균형 잡힌 단일화된 국민경제의 통합이 이루어지지 않았던 것이다. 도시에는 원자재 수탈을 하기 위한 부분가공 형태의 공업이 들어섰고, 동시에 도시는 식민지 지배체제를 유지해 주는 매판 식민지관료 및 사무원이 생활하는 고립된 공간이 되었다. 또한 이중사회 또는 복합사회가 구성되었는데, 이는 국민의 대다수를 차지하는 농민층의 전근대적인 생활공간인 농촌과, 경제적으로 원격지 상업형태에 따라 종주국의 공업과 관련을 맺으면서 종속된 공업이 형성된 도시지대로 구성된 것이다. 그 이유는 수출과 수입이 자본주의의 내재적 발전, 곧 봉쇄된 지역에서 자본주의적 농업 및 공업이 내연적으로 발전해 이루어진 결과가 아니라, 종주국과 식민지 사이의 원격지간 분업관계인 원격지간 상업으로 전개된 때문이라고 볼 수 있다.

이로 말미암아 국내분업관련이 결여되면서 농공업의 불균형한 발전, 도시와 농촌 사이에 각기 고립된 생활권, 식민지 초과이윤을 위한 외국자본과 그 도구인 매판자본의 식민지 지배권력의 결탁이 이루어져 전근대적인 상업자본가적 수탈이 진행되었다.

식민지 지배는 종주국 자본의 외면적 확대이며, 식민지 초과이윤을 위한 외국자본의 상업자본적 수탈의 과정이므로, 식민지에서 토착적 민족경제는 압박과 소멸의 과정을 겪지 않을 수 없었다. 식민지에서 공업화나 자본제화가 진행되어도 그것은 외국자본이 수탈하는 과정이기 때문에 긍정적 의미를 지닐 수 없었다. 이것은 식민지에서 자본주의적 국민경제의 형성과정이 전근대적 경제의 자생적 기초에 따른 자율적 사회발전의 과정을 밟은 것이 아니었으며, 도리어 민족경제 내부에서 성장하고 있던 사회적 생산력의 발전 가능성을 억압 쇠잔시키는 과정이었기 때문이다. 이 과정에서 외국자본의 지배영역을 포괄하는 국민경제와 식민지에서 민족적 생존의 생산력 기반이었던 민족경제는 다른 것으로 구획되었다. 그 결과 식민지자본주의는 구조적으로 다음과 같은 특성을 갖게 되었다.

첫째, 자본주의 경제제도로서, 국민경제의 사회적 생산력의 주된 담당주체는 외국자본가와 매판자본가 및 소수의 민족자본가로 구성되었다.

둘째, 민족경제의 담당세력은 외국자본이 장악하는 공업에서 취업기회를 갖는 임금노동자계층, 그리고 민족구성원의 대다수를 구성하는 독립소생산자인 농민 및 중소생산자로 구성되며, 민족경제가 바탕을 두고 있는 경제제도는 전근대적인 소경영양식과 임금근로소득에 의거한다.

셋째, 민족경제는 자립적 기반을 갖지 못하였고, 그것을 포괄하는 국민경제도 이중구조와 산업구조의 파행성으로 말미암아 자기완결성을 지니지 못하고 지극히 대외의존적·종속적인 것이 된다.16)

---

16) 朴玄埰, 〈中小企業問題의 認識〉, 《民族經濟論》, 한길사, 1978, pp. 137~140 참조.

(2) 식민지성과 반봉건성

일본자본주의의 조선 침입과 조선경제의 식민지적 재편성과정은 구래의 수공
업 재편성이나 이들의 자본제 기업으로의 발전에서 나타난 것이 아니었다. 이는
근대화의 싹을 지녔던 토착수공업을 몰락시키면서 그 자리에 일본자본이 이식
되고, 일부의 토착자본이 산업자본으로 전환되는 과정에서 이루어졌다. 그리고
이 과정에서 외국자본에 자극을 받은 소수의 민족자본이 근대적인 공업에 참여
하였다. 여기에 일제하 일본자본의 운동영역이 형성되었고, 일본 독점자본을 중
심으로 하면서 새로운 근대민족공업이 참여하는 가운데 자본·임노동관계가
형성되었으며, 또한 농업부문에서는 반봉건적(半封建的) 지주·소작관계가 정착
되었다. 곧 식민지하 자본제의 전개는 일본자본의 진출이 주도한 것이었으며,
그것은 식민지 지배의 두 기둥인 식민지하 자본주의적 관계(자본·임노동관계)와
반봉건적인 지주·소작제의 확대 강화를 기반으로 하였다.

일제 식민지 사회는 일본제국주의자본의 경제, 예속자본의 경제, 민족자본의
경제, 반봉건제의 경제 등 여러 경제범주가 상호규정적으로 영향을 미치면서 중
첩되어 있는 것을 그 특징으로 한다. 이러한 식민지 사회에서 일본자본의 운동
은 그 초기에 식민지 통치 권력을 지렛대로 하여 조선 사회에서 일본자본이 기
능하도록 구조를 재편성하고, 식민지 지배를 위한 총독부 권력의 경제적 기초를
축적하는 것으로부터 시작하였다. 직접생산자를 생산수단에서 분리시키고, 사
회적 부의 매개체인 토지를 약취하며, 농민적 권리를 억누르면서 반봉건적 토지
소유제를 확립한 것이다. 이러한 일제하 반봉건적 토지소유제는 식민지성(植民地
性)17)과의 상호규정 속에서 확립되었다는 점이 특징이다. 1905년 통감부 설치,

---

17) 식민(지)성(또는 반식민지성)은 세계자본주의의 지배력을 뜻하며, 현실적으로는 식민지의
국가권력에 대한 선진자본주의의 지배 권력을 의미하는데, 이를 (반)식민지 측에서 보면
국가권력의 비자립성을 말하는 것이다. 따라서 (반)식민성이란 국가권력(정치적인 모든 상
부구조)에 관한 범주규정이라고 생각할 수 있다(김용석, 〈중국 사회성질 논쟁에 부쳐〉,

그리고 1910년대의 토지조사사업 등 총독부의 식민지적·지주적 농정 전개라는 두 가지 계기로 반봉건적 토지소유(반봉건적 지주제)가 체계적으로 성립하였는데, 이는 식민지성과 상호규정성을 지니는 것이었다.

식민지 경제의 상층구조인 총독부 권력(식민지성)은 경제 외적인 강제로써 식민지 통치 권력을 위한 본원적 축적을 수행함과 동시에, 직접생산자를 생산수단으로부터 분리하고 농업의 반봉건적 재편성을 이룩하여 일본자본의 운동을 위한 바탕을 조성하였다. 또한 총독부 권력은 국가자본주의적 경제제도(우클라드)를 운영하여 이식된 사적 자본주의의 발전을 뒷받침함으로써 식민지 경제구조를 '식민지자본주의'와 '반봉건적 토지소유하 소농민경영'이라는 두 개의 기둥으로 확립시켰다. 그 결과 식민지하 경제구조는 반봉건적 지주·소작관계하의 가부장적 농민경영, 소상품생산, 사적 자본주의, 국가자본주의와 같은 각종 경제제도를 하층구조로 하고, 상층구조에는 총독부 권력이 있어서 식민지성의 기초를 구성하였다.[18]

한편 반봉건제는 반봉건적 지주제를 가리킨다. 일반적으로 반봉건적 토지소유는 자본주의의 세계시장 지배하에서 농업의 상업화가 강요되고 인간의 노동력까지도 광범위하게 상품화되면서도, 농업경영 자체의 자본주의화는 선진자본주의의 시장지배가 오히려 이를 저지하는, 후진지역들의 특수한 조건 아래에서 성립되는 독특한 토지소유관계로 규정되고 있다. 곧 이것은 소수의 토지독점에 따른 소유의 집중과 고립·분산적 소농경영의 지배적 존재라는 봉건적 생산양식의 본질은 그대로 유지된 채, (지주 또는 농민의)사적 토지소유와 토지의 상품화가 실질적으로 합법화됨으로써 농민층 분해가 진행되는 것을 말한다. 하지만

《식민지반봉건사회론연구》, 아침, 1986, p. 383).

18) 한편 상층구조로서 총독부 권력의 성격은 본질적으로 자본주의적이며, 따라서 식민지성은 범주적으로 엄밀하게는 자본·임노동관계를 중심으로 형성되는 자본제적 생산관계의 범주로 보고, 또 식민지 지배가 자본주의의 제국주의 단계의 산물이기 때문에 식민지자본주의 그 자체를 뜻한다고도 해석한다(박현채 지음, 《민족경제론의 기초이론》, 돌베개, 1989, pp.156~157).

농업자본가와 농업노동자로 분해되는 고전적 자본주의 발전과정과는 달리, 한 극에 지주, 다른 극에는 토지가 없거나 토지가 적은 광범한 수의 농민을 형성한다는 점에 그 기본특징이 있다.

여기서 반봉건제의 반(半)은 세계자본주의에 규정되면서 창출된 전자본주의적 토지소유관계이므로 세계사적 피규정성을 뜻하며, 따라서 서구의 봉건영주적 토지소유나 분할지적 토지소유와는 구별된다. 이런 뜻에서 반봉건적 토지소유제는 일본, 중국, 인도, 조선 등과 같은 아시아의 근대사회에서 보편적으로 나타난 토지소유 형태로서, 일본근대사에 나타나는 기생지주제 일반과 유사한 성격을 갖는 것으로 파악된다.

그러나 일제하의 지주제는 어디까지나 식민지성과 상호규정성 속에서 확립된 반봉건적인 것이라는 점에서 서구나 일본의 기생지주제와 구별된다. 곧 일본근대사에서의 기생지주제는 자금과 노동력 공급원으로서 산업자본주의 확립에 결정적 역할을 하였으며, 이를 기반으로 일본 근대사회에서 자본주의 우클라드가 발전할 수 있었다. 그러나 일제하 조선의 반봉건적 지주제는 어디까지나 일본제국주의, 본국자본주의의 한 기반이 되었을 뿐이라는 점에서 기생지주제와 결정적으로 다르다.[19] 따라서 일제하의 소작농은 대부분 자기의 계산과 책임하에서 농업경영을 하는 존재로서, 생산수단에서 분리된 존재가 아닌, 오히려 식민지성과의 상호규정 속에서 성립한 반봉건적 지주·소작관계라는 특징을 갖는 것이다.

한편 '식민지반봉건사회구성'에 관한 규정의 '(반)식민지' 개념은 자본주의와 제국주의의 세계 지배하에서 아시아제국의 국가권력(상부구조)의 성격을 나타내고, '반봉건' 개념은 그러한 국가권력의 성격에 따라 규정되고 재생산되는 주요한 생산관계를 뜻하는 것으로 보았다. 여기에 사회구성체적 개념을 도입하여 상부구조(반식민성)와 토대(반봉건성)를 규정관계(상부구조→토대)로 보되, 자본주의·제국주의에 지배되거나 종속된 (반)식민지에서는 토대에 조응하여 상부구조가 형성되는 것이 아니라, 거꾸로 상부구조의 성격에 의해 토대 쪽이 규정된다고 보았다.

---

19) 張矢遠, 〈식민지반봉건사회론〉, 李大根·鄭雲暎 編, 《韓國資本主義論》, 까치, 1984, pp. 15~17.

따라서 주요한 생산관계(반봉건적 토지소유)에 의해 상부구조의 성격이 표현되는 것이 아니라, 오히려 토대에 규정성을 미치고 있는 상부구조의 성격을 표시하는 것이 옳다고 하여 도식적인 사회구성체적 인식을 원용하여 해석하였다.[20] 그러나 토대와 상부구조가 일치하지 않는 식민지 사회에서 반드시 상부구조에 대한 규정을 포함한 개념을 사용할 필요는 없을 것이다.

(3) 식민지자본주의의 사회구성체론적 성격

조선경제사 연구에서 봉건사회 이후, 즉 개항 이후 일제 지배 시기를 사회의 경제적 구성을 기준으로 하여 최초로 규정한 개념은 1930년대 초의 이식자본주의사회(移植資本主義社會)였다. 여기서는 당시 식민주의 역사학의 봉건제 결여론에 바탕을 둔 조선사회정체론에 정면으로 도전하면서, 조선 역사의 발전과정이 세계사적 일원론의 역사법칙(세계사적 보편적 발전법칙)에 따라 다른 모든 민족과 거의 동체적(同體的) 발전과정을 거쳐 왔다고 주장, 한국사의 발전을 사회구성의 발전법칙에 따라 제시하였다. 곧 한민족의 발전사는 그 과정이 아시아적이라 하더라도 사회구성의 발전법칙 그 자체는 세계사적인 것으로서, 그 역사적 발전단계를 원시공산제사회, 삼국시대의 노예제사회, 신라통일기 이후의 봉건사회, 이식자본주의의 사회로 구분 지었고, 이때 이식자본주의라는 용어가 맨 처음 사용되었다.[21]

이식자본주의는 조선봉건제 해체기에 조선 내부에 존재하던 자본주의 맹아를 소멸시키면서 조선에 이식된 세계자본주의 팽창의 구체적 모습이었으며, 1876년 일본자본주의 세력이 조선을 강제 개방한 이후 일제 식민지기에 성립, 발전, 완성되었다. 이것이 바로 아시아적 봉건제 다음에 외래자본주의의 규정에 따라

---

20) 高橋滿, 〈근대아시아사회의 성격규정-小谷의 문제제기에 대하여-〉, 藤瀨浩司 외 지음, 장시원 편역, 《식민지반봉건사회론》, 한울, 1984, p. 354.

21) 白南雲 著, 《朝鮮社會經濟史》 一卷, 改造社, 1933, 序文.

형성된 식민지자본주의 사회구성체이다. 식민지자본주의는 자본·임노동관계를 중심으로 형성되는 자본제적 생산관계의 범주에 속하며, 식민지 지배하에서 일본제국주의단계의 일본자본운동이 주도하여 형성된 것이다. 여기에는 식민지 권력(식민지성)의 영향 아래 자본·임노동관계를 중심으로 형성되는 사적인 자본제적 생산관계가 있지만, 전근대적이며 반봉건적인 지주·소작관계(반봉건성), 일본자본의 상인 자본적 수탈의 영역(상인자본주의적 영역), 그리고 국가자본주의적 영역을 포함하고 있다.

일본 식민지화 과정을 '동양적 봉건사회의 붕괴기'로 설정하고 토지조사사업을 계기로 시작되는 ① '식민지 경제관계'의 기초공작과정(1906~1910), ② '식민지 경제관계'의 발전(1919~1931), ③ '식민지 경제관계'의 강화(1932~1945)의 단계 구분에서 '식민지 경제관계'란 토지조사사업을 통한 원시적 자본축적으로 성립된 식민지자본주의를 뜻한다.22) 또한 중세 중앙집권적 봉건사회 이후 개항기의 근대과도적 자본주의(Ⅰ : 1976~1909)와 식민지 통치의 3단계인 ① 고전적 의미의 식민지 통치기(1910~1919), ② 자원 및 인력의 효율화 정책기(1920~1929), ③ 대륙침략의 전초기지화 정책기(1930~1945)로 구분되는 근대 과도적 자본주의사회(Ⅱ)23)의 '과도적 자본주의'도 식민지자본주의를 지칭하는 것으로 볼 수 있다.

식민지 조선에서의 일본자본운동에 따라 식민지 시기를 ① 자본의 원시적 축적기(1905~1918), ② 산업자본단계(1919~1929), ③ 금융자본단계(1930~1945)의 세 단계로 구분하고, 한국에서 자본주의 전개는 식민지종속형이며 일본제국주의의 식민지 수탈을 위한 상품경제로의 편입이고, 이식된 것으로서 '식민지 종속형의 자본주의'24)의 전개라고 본 것도 식민지자본주의를 명확히 한 것이다.

한편 전전(戰前) 근대 조선의 사회구성을 ① 반식민지·국가적 농노제 사회(1876~1910), ② 식민지·과도적 사회(1910~1935), ③ 식민지·자본주의사회

---

22) 崔虎鎭 著,《韓國經濟史》, 박영사, 1984, p. 218, p. 234 및 p. 272.

23) 趙璣濬 著,《韓國經濟史新講》, 일신사, 1994, p. 321 및 p. 489.

24) 박현채, 〈한국자본주의의 전개과정〉,《민족경제와 민중운동》, 창작과비평사, 1988, p. 83 및《민족경제의 기초이론》, 돌베개, 1989, p. 134.

(1935~1945)의 단계로 구분하고, 1930년대 중반 이후에 식민지자본주의 성립을 분명히 하기도 하였다. 곧 1937년 중일전쟁의 개시 이후 조선경제는 보다 강력하게 일본경제에 종속되어 갔는데, 이 시기에 공업부문을 중심으로 식민지자본주의가 급속하게 발전하였다는 것이다. 식민지자본주의는 그 고유의 모순 때문에 좌절되었지만, 국내에서 전자본주의적 생산양식의 해체, 자본주의적 제 관계의 발달, 세계시장에의 종속 등과 같은 부분에서 전후 종속자본주의의 기초조건을 형성하였고, 1961년대 이후 종속적이기는 하나 자본주의적 공업화의 급속한 발전을 가능하게 하였다고 보기도 하였다.[25]

또한 '식민지반봉건사회구성론'을 비판하면서 흔히 식민지반봉건사회라고 규정되는 일본제국주의하의 조선 사회에 대해, 적어도 1930년대 이후 1945년 해방까지의 조선 사회는 경제적 사회구성체로서의 '자본주의 사회구성체'라는 주장이 있다. 그 논거로 ① 1910~18년의 토지조사사업과 1917~24년의 임야조성사업을 거치면서 본원적 축적과정을 경험하였고, ② 적어도 1938년 이후에 산업 총 생산액 가운데서 자본주의적 경제범주 안에서 생산되는 공산물 생산액이 반봉건적 경제범주 안에서 생산되는 공산물 생산액을 능가하였다는 점을 지적하였다.[26]

원시 공산사회→고대 노예제사회→중세 봉건제사회→근대 자본주의사회→사회주의 사회 등의 5단계로 나누어지는 추상적 도식에서 '식민지반봉건사회구성'은 사회구성체로서 설정될 여지가 없다. 뿐만 아니라 식민지자본주의하 자본·임노동관계를 중심으로 하는 자본제적 생산관계의 범주는 그 상층구조인 총독부 권력(식민지성)과의 관계에서 지배적인 것이 되고, 이미 경제제도적 범주가 아닌 사회구성체의 범주에 속하게 되면서 반봉건성의 범주는 사회구성체의 범주가 아니게 된다. 봉건적 토지소유하의 소농민경영은 봉건제의 주된 경제 우클

---

25) 中村哲 著, 安秉直 譯, 《世界資本主義와 移行의 理論》, 比峰出版社, 1991, p. 167 및 p. 202.

26) 權寧旭, 〈구식민지경제연구노트 −일본제국주의하의 한국을 중심으로−〉, 藤瀬浩司 외 지음, 장시원 편역, 앞의 책, p. 413 및 pp. 420~421.

라드였지만, 식민지화에 따라 새로운 경제제도인 자본제가 이식되고, 이것이 지배적 경제제도가 되면서 소농민경영은 점차 부차적인 경제제도로 전환된다. 그리고 이것은 종주국 자본이 낡은 유제(遺制)의 온존을 위하여 노력하는 가운데 형성된 것이다. 반봉건성의 성립에서 사적 소유권의 법인(法認)은 중요한 매개항이며, 그것에 근거를 둔 반봉건성은 부차적 경제제도의 범주가 된다.

즉 식민지반봉건사회의 개념은 식민지 조선에서 자본주의로의 과도기, 곧 식민지 경제의 확립기에 성립하는 것이다. 이후 일본자본이 식민지 초과이윤을 획득하기 위한 산업자본단계의 전개와 일본 독점자본의 조선 진출로 자본주의적 경제제도는 농업에서의 반봉건성에도 불구하고 지배적이고도 주된 구성이 되었으며, 식민지자본주의는 사회구성체론적으로 '자본주의적'으로 규정된다는 것이다.[27]

(4) 조선인 자본의 성장과 그 의미

조선 공업의 식민지적 편파성에 대해서는 ① 일본 금융자본의 조선 공업 독점, ② 중공업의 낙후와 예속성, ③ 경공업의 낙후와 식민지적 예속성, ④ 광업과 공업의 불균형성, ⑤ 공업과 농업의 불균형성, ⑥ 공업의 생산배치에서 지역적 편파성, ⑦ 기술수준의 저위성 등이 흔히 지적되었다. 그리고 이러한 구조적 문제점에 이어 조선인 자본이 상대적으로는 감소하였지만 절대적으로는 증가하고 있다고 보는 것도 결코 옳지 못하다고 하였다. 조선인 자본의 절대액 성장은 단지 조선인 자본 가운데 대규모 예속자본가의 자본만이 일제의 비호 아래 1930년대에 급격히 성장했던 사실에 기인하고 있으며, 중소민족자본은 오히려 1937년 이후 급격한 몰락 및 청산의 길을 걸었다는 것이다. 요컨대 조선인 자본의 증가는 민족자본의 성장을 뜻하지는 않는다는 것이다.[28]

---

27) 박현채 지음, 《민족경제론의 기초이론》, pp. 157~159.

28) 전석담・최윤규 외 지음, 《조선근대사회경제사》(19세기 말~일제통치 말기의 조선사회경제사), 이성과현실, 1989, pp. 305~324 및 p. 327.

민족자본 경영은 일본인 경영과 직접적으로 큰 경쟁의 대상이 되지 않거나, 그들의 영향이 미치지 못하는 재래수공업부문에 머무르면서 국내 지방시장을 대상으로 하여 운영되고 있었다. 그래서 일본 상품이나 자본의 침입과 함께 자기의 자리를 내주든가, 일제의 지배 아래 들어가지 않을 수 없는 처지에 놓여 있었다. 민족자본의 처지는 국내 시장에서 차지하는 지위에도 그대로 반영되었다. 민족자본 경영의 생산품은 국내 시장에서 낮은 비중을 차지했을 뿐만 아니라, 일제의 상품 때문에 그 판매에서 항상 난관에 부딪혔다는 것이다.[29]

결국 조선인 공업(자본)은 식민지 지배정책에서 오는 비보호와 차별 및 일본인 공업과의 경쟁에서 오는 압박으로 말미암아 '조선의 공업'에서 극히 일부분을 차지하는 데 불과하였다. 그러나 다른 한편으로 조선인 공업 자체는 식민지 후기로 갈수록 양적으로 성장했을 뿐만 아니라 질적으로도 어느 정도 발전하였다는 '절대적 성장'의 측면을 부인할 수 없다. 흔히 그동안은 조선인 공업에 관한 두 가지 측면을 구분하지 않고 '몰락'으로만 파악하였고, '성장'은 무시되거나 부분적 현상에 불과한 것으로 간주되어 왔다. 그렇지만 '절대적 성장'과 '상대적 몰락'의 두 개념은 구분할 필요가 있고, 그 의미를 적극적으로 재평가할 필요가 있다는 것이다.

즉 일제의 지배는 본의든 아니든 간에 조선에서 자본주의 범주의 확대를 초래했고 그것이 다시 조선인 자본의 성장을 촉진한 측면이 있었다. 식민지 사회에서 본원적 축적과정은 제국주의자들을 위한 과정이었지, 식민지 사회 내부에서의 민족자본의 창출을 위한 것이 아니었다. 또 제국주의자들의 원망(願望)에 반하는 불가피한 결과였지만, 그 과정에서 민족자본의 형성을 위한 어느 정도의 객관적 조건이 마련된 것도 사실이다.

그런데 세계자본주의에 편입된 모든 지역에서 토착공업의 발전이 일어난 것은 아니었는데 그것은 수용하는 측의 조건 또한 중요한 변수임을 뜻한다. 또 조선인 공업의 성장은 조선인에게 불리하게 작용한 식민지 지배정책과 내적 역량

---

29) 최윤규 지음, 《근현대조선경제사》, 갈무지, 1988, p. 346.

이 성숙되지 않은 상태에서 월등히 우세한 일본자본과의 격심한 경쟁 속에서 이루어졌다는 점도 고려되어야 한다. 나아가 조선인 공업의 성장에는 일제의 식민지 지배 목적에 부합한 일부 산업에서 이루어진 성장과, 조선에 진출한 일본인 자본과의 기술적 종속관계를 통해 이루어진 것도 포함되어 있다.

그렇지만 이 기간 동안 조선인들이 이룩한 자기 발전의 소산 및 주어진 여건에 대한 적극적 대응을 통한 조선인 공업의 성장을 과소평가해서는 안 된다. 이런 관점에서 기존의 경직적 사고를 벗어나 조선인 공업의 성장(절대적 성장)의 의미를 적극적으로 재검토해야 한다는 것이다.[30]

일제 시기 조선경제는 자본주의 범주와 비자본주의 범주로 구성되어 있었고, 자본주의 범주에서 조선인 자본(공업)이 차지하는 비중은 극히 보잘 것 없었다. 따라서 식민지경제사의 시각에서는 그것이 그다지 큰 의미를 갖는 것은 아니다. 하지만 한국근대경제사회적 시각, 곧 식민지기에 조선인들이 주체적으로 어떻게 자본주의적 경제생활을 영위하였으며, 그것이 전후의 한국경제에서 어떻게 계승 발전되고 있는가를 보는 관점에선 식민지 시기 조선인 자본의 고찰은 매우 중요한 의미를 갖는다. 이것은 식민지기에 제국주의적 지배에 약탈당하고 수동적으로 재편성, 쇠잔되어 가는 조선인 자본의 모습을 넘어서, 식민지 지배에 저항하고 항거하면서 자기 자신의 역사를 형성해 가는 주체로서의 역할을 강조하는 것이다.

---

30) 許粹烈, 〈日帝下 朝鮮人工場의 動向—1930年代 "朝鮮人工場名簿" 分析을 中心으로—〉, 安秉直·中村哲 共編著, 《近代朝鮮工業化의 研究》—1930~1945—, 一潮閣, 1993, pp. 107~108.

제2절 식민지자본주의의 초기적 전개

1. 민족자본론과 조선인 자본

(1) 민족해방운동과 민족자본론

조선인 자본과 관련하여 흔히 논의되는 '민족자본론'은 일찍이 마오쩌둥(毛澤東)이 체계화하였다. 외국자본주의는 중국의 사회경제적 해체에 중요한 역할을 하였는데, 자본주의 출현과 발전은 제국주의 침투 이후 변화된 한 측면이었다. 그런데 그에 부수적으로 그것을 방해하는 측면, 즉 중국의 자본주의적 발전을 저지하려는 제국주의와 중국 봉건세력의 연합이 작동하였다. 제국주의의 중국 침략 목적은 중국의 자본주의화가 아니고 중국을 그들의 식민지·반식민지로 만드는 것이었기 때문이다. 따라서 제국주의와 중국 민족 사이, 그리고 봉건제와 인민대중 사이의 모순은 중국 사회의 근본적 모순이 되었다.

중국을 오랫동안 지배한 두 개의 모순을 격파하는 것 가운데 하나는 외국의 제국주의적 침공을 타도하고자 '민족혁명'을 수행하는 일이며, 다른 하나는 봉건지주의 억압을 타파하고자 '민주주의 혁명'을 수행하는 일인데, 그 가운데 일차적인 급선무는 제국주의를 타도하는 민족혁명이다. 곧 반제민족혁명과 반봉건민주주의 혁명은 서로 긴밀히 결합되어 있지만, 특히 민족혁명을 일차적인 급선무로 보는 것이다.

이러한 중국 혁명의 추동력은 다음과 같이 분석되고 있다. 중국 혁명에 대한 계급의 태도와 입장은 그들이 사회 안에서 차지하는 경제적 지위에 따라 규정된다. 따라서 사회경제의 성질은 혁명의 대상과 임무를 규정하고 있을 뿐만 아니라 혁명의 추동력도 규정하고 있다. 프롤레타리아계급, 농민계급, 농민 이외의 여러 유형의 프티부르주아계급이라는 세 계급이 오늘날 중국에서 피지배계급이고, 지주계급과 부르주아계급의 상층부는 지배계급으로 분석되었다. 그런데 부르주아계급은 다시 '매판성'을 띤 대부르주아계급과 그렇지 않은 민족부르주아계급으로 구분된다.

여기서 대부르주아계급은 종래부터 중국 혁명의 추동력이 아니었으며, '중국 혁명의 대상'이라고 보았다. 이들은 그들과 직접적으로 연결되어 있는 제국주의 국가에 따라 친일파 대부르주아계급(투항파)과 구미파 부르주아계급[완미파(頑迷派)]으로 구분된다. 한편 민족부르주아는 일면 제국주의의 압력을 받으면서 또한 봉건제의 속박도 받고 있으므로 제국주의뿐만 아니라 봉건제도와도 모순되어, 말하자면 그들은 '혁명의 힘 중 하나'라는 적극성을 갖고 있다. 그러나 다른 면으로는 그들의 경제적·정치적 연약성 때문에 제국주의 및 봉건제와 경제적 유대를 완전히 청산하지 못함으로써 반제·반봉건의 용기를 갖고 있지 못하는 '소극성'도 지니는 이중성을 띤 계급이다. 그렇지만 대부르주아계급과 구별되는 비교적 좋은 '혁명의 동반자'로서, 이들에 대해서는 신중한 정책을 취할 필요가 있다고 보았다.

이처럼 혁명의 추동력을 분석한 뒤 마오쩌둥은 중국의 프롤레타리아계급, 농민, 지식층 및 그 밖의 프티부르주아계급이야 말로 국가의 운명을 결정하는 기본세력이라고 규정하여 민족부르주아의 지도성을 인정하지는 않고 있다. 따라서 민족혁명의 기본세력은 양면성으로 말미암아 동요하는 민족부르주아의 혁명성을 정확히 포착하여 그들과 반제국주의 통일전선을 수립해야 한다고 주장하였다. 곧 민족부르주아는 신중한 파악의 대상이지만, 프롤레타리아 지도하의 혁명적 세력에 따른 통일전선의 '비교적 좋은 동반자'로 규정되고 있는 것이다.[31]

---

31) 김용석, 〈모택동의 중국사회성격에 대한 설명〉, 《식민지반봉건사회론연구》, 아침, 1986, pp. 391~392 및 pp. 403~406.

(2) 민족자본과 중소자본

민족해방운동과 민족혁명의 추동력 분석에서 대부르주아는 매판성을 지닌 중국 혁명의 '대상'임에 대하여 민족부르주아는 통일전선의 '비교적 좋은 동반자'라고 규정한 것은 중소자본이 민족자본으로 될 가능성을 시사한 것이다.

민족자본론은 그 뒤 가지무라 히데키(梶村秀樹)가 더욱 정밀하게 전개하였다. 흔히 정치사적 범주로서 실제적 운동인 부르주아 민족운동의 계급적 기초는 경제사적 범주로서 '민족자본'에 있다는 사고의 틀에서 민족자본에 대한 논의가 비롯되었다. 그리고 민족자본이라는 범주는 식민지·반식민지를 경험한 국가에서 형성될 수 있는 개념으로, 넓은 의미와 좁은 의미 두 가지로 사용되고 있다는 것이다.

첫째로 넓은 의미의 민족자본은 지배받는 민족이 그 소유자인 경우이고, 민족자본의 대립개념은 그 소유자가 지배하는 식민국가의 측에 있는 외래자본 내지 이식자본이다. 이 민족자본의 개념은 토착자본이라고 할 수도 있는데, 식민지적 상황의 특질을 구체적으로 해석하는 무기로서는 독자적 의의가 비교적 적다고 할 수 있다.

둘째로 좁은 의미의 민족자본의 개념은 그 대립개념이 매판자본 내지 예속자본이라고 할 수 있다. 토착자본(넓은 의미의 민족자본)은 정치사적 관점에서 다시 예속(매판)자본과 민족자본으로 나눌 수 있다. 전자는 기본적으로 제국주의 편에 서 있는 세력임에 대하여, 후자는 적어도 그 가능성에서 반제(反帝)투쟁의 편에 서 있다고 할 수 있다. 곧 친제(親帝)와 반제를 구분하는 정치사적 기준이 두 가지 범주를 나누는 과제가 되고, 더욱이 토착자본의 어디에 선을 그어 두 범주를 구분할 것인가가 실천저 과제로 대두된다.

1920년대에는 세계적인 반제민족해방투쟁에서 비마르크스적 민족주의의 여러 가지 조류를 총칭하여 부르주아민족주의라고 표현하였으며, 그 기반을 이루는 계급으로서 민족부르주아가 존재해야 한다는 사고의 틀에서 민족부르주아가 논의되기 시작했다. 즉 정치적 범주로서 부르주아민족주의(운동)가 선행하고, 그것이 제기하는 이론적 요청에 따라 가설적 개념으로서 민족부르주아라는 경제적 범주가 사용된 것이다. 그러면서 1920년대 후반(상하이쿠데타)까지는 토착자본이 부르주아민족운동의 기반으로 간주되었다.

그 뒤로 좁은 의미의 민족자본범주가 확립된 것은 1930년대 중국에서였는데, 여기서 토착자본이 민족자본과 관료매판자본의 두 범주로 구분, 정식화되었고, 민족자본의 '가능성과 한계'가 이론적으로 확실해졌다. 반식민지 상태였던 중국의 경우, 민족자본과 매판자본의 활동영역과 범주가 제국주의 세력과의 대항관계에서 명확히 구분되고, 민족해방운동에서 민족자본의 가능성과 한계도 구분되었다.

곧 민족부르주아는 한편으로는 제국주의의 압박을 받으면서 또 한편으로는 봉건주의로부터도 속박당했기 때문에 제국주의와 봉건주의 양자의 모순을 절감하였으며, 그런 의미에서 제국주의와 관료·군벌정치 모두에 반대하는, 반제투쟁의 일익을 담당하는 적극성을 지녔다. 그러나 다른 한편으로는 그들의 정치·경제적 취약성과 제국주의 및 봉건주의와의 경제적 이해관계를 완전히 끊어버릴 수 없다는 점 때문에 철저한 반제·반봉건의 기치를 들 수 없는 이중성을 지녔다는 것이다.

이러한 민족자본이나 예속자본의 범주와 그 성격에 관한 설명은 정치사적으로 성립하는 것이고 경제사적 의미를 가지진 않는다. 반식민지 중국에서는 제국주의 및 매판관료자본이 존재하는 영역과 그렇지 않은 경제영역의 구분이 가능하였다. 민족자본은 후자의 영역에서 활동하고 시장·금융 등 필요조건을 독자적으로 확보함으로써 상대적 자립성을 가질 수 있었고, 때문에 억압당하면서도 제국주의에 항쟁할 수 있었다. 따라서 반식민지에서는 민족자본과 매판자본의 질적 차이가 명백한 것이었다.

그러나 국가의 주권마저 빼앗긴 완전한 식민지에서는 민족자본이 활동할 수 있는 영역이 거의 존재할 수 없었다. 곧 식민지 조선의 경우 평양 메리야스공업과 같은 중소자본이라도 금융기관과 거래할 만큼 발전하면 반드시 지배구조와 접촉하게 되었다. 단순 자영업을 계속하는 것이 아니라면 일정한 발전을 모색하는 경우 예속성을 벗어날 수 없었고, 그런 면에서 개별자본(대다수의 토착자본)은 예속적이면서 민족적이라는 양면을 가지게 된다. 요컨대 완전식민지에서 민족자본의 규정에 꼭 들어맞는 자본은 단순재생산적인 영세자본(식민지적 소부르주아) 이외에는 존재하지 않으며, 한국근대사에서 그것이 사실로 증명된다는 것이다.[32]

반제국주의 투쟁이라는 정치적 기준을 중요시하는 이러한 기준에 따르면, 다소간이라도 발전적이면 중소규모의 자본이라도 예속성을 갖는 것으로 간주하기 때문에 민족자본을 단순재생산적 영세자영업에 한정하게 되고, 중소·대규모자본의 투하를 필요로 하는 근대공업의 존재는 민족자본에서 배제시키게 된다. 또한 원료, 상품의 국제적 이동을 전제로 하는 자본주의 발전단계에서도 민족자본은 전통적 생활양식과 관련된 영역에 한정된다. 이러한 영역, 곧 독자적 경제영역에서만 민족자본이 존재할 수 있다는 조건은 '민족경제권'으로 계승되었다.[33]

그런데 이러한 협의(정치사적 기준)의 민족자본론적 틀을 벗어나 식민지 민족의 주체적 역사과정, 곧 일제하의 가혹한 조건에 적극적으로 대응해 가면서 자신의 경제적 역량을 증진시키는 조선인의 모습을 강조하는 시각에서는 민족자본을 중소자본의 동향과 관련지어 분석하기도 한다. 말하자면 일본 독점자본, 예속적 토착대자본과 구분되는 조선인 중소자본의 독자적 영역이 존재함을 밝히고 있는 것이다.

이들 자본은 제품의 성질이나 제조공정의 특성으로 말미암아 일본인 대자본이 진출하지 않는 분야에 그 활동이 한정되었다. 조선인 공업은 일본 독점자본이 석권한 뒤에 남겨진 공극(空隙)에서 그 존재영역을 확보할 수 있었는데, 이 공극에서는 그 자체가 갖는 특성 때문에 중소규모 이상의 공장이 성립하기 어려웠고, 소규모공장의 용이한 진입으로 과당경쟁이 심하여 개별기업의 등장과

---

32) 梶村秀樹, 〈民族資本과 隷屬資本〉, 梶村秀樹 外著, 사계절편집부 편, 《韓國近代經濟史研究》–李朝末期에서 解放까지, 사계절, 1983, pp. 517~521 참조.

33) 新纳豊, 〈植民地下の民族經濟をめくて―直接耕作農民を中心に〉, 朝鮮史研究會, 《朝鮮史研究會論文集》 20, 1983.

몰락이 빈번하였다.

또한 공극에 진출한 조선인 중소공업은 그 자본규모의 영세성 때문에 생산과 판매에서 여러 가지 압박을 받았다. 주로 중간상인·고리대금업자·어용생산조합·일본 독점자본의 압박으로 조선인 중소공업은 확대재생산에 제약을 받았다. 결국 조선의 중소공업 자본가와 소수의 예속적 토착대자본 및 일본 독점자본 사이에는 상반되는 이해관계가 형성되었고, 그 격차도 점차 확대되었다.[34]

한편 식민지에서 조선인 대자본은 주로 지주·상인 출신이 소유한 독점자본으로 구성되어 있었는데, 이들은 부분적으로 봉건적 특권과 결합되어 있었고 또 대부분은 제국주의와 협력관계에 있었다. 그와 달리 중위의 자본규모인 민족자본은 자유기업이었기 때문에, 제반 독점을 철폐하고 식민지체제에서 벗어나 민족독립을 달성하는 것이 그들이 가장 자유롭고 발전할 수 있는 유일한 길이었다. 곧 민족자본은 봉건제 및 제국주의와 결탁한 대자본과 달리 중위(中位)의 자본규모라는 것이다.[35]

(3) 민족자본과 조선인 자본

이처럼 중소자본과 관련하여 민족자본의 범주를 적극적으로 규정하려는 견해가 있는 데 대하여, 민족자본을 범주화시키는 기준을 제시하고 있지는 않지만, 조선인 자본가가 갖고 있는 민족성과 예속성을 부각시키면서 조선인 자본가의 민족자본화 가능성을 노동계급의 지도력에서 찾기도 하였다.

1930년대 일본 독점자본의 조선 진출을 축으로 한 '조선 공업화' 과정에서 이 시기 중소공업의 성장 여부는 기본적으로 일본 독점자본의 진출 방향에 따라 좌우되었다. 재생산조건이 대공업과 비교되지 않는 열악한 상황에서 중소공업

---

34) 許粹烈, 〈日帝下 韓國에 있어서 植民地的 工業의 性格에 관한 一研〉, 經濟學博士學位論文, 서울대, 1983, pp. 281~282.

35) 張矢遠, 〈식민지반봉건사회론〉, 李大根·鄭雲暎 編, 《韓國資本主義論》, 까치, 1984, p. 27.

의 성장은 새로 진출해 온 대공업회사들과 일정한 보완관계를 형성하지 않을 수 없었기 때문이었다. 중소공업회사들은 대공업회사들에 하청화되거나, 이들의 진출에 따라 부수적으로 확대된 시장을 대상으로 하는 업종에서 상대적으로 급속한 성장을 이룰 수 있었다. 즉 일본 독점자본계 대공업회사에 직접적으로 하청화되는 공장이 상당수 출현한 것이다.

이들 중소공업은 그 존립 및 발전조건이 일본 독점자본의 진출로 창출되었다는 점에서 기본적으로 '예속성'을 띠게 되지만, 제국주의의 독점자본에게 수탈당한다는 점에서 잠재적으로 '민족성'을 보유하게 된다. 독점자본과의 예속적 관계에 따라 수탈당함으로써 반제국주의적, 민족적일 수밖에 없었던 이들이 바로 중소공업이었고, 이들이야말로 노동자계급이 '상대적 진보성'을 촉발시켜 견인해야 할 세력이었다는 것이다. 즉 중소공업의 예속성과 민족성의 상호 전화 가능성을 지적하고, 그것이 노동자계급의 힘에 달려있었음을36) 강조하였다.

한편 민족자본가의 범주를 부정하는 견해도 있다. 앞서 가지무라는 정치사적 기준에서 완전식민지체계 아래에서는 민족자본의 성립이 실질적으로 어렵고 소극적일 수 밖에 없다고 보아 민족자본의 범주를 부정한 바 있는데, 호리 가즈오(堀和生)는 이를 더욱 적극적으로 전개하고 있다. 그는 한 지역[경성(京城)]의 조선인 자본과 일본인 자본의 상호 관련성을 주목하고, 조선에서 중소자본의 존재형태가 일본자본주의에 의해 어떻게 규정되는가에 유의하고 있다. 그 결과 1930년대 조선의 중소자본은 일본자본주의의 외업부(外業部)로서 형성되어 있기 때문에, 이 시기에 일본에서 진출해 온 대자본과 중소공업 사이는 통설처럼 경쟁적인 적대관계가 아니라 오히려 기본적으로 보완관계였다고 보고 있다. 또한 이들 중소공업이 조선 사회 재편성의 일면을 담당하고 있었음을 강조하면서 그 이유를 다음과 같이 설명하고 있다.

첫째로 1930년대 경성의 여러 공장은 규모가 작고 경영적으로도 불안정하며, 자기자본이 빈약했기 때문에 상당 부분 외부자금에 의존하지 않을 수 없었다.

---

36) 全遇容, 〈1930년대 '朝鮮工業化'와 中小工業〉, 《韓國史論》 23, 1989, pp. 531~533.

그런데 일본인이 장악하고 있던 근대적 금융기관이 이들을 뒷받침하고 있었다
는 사실은 그들의 존재 자체가 반드시 식민지 통치와 대립하지 않았다는 것을
시사한다.

둘째로 이 시기 조선의 중소공업은 원재료의 상당량을 일본에 의존하였고,
또한 유통과정의 근간이 일본상인에 장악된 상태였다. 따라서 제국주의 경제권
과 민족자본의 독자적 경제권 및 재생산권 기반을 상정하는 것은 불가능하다.
따라서 실제로 조선 사회를 '제국주의적 경제권'과 '민족경제권'으로 나눌 수는
없었던 것이다.

1930년대 일본자본주의는 독점단계여서 조선의 중소자본은 일본 국내의 중소
자본과 마찬가지로 원료와 제품의 가격을 통하여 잉여가치의 일부를 독점자본에
수탈당하는 존재였다. 조선의 중소기업은 상품시장에서 일본의 동업자와 경쟁하
였고, 조선 안에서는 같은 경제기반을 가지고 있는 조선 내의 일본인 자본과 조선
인 자본 사이에서도 경쟁과 대립이 발생한 것으로 볼 수 있다는 것이다.[37]

이처럼 민족자본의 개념에 대한 소극적인 시각에서는 민족자본을 기본적으로
조선인 자본과 같은 의미로 사용하기도 하고,[38] 또한 '일제 치하의 가혹한 조건
에 적극적으로 대응하면서 자신의 경제적 역량을 증진시켜 나가는 조선인의 모
습을 강조하는 시각'에서도 협의의 민족자본 개념 대신에 그것을 조선인 자본
또는 토착자본과 동일한 것으로 간주하였다. 정치적 이데올로기적 측면보다는
'경제적 측면'을 강조하여 단속적인 것이 아니라 연속적인 과정의 하나로 파악
한 것이다. 여기서는 추상적이고 이론적인 결론보다는 조선인 자본의 존재 상태
를 실증적으로 규명하는 경향이 있었다.[39]

---

37) 堀和生, 〈朝鮮人民族資本論－植民地期 京城工業の分析〉, 中村哲・堀和生・安秉直・金泳鎬 編,
《朝鮮近代の歷史像》, 日本評論社, 1988, pp. 157~158 및 p. 164.

38) 위의 글, 위의 책, p. 149.

39) 예컨대 조기준의 《韓國企業家史》, 박영사, 1973 및 《韓國資本主義成立史論》, 고려대출판부,
1973, 위의 주 37)의 저서 등을 들 수 있다(許粹烈, 〈식민지 경제구조의 변화와 민족자본의
동향〉, 《한국사》 14, 한길사, 1994, p. 93).

한편 민족자본 개념에 대하여 정치적 태도와 경제적 기반의 두 측면에서 좀 더 신축적으로 범주를 규정하기도 하였다. 민족자본의 개념을 설정하는 것은 그것이 민족독립투쟁의 과정에서 '타도의 대상'이 아닌 '동맹의 대상'(혁명의 동반자)으로 인식되었기 때문이며, 그런 뜻에서 경제적 범주로서의 민족자본은 존재하였다고 볼 수 있다는 것이다. 그러면서 식민지·반식민지에서 제국주의와 필연적으로 대립하는 민족자본이 진보성과 독립성을 유지할 수 있는 조건을 다음과 같이 들고 있다.

첫째, 그것이 독자적 경제영역을 확보하고 있어야 한다. 원료조달과 제품판로면에서 독자적 시장영역을 갖고 있어야 하며, 자금조달면에서 독자적인 금융영역을 확보하고 있어야 한다.

둘째, 민족자본이 피지배민족의 근대경제에서 한 주체가 되려면 경제적 자유를 지향하는 경쟁적 산업자본이어야 한다. 그럴 때만이 반봉건적 지주자본 및 전기적 상업자본과 대립할 수 있으며, 나아가서 봉건적 특권에 바탕한 모든 독점과도 대립하는 진보성을 갖게 된다.

셋째, 중위(中位)의 자본규모이어야 한다. 식민지 사회에서 대자본은 주로 지주·상인 출신이 소유한 독점자본으로 구성되어 있다. 이들은 부분적으로 봉건적 특권과 결합되어 있고, 또 대부분은 제국주의와 협력관계에 있었다. 그와 달리 민족자본은 자유기업이기 때문에 제반 독점을 철폐하고 식민지체제에서 벗어나 민족독립을 달성하는 것이 그들이 가장 자유롭고 급속하게 발전할 수 있는 유일한 길이 된다고 하였다.[40]

이에 따라 경제적 범주로서 민족자본을 '중소규모의 산업자본'으로 보았다.

---

40) 張矢遠, 〈식민지반봉건사회론〉, 앞의 책, pp. 26~27. 여기서는 경제적 범주로서 민족자본을 설정하는 기준으로 '중소규모의 산업자본'을 들고, 1937년 조선인 공장 2,504개 가운데 사용 직공수가 5~99인 규모는 여기에 포함된다고 보아 전체 조선인 공장수의 96.9퍼센트가 이에 해당된다고 분석하였다. 나머지 100~199인(30개)과 200인 이상(14개), 합계 44개 공장의 예속성을 분석한 결과, 26개는 민족자본가 상층으로 잠정적으로 규정하였으므로 예속자본가는 18명인 셈이다.

여기서는 대규모 조선인 공장 가운데 예속성을 판정, 민족자본가 상층과 예속자본가를 분별하였는데, 그 결과 2,504개 조선인 공장(1937년 현재) 가운데 대부분을 민속자본으로 간주하였다.

2. 식민지자본주의의 본원적 축적

(1) 자본주의 발전과 본원적 축적

봉건적 생산양식에서 자본주의적 생산양식으로의 이행에 대해서는 두 가지 길(two folds)이 제시되었다.[41] 하나는 생산자가 상인 및 자본가가 되는 길이다. 봉건제 안에서 생성된 생산자가 농촌 및 도시수공업의 전근대적 요인에 대립하면서 이를 압도하고 자본주의의 길을 개척하는 방향인데, 이것을 진정한 혁명적 길(the really revolutionising path)이라고 불렀다. 이에 대하여 다른 하나는 봉건제도 아래에서 지배적이었던 상인이 직접 생산을 지배하면서 생산자가 되는 방향이다. 이 길은 낡은 생산양식을 적극적으로 변혁하지 않고 오히려 이를 온존 유지하면서 그 바탕 위에서 자본제화를 추구하는 것이다. 이것이 바로 자본주의 전개의 개량적 길이다.

전자, 곧 진정한 혁명적 길로 자본주의가 전개된 경제에서는 자본주의적 경제법칙이 비교적 순수하게 적용되고 낡은 봉건제도가 잔존해도 미미한 정도에 그쳤다. 그러나 후자, 곧 개량적 길로 전개된 자본주의 경제에서는 여러 전기적 관계가 다분히 남아 있었고, 상인 등의 전기적 자본이 낡은 생산양식을 바탕으로 수공업·가내공업 등과 관련을 맺으면서 대량으로 잔존하였으며, 농민층의 분해도 철저하게 이루어지지 못하였다. 또한 봉건적 요소가 많이 남아 있는 상

---

41) K. Marx, *Das Kapital,* 1867, *Capital, A Critigue Political Economy, The Process of Capitalistic Production,* trans. From the third edition. By Samuel Moore and Edward Aveling, New York, International publishers, 1977, p. 331.

태에서 선진자본주의, 즉 제국경제의 경쟁 압력을 받으면서 자본주의의 길이 전개되었기 때문에 국민경제 안에 일정한 정도의 산업구조의 왜곡성이 형성되어 구조적 문제를 포함하게 되었다.

자본주의 생산양식의 전개는 본원적 또는 원시적 축적(primitive accumulation)의 과정을 통해서 실현되었다. 본원적 축적은 원래 자본제 생산이 이루어지기 이전 단계에서 생산수단의 집적과 직접생산자로부터 생산수단의 분리를 뜻하는 것으로, 자본주의적 생산의 출발점을 이루는 것이다. 자본주의적 생산은 자본가가 다른 사람의 노동력을 구매하여 가치증식을 도모하되, 화폐·생산수단 또는 생활재료를 소유하는 자(자본가)와 자기의 노동력을 판매하는 자유로운 노동자가 존재하여 양자가 대치하는 가운데 기초조건이 형성된다. 이러한 기초조건이 만들어지는 과정이 본원적 축적 또는 원시적 축적과정인데, 이 과정에서는 다음과 같은 특징이 나타난다.

첫째, 자본주의적 생산관계가 만들어진다. 생산수단의 소유자인 자본가와 노동력을 상품으로 판매하는 노동자라는 두 계급이 형성되어 자본제 생산의 바탕을 구축한다.

둘째, 자본제 생산 이전에 경제활동의 주역이었던 직접생산자인 소생산자(소상품생산자)의 분해현상이 일어난다. 자신의 노동력과 생산수단을 다 같이 소유하면서 생산활동을 하였던 소생산자는 이 과정에서 분해되어 산업자본가나 임금노동자로 바뀐다.

셋째, 소생산자가 생산수단의 소유로부터 분리되면서 동시에 생산수단의 집적이 이루어진다. 한편의 생산수단 분리와 다른 한편의 생산수단 집적이 동시에 이루어져서 마침내 생산수단이 특정인의 수중으로 집적되는 것이 본원적 축적과정이다.

이 과정에서 집적된 생산수단은 자본제 생산의 물적 기초인 산업자본을 이루고, 동시에 생산수단에서 분리된 직접생산자는 임금노동자가 된다. 이처럼 본원적 축적과정은 자본주의 성립의 기초과정이었으며, 동시에 소생산자가 분해되는 역사적 과정이었다.

이러한 본원적 축적과정에 대해서는 이론적으로 두 가지 설명이 있는데 하나는 중산적 생산자층(中産的 生産者層)의 양극분해설이고, 다른 하나는 상업자본의 산업자본으로서 전화설이다. 중산적 생산자층은 독립자영농민층(yeomanry) 및 반농반공(半農半工)의 소장인(小匠人, small master)층을 말한다. 이들은 자신이 이룬 상품생산의 발전에 따라 불가피하게 양극분해를 겪으면서 산업자본을 탄생시키고 자신들은 해체되기에 이른다. 그 결과 한편에서는 생산수단의 집적을 바탕으로 하는 대농경영 및 매뉴팩처경영을 모태로 하는 산업자본이 진전되고, 다른 한편에서는 자유로운 임금노동자를 만들어 낸다는 것이다.[42] 이 설명에서는 본원적 축적기에 사회적 대류라고 하는 현상이 진행되었고, 이는 산업자본주의, 독점자본주의를 거쳐 오늘날에도 지속된다고 보고 있다. 이 이행경로는 생산자가 상인 및 자본가(merchant and capitalist)가 되는 길로서, 마르크스가 진정한 혁명적인 길이라고 지적한 것이다.

자본의 본원적 축적과정에 대한 또 하나의 설명, 곧 상업자본이 산업자본으로 전환되었다는 주장은 유통경제의 발달에서 산업자본의 형성을 설명하는 것이다. 화폐경제가 발달하면서 성장한 상업·고리대자본이 선대제도(putting-out system) 아래에서 선대제 상업자본이 되고 다시 산업자본으로 바뀌는데, 그 과정에서 선대제 가내공업(자본제적 가내노동)이 된 소생산자는 임노동자로 전환된다는 것이다.

선대제도란 상인(상업자본)이 원료·반제품 또는 도구 및 재료를 소생산자에게 대여해주고 그 생산품을 일괄해서 수집 판매함으로써 이윤을 얻는 경영방식을 말한다. 여기서 전기적 상업자본인 상인은 도시의 수공자나 농촌의 부업노동자를 여러 가지 형태로 자기에게 종속시켜 가내공업 노동자로 조직한다. 이 때 소생산자는 선대제 상업자본(전기적 상업자본)의 지배 때문에 상품의 판매과정과 구매과정에서 완전히 분리되고 생산과정의 공적(工的) 부분에만 종사하는 사실

---

42) 大塚久雄·高橋幸次郎·松田知雄 編, 《西洋經濟史講座》 Ⅱ(Ⅰ. 總說-大塚久雄), 岩波書店, 1970, pp. 5~14.

상의 임금노동자가 되는 형태, 곧 자본제적 가내노동(또는 선대제 가내공업)이 되고, 선대제 상인은 실질적인 생산자, 곧 산업자본가가 된다는 것이다.[43]

이 경로는 봉건적 생산양식에서 자본주의적 생산양식으로 이행하는 두 가지 길 가운데 상인이 생산자를 지배하는 경우를 강조한 것으로, 진정한 자본주의적 생산양식의 진보를 방해하는 '보수·반동적·개량적 길'로 평가받고 있다. 개량적 길로 전개된 자본주의 경제에서는 전기적 관계가 다분히 잔존했고, 제국 경제의 외압을 받는 경우 국민경제 안에 일정한 정도의 산업구조의 왜곡성을 포함하는 이른바 후진자본주의(後進資本主義)가 전개되었다.[44]

(2) 일제 식민지 지배와 본원적 축적

자본주의적 생산의 기초조건이 만들어지는 과정이 본원적 또는 원시적 축적과정인데, 이 과정에서는 화폐자본과 생산수단을 소유하는 자가 형성되고, 또한 자본제 생산 이전에 생산활동의 주역이었던 직접생산자인 소생산자(소상품생산자)의 분해현상이 일어난다. 이러한 기초조건의 조성이 조선 후기 사회에서는 일찍이 18세기 이후 상품화폐경제가 농촌에 침투하고 그곳에서 계층분화가 진전되는 가운데 진행되었다. 상품화폐관계의 농촌 침투는 화폐추구에 적극적인 지주들의 농민 착취를 강화시켜 농민을 토지로부터 이탈하게 만들었으며, 이것이 농민 계층분화의 기본요인이 되었다.

또한 이 시기에 장시가 확대되면서 농민이 소상품생산자로 전환되는 현상이

---

43) 산업혁명으로 기계제 대공업이 발전하기 전까지 생산 형태는 매뉴팩처(공장제 수공업)단계이다. 사실상의 임금노동자인 선대제 가내공업(자본제적 가내노동)이 선대상인 소유의 직장(workshop)에 모이게 되면서 매뉴팩처 경영형태가 성립한다. 이때 단순협업의 한 직장을 중심으로 외부에서 종속적인 여러 공업이 따라붙게 되는데, 한 직장을 중핵으로 소생산자 및 부업농가에 선대제의 그물이 퍼질 때 그것이 외업부(外業部, outside department)로서 매뉴팩처에 종속·보충되면서 확대된 매뉴팩처가 형성된다. 말하자면 외업부란 중심적 매뉴팩처에 종속·보충된 선대제 그물로서, 자본가적 가내노동을 말한다.

44) 大塚久雄 編, 《後進資本主義の展開過程》, アジア經濟研究所, 1973, p. 9.

촉진되었는데, 더욱이 장시가 확대되면서 시장생산에서 이윤을 취득한 농민은 상업분야에도 진출하였으며, 이와 같은 농민의 소상품생산자 전환은 농민 계층 분화의 또 다른 요인이었다. 상업적 농업으로써 이윤을 얻은 농민은 부유해졌지만 그렇지 못한 농민들은 파산하였다. 이 과정에서 토지를 잃은 농민들은 농촌을 떠나서 광산이나 수공업장의 노동자가 되어 농업이 아닌 다른 생산부문의 노동예비군이 되었으며, 노동시장에서 고용노동의 원천이 되었다.

본원적 축적의 단서가 되는 농민층 분해의 또 하나의 역사는 개항 이후 조선경제가 세계경제에 포섭된 것을 계기로 하여 또한 급격하게 가속되었다. 개항 이후 '미면교환체제'에 따른 쌀의 상품화는 농민층 분해를 촉진시켰다. 쌀 상품화의 계기는 일본으로의 쌀 수출과 1894년 갑오개혁 때 실시된 조세금납화 조치였다. 쌀 수출이 가져온 미가의 급상승으로 양반관료, 농산물을 판매하는 지주, 미곡상인, 경영지주, 경영형 부농은 이익을 보고 성장하였으나, 그와 달리 소·빈농층은 대부분의 경우 궁박판매를 통해 몰락의 길을 걸었다. 미곡수출로 부를 획득한 지주층이나 상인층은 고수익의 투자를 위하여 토지집적을 진전시켰으나, 소·빈농층은 토지를 상실하게 되었다.

조세금납화 실시도 소농 자급자족경제의 해체를 촉진함으로써 농민층 분해의 요인으로 작용하였다. 개항 이전 일부 지역에 국한하여 실시되다가 갑오개혁 때 전면화된 조세금납화는 농민층으로 하여금 납세를 위해 수확 즉시 쌀을 궁박판매하지 않을 수 없도록 만들었다.

이처럼 쌀의 상품화가 지주층에게는 이윤추구와 토지집적의 기회로 작용한 것과 달리 소·빈농층에게는 궁핍과 몰락의 계기로 작용하면서 농민층 분해를 가속화시켰다.

한편 일제 식민지 지배 시기의 본원적 축적은 식민지 통치 권력을 지렛대로 하여 조선 사회를 일본자본의 경제활동이 가능하도록 재편성하고 식민지 지배를 위한 총독부 권력의 경제적 기초를 축적하는 것이었다. 이것은 직접적 생산자를 생산수단에서 분리시키고 사회적 부의 바탕인 토지를 약취하여 농민의 권리를 억압하면서 반봉건적 토지소유를 확립하는 과정이었다. 뿐만 아니라 전통적 토착경제의 자급자족적 영역을 파괴하여 이들을 식민지자본의 수탈대상으로 전화시켰다. 근대적 화폐·조세제도, 그리고 재정금융제도의 시행과정에서 조선경제는 식민지 자본에 기반을 침식당하면서 적극적 대응을 하지 못한 채 자본주의적 제 관계를 받아들이게 되었다. 더욱이 회사령(會社令)의 제정은 조선인 지주자본과 상인자본, 그리고 매뉴팩처자본이 근대적 산업자본으로 전화하는 것을 저지하여 민족계 자본의 형성 발전을 억압하였다.

이 시기 총독부 권력은 국가자본주의적 우클라드(국유철도, 동양척식회사, 금융조합, 식산은행 등)와 광범한 국가적 토지의 취득 운영을 통해 조선에 이식된 사적 자본주의의 발전을 밑받침하면서 토착적인 소상품생산과 농민경영을 경제외적으로 수탈하였다. 따라서 식민지기 일본제국주의가 수취한 식민지 초과이윤의 원천은 경제적인 것보다 식민지 권력을 근간으로 하는 경제 외적인 것이 주를 이루었다. 이런 뜻에서 이 시기(본원적 축적기) 조선 사회는 자본주의의 정상적 발전단계에서 볼 때는 중앙집권적 절대왕정기에 비교되는 자본주의로의 과도기 또는 초기적 성격을 지녔다고 할 수 있다. 그 결과 조선 사회의 모순은 총독부 권력에 대한 민족적 모순이 주된 것으로 되었다.

조선경제를 식민지자본주의로 재편하려는 일제의 본원적 축적과정은 이미 러일전쟁 이후 통감부가 설치되면서 적극적으로 시작되었다. 교통·운수시설 등의 육운과 수운(水運) 등 사회간접자본의 확충이 진행되면서 전통적 장시와 포구를 거점으로 하는 객주, 선상 및 지역상인은 치명적 타격을 받았고 식민지적 재편성에 휩쓸리게 되었다. 더욱이 조선경제를 식민지적 경제구조로 재편하려는 이른바 메가타의 화폐·재정정리사업은 근대적 산업자본으로의 전환을 기다리던 상인·생산자본 등 토착자본에 큰 피해를 주었으며, 조선경제를 제국주의 경제로 편입시키는 계기가 되었다.

조선의 화폐제도 혼란은 조선의 식민지화를 계획하고 있던 일제에게는 큰 장애물이었다. 따라서 일제는 본국의 화폐제도를 조선에서 그대로 실시하여 일본화폐가 자유로이 조선에 유입, 통용되는 것을 보장하고, 상품 및 자본수출과 약탈물의 반출을 용이하게 하고자 화폐정리사업에 착수하였다. 1904년 12월에 메가타가 제시한 화폐제도 정리안은 ① 조선화폐의 기초 및 발행화폐를 완전히 일본과 동일하게 할 것, ② 조선화폐제도와 동일하게 일본화폐의 유통을 인정할 것, ③ 본위화폐 및 태환권은 일본화폐를 사용할 것, ④ 보조화폐는 조선 정부에서 발행할 것 등이었다. 이것은 조선의 독자적인 화폐제도 수립을 무시하고 일본화폐제도로의 편입, 즉 엔화통용권으로의 포섭을 도모하는 것이었다.

메가타 화폐개혁의 식민지성은 조선화폐제도의 종속성 이외에도 구 화폐를 신 화폐로 교환하는 과정, 즉 화폐정리사업의 진행과정에서도 나타났다. 1894년의 '신식화폐발행장정' 이후 남발된 구(舊) 백동화와 조선 중기 이후 통용되어 온 엽전(葉錢)을 교환하는 화폐정리사업에서 1905년(광무 9) 1월의 칙령에 근거하여 백동화 회수는 1905년 7월부터 1908년 11월까지 이루어졌다. 또한 엽전은 급격히 정리하지 않고 국고수납으로 회수키로 하였으며, 어음에 관한 조치는 규정되지 않았다. 그 당시 백동화는 경기도를 중심으로 한 지역에서 주로 유통(주조액의 84%)되었는데, 남발되어 가치가 하락, 배척되었으며 기타 지역에는 주로 엽전, 그리고 개항장에는 일본화폐가 통용되어 신용을 얻고 있었다.

구 백동화를 갑·을·병의 세 종류로 나누어 교환하는 과정에서 구 백동화가 유통되고 있던 지역에서는 대혼란이 일어나고 자금유통이 경색되었다. 이로 말미암아 백동화로 거래해 오던 토착상인은 거의가 불의의 도산을 당하였고, 특히 서울 상계의 조선상인이 큰 타격을 받았다. 이에 대하여 개항장의 일본상인은 아무런 손실이 없었다.

또한 어음에 관한 조치가 없었기 때문에 화폐개혁 발표 이후 어음거래가 돌연 중지되고, 기왕의 어음거래도 현금거래로 쇄도하면서 유통이 마비 상태에 빠졌다. 이에 1890년 이래 서구자본주의의 기술과 제도를 도입하여 근대기업을 창립하려던 민족자본가에게 이러한 금융경색(전황)은 큰 타격을 주었다.

전황으로 인해 민족자본가가 받은 타격은 메가타의 재정정리사업에 따라 또한 가속되었다. 메가타는 조세징수방법을 개정하여 1905년 6월 '금고사무처리순서'와 '세입세출처리순서'를 발표하고 종래의 외획제도(外劃制度)를 폐지하였다. 외획제도는 갑오개혁 이전에도 존재했지만, 갑오개혁 때 조세징수의 폐단을 줄이기 위해 현물납에서 금납제로 개정하면서 일반화된 것이다.[45] 그런데 이를 폐지하고 중앙에서 관세관(管稅官)을 지방에 파견(1906년 9월 ‘管稅官制’)하여 직접 징수케 함으로써 통용화폐가 중앙금고에 바로 흡수되게 한 것이다. 이로서 전황은 서울뿐만 아니라 지방까지 확산되기에 이르렀다.

근대적인 금융기관이 결여되어 별다른 자금조달방법이 없는 상황에서 외획제도로써 조세를 상업자금으로 활용할 수 있었던 특권상인층과 지주층은 이권을 상실하고 상업적 기반을 박탈당하였다. 이러한 통감부의 화폐·재정정리로 말미암아 상인자본의 주축이었던 서울 상인이 도산·폐업하는 사례가 많았다.

한편 1910년 12월에 일제는 병합 이후 회사령을 제정 공포하고 다음해 1월 1일부터 시행하였는데, 이는 일제 초기 조선 상공업정책을 집약적으로 표명한 것이었다. 즉 조선에서 조선인 자본가의 근대공업 건설을 억제하여, 조선을 일본 공업에 대한 원료공급지와 상품판매지로 개발할 제도적 장치를 마련한 것이었다. 전문 20개조로 구성된 회사령에서는 회사 설립 시에 조선총독부의 허가를 받아야 하며(제1조), 또한 조선 밖에서 설립된 회사가 조선에 본점 또는 지점을 설치하고자 할 때도 조선 총독의 허가를 받아야 한다(제2조)고 규정하였다. 곧 조선에서의 회사설립을 총독의 허가사항으로 규정하는 허가주의를 채택한 것이다.

회사령의 실시 이후 일본인이 출원한 회사 설립은 거의 허가해 준 것과 달리, 조선인 기업의 설립 경영에는 엄격한 규제를 가하였고, 나아가 기존의 조선인 회사에 대해서도 공공질서 및 선량한 풍속의 준수와 치안유지 등 정치적 목적에 따라 해산명령을 남발하였다. 결국 회사령은 조선 민족자본의 성장을 억압한 것과 달리 일본자본의 조선 유입과 활동을 적극적으로 지원하여 일본자본을 이식함으로써 조선에서 식민지적 공업 발전을 도모하려는 것이었다. 그 결과 1910년대 조선에서는 일본인 공업이 조선인 공업을 압도하였다.

---

45) 원래 외획이란 각 군현에서 상납해야 할 수세액을 특정 상인이 정부에 먼저 어음이나 현금으로 바치고 이후 상인은 해당지방에 내려가 미곡이나 포목 특산물을 대신 받는 것인데, 교통기관이 발달하지 못하고 화폐유통이 원활하지 못한 경제상황을 고려한 징수방법이었다(오미일 지음, 《한국근대자본가연구》, p. 38).

(3) 토지조사사업과 반봉건적 토지제도

토지조사사업은 일본이 조선을 병합한 뒤 제일 먼저 착수한 사업으로, 1912년 5월부터 1918년 10월까지 약 7년여에 걸쳐 조선총독부가 실시한 국토측량 및 정리사업이었다. 이는 일제의 토지 농민에 대한 종합적인 농업정책의 구상과 계획에서 실시된 것이었다. 이 사업은 세 가지 작업으로 구분되었는데, 하나는 토지소유권 조사이며, 다음은 토지가격의 조사였고, 끝으로 지형(地形)과 지모(地貌)의 조사였다.

토지소유권의 조사는 토지소재지·지번·지적(地積) 및 소유권자를 조사하고 지적도에 따라 토지의 위치 경계를 조성, 지적을 선정하여 토지등기제도를 창설하는 것이다. 토지가격조사는 시가 또는 임대가격, 토지수익 등을 고려하여 토지의 지가를 조사, 지세의 부과기준을 결정함으로써 지세제도를 확립, 재정의 기초를 수립하고자 한 것이었다. 지형지모의 조사는 지형측량으로 지적도를 작성하고 토지의 고저·분포관계 등을 지도상에 나타내는 일이었다.

이 가운데 가장 중요한 것을 토지소유권을 재정(裁定)하는 문제였다. 종래 토지에는 토지를 선조 대대로 경작하고 있던 농민층과 국가에 지세를 납부하면서 병작료를 징수하는 지주층의 두 계층이 관계를 맺고 있었는데, 이 두 계층은 항상 토지에 결부되어 분리되지 않는 연고자였다. 가령 지주가 토지를 타인에게 양도하더라도 원칙적으로 농민은 토지의 경작연고자로서 토지와 더불어 타인에게 옮겨가 매득자(買得者)에게 병작료를 지불하는 경작민이었다.

토지조사에서 총독부는 법제 관념으로 볼 때 경작자는 어디까지나 관습경작인에 불과하며, 토지에 대한 어떤 권리의 보유자가 아니라고 보았다. 따라서 토지조사사업의 소유권재정은 당초부터 납세의무자인 지주를 어떻게 분별하느냐의 문제일 뿐이었다. 곧 토지에 오랜 연고를 가지고 경작하던 농민은 권리에서 제외되었으며, 오랜 경작연고에서 추방하는 것이 당연하게 전제되었다. 따라서 토지와 관계있는 어느 층에 소유권을 귀속시키느냐의 문제가 아니라, 지주에게 어떤 근거에 따라 지주권을 인정하느냐는 것만이 문제였다. 그러므로 소유권분쟁도 지주가 제시하는 근거에서 발생하는 분쟁이었으며, 그 조사에서는 신고주의를 원칙으로 하되, 분쟁이 있을 때만 권원(權源)을 조사하였다. 이러한 토지조사사업은 다음과 같은 부정적인 결과를 가져왔다.[46]

첫째는 반봉건적 토지소유제도를 정착시키면서 소작농을 대량으로 조출(造出)하였다. 일제는 종래의 봉건적 지배층을 토지소유자로 법인(法認)함으로써 부재지주를 만들어 냈는데, 지주계급으로 등장한 이들 양반관료들은 전 농가 호수의 3.4퍼센트에 지나지 않으면서도 전체 농지의 50.3퍼센트를 지배하게 되었다. 이들 소수의 지주는 농업의 근대적 경영을 기도하지 않고 종전과 같이 소작경영에 의존하였기 때문에 봉건적 소작경영은 개혁되지 않았다. 또한 양반관료들이 토지소유자로 인정됨으로써 이들 토지에서 경작하고 있던 세습적 경작농민은 토지에 대한 일체의 권리를 상실하고 단순한 계약소작인으로 전락하고 말았다.

둘째로 계약소작인의 예속성이 더욱 심화되었다. 토지조사사업으로 토지의 근대적 소유권을 확대하는 작업은 소작인에게 법적으로는 신분적 자유를 부여하는 것이었지만, 소작인은 토지를 떠나선 생계를 유지할 수 없는 상태였기 때문에 경제적으로는 다시 지주에게 예속되고 말았다. 조선시대에는 농민이 세습적으로 토지를 경작할 수 있는 처지가 보장되어 있었지만, 토지조사사업 이후에는 지주의 비위를 거스르면 언제든지 토지로부터 추방될 운명에 놓이게 되었다. 소작인은 현물소작료를 지불하였고 소작관계를 유지하고자 헌물(獻物)과 노동도 제공하였다. 일제하 근대적 공업이 충분히 발달하지 못한 여건에서 농민에게는 토지가 유일한 생계원이었기 때문에 소작인은 더욱 예속적이 될 수밖에 없었다.

---

46) 趙璣濬 著, 《韓國經濟史新講》, 일신사, 1994, p. 507. 일제하의 소작농에게선 토지경작에 기초하는 농민으로서의 성격보다는 임노동수입에 기초하는 임노동자로서의 성격이 발견되지만, 대부분의 소작농은 오히려 자기의 책임과 계산하에서 농업경영을 하는 존재로 파악된다. 따라서 일제하의 소작농은 생산수단에서 분리된 존재로서가 아니라 오히려 식민지성과 상호규정 속에서 성립한 반봉건적인 지주·소작관계라는 특질을 가지는 것으로 이해되어야 할 것이다(張矢遠, 〈식민지반봉건사회론〉, 李大根·鄭雲暎 編, 앞의 책, p. 40).

셋째로 일제는 토지조사사업의 결과 국유지 또는 국유미간지를 대량 조출하여 토지를 약탈하였다. 봉건 조선 정부의 제실(帝室)재산에 속해 있던 토지는 그 일부만을 이왕가(李王家) 재산으로 남겨놓고, 그 대부분의 토지와 역둔토, 삼림, 원야는 국유지로 편입하였다가 다시 불하의 형식으로 일본인 회사 및 일본인 농장에 넘겨졌다. 토지조사과정에서는 농민이 대대로 개간한 토지가 농민의 무지와 무력으로 말미암아 국유지에 편입되었는데, 그 가운데는 농민의 투탁지(投託地), 개간지가 태반이었으며, 역둔토, 목장토 등에는 역졸·군졸이 개간한 토지도 있었지만 무조건 국유지로 편입되었다. 이로서 토지조사사업 과정에서 총독부에 의하여 국유지로 점취된 토지는 100만 정보에 달하였다.47)

이처럼 토지조사사업은 농민들이 전통적으로 경작해 오던 토지를 대량으로 빼앗아 일제와 지주들의 소유로 전환시켜 그들의 토지소유면적을 확대하는 과정이기도 했다. 이것은 봉건적 토지소유관계에서 본질적 변화가 없이, 다만 토지소유자의 구성을 재편성하여 일제와 지주의 토지소유비중을 급격히 높이고 경작농민의 권리를 낮추는 것이었으며, 이러한 변화 속에서 봉건적 토지소유관계는 더욱 강화되었다.

3. 일본인 공업의 전개와 조선인 공업의 발전

(1) 일본인 공업의 전개와 식민지적 공업구조

19세기 후반 조선의 공업부문에서는 상품생산이 확대되고 자본주의적 공장제 수공업이 발전하였으며, 부분적으로는 기계가 이용되고 그에 바탕을 둔 자본주의적 관계가 진전되고 있었다. 그러나 이러한 생산력의 새로운 발전은 외래자본의 침투와 봉건적 억압으로 제한을 받게 되었다. 더욱이 일본자본과 상품의 침

---

47) 최윤규 지음, 《근현대조선경제사》, 갈무지, 1988, p. 215.

투는 새로운 부문에서 나타나는 자본주의적 생산의 발전을 제약하는 중요한 요인이었다. 일본자본의 침투와 함께 기계제 상품이 들어오고 수입기계와 기술이 침투하면서 생산구조는 기형적 발전의 가능성을 내포하였다.

일본자본은 조선의 대외 무역을 독점하면서 국내 경제에 파괴적 영향을 주었으며, 무역품의 구입 판매를 위한 국내 상업망도 장악하여 국내 상업 발전은 기형화될 수밖에 없었다. 일본자본은 국내 시장에 침투하여 그것을 자기들의 상품 판매시장과 자원약탈시장으로 전환시켜 국내 시장을 지배하였고, 국내 시장에서 일본 상업자본의 지위는 강화되면서 국내 상업자본은 일본자본에 종속되었다.

일제는 조선의 경제적 지배를 위하여 초기에 상업부문의 종속화를 지향하면서 우선적으로 장악해야 할 경제부문인 운수, 체신 및 광업부문에 국가자본과 사적 독점자본을 진출시켰다. 그로써 조선의 풍부한 자연자원을 침탈할 통로를 지배할 수 있었으며, 조선 침략의 기본이 되는 조건을 마련할 수 있었다. 그런데 식민지 지배 초기인 1910년대까지 조선 공업에 대한 일본자본의 투자는 본격적인 단계에 들어섰다고는 볼 수 없었는데, 그것은 독점자본의 공업부문 투자의 조건이 이루어지지 못하였기 때문이었다. 따라서 식민지 약탈을 위한 기초적인 부문에만 일정한 자본을 투자하였다.

일본자본이 투자한 공업은 주로 규모가 작으면서도 자본회전이 빠르고, 고율의 초과이윤을 얻을 수 있으면서, 일제에 절실히 요구되는 생산물을 생산하는 부문이었다. 투자자본은 상품화폐유통을 비롯한 비생산부문에서 축적한 자본이었으며, 빈손으로 조선에 들어 온 상업자본가와 화폐자본가가 주축을 이루었다.

일본자본이 침투한 부문 가운데 중요한 것은 농산물 가공부문이었는데 대표적인 것이 정미업이었다. 이는 조선 내 일본인 공업생산액에서 가장 큰 비중을 차지하였으며 주로 항구도시와 곡창지대에 건설되어 조선인의 공업을 압도하였다. 다음에 공업원료용 면화의 약탈을 위해 조면업공장을 설치, 기계제 생산이 전개되었는데, 이것은 국내 직물생산의 수요를 위한 것이 아니라 일본 방직공업의 원료생산을 목적으로 한 것이었다. 이로써 조선의 섬유공업은 일본 방직공업의 원료생산에 편중된 식민지 공업으로 전환되었다.

또한 일본자본은 조선의 값싸고 풍부한 농산물을 원료로 이용하여 중소규모의 농산물 가공공장을 세웠는데, 대표적인 것이 주류제조공장이었다. 이러한 식료품공업을 통하여 일본인 수요충족과 식민지적 초과이윤을 획득 확대하였다. 그리고 담배생산도 일본자본이 침투한 중요부문이었는데 이것은 농산물을 원료로 하면서 국내 판매시장을 독점하여 초과이윤을 추구하려는 것이었다.

농산물 가공부문 이외에 일본자본의 주요투자대상은 건재생산과 철 가공 및 가스·전기생산부문이었다. 벽돌, 기와, 토관 등 건재생산에 비교적 큰 규모의 공장이 설립되었으며, 이들 부문에서 일본자본은 독점적 지위를 차지하였다. 그 밖에 제재소를 건설, 건자재 생산부문에 투자하였으며, 철가공업에도 진출하였다. 일본인 경영의 철공장은 원료를 일본에서 도입하여 제품을 생산, 그것을 국내 시장에 판매함으로써 조선인 철공업을 압박하였다. 일본자본은 인쇄업에도 투자하였는데, 이는 식민지적 지배에 필요한 문건과 서류를 인쇄하기 위한 것이었다. 이러한 일본자본의 침투로 식민지 초기 조선의 공업은 자립적 발전이 저해되고 낙후되었으며 기형성을 면치 못하였다.

한편 〈표7-1〉과 〈표7-2〉에서 본 식민지하 1910년대 일본인 공장은 공장수, 종업원수, 생산액, 자본금, 기관수, 마력수에서 압도적 비중을 차지하였다. 공장수가 1910년대 말(1919)에 50퍼센트 이하의 비중을 기록하고 있지만, 종업원은 76퍼센트, 생산액 85퍼센트, 자본금 91퍼센트, 기관수 78퍼센트, 마력수 91퍼센트로서 조선인 공장을 압도하였다. 더욱이 총자본금 비중과 기관수 비중은 90퍼센트를 상회하는 등 조선인 공장의 상대적 취약성을 반영하고 있다.

일본인 공장의 이러한 양적 지표상의 압도적 우세는 그 내용에서 보면 일제의 직접적 수탈과 관련된 것이 그 주요부분으로 보인다. 조선을 식량공급지로 정착시키려는 일본인 경영의 정미업과 원료생산기지로 전환하기 위한 조면업이 높은 생산 비중을 차지한 것을 보더라도, 이러한 일본인 공장이 식민지화를 위한 경영이었음을 알 수 있다.

다음으로 조선의 판매시장을 지배하며 값싼 농산물 원료와 노동력을 이용하여 식민지 초과이윤을 추구하려는 주류 제조와 담배 제조의 생산액 비중이 높

연도	공장수					종업원수			생산액		
	계	일본인 공장수	비중 (%)	지수	지수 증가폭 (%)	계	일본인 공장	비중 (%)	비중 (%)	1인당 생산액 추이	1인당 생산액 격차*
1911	252	185	73	100		14,575	10,984	75	86	100.0	193.9
1912	328	228	70	123	23.0	17,376	13,318	77	86	122.9	246.9
1913	532	335	63	181	47.1	19,998	16,900	85	88	123.6	180.2
1914	654	465	71	251	38.6	20,963	17,044	81	87	108.6	209.8
1915	782	557	71	301	19.9	24,539	20,206	82	79	116.1	180.2
1916	1,075	645	60	348	15.6	28,646	22,860	80	80	132.9	195.6
1917	1,358	736	54	397	14.0	41,543	32,403	78	85	169.1	229.9
1918	1,700	875	51	472	18.8	46,749	33,349	71	81	247.4	154.6
1919	1,900	929	49	502	6.3	48,705	37,196	76	85	334.5	179.7
1920	2,087	1,125	54	608	21.1	55,279	41,772	76	86	207.1	176.9
1921	2,384	1,276	54	689	13.3	49,302	36,210	73	83	247.2	166.3
1922	2,900	1,525	53	827	19.5	54,677	36,311	66	84	244.4	253.7
1923	3,499	1,792	51	968	17.4	69,412	40,233	58	72	279.8	209.2
1924	3,845					73,184					
1925	4,238	2,085	49	1,127	16.4	80,375	42,679	53	67	345.2	165.2
1926	4,293	2,138	50	1,155	2.4	83,450	43,619	52	63	341.3	149.9
1927	4,914	2,279	46	1,231	6.5	89,142	46,533	52	63	325.9	152.9
1928	5,342	2,425	46	1,310	6.4	99,547	53,423	52	63	297.2	147.5
1929	4,010					92,566					
1930						93,485					

* '1인당 생산액 격차'는 조선인 공장의 1인당 생산액과의 격차를 말함.
자료 : 오미일 지음, 《한국근대자본가연구》, pp. 79~81.

〈표7-1〉 일본인 공장 현황 (1)

앉으며, 식민지 지배를 위하여 필요한 부수적 부문, 즉 건재생산(주로 요업), 철 가공업, 제재업, 인쇄업, 가스전기업도 적지 않은 비중을 차지하였는데, 그로 말 미암아 조선의 공장제 공입의 자립싱은 상실하었나.

결국 식민지 초기 공업구조는 일본자본에 종속되면서 기형성을 띠게 되었고, 식민지적 공업구조를 형성하게 되었다. 일본인 공업이 지배적 지위를 차지한 가 운데 조선의 공업은 생산수단의 생산, 특히 노동도구의 생산이 거의 없이 식량

연도	(공칭) 자본금			기관수			마력수	
	비중 (%)	총자본금 지수	당위공성 평균자본 지수	비중 (%)	지수	1인당 기관수 지수	비중 (%)	1인당 마력수 지수
1911	93	100	100	86	100	100.0	96	100.0
1912	89	118	96	80	130	107.1	95	107.7
1913	89	158	87	80	201	130.4	96	293.1
1914	90	159	63	81	206	132.4	94	116.2
1915	84	180	60	73	232	126.2	77	116.0
1916	86	215	61	71	257	123.7	76	109.0
1917	86	342	86	75	366	124.1	80	121.1
1918	84	410	86	75	420	138.2	80	117.8
1919	91	1,195	238	78	505	149.0	91	171.6
1920	87	1,427	234	74	537	133.5	88	319.0
1921	88	1,608	233	73	689	162.8	87	392.6
1922	89	1,654	200	72	869	208.4	90	423.1
1923	83	1,501	154	66	1,083	237.3	84	351.8
1924								
1925	88	2,369	210	58	1,083	278.6	84	457.5
1926	85	2,751	238	54	1,110	279.5	82	455.2
1927	77	4,269	346	52	1,349	318.3	79	374.2
1928	77	5,082	387	52	1,424	292.7	79	461.2

자료 : 〈표7-1〉과 같음.

〈표7-2〉 일본인 공장 현황 ⑵

공급과 원료생산을 위한 농산물 가공부분만 기형적으로 확대된 것이었다.

(2) 조선인 공업의 발전과 그 성격

1) 조선인 공업의 발전과 그 요인

구한말 공업부문에서는 일부 관료, 퇴임한 하급군인과 장교들이 새로운 투자를 시도하거나, 일부 수공업자들이 기존의 가내공업을 발전시켜 공장을 설립하는 양상이 나타났다. 여기에서는 근대적 산업화가 시도되었으나, 전반적인 경제

발전단계에서 보면 소상품생산 형태의 가내공업체가 압도적 비중을 차지하는 가운데, 매뉴팩처 형태의 공장공업체가 설립되어 경제적 변화를 주도하였다.

곧 가내공업단계에서 완만하나마 공장제 공업단계로 이행하는 과도기였으며, 공업의 수준은 공장제 수공업에 가까웠다.[48] 그러나 이 시기에는 새로운 경제적 변화가 주된 흐름이 되지 못하면서 설립된 공장은 대부분 얼마 못가서 폐업·축소되고, 극히 소수만이 확대 성장할 수 있었다.

이러한 흐름은 1910년대 전반에도 이어졌다. 1910년대 초에 조선인 공업은 직물업, 제지업, 요업, 양조업, 금속공업 등에, 그리고 일본인 공업은 정미업, 철공업, 연초제조업, 요업, 전기업, 조선업, 양조업에 집중되고 있었다. 그러나 1910년대 중·후반 이후 제1차 세계대전의 발발이란 외부적 변수와 함께 조선경제에 일정한 변화가 나타났다. 일반적으로 국제분업관계에 따라 세계자본주의와 식민지 본국경제에 의하여 규정되는 식민지 경제의 변화는 일차적으로 무역관계로서 나타난다.

개항 이후 조선경제가 세계경제에 포섭된 것을 계기로 하여 농민층 분해는 급속도로 진행되었다. 개항 이후 미면교환체제(米綿交換體制)에 따른 쌀의 상품화는 농민층 분해를 더욱 촉진시켰다. 일본으로의 쌀 수출은 쌀 상품화의 계기가 되었고, 이와 함께 1894년 갑오개혁 때의 조세금납화 조치도 또 다른 하나의 원인이었다.

쌀 수출로 미가가 급상승하면서 지주, 미곡상인, 경영지주, 경영형 부농이 이익을 본 것과 달리, 소농민층은 대부분이 궁박판매(窮迫販賣)를 하면서 몰락의 길을 걸었다. 조세금납화의 실시도 소농의 자급자족경제의 해체를 촉진시켜 농민층 분해의 요인이 되었다. 이 제도는 농민층으로 하여금 납세를 위해 수확 즉시 쌀을 궁박판매하도록 하여 농민을 강제로 시장경제에 편입시켜 그 분해를 촉진하였다.

---

48) 구한말 직물업의 경우 공장제 수공업(manufacture)단계라는 지적도 있다(權泰憶 著,《韓國近代綿業史研究》, 一潮閣, 1989, pp. 65~66).

이처럼 개항 이후 조선경제가 세계경제와 시장경제에 편입되는 과정에서 외부적 충격으로 농민층 분해, 즉 본원적 축적이 촉진되었던 것과 마찬가지로 1910년대 중·후반 이후 조선 공업의 변화에서도 외부적 충격의 작용이 있었다는 점에서 동일한 양상이 나타났다. 즉 제1차 세계대전으로 말미암은 제국주의 열강으로부터의 수이입품(輸移入品) 감소가 식민지·반식민지 종속국의 대체공업(소비재공업)을 자극하였고, 토착자본에 의해 공장이 다수 설립되고 확대 발전된 현상은 중국에서 전형적으로 나타났다. 이때 발흥한 공업은 주로 국내산 원료를 이용한 것으로, 정미업, 식품공업, 요업, 제지업, 직물업 등 소비재공업이었다.

1910년 중·후반 이후, 즉 1916년 이후 조선인 공장 설립의 급증현상을 수이입 초과현상의 둔화로 수이입을 대체하는 국내 상품생산이 이루어진 데서 그 요인을 설명하는 것이다. 곧 제1차 세계대전 발발 이후 수이입이 감소하고 국내 상품에 대한 수요가 급증하자, 조선 내 공업의 빈약함을 각성하면서 제조업에 대한 투자가 활발해지고, 공업이 발흥하여 수이입품을 밀어내기 시작한 현상의 반영인 것으로 보고 있다.[49]

2) 조선인 공업 발전의 성격

〈표7-3〉에서 보면, 1916~1918년의 기간은 조선인 공장의 증가수와 증가폭이 동시에 커졌던 시기였으며, 공장의 설립수와 설립속도에서도 급속하고 주목할 만한 변화가 있었던 때였다. 이를 계기로 하여 1911년에 26퍼센트에 불과했으던 조선인 공장수는 1919년 전체의 50퍼센트에 이르게 되었다.

그런데 1910년대에 조선인 공장수는 급증하였지만, 1919년의 종업원수는 일본인 공장의 22퍼센트, 생산액은 14퍼센트, 1인당 생산액(생산성)은 55.6퍼센트에 머무르는 빈약성을 보였다. 더구나 자본금은 일본인 공장의 6퍼센트, 마력수는 3퍼센트에 그쳐서 조선인의 공업이 차지하는 비중과 질적 수준은 보잘 것 없

---

49) 吳美一, 〈1910년대 중·후반 조선인 산업자본의 형성〉, 《한국근현대사연구》 제20집, 한국근현대사연구회, 2000년 봄호, p. 70.

연도	공장수				종업원		생산액		
	공장수	비중(%)*	지수	지수 증가폭(%)	종업원수	비중(%)	비중(%)	1인당 생산액 추이(%)	1인당 생산액 격차(%)**
1911	66	26	100		2,473	17	12	100.0	51.6
1912	98	30	148	48.0	3,729	21	11	96.5	40.5
1913	139	26	210	41.8	2,669	15	8	132.9	55.5
1914	175	27	265	26.1	3,300	16	7	100.6	47.6
1915	205	26	310	16.9	3,447	14	7	124.9	55.5
1916	416	39	630	103.2	5,175	18	9	132.3	51.1
1917	605	45	916	45.3	7,385	18	8	142.6	43.4
1918	815	48	1,234	34.7	9,203	20	14	310.2	64.6
1919	956	50	1,448	17.3	10,633	22	14	360.0	55.6
1920	943	45	1,428	−1.38	10,196	18	12	262.6	56.5
1921	1,088	46	1,648	15.4	10,440	21	14	288.2	60.4
1922	1,336	46	2,024	22.8	14,751	27	13	186.9	39.4
1923	1,602	46	2,427	19.9	16,221	23	14	261.7	47.8
1924									
1925	2,005	47	3,037	25.1	21,507	27	21	405.2	60.5
1926	2,013	47	3,050	0.4	23,733	28	23	414.2	66.7
1927	2,457	50	3,722	22.0	26,229	29	23	413.4	65.4
1928	2,751	51	4,168	11.9	29,030	29	23	403.1	67.8

* 비중은 일본인의 그것에 대한 것임.

** 1인당 생산액격차는 일본인 1인당 생산액과의 격차를 말함.

자료 : 〈표7-1〉과 같음.

〈표7-3〉 조선인 공장 현황 (1)

었음을 알 수 있다. 이는 식민지 공업구조에서 일본인 공업의 주도적 역할을 반영하는 것이었다.

그런데 1910년대 중·후반에 급증한 조선인 공장의 자본금, 기관수, 마력수 등의 외형적 설비와 생산액에서 몇 가지 특징을 지적할 수 있다(〈표7 4〉).

첫째, 1916년경에는 주로 영세공장이 많이 설립되었으며 1918년부터 이전보다 비교적 큰 규모의 공장이 설립되기 시작하였는데, 특히 1920년대에 대자본이 공장설립에 투입되었다. 이는 1916~1917년에 공장이 설립될 때는 주로 소상인

연도	자본금			기관수				마력수		
	비중 (%)	총자본 금지수	평균 자본금 지수	비중 (%)	지수	1인당 기관수 추이	1인당 조선인 기관수 비중	비중 (%)	1인당 마력수 추이	1인당 조선인 마력수 비중
1911	6	100	100	13	100	100	0.66	3	100.0	0.16
1912	7	147	99	17	184	122.4	0.76	4	93.0	0.13
1913	6	159	75	16	263	244.4	1.24	2	201.7	0.11
1914	4	117	44	15	252	189.7	0.95	3	138.5	0.19
1915	5	162	52	13	278	200.6	1.05	3	158.2	0.21
1916	5	196	31	16	378	181.5	0.97	5	206.5	0.29
1917	6	295	32	14	593	157.2	0.84	3	127.5	0.16
1918	10	721	58	17	637	171.2	0.82	6	156.7	0.21
1919	6	1,191	82	17	747	174.2	0.77	3	148.6	0.31
1920	6	1,435	100.4	16	926	181.7	0.90	2	170.6	0.08
1921	4	1,216	73	19	1,247	219.9	0.90	2	176.7	0.07
1922	5	1,534	75	19	2,000	217.3	0.67	2	179.2	0.07
1923	6	1,599	66	23		305.6	0.83	3	218.8	0.01
1924										
1925	7	2,714	89	32	3,968	457.6	1.09	5	340.4	0.01
1926	7	3,446	112	36	4,926	514.5	1.22	9	565.7	0.19
1927	4	3,654	98	40	6,874	649.6	1.35	8	434.5	0.18
1928	4	3,973	95	39	7,073	604.0	1.37	8	436.9	0.15

주 : 자본금, 기관수 및 마력수 비중은 일본인의 그것에 대한 비중임.
자료 : 〈표7-1〉과 같음.

〈표7-4〉 조선인 공장 현황 (2)

이나 수공업자의 소규모자본이 투자되었고, 1918년 이후 1920년대에는 지주·
상인의 대자본이 투자되었을 가능성을 나타낸다. 또는 회사령하에서는 대규모
자본규합에 따른 회사조직의 공장 설립이 어려웠으나, 1918년 6월 회사령의 개
정으로 규제가 완화되고 1920년 4월 회사령이 완전 폐지되면서 대자본의 투자
가 용이해진 때문인 것으로 보인다.

둘째, 조선인 단위공장당 평균자본금 규모는 특히 1910년대 중·후반에 점차
감소 추세를 보이는데, 이것은 1910년대 중반부터 1920년대 전반에 설립된 조선

인 공장이 구한말에서 1910년대 초에 설립된 공장의 수준에도 미치지 못하는 영세규모였음을 말하여 준다. 그리고 단위공장당 평균자본금의 민족별 격차는 조선인 공장수가 50퍼센트대를 점하는 시점 이후에도 계속 확대되었다. 일본인 공장의 경우 독점자본의 유입이 시작된 1919년을 기점으로 평균자본금의 규모가 크게 증가하여 조선인의 그것을 압도하였다.

셋째, 조선인 공장의 기관수는 1910년대 중·후반에 전체 기관수의 15퍼센트를 유지하는 가운데 총 기관수 지수는 해마다 큰 폭의 증가 추세를 보였고, 오히려 일본인 공장의 완만한 증가 추세를 능가하였다. 그 결과 조선인 공장 노동자 1인당 기관수가 일본인 공장과 비교해 큰 차이가 없게 되었고, 오히려 1925년 이후에는 우위로 역전되었다. 이는 조선인 공장에서도 일본인 공장에 비견할 만한 정도로 기계사용이 보편화되었음을 나타내며, 공장제 기계공업단계에 진입했음을 뜻한다.

넷째, 조선인 공장의 마력수는 공장수가 증가한 1916년에 일본인 공장의 5퍼센트대로 증가하였으나, 일본인 대기업 공장이 설립되는 1919년 이후에는 3퍼센트 이하로 감소하였고, 1926년 이후에야 8퍼센트대로 증가하였다. 이것은 기관수의 그것에 훨씬 미치지 못하는 데다, 노동자 1인당 마력수는 일본의 그것에 견주어 훨씬 뒤떨어졌으며, 1919년 이후 그 격차는 더욱 커졌다. 이는 조선인 공장의 기관수가 1910년대 후반 이후 빠른 속도로 증가했지만 마력수 증가는 이에 미치지 못하였고, 일본인 공장에 견주면 훨씬 열세였음을 보여준다. 곧 이 시기 설립된 공장은 동력사용률이 낮은 소규모 기계와 수동기계설비의 공장이 다수를 점하였음을 나타낸다.

즉 조선인 단위공장의 평균자본금이 일본인 공장의 그것에 견주어 크게 열세인데다 조선인 공장의 노동자 1인당 마력수도 일본인 공장의 10퍼센트 내지 20퍼센트 내외에 불과한 사실은 조선인 공장이 사용하는 기계가 대부분 동력을 사용하지 않는 수동식이거나 마력수가 적은 반자동식 기계였음을 말해준다. 이러한 저급한 기계설비도는 일본인 공장보다 50퍼센트 내외 낮은 생산성으로 이어졌고, 이러한 상황은 일본인 공장과의 경쟁이나 확대재생산을 어렵게 만들었다.

이처럼 조선인 공장의 공업화 수준은 공장공업이라고는 하지만, 대량생산체제의 기계제 공장이 아니라 수동식이나 반자동식 기계설비의 공장이 주류를 점하였다. 그러나 일본자본이 진출하여 기계제 대량생산체제가 확대되고, 조선인 공장에서도 기계사용이 보편화되면서 자동기계 사용을 지향하였다는 점에서 이 시기 조선의 공업화 수준은 공장제 수공업단계는 벗어났다고 볼 수 있다.

한편 1910년대 중·후반 조선인 공장의 설립주체는 크게 보아 가내부업이나 소상품생산을 하던 수공업자가 확대재생산을 도모하여 공장공업을 영위하는 경우와 지주·상인자본이 제조업으로 투자를 전환함으로써 설립되는 경우 등 두 가지로 나눌 수 있다. 이 시기 짧은 기간 내에 수적으로 일본인 공장을 능가할 정도로 급증한 공장의 업종은 주로 직물업 중 염직업, 금속공업 중 금속제품, 철공업, 제지업, 피혁업, 목공업, 요업 등 전통적 가내수공업분야였다. 이러한 수공업적 전통을 바탕으로 1910년대 중·후반에 공장 설립을 주도한 주체 가운데 하나는 수공업자들이었다.

이와 달리 지주·상인층은 전통적 가내공업과 공장공업이 공존하면서도 생산이 가능한 염직업, 요업, 금속제품, 철공업, 제지업, 피혁업, 양말제조업뿐만 아니라, 일정 규모 이상의 기계설비나 시설투자를 요하는 '새로운 업종'인 제사업, 조면공업, 금속제품 및 기계공업, 고무공업, 전기가스업 등에도 진출하였다. 그런데 상인자본이 새로운 업종투자에 활발하게 진출하는 경향을 보인 것은 1920년대였고, 1910년대 중·후반에는 대개 전래업종에 투자하는 경향이 강했다. 이 밖에 소상인이나 퇴임 중·하급관료, 군대장교, 군인 등 도시서민(소자산가층)이 공장을 설립하는 예도 있었지만 비주류였고, 경영방식 등에서 볼 때 수공업자층의 공장 설립 범주에 포함해도 무방할 것이다.50)

---

50) 위의 글, 위의 책, pp. 77~84 및 pp. 90~91 참조. 기본적으로 1919년까지 공업은 매뉴팩처 단계에 머물러 있었으며, 이 가운데 중소공업은 국민적 시장권을 배경으로 형성된 것이 아니라 무역에 종속 봉사하는 수출가공업이나 수입가공업적 성격을 띠어 식민지공업의 초기 발생 형태라는 지적이 있다. 곧 이 시기 자본주의적 산업은 약간의 예외를 제외하면 매뉴팩처적인 것이었으며, 근대적 공장제도에 따라 운영되지 못하고 수공업적 유제도 청산하지

　결국 1910년대 중·후반에 나타난 공장 급증이란 경제적 변화의 주체는 수공업자들이었다. 구한말에는 대지주적 기반의 일부 관료와 퇴임장교, 상인들이 제조업에 자본을 투자하여 공장을 설립했을 뿐, 수공업자들은 여전히 소상품생산 형태의 가내공업체를 영위하였으나, 이 시기에 이르러 비로소 수공업자들이 공장설립의 주체로 나설 수 있었다. 그 결과 1910년대 중·후반이 되자 조선인 공업에서 공장설립이 비약적으로 증가함으로써 공장제 공업단계로 이행하게 되었다. 이처럼 소상품생산 형태의 가내공업단계에서 공장제 공업단계로 이행할 수 있었던 것은 개항 이후 구한말 시기에 다양한 경제주체들의 공장공업의 설립시도와 그 경영기술면에서의 역량축적이란 내재적 측면의 힘이 컸다고 볼 수 있다.

4. 민족경제의 기초 : 소상품생산자적 가내공업

　1910년대 민족자본의 발전은 매우 미약하였는데, 그 원인을 개괄적으로 보면 다음과 같다. 첫째, 조선인 민족자본 발전에 대한 일제의 직접적인 억압정책인데, 예컨대 1910년 12월과 1915년 12월에 각각 공표 실시된 회사령과 조선광업령을 들 수 있다. 둘째, 일제는 대외 무역을 장악하고 국내 유통에서의 결정적 지위를 확보하였으며, 조선의 공업 발전을 위한 기초시설을 독점하는 등 민족자본의 생산적 투자를 제약하였다. 셋째, 민족자본의 약체성인데, 이는 일제의 정치적 억압과 경제적 침투에 기인하였지만 자체의 역량 부족에도 그 원인이 있었다.

　자본주의 상품의 침식으로 자본축적의 여지가 좁아지고, 재래의 수공업 내지 상업자본을 산업자본으로 전환할 기회를 박탈당했으며, 일부 자본을 축적한 민족자본도 외래자본과 예속자본에 대항할 정도의 기술과 경제적 기반을 갖지 못한 것이다. 그 결과 민족자본은 한정된 공업부문에서 낮은 기술적 장비로 저임

　못하였다는 것이다(安秉直, 〈三·一運動 이전 勞動運動〉, 《운암 이상구박사 회갑기념논문집》, 1979, p. 329 및 p. 332).

금 등 열악한 노동조건하에서 경영을 유지했다. 그러나 한정된 일부 자본가는 일제와 결탁하여 비교적 규모가 큰 예속적 산업자본가로서 근대적 공장을 성장시킬 수 있었다.

토착자본이 민족자본이 되려면 자금·원료·시장의 여러 측면에서 '독자적 영역'을 지니고 있어야 하는데, 완전식민지하에서 이와 같은 모든 조건을 갖춘 영역은 대단히 좁을 수밖에 없다. 그것은 오직 식민지 민중의 재생산 및 일상생활을 기반으로 하는 영역에서만 가능한 것이었다. 식민지 민중이 생산하는 제품에서 원료를 얻고 그들에게 필요한 제품을 공급하는 관계가 그것을 충족시켜 줄 수 있었다. 그런 뜻에서 민족자본은 자본이라고 말하기 어려운 영세자본, 곧 소상품생산자적 가내공업이 주류를 이룬다고 할 수 있다. 그렇다고 지금까지 논의된 중소자본을 전적으로 이런 의미의 민족자본에서 배제할 필요는 없으며, 그 가운데 일정 부분은 최소한 부분적으로 이와 같은 요건을 구비하고 있다고 보인다.

직접생산자인 농민을 포함한 대다수의 가내수공업자들은 거의가 소상품수공업자들이었는데, 이들이 영위하던 가내공업의 대부분은 식민지 민중이 식민지 상황에 대응한 결과로 나타난 것이었다.[51] 그런데 식민지 조선에서 이러한 가내공업의 비중은 대단히 컸으며, 병합 당시에는 공산액의 3분의 2를 가내공업생산액이 차지하고 있었고, 1920년대까지 공장생산이 가내공업생산에 미치지 못하였다. 가내공업생산액은 1933년에 40퍼센트였으며 1930년대 중엽에야 공장생산이 이를 능가하였고, 1939년에는 22퍼센트로 감소하였다. 가내공업생산액은 1930년대 후반에도 전체 공산액의 20~30퍼센트의 비중을 유지하고 있어서 이것이 일제 말기까지 뿌리 깊게 잔존했다고 볼 수 있다.[52]

---

51) 흔히 공업의 발전 형태는 가내수공업, 가내기계공업, 공장수공업, 공장기계공업의 네 가지로 분류하는데, 대개 가내수공업, 가내기계공업, 공장수공업의 세 가지를 가내공업으로 총칭하여 공장기계공업에 대립하는 것으로 보기도 하였다(京城商業會議所,《家庭工業調査》, 1937, p. 125 및 京城府,《家內工業ニ關スル調査》, 1937, pp. 1~4). 그리고 통계에서는 공장노동자수 4인 이하의 영세공장을 가내공업으로 분류하였다.

52) 김낙년, 〈식민지 조선의 공업화〉,《한국사》 13, 식민지시기의 사회경제-1, 한길사, 1994, p. 303.

　이러한 가내공업은 자급자족부문의 잔존이라는 소극적 측면만이 아니라, 시장생산을 거쳐 공장생산으로의 상승을 지향하는 적극적 측면도 포함하고 있었다. 또한 가내공업은 조선인이 담당하였기 때문에 이러한 동향은 공업화과정에서 조선인의 역동적 대응의 한 형태를 보여 주기도 하였다.[53]

　일제 식민지에서 일본자본의 집중과 생산의 지배를 받으면서도 조선인의 수공업적 작업장, 즉 소상품생산자적 가내공업이 큰 비중을 차지한 원인은 다음과 같이 설명되고 있다. 첫째, 예속자본이 비교적 큰 규모의 공장을 건설하기도 했지만, 적은 자본을 축적한 소자본가 내지 상업자본가들은 그들의 자본 일부로 소규모 작업장 또는 수리장을 만드는 것에 그 활동을 한정하였다. 그렇게 할 수 있었던 것은 외국상품의 침범이 적고 국내 생산품 수요가 비교적 높은 부분에서 낮은 임금으로 존립이 가능하였기 때문인데, 농촌의 과잉인구가 그 기반이 되었다.

　둘째, 몰락하여 가는 소상품생산자의 전업적 수공업 가운데 많은 부분이 그 활로를 성장하는 도시와 도시 주변의 새로운 종류와 형태의 수공업장에서 찾았다. 재래의 전통적 수공업에서 벗어나 새로 수입된 도구로 생산에 종사하였는데, 그들은 과거의 독립적 지위와는 달리 대부분 상업자본과 산업자본에 예속되어 있었다. 결국 새로 편성된 도시와 농촌의 수공업은 상업자본이 활동할 수 있는 영역을 제공했고, 또는 공장제 공업 내지 매뉴팩처의 부속물이 되기도 하였다. 그리고 이들 수공업자는 일본자본의 높은 이윤보장의 기반이 되기도 하였으며, 자본의 요구에 따라 자기의 위치를 상실할 수 있는 불안정한 것이었다.[54]

　이처럼 일본경제 또는 식민지경제를 보완하는 가내공업의 측면이 있는가 하면, 식민지 민중의 재생산 유지를 위한, 곧 식민지 민중의 수요를 뒷받침하면서

---

53) '공상병부'의 분석에서 조선인 공장의 상당한 부분이 가내공업에서 성장한 것임을 시사하고 있다(허수열, 〈일제하 조선인 공장의 동향—1930년대 《朝鮮工場名簿》 분석을 중심으로〉, 안병직·中村哲 編, 《근대조선공업화의 연구》—1930~45년—, 一潮閣, 1993).

54) 전석담·최윤규 외 지음, 《조선근대사회경제사》, 19세기 말~일제통치 말기의 조선사회경제사, 이성과현실, 1989, p. 155.

그것을 생산하는 가내공업의 측면이 있었다. 식민지 민중의 재생산을 뒷받침하고 동시에 그것을 생산기반으로 하는 가내공업은 식민지 공업화의 진전에 따라 대공업과 하청관계 등으로 연결되는 식민지 경제의 보완물이 결코 아니었다. 중소공업의 하청경영 또는 신문옥제(新問屋制) 공업의 모든 형태가 독점기업과의 관련에서 대두되는 경향이 있었으나, 조선 재래의 생활양식에 따른 좁은 범위의 선내(鮮內) 수요충족만을 목적으로 하는 소규모의 전자본주의적·역사적 경영형태가 근대적 대규모 경영형태와 자본적·기술적 관계뿐만 아니라 원료시장 및 노동력의 면에서도 관계를 갖지 않는 존재로서 성립 발전하고 있었다.

이와 같은 가내공업생산은 전근대적 생산양식의 잔재가 아니라 오히려 식민지화 과정에서 새롭게 생겨난 것이 주종을 이루었고, 식민지 민중이 식민지상황에 대응한 결과로 나타난 것이었다. 이는 식민지시기 이전과 단절된 것도 아니며, 오히려 재래가내공업이 상황의 변화에 대응하여 스스로 변용한 결과이고, 또한 단순히 자급자족적 생산에 한정된 것도 아니다. 그 상당부분은 식민지 민중 상호간의 분업관계 속에서 엄연히 상품화되고 있었다.

소상품생산자적 영세경영은 일국(一國)자본주의의 순조로운 발전과정에서는 조만간 분해될 존재였지만, 식민지라는 특수상황에서 그와 같은 본래적 전개가 저지된 과도기적 형태로 존재하는 것이었다. 곧 식민지 민중이 그들의 재생산을 유지하기 위한 대응의 일환으로써 존재하는, 말하자면 소상품생산적 성격을 더 농후하게 지닌 존재라고 할 수 있다. 식민지 초과이윤이 수취되는 과정에서 식민지 민중의 단순재생산조차 보장해 주지 않을 때, 식민지 민중은 스스로의 생활과 최소한의 재생산을 유지하기 위한 방책을 강구하지 않을 수 없었다. 식민지 민중은 식민지적 상품경제관계의 진전에 따라 화폐수지의 증대에 대처하고자 극소의 이윤만 가지고도 유지가 가능한 메커니즘을 필요로 했다. 사용자나 피사용자나 낮은 임금으로 만든 제품을 싼 값에 팔고, 적게 받은 임금으로 싼 물건을 사는 관계, 곧 양자가 다 같이 판매자인 동시에 구매자이기도 한, 고정된 일방적 관계가 아니라 상호보완관계에 있게 되는 것이다. 또 이러한 상호보완관계 위에서 식민지 민중은 스스로의 생활과 재생산을 유지할 수 있게 되었다는

것이다.55)

　이처럼 식민지에서 소상품생산자적 가내공업의 광범한 존재는 식민지적 제약 때문이기도 하지만, 동시에 식민지 상황에서 그들의 재생산을 유지하는 데 총체적 공동의 대응기반을 확보하려는 노력의 필연적 결과였다고 볼 수 있는 것이다. 이것은 종속적 발전이 아닌 자주적 일국자본주의 발전의 길을 모색하면서 내재적 발전의 변혁주체 역할의 수행 가능성을 시사하고 있는 것이다. 소상품생산자적 가내공업의 광범한 존재를 민족경제 확대의 바탕으로 보고, 보다 적극적이고 능동적 의미로 파악하는 견해이기도 하다.

---

55) 이홍락, 〈식민지의 사회구조〉, 《한국사》 14, 식민지시기의 사회경제-2, 한길사, 1994, pp.180~183.

제8장
식민지자본주의의 전개와 중소기업(Ⅱ)

제1절 식민지자본주의의 형성과 소공업문제

1. 물산장려운동과 소공업문제

(1) 물산장려운동의 성격과 그 배경

1) 물산장려운동의 성격

3·1운동 이후 국내 민족주의운동의 대세는 무장투쟁 형태의 독립전쟁 노선으로부터 경제적 실력양성운동으로 전환하였는데, 이를 반영한 것이 1920년대 초 대표적인 대중적 경제운동이었던 물산장려운동이었다. 실력양성운동은 일제의 새로운 식민지정책에 따라 주어진 이른바 '문화정치'의 공간에서 '문화운동'이라는 이름으로 수행된 것으로, 물산장려운동은 청년회운동, 교육진흥운동과 함께 전개된 것이었다.

실력양성론은 한말의 자강운동론에서 그 기원을 찾을 수 있다.《황성신문》은 1903년 조선의 보호국화 소문이 들려오자 내수자강(內修自强), 외강교섭(外講交涉)으로써 강토의 보존책을 마련하길 호소했다. 또한 1905년 11월 29일 보호조약이 강제 체결된 이후《대한매일신보》는 국권회복의 관건이 자주자강(自修自强), 곧 실력양성에 있으며, 그 실력양성은 정계의 개편과 단체의 결성, 신교육의 실시, 신지식의 보급, 산업의 진흥으로 실현할 수 있다고 주장하였다. 이러한 자강운동론은 '선 실력양성, 후 독립론'으로 요약할 수 있는데, 분발하여 자강(실력양성)에 힘쓴다면 부강한 앞날과 국권의 회복을 바라볼 수 있다는 주장이었다. 그리고 자강운동론에서 제시한 실력양성의 구체적인 방법은 교육과 실업의 진흥이었다. 더욱이 실업의 진흥은 당시 각지에 세워지고 있던 상공업관계 회사들과 밀접한 관련을 갖고 있으며, 자본주의화라는 조류를 맞이하여 농업뿐만 아니라 상공업에도 투자하여 새로운 자본축적의 길을 열어 보자는 것이었다. 곧 자강운동에서 실업의 진흥은 구래의 지주, 상인층의 자본을 상공업으로 전환시키는 방향의 자본주의화를 뜻하는 것이었다.

1910년대 실력양성론은 한말의 자강운동론을 계승하여 펼쳐졌다. 일본이 조선병합을 단행하고 동화정책을 추진하면서 실력양성론은 약간 그 성격이 달라질 수 밖에 없었지만, 사회진화론(社會進化論)의 논리[56]를 바탕으로 한 실력양성론은 지속되었고, 민족이 실력을 기르면 언젠가는 독립의 기회가 올 것이라는 믿음을 가졌다. 독립을 요원한 것으로 간주하면서도 우선은 문명개화와 실력양성, 민족성의 개량에 주력해야 한다는 것이었다. 정신적으로는 근대적 인간으로 개조하고, 생활상으로는 자본주의적 경제생활을 영위하여 전체적으로 문명사회, 곧 자본주의사회의 실현을 도모하는 것이었다. 여기서 실력을 기른 뒤에 독립을 도모하자는 '선 실력양성, 후 독립론'은 실력이 없으면 독립할 수 없다는 것이지만, 이는 패배주의적 논리를 반영한 것이었고, 이른바 사회진화론적 세계관에 매몰된 것이었다. 그리고 실력양성이란 구체적으로 자본주의적 문명의 건설을 뜻하는 것이며, 이 시기 실력양성론은 부르주아민족주의우파의 입장에 해당하는 것으로, 1920년대 초의 '문화운동론'의 초기적 형태를 반영하는 것이었다.[57]

1920년대 초 나타난 실력양성론은 문화운동론의 이름으로 전개되는 가운데 '경제적 측면에서의 실력양성론'을 그 중심내용으로 하였다. 우리는 문화로만 사는 것이 아니라 경제에서도 살아야 하며, 금후는 경제전쟁의 시대로서 경제전쟁에서의 패배는 멸망을 뜻한다는 당시의 인식이 이를 반영하고 있다. 현대의 정치는 경제적으로 능력이 있는 자본가에 의해 좌우되며, 따라서 경제적 능력이 없으면 정치적 권리도 없으므로 정치적 권리를 주장하기에 앞서 경제적 실력을

---

56) 우승열패(優勝劣敗) 생존경쟁(生存競爭)을 사회진화의 철칙으로 보고, 경쟁의 사회에서 살아남을 수 있는 유일한 길은 스스로 실력을 갖추는 것, 곧 자강운동 밖에 없다는 사고이다.

57) 박찬승, 《한국근대정치사상사연구》-민족주의우파의 실력양성론-, 역사비평사, 1992, pp. 36~37 및 pp. 134~137 참조.

양성해야 한다는 것이었다.

사회진화론이 대두하면서 1910년대까지 전개된 실력양성론은 직접적인 독립운동보다 '기회를 대비한 준비'로서 실력양성운동이 필요하다는 인식에 바탕을 두고 있었다. 곧 '선 실력양성, 후 독립론'의 인식은 독립운동 유보와 실력양성 우선이라는 뜻을 지니고 있었고, 따라서 일제에 대한 저항과 투쟁의 논리는 아니었다. 이는 현실 속에서 합법적 범위 안의 실력양성운동이라는 뜻을 지니고 있었으며, 실력양성이란 자본주의 문명의 수립을 말하는 것이어서 문화운동으로서의 실력양성운동에서는 자본주의 문명의 수립이 독립이라는 가치보다 우위를 차지하였다.

2) 물산장려운동의 배경과 민족주의

경제문제가 정치적 문제, 곧 '독립'의 관건이라고 본 경제적 실력양성론은 물산장려운동으로 구체화되었다. 이 시기(1910년대 중후반 이후)에 자본가들의 자본축적부문이 제조업으로 이동하면서 초기의 산업자본에 대한 보호정책이 요구되었고, 이것이 물산장려운동의 중요한 배경이 된 것이다. 제1차 세계대전으로 말미암은 호황과 제국주의 열강으로부터의 수이입 감소로 1918년을 전후하여 조선인 회사의 설립이 빠르게 증가하고 중소규모의 공업자본도 엄청나게 늘어났으며, 소규모 공장공업과 가내공업이 빠르게 성장하는 가운데 소규모의 공업은 1920년대 초까지 생명력을 유지하였다. 아직 일본 상품과 자본의 침투는 본격화되지 않았고, 도시의 소규모공장을 포함한 도시와 농촌의 가내공업은 공업생산액의 많은 부분을 차지하였으며, 급속한 공장 설립의 저변에는 수공업자의 역량이 존재하였다. 또 하나의 공장 건립의 주체는 지주, 상인이었는데, 이들은 자본축적도가 수공업자보다 높았기 때문에 공장 건립 시 자본규모가 컸으며, 따라서 고유의 업종뿐만 아니라 대규모의 설비투자가 필요한 '새로운 업종'에도 진출하였다.

그러나 1920년부터 시작된 전후의 '반동공황'과 그 이후의 만성적 불황은 조선인의 중소규모 공장공업과 가내공업에 심각한 영향을 주었으며, 이에 따라 공업생산도 급격하게 감소하였다. 또한 이제 막 설립되어 가동을 시작하던 조선인 공업회사에도 위기감을 안겨주었으며, 실제로 중규모 이상의 공업자본도 축소 재생산을 하지 않을 수 없었다. 이러한 조선인 공업의 상황은 1922년 말을 전후하여 일어난 물산장려운동의 성격을 규정하였다.

이 시기 총독부에서는 1920년부터 '장래 내지(內地)의 자본과 기술을 끌어들여 내선경제(內鮮經濟)의 공통의 실질을 거두는 데는 내선실업가의 융합협력을 구할 필요가 있다'고 하여 '내선실업가의 융합협력'을 목적으로 산업조사위원회의 개최를 준비하였고, 1921년 6월 6일에는 산업조사위원회 규정을 공포하였다. 이에 조선인 자본가 입장에서 이러한 산업조사위원회의 설치에 대응하고자 1921년 7월 조선인산업대회를 만들었다. 여기에는 친일조직인 유민회(維民會)와 예속자본가, 그리고 동아일보계 및 조선청년연합회가 조직적으로 참여하였다. 발기준비위원회에서는 한편으로 조선경제의 피폐상을 강조하여 일제의 '보호와 지원'을 요구하면서, 다른 한편으로는 조선인들의 '사회적 산업운동'의 필요성을 강조하였다.

이들은 산업조사위원회의 개최에 맞추어 조선인 산업에 대한 일제의 보호를 요청했으나, 별다른 성과 없이 위원회는 막을 내렸다. 산업조사위원회는 조선 산업정책의 기본방침이 일본제국의 산업정책에 순응해야 한다는 식민지적 산업정책임을 분명히 함으로써 조선인산업대회의 건의를 무시하였으며, 이에 토착자본의 기대는 무너졌고 조선인 자본가는 크게 실망하게 된다. 이에 경제적 실력양성론자들은 한때 정부기관, 즉 총독부 측에 걸었던 '보호와 지원'의 기대를 일시적으로 포기하고, 조선 민중에게 '보호와 장려'를 요청하게 된 것이 물산장려운동의 직접적인 동기였다.

1920년대 초 조선인 공장수가 크게 늘어났지만 일본인 자본의 조선 진출도 왕성하여 자본과 기술이 앞서는 일본 상품들은 조선인 공장에서 생산되는 싱품들을 압박했다. 조선인 공장이 생존하려면 기술혁신과 경영개선으로 경쟁력을 높여야 했지만, 여기에는 긴 시간이 필요하였다. 이에 엄연히 현존하는 민족감정이 자본의 이익에 기여할 가능성이 있다고 보고, 이에 따라 조선인 자본가 층은 물산장려운동에 참여하게 된다. 곧 이 운동의 바탕은 민족주의가 자본가의 계급적 이익에 기여할 수 있는 식민지적 특수성이었다.

조선인 자본가가 처해 있던 이러한 역사적 특수성은 바로 민족적 명분과 자본가적 실리를 사이에 두고 있었는데, 그들은 전자가 후자를 위해 기여해 주길 바랐으며, 이것이 민족운동 차원에서 전개된 물산장려운동이었다. 이 운동은 상품가격의 폭등과 구매력 감퇴로 큰 성과를 거두지 못했지만 자본가의 계급적 이익과 민족주의의 상관성을 전형적으로 보여주었으며, 나아가 민족경제권이 시장과 민족운동의 교차영역에서 존재할 수 있음을 보여주기도 하였다.

일제시기 민족경제의 개념 또는 민족경제권은 민족운동을 전제로 현실경제에 존재하였으며, 민족경제권은 관념에서 벗어나 민중생활권을 형성하는 국지적 부문에서 존재할 수 있었다.[58] 현실경제와 민족주의의 사이에서 조선인 자본가가 민족운동으로써 민중생활권 속에 시장을 좀 더 확장시키고자 할 때, 그 정도 수준에서 '가변적 민족경제권'은 존재할 수 있었다. 궁극적으로 가변적 민족경제권 문제는 물산장려운동의 계급적 기반과 직접적인 관련이 있기 때문에 그것은 조선인 자본가계급의 민족주의에 대한 운동력에 좌우되었고, 또한 물산장려운동의 성격을 규정하는 것이기도 했다. 비타협적 민족주의운동이 힘차게 전개되면서 민족주의운동의 계급적 기반은 축소되어 갔지만 조선인 자본가계급은 경제운동의 영역을 고수하였다. 따라서 자본가계급은 계급적 이익을 위해 민족주의의 틀을 벗어나지는 않았지만, 그들이 민족주의운동을 주도해 갈 능력은 점차 약화되었다. 이러한 자본가계급의 시대적·계급적 한계 속에서 물산장려운동의 성격은 규정되었다.[59]

---

58) 李洪洛,〈日帝下朝鮮民衆の再生産活動とその經濟的基礎〉, 神奈川大學 經濟學博士學位論文, 1986.

59) 이승렬,〈일제하 조선인 자본가의 '근대성'－민족국가 형성과 관련하여〉, 역사문제연구소 편,《한국의 '근대화'와 '근대성' 비판》, 역사비평사, 2004, pp. 225~226.

(2) 물산장려운동의 두 흐름과 소공업문제

1) 물산장려운동의 발족과 논쟁

물산장려운동은 1920년 8월 평양에서 처음 시작되었다. 조만식 등 70여 명의 평양 유지들은 '조선물산장려회'를 발기하고 자작자급(自作自給), 즉 조선 물산의 장려를 위한 운동을 펼칠 것을 제기하였다. 그들은 조선이 빈약하게 된 근인(近因)은 자작자급을 하지 않는 데 있다고 주장하고, 부득이한 물품 외에는 철저히 자작자급을 실행하며, 나아가 상공업에 착수하여 직접적으로는 실업계의 진흥을 꾀하고 간접적으로는 사회의 발전과 진보를 기한다는 취지를 내걸었다. 이처럼 평양에서 물산장려운동이 처음 시작된 것은 1920년대 초에 조선인 공업이 평양에서 가장 발달했던 경제적 배경 때문인데, 이러한 물산장려운동의 주요 목적은 조선인 자본의 축적과 생산력 증대라고 집약될 수 있다.

조선물산장려회는 그 뒤로 2년 가까이 창립을 보지 못하는 가운데 경제적 실력양성론은 계속 제기되었고, 1922년 초 《동아일보》는 보다 구체적으로 자작자급운동을 펼칠 것을 제기하기도 하였다 이런 가운데 평양의 조선물산장려회는 1922년 5월 16일 다시 발기인 총회를, 그리고 6월 20일에는 그 창립총회를 개최하였다. '물산장려', '자작자급'의 취지를 내세운 가운데, 1923년 1월 9일에는 서울에서 조선물산장려회가 결성되어 물산장려운동이 본격화되었다.

조선물산장려회는 자본가들과 청년운동에 관계하던 지식인을 중심으로 구성되었는데, 구체적으로는 자본가들을 중심으로 결성되었던 조선민우회(朝鮮民友會)[60]를 한 축으로 하고, 서울청년회를 중심으로 사회주의계열이 탈퇴한 이후의 조선청년연합회[61]를 다른 한 축으로 하여 구성되었다.[62] 이들은 실력양성의 분

---

60) 1922년 6월에 창립한 '온건한 정치적 색채'가 가미된 조선인 자본가의 단체였는데, 친일적인 성격을 숨기고 '민족적'인 것을 부각시키려고 했으나 '실력양성'의 분위기를 반영하면서 민족운동의 개량화를 도모하고 있었다.

61) 1922년 4월 서울청년회를 중심으로 사회주의 청년단체가 탈퇴한 후 우파만으로 조직된 청

위기를 반영하여 일제에게 '보호와 지원'을 요청하면서 다른 한편으로는 '실력 양성'의 슬로건을 앞세워 민중들의 지원을 요청하였는데, 특히 '민중들의 지원 요청'을 구체화한 것이 물산장려운동이었다. 부르주아민족주의자가 다수 참여한 가운데 뒷날의 비타협적 민족주의자를 포함하여 거의 모든 민족주의 계열이 물산장려운동에 참가, 지원하였다. 그러나 대부분의 사회주의계열은 이를 비판하였다.

사회주의자들은 물산장려운동이 유산계급의 이기적 운동, 즉 유산자의 자본축적운동일 뿐, 무산자계급에게는 어떠한 이익도 없다고 주장하였다. 조선의 자본가, 유산계급이 외래의 자본가계급을 배척하고 그 대신 신(新) 착취의 자본주의사회를 건설하려는 운동이 물산장려운동이라는 것이다. 이에 대하여 민족주의계열에서는 사회주의 혁명의 단계적 발전론의 생산력증대론을 이론적 근거로 하여 이를 비판하였다. 현 단계의 임무는 일본인 자본주의에 대항하고자 경제적 실력을 양성하는 데 있으며, 그러기 위해 조선인 자체의 생산증식이 급선무라는 것이다. 곧 물산장려운동은 조선인 전체의 경제적 실력을 배양하는 것이지 유산계급의 이익만을 위한 것은 아니며, 설사 유산계급에 이익이 집중된다 하더라고 그것은 자본주의 발전을 뜻하므로 사회주의 혁명을 앞당기는 결과가 된다고 주장하였다.

이처럼 사회주의 계열의 비판 속에 부르주아민족주의 계열은 생산력 증대를 위한 물산장려운동의 기본방향을 확인하였지만, 그 구체적인 실천방향에 대해서는 내부적으로 이견을 보였다. '내 살림, 내 것으로', '조선 사람, 조선의 것'이라는 물산장려운동의 목적을 달성하는 방안으로 적극적인 생산 장려, 또는 소극적인 애용 장려(소비 장려) 가운데 어느 쪽에 역점을 둘 것인가에 대한 논쟁이 그것이다.

년연합회를 말한다. 이들은 조선인산업대회의 주요 구성원으로 참여하였으며, 산업과 교육에 관하여 물산장려운동과 민립대학 기성운동의 시행을 주장하였다.

62) 尹海東, 〈日帝下 物産奬勵運動의 背景과 그 理念〉, 《韓國史論》 27, 1992, p. 297.

조선물산장려회는 물산을 장려하고 조선인의 산업을 진흥하여 조선인의 경제적 자립을 도모함을 그 목적으로 한다는 것을 헌칙 3조에 명시하였다. 그리고 그 실현방안으로 세칙 2조에 ① 산업 장려, ② 애용 장려, ③ 경제적 지도의 세 가지 방안을 병기하였다. 또한 헌칙 4조에서는 이 모임의 목적을 달성하고자 소비공급과 생산증식에 필요한 기관을 설치할 것을 규정하였다.

즉 조선물산장려회는 그 운동방침을 '생산 장려'와 '애용 장려'를 병행 추진하는 것으로 명시했다. 그러나 애용 장려의 우선적 실천으로써 생산을 장려하는 것을 일반적 방침으로 한다는 것, 곧 애용 장려를 급선무로 보고 이에 치중하되 생산 장려를 병행한다는 입장을 고수하였다.[63]

한편 물산장려운동을 추진하는 세력 내부에서도 애용 장려 이후 조선 물산에 대한 수요증가에 대응하는 생산 장려 방안에 대한 견해차가 존재하였다. 곧 생산을 장려하는 데 공장제 기계공업의 대공업을 중심으로 할 것인지, 또는 소공업을 중심으로 할 것인지의 문제를 둘러싼 입장 차이가 나타났다. 물산장려운동의 구상과정에서 보이는 '민족자본 상층'을 중심으로 한 자본가계급의 육성을 목표로 한 입장과 '민족자본 하층' 및 소상품생산자들을 중심으로 한 입장이 그것이다.[64]

2) '생산증식'과 대공업설립론

생산증식을 주장하는 입장은 자본주의적인 대공업을 설립하여 생산증식, 즉 생산력을 증대하는 길만이 근대화를 달성할 수 있는 유일한 방법이라는 것이다. 생산증식과 대공업 설립 주장의 근거는 문화운동론의 선상에서 전개되었던 실력양성론이었다. 이를 대표하는 《동아일보》는 1921년부터 경제적 실력양성운동의 필요성을 역설하였는데 그 성격은 자본주의 문명의 수립이었다. 이 입장에선 조선인의 산업개발에 대한 필요성을 집중적으로 제기하면서 자본주의 공업의

---

63) 오미일 지음, 《한국근대자본가연구》, 한울, 2002, pp. 457~458.

64) 박찬승, 앞의 책, p. 285.

발달을 통한 근대문명의 수립을 주장하였다. 또 공업을 일으키는 데서도 근대적
인 과학기술의 이용을 통한 공업장려를 주장하였고, 이 길이 조선경제의 회복을
위한 길이라고 보았다.65) 곧 근대적인 기술을 채용한 대규모 공업의 장려가 경
제의 파멸을 극복하고 근대문명을 이루는 길이라는 것이다.

그 방법으로 총독부 당국이 대규모 생산기관에 대한 보조금을 지급하고 보호
관세를 설치할 것을 주장하였다. 다른 한편으로는 경제적 자립을 위한 자급운동
의 전개도 주장하면서, 조선인 산업자본의 각성과 공업 발전을 위한 산업상 일대
운동의 필요성을 역설하였다. 조선인 자본에 대한 보조금 지급을 요구한 것은 식
민지 치하에서 대규모 자본이 민족경제 자체의 경제적인 재생산구조를 유지하는
것이 불가능하다는 전제 아래 예속화의 의사를 표시한 것으로 볼 수 있다.

1922년 11월 ‘자작회’(自作會)의 창립에 즈음하여 《동아일보》는 다시 산업의
발달을 장려하고 도모할 것을 주장하면서, 일본인 자본주의에 대항하기 위하여
조선인이 소비에 동맹함으로써 그 생산의 발달을 기도할 수 있다고 하였다. 자
본주의적 사회조직에서 ‘무산자적 생산동맹’을 기약하고 경제적 자립정신으로
노력하면, 근대국가의 산업을 발달시킬 수 있고 자본축적과 기술 발전으로 소기
의 목적을 달성할 수 있다는 것이었다.66) 이것은 ‘생산증식론’의 특징을 분명히
표현한 것이고, 《동아일보》가 추진한 물산장려운동의 목적을 드러낸 것이기도
하다.

곧 조선인이 소비에 동맹함으로써 생산의 발달을 기도하는 무산자적 생산동
맹은 이 운동이 무산자의 기아적인 국산소비에 바탕을 두고 있음을 인정하는
것이다. ‘생산증식론’은 이처럼 소비에 기초한 생산 발달을 도모하여 근대적인
대규모 공업기관의 발달을 추구한 것이었다. 결국 일본자본 주도의 대규모 독점
자본과 경쟁에서 대등한 조건을 조성하는 것을 민족 내부에서의 상품의 판로와

---

65) 〈공업입국을 논하노라(상)〉, 《동아일보》, 1921년 5월 16일자 및 〈朝鮮工業을 위하야〉, 《동
아일보》, 1921년 9월 4일자.

66) 〈자작회〉, 《동아일보》, 1922년 12월 18일자.

시장권 확보문제를 중심으로 해결하려 하였다.[67]

1921년부터 제기된 '생산증식론', 즉 대공업설립론은 일제의 경제정책을 비판하면서도 일제의 보호와 공업에 대한 보조금의 지급을 요구하였고, 다른 한편에서는 민중의 국산소비에 바탕을 둔 생산의 증식이라는 '산업운동'의 논리를 펼쳤다. 따라서 생산력의 증대를 도모하는 생산증식론은 일제 독점자본과의 대결을 지향하는 '경제적 자립정신'이 아니었다. 다만 구매력의 증대를 통하여 취약한 경쟁력의 증대를 도모하는 것이었고, 소수의 조선인이 소유한 대규모 산업자본의 이해를 대변하는 것이었다.[68]

'생산증식'을 통한 물산장려운동을 계획한 측은 이처럼 총독부의 '보호와 장려'를 기대하였다가 실망한 나머지 민중의 소비에 바탕을 둔 물산장려로써 자본축적의 길을 찾아보려는 토착자본가의 위치에 있던, 이른바 '민족자본 상층'에 해당한다고 볼 수 있으며, 초기 물산장려운동은 사실상 이들에 의해 주도되었다. 물산장려운동은 1922년 중반 이후 경제적 실력양성론이 구체적 모습으로 나타난 것인데, 이를 뒷받침한 것이 생산증식의 논리였다. 이는 넓게는 '자본주의 문명의 수립'과 '자본가계급의 육성'을, 좁게는 물산장려운동 전후에 일어난 '대공업 기관'의 설립이라는 목표로 대표된다.

조선 사람들이 조선 물건을 사서 쓰는 물산장려운동은 결국 그것을 뒷받침할 만한 공급이 따라야 하는데 이는 사라진 베틀로는 해결이 불가능하며, 결국 조선인 자본가의 대규모 기계공업으로 풀어낼 수 있다고 보았다. 따라서 이러한 방향의 물산장려운동은 궁극적으로 대규모회사 창립운동에 지나지 않는다는 지적이다.[69]

---

67) 김용섭, 〈고부 김씨가의 지주경영과 자본전환〉, 《한국근현대농업사연구》, 일조각, 1992, pp. 243~244.

68) 尹海東, 앞의 글, 앞의 책, pp. 326~333 참조.

69) 이성태, 〈썼던 탈을 벗어나는 物産運動〉, 《開闢》 40호, 1923년 10월, pp. 54~58, 박찬승, 앞의 책, p. 286 참조.

3) '토산장려'[70]와 소공업육성론

토산장려의 슬로건은 1922년 12월을 전후하여 경성에서 물산장려운동이 본격적으로 일어나기 시작했던 때부터 제기되었다. 소규모의 수공업이나 가내공업으로 생산하는 물품의 사용을 장려하는 토산장려는 바로 '민족자본 하층'과 소상품생산자들을 중심으로 구상된 물산장려운동이었다. 물산장려회 내의 일부 세력과 자작회, 그리고 훗날 《조선일보》 측이 주로 이를 주장하였다. 이들은 1923년 8월을 전후하여 초기 물산장려운동이 동력을 잃게 되자 조선물산장려회 내부의 주도권을 잡게 되었으며, 1924년 4월의 조선물산장려회 2차 정기총회를 계기로 그 과정이 정착되었다.

이 견해는 소규모의 수공업이나 가내공업 등 소공업을 통한 생산장려에 주력해야 한다고 주장하면서도 다시 두 가지로 나누어졌다. 하나는 원료 자원의 부족, 저렴한 동력 획득의 어려움, 과학기술의 미비 등 현실적 조선경제의 조건을 감안하여 소공업 장려를 주장하는 입장이었다. 그리고 다른 하나는 이윤을 추구하는 기계제 생산의 대공업보다 소공업이 자작자급을 목적으로 하는 생산에 적합하다는 점에서 수공업적 생산과 소공업의 장려를 주장하는 것이었다. 이 두 입장 가운데 전자는 조선의 현 상황에서는 불가능하지만 상품생산시대에는 기계제 대공업이 생산체제의 주력이 되어야 한다고 하여 이윤추구의 자본주의 경제체제를 인정하였다. 이와 달리 후자는 자본주의 생산방식에서 파생되는 사회모순을 인식하고 대안의 생산방식을 모색하고 있다는 점에서 차이가 있다.

전자의 입장을 좀 더 설명하면 막대한 자본과 기술이 없는 조선경제의 형편에서는 먼저 현재 가능한 소공업이나 고유의 수공업에 착수하여 경험과 지식을 얻고, 또한 경제회복이 어느 정도 된 이후에 대공업에 착수해야 한다는 논리를

---

70) '토산'이라는 용어는 소규모의 수공업이나 가내공업으로 생산되는 물품을 지칭하며, 따라서 토산장려는 소규모의 수공업이나 가내공업에서 생산하는 물품의 생산을 장려한다는 의미를 내포한다. 《朝鮮之光》의 창간호(1923년 11월, pp. 24~28)에 〈土産獎勵會則〉이 실려있다 (尹海東, 앞의 글, 앞의 책, p. 314).

편 것이다. 여기서 소공업이란 공장제 기계공업을 대공업으로 규정한 것에 대한 상대적 개념으로, 가내에서 부업이나 소규모로 경영하는 공업을 말한다. 여기에는 가내에 상당한 시설을 갖추고 정업(正業)으로 경영하는 소공업과, 정업은 따로 있으면서 여가를 이용하여 부업으로 종사하는 소공업의 두 가지가 있는데, 다소 발달한 가내공업은 적고 대부분 부업적 소공업이라고 규정했다. 권장하는 소공업부문은 미술적 공업, 직물업, 요업, 일용잡화 및 식품류에 국한된 화학공업 등이었다.[71] 초기 조선물산장려회 관계 상당수 민족주의자들과 자본가층이 이러한 입장을 견지하였다.

후자의 입장은 자본주의체제의 진보성을 평가하면서도 그로 말미암아 멸망과 파괴를 당하는 인간이 적지 않다고 보았다. 이것은 자본주의 경제조직의 바탕이 되고 있으면서, 또 상품생산에 담겨있는 이기주의 때문이고, 침략주의와 착취수단도 여기에서 발생한다고 하여 자본주의 생산방식의 결함을 지적하였다.

이러한 논리의 근원은 유교적 대동주의(大同主義)였다. 현 사회의 상황은 이기심이 이타심을 지배하고 있는데, 그것은 구미적(歐米的) 물질문명, 즉 자본주의적 근대문명에 원인이 있으므로 이를 전복하지 않으면 안 된다고 보았다. 일본의 제국주의적 본성도 이 때문이라고 보고, 이에 대한 대응책으로 이타심에 근본을 둔 대동주의를 제시하였으며, 이러한 유교적 대동주의는 토산장려 논리의 기반을 이루었다. 그리고 이타심에 기반하여 자작(自作)을 행하면 일제의 통치도 끝낼 수 있을 것이라 암시하였다.[72]

조선이 파멸한 동기는 모두 자작할 자가 자작치 못하고, 자급할 자가 자급치 못함에 있다고 하여 일제의 원료공급지와 상품시장으로 파멸해 가는 조선의 현실을 자작자급으로 해결할 수 있다고 보았다. 물레와 베틀을 다시 사용해야 한

---

71) 夢蛇生, 〈新製品作名法〉, 《산업계》 창간호, 1923년 12월, 및 〈조선의 부업적 소공업〉, 《산업계》 2호, 1924년 1월(오미일 지음, 앞의 책, pp. 462~463 참조).

72) 薛泰熙, 〈愛他는 愛己의 遠慮〉, 《新生活》 8호, 1922년 7월, p. 32. 유교적 교양을 지니고 근대적 사상을 수용한 논리에는 반제성(反帝性)과 동시에 반봉건성(半封建性)의 이중성이 섞여 있다는 점을 유의할 필요가 있다는 것이다.

다는 주장은 자본주의 근대문명에 대응하기 위한 방책으로 제시된 것이며, 토산 장려에 기반을 두면 해외의 기계직(機械織)이 수입되어도 상관없다는 논리였다. 또한 토산의 생산과 장려에 기반을 두는 것은 외국제품의 불매불용(不買不用)이 될 것이기 때문에 자작자급운동은 바로 외국제품의 불매운동이 될 것이라고 보았다.[73]

이 논리는 일제의 자본주의적인 대생산기관에 맞서기 위하여 조선인 자본가를 중심으로 대생산기관을 설립해야 한다는 주장에 반대하였다. 그 대신 자작자급에 바탕을 두고, 자본주의적 대생산기관 대신 '사회봉공적인 생산업 재단'의 설립을 주장하였는데, 이는 이타심을 강조하는 대동주의에서 유래한 것이었다.

그리고 자본주의적으로 경영되는 대공업 설립에 반대하는 입장을 다음과 같이 강조하였다. '인류적 동란(動亂)'의 원인은 반불균(飯不均), 즉 부의 불균등한 분배로 발생한 것인데, 그러한 평화교란의 원인은 평화행진에 암초가 되는 자본주의에 의해 대공업이 경영되기 때문이라는 것이다.[74] 일반 계급의 균세적 조직이 아닌, 상품생산을 목적으로 하는 기계공업은 자본주의적인 경영의 불합리성을 지니고 있으며, 조선인의 지력과 재력으로는 기업 자체가 성립되기 어렵다고 보고 민중적 또는 사회적 시설에 따른, 소비를 위한 생산의 의미로서 기계공업을 일으키는 것이 적당하다고 보았다. 즉 물산장려회의 목적이 대공장의 설립에 있지 않음을 분명히 한 것이다.

또한 대규모의 산업자본 설립에 대신하여 조선인 소공업의 활성화를 기대하는 주장도 있다. 즉 조선인의 손으로 소규모의 공업을 확실히 일으킬 수 있는데, 직물·요업·화학공업과 같은 것은 조선인 자력으로 어느 정도 발전시킬 가능성이 있다는 것이다. 화학공업 가운데서도 보통의 일용잡화 및 식료품업은 비교적 대자본을 요하지 않고 소규모의 경영으로 발전시킬 여지가 있으며, 조선인 각자의 연락과 협동으로써 산업의 보호 및 발전을 실현시켜야 한다는 것이다.

---

73) 薛泰熙, 〈自作自給의 人이 되어라〉, 《東明》, 1922년 12월 3일자.

74) 薛泰熙, 〈物産獎勵에 관하여-3〉, 《동아일보》, 1923년 3월 6일자.

다시 말해 권력의 보호가 없는 상태에서는 소자본 스스로의 협동이 필요하다는 것이다.[75] 제국주의 침투로 파멸해 가는 조선경제를 회복하려면 소규모공업으로써 조선의 공업화를 이루어야 한다는 주장이었다.

4) 생산증식론과 토산장려론의 성격

위에서 물산장려운동을 둘러싸고 펼쳐진 생산증식(대공업 설립)과 토산장려(소공업 육성)의 논리를 살펴보았다. 두 논리 가운데 하나는 형성 초기에 있던 조선인 산업자본의 이해를 대변하는 측이었고, 다른 하나는 몰락해 가고 있던 조선의 소규모공업과 농촌의 가내공업의 이해를 대표하는 것이었다. 생산증식의 논리가 주로 대규모 생산기관의 설립을 통한 생산력 증대에 그 초점이 놓여 있던 것과 달리, 토산장려의 논리는 주로 수공업과 가내공업의 장려에 관심을 두고 재래생산계층의 상승을 도모하였다. 때문에 전자는 생산력의 증진과 대생산기관의 설립을 장려하는 생산력주의를 표방하였고, 후자는 재래의 생산자들을 육성하고 그들의 역량을 강화하여 외래의 자본에 대항하고자 하였다.

결국 생산증식의 논리는 외래의 자본지배에 대한 인식이 부족할 수밖에 없었으며, 때문에 일본자본주의의 침략성에 대하여 정확한 관점을 견지하지 못하였다. 이에 견주어 토산장려의 논리는 일본자본주의의 침략성을 잘 인식하고 그 대항논리를 재래공업의 강화에서 찾았다. 따라서 전자에는 반제의 논리가 결여되어 있었으며, 이러한 생산력 증대의 논리는 그 자체에 예속화의 맹아를 품고 있었다. 그러나 후자는 반제의 논리를 견지할 수 있었기 때문에 일제에 비타협적 자세를 유지하였다.[76]

---

75) 安在鴻, 〈百年의 大計와 目前의 問題〉, 《조선일보》, 1926년 8월 26일자. 안재홍은 토산장려의 논리를 견시하면서 비타협적 민속운동을 지속하였다. 설태희가 자본주의적인 근대화를 부정하는 유교적 대동사상에 논리적 기반을 두고 반봉건성(半封建性)을 완전히 벗어나지 못한 측면이 있으나, 안재홍은 대공업기관의 설립에 반대하였지만 그것 자체를 완전히 부정하는 입장은 아니었다(尹海東, 앞의 글, 앞의 책, pp. 315~325 참조).

76) 尹海東, 앞의 글, 앞의 책, pp. 344~345.

1923년 하반기 물산장려운동이 침체기에 들어가자 전자(민족자본가 상층)는 물산장려운동에 더 이상 기대할 것이 없음을 간파하고 생존을 우선하는 자본의 논리를 좇아 일본 총독부에 '보다 철저한 보호와 장려'를 요구했다. 또 일부 대자본가와 그들을 대변하는 우파민족주의자들은 정치적으로도 자치운동을 모색하는 등 타협성을 강화하였다. 이와 달리 후자(민족자본 하층과 소상품생산자층)는 물산장려회를 계속 지키면서 정치적으로는 1926년에 들어 사회주의자들과의 민족협동전선을 모색하여 민흥회(民興會)를 결성하고, 이듬해에는 신간회(新幹會)에도 참여하였다.[77]

2. 조선경제의 공업화와 중소기업

(1) 회사령의 철폐와 일본 중소자본의 진출 확대

1920년대에 들어서면서 일본제국주의는 대내외로 두 가지의 위기에 직면하였다. 하나는 조선에서 전 국민적으로 일제에 항거한 3·1운동이었고, 다른 하나는 제1차 세계대전의 종전으로 말미암은 일본 수출시장의 상실과 이에 따른 유휴자본의 발생 및 공업 중심의 불균형정책이 가져온 미곡가격의 지속적 상승이었다. 이 위기를 극복하기 위해 조선인을 억압하던 무단정치에서 문화정치로 통치방법을 전환하는 한편, 조선을 일본의 식량공급기지이자 유휴자본의 수출창구로 전환시켜야 했다.

이에 따라 조선에서는 1920년대를 기하여 두 개의 농공정책이 실시되었는데, 산미증식계획과 회사령의 폐기는 바로 이를 배경으로 한 것이었다. 1910년 12월에 발표된 회사령은 두 가지 목적을 지니고 있었다. 그 하나는 한말 자강운동기 이래 크게 일어난 조선인들의 기업 설립열을 꺾고, 기존에 설립된 기업들에 대

---

77) 박찬승, 앞의 책, pp. 288~289.

해서는 통제를 강화하는 것이었다. 다른 하나는 아직 성숙단계에 이르지 못한 일본자본주의의 발전을 위하여 일본자본이 식민지에서의 높은 이윤을 좇아 지나치게 조선으로 유출되는 것을 방지하려는 것이었다. 그런 가운데 1914년 제1차 세계대전이 발발하면서 일본의 해외 시장이 급격하게 확대되었고 일본경제의 급속한 성장에 필요한 식량 및 원료공급기지로서 조선의 가치가 더욱 커지게 되었다. 이에 총독부 측은 회사령의 시행을 완화하였고, 1917년 이후부터는 일본 민간자본의 조선 진출이 활기를 띠었다. 그런 가운데 1918년 11월 1일 제1차 세계대전이 종결되면서 일본자본주의의 고도성장이 더 이상 진행되지 못하자, 전후 유휴자본의 출구를 찾고 있던 일본자본주의는 회사령을 철폐함으로써 조선 진출의 장애물을 제거하였다.

당시 일제는 회사령의 철폐에 대하여 다음과 같이 설명하였다.[78] 곧 병합 이래 10년 동안 조선인 경제력의 발전이 현저하여 회사기업에 대한 일반의 이해가 증진되었고, 조선의 사정이 내지기업(內地企業)에 잘 주지되는 등 여러 사정이 일신되어 회사기업에 대하여 특별한 간섭을 하는 것은 시대의 진운을 따르는 것이 아니며, 오히려 기업의 발전을 저해하는 상태에 있기에 1920년 4월 1일자로 회사령을 폐지한다는 것이었다. 또한 이러한 이유로 조선에서도 본구와 마찬가지로 허가주의를 폐지하고 신고제를 채택하여 회사 설립을 자유롭게 한다는 것이었다.

이처럼 일제는 회사령의 철폐 이유를 조선의 산업 발전에 두고 있으나, 근본적인 이유는 당시 파국 상태에 직면한 일본경제의 내적 모순이었다. 곧 일본 내부의 경제적 불황을 타개하기 위한 최대의 급선무는 유휴자본의 처리문제였는데, 그 방안은 식민지인 조선에 자본을 수출하는 것이었고, 그 장애요인을 제거하고자 회사령을 철폐한 것이다.

1923년 4월의 관세철폐조치와 함께 회사령의 철폐는 일본자본의 조선 진출을 활성화시켰고, 이 움직임에는 일본의 독점자본과 중소기업자본이 모두 참여하

---

78) 朝鮮總督府,《施政年報》, 大正 7~9年度, p. 206 및 《施政二十五年史》, p. 431 참조.

였다. 그러나 1920년대 일본자본의 조선 진출을 주도한 것은 일본의 중소자본이
었다. 1920년대 초 불황 속에서 일본 정부가 독점자본을 집중 지원하는 가운데
도산 위기에 처해있던 중소자본이 독점자본과의 경쟁을 피하면서 동시에 식민
지적 초과이윤을 보장받고자 조선에 대거 진출하였던 것이다. 당시 이들 자본이
획득한 이윤은 총체적으로 평균이윤율이 19퍼센트 이상이었으며, 그 가운데서
도 회사자본은 평균이윤율이 34퍼센트일 정도로 막대한 식민지 초과이윤을 보
장받고 있었다.79)

회사령이 철폐되어 일본자본이 대량으로 유입될 제도적 여건이 마련되고, 여
기에 일본 정부 당국의 대조선 자본수출의 적극 권장이라는 대내적 여건이 조
성되면서 1920년대 조선의 산업 발전에 유리한 조건이 조성되었다. 거기에 조선
안에서는 그동안 축적된 지주자본을 중심으로 한 토착자본의 산업자본화 여지
가 확대되었다. 또한 3·1운동 이후 경제적 민족주의의 대두에 따른 경제 건설
의지의 확대 보급, 그리고 근대적 교육을 받은 경영자층 증가 등의 여건에 편승
하여 유리한 기업환경이 조성되면서 조선에 기업 설립 붐이 이어졌다.

1920년에 222개가 설립된 이후 1929년까지 신설된 회사 총 수는 3,185개사에
달하며, 이 기간 동안 매년 평균 318개사가 새롭게 설립되었고, 이에 소요된 불
입자본금 총액은 매년 3,153만원씩 증가한 셈이다. 그 결과 조선에 본사를 둔 회
사의 불입자본금의 추이를 보면 전체적으로 1917년에 4억 7,771만원이었던 것이
1929년에는 31억 621만원이 되어 6.5배 증가하였다. 민족별로는 같은 기간 일본
인의 불입자본의 경우 3억 8,019만원에서 19억 3,737만으로 신장하여 5.1배 증가
하였지만, 조선인 경영회사의 그것은 3.39배 증가에 그쳤다. 이와 달리 조선인과
일본인의 공동회사의 경우 무려 50.9배 증가해서 가장 높은 신장세를 기록하였
다. 이들 회사의 대부분이 일본계 자본이었다는 것을 감안하면 1920년대 기업 설
립 붐 조성은 일본자본의 대량 진출에 기인한 것으로 볼 수 있다(〈표8-1〉).

---

79) 李漢九 著, 《日帝下 韓國企業設立運動史》, 靑史, 1989, p. 138.

민족별 연도	일본인 경영회사	조선인 경영회사	조일합동 경영회사	기타	계
1911	5,062 (36.82)	2,742 (17.23)	8,104 (50.94)	–	15,908 (100)
1917	38,019 (79.58)	5,871 (12.29)	1,881 (3.95)	2,000 (4.18)	47,771 (100)
1929	193,737 (62.37)	19,878 (6.40)	95,785 (30.84)	1,222 (0.39)	310,621 (100)

주 : 괄호 안은 구성비임.

자료 : 高橋龜吉, 《現代朝鮮經濟論》, p. 346.

〈표8-1〉 조선에 본사를 둔 회사의 불입자본 추이 (단위 : 천원, %)

　한편 식민지 초과이윤을 보장받고자 조선에 진출한 일본자본은 고이윤이 보장되는 산업분야에 집중적으로 진출하였으며, 1929년 현재 일본인 회사수는 총 1,237개였고 평균 불입자본은 156만 6,000원이었다. 산업분야별로는 상업분야에 전체 일인 자본의 36.5퍼센트에 해당하는 451사가 집중되었는데, 불입자본금 측면에서 볼 때 이들은 회사당 평균 불입자본이 44만원 정도의 중소기업자본이었다. 다음으로는 제조업부문에서는 301개사가 이 산업에 집중되어 전체의 30.8퍼센트를 차지하였는데, 평균 불입자본금 규모는 농수산업 다음으로 컸으며, 일본자본의 조선 제조업분야 진출도 두드러져 조선경제 공업화에 기여하였다. 그 밖에 기타산업부문이 171개사, 운수업 104사, 은행・금융업 73사, 농업 54사 등으로, 전체적으로 1920년대에는 1910년에 견주어 높은 신장세를 보였다.

　한편 조선인 회사의 경우도 유사한 양상을 보이지만 불입자본금에서 볼 때 1911년의 17.2퍼센트에서 1929년에는 6.4퍼센트로 그 비율이 감소하여, 조선인 회사는 그 성장에도 불구하고 상대적 비중이 점차 감소하였다.[80]

---

80) 위의 책, pp. 136~137 및 p. 139.

(2) 식민지적 공업화와 중소기업

1) 경공업 중심의 공업화와 식민지적 예속성

총독부에서는 1920년부터 '장래 내지의 자본과 기술을 끌어들여 내선경제 공통의 실적을 거두는 데 내선실업가의 융합협력을 구할 필요가 있다'[81]고 하여 산업조사위원회 개회를 준비하였고, 1921년 6월 6일에는 그 시행령을 공포한 바 있었다. 제1차 세계대전 이후의 '본격적인 과잉생산공황'에서 벗어나기 위한 유휴자본의 출구를 식민지 조선에서 찾으려는 것이 그 배경이었고, 회사령과 관세의 철폐조치도 이를 위한 것이었다. 민간자본의 조선 진출이 본격화된 1920년대 전반, 일본자본주의는 식민지 조선이 식량과 원료공급지, 상품의 소비시장을 넘어서 자본의 진출기지로서 역할할 것을 기대하였고, 총독부의 산업정책은 바로 이를 반영한 것이었다. 결과적으로 1920년대 조선의 제반 산업분야에서는 기업 설립 붐이 조성되었고, 그러한 열기는 공업부문에도 이어져 식민지 조선의 공업화에 기여하였다.

공업화의 기준을 어디에 둘지에 대해서는 시각 차이가 있다. 대량생산체제인 자본주의적 생산방식이 모든 공업부문에서 적용되는 것으로 볼지, 아직 원동력 사용률은 낮지만 공장제 기계공업이 생필품을 생산하는 경공업부문에서 일반화된 것으로 볼지, 아니면 총 공업생산액 가운데 공장생산액의 비중, 1차 산업과 2차 산업의 비중을 공업화의 기준으로 적용할 것인지 등이 그것이다. 이에 따라 흔히 조선 공업화의 시기를 일본 독점자본의 진출을 근거로 1930년대 전시경제 이후로 설정하지만,[82] 1910년대 후반 또는 1920년대의 급격한 공장 설립에 주목

---

81) 朝鮮總督府, 《朝鮮總督府施政年報》, 1918~1920년판, p. 165.

82) 鈴木武雄, 《朝鮮の經濟》, 日本評論社, 1942, 權寧旭, 〈舊植民地經濟研究ノート-, 日本帝國主義下の朝鮮を中心として〉, 《歷史學研究》 310號, 小林英夫, 〈1930年代 朝鮮工業化政策の展開過程〉, 《朝鮮史研究會論文集》 3號, 1967. 허수열, 〈식민지적 공업화의 특징〉, 《工業化의 諸類型》(Ⅱ), 경문사, 1996 등.

하여 ‘공업화’를 논의하기도 한다.

1910년대에도 식민지 조선에 공장이 급속히 증가하였지만 이를 ‘공업화’의 시기라고 말할 수는 없다. 왜냐하면 당시 조선의 공업은 회사령 아래에서 자본의 집중과 근대적 확충이 제한되어 산업자본화(조선인 회사 설립)가 차단되었기 때문이다. 1910년대 공장의 양적 팽창의 주역은 영세공장과 개인 공장이었고, 생산방식은 전근대적 생산과정에 숙련노동력을 접목한 것이었으며, ‘과도적’ 생산구조였다. 곧 기계사용보다는 노동의 숙련도 여하에 개인 공장의 성장이 달려있는 ‘과도적 식민지자본주의’의 특징을 지니고 있었다.

이와 달리 1920년대는 자본금 및 기계증가율이 공장증가율이나 노동자증가율을 상회하여 자본금의 확대가 공장보다 기계 확대와 더 관련을 맺고 있었다. 이는 1910년대 숙련노동력 중심의 영세소경영이 점차 기계를 사용한 중규모경영으로 확대된 사실을 말한다. 곧 엄밀한 의미에서 조선의 공업생산에서는 1920년대부터 본격적인 자본주의적 축적구조가 작동한 것이었다. 1920년대에 들어서자 자본과 기계의 확산이 1910년대의 과도적 생산구조를 구축하면서 자본주의적 생산이 본격화되었다. 이는 다시 말해 1910년대 조선 공업이 자본주의적 ‘과도성’을 벗어나 1920년대부터는 자본주의적 생산이 본격화되었으며, 또한 본격적인 자본주의적 축적구조가 작동하였다는 것이다.[83]

한편 식민지시기의 공업화를 1920년대부터 1930년대 중반까지 주류를 이룬 경공업을 중심으로 한 공업화와 중일전쟁 이후의 전시공업화로 구분하되, 조선 사회를 밑바닥부터 변화시킨 움직임은 1920년대 이래 공업화의 흐름이었지만, 이는 양적으로 충분히 전개되기 전에 전시통제경제에 포섭되어 버렸다고 보기도 한다. 그런데 이 전시공업화는 양적으로는 압도적이지만 질적으로는 조선 사회를 표면적으로 변화시킨 것에 불과하며, 이는 결국 해방으로 붕괴되었다고 보고, 1920년대의 공업화를 보다 중요시하면서 중일전쟁 뒤의 1930년대 공입화실

---

83) 金仁鎬, 〈일제 초기 조선공업의 ‘과도기 자본주의’적 특징(1910~1919)-조선인 개인 공업과 공장공업의 자본구성 변동을 중심으로-〉, 《한국근현대사연구》 10집, 한국근현대사연구회, 1999, pp. 286~288 및 pp. 294~295.

을 비판하는 견해도 제기되었다.[84]

이처럼 1920년대의 공업화를 중시하는 시각은 그 내용면에서 경공업 중심의 공업화를 뜻한다. 1920년대까지의 공업화과정에서는 주로 식량을 가공 반출하기 위한 정미업 등 식료품공업이 공장공업생산액의 약 60퍼센트 가까운 비중을 차지했다. 이 밖에 메리야스 등을 생산하는 방직공업, 그리고 고무공업 등 필수 소비재 생산공업이 발달한[85] 경공업 중심의 공업화였는데, 이는 공업구조상 산업자본주의단계의 특징을 보이는 것이다.

1920년~1928년의 기간에 조선의 공장수는 2,087개에서 5,342개로 2.6배, 자본금은 160.744천원에서 549.122천원으로 3.4배, 생산액은 179.318천원에서 392.533천원으로 2.2배 증가하여 이 기간 공업은 높은 성장을 기록하였다(제7장의 〈표7-1〉 참고). 그 결과 공산물의 비중은 1912년 3.7퍼센트에서 1925년 17.7퍼센트로, 다시 1931년에는 22.7퍼센트로 높아져서 조선의 공업이 아직도 생산액에서는 상대적으로 낮은 비중을 차지하였지만 꾸준한 증가 추세를 보였다(〈표8-2〉).

한편 1920년대 말의 공업부문별 생산을 보면(〈표8-3〉), 공업 가운데 경공업부

	1912	1925	1931
농산물	87.7	72.7	63.1
임산물	4.4	3.2	5.3
수산물	2.8	5.1	6.9
광산물	1.4	1.3	2.0
공산물	3.7	17.7	22.7
계	100.0	100.0	100.0

자료 : 최윤규 지음, 《근현대조선경제사》, p. 303.

〈표8-2〉 부문별 생산액 비중 (단위 : %)

---

84) 橋谷弘, 〈1930~40年代 朝鮮社會の性格をめぐ て〉, 《朝鮮史研究會論文集》 27號, 龍溪書舍, 1990.

85) 吳斗煥 編著, 《工業化의 諸類型》(Ⅱ), 경문사, 1996, p. 11.

업 종	생산액	구성비
금속공업	20,383,470	5.8
기계기구공업	4,542,634	1.3
화학공업	17,412,631	5.0
가스 및 전기업	16,388,941	4.7
요 업	9,116,126	2.6
방직공업	38,211,627	10.9
식료품공업	223,412,433	63.5
제재 및 목제품공업	7,720,709	2.2
인쇄 및 제본업	9,954,204	2.8
기타 공업	4,309,381	1.2
계	351,462,156	100

자료 : ① 《朝鮮經濟年報》 1939년판.
　　　② 朴慶植 著,《日本帝國主義의 朝鮮支配》, p. 278.

〈표8-3〉 공업부문별 생산액 (1929년. 단위 : 원. %)

문이 압도적이며, 특히 식료품가공업이 63.5퍼센트를 차지하고 있다. 중공업은 금속·화학·기계공업을 합하여 12.1퍼센트에 그쳤으며, 더욱이 기계공업은 가장 낮은 1.3퍼센트에 불과하여 식민지공업의 후진성을 보여주었다.

한편 1920년대 공업의 식민지적 특성은 다음과 같이 집약되고 있다.

첫째, 1920년대 공업생산구조의 중심은 일제의 농산물 및 원료의 약탈에 종속된 부문이었다. 경공업에서는 식료품공업(정미업, 63.5%), 제사·제면 등 방직공업(10.9%), 중공업에서는 제철·제련공업 등 금속공업(5.8%)이 그러했으며, 이들 부문이 생산구조에서 높은 비중을 차지하였다.

둘째, 값싼 노동력과 원료를 이용함으로써 소규모 투자로 고율의 식민지 초과이윤을 얻을 수 있는 일부 공업이 확대되었다. 이러한 부문으로는 직물생산, 제혁, 주류제조, 고무신생산 등을 들 수 있는데, 특히 일본인 경영은 이 부문의 조선인 재래수공업에 심대한 타격을 주었다.

셋째, 식민지 약탈과 관련된 부문들은 기술적·경제적으로 일제에 예속되어 있었으며, 기술수준은 크게 낙후되어 있었다. 임금이 극히 낮은 수준에서 기계와 기술의 도입은 제한될 수밖에 없었으며, 또한 그 도입도 일제에 의존했기 때문에 조선에서 기계공업을 비롯한 생산수단의 생산부문은 발전하지 못하였다. 결국 소규모생산과 수공업적 기술이 상당한 비중을 차지하였고 낙후된 기술을 지닌 중소규모공장이 압도적 다수를 점하였다.

넷째, 식민지적 예속성을 갖는 조선의 공업은 농촌과 정상적 연계 속에 발전할 수 없었으며, 낙후된 농업에 견주어도 생산액에서 낮은 비중을 차지하였다. 농촌에서 공급되는 원료는 반제품으로 가공되어 일본으로 반출되고 적은 부분만이 국내 수요에 충당되었다. 이처럼 식민지 공업은 아직은 일제의 농촌수탈을 지원하는 지위를 벗어나지 못하였다.[86]

2) 중소영세공업의 높은 비중

이러한 식민지적 예속성과 기술적 낙후성으로 말미암아 1920년대 공업구조에서는 중소규모의 공장이 압도적 다수를 차지하였다. 〈표8-4〉의 내용에 따르면 5~49인의 노동자를 가진 소규모공장수가 전체 4,525개 중 4,277개로서 94.5퍼센트였고, 50~99인과 100~199인의 중규모공장이 각각 3.3퍼센트와 1.1퍼센트였으며, 200인 이상 대규모 공장은 1.1퍼센트에 그쳤다. 이처럼 중소규모, 더욱이 소규모공장이 압도적 비중을 차지하는 이유는 다음과 같이 설명되고 있다.[87]

첫째, 대규모공장의 제품 대부분이 일본으로 반출되고, 대규모경영은 일본 독점자본의 진출 등으로 아직 일부 제한된 부문(예컨대 방직공업과 화학공업 등)에만 한정되어 있었기 때문에, 국내의 소비부문을 대상으로 중소규모공장들이 일정하게 존립할 수 있었다.

둘째, 이들 중소규모공장은 일본 상품의 침투로 부단히 분화되거나 도산되고 있었다. 그럼에도 중소규모공장이 그 수에서 지배적 지위를 차지한 것은 이들

---

86) 최윤규 지음,《근현대조선경제사》, 갈무지, 1988, pp. 301~303.
87) 위의 책, p. 302.

업종 \ 종업원수	5 ~49인	50 ~99인	100 ~199인	200인 이상	계	1공장당 종업원수 (1933)	1공장당 생산액 (1932)
금속공업	219	1	–	–	220	22	88.2
기계기구공업	239	9	–	2	250	16	9.7
화학공업	687	27	18	10	742	32	52.2
가스 및 전기업	46	3	–	–	49	21	23.9
요 업	288	16	1	4	309	18	23.6
방직공업	194	21	9	24	248	74	113.4
식료품공업	2,023	44	10	9	2,086	17	88.4
제재업	153	13	2	–	168	22	37.3
인쇄 및 제본업	222	13	4	1	240	22	38.7
기타 공업	206	4	2	1	213	–	–
계	4,277	151	46	51	4,525	–	–

자료 : ① 全錫淡・崔潤奎,《19世紀後半期~日帝統治末期의 朝鮮社會經濟史》, p. 201.
　　　② 〈표8-3〉의 ②와 같음(p. 278).

〈표8-4〉 공장규모별 통계(1932년, 단위 : 개, 명, 천원)

공장의 적지 않은 부분이 민족적 특성을 갖는 국내 수요를 대상으로 유지될 수 있있기 때문이있다. 아직도 일본 세품이나 사본이 이러한 분야까지 지배할 수는 없었는데, 예컨대 농기구 및 일용금속제품, 도자기생산 등이 그것이다.

셋째, 중소규모공장은 작업공정과 산업적 특성으로 말미암아 일부 공업분야, 특히 기계수리, 정미업 등에 다수 존립할 수 있었다.

넷째, 중소규모공장은 값싼 노동력을 기반으로 국내 대규모경영이나 일본 상품과의 경쟁에서 자기의 지위를 일정하게 보존할 수 있었다.

이런 이유로 중소규모공장이 압도적으로 존립하였을 뿐만 아니라, 가내공업이나 소상품생산에 의한 경영도 적지 않게 존재하여 공업생산에서 그 비중이 상당한 정도에 이르렀는데,[88] 그 이유는 다음과 같다.

---

88) 1931년에 이들 제품이 공업경영의 생산액에서 차지하는 비중은 37퍼센트였다고 한다(위의 책, p. 302).

첫째, 재래의 수공업도 일본 상품의 침투로 타격을 받았으나, 일부는 일본 상품과의 경쟁 대상 외의 부문에서 수공업경영으로 존립할 수 있었다. 또한 일본자본의 대규모경영이 확대되면서 그에 예속된 가내수공업 또는 전업적 수공업으로 존재할 가능성이 있었다. 자본주의적 가내노동 또는 전업적 수공업이 대규모공장에 예속된 것은 일본자본이 초과이윤을 얻는 원천이 되었다.

둘째, 자본주의적 상품경제가 농촌까지 침투하였지만 농촌에서는 아직도 생활용품 및 생산적 소비의 적지 않은 부분을 자가 생산이나 전업적 수공업에 의존하고 있었다. 예컨대 자본주의적 상품이 면직물생산을 기본으로 하는 농촌수공업에 타격을 주었지만, 아직도 농민적 수요의 전반적 분야까지 깊이 침투하지는 못한 것이다. 이로 말미암아 일정한 품목의 수요를 기반으로 소영세규모 경영이 보존될 수 있었다.

셋째, 농촌분화과정에서 분해된 수공업자들의 일부는 일자리를 구하여 도시로 유입되었는데, 이들이 자기의 본업을 지속하지 않을 수 없게 되면서 전업적 수공업의 가능성은 지속되었다.

넷째, 사회적 분업의 발전, 비농업적 인구의 증가, 시장수요의 증대가 소영세규모 경영의 존재를 가능하게 하였다. 기타 저렴한 노동력이 소영세규모 경영의 존립기반이 되었으며, 일제의 수탈을 위한 수공업 장려정책도 소영세규모 경영이 지속될 여지를 남겨주었다.

이러한 이유로 소영세규모 작업장이 상당한 비중을 차지하면서 잔존하였지만 이를 종래 수공업의 발전으로 볼 수는 없다. 이전까지의 전통적 수공업은 일본 상품의 침투로 그 발전이 저지되거나 크게 파산하였으며, 그런 가운데 잔존하였던 소영세규모 작업장은 새로운 조건에서 재편성된 것이 다수였다. 새로 형성된 수공업 또는 소규모 작업장의 대부분은 대규모 공장의 예속적 지위에 있든가, 또는 상업자본 또는 지주에 예속되어 그들의 초과이윤의 기반이 되었으며, 항상 소멸의 가능성을 안고 불안정한 상태에 있었다는 것이다.[89]

---

89) 전석담·최윤규 저, 《19세기 후반기~일제통치 말기의 조선사회경제사》, 조선노동당출판

3. 조선인 공장의 성장과 중소기업

(1) 조선인 공장의 성장과 공업화 수준

1920년대 조선인 공장수는 1920년 943개에서 1928년에 2,751개로 성장하여 같은 기간에 2.9배나 증가하였고, 그 결과 1928년에는 일본인 공장수 2,425개를 능가하였다. 생산액의 구성도 1920년에 12퍼센트에서 1928년에는 23퍼센트로 높아졌으며, 기관수 비중도 같은 기간 16퍼센트에서 39퍼센트로 상승하여 기계의 사용도 또한 높아졌다. 그러나 자본금은 총자본금의 4~7퍼센트에 불과하여 89~90퍼센트를 점하는 일본인 공장의 그것에 견주면 극히 낮은 비중이었고, 마력수 또한 그러하였다(제7장 〈표7-3〉 및 〈표7-4〉).

자본금에서 평균자본금 지수를 보면, 1920년경에 비로소 1911년의 수준에 이르는 정도였다. 이는 1920년대 설립된 공장이 1910년대 초의 수준에도 미치지 못하는 영세규모였음을 말하는 것이다. 1918년부터 비교적 큰 규모의 공장설립이 시작되었고 1920년대에는 대자본이 투입되었다. 1916~1917년 소상인·수공업자의 소규모 자본투자와는 달리, 1920년대에 지주·상인의 대자본이 투자되었을 가능성을 나타낸다. 이는 회사령 아래에서 대규모 자본규합에 따른 회사조직의 공장 설립이 어려웠지만, 1918년 6월 이후 회사령의 규제가 완화되고 이어 1920년 4월 이후 회사령이 철폐되면서 대자본의 집적과 투자가 용이해졌기 때문인 것으로 보인다.

한편 조선인 공장의 기관수는 1920년대에 들어와 전체 기관수의 거의 20퍼센트에 이르렀고, 1925년 이후에는 30퍼센트대로 증가하였다. 일본인 공장의 총기관수기 원만힌 증가를 보인 깃과 대조직으로 조선인 공장의 기관수는 해마나 큰 폭으로 증가하였고, 특히 1920년대에 크게 상승하였다. 조선인 공장의 노동

사, 1959, p. 214.

자 1인당 기관수 또한 빠른 속도로 증가하여 1925년 이후에는 오히려 일본인 공장의 노동자 1인당 기관수를 추월하였다. 이것은 조선인 공장에서도 일본인 공장에 비견할 만큼 기계의 사용이 보편화되어 공장제 기계공업단계로 진입하였음을 뜻한다.

그런데 조선인 공장의 마력수는 일본인 독점자본의 대공장이 설립되던 1919년 이후 총 마력수의 3퍼센트 이하로 감소했다가 1926년 이후 8퍼센트대로 증가하였다. 곧 기관수의 증가만큼 마력수의 증가가 뒤따르지 않았음을 알 수 있다. 노동자 1인당 마력지수는 완만한 증가 추세였으나 1920년대 후반에 급격히 상승하였다. 이와 달리 일본인 공장의 경우는 1919년까지 완만하게 증가하였다가 1920년 이후 급증하여 그 수치를 유지하였다.

여기서 조선인 공장과 일본인 공장의 노동자 1인당 마력수를 비교해 보면, 일본인 공장에 대해 조선인의 그것은 1920년대에 와서도 1910년대에 미치지 못하는 낮은 수준으로 그 격차가 컸다. 그리고 일본독점자본이 진출하던 1919년 이후 그 차이가 더욱 커졌다가 1920년대 후반 이후 조선인 대공장이 설립되면서 겨우 1910년대 수준을 회복하였다. 조선인 공장의 경우 1920년대 전반까지 기관수는 크게 증가했으나 마력수의 증가는 이에 미치지 못하고 일본인 공장에 견주어 크게 열세였다.

따라서 이 시기에 설립된 조선인 공장은 동력사용률이 낮은 소규모기계나 수동기계설비의 공장이 다수였다고 볼 수 있다. 1920년대 후반에 조선인 공장의 노동자 1인당 마력수가 큰 폭으로 증가하고 일본인 공장의 그것과 격차가 줄어든 것으로 보아 이 시기에 비로소 자동기계가 설비되기 시작한 것으로 볼 수 있다. 조선인 단위공장당 평균자본금이 일본인 공장의 8퍼센트(1920년)~4퍼센트(1928년), 조선인 공장의 노동자 1인당 마력수가 일본인 공장의 8퍼센트(1920년)~15퍼센트(1928년)에 불과했던 사실은 조선인 공장의 사용기계가 대부분 동력을 사용하지 않는 수동식이거나 마력수가 적은 반자동식 기계였음을 말해준다. 이러한 저열한 기계설비나 이로 말미암은 낮은 생산성(50% 수준)은 일본인 공장과의 경쟁이나 확대재생산에 장애요인이 되었다.[90]

1910년대 중·후반 이후 1920년대에 조선인이 주도하고 일본인이 가세한 공장설립과, 특히 1920년대 이후 일본자본의 진출 확대로 조선의 공업은 가내공업 단계에서 공장제 공업단계로 전환하였지만 조선인 공장의 공업화 수준은 매우 낮았다. 기관수와 마력수의 수치에서 볼 수 있는 것처럼 그것은 대량생산체제의 기계제 공장이 아닌 수동식이나 반자동식 기계설비의 공장공업이었다. 그러나 일본자본, 특히 독점자본이 이미 진출하여 기계제 대량생산체제가 확대되어 가고 있었고, 조선인 공장도 1920년대 후반에는 기계 사용이 보편화되어 자동기계 사용을 지향하고 있었기 때문에 이 시기에는 조선의 공업이 공장제 수공업의 단계를 벗어나 대체로 공장제 기계공업의 단계에 진입했다고 볼 수 있다.

(2) 조선인 공장의 소영세성과 그 성장요인

1910년대 중·후반에 이어 1920년대에도 조선인 공장의 창립은 급증하였고, 공업화의 수준도 그 후반에는 공장제 기계공업의 단계에 진입한 것으로 볼 수 있지만, 그 규모별 구조는 소영세성을 면치 못하였다. 곧 1930년의 자료(〈표8-5〉)에서 볼 때 조선인 공장수의 97.0퍼센트가 노동자수 5~49인의 소규모 공장이며 50~99인의 규모가 2.0퍼센트, 100인 이상의 공장은 1퍼센트(100~199인이 0.7%, 200인 이상 0.3%)에 불과하였다.

공장 설립의 경로로 보아 가내부업이나 소상품을 생산을 하던 수공업자가 확대재생산을 꾀하여 공장공업을 영위하는 것과 지주·상인자본이 제조업으로 투자를 전환함으로써 설립한 두 가지 경우로 나눌 수 있는데, 주로 전자의 경로가 짧은 시간 안에 일본인 공장을 수적으로 능가할 정도의 소영세규모의 공장을 설립할 수 있었던 근원이 되었다고 볼 수 있다.

업종별로는 ① 직물업 중 염직업, ② 금속공업 중 금속제품, ③ 철공업, ④ 화학공업 중 제지업, ⑤ 제재·목제품공업 중 목공업, ⑥기타 요업 등의 전통적인

---

90) 오미일 지음, 앞의 책, pp. 81~87 참조

규모별	공장수	구성비
5~49명	2,031	97.0
50~99	42	2.0
100~199	12	0.7
200명 이상	8	0.3
계	2,093	100

자료 : ① 《조선공장명부》 1931년판.
     ② 〈표8-4〉의 ①과 같음(p. 217).

〈표8-5〉 규모별 조선인 공장 통계 (1930년. 단위 : 개, %)

가내수공업분야였다. 이러한 수공업적 전통을 바탕으로 공장 설립을 주도한 주체는 수공업자들이었다. 그와 달리 지주·상인층은 전통적 가내공업과 공장공업이 공존하면서 생산이 가능한 염직업, 요업, 금속제품, 철공업, 제지업, 피혁업, 양조업, 양말제조업뿐만 아니라 일정 규모 이상의 대규모 자본으로 기계설비나 시설투자 및 신기술을 요하는 방직업, 제사업, 조면공업, 금속제품 및 기계공업, 고무제품제조업, 전기·가스업 등 '새로운 업종'에도 진출하였다.[91] 대규모공장과 소영세공장은 정치적 성향에서 예속성과 민족성이라는 차이가 있음이 지적된 바 있거니와, 설립 주체에서도 지주·상인층과 수공업자, 그리고 산업별 성격에서도 전통적 분야와 새로운 산업분야라는 단층이 형성되었다.

그런데 1920년대 조선인 공장 또는 민족기업이 급진적으로 증가한 원인은 다음과 같이 설명되고 있다.

첫째, 일본 정부의 대조선정책이 전환되었다는 점이다. 조선에는 원칙적으로 근대공업을 발전시키지 않는다는 것이 병합 이래의 일본 정부의 방침이었으나, 3·1운동 뒤로 이를 변경하여 조선에도 약간의 경공업 설치를 허용하기로 한 것이다. 정치적으로 병합 이후 10년 동안의 무단정치 대신 문화정치를 실시하기로 했으며, 경제적으로는 제1차 세계대전 이후의 일본경제의 공황타개책으로

---

91) 위의 책, p. 93 및 p. 98.

조선에 대한 공업자본의 진출을 촉진하였다. 이를 위하여 1920년대에 들어서는 조선 공업화를 억제할 목적으로 발표되었던 회사령을 폐지하고 조선인의 기업 진출 제한을 크게 완화하였다.

둘째, 1920년대에 들어서면서 민족주의의 자세가 전환되었다. 무력투쟁에 따른 배일·항일운동 중심에서 벗어나 민족역량의 배양에 의한 독립운동을 펼치게 된 것이다. 해외에 임시정부를 수립하여 국가의 존속성을 주장하는 동시에, 국내에서는 민족의 실력을 배양하여 독립의 바탕을 구축하려는 움직임이 나타났다. 이를 위한 방안으로 교육의 보급과 민족기업의 육성을 추구하였는데, 물산장려운동과 민립대학(民立大學) 건립운동은 바로 이러한 새로운 민족주의의 출현이었다.

셋째, 토지조사사업의 완료로 지주자본이 기업자본에 동원될 수 있었다. 1918년에 완료된 토지조사사업은 토지사유권을 확립시킨 작업이었으며, 이 때문에 다수의 농민이 토지소유에서 배제되어 소작인으로 전락했던 것과 달리 지주의 토지소유권은 확립시켰다. 사유화한 지주의 토지는 자유로운 매매·양도 및 저당물로서 자금융통의 길을 열었으며, 이러한 토지자본이 근대기업에 투자되어 1920년대에 다수의 지주 출신 기업가를 출현시켰다.

넷째, 개화기 이후 근대교육의 보급 및 계몽운동의 효과도 1920년대 민족기업을 증대시킨 원인이 되었다. 1890년대 이래 구미 각국의 선교단이 조선에 학교를 설립, 근대교육을 실시했으며, 이와 더불어 조선 정부에서도 각종 기술학교를 설립하였고, 또 경향(京鄕) 유지의 사립학교 건립도 늘어났다. 또한 일제는 이러한 사립학교 건립을 제한하고, 식민지 교육을 실시하고자 다수의 관공립학교를 설립하였다. 이 밖에 서당(書堂)에서의 교육도 증가하였는데, 이는 일제의 사립학교 폐쇄정책에 대한 저항으로 나타난 것이었으며, 그 교육 내용도 근대적 교육으로 옮겨 갔다. 그 밖에도 개화기 해외 유학생의 증가 등 국민의 교육열이 높아지면서 근대교육을 받은 다수의 지식인이 사회에 진출하여 민족기업운동의 기반이 되었다.

다섯째, 1920년대 민족기업은 조선 민족의 생존투쟁으로 전개되었다. 이 시기 조선에서는 영세자본에 의한 중소기업이 속출하였는데 이것은 정치적·경제적 보호에서 밀려난 서민층이 생존하려는 몸부림이었다. 병합 뒤 생존을 위한 조선인의 해외 유랑은 크게 증가하였으며 공업노동자로서 일본 공업지대에도 이주하였다. 이처럼 어려운 상황에서 국내에 잔류한 조선인의 생존을 위한 노력이 중소영세공장의 설립으로 이어졌다. 그들의 일부는 공업노동자로 흡수되었으나, 일부 혁신적이고 기개가 있는 청년들은 도시 및 지방소읍에서 새로운 직업을 개척하였다. 1920년대 이래 서울 및 지방도시에서 가내수공업적 영세기업으로 시작하여 점차 기업적인 성공을 거둔 사람 가운데 대부분은 농촌 및 도시서민 출신의 청년들이었다.

1920년대 이러한 환경조건에서 민족기업가가 사회의 각 계층에서 출현하였는데, 이들의 정신적 자세와 행동양식은 개화기의 기업가들과는 대조적이었으며, 크게 두 유형으로 나눌 수 있다.

그 하나는 민족주의를 기업동기 및 행동양식으로 삼고 있는 기업가군이며, 다른 하나는 화폐적 극대화를 행동양식의 직접적 및 궁극적 목표로 하는 기업가군이었다. 그러나 이 시기의 기업가 가운데 민족주의를 궁극적 목표로 하더라도 그것은 개화기에 배일 및 항일을 기업 동기 및 행동 양식으로 했던 소박한 민족주의와는 그 유형을 달리 하였다. 곧 그들의 제1차적 목표는 재화저축이고, 이로써 민족의 역량을 과시하고 민족을 위한 학교, 언론 기관 또는 도서관을 창립함으로써 민족독립의 기반을 구축하는 계획을 갖고 있었으며, 개화기의 기업가와 같이 기업의 성패를 도외시하면서까지 민족주의를 앞세우지는 않았다.

다음으로 화폐적 극대화를 기업동기로 삼는 기업가군은 대부분 서민 출신으로서 1920년대 영세자본으로 출발하여 성공한 자수성가형(自手成家型)의 기업가들이었다. 그들은 근면하고 소박하며, 혁신적이고 창의적인 성격의 소유자였다. 이윤극대화를 위해서는 어떠한 어려운 일도 해낼 수 있는 용기와 결단력을 가지고 있었다. 초기 공업화단계의 서구의 소시민적 기업가에 비교할 만했다. 그들은 재화를 축적하고 기업을 유리하게 발전시키고자 일본인 자본과의 결탁도 서슴지 않았으며, 19세기 서구사회에서 볼 수 있었던 무자비한 인간형인 호모

이코노미쿠스(Homo Economicus)에 접근하고 있었다는 것이다.[92]

그러나 이러한 지적은 서양의 근세 초기 자본가군의 이데올로기였던 막스 베버(Max Weber) 류의 자본가상을 식민지 사회에 그대로 적용한 것에 불과하다는 비판도 있다. 또한 민족기업의 주류는 대기업보다 자립정신이 강하고 일제의 재정·금융적 지원 없이 자력으로 근면성실하게 기업을 운영한 서민 출신의 합리적 중소기업이었는데, 이들은 식민지를 극복하고자 어려운 상황에서도 일본자본의 진출에 대항하고 저항하면서 성장해가는 근검저축의 정신과 진취성이 강한 자본가였다는 지적[93]과도 대조적이다. 곧 앞서의 주장은 반제의식에 투철한 자본가상이 아니라 민족의식과 사회구성원에 대한 이념적 지도력과 의지가 없는 자본가군이며, 식민지 지배를 수용하고 개인의 이윤극대화를 위해 매진하는 자본가를 그린 것에 불과하다는 것이다.

---

92) 趙璣濬 著, 《韓國企業家史》, 博英社, 1973, pp. 21~26.

93) 정태헌, 〈한국의 식민지적 근대화 모순과 그 실체〉, 역사문제연구소 편, 《한국의 '근대'와 '근대성' 비판》, 역사비평사, 2004. p. 262.

제2절 식민지자본주의의 고도화와 중소기업

1. 1930년대 조선 공업화의 평가 : 산업혁명론, 군수산업화론, 사회적 분업재편론

(1) 산업혁명론과 병참기지론

1930년대 이후 식민지 조선에서는 광공업의 광범하고 비약적인 발전이 이루어졌다. 이러한 공업화 현상에 대하여 당시에는 이것을 산업혁명이라고 예찬하는 의견이 있었는가 하면, 해방후에는 일본제국주의에 대한 비판적 문제의식에서 제기된 군수공업화론의 두 가지가 종래의 통설적 견해였다. 여기에 최근에는 정책적 접근에서 벗어난 실태 분석의 결과로서 사회적 분업재편론을 강조하는 견해가 제시되고 있다.

일본의 관료와 관변학자들은 당시 조선의 공업화 현상에 대하여 '공업시대' 또는 '조선의 산업혁명'으로 지칭하면서 식민지 당국의 정책적 입장에서 경제 상황을 기술하였다.[94] 이들은 1930년대 공업화를 영국의 산업혁명에 비교하면서 일본의 조선통치를 미화하고 찬양 옹호하였다.

조선경제는 '조선산업혁명'을 계기로 일본 공업제품의 판매시장이자 원료 및

---

94) 이들에 따르면 1930년을 전후한 시기는 조선에서 '공업화의 전 시대'와 '공업화시대'가 분리되는 전환점으로서 '조선산업혁명'의 출발점으로 보았으며, 조선의 공업화는 1930년 전후를 기점으로 한다는 것이다(鈴木武雄, 《朝鮮の經濟》, 日本評論社, 1942, pp. 220~221, 川合彰武, 《朝鮮工業の現段階》, 東洋經濟新報社, 1943, pp. 80~81, 全國經濟調査機構聯合會 朝鮮支部 編, 《朝鮮經濟年報》, 1939년판, p. 24 참조).

식료품 공급시장으로서의 중요성이 감소했던 것과 달리, 일본으로부터 원료 및 반제품을 구입, 가공하여 완성품을 만들고 자본재를 구입하여 공업적 생산설비를 확대하는 공업화가 급속히 진행되었다는 것이다. 그 결과 ① 광업, 공업 등 근대적 산업의 비약적 발전과 그 비중의 증대, ② 일본과 조선 무역에서 이출되는 식료품의 비중 저하 및 이입되는 완제품 비중의 감소와 원료품 비중의 증대, ③ 해외 무역 비중의 증가 또는 질적 변화가 일어났다고 보았다.

1930년대 조선경제의 질적 변화를 가져온 '조선산업혁명'에 대한 설명은 다음과 같다. 1937년 3월 조선에서 '중요산업통제법'이 시행되고 중일전쟁 이후 전시통제경제로 전환되면서 조선은 '대륙침략병참기지'로 넘어가게 된다. 일본의 '자유주의적 외지(外地)'[95]이던 조선은 이제 대륙에 대한 군수물자공급의 거점이자 '제2의 내지(內地=일본)'로서 각종 산업이 고도로 발달한 산업권을 형성하게 되고, 유사시 대륙경제권의 산업적 거점인 병참기지로서 구실을 하게 되었다는 것이다. 이제 조선경제는 일본을 중심으로 하는 물자·자금·노동력 등의 단일한 통제 속에 포괄되는 한편, 군수공업을 중심으로 하는 중공업화가 추진되었으며, 병참기지와 관련된 '대륙루트'로서 그 위치가 부각되었다는 것이다.

당시 이러한 '산업혁명론', '병참기지론'은 일제이 시민지정책을 이념적으로 뒷받침하였다. 산업혁명론은 조선의 근대화가 일본에 의한 개발과 일본자본 진출에서 출발한 공업화에서 비롯된 것이라고 인식함으로써 일제를 문명의 시혜자 또는 근대적 공업화를 실현한 구원자로 만들었다. 또한 병참기지론은 황국신민화정책과 내선일체의 경제적 표현이었다. 조선경제는 '산업혁명'을 거치면서 일본과의 경제관계에서 후진성 및 외지적 성격이 극복되었다는 것이다. 더욱이 일본자본의 투하로 근대적 산업부문이 확대되고 조선 상품의 수출이 증가하면서 생산재·자본재의 이입이 증가하여 자본, 상품 등의 경제적 관계에서 일본과 더욱 밀접해짐에 따라 내선일체(內鮮一體)적 경제관계가 형성되었다는 것이다.

---

95) 《朝鮮經濟年報》(1939)는 1930년대를 ① 조선산업혁명기(1929~1932), ② 자유주의적 외지기(1933~1936), ③ 통제기(1937~)로 구분하고, ②의 시기를 일본의 통제권에서 벗어나 있는 일본자본의 자유로운 전출기로 파악하였다.

따라서 경제관계에서 일본과 거의 동일한 지위를 획득한 조선은 '제2의 내지', '내지의 대륙적 분신'으로서 병참기지 역할을 담당하게 되었다고 보았다. 이러한 산업혁명론·병참기지론은 황국신민화정책과 더불어 강제수탈과 강제동원의 이데올로기로 기능하였다.[96]

(2) 군수산업화론과 수탈론

1930년대 조선의 공업화를 일본 독점자본의 진출에 따른 군수공업화로 이해하는 것이 군수공업화론이며, 이 견해는 철저히 일본제국주의에 대한 비판을 문제의식으로 하고 있다. 경제적으로는 1930년대 일본자본주의의 구조적 모순을, 정치적으로는 중국 대륙에 대한 본격적인 침략을 배경으로 추진된 군수공업화 정책의 결과가 이 시기 조선의 공업화라는 것이다. 공업화의 주역으로는 일본의 재벌을 중심으로 한 독점자본의 진출을 들고 있으며, 조선인의 적극적 참여보다는 조선인과 조선인 자본의 희생 및 수탈을 바탕으로 하여 공업화가 진행되었다고 보았던 것이다. 그리고 공업화가 의미를 가지려면 그것은 조선 민족의 자율적 재생산기반을 확충하고, 이를 통해 조선 민족의 현재 또는 장래의 복지가 증가되어야 하는데, 1930년대 공업화는 이러한 조건을 충족하지 못했다는 것이다.

제1차 세계대전이 끝난 뒤인 1920년대, 일본경제는 만성적 불황에 직면하였다. 전쟁 기간 동안 생산력이 급속히 발전하였지만, 전쟁이 종결되고 유럽제국이 세계시장에 복귀하자 경쟁이 치열해지면서 생산력과 시장 사이의 모순에 직면하였고, 이러한 만성적 불황은 자본의 집적 집중을 가속하였다. 여기에 1927년의 금융공황을 계기로 일본 산업계는 더욱 심각한 불황 상태에 돌입하였고, 더욱이 1929년 세계대공황의 영향을 받아 일본경제도 경제공황에 직면하였다. 이러한 파국적 상황을 맞이하여 일본경제에는 과잉자본이 축적되고 투자기회가

---

96) 배성준, 〈1930년대 일제의 '조선공업화론' 비판〉, 역사문제연구소, 《역사비평》, 1990년 봄호, pp. 134~135.

소멸되어 유리한 투자기회를 추구하는 과잉자본의 해외 진출이 요청되었다. 이에 따라 1930년대 일본자본의 조선 진출이 적극적으로 이루어졌으며, 군소자본뿐만 아니라 독점자본도 조선에 적극적으로 진출하여 근대공업 건설에 참여하였다.

1930년대 경제공황을 타개하고자 일본 산업계는 한편으로 기업의 합리적 운영을 꾀하면서 조업단축을 단행하였고, 다른 한편으로는 기업 간의 협동체를 결성하여 자체적인 통제를 강행하면서 유휴자본의 해외 진출을 기도하였다. 일본 정부는 산업계의 이러한 정세를 반영, 통제의 강화를 촉진하고자 1931년 '중요 산업통제법'을 제정·공표하고 자유경제에서 통제경제로 전환하였다. 대기업이 중심이 되어 만들어진 통제조직은 독점을 강화, 카르텔 등의 독점조직을 확대하였고, 조업단축, 생산 및 판매협력으로 통제를 강화하였으며, 이에 중소기업은 몰락할 처지에 직면하였다. 일본 국내에서 몰락에 직면한 중소기업과 조업단축으로 발생한 대기업의 유휴자본은 통제권 밖에 있던 조선에 진출, 투자되었다. 곧 1930년대 조선에서 일어났던 근대공업의 건설 붐은 이와 같은 일본 산업계의 불황에 따른 통제체제의 확립이라는 일본자본주의의 성격 변화가 그 주요한 원인이었다.

한편 조선은 일본 국내 자본의 진출에 유리한 조건을 갖고 있었다. 첫째로 공업자원의 매장량이 풍부하고, 둘째로 동력자원인 전력이 풍부하였으며, 셋째로는 노동력자원에서도 공업입지조건이 유리하였는데, 그 원천지는 농촌이었다. 1920년대 조선의 교육열 고조로 농촌인구 중 초등교육을 받은 인구가 많았으며, 이들 저임금의 훈련가능 노동력이 농촌에 무한정으로 잠재해 있었는데, 이러한 노동력조건이 유리한 공업입지조건이 되었다.[97]

1930년대 조선의 공업화는 이러한 일본자본주의의 성격 변화라는 경제적 측면과 함께 정치적으로는 일본의 파쇼화과정에서 초래된 침략전쟁 수행을 위해서도 그 필요성이 증대되었다. 이 두 측면의 이해관계가 일치되면서 1930년대

---

97) 趙璣濬 著,《韓國經濟史新講》, 일신사, 1994. pp. 562~563.

조선의 공업화는 그 내용이 일본 독점자본을 투자주체로 하는 군수공업화가 되지 않을 수 없었다.

1929년의 세계대공황을 계기로 한 일본의 중소기업의 몰락, 농촌경제의 파탄, 국제무역의 난조 등의 요인은 일본의 중산계급, 더욱이 농촌에서 징모(徵募)된 육군사관(陸軍士官)들로 하여금 이 경제적 위기로부터 탈출할 급진적 행동이 필요함을 자각하게 했다. 이 젊고 세력적인 계층은 모든 국내 병폐의 만병통치약인 대외 모험을 감행하게 하였으며, 그것의 실행이 바로 1931년 만주침략이었다. 이를 계기로 파쇼화와 군국주의의 확립, 그리고 경제적으로 (준)전시경제체제가 성숙되기 시작하였고, 국내적 위기감은 군부의 군비 확장 요구를 강화하였으며, 군비 생산 확대를 중심으로 하는 군수경기가 군비 확장을 환영하는 분위기를 형성하였다. 그러면서 군수산업 육성의 필요성과 그에 대비하는 정책이 실시되었다. 결국 1930년대 조선 공업정책은 일본 정부와 일본 독점자본 사이의 이해관계의 일치 위에서 이루어진 것이며, 공업정책의 성격은 군수공업을 중심으로 하고 그 내용은 일본 독점자본의 고이윤 실현을 보장해주는 방향으로 전개되었다.[98]

일본은 1931년 만주사변을 일으켜 중국의 동북방을 장악하였고, 이에 대륙전진기지로서 조선의 개발이라는 새로운 전략적 시각이 검토되면서 조선의 공업화는 군수사업화의 시각에서 급진적으로 진행되었다. '대륙루트'로서 조선의 역할이 강조되면서 일본에서의 통제경제의 강화(중요산업통제법과 공장법)가 조선에서 적용되지 않음에 따라 '자유로운 자본투하의 낙토(樂土)'인 조선에 독점자본의 진출이 증대되었다. 총독부 권력의 자본 유치와 함께 군사적 요구가 수반되어 일본 독점자본은 초과이윤을 확보할 수 있는 부분에 적극 진출하였다.

1937년 중일전쟁의 발발로 일본이 중국 본토 침략전을 개시한 이래 조선에 대한 전시경제체제는 더욱 강화되었다. 전시물자 생산을 위하여 식량증산계획,

---

98) 許粹烈,〈1930年代 軍需工業化政策과 日本獨占資本의 進出〉, 車基璧 엮음,《일제의 한국 식민통치》, 정음사, 1995, pp. 234~235.

산금5개년계획, 중공업기지화계획을 수립하였고, 이에 따라 일본은 대재벌의 조선 진출을 종용하면서 중공업 건설을 적극 진행시켰다. 같은 해 '중요산업통제법'을 개정하였는데 여기에선 기업의 신설, 생산설비의 확충을 허가제로 하고 경쟁력을 국가가 규제하여 기존 독점체제의 강화를 꾀함과 동시에, 이를 식민지의 중요산업까지 확대, 규제를 강화하여 일본 독점자본에게 문호를 더욱 개방하였다. 이 개정은 일본 산업의 군사적 재편성과 중화학공업의 강화를 조선 공업까지 확대하는 것이었다.

1941년 태평양전쟁으로 전쟁이 점차 확대되고 제2차 세계대전으로 발전하면서 일본은 이른바 결전경제운영체제를 확립하는 국가계획을 수립하였고, 중화학공업과 국방기초산업 등의 충실을 위한 산업구조개편과 고도화를 급속도로 추진하였다. 조선에서도 산업구성을 재편하여 군수산업부문을 보호 육성하고 자본을 집중하여 조선에 대륙침략전쟁의 군사기지를 구축(構築)하고 이 목적에 부응할 노동자를 육성해 배치하였으며, 중소기업의 재편성과 하청화를 도모하였다. 1942년 5월에 '국가총동원법'에 바탕을 둔 '기업정비령'의 공포로 중소기업의 몰락과 청산이 잇따르는 가운데, 일부 중소기업만이 군수공장의 분공장(分工場)이 되어 군수품생산의 보조적 역할을 담당하였다

이러한 1930년대 공업화에 대한 군수산업화론은 일본제국주의의 군사적 요구로 식민지 권력과 일본의 재벌을 중심으로 한 독점자본이 주축이 된 결과로서, 조선인 자본의 희생 위에 공업화가 진행되었다는 '수탈론'의 인식을 그 바탕으로 하고 있다. 기본적으로 수탈론은 조선 후기의 내재적 발전에 따라 근대적 면모를 띠기 시작한 조선경제가 일제의 침략과 수탈 때문에 몰락했다고 보는 것이다. 또한 이 관점은 민족자본의 동향과 조선경제의 식민지적 파행성에 주목한다. 조선인 중소자본이자 부르주아민족주의의 물질적 기초인 민족자본은 조선 후기 이래 내재적 발전에 기초하여 성장하였지만, 식민지로 편입된 1910년대에는 회사령하의 식민지억압정책, 1920년대는 총독부의 지속적인 민족자본억제정책, 그리고 1930년대의 일본 독점자본이 주축이 된 군수산업화 속에서 몇몇 전근대부문에서만 영세한 규모로 잔존할 수 있었다는 것이다. 그러나 중일전쟁 이

후 전시경제체제와 1940년 초 군수산업 재편성과정에 돌입하면서 대다수 민족
자본은 몰락하고, 일부 군수산업의 보조적 역할을 하는 부문만이 잔존하였다고
보는 것이다. 그리고 일본 독점자본의 민족경제 수탈로 민족자본은 몰락하였고,
여기에는 조선인 저축의 수탈, 조선인의 강제노동이 수반되었다는 것이다.[99]

  한편 일제의 군사적 요구로 건설된 1930년대 조선의 공업은 결국 심한 식민
지적 파행성을 가지게 되었다고 보았다. 조선경제의 식민지적 파행성으로는 ①
일본 독점자본의 조선 공업 독점, ② 중공업의 낙후성과 그 예속성, ③ 경공업
의 낙후성과 그 식민지적 예속성, ④ 광업과 공업의 불균형성, ⑤ 공업과 농업
의 불균형성, ⑥ 공업생산배치의 지역적 편파성, ⑦ 기술수준의 저위성 등이 지
적되고 있다.[100]

(3) 사회적 분업재편론과 총수요증대론

  사회적 분업재편론은 우선 1930년대 식민지공업화를 군수공업기지의 건
설[101]이라고 보고 '군수산업화론'에서와 같이 조선 공업의 성격을 군수공업 일
변도로 보는 견해에 대해 비판적이다. 조선의 공업화를 모두 전쟁경제와 관련지
어 보면 1910년대 말부터 있었던 조선경제의 변화를 제대로 보지 못한다는 것
이다. 또 조선에 직접적인 군수산업은 없었고, 1930년대 '군수공업'은 넓은 의미
에서 '생산력확충산업'이며, 그것이 어떠한 조선적 특질을 가지고 전개되었는가
가 문제라는 것이다.[102]

---

99) 安秉直, 〈1930년 이후 朝鮮에 侵入한 日本獨占資本의 正体〉, 尹炳奭・愼鏞廈・安秉直 編, 《韓國
    近代史論》Ⅰ, 知識産業社, 1977, p. 257.

100) 전석담・최윤규 외 지음, 《조선근대사회경제사》, 이성과현실, 1989, pp. 304~324 및 朴慶
    植 著, 《日本帝國主義의 朝鮮支配》, 청사, 1986, pp. 457~466.

101) 小林英夫, 〈近代アジア史像の再檢討〉, 《歷史評論》 482號, 1990年 6月號.

102) 安秉直・堀和生, 〈總論－植民地朝鮮工業化의 歷史的 條件과 그 性格－〉, 安秉直・中村哲 共編著,
    《近代朝鮮工業化의 硏究》－1930~1945년－, 일조각, 1993, p. 28.

사회적 분업재편론은 군수산업화론이 정책적인 접근에만 치우쳤다고 비판하면서 실태 분석을 중심으로 논리를 진행하고 있다. 조선 공업의 실제적 내용은 군수적 성격이 그렇게 강한 것은 아니었으며, 오히려 조선 내의 공산품 시장 확대가 일본으로부터 자본과 상품을 유인했다는 측면을 강조하였다. 조선 내 공산품 시장의 확대에 따른 공산품 소비의 급증은 새로운 자본주의적 생산력에 의해 농촌지역을 포함한 조선 내부의 사회적 분업을 급속히 재편하였고, 그 과정에서 시장조건에 변화가 일어나 발생한 것이다. 여기에는 종래의 자급자족적 소비부문이 일본 제품으로 대체되었을 뿐만 아니라 새롭게 수요가 창출되었다는 기저적(基底的) 변화에 대한 인식이 필요하다고 하였다. 곧 사회적 분업의 재편과 시장 확장을 배경으로 군수자원 개발정책의 대상과 다른 제조공장이 속출하였다는 것이다.[103]

여기서 말하는 사회적 분업의 재편성이란 ① 자본의 농업 포섭과 그에 따른 농촌사회의 변질, ② 농업종사자의 이농과 비농업사회의 확대, ③ 자본주의적 공업경영의 확대, ④ 자본의 사회 전체 포섭이 가일층 심화되는 역사적 과정으로 설명하였다.[104] 그 내용은 다음과 같이 확인하였다. 1930년대 막대한 농업인구가 조선 내부와 조선 내의 특정 지역, 산업부문으로 단기간에 급속히 이동하면서 사회에 구조적 변화가 일어났다. 이러한 변화는 조선 내에서 도시를 중심으로 하는 비농업사회의 팽창이며, 직접적인 자본주의적 공업의 성립이었다.

그리고 비농업사회에서는 직접적으로 자본주의에 포섭되고 있는 부분이 아주 컸고, 그 중심이 되는 자본주의적 공업은 재래의 산업기반과는 비교적 무관계한 이식공업으로서 어느 정도 이상의 규모를 갖고 성립하였다. 중소공장의 일정한 발생 발전과 동시에 대규모 공장화의 경향이 진전되었는데, 그로 말미암아 조선인 자본의 양적 증대에도 불구하고 대공장을 경영하는 일본인 자본의 지배력은

---

103) 堀和生, 〈1930年代 朝鮮工業化의 再生産條件-商品市場分析을 中心으로-〉, 安秉直·李大根·中村哲·梶村秀樹 編 , 《近代朝鮮의 經濟構造》, 比峰出版社, 1989, p. 351.

104) 堀和生, 〈1930年代 社會的 分業의 再編成-京畿道 京城府의 分析을 통하여〉, 安秉直·中村哲 共編著, 앞의 책, p. 49.

오히려 강해졌다. 경성(京城)은 조선 공업화의 중심지였으며, 경성을 비롯한 도시와 농촌을 묶어 광범위한 자본주의적인 사회적 분업이 성립하였다. 그리고 그것을 조직하는 새로운 상업망이 조선 안에 널리 형성되었는데, 그 근간을 장악한 것은 일본상인이었고, 이들이 공산품의 유통에서 중요한 위치를 차지하였다.

조선 사회의 구조적 변화와 자본주의적인 사회적 분업의 진전은 두 가지 측면을 동시에 파악할 수 있게 한다는 것이다. 하나는 조선 사회의 변화가 일본자본주의 변용의 일부라는 측면이다. 그것은 식민지기의 조선의 시장적 조건이 이미 일본경제의 일부라는 일반적 조건에 덧붙여, 일본자본주의가 중화학공업으로 선회함에 따라 대조선투자가 이루어져 조선의 공업화가 강력히 추진되었기 때문이다.

그러나 조선경제는 단순히 일본경제의 일부는 아니며, 또 하나의 측면으로서 조선의 독자적인 특징이 형성되는 과정을 들고 있다. 그것은 소수 대도시로의 도시 기능 집중, 영세공업의 취약성과 대공장의 우위성의 대칭, 자본·기술면에서의 강한 대일의존, 자본주의가 지배적인 산업 및 지역에서 조선인의 급격한 증대 등이다. 결국 일본자본주의의 포섭이 강해짐과 동시에 조선만의 독특한 구조를 지닌 새로운 사회가 형성되고 있었다. 그것은 식민지 조선만의 특징을 지닌 자본주의의 성립과정이었으며, 이렇게 조선 사회가 독특한 특징을 지니면서 자본주의를 향해 나아가는 불가역적(不可逆的) 과정이 1930년대 공업화과정이었고, 그것은 사회적 분업의 재편성으로 구체화되었다는 것이다.[105]

이 견해는 물론 '식민지공업비지론'에 대하여 비판적이었다. 조선은 단순한 일본 공업의 최종 소비제품시장이 아니고, 또 국내 공업제품을 모두 일본으로 반출하는 비지(飛地)도 아니라는 것이다. 조선 공업제품의 운동에는 ① 일본으로부터 소비수단(특히 비식료품)과 생산수단의 유입증가, ② 조선에서 공업제품 소비시장의 확대와 그것과 연관된 소비수단, 생산수단(특히 생산재)의 생산 증대, ③ 조선 내의 생산 증가로 일본으로의 생산재의 공급 증가 등의 세 가지 운동이 병

---

105) 위의 글, 위의 책, pp. 82~83.

행 중복되었다는 것이다. 그 결과 조선과 일본 사이, 그리고 조선지역의 내부에서도 산업연관, 즉 공급면에서 사회적 분업이 형성되어 갔다고 보았다.106)

사회적 분업재편성론에서는 사회적 분업의 재편성으로 조선 내에서 공산품 시장이 지속적으로 확대된 것이 조선 공업화의 요인이라고 설명하기 때문에 쌀의 '기아수출'로 상징되는 '대중궁핍화론'에 대해서도 비판적이다. 또한 공업화가 조선 안에서의 수요기반 형성과 관련되었다고 보기 때문에 조선의 공업화가 본국의 요구(정책)에 기인한다는 군수공업화론에 대해서도 비판적이다.

한편 사회적 분업재편성론이 조선 공업화의 기반을 조선 안의 수요기반 형성과 관련지어 사회적 분업의 재편성에서 그 요인을 찾고 있는데, 이에 부연하여 총수요의 증대와 그 요인을 분석하는 견해가 제기되었다. 총수요는 경기에 따라 변동하면서도 특히 1930년대에 크게 증대하였는데, 그것은 민간소비와 자본형성의 증가에 의해 주도되었으며, 그 양상은 무역의 동향에 따라 규정되었다는 것이다.

우선 조선 내에서 공산품 소비의 급증을 조선 내부의 사회적 분업의 재편성에 따라 '종래의 자급적 소비부문'이 대체되고 '새로운 수요'가 창출된 결과로 이해하는 데 대해서는 자급부문이 대체를 너무 강조해서는 안 된다고 보았다. 가내공업부문이 중일전쟁까지 증가했고 그 뒤에도 뿌리 깊게 잔존했다는 점에서 공산품 수요의 확대가 농업과 가내공업의 결합을 해체시킨 결과로 보기에는 한계가 있다는 지적이다. 그리고 조선의 공산품 소비 급증 현상은 조선 내 생산 증가에 기인한 바가 크지만, 그보다는 공산품의 수이입에도 크게 의존했음에 주목할 필요가 있다는 것이다.

1930년대 시장의 급속한 확대는 조선 내의 공급 능력을 훨씬 넘어 진행되었는데, 그것은 일본으로부터의 자본 유입에 의존하여 공급 능력을 능가하는 수준의 공산품 소비증기기 이루이진 결과였다고 한다. 곧 진체직으로 공산품 소비가 무역을 매개로 하여 공업생산능력을 훨씬 넘어 선행적으로 확대되었고, 이것이

---

106) 安秉直・堀和生, 〈總論〉, 위의 책, p. 27.

조선 내의 공업 생산을 유인해 갔다고 볼 수 있다는 것이다. 따라서 공산품 소비급증은 조선내의 공업생산의 확대도 중요하지만, 그 이상으로 공산품의 수이입에 크게 의존하였다고 보았다.[107]

2. 일본 독점자본의 진출과 경제구조의 고도화

(1) 일본 독점자본의 조선경제 지배

일제는 1920년 회사령을 철폐하고 기업 설립의 자유를 인정함과 동시에 조선에서도 공업의 근대적 발전을 계획했다. 그러나 공업 발전의 주된 대상은 중소기업이었으며 대공업의 발전은 예외적인 것에 불과하였다. 그러한 사정은 당시 공업정책 일반에 관하여 작성된 〈조선산업에 관한 계획요항 참고서〉에도 나타나고 있다. 이 〈참고서〉에는 조선에 건설한 공업이 ① 생산의 소지가 있는 것, ② 원료의 생산여지가 있으며 또는 그 수이입이 용이한 것, ③ 조업이 간이하고 소공업에 적합한 것으로 되어 있다.[108]

조선에 일본의 근대적 대공업을 유치하는 적극적 정책이 시행된 것은 1930년 전후에 시작되었다. 1920년대까지의 중농적 식민정책은 1931년 우가키 가즈시게 총독이 채택한 '조선산업정책대강' 이후 농공병진정책(農工竝進政策)으로 전환되었다. 곧 원시산업중심방책에서 광범한 산업의 전면적 발전정책으로 전환하고 농공병진을 기본으로 하여 농업을 장려하는 한편, 기타의 제 산업, 특히 요람시기에 있는 광공업의 비약적 진흥을 도모하는 것이다. 동시에 일본 및 만주의 산업과 연계를 긴밀히 함으로써 조선의 지리적 및 자원적 특질에 비추어 일본

---

107) 김낙년, 〈식민지 조선의 공업화〉,《한국사》13, 식민지시기의 사회경제-1, 한길사, 1994, p. 316 및 pp. 328~330.

108) 高橋龜吉 著,《現代朝鮮經濟論》, 千倉書房 , p. 350.

제국 전반의 수요충족에 기여할 준비를 해야 된다는 것이다.[109]

즉 식량공급기지로서 조선의 ˙농업을 발전시키면서도 동시에 군수산업, 특히 지하자원의 개발과 공업부문을 비약적으로 발전시키고자 한 것이었다. 이처럼 농공병진을 표방하는 가운데 그 핵심은 공업개발이었지만, 그것은 조선만의 독자적인 공업화를 추구한 것이 아니었다. 조선에서 근대적 공업은 자본, 기술 및 인적 측면에서 내지의 거대산업을 연장한 것에 불과한 군수공업의 발전이었으며, 그것은 일본 독점자본의 증식을 도모하는 방향으로 이루어졌다. 군사적 요구와 관련하여 높은 이윤이 확보될 수 있는 부문에 일본 독점자본의 진출이 적극적이었으며, 식민지 통치기구가 이를 뒷받침하였고, 이들은 결국 조선경제를 지배하였다.

이 시기 조선경제를 지배한 일본 독점자본은 일본에 본사를 둔 일본인 독점자본과 조선에 본사를 둔 일본인 독점자본으로 나누어 볼 수 있다. 먼저 일본에 본사를 두고 조선에 진출한 일본독점자본은 미쓰이(三井)계, 미쓰비시(三菱)계, 닛산(日産)계, 닛테쓰(日鐵)계, 가네보(鐘紡)계, 토오요보(東洋紡)계, 니치보(日紡)계 등 대재벌계의 자본과 그 밖에 중견층 재벌을 들 수 있다(日本綿花系, 中外産業系, 片倉系, 安田系, 帝國纖維, 三興系, 伊藤忠의 朝鮮織物, 淺野系, 宇部興産系, 人造펄프이 王子製紙系 등). 이들 중견재벌도 기업체는 대규모이기 때문에 조선 공업에서 차지하는 비중이 컸다.

다음에 조선에 본사를 둔 일인 독점자본으로는 노구치(野口)계, 도오타쿠(東拓)계, 쇼오쿠긴(殖銀)계 등이 있다. 또 기타 특수회사를 포함해서 일본인계 자본이 있었는데, 이들은 일제 지배 초기에 조선에 도래하여 조선 산업계에서 성공적으로 활동한 사람들이었다.[110]

---

109) 《朝鮮經濟年報》 1939년판, p. 72. 우가키 총독은 일본을 정(精)공업지대, 만주를 농업지대로 하고 양자를 연결하는 조선을 조(粗)공업지대로 설정하는 일본제국경제권을 구상하였으며, 만주 지배를 위하여 조선을 군사공업화할 필요성을 강조하였다(李憲昶 著, 《韓國經濟通史》, 法文社, 2003, p. 303).

110) 趙璣濬 著, 《韓國資本主義成立史論》, 大旺社, 1985, pp. 424~449 및 《韓國經濟史新講》, 일신

이들 일본 독점자본은 주로 섬유공업, 식료품공업, 화학공업, 요업, 기계공업, 금속공업, 광업 등에 광범위하게 진출한 근대산업자본이었으며, 조선 내 산업 사이의 관계보다는 조선 내의 각 산업과 일본 내의 산업 사이의 연관관계를 보다 강하게 맺으면서 조선경제를 지배, 충격을 주었다.

〈표8-6〉은 1942년 일본 독점자본의 조선 산업지배율을 나타내는데 여기서는 다음과 같은 특징을 알 수 있다.

(1) 조선 산업설비자본의 투자비율		(3)일본 산업자본의 직접 진출 내용	
① 일본 산업자본의 직접 진출	74.0	① 三井계	4.0
② 조선 내 주요산업자본계통	18.0	② 三菱계	6.0
③기타 일반 조선 내 재적회사	8.0	③ 住友계	2.0
계	100.0	④ 日窒계	36.0
(2) 조선 주요산업계통의 내용		⑤ 東拓계	11.0
		⑥ 日産계	12.0
① 특수회사	17.0	⑦ 鍾紡계	6.0
② 殖銀계	29.0	⑧ 大日本紡계	2.0
③ 기타 일본인계	48.0	⑨ 東洋紡계	2.0
④ 조선인 계	6.0	⑩ 日鐵계	4.0
		⑪ 기타 산업자본계	15.0
계	100.0	계	100.0

자료 : ① 東洋經濟新報社, 《年間朝鮮》, 1942.

② 尹炳奭·慎鏞廈·安秉直 編, 《韓國近代史論》, 지식산업사, 1977, p. 255.

〈표8-6〉 일본 독점자본의 조선 산업지배율 (단위 : %)

첫째, 조선 내 총 설비자본 가운데 일본으로부터 직접 진출한 회사가 지배하는 자본이 74.0퍼센트, 조선 내 주요산업자본계통이 지배하는 자본이 18.0퍼센트, 기타가 8퍼센트를 각각 차지하고 있어서 일본으로부터 직접 진출한 회사의

___

사, 1994, pp. 568~587 참조.

자본 지배 비율이 압도적임을 알 수 있다. 이것은 1930년대 이후 조선의 공업화가 일본으로부터 직접 진출한 독점자본에 의하여 추진되었음을 말하여 준다.

둘째, 일본으로부터 직접 진출한 회사가 지배하는 자본의 구성을 보면, 〈표 8-6〉의 내용에서 닛지츠(日窒)계와 닛테쓰계는 실제로 미쓰비시계이며, 가네보계는 미쓰이계인 점을 고려하여 자본계통을 재분류하는 경우 미쓰이계는 10.0퍼센트, 미쓰비시계는 46.0퍼센트, 닛산계는 12.0퍼센트, 도오타쿠계는 11.0퍼센트로서 네 개의 대자본계통이 지배하는 비중이 79퍼센트로 압도적이다.

셋째, 조선 주요산업계통을 지배하는 자본 가운데는 특수회사가 17.0퍼센트, 쇼오쿠긴이 29.0퍼센트, 기타 일본인계가 48.0퍼센트, 조선인계가 6.0퍼센트로서, 1930년대 조선의 공업화에서는 몇몇 조선인 매판자본가를 제외하고는 대부분의 조선인이 공업화과정에서 소외되었음을 알 수 있다.

이처럼 '조선의 공업화'는 그 주체가 일본 독점자본이기 때문에 '한국의 공업화'가 아니며, 일본제국주의의 외연적 확대과정으로서 일본경제 공업화의 부속물이었다고 볼 수 있다는 것이다.[111]

한편 조선의 공업이 일본자본의 지배하에 있었음은 공업회사의 자본액구성에서도 확인할 수 있다. 〈표8-7〉에서 볼 수 있듯이, 1940년 말 총 공칭자본액 가운데 일본인 공장의 공칭자본액 비중은 94퍼센트였음에 대하여 조선인의 그것은 6퍼센트에 불과하였다.

이러한 조선인 자본의 취약성은 1942년 '기업정비령'의 실시 이후 중소규모공장이 몰락·청산되면서 더욱 심화되었고, 그와 달리 일본인 공장의 비중은 더욱 높아졌다. 더욱이 금속공업, 화학공업, 전기공업, 요업, 그리고 방직공업을 비롯한 경공업부문에서 일본인 자본이 압도적 비중을 차지하는 가운데 기계공업에서만 조선인 자본이 42퍼센트를 점하고 있었다. 이것은 이 시기까지 중소규모의 철공장, 기계수리공장을 가진 조선인 자본이 일정한 비중을 차지했기 때문인데, 이것도 그 뒤 일제의 정리정책으로 대부분 청산 개편되었다.

---

111) 安秉直,〈1930년 이후 朝鮮에 侵入한 日本獨占資本의 正体〉, 앞의 책, pp. 255~256 및 p. 268.

업종	조선인		일본인	
	금액	비중	금액	비중
금속공업	6,100	2	373,000	98
기계기구공업	61,500	42	85,000	58
화학공업	1,000	–	276,250	100
가스 · 전기공업	–	–	553,030	100
요업	–	–	53,245	100
방직공업	10,000	15	76,600	85
재재 · 목제품공업	5,500	10	47,000	90
식료품공업	5,250	7	73,800	93
인쇄 · 제본	1,500	43	2,000	57
기타	7,000	8	83,500	92
계	101,850	6	1,623,476	94

주 : 자본금 100만원 이상의 공장만을 계산함.

자료 : ① 조선은행,《조선경제연보》, 1948년판(Ⅰ), p. 100.

② 전석담 · 최윤규 외 지음,《조선근대사회경제사》, p. 305.

〈표8–7〉 **민족별 공장 공칭자본액** (1940년 말. 단위 : 천원, %)

(2) 산업구조의 고도화와 군수산업화

1) 산업구조의 고도화와 중소기업

이처럼 1930년대부터 일본 독점자본의 조선 진출이 본격화되면서 일본 독점
자본은 조선경제를 지배하였다. 동시에 조선경제는 일본 독점자본을 주축으로
하여 공업화가 급격히 진행되었으며, 1920년대 이후 진전된 식민지자본주의는
공업부문을 중심으로 더욱 발전되면서 구조적으로 고도화되었다.[112]

---

112) 1930년대 공업화는 일본에서 진출해 온 일본 독점자본을 중심으로 하였지만, 그 진출에
    는 조선경제가 그것을 가능하게 하였던 조건(식민지적 원시적 축적에 더하여 인프라스트
    럭처, 유통조직의 발달 및 관련 부문의 최소한의 성립 등)이 필요하였고, 동시에 진출 자
    체가 관련 부문을 발달시켰다는 견해가 있다. 조선의 공업화는 일본 본국에 대한 경제적
    종속을 심화시켰으나 조선인 자본의 형성 발전까지를 포함하는 조선경제 전체를 끌어들이
    면서 진전되었다는 것이다(中村哲 著, 安秉直 譯,《世界資本主義와 移行의 理論》–東아시아를

먼저 〈표8-8〉에서 산업별 생산액 구성을 보면, 1930년대 초에 공업이 전 산업에서 차지하는 비중은 1931년에 23퍼센트에 그쳤으며, 농업생산은 63퍼센트라는 높은 비율을 차지하였다. 그러나 1937년에 농산물의 구성이 52퍼센트로 감소한 것과 달리 공산물은 33퍼센트로서 1931년에 견주어 10퍼센트 포인트 증가하였다.

	1931	비중	1937	비중
농산물	702,855	63	1,541,366	52
임산물	59,413	5	138,710	5
수산물	77,562	7	187,953	6
광산물	21,741	2	110,429	4
공산물	252,294	23	959,308	33
계	1,114,495	100	2,937,766	100

자료 : ① 鈴木武雄, 《朝鮮の經濟》, p. 96.
    ② 〈표8-3〉의 ②와 같음(p. 439).

〈표8-8〉 산업별생산액 (단위 : 천원. %)

1930년대 전반기 이러한 공업 비중 증가의 주요원인은 농공병진정책에 따른 수력전기자원의 개발, 만주국의 독립으로 말미암은 조선의 배후시장 출현, 일본 본국의 통제경제단계에서 조선이 '자유로운 위치'에 있었다는 점 등이었다. 그러나 무엇보다도 군수적인 여러 요구와 병참기지로서의 필요성으로 군수공업이 일어났고, 또 이것이 일본 독점자본 투자의 이윤추구 동기와 일치했기 때문이었다.

한편 1930년대 후반기 산업별 생산액을 〈표8-9〉에서 보면 1936년에 농산물과 공산물의 비율이 54퍼센트 대 31퍼센트였으나, 1939년에는 42퍼센트 대 39퍼센트(1941년에는 41% 대 37%)로 나타나 공산물의 비중이 크게 높아졌음을 알 수 있다. 또한 공산물과 광산물을 더하면 45퍼센트가 되어 군수생산의 비중이 막

中心으로, 비봉출판사, 1991, p. 168).

	1936	비중	1939	비중	1941	비중
농산물	1,298,911	52	1,644,200	42	1,919,684	41
임산물	118,064	5	192,600	5	344,259	7
수산물	164,003	7	327,000	8	357,852	7
광산물	110,429	5	240,000*	6	380,593*	8
공산물	730,806	31	1,498,000	39	1,722,225	37
계	2,422,213	100	3,901,800*	100	4,724,712*	100

주 : * 표시는 추정
자료 : ① 조선은행, 《大戰下の半島經濟》.
　　　② 〈표8-3〉의 ②와 같음(p. 449).

〈표8-9〉 산업별생산액 (단위 : 천원, %)

대했음을 짐작케 한다. 이는 1937년 '중요산업통제법'의 개정으로 말미암은 일본 산업의 군사적 재편성과 중화학공업의 강화가 조선 공업을 그 안으로 포섭하게 하였고, 이에 맞추어 일본 독점자본은 군사적 재편성과 함께 전시 초과이윤을 확보하고자 적극적으로 조선에 진출한 것이 그 경제적 계기였다. 또한 중일전쟁을 계기로 시작된 전시경제의 강화과정에서 그때까지 '특수성'에 입각해온 조선경제의 독자성이 없어지고 조선경제도 전시통제경제구조 안으로 편입되면서 이른바 '내선일체의 구현' 강화가 이루어진 결과였다. 1941년 태평양전쟁개시 이후 이러한 현상은 더욱 강화되어 중화학공업과 국방기초산업에 충실하기 위한 산업구조개편과 고도화가 급속도로 추진되었던 것이다.

　한편 〈표8-10〉은 1930년대 전반기 공업구조의 변화를 나타낸 것이다. 1930년에는 식료품공업, 방직공업, 화학공업의 순서로 그 비중이 높았으나, 1936년에는 방직공업과 화학공업이 역전되어 화학공업의 비중이 높아졌는데, 이것은 흥남을 중심으로 하는 화학공업의 발전에 따른 것이다. 금속·기계·화학 등의 중공업은 1930년에 16.5퍼센트에서 1936년에는 27.9퍼센트로 그 비중이 높아졌는데, 그것은 화학공업의 발달에 따른 것이었다. 그런데 방직, 식료품 등 경공업은 1930년에 70.6퍼센트에서 1936년에 57.9퍼센트로 그 비중이 낮아졌지만, 여전히 중공업보다 높은 구성을 보였다.

	1930				1936			
	생산액	비중	공장수	직공수	생산액	비중	공장수	직공수
방적공업	33,674	12.8	270	10,011	90,378	12.7	402	33,830
금속공업	15,263	5.8	231	4,542	28,365	4.0	259	6,787
기계기구공업	3,328	1.3	224	2,854	7,398	1.0	344	7,939
요 업	8,348	3.2	314	5,366	19,032	2.7	336	8,269
화학공업	24,676	9.4	515	14,720	162,462	22.9	1,425	41,972
제재 및 목제품공업	7,037	2.7	163	2,629	19,230	2.7	271	4,906
인쇄 및 제본업	8,184	3.1	215	4,146	12,426	1.8	286	6,237
식료품공업	152,054	57.8	2,088	27,055	320,580	45.2	2,258	32,617
가스 및 전기업	6,432	2.4	35	525	39,988	5.6	50	812
기타공업	4,068	1.5	206	3,052	10,002	1.4	296	5,394
계	263,062	100.0	4,261	83,900	709,865	100.0	5,927	148,799

비고 : 생산액은 관영공업을 제외했음.

자료 : ① 鈴木武雄,《朝鮮の經濟》, p. 223.
　　　② 〈표8-3〉의 ②와 같음(p. 439).

〈표8-10〉 공장공업구성의 변화 (단위 : 천원, %)

　　　1937~1943년 사이에 공업부문별 생산액추이를 나타낸 것이 〈표8-11〉이다. 1937년에 방직공업과 식료품 등 경공업의 비중이 39퍼센트, 화학·금속·기계공업 등 중공업의 그것이 39퍼센트로 동등하였으나, 1943년에는 경공업과 중공업의 구성이 36퍼센트와 49퍼센트가 되어 중공업이 13퍼센트 포인트 우위로 중공업 중심의 공업구조를 보여주고 있으며, 특히 금속공업 비중의 증대가 뚜렷하다. 1943년의 공업의 업종별 구성순위를 보면 화학공업(29%), 식료품공업(19%), 방직공업(17%), 금속공업(14%)의 순인데, 이것은 화학공업과 금속공업 등 군수공업생산과 관련된 부분이 확장됨과 동시에 침략전쟁으로 말미암아 현지 조달을 위한 식료품공업과 방직공업이 확대되었음을 반영한 것이다.

　　　그 결과 공업에서 생산이 집중되고 종업원이 증가되면서[113) 대규모 공장이

---

113) 1937~1943년의 기간에 공장수는 2.3배, 생산액은 2.1배, 노동자수는 2.7배 증가하였다(조선은행,《朝鮮經濟年報》, 1948년판).

	1937		1939		1941		1943	
	생산액	비중	생산액	비중	생산액	비중	생산액	비중
금속공업	50,766	5	136,092	9	137,882	8	300,000	14
기계기구공업	16,564	2	53,225	4	110,629	6	115,000	6
화학공업	304,948	32	501,749	34	502,904	29	600,000	29
요업	25,071	3	43,337	3	68,163	4	90,000	4
가스 및 전기	40,075	4	30,462	2	–		30,000	2
방적공업	141,153	14	201,358	13	282,089	16	345,000	17
식료품공업	238,032	25	328,352	22	438,314	25	400,000	19
제재 및 목제품	11,736	1	21,061	1	109,438	6	120,000	6
인쇄 및 제본	16,304	2	19,373	1	24,995	2	24,000	1
기타공업	114,653	12	163,270	11	47,806	3	26,000	2
계	959,308	100	1,498,272	100	1,722,220	100	2,050,000	100

자료 : ① 조선산업노동조사소, 《産業勞動時報》 창간호, 全錫淡·崔潤奎, 《19世紀後半期~日帝統治末期의
朝鮮社會經濟史》,
　　　　p. 279.
　　② 〈표8-3〉의 ②와 같음(p. 450).

〈표8-11〉 조선 공업부문별 생산액 추이 (단위 : 천원. %)

신설 확대되었으나 중소기업은 몰락하였다. 중소기업인 가내공업의 생산액은
1939년에는 23퍼센트로 감소하였으며, 더욱이 1942년에는 전시통제의 요청에
따라 '기업정비령'이 공표되면서 기업정비와 통합이 진행되었고, 결국 조선인
기업은 그 대부분이 대기업에 통합되거나 몰락하였다.[114]

2) 중화학공업화와 군수산업화

　1930년대 일본 독점자본의 적극적인 조선 진출로 조선의 산업구조는 고도화
되었다. 전체 생산액에서 공산물의 비중이 높아지는 가운데 공업부문에서는 중
공업의 비중이 높아져서 공업구조도 고도화되었다. 1930년대 전반기에도 중공
업의 비중은 높아졌지만 아직도 경공업이 높은 구성을 차지하고 있었다. 그러나

---

114) 朴慶植 著, 앞의 책, pp. 439~451 참조.

1930년대 후반기에는 중공업구성이 뚜렷하게 높아지면서 공업구조의 중화학공업화 추세가 확인되었다. 그런데 이러한 중화학공업화는 군수산업화와 관련성을 갖고 전개된 것으로 볼 수 있다.

1916년경부터 제1차 세계대전에 따른 호경기로 기업 설립 활동이 활발해졌지만 1920년대의 불황 속에서 근대적 공업의 발달은 정체된 편이었다. 1920년대 전반의 조선 공업은 주로 중소영세자본의 진전을 특징으로 하였으며, 근대적 대공업의 발달은 예외적인 것이었다. 그러나 1920년대 후반부터 새로운 변화가 나타났는데 이것은 바로 일본 대자본의 조선 진출이 활발해졌기 때문이었다. 1930년대에 와서 이러한 움직임은 한층 가속화되었는데, 이는 총독부의 산업정책이 1920년대의 농업중심정책에서 공업육성정책으로 전환된 것에 기인하였다.

또한 농공병진정책으로 군수산업과 관련된 공업부문의 발전이 도모되었는데, 이는 특히 만주침략 이후 조선의 대륙병참기지화가 필요하다는 의견에 따른 것이었다. 그러나 본격적인 군수산업 육성이 강화된 것은 중일전쟁 이후, 즉 1930년대 후반부터였다. 이 시기에는 모든 자원이 전쟁이라는 목적을 위해서 통제되었고 군수공업 육성이 가장 중요한 산업정책이 되었다. 따라서 중일전쟁 이후의 공업화는 바로 군수공업 육성의 일환이었다고 볼 수 있다.

흔히 '군수공업'이란 병기, 항공기, 함정 등의 중요군수품을 생산·가공·수리하는 공업을 말하지만, 대부분의 군수품은 다양한 소재산업, 관련 산업을 기초로 하여 생산되는 일종의 종합산업의 산물이기 때문에 넓은 의미로 해석하는 것이 보통이다. 이런 뜻에서 '중요물자수급계획'(1938) 및 '생산력확충계획'(1938)에 속하는 물자를 군수물자로 간주하기도 한다. 이에 따라 그것이 전체 공장생산액에서 차지하는 비중을 계산해본 그 결과 조선에서 군수공업의 생산비중이 만주사변(1931) 이후 몇 년 동안 증가하였지만 중일전쟁(1937) 이후부터 급증하였다. 이 기준에 따를 때 1940년에는 전체 공업생신액의 약 3할이 군수공업과 관련된 것으로 추산되었다. 이처럼 중일전쟁 이후 조선공업에 군수공업적 성격이 더욱 강화된 것은 총독부가 군수공업 육성을 정책의 최우선 과제로 삼았기 때문이었다.115)

1920년대 후반부터 일본의 독점자본이 진출하면서 조선의 공업화가 본격적으로 시작되었지만 이 시기에는 군수공업 육성이라는 동기가 총독부 정책에 적극적으로 포함되지 않았다. 그리고 1930~1937년의 기간 동안 일부 총독부 정책에 군수공업 육성적인 것이 있었는데, 그것은 일제가 만주를 비롯한 아시아에 침략을 개시하면서 조선이 일제의 군수적인 요구와 병참기지로서 필요하다는 점이 인식되었기 때문이며, 이는 일본 독점자본의 이윤추구와 결부되어 있었다. 다만 그것은 잠재적인 성격을 지녔다는 지적도 있다. 그런데 '대륙병참기지'로서 조선의 역할은 직접 병기, 항공기, 함정 등의 '주요군수품'을 생산·가공·수리하는 공업에 한정되는 것이 아니었다. 예컨대 일제의 현지 조달을 위한 식량, 잡화, 섬유제품 등도 군사작전에 중요한 전략물자이기 때문이다. 이에 따라 식료품 및 방직공업이 크게 성장하였으며, 이 부문에 일본 독점자본의 진출이 급속히 증가하였다.

그러다가 중일전쟁 이후에는 조선공업화에서 군수적인 성격이 본격적으로 실현되었다. 임시자금조정법(1937년 9월)이나 수출입품등임시조정법(1937년 9월), 1938년 이후 생산력 확충계획이나 물자동원계획, 국가총동원법의 정책방향에서 군수공업 육성 의지가 명백히 나타났다. 그러나 군수공업적인 근대적 대공업이 발달하기 시작한지 10년도 되지 않았기 때문에 병기나 함정, 항공기 등의 중요 군수품을 조선에서 생산하기에는 역부족이었다. 따라서 조선의 군수공업화 내지 군수산업화는 '주요군수품'보다는 그 원료와 소재공업에 치중되었으며, '대륙병참기지'로서 역할을 높이는 것이었고, 그런 가운데 조선의 공업구조는 급속히 고도화되었다.

---

115) 허수열, 〈식민지적 공업화의 특징〉, 吳斗煥 編著, 《工業化의 諸類型》(Ⅱ)-韓國의 歷史的 經驗, 經文社, 1996, pp. 187~188.

3. 조선인 자본의 동향과 중소기업

(1) 민족자본의 소멸론

이 주장은 1930년대 이후 조선에서 일본 독점자본의 발전과정을 민족자본의 몰락과정으로 보는 것이다. 반식민지 및 식민지적 조건하에서 조선의 민족자본은 일찍이 그 발생과정에서 일본인 대자본과 대결하지 않으면 안 되었으며, 회사령 등 법적 규제와 금융적 소외로 일본인 대자본에 대하여 열세에 놓여 있었다. 더욱이 중소기업으로 구성되어 있는 민족자본은 일본의 대자본으로부터 끊임없이 경제적·정치적 압박을 받았다. 일제 식민지정책의 탄압과 일본인 대자본의 수탈 속에서 어렵게 성장한 조선의 민족자본은 1930년대 일본 독점자본의 조선경제 지배로 몰락과정을 걷게 되었다는 것이다.

일본 독점자본의 본격적인 진출로 한쪽에서는 공업화가 급격히 진전되었지만, 동시에 이것은 식민지적 악조건에서 부단히 생성과 소멸이라는 대류 상태 속에서 그 명맥을 유지하고 있던 민족자본에게 소멸의 과정이 되었다. 1930년대에 조선의 공업이 비약적 발전을 하는 가운데서도 조선 공업에선 여전히 가내공업이 상당히 큰 비중을 차지하였고, 공장제 공업에서도 중소공업의 비중이 압도적이었다. 곧 근대적 대공업의 발전에도 불구하고 대부분 민족계 기업인 중소공업이나 가내공업이 상대적으로는 높은 비중을 유지한 것인데, 그 원인은 근대적 대공업의 성립이 내포적 공업화의 소산이 아니고 일본 공업의 단순한 이식형적(移植型的) 연장이었기 때문이었다.

따라서 식민지하 민족자본적 성향의 중소기업과 가내공업은 일본인 경영과 직접적으로 큰 경쟁의 대상이 되지 않거나 그 침투가 미치지 못하는 재래 수공업부문에서, 그리고 국내 지방시장을 대상으로 잔존하였다. 이렇게 일본자본의 힘이 미치지 못하는 분야에서 부단히 생성과 소멸의 과정을 되풀이하였지만, 일본 상품과 자본이 침투하면서 점차 도산하거나 일본자본의 지배하에 편입되었다.

그런데 1930년대 이후 일본 독점자본의 조선경제 지배로 민족경제의 기반이 잠식 파괴되면서 민족자본의 존립기반은 크게 위축되기에 이른다. 그런 가운데 1937년 중일전쟁 이후 일본 독점자본에 의해 민족경제는 결정적으로 파괴된다. 곧 일본 독점자본의 대규모 진출과 시장장악에도 불구하고 조선인 자본의 주축이 되는 중소기업 및 가내수공업은 중일전쟁 이후 태평양전쟁 초기에도 끈질기게 잔존했지만, 민족자본의 잔존은 전쟁 격화에 따른 통제경제로의 이행과, 특히 1942년의 기업정비를 위한 '기업정비령'의 공포로 결정적 타격을 받게 된 것이다.116)

한편 이 시기 민족자본의 몰락 원인은 다음과 같이 지적되었다.

첫째, 자본공급이 차단되었으며, 이에 더하여 각종 조세정책에 따라 끊임없이 수탈당했다. 임시자금조정법에 따라 금융기관에 강제로 집중된 자금이 군수산업을 담당하는 일본 독점자본에 집중적으로 공급되었기 때문에 민족기업의 금융사정은 극히 악화되었다. 또한 일본 독점자본에는 각종 재정적 특혜가 주어졌지만 민족자본에 대해서는 각종 조세부담이 증가하였다.

둘째, 민족자본에는 노동과 기술의 공급이 두절되었다. 국가총동원법에 근거하여 조선의 노동력을 일본 및 조선의 군수산업에 강제적으로 투입하였기 때문에 민족자본은 노동력, 특히 기술자의 공급을 받기가 어려웠다.

셋째, 전시물동통제 때문에 원료의 구득이 심히 곤란하였다. 물동통제가 대부분의 원료를 일본 독점자본이 경영하는 군수산업에 독점시켰기 때문이다.

넷째, 물가가 급등하는 상황에서 공정가격제, 기타 물가통제가 시행되었기 때문에 암시장에서 높은 가격으로 대부분의 원료를 구매할 수밖에 없었던 민족자본은 몰락의 길을 걷지 않을 수 없었다.

다섯째, 식민정책당국은 전시에 불필요하다고 생각되는 중소기업의 정리방안을 마련하여 이를 강행하였고, 일본 독점자본의 번성 속에 민족자본은 몰락하게 되었다.117)

---

116) 박현채 지음,《민족경제론의 기초이론》, 돌베개, 1989, pp. 149~152.

(2) 조선인 자본의 성장과 그 구조

1) 조선인 자본의 성장과 쇠퇴

1930년대 이후 중소기업을 중심으로 하는 민족자본(조선인 자본)의 소멸을 주장하는 견해에 대하여 실태 분석으로써 이 시기 조선인 자본의 성장과 쇠퇴가 실증적으로 설명되었다. 여기서는 일제시대의 물적 기반이 해방 후의 민족적 생산력으로 전환되는 데서 제국주의 자본보다 중요한 것은 조선인 자본이므로, 1930년대 이후 이를 고찰하는 것은 큰 의미를 지닌다는 시각을 보인다. 1930년대 이후라고 하지만 이 시기는 전반기와 후반기, 곧 제2차 기업발흥기(1933~37)와 전시체제시기(1937~45)로 구분될 수 있고, 이에 따라 조선인 자본의 성장과 쇠퇴의 모습도 다르게 나타났다.

쇼와공황으로부터 탈출하던 1933년부터 조선경제는 새로운 국면에 접어들게 되었다. 첫째로 산미증식으로 대표되는 조선총독부의 산업정책이 농업 위주에서 '농공병진'이라는 형태로 수정되었다. 그 뒤 이른바 '자유주의 공업화기'가 도래하였고, 이는 중일전쟁 이후 통제경제시기와 구분되었다.

둘째로 조선의 미개발 자원, 저렴하고 풍부한 노동력, 상대적으로 잘 정비된 교통 통신망, 대륙진출 교두보로서 지리적 위치 등이 복합적으로 작용하여 일본 독점자본의 진출이 가속화되었다.

이러한 총독부의 정책 전환 및 공황으로부터 탈출을 위한 일본 독점자본 진출이 조선인 자본의 발전에 직접적 영향을 준 것은 아니었다. 총독부 정책은 일본 독점자본의 유치와 진출을 대상으로 하였고, 일본 독점자본은 조선인 자본과는 기술적으로 현저한 격차가 있는 비지적(飛地的) 성격의 것이었기 때문이었다. 그러나 그 과정에서의 호황 국면이 사회적 총수요의 증대를 통해 조선인 자본의 발전에 유리한 환경을 조성하기는 하였다.

---

117) 안병직, 앞의 글, 앞의 책, p. 258.

1933~37년 사이에 조선인 회사수는 997개에서 1,854개로 증가하였고 공칭자본금 규모도 증가하였는데, 특히 공칭자본금 50만원 이상의 구간에서 빠른 속도로 증가하였다. 이러한 추세는 공장공업의 실태에서도 나타났다. 조선인 공장수는 1932~37년의 기간에 2,492개에서 3,754개로 증가하였으며, 특히 50명 이상의 중·대공장수는 같은 기간에 71개에서 171개로 급등하였고 그 구성비도 높아졌다. 종업원 200인 이상의 조선인 대공장수는 같은 기간 8개에서 16개로 증가하였으나, 조선인 공장의 성장이 뚜렷한 것은 종업원 50명 이상 200명 미만의 규모에서였으며, 같은 기간에 견주어 3배가량 증가하였다(〈표8-12〉).

이 시기 조선인 공장공업은 아직도 근대적 공업 발전의 초기단계여서 후진성을 벗어나지 못하였고, 여러 가지 식민지적 조건으로 말미암은 식민지성으로 말미암아 독립적인 자본주의 국가에서처럼 정상적이고 순조로운 길을 걸을 수 없었다. 따라서 고도의 기술과 대자본을 필요로 하는 근대적 대공장부문에는 뛰어넘기 어려운 한계가 있었으며, 일본인 공장에 견주어 규모 확대의 전망도 어둡고, 일부 업종에 편중되는 현상이 심하였다.

한편 1937~45년은 전시경제체제가 심화되어 가는 시기였다. 중일전쟁 이후 전시경제체제는 1942년 11월을 경계로 두 시기로 구분될 수 있다. 더욱이 1941년의 '기업허가령'과 1942년의 '기업정비령'에 따라 기업의 설립이 제한되고 중소기업을 강제로 해산·통합시키는 정책이 확대되었다.

이 시기 조선경제에 대한 일본 독점자본의 진출은 더욱 가속화되었고, 이른바 시국산업에 해당하는 금속공업과 기계기구공업으로의 진출이 두드러졌다. 이와 관련한 대량의 노동수요와 막대한 전비 살포에 따른 구매력 증대 등은 전쟁 초기에 오히려 호경기 분위기를 낳았다. 따라서 조선인 기업도 외형적으로는 성장하고 있었으며, 조선인 공장은 1937년 이후에도 계속 증가하였다. 조선 전체 공장수의 추이를 볼 때 1942년까지는 대체로 증가한 것으로 추정된다. 이는 일본에서는 중소공업을 정리하여 중점산업에 시설과 노동력을 집중하였으나, 조선의 경우는 전쟁의 간접적 지원을 위해 중소기업을 활용한 소비재 필요품의 생산을 중시했기 때문이기도 하였다.

	공장수					비율				
	A	B	C	D	계	A	B	C	D	계
1910	32	3	3	1	39	82.1	7.7	7.7	2.6	100
1911	59	3	2	3	67	88.1	4.7	3.0	4.5	100
1912	88	7	1	2	98	89.8	7.1	1.0	2.0	100
1913	130	5		1	136	95.6	3.7		0.7	100
1914	168	4	1	2	175	96.0	2.3	0.6	1.1	100
1915	201	3	2	1	207	97.1	1.4	1.0	0.5	100
1922. 7.	1,208	9	3	1	1,221	98.9	0.7	0.2	0.1	100
1930	2,168	43	12	10	2,233	97.1	1.9	0.5	0.4	100
1932	2,421	48	15	8	2,492	97.2	1.9	0.6	0.3	100
1934	2,849	77	17	14	2,957	96.3	2.6	0.6	0.5	100
1935	3,151	91	24	19	3,285	95.9	2.8	0.7	0.6	100
1936	3,344	96	29	16	3,484	96.0	2.8	0.8	0.5	100
1937	3,583	124	31	16	3,754	95.4	3.3	0.8	0.4	100
1938	3,790	122	35	16	3,963	95.6	3.1	0.9	0.4	100
1939	3,693	150	54	19	3,916	94.3	3.8	1.4	0.5	100

① 1915년까지 朝鮮總督府,《統計年報》, 각 연도판; 1922년은 朝鮮總督府,《會社及 工場に於ける勞動者の調査》, 1923; 1930~38년은 朝鮮總督府 殖産局,《朝鮮工場名簿》; 1939년은《경제통계요람》, 1949, p. 74에서 각각 발췌 작성함.
② 공장규모는 종업원수에 따른 구분이고 'A'는 5~49명, 'B'는 50~99명, 'C'는 100~199명, 'D'는 200명 이상을 각각 뜻함. '휴업' 및 종업원수 5명 미만도 'A'에 포함시켰으며, 1930년 이후에는 중국인 공상노 포함되었음.
③ 자료 : 허수열, 〈식민지 경제구조의 변화와 민족자본의 동향〉,《한국사》14, 한길사, p. 120.

〈표8-12〉 규모별 조선인 공장수 추이 (단위 : 개. %)

그렇지만 이 시기에도 (반)휴업 상태에 있는 기업들이 많이 있었다. 전시통제로 사람·물자·자금에 대한 통제는 대기업보다는 중소기업에 불리하게 작용하였다. 군수품 생산자보다는 일반 민수용품 생산자에게 더 불리하였는데, 조선인 기업은 대부분 중소영세규모의 기업으로 구성되어 있어서 더욱 그러했다. 또 자본이나 물자 및 노동력 배분의 어러 기준에서 보더라도 조선인 공업이 주로 종사하고 있는 업종은 전시에 불요불급한 업종이었기 때문에 통제에서 불리하였으며, 결과적으로 조선인 자본은 쇠퇴의 길을 걷게 되었다.

2) 조선인 자본의 소영세성과 그 성장구조 및 한계

조선인 자본은 1910년대 후반과 1920년대에 빠르게 성장하였고, 1930년대에도 성장이 지속되었으며, 1930년대 말 이후 전시통제경제가 강행되는 가운데서도 증가하는 추세였다. 그러나 이러한 상황 속에서도 그 영세성은 극복하지 못하였다. 종업원수 50인 이하의 조선인 공장은 그 비율이 1930년에 97.1퍼센트에서 1939년에 94.7퍼센트로 약간 감소하였으나, 아직도 압도적 비중을 차지하였다.

종업원 규모 50인 미만의 소공장수는 증가 속도가 상대적으로 느렸지만 여전히 높은 비중을 차지하고 있었는데, 이들 소공장 가운데 3~5할 정도는 가내공업, 소상업 등을 배경으로 출현한 것으로 보인다. 소상업에서 성장한 소공장은 거의 무(無)에서 시작하여 서서히 자본을 축적하고 발전해 간 자수성가형 성장이며, 이들 공장의 성립은 단순히 종업원수가 증대되었다는 의미를 넘어 조선인 영세 제조장에서도 공장제 공업이 확대 보급되고 있었다는 것을 뜻한다.

한편 업종별 공장수의 변화를 통해 조선인 자본이 진출한 업종의 성격을 검토해 보면 우선 가장 많은 공장이 집중된 업종은 정곡업(精穀業), 온유(정어리기름)제조업, 양조업 및 도자기제조업이었다. 1933~37년의 기간에 공장수의 변화를 보면 온유제조업은 441개에서 957개로 2배 이상 증가하였으나, 정곡업에서는 741개에서 827개, 양조업에서는 380개에서 420개로 그 증가율이 그다지 높지 않았으며, 도자기제조업에서는 153개에서 146개로 약간 감소하였다. 이들 상위 4개 업종의 비중이 같은 기간 68.7퍼센트에서 64.0퍼센트로 감소하였는데, 이것은 조선인 공업이 다양한 업종에서 발전하였음을 뜻한다.

도자기제조업 등 재래공업적 성격이 강했던 업종은 공장수가 감소했거나 증가 속도가 상대적으로 느렸으며, 오히려 기계기구수리업, 자동차수리업 등 근대적인 업종에서의 성장속도는 빨랐다고 볼 수 있다. 그 결과 이 기간 동안 38개 업종에서 조선인 공장이 새로 출현하였는데, 이들 업종은 새로 나타났기 때문에 공장수가 많지 않았고, 공장규모도 대부분 종업원수 50인 미만이었다. 그러나 몇몇 예외적인 경우를 제외하면 대체로 근대적인 업종의 성격을 뚜렷하게 나타내었다.

다만 이 시기에 조선에 존재하던 업종 가운데는 조선인 공장이 존재하지 않은 업종도 32개나 있었는데, 증기관, 전지(電池), 철도차량, 시멘트 등 근대적 대공업 부문이 대부분이었다. 즉 조선인 공장은 중소공업분야에 적합한 업종을 중심으로 근대적 업종에도 광범히 진출하고 있었지만, 아직 발전수준은 질적으로 크게 높지 않았고, 방직공업의 일부를 제외하면 근대적 대공업의 영역에는 진출하지 못하는 한계를 동시에 갖고 있었다. 그러나 조선인 자본은 밑으로부터의 끊임없는 분출을 통해 중소기업의 존립이 가능한 근대적 업종을 중심으로 보다 다양한 업종에 진출해 나감으로써 변화하는 여건에 능동적으로 대응해 가는 측면도 뚜렷이 보여주었던 것이 1930년대 전반기 조선인 자본의 모습이었다는 것이다.[118]

그렇지만 1930년대 공업화과정에서 조선인 자본의 성장을 과대평가해서는 안 될 것이다. 조선인 자본은 일제의 식민지 억압 속에서도 꾸준히 성장하였지만 일본인 자본에 대하여 상대적으로 현저한 열세를 끝까지 극복하지 못하였다. 조선인 회사자본은 일본인 회사자본에 견주어 압도적으로 열세였을 뿐만 아니라, 그 격차는 지속적으로 확대되었다(〈표8-13〉).

1910년대 중·후반 이후 조선인 공장이 증가하여 1918년부터 일본인 공장수와 대등해졌고 1927년부터 그것을 능가하였다. 그러나 일본인 공장은 종업원수 100명 이상의 것이 상대적으로 많았던 것과 달리, 조선인 공장은 종업원 49인 이하에서 압도적이었다. 조선인 공장은 대개 대량생산이 어려운 업종에 밀집했으며, 동일한 업종 내에서도 일본인의 것보다 영세한 편이어서 생산액의 구성비와 생산능률이 낮았다.

그런데 전체 생산에서 구성비는 조선인 공장수의 증가에 따라 높아지는 추세였으나 자본금 구성에서는 그 비중이 개선되지 못하였다. 1931년에 조선인 회사의 납입자본금 비중은 10.2퍼센트에 불과하였고 그 비율은 지속되어 1939년에도

---

118) 허수열, 〈식민지 경제구조의 변화와 민족자본의 동향〉,《한국사》14, 식민지시기의 사회경제-2, 한길사, 1994, pp. 115~125.

연도	1921	1923	1925	1927	1929	1931	1933	1935	1937	1939	1940	1942
조선인 회사	13.8	13.5	13.3	13.3	11.5	10.2	8.8	10.1	12.2	9.9	9.4	8.3
일본인 회사	84.5	82.7	79.7	79.4	80.5	83.3	84.3	84.4	83.0	85.7	87.1	88.8

주 : 조일합동회사(朝日合同會社)의 비중은 싣지 않았음.
자료 : ① 《朝鮮銀行會社組合澆綠》, 각 연도판에서 작성.
      ② 허수열, 〈식민지적 공업화의 특징〉, 《工業化의 諸類型》(Ⅱ), p. 195.

〈표8-13〉 민족별 납입자본금 비중 (단위 : %)

9.9퍼센트였으며 1942년에는 오히려 8.3퍼센트로 감소하였다. 조선인 자본은 식료품과 같이 부가가치가 낮은 업종에 밀집하였기 때문에 일본인 공장에 대한 열세가 자본금에서 한층 현저하였다.

1930년대에 조선인 자본이 절대적으로는 증가했음에도 그 비중이 줄어든 것은 조선인 자본의 성장속도를 능가하는 일본인 자본의 진출이 있었기 때문이고, 그 가운데서도 일본 독점자본의 진출이 현저했기 때문이다. 1942년경의 추계에서 광공업시설에 투하된 자본액 가운데 일본의 독점자본이 차지하는 비중은 74퍼센트나 되었다. 요컨대 조선의 공업구조에서 일본인 공업이 압도적 지위를 차지하였고, 그 가운데서도 소수의 독점자본이 그 대부분을 장악했으며, 업종별로는 중화학공업이 압도적 비중을 차지하였다.

이처럼 조선인 자본은 일반적으로 영세하고 식료품공업 등의 비중이 높았으며, 일제에 협력적인 소수를 제외하고는 근대적 대공업으로 진출하지도 못한 점 등에서 취약성을 지녔다. 조선인 자본이 일본인 자본에 대한 현저한 열세와 취약함을 극복하지 못한 것은 조선경제의 후진성뿐만 아니라 식민지성의 반영이기도 하였다. 그러나 제국주의 식민지정책 속에서 일본 상품과 자본의 압박에도 불구하고 1930년대까지 조선인 자본이 중소기업을 중심으로 꾸준히 성장하였다는 점은 적극적으로 평가해야만 할 것이다.

4. 이중구조와 중소기업

(1) 이중구조와 중소기업문제

이중구조 현상은 흔히 ① 생산성 격차에 주로 의존하는 임금격차, ② 취업구조에서의 중소영세규모 집중, ③ 방대한 잠재실업의 존재 등의 특성을 갖는 것으로 지적된다.[119] 그런데 국제분업주의에 입각하여 수입－생산(수입대체)－수출화라는 경제개발유형이 진행될 때는 수입대체산업과 전통적 국내 산업, 또는 수출산업과 내수산업 사이에 이중구조가 형성되기도 한다. 이 때 수입대체산업은 선진국의 이식공업적(移植工業的) 성격을 갖고 있어서 전통적 국내 산업과 상호 분업관계를 형성하지 못하고 서로 경쟁·대립하게 된다. 자본재 및 원자재공급을 선진국에 의존하게 되면 수입대체산업은 엔클레이브[enclave, 포령(包領) 또는 비지]를 이루게 된다. 결국 두 부문의 경제관계는 경직적이고 비탄력적이 되면서 격차와 단층이 생기게 된다.

생산성과 임금격차에 기반을 둔 '이중구조'와 함께 산업부문 사이의 단층과 연관성 결여(disintegration)현상은 재식농업(plantation) 등 이식부문이 도입되었을 때 '이중구조' 분석의 기준이 된다. 식민지하 조선의 공업화과정에서 조선인 공업과 이식공업이 어떠한 양태로 존재하였으며, 양자 사이의 산업연관이 어떠한지 분석하는 것은 바로 이중구조론이 공업구조의 식민성을 분석 검증하는 주요 과제가 된다는 것을 말한다. 동시에 이러한 이중구조론의 검증은 1930년대 일본 독점자본이 지배하는 조선의 공업구조에서 중소기업문제를 인식하는 것과도 깊은 관련성이 있다.

사회적 분업재편론자의 이중구조론 비판[120]에 대해서는 다음과 같은 반론이

---

119) 篠原三代平, 《日本經濟の成長と循環》, 創文社, 1966, p. 20.

120) 예컨대 堀和生, 〈1930年代 社會的 分業의 再編成－京畿道 京城府의 分析을 통하여－〉, 安秉

제기되었다. 조선의 공업화과정에서 조선인 공업도 절대적으로 발전하였지만 상대적으로는 위축되었으며, 조선경제 전체로 보면 아주 미미한 비중 밖에 차지하지 못하였다는 것이다. 회사의 납입금이나 공업회사 자산의 9할을 일본인이 지배하였고, 조선 내의 공업생산은 압도적으로 일본인 공장에서 이루어져 생산이 일본인에게 집중되었다.

그것은 최종소비재를 제외한 원료와 중간재 및 자본재가 주로 일본인 공장에서 소비되었음을 뜻하고, 나아가 일본에 대한 공업원료나 중간재의 이출도 주로 조선 내의 일본인 공장과 일본 사이에서 이루어졌을 가능성을 말한다. 이러한 가능성은 사회적 분업의 확대 의미를 제한하는 것이고 이중구조론에 대한 비판도 적절하지 않게 만든다. 이러한 관점에서 조선의 공업을 세 개의 그룹으로 분류해서 다음과 같이 검토하였다.

첫째, 가내공업 그리고 가내공업의 연장선상에 있는 영세공장이 1930년대 말까지도 광범하게 존재하고 있었는데, 이들의 대부분은 근대공업의 발달과는 직접적인 연관관계가 희박하였고 다만 총수요의 증가로 발전할 수 있었다.

둘째, 공장제 공업의 조선 내 일본인 및 조선인 공장은 근대적 및 전통적 소비재를 공장제 공업의 형태로 생산하였으며, 전통적 기술과는 구분되는 기술을 사용하였지만 최적시설규모는 그리 크지 않고 노동집약적이었다. 이들의 흥망성쇠는 일본 대자본의 진출 업종과 다른 범주에서 이루어졌으며, 주로 최종 소비재를 생산하고 있었기 때문에 연쇄효과도 상당히 제한적이었다.

셋째, 일본 대자본이 설립한 근대적 공장은 1930년대 생산액이 비약적으로 증대하여 조선 공업의 고도화를 주도하였지만, 이들 공장의 업종은 조선 안의 다른 업종과 직접적인 연관관계가 크지 않아서 오히려 포령적 존재에 가까웠다.

결국 1930년대 공업구조의 고도화과정에서 공업 내부의 산업연관의 증대를 근거로 조선 공업의 이중구조적 성격을 부정하는 견해는 적절하지 못하다. 조선과 일본 사이, 그리고 조선 안에서 공업 내부의 산업연관이 증대된 것은 사실이

直・中村哲 共編著, 앞의 책, pp. 48~83.

다. 그러나 그 당시 조선의 공업화는 일본 대자본이 압도적 비중을 가지면서 진행되었기 때문에 조선 내에서는 일본인 공업 내부, 그리고 조선과 일본 사이에서는 조선 내 일본인 공업과 일본 본토 공업 사이의 산업연관이 증대되는 형태로 전개되었을 가능성이 높다. 가내공업과 영세공장공업을 하나의 극(極)으로 하고, 일본 대자본을 다른 극으로 하는 이중구조가 1930년대 이후 조선공업의 전형적 특징을 이루고 있었으며, 생산뿐만 아니라 기술 또한 이중구조적 성격을 뚜렷이 보여주었다는 것이다.121)

이러한 이중구조는 한 나라 안에 근대적 부문과 전근대적 부문이 병존하는 사실에서 오는 것인데, 흔히 전자는 독점이 지배하는 부문을, 후자는 비독점, 곧 농림수산업, 상업, 서비스업을 포함한 중소영세기업 부문을 뜻한다. 양자가 병존하며 이중구조를 구성하면 그 안에서는 독점을 정점으로 하는 근대적 자본의 운동이 일어나고 거기에는 '경쟁·도태'와 함께 '잔존·이용'의 법칙이 작용하게 된다. 그 과정에서 지배적 자본인 독점자본은 자본을 축적하고자 중소영세기업을 모공장(母工場)의 하청공장(下請工場)으로 이용하기도 한다. 즉 대자본(독점자본)과 중소영세기업(비독점기업) 사이에는 '경쟁·도태'와 '잔존·이용'이라는 상호제약적 의존관계가 존재하게 되는 것이다.122)

이것은 독점자본단계의 생산력 전개에서 '계층적 수탈 구조를 위한 독점의 자본축적정책'의 결과라는 해석이다. 그로 말미암아 '대공업=독점자본' 대 '중소기업=비독점자본' 사이에는 상호배제와 의존관계라는 중소기업문제가 형성되고, 양자 사이의 자본 격차와 불평등관계가 성립하는 구조 속에서 중소영세기업은 일방적으로 구축·정리되지 않고 오히려 그 수가 증가하는 추세를 보이기도 한다.

1930년대 일본 독점자본의 진출을 축으로 한 '조선의 공업화'는 산업구성에서

---

121) 허수열, 〈식민지적 공업화의 특징〉, 吳斗煥 編著, 앞의 책, pp. 198~204 및 pp. 210~211.

122) 山中篤太郎, 〈中小企業本質論の展開〉, 藤田敬三・伊東代吉 編, 《中小工業の本質》, 有斐閣, 1960, p. 8~9.

공업부문의 비중을 높였고 공업구조에서도 중화학공업화를 실현, 고도화되었다. 이 시기 중소공업은 독점자본계 대공업회사의 속출과 함께 제한된 범위에서 성장할 수 있었는데, 그것은 대공업회사들과 일정한 보완관계를 형성하는 경우였다. 중소기업은 중화학공업을 중심으로 한 대공업회사의 하청기업이 되거나 아니면 이들의 진출에 따라 부수적으로 확대된 시장을 대상으로 하는 업종에서 성장을 이룰 수 있었다. 이 시기에 구조적으로 조선 사회 내에서 속출한 중소공업의 기본적 성격에 대해서는 두 가지 견해가 있다.

첫째는 일본에서 진출한 대자본과 조선 내의 중소공업 사이는 통속적으로 말하는 것처럼 경쟁적인 적대관계가 아니었다는 것이다. 대부분의 중소공업은 조선 사회재편성의 일면을 담당하였고, 오히려 진출한 일본 대자본과 기본적으로 보완관계에 있었다고 볼 수 있다는 것이다. 또한 1930년대 독점단계에 이른 일본경제에서와 마찬가지로 조선 내의 중소공업도 원료와 제품의 가격을 통하여 잉여가치의 일부를 독점자본에 수탈당하였고, 상품시장에서 일본의 동업자와 경쟁·대립관계에 있었다고 보았다.[123]

둘째로 이 시기 일본 독점자본계 대공업회사에 직접적으로 하청화되는 공장이 상당수 출현하였는데, 이들은 그 존립 및 발전조건이 일본 독점자본의 진출에 따라 창출되었다는 점에서 기본적으로 '예속성'을 띠었다는 것이다. 또한 제국주의 독점자본에 수탈된다는 점에서는 잠재적으로 '민족성'을 보유하게 된다고 보았다. 곧 독점자본에게 지배된다는 점에서 예속적이고, 그 예속적 관계에 따라 수탈당한다는 점에서 반제적, 민족적일 수밖에 없었는데, 중소공업이 지닌 이 잠재적 민족성이라는 '상대적 진보성'은 바로 노동자계급이 견인해야 할 대상이었다는 것이다.[124]

---

123) 堀和生, 《朝鮮人民族資本論─植民地期 京城工業の分析》, 中村哲·堀和生·安秉直·金永鎬 編, 《朝鮮近代の歷史像》, 日本評論社, 1988, p. 164.

124) 全遇容, 〈1930년대 朝鮮工業化와 中小工業〉, 《韓國史論》 23, pp. 532~533.

(2) 전시경제체제의 강화와 중소기업의 몰락

변화하는 여건에 능동적으로 대처하던 조선인 자본은 일제의 식민지억압정책에 따라 1942년 말 이후 철저한 통제와 강제로 소멸되어 갔다. 물론 중일전쟁 이후 전시통제경제 속에서 조선인 기업은 큰 고통을 받았으며 중소상공업 가운데 상당수는 반휴업 상태에 있었다. 1940년대 초 시국의 영향을 받은 업종은 ① 금속관계, ② 미곡관계, ③ 섬유, ④ 잡화, ⑤ 피복관계업종이었다. 금속관계에서는 원재료의 사용제한, 제품의 가격통제, 사치품금지령이 그 원인이었고, 미곡관계 영업에서는 배급기구의 확대, 가격통제, 그리고 섬유제품 및 기타 잡화 등 관계 영업에서는 가격통제와 사치품금지령의 영향을 받았다. 이것은 국가적 통제에 따른 귀결이었는데 이들 업종은 대개 기술의 차이와 전통적 관습 때문에 전업이 곤란한 것들이었으며, 조선인 기업의 대부분이 이들 업종에 속해 있었다.

그 결과 이들 업종에서 유휴 및 미완성 설비가 상당히 존재하게 되었고 1942년이 되면서 그러한 상태는 더욱 악화되었다. 그러나 1940년대 초까지도 총독부의 기본방침은 조선 안의 중소공업의 전업(轉業)이나 기업합동을 강행하는 것이 아니라 중소공업을 유지 육성하는 것이었다. 1941년 1월에 발표된 '중소상공업 대책요강'에 따라 총독부는 조선의 '특수사정'125)을 감안하여 중소상공업을 유지 육성하기로 하고, 어쩔 수 없는 경우에는 다른 업종으로 전업하도록 한다는 방침을 세웠으나, 아직은 전업이나 기업합동을 강행할 의사가 없었다.

그러나 태평양전쟁 개시 이후 1942년에 기업정비가 착수되었고, 1942년 5월 12일에 '기업정비령'을 공포했으며 6월 12일에는 그 시행규칙을 공포하였다. 그

---

125) 여기서 특수사정이란 ① 중소상공업의 종사인구가 많아 통제 강화로 전면적 타격을 줄 경우 민심에 영향이 심각하다는 것, ② 조선의 중소상공업은 이제 막 발달하여 온 것으로 아직도 조장 발달을 도모할 필요가 있다는 것, ③ 생필품의 조선 내 자급을 하려면 그 관계의 중소상공업을 유지 육성할 필요가 있다는 것 등이었다(朱益鐘, 〈日帝下 平壤의 메리야스工業에 관한 研究〉, 1994. 8., 서울대 경제학박사학위논문, p. 225).

런데 법령에 입각한 강제적인 기업정비는 준비기간을 거쳐 1944년 봄부터 착수되었으며, 그 이전에는 업자들의 '자율적인 기업 합동'의 형식으로 진행되었다. '자율적인 정비'의 형식을 빌었지만 실제로는 총독부 주도로 진행되었고, 그 방침으로는 대기업자의 중소상공업체 흡수, 합병과 중소기업 상호간의 합동이라는 두 가지가 선택되었다. 총독부와 공업조합연합회는 군소공장을 흡수할 일본기업을 유치하는 데 힘썼고, 중소기업끼리의 합동은 일정 규모 이하의 업체에 대해서 원료를 배급하지 않는 방법을 택하였다.

그런 가운데 1943년 10월에는 제1회 기업정비위원회를 열어 '기업정비기본요강'과 '중소기업정비요강'을 마련하였고, 1944년 2월 제2회 기업정비위원회에서는 기업정비업종 및 소관관서를 확립하였다. 이에 따르면 총독부 소관 정비업종 가운데 공업부문에 관한 것은 제약업, 유비제조업, 유리제품제조업, 제사업, 진면제조업, 양곡가공업, 소수제조업, 아미노산공업, 인쇄업이었다. 총독부와 각 도의 공통소관 정비업종으로는 견·인조직물공업, 메리야스제조업, 피복제조업, 가구제조업, 나막신제조업, 과자제조업, 국수제조업 등이 포함되어 있었다.126)

이들 업종은 조선인 공업의 주요업종을 대부분 망라한 것이기 때문에, 이 시기가 되면 조선인 공업은 절대적 소멸 국면에 들어서게 된다. 식민지적 악조건에서도 1916년경을 경계로 조선인 자본에서 회사조직과 공장조직은 영세자본에 이르기까지 빠른 속도로 보편화되고 중소공업에 적합한 근대적 업종에 폭넓게 진출하였다. 또한 그 내부에서 기술과 경영 능력을 배양하면서 점차 두터운 층을 형성해 나갔다. 그러한 조선인 자본은 1942년을 전후한 원료·노동력·자금의 봉쇄와 '기업정비령' 같은 직접적 통제로 소멸의 길에 들어섰다.

그러나 기업정비에서 일본 독점자본이 저명 공장으로부터 소공장까지 인플레하의 헐값으로 모두 '매수'하였으며 조선인 자본은 일본 독점자본에 '동화'되었다는 기존의 견해에 대한 반론도 있다. 조선인 업체들은 상호간의 통합으로써

---

126) 조선금융조합연합회, 《기업정비에 관한 자료》 33, 1944, pp. 34~35(허수열, 〈식민지 경제 구조의 변화와 민족자본의 동향〉, 《한국사》 14, p. 133).

정비되었으나 끝까지 조선인 경영으로 남아 있었으며, 일제 말의 극심한 물자난 속에서 겨우 유지되어 가기는 했으나, 평양 메리야스공업의 사례처럼 끝까지 존속하기도 하였다는 것이다. 곧 기업정비에 관한 조선인 자본의 몰락·소멸론은 실증 없는 단순한 예단에 불과하다는 지적도 있다.[127]

127) 朱益鍾, 앞의 논문, pp. 229~230.

〈보론 1〉
일제 식민지시대의
성격에 관한 여러 이론(Ⅰ)

제1절 식민지사관과 유물사관에 의한 비판

1. 식민지사관의 성격과 정체론·타율성론

우리나라 역사를 처음으로 근대역사학의 방법으로 서술한 사람은 일본인 하야시 다이스케(林泰輔)였다. 일본에서는 1880년대 중반 이후 독일 역사학을 도입해 근대역사학을 연구하면서 본격적인 조선사 연구에도 착수했고, 식민지사관의 틀을 만들기 시작하면서 식민지사학의 기초골격을 마련하였다.[1] 왕조의 교체를 기준으로 조선사의 시대구분을 하고, 이러한 시대구분론에 입각하여 정체성론과 타율성론을 제시하였다. 식민지사학의 기본적 논리는 한반도의 사회경제적 발전단계가 유럽은 물론 일본, 중국보다 뒤떨어져 19세기 후반까지도 고대사회의 말기에 머물러 있어 내재적 발전만으로는 근대사회로 발전할 수 없고, 일본의 지배를 통해서만 비로소 그것이 가능하다는 것이었다.

조선 사회가 주체적 발전 능력이 결여된 사회라는 조선사회정체론을 가장 먼저 내놓은 사람은 후쿠다 도쿠조(福田德三)였다. 메이지(明治)·다이쇼(大正) 연간 일본의 대경제학자로 지목되어 온 후쿠다는 1902년에 조선을 방문한 뒤 1904년 11월부터 1905년 3월까지《내외논총》(內外論叢)에〈경제단위 발전사상 조선의 지위〉라는 글을 연재하였다. 여기서 그는 조선의 전통사회를 서구의 전통사회와 비교하면서 그 발전상의 저위성을 논증하였다. 또 독일에서 배워온 경제발전단

---

1) 林泰輔,《朝鮮史》(전5권, 1892),《朝鮮最近世史》(1901) 및 이 두 권을 통합 서술한《朝鮮通史》 등이 있다. 여기서는 시대구분을 태고(한사군까지)→상고(삼국 및 신라통일)→중고(고려)→근세(조선), 나아가서 고조선→삼국→고려→조선으로 제시하였다(김대래·김호범 외 공저,《한국경제사강의》, 산지서원, 2004, p. 114 참조).

계설을 조선사회경제사의 이해에 도입하여 그의 식민지사관을 관철시켰다. 그리고 그가 제시한 발전단계에서 보면 19세기 조선은 일본의 봉건시대인 가마쿠라 막부(鎌倉幕府)2) 발생 이전, 특히 후지와라(藤原)시대3)에 비견된다고 하였다.4)

곧 19세기의 조선은 일본의 고대사회의 마지막 단계에 견줄 만하며, 아직 중세에도 이르지 못하는, 발전단계가 낮은 수준에 머무르고 있다는 것이다. 따라서 조선은 자급자족경제를 벗어나지 못하고 봉건화라는 예비시대를 갖지 못하였다고 보면서 그 사회경제 상태를 다음과 같이 설명하였다.

첫째로 조선에서는 근세에 이르기까지 토지의 사유화가 달성되지 못하였다. 토지사유의 개념이 없고 토지소유자가 없으며, 왕실도 허명에 불과하고 막연한 공유의 개념이 있을 뿐이다.

둘째로 조선에서는 개항이 되었던 19세기 중엽에 이르기까지 전문적인 상업이 발달하지 못하였다. 도읍은 정설적(定設的) 시장을 벗어나지 못하고 상업이 행상의 집합적 시장에서 이루어질 뿐이었다. 그리고 행상(대개는 보부상)이나 소매상인이 있을 뿐 상인이 존재하지 않았다.

셋째로 독립자영수공업의 분화가 이루어지지 않았으며, 공업이라고 칭할 만한 사회적 분업이 존재하지 않았다. 토지를 떠나서 공업기술만으로 그 사회적 생존의 기초를 삼는 수공업자도 겨우 중요도읍에서나 볼 수 있을 뿐이다.

넷째로 사회조직은 공동체를 면하지 못하고 있어 동(洞), 리(里)에는 자급제가 이루어지고 있으며, 이것도 공산적(共産的)이고 합동적이다. 개인적 노력과 활동을 경시하고 개인적인 진보와 치부(致富)는 미워한다.

다섯째로 조선에는 아직도 일본의 상고대(上古代)를 뜻하는 씨(氏), 즉 로마의 'Gens'이나 독일의 'Sippe'가 존재할 뿐, 'Familia'는 존재하지 않는다.

---

2) 1192년 미나모토노 요리토모(源賴朝)기 기니기와(神奈川) 현의 남부 가마구라(鎌倉)에 창시한 최초의 일본 무인 정권으로 1333년까지 약 150년 동안 지속되었다.

3) 후지와라(藤原)가 정권을 잡았던 시대는 서기 810년 이후 270년 동안의 기간이며, 일본 고대(3세기 말~1192)의 마지막 시기이다.

4) 福田德三, 〈한국의 경제조직과 경제단위〉, 《經濟學硏究》, 제1권, 1907, p. 109.

이처럼 조선은 봉건사회 이전의 낮은 단계에 머물러 있는 사회이기 때문에 자력으로 근대화할 수 없고, 외부로부터의 유력한 힘이 작용해야 한다는 것이다. 경제단위의 발전을 위해서는 토지를 해방하고 이를 자본화하며, 인민을 해방하여 진정한 개인성을 환기시킬 필요가 있는데, 이러한 일은 자발적으로 일어날 수 없으며 외래문화에 동화됨으로써 가능하고, 일본인은 이 사명을 다하는 데 적합하다고 주장하였다.

후쿠다는 역사학파의 경제발전단계설에 입각한 일원론적 역사이론으로 조선의 후진성 내지 정체성을 설명하고 있다. 이러한 식민지사관은 일본의 조선 침략을 합리화했고, 을사조약 이후 일본 식민지정책의 이론적 근거가 되었다. 또 식민지사관을 이어 받으면서도 이원론적 역사이론에 입각하여 '조선특수사정론'을 주장하는 와다 이치로(和田一郎) 등의 관리와 시카타 히로시(四方博), 스즈키 다케오(鈴木武雄), 모리타니 가쓰미(森谷克己) 등의 학자들이 있었다. 그들은 조선민족사의 정치·경제·사회·문화 및 자연조건이 서구나 일본과 달리 정상적인 발전을 하지 못하였고, 그것이 조선의 특수한 사회경제조직을 가져왔다고 주장하면서 조선사회정체론을 설명하고 식민지사관을 이어갔다.

조선사회정체론에 영향을 미친 것은 비트포겔(K. A. Wittfogel)의 동양사회정체론이었다.[5] 모리타니는 1930년대 마르크스의 아시아적 생산양식논쟁에 참가한 사람이며, 마르크스의 아시아적 생산양식론에 표명된 정체성이론에 비트포겔의 자연환경론을 가미하여 조선 사회의 정체성을 설명하였다[6]. 사회 발전과 정체 문제는 사회적 생산의 제 특징을 분석하여 근본적으로 이해될 수 있는데, 조선 사회의 정체성도 생산제력(生産諸力)의 분석으로 설명될 수 있다는 것이다. 생산제력의 여러 요인 가운데 자연적 여러 조건, 특히 외적 자연의 모든 조건을 분

---

5) K. A. Wittfogel, *Theorie der orientalischen Gesellschaft*, 1938, 森谷克己 譯, 《東洋社會の理解》, 東京, 1939.

6) 마르크스 유물사관에서는 두 가지 측면이 강조되었는데, 하나는 역사과정에서 계기적 발전이론이며 다른 하나는 아시아적 생산양식론에서 표명된 정체성이론이었다. 모리타니는 후자의 이론을, 그리고 백남운이 조선경제사 연구에 도입한 것은 전자의 발전이론이었다.

석하는 것이 중요하다고 하면서, 이로써 조선 사회 정체성의 원인을 설명할 수 있다고 하였다.[7]

2. 반제민족사학과 마르크스주의 역사학

식민지사관의 정체성·타율성이론에 대항하면서 조선의 근대역사학을 수립한 것은 민족주의 역사학과 유물사관에 입각한 마르크스주의 역사학이었다.

민족주의 역사학은 일제의 침략과정과 이에 대항한 우리 민족의 투쟁을 서술하여 민족정신을 일깨우고 민족의 독립 쟁취를 추구했다. 그리고 일선동조론의 허구성과 타율적·사대주의적 조선사 인식을 비판하고 조선사의 독자적 발전과정을 해명하고자 노력하였다.[8] 이 민족주의 역사학은 정신사관을 강조하는 등 기본적으로 관념적인 문화사관이어서 식민지사학의 인식틀을 바르게 극복하기에는 미흡한 점이 있는 특수사관이었다.

일제 식민사학자들이 주장한 조선사의 정체이론에 본격적으로 대항하고 나온 것은 마르크스주의 역사학이었으며, 그들은 사회구성체론에 입각한 이론을 전개하였다. 이북만(李北滿)은 사회구성체론에 따른 시대구분을 처음으로 조선사에 적용하였다.[9] 그리고 사회구성체론에 입각한 시대구분을 이론과 실증의 양면에서 체계적으로 시도하면서 후쿠다의 식민지사관에 정면으로 도전한 사람은 백남운(白南雲)이었다.

---

7) 森谷克己, 〈舊來の朝鮮經濟·社會の外的自然條件〉, 경성제대법문학부 편, 《조선사회경제사》, 1933, p. 305. 정체적 식민지사관은 유럽인 등의 이른바 '동양사회정체론'에 의해서도 강화 왜곡되었는데, 비트포겔 이전에 베버(M. Weber)의 수장도 그 한 가지였다(M. Weber, *Wirtschaftgeshichte*, 1924).

8) 박은식의 《한국통사》(1915)와 《한국독립운동지혈사》 및 신채호의 《독사신론》(1908)과 《조선상고사》(1926) 등.

9) 이북만, 〈조선에 있어서 토지소유의 변화〉, 《역사과학》, 1932년.

그는 유물사관을 조선사 및 조선사회경제사 연구에 도입한 최초의 학자였다. 우선 조선 민족의 역사과정에서 봉건사회가 결여되었다고 지적하며 조선사 발전단계의 저위성을 주장한 후쿠다를 논박하였다. 조선에서 봉건제도의 존재를 전적으로 부정하면서 장원제도를 봉건제의 유일한 표징으로 보는 것은 부르주아사학의 형식론에 불과하며, 조선에서 장원의 유무를 가지고 조선반도의 봉건사회를 규정하는 것은 봉건제가 무엇인지 모르는 것이고 과학의 세계에 속한다고 볼 수 없다는 것이다.

또한 '조선특수사정'이라는 이데올로기를 내세우면서 조선사의 정체성을 주장하는 특수성이론은 조선사학영역의 개척을 위해 배격해야 할 대상이라고 하면서 일본관학자를 비판하였다. 그리고 민족사학자들의 역사학 또한 일본으로부터 수입한 '특수사관'에 따르고 있다고 비판하였다. 이런 행위는 관념적으로 조선문화사를 독자적 소유주(Mikro-Kosmos)로 특수화하려는 기도이며, 이러한 특수성 주장도 일본관학자들의 조선특수사정론과 같은 이데올로기의 한 가지여서 배격해야 한다고 보았다.

백남운은 조선 역사에 대한 국내외 학자가 주장한 이전까지의 견해를 일축하면서 유물사관에 입각한 일원론적 역사법칙을 조선 역사에 원용하였다. 조선의 역사발전의 전 과정은 비록 지적·인종학적 골상, 문화 형태의 외형적 특징 등 다소의 차이를 인정할 수 있으나 외관적인, 이른바 특수성은 다른 문화민족의 역사적 발전법칙과 구별할 수 있는 독자적인 것이 아니고 세계사적 일원론적 역사법칙에 따라 다른 제 민족과 거의 같은 제도의 발전과정을 거쳐왔다고 하였다. 조선 민족의 발전사는 그 과정이 아시아적일지라도 사회구성의 내면적 발전에서는 세계적인 것이며, 삼국시대의 노예제사회, 통일신라기 이래의 동양적 봉건사회, 이식자본주의사회는 오늘에 이르기까지 조선 역사의 기본적 총 발전단계를 표시해 주는 보편사적 특징이고, 각각 특유의 법칙을 갖는다고 주장하였다.[10] 그러면서 정체성론과 타율성론에 입각한 부르주아적 특수사관을 배격·

---

10) 조기준 저, 《한국자본주의성립사론》(전정판), 대왕사, 1985(4판), pp. 20~26 참조.

비판하면서 원시씨족 공산제사회→노예제사회(삼국시대)→아시아적 봉건제사회
(통일신라기 이후 근세)→외래 이식자본주의사회(일제시대 이후 현재)라는 사회구
성체론에 입각한 조선역사의 시대구분을 제시하였다.11) 이러한 주장은 식민지
사관이 지배하던 1930년대 초의 역사학계에 큰 충격을 주었으며, 그 뒤로 조선
역사연구에 시대구분 논쟁이 개시되었고, 이 논쟁은 노예제의 성격 및 노예제의
존재 여부에 집중되었다.

제2절 내재적 발전론과 자본주의 맹아론

1. 내재적 발전론의 전개

일제시대에 조선역사연구를 지배하고 있던 것은 조선의 지력적 발전 가능성
을 부정하고, 조선역사 형성의 동인을 오로지 대륙이나 일본 등 외부에서 구하
는 타율성사관과 정체론적사관이었다. 이는 일제의 식민지 지배를 정당화하려
는 것이었기 때문에 해방 후, 특히 1960년대 이후 역사연구자들은 조선 후기 사
회가 내적으로 다양한 발전 전망을 가진 사회였음을 논증하였고, 이것이 내재적
발전론으로 학계에 정착되었으며, 그 뒤 역사학계의 주요한 흐름이 되었다.

내재적 발전론에 입각한 한국근대사에 대한 인식은 조선 후기에 성장하였던
자본주의 맹아가 타율적인 개방과 일제의 침략으로 왜곡되었고, 조선 사회의 진
보적 발전은 역압되었으며, 일제의 식민지 지배로 이는 더욱 심화되었다고 보는

---

11) 박남운 저,《조선사회경제사》1권, 改造社, 1933,《조선사회경제사》2권, 조선봉건사회경제
사, 改造社, 1937, p. 9.

것이다. 이러한 방향의 연구는 정체론과 타율성사관에 바탕을 둔 식민지사관을 극복하고, 한국사의 발전과정을 세계사의 보편적 발전법칙에 바탕하여 해석할 수 있도록 하는 것에 기여하였다.

내재적 발전론의 연구는 우선 조선 후기 사회에서 봉건제도의 해체양상과 농업·수공업·상업 등 모든 생산분야에서 생산력의 증대 및 자본주의 맹아를 규명하려고 노력하였다. 이것은 '자본주의 맹아론'으로 자리 잡았으며, 조선 후기 사회의 역동적인 변화 모습을 검출하는 데 기여하였다. 또 이러한 역량의 성숙에도 자주적 자본주의화를 성공하지 못하고 일본의 식민지 지배를 받게 된 내외적 조건을 연구하였다. 먼저 외적으로는 맹아기의 자본주의적 요소가 충분히 성숙하기 전에 제국주의 국가에게 지배를 받게 되었다는 점과 내적으로는 봉건세력이나 봉건왕조의 정책으로 발전이 저지되었음을 지적하였다. 그리고 그 과정에서 해체가 지연된 봉건적인 유제가 식민지 사회에도 그대로 온존하면서 파행적인 사회구조를 지니게 되었음을 논증하였으며, 결국 한국경제는 종속적·파행적·기형적으로 정착되었다고 파악하였다.12)

일제시대에 조선역사연구의 기본이 되었던 타율성사관을 최초로 제공한 사학자가 후쿠다였음은 앞에서도 지적하였다. 그는 일본에서 서구경제학을 본격적으로 받아들인 최초의 인물로서, 서구적인 발전단계설을 보편적인 것으로 보면서 서구 근대와의 질적인 거리를 기준으로 일본의 선진성과 조선의 후진성을 주장하는 정체론과 타율성사관의 이론을 진전시켰다. 핫토리 시소(服部之總)로 대표되는 강좌파(講座派)의 역사인식도 보편적 발전단계설을 전제로 하여 조선의 특수성을 후진·정체의 근거로 삼았다. 핫토리는 막부(幕府) 말기 일본 사회가 '엄밀한 의미에서 매뉴팩처시대의 초기단계'였던 데 견주어 중국과 조선은 그보다 늦은 단계였고, 바로 그 발전단계의 차이가 근대에 일본, 중국, 조선 등 세 나라가 양극 분해된 근본토대를 이루었다는 것이다.

---

12) 조석곤, 〈식민지근대화론과 내재적 발전론 재검토〉, 《동향과 전망》, 제38호, 1998년 여름호, pp. 68~69.

1930년대 강좌파 주류의 역사 인식은 개국 전의 일본, 중국, 조선을 아시아적 생산양식의 사회로 보고, 그것이 개국으로 해체되어 타율적으로 세계자본주의에 끌려들어갔다고 보는 것이었다. 곧 그들의 사관은 내재적 발전이라는 계기를 간과하고 아시아적 정체론의 입장에서 일본, 중국, 조선을 동일한 상태로 파악한 것이었다.[13] 다만 일본만이 자본주의에 성공한 이유를 일본이 구미에 충실히 추종했던 것과 이것을 가능하게 했던 전제권력의 행사와 군사침략에서 찾았다. 이에 대하여 강좌파의 소수파에 속한 핫토리는 일본의 자본주의화가 세계자본주의라는 외부적 계기와 개국 전부터 이미 일본 사회 내부에 성숙된 계기(매뉴팩처 등)의 결합으로 메이지유신이 이루어지면서 실현되었다고 보는 것이다. 곧 조선 사회의 정체론은 인정하면서도 일본에 대해서만은 내재적 발전의 계기를 인정하고 있다는 점[14]에서 내재적 발전론의 최초 모델을 핫토리의 지적에서 찾을 수 있다.

정체론·타율성에 입각한 식민지사관은 '선진성에 의한 후진성의 구제'를 기본논리로 하여 일본제국주의의 조선 식민지 지배를 합리화하였으며, 조선 멸시와 민족 차별의 재생산을 촉진하였다.

해방 후 연구의 자유를 획득한 남북한학계에서는 민족운동사에 대한 활발한 연구가 진행되었다. 더욱이 북한의 학계에서는 《조선근대혁명운동사》(1961)가 집대성되었고, 자본주의 맹아문제의 해명과 부르주아민족운동(개화파 개화운동)

---

13) 아시아적 생산양식은 마르크스가 《경제학비판》(1859)에서 지적한 이후 1920년대에 소련의 마르크스주의자들에 의해 거론되기 시작하였고, 그 뒤 오랜 논쟁에서 아시아적 생산양식의 내용과 그것이 경제사회발전의 전 계열에서 어디에 위치하는가를 밝히는 것이 그 초점이었다. 최근에는 아시아적 생산양식이 동양만의 정체적 특성을 지닌 생산양식이 아니라 세계사상 하나의 계기적 발전단계로서 최초의 계급사회를 나타내는 범세계적·보편적 성격의 독자적 생산양식으로 인정하는 견해가 유력하게 제기되고 있다.

14) 강좌파는 일본자본주의 논쟁에서 '일반성과 특수성'의 시각 가운데 특수성의 시각에 있었음을 주목할 필요가 있다. 그리고 그 뒤 핫토리의 일본 막부 말기 매뉴팩처단계설에 대하여 비판이 이어졌다. 또한 해방 후 중국과 한국의 자본주의 맹아에 대한 연구가 진전되면서 두 나라는 정체사회가 아니었으며, 일정한 상품경제적 전개가 있었다는 것 등이 밝혀지고 있다.

에 대한 논의를 거치면서 내발적 계기에 기초한 합법칙적 발전의 귀결로서 이미 개화 이전 단계부터 서구 근대와 같은 방향의 발전이 전망되었다는 견해가 전개되었다. 이로써 정체론·타율성사관의 극복이 본격화되었다.

이것은 결국 발전적·자율적 한국사상을 묘사하는 일을 추구하는 것이었고, 이윽고 내재적 발전론으로 확대되었다. 내재적 발전론에서는 민족사의 발전 원동력으로서 국내적 계기가 중요하며, 외부로부터의 계기는 발전을 좌절·왜곡시킨다는 점을 지적한다. 그리고 발전과정에서 주로 서구적 근대를 하나의 도달점으로 보는 보편적 합법칙성이 관철된다는 것이 주장의 근간을 이루고 있다.15) 따라서 일본의 식민지 지배는 역사 발전의 정상적인 방향을 왜곡하는 외압이 되었다고 보았다.

일본제국주의의 침략이라는 외압이 없었다면 당연히 있을 수 있었던 합법칙적인 발전 가능성을 나타내는 것이 중요시되는 내재적 발전론은 그 개별연구에서 조선 후기 사회의 내부에 존재하는 서구적 발전의 여러 요소들, 즉 부르주아적인 것(자본주의 맹아)의 발견에 주력하였다. 우선 정치사와 사상사의 분야에서 자생적 근대화의 주도세력이 되는 개화파와 개화사상에 대한 연구를 통하여 '위로부터의 변혁의 계기와 변혁주체'를 중요시하는 연구16)가 있었다. 또한 사회경제사의 실증 연구를 통하여 부농 소상품생산자가 주도세력이 되는 변혁의 가능성을 중요하게 본 '밑으로부터의 변혁계기'를 추구하는 연구17)도 있었다. 즉 근대로의 변혁주체를 둘러싼 논쟁이 전개된 것이다.

한편 내재적 발전론은 '내재적'이라는 말에서 볼 수 있듯이 일국사적(一國史的)

---

15) 梶村秀樹, 〈朝鮮近代史의 若干의 問題〉(《歷史硏究》 288, 1964)에서는 내재적 발전론의 개별적 문제에 관한 연구 방식에 대하여 정리하였다(이해주·최성일 편역, 《한국근대사회경제사의 제 문제》, 부산대학교출판부, 1995. p. 37 참조).

16) 姜在彦, 《朝鮮近代史硏究》, 1970(도서출판 한울 역, 《신편한국근대사연구》, 1982); 《朝鮮の開化思想》, 岩坡書店, 1980(정창렬 역, 《한국의 개화사상》, 비봉출판사, 1981).

17) 梶村秀樹, 〈李朝末期の纖維製品の生産及び流通狀況−1876年開國直後の綿業のデータを中心に〉, 東京大學, 《東洋文化硏究所紀要》 46, pp. 207~334(〈이조말기 면업의 유통 및 생산구조〉, 사계절 편집부 편저, 《한국근대경제사연구》, 1983, pp. 101~205).

파악과 '발전론'이 나타내는 진보·발전에 대한 집착을 그 특징으로 하면서도, 거기에는 '근대지향적 발전'과 '비서구적 발전'이라는 두 가지 흐름이 있었다는 지적이 있다.18) 자본주의 맹아론을 시작으로 사상사와 운동사분야에서 보이는 근대지향적·내재적 발전론의 흐름이 전자에 속한다. 구미를 모델로 하면서 동일한 과정을 한국역사에서도 구하고 그 발전을 주장하는 입장인데, 현재는 일본의 한국사 연구에서 영향력을 잃고 있다고 한다. 이에 대하여 '일국사로서의 내재적 발전의 논리에 집착'하면서 영세농민과 소상품생산자 등을 중심으로 하는 식민지 민중을 담당자로 하여 비서구적 발전으로의 지향성을 찾는 방법론은 후자에 속한다. 여기에서는 토착적 사회주의(土着的 社會主義)의 흐름을 보인다는 지적이며, 이는 민족경제론(民族經濟論)의 연구와도 직접적인 관련성이 있는 것으로 보고 있다.19)

2. 자본주의 맹아론과 그 비판

내재적 발전론의 일환으로 조선 후기 사회에서 상품생산이 진전하고 그 생산조직이 변화되면서 자본주의 맹아가 출현하였다는 연구가 이루어졌다. 엄격한 의미에서 자본주의 맹아란 근대사회에 존재하는 자본·임노동관계의 초기적 성립을 뜻하는데, 농업에서 임노동자를 고용하여 영리를 목적으로 생산하는 부농(富農)이 성장하고 광업과 일부 수공업에서 노동의 분업과 협업에 따른 생산조직이 출현하는 것을 말한다. 자본주의 맹아가 출현한 조선 후기 사회는 봉건사회가 해체되는 시기였으므로, 제국주의 침략이 없었으면 스스로 자본주의사

---

18) 橋谷弘,〈韓國史에 있어서 近代와 反近代〉,《歷史評論》제500호, 1991. 12.(이해주·최성일 편역, 위의 책, pp. 5~6).

19) 吉野誠,〈梶村秀樹의 朝鮮史研究−內在的 發展論을 둘러싸고〉,《商経論叢》제126권 제1호, 神那川大, 1990. 9. 및〈梶村秀樹의 朝鮮近代史研究〉,《朝鮮史研究會論文集》28호, 1991(이해주·최성일 편역, 앞의 책, pp. 451~471).

회에 진입할 수 있었을 것이라고 보고 있다. 이에 대한 연구는 1960년대 이후 조선후기경제사 연구에서 시장의 발전과 자본주의 맹아를 확인하게 만들었다.

이러한 내재적 발전론과 자본주의 맹아론에 대한 비판적 시각도 있었다. 곧 역사 발전의 기본적 동인을 자주적·내재적 발전에서만 구한 나머지, 자본주의 맹아 등 발전적 계기의 실제만을 과대시하는 부조적(浮彫的) 방법이라는 것이다. 그 결과 저지적·부정적 요인을 포함하는 전구조적 파악이 결여되었다는 주장[20]이다. 또한 내재적 발전론의 일국사적, 근대주의적 지향 때문에 그 중심부·주변부에서 이루어지던 세계자본주의의 변혁과 같은 근본적·국제적 조건에 대해선 대응하지 못했다는 비판도 있다.

자본주의 맹아가 자본주의로 이행하는 데는 복합적인 요인의 상호작용이 수반되어야 하기 때문에, 자본·임노동관계의 존립이 가능하도록 생산자 사이의 광범한 교환관계 이행에 유리한 국가권력의 성립, 경제적 동기가 중요시되는 사회의 형성 등이 종합적으로 고려될 필요가 있다고 할 것이다. 그리고 내재적 역량의 성립과 함께 선진자본주의가 주도하는 국제적 계기에 적절하게 의존하면서도 대항하는, 즉 외압에 대한 대응 능력이 중요하다는 것이다.[21]

1990년대부터 자본주의 맹아론에 입각한 내재적 발전론의 주장은 줄어들었고 또 그 이론도 많은 한계를 가졌지만, 이 주장은 조선 사회의 발전적 요소를 검증하여 조선사회정체론과 식민지사관을 극복하는 계기를 마련하는 데 기여하였다. 그러나 자본주의 맹아의 출현이 바로 자본주의로의 이행을 입증하는 것은 아니며, 그것은 상품화폐경제의 성장과 상업 확장에 따른 스미스적 성장(Smithian growth)의 중요한 지표가 될 수도 있다는 지적이다. 곧 자본주의 맹아의 존재를 자본주의 내지 근대적 성장의 전환으로 보는 것은 별도 차원의 문제라는 것이다.[22]

---

20) 安秉台, 《朝鮮近代經濟史硏究》, 日本評論社, 1975, 〈朝鮮社會の構造と日本帝國主義〉, 龍溪書店, 1977(백산서당, 《한국근대경제사와 일본제국주의》, 1982).

21) 이헌창 저, 《한국경제통사》(제2판), 법문사, 2003, pp. 155~156.

22) 이헌창, 〈한국산업사연구(서평)〉, 《경제사학》 제39호, 2005. 12., pp. 166~167.

또한 조선이 세계자본주의의 침략을 받지 않았다면 스스로 자본주의화할 수 있었다고 하는 명제에서 이념화된 내재적 발전의 논리와 그 연장선상의 조선 후기 자본주의 맹아론은 당연히 현실의 역사과정 속에서 재검토되어야 한다는 문제의식23)도 제기되었다.

다시 말하면 한국 근현대사 연구가 당면한 과제는 조선 후기로부터 현재까지의 근현대사를 총체(total)로서 파악하는 관점과 방법론을 확립하는 것, 곧 식민지기의 위치를 그 이전이나 이후 사회와의 관련 속에서 명확하게 정할 필요가 있다는 것이다. 조선 후기, 식민지기, 해방 후와 현대를 일관하는 관점이 필요하고, 동시에 세계사적·보편적인 근현대사를 전제로 하며, 거기에 국제적 계기까지 고려한 시각을 정립할 필요가 있다는 것이다. 그런 점에서 내재적 발전론은 일국사적 인식을 중요시한 나머지 세계사 속에서의 한국의 위치를 충분히 검토하지 않은 채 내재적 논리만을 추구한 경향이 있었다는 점에서 재검토의 과제가 된다는 지적이다.

제3절 식민지반봉건사회론의 형성과 사회구성체론적 성격

1. 코민테른과 중국에서 중국 사회성격 논쟁

외압으로 말미암아 후진자본주의적 변혁이 좌절되고 자생적 자본주의의 성장이 단절되면서 내재적 발전의 길이 봉쇄된 채 조선 사회는 식민지로 재편되었

---

23) 안병직, 〈茶山의 農業經營論〉, 《駿台史學》 제80호, 1990. 10., pp. 1~2.

다. 이 시기의 사회구성체를 어떻게 파악할 것인가에 대한 한 가지 논의가 식민지반봉건사회론이다. 곧 내재적 발전의 길이 외압으로 왜곡된 이후 식민지 사회의 성격 규정에 대한 것으로서, 식민지화된 사회 내부의 구조 변화를 검토하려는 논의이다.

식민지기 조선 사회를 포함하여 식민지 사회의 성격에 관한 주장은 기본적으로 자본주의 사회구성체로 보는 '공식주의적 견해'와 식민지반봉건사회구성체로 보는 '실용주의적 견해'의 두 유형으로 분류된다.24) 여기서 식민지반봉건사회론은 중국 사회의 성질에 관한 논쟁에서 유래하는 것으로서, 이에 대한 설명이 식민지반봉건사회론을 이해하는 데 도움이 되리라고 본다.

중국 사회성격 논쟁은 엄밀히 말해서 1928년부터 1935년까지 중국 사회의 변혁이론을 모색했던 이론 작업이며, 그 뒤로 마오쩌둥의 신민주주의론(1940)으로 이어지고 있다. 이 논쟁의 배경은 코민테른(komintern : communist international, 1919년에 설립된 제3인터내셔널) 내부의 중국 사회에 대한 인식과 그 방법론의 차이이다.

1921년 7월에 창당한 중국공산당은 코민테른의 지도 지원을 받게 되고 중국공산당의 노선투쟁은 코민테른의 중국정책과 밀접히 연관되어 있었다. 코민테른 제2차대회에 이어 제4차대회(1922)에서는 '민족·식민지문제'에 대한 코민테른의 정책을 발전적으로 구체화하여 '반제국주의 통일전선'이라는 결의를 내세웠다. 이를 정립하는 과정에서 민족부르주아의 성격과 민족해방투쟁의 성격을 둘러싸고 논쟁이 벌어지게 된다.

레닌(I. V. Lenin)에서 스탈린(J. V. Stalin)으로 이어지는 코민테른 주류는 중국 사회를 자본주의적 생산이 부분적으로 존재하고 있지만, 봉건잔재가 여전히 지배적 압박요인인 반봉건사회이며, 제국주의가 봉건잔재를 온존시켜 지배하는 반식민지사회라고 인식하였다. 따라서 중국혁명의 성격은 부르주아민주주의혁명이 반제민족해방혁명과 유기적으로 관련되어 있어 고전적인 부르주아민주주의혁명

---

24) 梶村秀樹, 〈旧植民地社會構成體論〉, 《發展途上經濟の研究》, 世界書院, 1981, 장시원 편역, 《식민지반봉건사회론》, 한울, 1984, p. 425. 요컨대 구식민지 사회구성체에 관한 이론은 아직 확립되지 않았다고 보았다.

과는 다른 성격을 보이며, 이 승리는 제국주의와 사회주의의 대립 속에서 프롤레타리아 집권의 전망과 관련해 비(非)자본주의적 발전을 보장하는 방향이었다. 곧 반식민지에서 부르주아민주주의혁명세력과 반제민족해방세력의 반제동맹(반제국주의 통일전선)을 형성하는 것이 코민테른의 주요임무라고 주장하였다.

이에 대하여 트로츠키(L. Trotsky) 등 코민테른 소수파는 중국 사회에 반봉건적 요소가 있지만 그것은 부르주아계급과 일치하므로 중국에서의 반봉건혁명은 반자본주의적 투쟁이어야 한다고 주장했다. 동아시아 민족부르주아는 제국주의와 싸울 수 없으며, 제국주의의 동맹자이기 때문에 중국의 사회적 혁명은 제국주의와 민족부르주아에 맞서 싸우는 것이라야 한다고 보았다. 곧 투쟁은 처음부터 사회주의적 성격을 지녀야 하며, 프롤레타리아와 민족부르주아는 서로 이해가 대립되고 통일적 협동이 불가능하다고 주장하였다.

코민테른 내의 중국 사회성격에 관한 두 갈래 주장은 그 지도와 지원을 받는 중국공산당의 이론투쟁으로 이어졌다. 리리싼(李立三) 등 당권파와 천두슈(陣獨秀) 등 비당권파 사이의 노선투쟁으로 투영된 것이 그것이다. 스탈린의 중국 인식(코민테른의 공식입장)은 이를 이어 받는 신사조파(중국농촌파)에, 그리고 트로츠키 등 소수파의 노선은 동력파(중국경제파)에 이어졌다.[25] 전자의 계열을 (반

---

25) 신사조파는 1929년 11월에 창간된 월간지 《신사조》(新思潮)에 리리싼(李立三)의 노선인 당권파의 견해가 주로 발표되었다는 점에서, 그리고 동력파는 1930년 7월에 창간된 《동력》(動力)에 비당권파의 주장이 주로 발표되었다는 이유에서 붙여진 이름이다. 이것은 일본자본주의 논쟁에서 '일반성과 특수성' 가운데 일반성을 주장한 노농파가 1927년 12월에 창간된 《노농》(勞農)에, 특수성을 주장했던 강좌파가 1932~33년에 간행된 《일본자본주의발달사강좌》(日本資本主義發達史講座)에 주로 그들의 주장을 발표하여 이름 붙여졌던 것과 유사하다.

한편 중국농촌파는 1934년 10월에 창간된 《중국농촌》(中國農村)에, 중국경제파는 1933년에 창간한 《중국경제》(中國經濟)의 지면을 주 무대로 활동하여 지칭된 것이다. 전자는 생산력을 인류의 노동력과 생산수단이 결합된 것으로 생산관계의 틀 속에서 표현되는 사연을 극복하는 역량으로 보고, 생산력의 진보는 오직 생산관계가 허용하는 한도 안에서 가능하다고 보아 생산력보다 생산관계의 중요성을 강조하면서 중국 농촌사회를 반봉건적이라고 규정하였다. 이에 대하여 후자는 농촌에 대한 경제학적 연구는 농촌의 생산과정에 대한 연구를 바탕으로 하며, 생산관계에만 주력하는 연구는 단지 인간과 인간의 관계만 주의하

식민지)봉건파, 후자의 계열을 자본주의파라고도 지칭한다.

1930년대 전후 신사조파와 동력파 사이의 중국 사회성격 논쟁은 1930년대 중반 중국 농촌사회의 성질에 관한 중국 농촌사회성질 논쟁으로 전개되었다. 생산관계를 주요연구대상으로 삼으면서 중국 농촌사회의 현 단계를 제국주의지배와 민족자본의 존재에도 불구하고 여전히 반봉건적이라고 본 중국농촌파와 달리, 생산력을 주요연구대상으로 삼는 중국경제파는 중국 농촌사회를 자본주의라고 주장하였다. 이러한 견해의 차이는 당연히 서로 다른 변혁 방향을 제시한다. 중국농촌파는 중국 농촌이 반봉건적이므로 농업개조 또는 농민운동의 임무는 반봉건적인 것에 반대하면서 제국주의에 반대하는 것이며, 변혁운동을 지도하는 세력은 소농계급이라고 하였다. 이에 대하여 중국경제파는 중국 농촌에서 지도적 위치를 차지한 자본주의에 반대하는 것, 즉 프롤레타리아운동이 농촌변혁운동의 중심이라고 주장했다.

중국농촌파(봉건파)는 제국주의가 봉건세력과 결탁하여 중국 인민을 수탈하고 뒤떨어진 관계를 유지하기 때문에 중국은 반식민지·반봉건사회로 전환되었다고 주장한다. 따라서 변혁의 대상은 제국주의와 반봉건세력이며, 중국혁명의 성격은 반제반봉건의 부르주아민주주의적인 것이라고 보았다. 이와 달리 중국경제파(자본파)는 제국주의가 자급자족적인 봉건사회를 세계시장에 편입시켜 봉건사회의 기초를 해체시키고 자본주의로의 전환을 촉진시켰기 때문에 중국은 이미 자본주의사회로 바뀌었으며, 따라서 변혁의 대상은 국내외의 자본가이고 혁명의 성격은 반자본주의적인 것이라고 보았다. 농업도 자본주의화되어 더 이상 농촌의 지주와 도시의 부르주아를 분리할 수 없으며, 따라서 반제투쟁과 농업혁명은 부르주아민주주의혁명의 범위를 넘어서 반자본주의적인 것, 즉 프롤레타리아와 사실상 프롤레타리아화한 농민이 부르주아 일반(지주·부농과 도시 부르주아. 민족

고 인간과 자연의 기술적 관계는 주의하지 않는다고 지적하였다. 생산관계는 생산력의 발전 정도에 의존하는 것이며, 생산관계가 생산력을 제한하거나 진보시키는 것이 아니라 생산력이 생산관계를 진보시킨다고 보아 생산력의 연구를 주요대상으로 삼으면서 자본주의적 생산방법이 중국 농촌사회에서 지도적 지위를 갖는다고 보았다.

부르주아도 포함)을 투쟁의 대상으로 삼아야 한다고 하였다.

이에 대해 봉건파는 봉건적 생산관계가 지배적인 것이기 때문에 반봉건적 생산관계의 온상인 농업부문의 혁명이 중요하다고 생각하였다. 제국주의가 중국을 지배하면서 자본주의경제가 부차적인 지위로 형성되었지만, 제국주의는 여전히 봉건제도와 결탁하여 자본주의 발전을 억제한다. 제국주의는 어디서나 자신들의 반동적 동맹자의 존재 기초가 되는 일체의 전(前)자본주의적 착취 형태를 보존하고 영구화시키기 때문이며, 이것이 농업부문에서 반봉건적 특성으로 지속된다고 보았다.

봉건파의 투쟁노선에서 주목되는 것은 민족부르주아와의 전술적인 통일전선 형성을 인정하고 있다는 점이다. 이것은 일찍이 코민테른 주류세력의 생각이기도 하였는데, 그들은 식민지·반식민지 국가에서 부르주아민족주의와의 반제동맹 형성이 코민테른의 주요과제이며, 반제투쟁에서 객관적으로 그것을 붕괴시키는 데 관련된 모든 세력을 통합해야 한다고 보았다. 더욱이 중국의 민족부르주아는 제국주의의 지배로 그 발전이 저지되었고, 이 점에서 프롤레타리아와 이해를 같이 한다고 생각하였다. 민족부르주아에게는 프롤레타리아의 착취자라는 반동적 측면이 있지만 또한 진보성도 있으므로 프롤레타리아와 농민, 중소부르주아, 나아가 진보성을 지닌 일부 대부르주아라는 4대계층의 블록의 형성이 필요하다고 보았다.

봉건파는 중국 사회의 변화 방향이 제국주의 지배하에서는 자본주의로 발전할 수 없다고 생각하였다. 자본주의로의 이행을 건너뛰고 비자본주의적 발전의 길을 통해 사회주의로의 이행을 실현시킬 수 있는 반제투쟁과 농업혁명을 추구해야 한다는 것이다. 이것은 일찍이 1920년대 코민테른의 중국정책에서 중국의 혁명을 비자본주의적 발전의 길로 이끌어야 한다는 주장에 그 근원이 있다. 코민테른은 후진국이 자본주의적 발전단계를 거치지 않고 일정한 단계를 거쳐 공산주의로 이행할 수 있는 명제를 제시하여, 경제적 후진국이 자본주의적 발전단계를 비약(bypassing)하거나 축약(shortening)할 수 있는 하나의 가능성을 발전전략으로 제시한 바 있다.

봉건파의 노선은 1940년 마오쩌둥의 '신민주주의론'으로 이어졌다. 그는 제국주의의 중국 침략이 중국을 자본주의적으로 바꾸려는 것이 아니고 중국을 식민지·반식민지로 만들려는 것이라고 보았다. 일본점령지구는 식민지이고 국민당 지배지구는 반식민지사회이며, 두 지구에서 봉건·반봉건제도가 우위를 차지하고 있는데, 이것이 중국 사회의 성질이라고 하여 중국 사회를 식민지·반식민지·반봉건사회라고 규정하고 있다.

중국 사회는 두 개의 모순관계, 즉 중국과 제국주의 사이, 그리고 봉건제와 인민대중 사이에 존재하는 모순의 지배를 받아왔다. 중국혁명에는 제국주의 침공을 타도하기 위한 민족혁명을 수행하는 것과 봉건지주의 억압을 타도하기 위한 민주주의혁명을 수행하는 것, 즉 반제민족혁명과 반봉건민주주의혁명이 있는데, 그 가운데 일차적인 것은 반제민족혁명이고 하였다.

이러한 혁명의 추진세력에 대하여 마오쩌둥은 중국의 프롤레타리아계급, 농민, 지식층 및 그 밖의 프티부르주아 계급을 중국의 운명을 결정하는 기본세력이라고 규정하고, 프롤레타리아는 동요하는 민족부르주아의 혁명성을 포착하여 그들과 반제국주의 통일전선을 수립해야 한다고 주장하였다. 중국 사회는 식민지·반식민지·반봉건사회이므로 민족혁명과 민주주의혁명을 통해 제국주의와 봉건세력을 타도해야 하지만, 현 단계 중국혁명은 프롤레타리아 사회주의혁명이 아니라 반제·반봉건의 부르주아민주주의혁명이며, 이러한 혁명이 식민지·반식민지에서의 신민주주의혁명이라고 하였다.

즉 마오쩌둥의 신민주주의혁명은 프롤레타리아계급의 지도하에 수행되는 인민대중의 반제·반봉건혁명이며, 그 아래에 혁명적인 모든 세력이 통일전선을 형성하여 수행하는 것이 특징이라고 할 수 있다.

2. 일본에서 만주경제 논쟁과 중국 통일화 논쟁

(1) 만주경제 논쟁

(반)식민지반봉건사회론의 뿌리는 코민테른 안에서 반제국주의 통일전선을 정립하는 데서 민족부르주아와 민족해방투쟁의 성격 규정을 둘러싼 논쟁이다. 이것을 반영하여 중국의 사회성격 논쟁(1930~1933년의 신사조파와 동력파의 논쟁)과 농촌 사회성질 논쟁(1934~1935년의 중국농촌파와 중국경제파의 논쟁)이 전개되었음은 앞에서 살펴보았다. 여기서 후자, 곧 봉건파의 입장이 '식민지·반식민지반봉건사회론'으로 규정되었고, 또한 이것이 일본으로 옮겨져 만주경제 논쟁과 중국 통일화 논쟁으로 이어졌다.

만주경제 논쟁은 만주경제에 대한 인식, 특히 만주 농촌경제의 성격 규정을 둘러싼 논쟁이다. 이것은 1934년부터 시작되었는데, 본격화된 것은 1935년 9월에 간행된《만주경제연보》(1935년판) 가운데 〈만주 농업공황의 현 단계〉[오가미 스에히로(大上末広) 집필]에 대한 비판 [나카니시 고(中西功), 〈만주경제연구의 심화 -1935년판《만주경제연보》를 평한다〉,《만철조사월보》, 1935년 11월]에서부터였다.

오가미는 일본자본주의 논쟁에서 강좌파 이론의 방법론26)과 중국의 봉건파의 입장에서 만주경제, 나아가 중국 사회의 성격 및 발전단계를 밝히려고 하였다. 만주 사회구성의 기본적 특징은 '반식민지적·봉건적 구조'이며, 반식민성과 봉건성이 상호규정적인 관계에 있다는 점에서 그것을 찾을 수 있다고 하였다. 상호규정성은 '반식민성'이라는 기초범주가 '봉건성'이라는 기초범주를 규정하고 제약한다는 것이다. 또 '반식민지적'은 '세계 상품=콩의 단일경작'에서 표현되고 있다고 보았으며, '봉건적'이라는 의미는 '고율현물지대=예농적 영세농

---

26) 山田盛太郎,《日本資本主義分析》, 岩波書店, 1937. 야마다(山田)의 방법론은 조영탁, 〈일본자본주의 논쟁분석〉,《일본자본주의 논쟁사》, 연구사, 1987년 참조(김용석 엮음,《식민지반봉건사회론연구》, p. 355).

경'으로 표현되는 봉건적 토지소유로 보았다. 이로 말미암아 만주의 농업생산부문은 자본가적 생산으로의 길이 완전히 박탈당하고, 강고하고 광범한 봉건적 토지소유관계 위에 유착되었다고 보았다. 여기서는 세계자본주의가 만주농업에 미치는 작용을 파악하지 않고 '봉건적 토지소유=예농적 영세농민의 유지'라는 측면을 주로 보았다.

이에 대하여 나카니시는 만주농업을 '반봉건적·식민지적 농업'으로 파악하고 만주농민을 반봉건적·식민지적 영세경작농민으로 파악하였다. 수출자본의 혈관인 거대철도=광물채굴=원료추출기구를 근간으로 하는 외국독점기구가 반봉건적·식민지적 농업 및 반농노적 노동 위에 강력하게 구축되고, 외국독점자본과 반봉건적 요소가 긴밀히 결부되어 있다는 것이다. 이렇듯 반봉건제와 식민지제라고 하는 두 개의 기본선이 만주농업을 규제한다고 본다. 농촌에서 외국독점자본은 고유의 농민경제를 붕괴시키고, 한편으로는 농민경제의 반봉건적 영세농경을 유지시키고 있으며, '단일경작'을 할당함으로써 반봉건적·식민지적 영세경작농민을 창출한다는 것이다.

식민지제, 곧 외국독점자본세력은 한편으로 전자본주의적 모든 관계를 파괴하고 농민의 가내공업과 구 농촌경제를 붕괴시키는 가운데 새로운 생산관계를 만들어내지만, 다른 한편으로는 지배 확립을 위해 전자본주의적 요소를 지지·재건하는 등 식민지제가 가져오는 자본제적 발전의 계기와 반봉건제 온존의 계기라는 양면을 관철하였다. 나아가 북만주를 중심으로 자본제적 농업의 맹아인 지주경영·부농적 경영이 발생하였고, 또 농민의 사회적 분화가 발생하여 반봉건적 토지소유를 변경시키는 요인이 나타났음을 간과하지 않는 등 자본주의적 발전의 계기를 검출하였다. 이에 대하여 오가미는 만주농업에서 자본주의의 현실적 발달 내지 발달의 광범한 전망을 발견할 수 없다고 하였다.[27]

---

27) 淺田喬二, 〈만주경제논쟁을 둘러싼 문제들〉, 김대환·백영서 편, 《중국사회성격논쟁》, 창작과비평사, 1988, pp. 397~403 참조.

(2) 중국 통일화 논쟁

(반)식민지반봉건사회론은 만주경제 논쟁에 이은 중국 통일화 논쟁에서 더욱 명확한 형태를 띠게 된다. 중국 사회성격 논쟁(1930~1933)과 농촌 사회성격 논쟁(1934~1935)이 중국인 내부에서 행하여진 것과 달리, 중국 통일화 논쟁은 중국에 있던 일본인 마르크스주의자들이 1937년에 일본으로 무대를 옮겨 행한 것이다. 중국 사회성격 논쟁에서의 '식민지·반식민지·반봉건사회론'이 중국사 통일화 논쟁에서 '(반)식민지반봉건사회론'이라는 사회구성체론의 서설적 틀로 제시되었고, 그 뒤 사회구성체론으로서 구체적으로 규정되기에 이른다.[28]

중국 통일화 논쟁은 당시 일본제국주의의 (반)식민지정책에 대해 비판적이었던 자유주의자 야나이하라 다다오(矢內原忠雄)가 〈중국문제의 소재〉[29]를 발표하고 이에 대한 비판이 따르면서 전개된 것이었다. 야나이하라의 논지는 '1930년대판 근대화 이론'이라고 칭할 수 있는 식민지탈화론이라는 지적과 함께, 오가미와 나카니시, 오자키 호쓰미(尾崎秀實), 오자키 쇼타로(尾埼庄太郎)의 비판대상이 되었다.

야나이하라는 중국 국민경제에서 봉건적 제 관계가 잔존하고 있다는 사실과 세계자본주의의 침입 및 그 지배사실을 인정한다. 그러나 중국 국민경제에서 봉건적 제 관계를 중시하고 이것과 중국에서 활동하고 있는 세계자본주의 사이의 예속관계 측면만 강조하는 것은 발전도상에 있는 중국을 제대로 인식하는 데 정상적이 아니라고 지적한다. 중국 국민경제는 자본주의 방향으로 발전하고 근대적 통일국가로 성장하고 있음을 인식할 수 있으며, 발전의 담당자는 남경 정

---

28) 小谷汪之, 〈(半)植民地·(半)封建社會構成の概念規定〉, 《歷史學研究》 제446호, 1977년 7월, p. 68(〈(半)식민지·반봉건사회구성의 개념규정－中西功·大上末廣의 所説의 검토－〉, 藤瀬浩司 외 지음, 장시원 편역, 《식민지반봉건사회론》, 한울, 1984, pp. 333~352).

29) 矢內原忠雄, 〈支那問題の所在〉, 《中央公論》 591호, 1937, アジア經濟研究所, 《中國統一化論爭資料集》, 1971에 재수록.

부인데 이들은 군벌이 아니라 신흥부르주아이며, 남경 정권의 발전방향은 신흥
부르주아에게 지지받는 독립적 근대화의 방향이라고 지적하였다.

　이에 대하여 오가미는 중국에서의 자본주의 발전을 부정하고, 자본주의가 미성
숙되어 있어서 남경 정부에 의한 통일은 식민지의 강화와 반동적 봉건재편이라고
하였다. 그는 극단적인 이중구조론에 입각하여 중국 국민경제를 농업생산부문과
공업생산으로 분류하되, 지배적인 부문인 농업생산부문을 분석하였다. 중국의 농
업생산은 자본주의적 제 관계가 지배하는 것이 아니고, 토지소유 형태면에서 보
면 명목적인 자본제 법칙조차 이루어지지 않았으며, 반봉건적 제 관계가 농업에
서는 물론 전체 국민경제에서 지배적 지위를 차지하고 있다고 주장하였다.

　중국의 농업은 세계경제의 요구에 따라 농산물이 교체되었고, 단일경작재배
(monoculture)하는 독립적 농업사회가 되지 못하였으며, 세계자본주의를 위한 농
업적·원료적 종속물이 되었다는 것이다. 그 결과 농산물의 세계상품화 비율이
높을수록 농업생산에서의 반봉건적 구성이 유지되는데 이것은 세계자본주의의
필요 때문이라고 보았다. 따라서 중국농업은 아메리카적 발전의 길은 물론 프러
시아적 발전의 길도 불가능하다고 보는 정체론적 시각을 보였다.

　반봉건제는 중국 사회에서 지배적인 범주이며, 세계자본주의의 필요에 따라
유지된다는 기초범주로 이해되고 있다는 점에서 봉건파의 입장을 반영했다고
할 수 있다. 반(semi)봉건제는 봉건적인 것으로부터 자본주의적인 것으로 이행하
고 있는 과도기적인 형태(레닌 등 코민테른 주류의 인식)가 아니며, 근대적·자본
주의적인 것(자본파의 인식)은 더욱 아니라고 보았다. 그것은 성질의 변화에도
불구하고 '질'이 변화하지 않은, 즉 형태는 변해도 내용은 변화하지 않은 봉건제
(봉건파의 인식)로 파악하였다. 그리고 반봉건제의 물질적 기초는 반봉건적(지주
적) 토지소유인데, 이것은 중국 근대사회의 주요한 규정적 생산관계를 이룬다고
보았다.30)

---

30)　大上末広,〈支那資本主義ど南京政府の統一政策──一つの試論〉,《滿洲評論》 제12권, 1937, アジア經
　　　濟研究所, 위 자료집 수록(김용석 엮음,《식민지반봉건사회론연구》, 아침, 1986, pp. 353~360
　　　참조).

오가미는 이처럼 봉건파의 견해를 더욱 확대하여 (반)식민지·반봉건사회론을 제시하였다. 그런데 나카니시는 오가미의 견해가 반식민지성에 의한 반봉건적인 규제(상호연관)만을 강조하면서 전자에 의한 후자의 분해·해체(상호배제)의 측면은 보지 않는 가운데 정태론에 빠져있다고 비판하였다. 곧 반봉건성 아래에서 농민의 계급분화는 불가능하다고 규정한다는 것이다.

나카니시는 자본파의 일면적인 자본주의화론을 비판함과 동시에, 암묵적으로 봉건파에 친화성을 가지고 있으면서도 봉건파의 반식민성과 반봉건성에 관한 일면적 이해는 비판하였다. 중국경제는 기본적으로 자본주의적 요소(반식민성)와 전자본주의적 제도(반봉건성)가 밀접하게 결합되어 있으며, 그 자체가 하나의 모순된 통일물이라고 보았다. 곧 전자와 후자는 상호의존적 측면을 가지면서도 상호대립하는 관계를 가진, 그러한 모순의 통일물이 중국경제라는 것이다. 반식민성은 한 민족에 대한 다른 민족의 경제적·정치적 지배방식을 규정하는 것으로서 자본주의 독점자본단계에 관한 것이고, 반봉건성이란 한 나라의 생산관계 내부에 자본주의적인 요소와 더 낡은 것 사이의 상호규정에 관한 것이다. 따라서 양자는 범주적으로 완전히 상이한 것이지만, 중국에서는 상호의존관계에 놓여 있다는 점에서 연관성을 가지고 있다고 지적하였다.

열국(列國)자본은 자신의 초과이윤을 확대하고자 민족자본의 정상적인 발전을 저지하고 뒤떨어진 관계를 유지하려고 하지만, 동시에 불가피하게 구래의 생산관계를 파괴하는 작용을 한다. 열국자본의 지배방식은 자본의 본래적 형태로서가 아니라 반봉건체제를 지배적 체제로 만듦으로써 자기 지배를 확립한다고 하여 반식민성이 반봉건성을 규제하는 관계임을 지적한다. 그러나 외국자본의 지배가 강화되는 경우 중국 자체의 반봉건성의 기초를 위협하게 된다는 것이다.

나카니시는 반봉건성을 부르주아적 제 관계하의 전자본주의적 토지소유관계를 뜻하는 농업에서의 생산관계로 규정하면서, 농업 내부에서의 자본주의적 발전, 곧 농민층 분해를 거쳐 자본주의로 전환되는 (두 가지 길의)과도기로 파악하고 있다. 농업에서 봉건적 생산관계가 지배적인 경우에도 그 속에 자본주의적인 것이 맹아로서 성립할 수 있고, 반봉건적 농업이라는 것도 봉건적 생산관계의 붕괴기를 말하며, 얼마쯤의 자본주의적 관계의 형성과 존재를 나타내는 것으로 보았다.

외국자본의 구 생산관계 분해작용과 외국 상품의 유입 증대에 따른 농촌경제의 재편성 계기는 농민층의 분해를 야기하고, 이 재편성과 분해의 동력은 농업 내부의 자본주의적인 것이라고 보았다. 결국 반봉건성은 자본주의(반식민성)의 작용으로 해체될 수밖에 없는데, 그 해체과정은 레닌의 두 가지 길 이론에 따라 설명하고 있다. 지주와 부르주아의 주도하에 이루어지는 프러시아형(계량적 길)과 농민대중(빈농·중농)이 주도하는 아메리카형(혁명적 길)이 그것이다.

나카니시는 반식민성과 반봉건성이라는 대립물의 상호관계(상호의존과 상호대적)를 이해하고, 그 양자의 통일을 역동적으로 파악하여 그 내부의 필연적 모순으로 말미암아 자본주의가 발전할 수 있는 것으로 규정하였다. 그로써 반식민지·반봉건사회의 기초적 제 규정만 보고 자본주의 발전을 부차적으로 간주, 이를 분석의 논리구성에서 배제한 봉건파(또는 오가미)의 정체론적 논리를 상당히 극복하였다는 지적이다.[31]

3. 식민지반봉건사회론과 사회구성체론

만주경제 논쟁과 중국 통일화 논쟁에서 제기된 (반)식민성과 반봉건성의 개념을 기본으로 하여 이 양자를 상부구조와 토대로 분리·연관시켜 (반)식민지반봉건사회구성체론(식반사구체론)을 구성한 이론가가 고타니 히로유키(小谷汪之)다.

그는 식반사구체를 자본주의가 식민지·반식민지에 창출한 인류사에서 부차적·종속적인 하나의 사회구성체(독자적인 전자본주의적 사회구성체)로 파악하고, 식민지반봉건사회구성체의 기초범주는 '(반)식민지제와 반봉건제'의 두 가지라

---

31) 中西功, 〈支那社會の基礎的範疇と統一化の交涉〉, 《滿鐵調査月報》, 1937. 8., アジア經濟研究所, 위의 책 수록(김용석 엮음, 위의 책, pp. 365~371 참조).

고 주장하였다. 그리고 (반)식민성은 '상부구조'에 관한 규정으로서 식민지 권력에 의한 세계자본주의의 지배세력으로, 반봉건제는 '토대'에 관한 규정으로 생산 제 관계의 총체, 즉 경제적 토대에 관한 규정이라고 이해하였다.

토대와 상부구조가 조응하는 일반적인 사회구성체의 경우에는 사회구성체가 토대와 상부구조 모두를 포괄하는 개념이기 때문에 따로 상부구조를 규정할 필요가 없지만, 식반사구체의 경우에는 토대에 조응한 상부구조가 형성되는 것이 아니라 식민성(상부구조)이 (반)봉건성(토대)에 규정성을 부여한다. 때문에 단순히 반봉건적 사회구성체가 아니라, 상부구조의 규정성을 표시한 (반)식민지반봉건사회구성체라고 규정하였다는 것이다.[32]

여기서 반봉건제의 경우 '반'(semi)은 단순한 과도기(예컨대 봉건제로부터 자본주의로)나 어떤 중간적 형태(봉건제하에서 지주제 토지소유 일반)를 뜻하는 것이 아니라 세계사적 규정성을 표시하기 위한 개념이라고 하였다. 그리고 식민지반봉건사회구성체에서 지배적인 생산관계(우클라드)가 반봉건제라고 하더라도, 그것이 세계자본주의에 의하여 규정되는 한, 필연적으로 자본주의적 생산관계를 부차적인 우클라드로 포함하게 된다. 이 때 식민지반봉건사회는 오가미의 주장처럼 산업자본주의의 독립적인 발전 또는 농업이 자본주의적 발전이 전혀 불가능한 사회가 아니며, 자본주의의 발전과 농민층의 일정한 자본주의적 분해를 전제로 하여 그것을 포섭하면서 형성되는 독자적인 전자본주의적 사회구성체로 이해, 그 역동성을 부여하고 있다.[33]

식반사구체론의 토대인 반봉건성의 물적 기초는 자본주의의 외적 규정에서 창출된 반봉건적 토지소유 형태인 기생지주제이다. (반)식민지에 세계자본주의가 진출하면서 자본의 본원적 축적수단으로 실시된 지조개정 등 토지제도개정을 통하여 사적 토지소유가 법적·형식적으로 도입되지만, 그것은 근대적 토지소유(자유로운 분할지 소유)가 되지 못하고 기생지주적 토지소유의 발전을 기져온

---

32) 小谷汪之, 앞의 글, 장시원 편역, 앞의 책, p. 350.

33) 위의 글, 위의 책, pp. 351~352.

다. 세계 시장 및 형성 중인 국내 시장과 결부되어 있는 상업적 농업은 농업경
영에서 소부르주아적 발전 가능성을 창출하여 농민층 분해를 동반하고, 이러한
농민층 분해의 과정에서 기생지주적 토지소유가 형성된다. 반봉건적 성격의 이
러한 기생지주적 토지소유는 자본주의적 농민분해(부농-농업노동자로의 경영분해)
의 가능성을 지니고 있지만, 식민지적 조건하에서는 그것이 현실로 전환되지 못
한다는 것이다. 곧 농민층의 궤멸(하강분해)과 자본주의적 양극분해(레닌의 두 가
지 길 이론)가 실현되지 못하는 것이다.34)

식민지적 종속국에서는 자본의 본원적 축적과정에서 사적 토지소유가 진행되
고 농민분해가 진전되기 시작하지만, 그 과정에서 '토지를 가진 임금노동자', 곧
빈농층(반프롤레타리아)이 과도기적 현상으로서가 아니라 구조적으로 재생산되
고 확대된다. 이것은 일정한 부농과 농업노동자 관계를 창출하고, 그것을 전제
조건으로 기생지주제가 발전된다. 곧 식민지 종속국의 기생지주제는 자본주의
의 세계 시장 지배하에서 농업의 상업화가 진행되고 민간의 노동력까지 상품화
되는 가운데서도 농업경영 자체의 자본주의화는 선진자본주의 여러 나라에 의
한 시장지배[(반)식민성]로 저지되는 후진지역에서 특유한 조건하에 성립하는 독
특한 토지소유관계라고 보았다.35)

(반)식민지반봉건사회론을 구성하는 두 가지 기초적 범주(토대=반봉건성, 상부
구조=반식민성=국가권력)에서는 상부구조인 (반)식민성이 토대인 (반)봉건성을
규정하는 관계에 있다고 보았다. 반식민성이란 상부구조에 관한 규정으로 세계
자본주의·제국주의시대에 선진자본주의가 후진국의 상부구조에 대한 지배를
통하여 그 토대에 압도적이고 거대한 규정성을 미친다고 하는 근대 세계 특유의
조건이라고 할 수 있다. 즉 세계자본주의의 지배력은 자본주의(수출자본)라는 생
산관계가 직접적으로 미칠 수 있는 것이 아니다. 그것은 선진자본주의가 후진국

---

34) 小谷汪之, 〈반봉건적 토지소유 성립의 논리-아시아적 후진성이란 무엇인가〉, 장시원 편역,
위의 책, p. 226.

35) 小谷汪之, 위의 글, 위의 책, pp. 236~237.

의 국가권력에 간섭·개입하여 그것을 직접적으로(식민지) 또는 간접적으로(반식민지) 규제함으로써 실현된다. 따라서 세계자본주의 지배력(반식민성)[36]이란 현실적으로는 반식민지의 국가권력에 대한 선진자본주의 지배력을 뜻하고, 반식민지에서 본다면 국가권력의 비자립성을 뜻한다. 따라서 반식민성이란 국가권력(정치적인 모든 상부구조)에 관한 범주규정이라고 할 수 있다.[37]

한편 식민지반봉건사회구성체는 이식자본주의, 토착자본주의, 식민지지주제라는 여러 우클라드(Ukrad)들로 이루어지며, 특히 식민지 권력에 의거한 이식자본주의 우클라드와 식민지 지주제 우클라드가 결합된 형태로 파악하려는 견해가 있다.[38] 식민지의 공업부문에는 제국주의 본국의 전반적인 억지적·파괴적 정책이 취해지기 때문에, 이식자본주의가 주도권을 가진 이 부문이 식민지지주제를 자기 내부로 용해 포섭할 능력을 지니지 못한다. 제국주의 본국의 본원적 축적수단인 '사적 토지소유'가 진행되면서 전개되는 농민층 분해의 과정에서 창출된 빈농(반프롤레타리아) 등 과잉노동력은 공업부문에 흡수되지 못하고 재래농촌에서 구조적으로 재생산·퇴적되고, 이것이 고율소작료의 지주제가 전개될 수 있는 기반을 제공한다. 그 결과 전 잉여농산물을 상회할 정도로 높은 지대를 수취하고 식민지지주제가 극한으로 전개된다. 이러한 식민지지주제는 공업부문의 자본이 포섭하지 못한 공간에서 식민지 권력의 정책체계에 적합하게 형성된 생산관계이며, 봉건적 우클라드나 자본제 우클라드와는 다른 '반봉건적'인 것이 된다. 이러한 반봉건적인 식민지지주제[39]가 중요한 우클라드를 이루고 있는 것

---

36) 반식민지란 경제적으로는 식민지와 거의 다름없이 특정 국가의 지배를 받거나, 또는 여러 나라의 세력이 서로 견제하면서 전체적으로 깊이 침투하고 있지만 제국주의 국가 사이의 이해관계 때문에 형식상 국가주권을 빼앗기지 않은 상태를 말하며, 예컨대 1930년대 중국이 여기에 속한다고 볼 수 있다.

37) 小谷汪之, 〈(반)식민지·반봉건 사회구성의 개념규정〉, 위의 책, pp. 349~350(김용식 엮음, 《식민지반봉건사회론연구》, 아침, 1986. pp. 352~383 참조).

38) 梶村秀樹, 〈朝鮮近代史硏究에 있어서 內在的 發展의 視覺〉, 《東아시아世界史硏究》, 汲古書院, 1986, p. 583.

39) 식민지지주제는 기생지주제 일반과 현상적으로 중첩되기도 하지만, 자본제 우클라드와의

이 식민지반봉건사회구성체라고 보았다.

중국 사회에 대한 논쟁에서 알 수 있듯이, 식민지반봉건사회는 반제국주의 혁명투쟁의 방향을 제시하고 민족해방투쟁을 행하는 주체의 형성기반을 고찰하기 위한, 극히 실천적 개념이다. 변혁주체의 창출기반과 관련하여 반제국주의 투쟁에서 (반)식민지적 소농민의 가능성을 정당하게 평가하면서 부르주아민족주의와 부르주아민주주의로의 변혁 한계를 지적하고 비자본주의적 길을 제시하기도 하였다. 그리고 독립을 회복한 뒤의 과제와 전망에 관련하여 아민(S. Amin)의 주변부자본주의 사회구성체론을 동태화, 역사이론화하면서 이와 관련된 역사적 동태성을 제시하였다.

식민지반봉건사회구성체는 전자본주의 사회구성체와 주변자본주의 사회구성체의 중간단계로 설정되면서 재생산구조상의 단계적 특질을 가진 것으로 보았다. 그리고 이것을 국제분업체계와 관련해서 고찰하였다. 주변부(식민지)와 중심부(본국) 사이 국제 분업의 제 단계를 ① 경공업-농업분업의 단계, ② 중공업-경공업 분업의 단계, ③ 기술지식집약산업-기타 제 산업의 분업단계로 구분한다. 1950년대를 과도기로 하여 1960년대 이후 주변자본주의사회구성체가 본격화하였다. 이에 대하여 식민지반봉건사회구성체는 중심부자본주의(제국주의)가 그 내재적 요구 때문에 공업-농업 사이의 국제 분업 형태를 강요하고자 식민지 권력을 장악

연관구조 등에서 다르게 구분된다는 지적이다(梶村秀樹, 〈구식민지사회구성체론〉, 장시원 편역, 《식민지반봉건사회론》, p. 425). 한편 기생지주제를 중간적·과도적 형태이며 근대적 토지소유로 보는 다음과 같은 견해도 있다. 일반적으로 기생지주제는 소상품생산 농민에 대한 유통과정으로부터의 자본(상업, 고리대자본)의 지배가 진행되어, 자본이 농민의 토지소유권을 탈취하여 지주로 전환하고, 농민은 그 아래에서 차지농(借地農)이 된 형태이다. 이것은 기본적으로 노예제·농노제와 같은 직접적 지배예속관계도 아니고, 또 자본이 직접 생산과정을 포섭하고 있는 자본주의적 생산도 아닌 중간적·과도적 형태의 하나이다. 중간적·과도적 형태로서의 기생적 지주제는 본질적으로 반봉건적이 아닌 근대적 토지소유이다. 다만 직접적 생산과정 그 자체는 외연이 소경영이기 때문에 자본주의적 차지농제를 바탕으로 하는 근대적 토지소유(그런 의미에서 자본주의적 토지소유)라는 점에서 형식적인 근대적 소유라고 보는 것이다(中村哲, 〈資本主義로의 移行諸形態〉, 안병직 역, 《世界資本主義와 移行의 理論》, 비봉출판사, 1991, pp. 193~195).

하고, 그 정책으로 식민지 안에 형성된 사회구성체라고 보았다.[40]

이러한 틀로 형성된 (반)식민지반봉건사회론은 1930년대 이후 중국에서 그 실천적 요구를 반영하여 논의되기 시작한 이후 오랜 논쟁을 거쳐 1977년에 사회구성체론이라고 명시적으로 제기되었다. 그러나 우리나라에는 그 이전인 1970년대 중반에 한국근대경제의 성격을 논의하는 새로운 이론으로 소개되어[41] 그 뒤로 활발한 연구가 전개되었다.

'식민지반봉건사회'라는 표현은 식민지 사회의 경제구조와 상부구조의 성질 모두를 가장 정확하게 나타내는 것임에 틀림이 없다. 그런 뜻에서는 이 표현이 사회구성체 수준의 개념으로 보일지도 모르지만, 이를 보다 과학적으로 이해하려면 정치경제학의 이론적 틀에 입각해야 하며, 그러한 관점에서 식민지반봉건사회론의 '식민지반봉건사회'는 과도기 사회를 나타내는 개념으로 이해할 수 있다는 것이 이 이론을 적극적으로 주장해 온 쪽의 평가이다.[42] 이러한 지적은 이것이 중국에서 제기됐던 본래의 내용('식민지 · 반식민지반봉건사회론')과도 맞다고 보았다.[43]

---

40) 梶村秀樹, 〈舊植民地社會構成体論〉, 《發展途上經濟の硏究》, 世界書院, 1981(사계절편집부, 《한국근대경제사연구》, 1983, pp. 76~94).

41) 안병직 저, 《三一運動》, 한국일보사, 1975. pp. 24~26. 여기에는 우리나라 근대경제의 성격에 대한 연구결과로서 ① 근대화설, ② 자본주의설, ③ 식민지 상인자본주의설과 함께 ④ 식민지반봉건사회경제가 소개되어 있다. 여기서는 이 설이 '식민지경제를 하나의 독립된 사회구성체로 보지 않는다'고 규정하여, 식민지반봉건사회론이 사회구성체론으로 체계적 모습을 갖추기 이전의 상대를 니디내고 있다.

42) 장시원, 〈한국근대사에 있어서 '식민지반봉건사회론'의 적용을 둘러싼 이론적 실증적 제문제〉, 《한국자본주의성격논쟁》(移山 조기준 박사 고희기념 논문집), 대황사, 1988, p. 299.

43) 김대환, 〈(반)식민지사회구성체론 : 사회구성체론인가, 정세론인가〉, 김대환 · 박영서 편, 《중국사회성격논쟁》, 창작과비평사, 1988, pp. 118~119.

제4절 이중구조론 및 식민지공업비지론

1. 이중구조론 및 식민지공업비지론의 전개

제국주의의 외압(식민지 지배)으로 형성된 식민지 경제를 이중구조론 또는 식민지공업비지론(植民地工業飛地論)으로 설명하는 견해가 있다. 여기에서는 식민지 경제의 전통부분과 외래적인 근대부분이 그 사이에 관련성이 별로 없는 이중구조를 형성하고 있다고 본다. 두 부분은 기술·자본규모 및 생산성에서 큰 격차가 있고, 민족별로도 분리되는 경우가 많다는 것이다. 비록 식민지에 공업이나 수출산업이 성장하여도 그것은 종주국인 외부의 요구로 강요되는 성격이 있기 때문에, 식민지 안의 대다수 주민과는 관련이 없는 비지(飛地)를 형성하는 데 그친다. 더욱이 종주국과 식민지의 경제발전단계에 격차가 클 경우 식민지경제에 일반적으로 나타나는 특징이라고 보았다.

이러한 특징이 공업부문의 설명에서는 식민지공업비지론으로 구체화되었다. 조선의 공업화는 일본자본주의의 분업체계의 일환으로 진행된 것에 불과하다고 본다. 이는 일본 본토와의 분업연관에 따른 일본 대자본의 직접 진출이 가져온 공업화였으며, 그 주요 진출 형태는 분공장(分工場)이었고, 만주 또는 중국 시장을 목표로 하는 생산이었다는 것이다. 따라서 이 시기 식민지공업의 성장은 조선 내의 산업 또는 공업과의 연관관계를 결여하고 있으며, 결국 중소공업의 발전이 수반되지 않고 가내공업 또는 소공업은 몰락이 가속화된 것으로 파악하고 있다. 나아가 고용효과가 크지 않은 대기업 중심의 공업성장이 이루어지면서 고용 흡수도 큰 성과를 보이지 않은 것으로 보았다.

일본의 식민지 통치는 대만의 경우에서 볼 수 있듯이 경제 발전이 대만 자체의 경제적 자립이나 대만 주민의 소비수준 향상을 위한 것이 아니라 일본경제의 보완성(complementarity)을 위한 것이었다. 이것은 조선의 식민지 지배정책에도 그대로 반영되었으며, 그 내용은 다음과 같이 설명되었다.

첫째, 조선반도를 본국[內地]의 공업제품시장으로 확보하는 것이 제1 목표였다.

둘째, 내지의 원료 및 식량의 공급지로서 육성하려 했다. 따라서 조선의 사회경제는 일본경제의 성장과 침체에 따라 그 발전방향이 직접적으로 제약되었으며, 그런 의미에서 상품시장 및 원료와 식량의 공급지로서 역할하였다.

셋째, 일본 대륙진출의 경제적·군사적 기지로서 조선경제가 '육성'되었다.

그 결과 조선경제는 일본경제에서 생산된 공업제품의 시장으로서, 그리고 식량과 원료의 공급지로서 중요한 역할을 하였으며, 조선의 무역구조도 식량 및 원료 수출과 공업제품 수입이라는 기본구조로 형성되었다는 것이다.

공업부문을 보면 조선 말에 가내수공업단계에서 공장제 수공업의 단서가 나타났지만 외래상품의 유입으로 자급자족경제체제하의 가내공업조직은 해체되었다. 이러한 해체는 일본 상품의 유입과 함께 1910년 병합 이후의 체제적·정책적 촉진으로 가속화되었다. 한편에서 가내공업 및 자급경제가 해체되었고, 다른 한편에서는 회사령에 따른 기업 설립 허가제가 시행되면서 기업조직 및 투자가 억제되었다. 이것은 일본 상품의 시장 확대를 도모하려는 것이었다.

일본 지배하의 조선 공업은 전형적인 식민지 공업 발전의 길을 걸었으며, 결국 식량 및 원료의 가공업이 중심이 되었다. 예컨대 수출미를 증가시키기 위한 정미업과 양조, 제당 등 식품가공업이 발달하였고, 일부 일본 대기업의 진출을 뒷받침하는 생사공업 등이 생겨났다. 그리고 1930년대에는 중국 시장 진출을 목적으로 한 일본 대기업의 전진기지로서 공장이 건설되었고, 병참기지로서 군수공장도 건설되었다. 결국 조선에서의 공업건설은 생산력을 확대시켰지만, 다음과 같은 세 가지 성격을 갖는 것이었다.

첫째, 조선 내의 산업 또는 공업체계와 관련 없이 일본 본토와의 관계 아래에서 공장 건설이 행하여졌기 때문에 조선 내 공업의 건설은 그 자체로서 체계적으로 편성된 것이 아니었다. 둘째, 공장 건설이 목적으로 하는 것은 조선 내 시장에 상품공급을 하기 위한 것이라기보다는 일본 및 만주국이나 중국 본토 등 제3국 시장 진출을 전제로 한 것이었다. 셋째, 공장 건설은 일본 대기업의 직접적인 분공장의 건설이라는 형태로 이루어졌다.

이렇게 볼 때 일제하 조선에서 공장 건설은 '공업 건설'이 아니고 '공장의 건설'이라고 할 수 있는 것이다.

조선 공업의 경영규모를 보면(1939년 기준), 2퍼센트의 대공장(공원 200인 이상)이 39.3퍼센트의 공원수와 61.8퍼센트의 생산액을 차지하고, 16.3퍼센트의 중공장(30~200인)이 34.6퍼센트의 공원수와 21.7퍼센트의 생산액을, 81.7퍼센트의 소공장(5~30인)이 26.1퍼센트의 공원수와 16.4퍼센트의 생산액을 점하고 있었다. 이 가운데 대공장은 일본 대기업 진출로 독점 개발된 것이다. 소공장은 경영규모가 작을 뿐만 아니라 대부분 조선인 기업이었고, 가족노동을 중심으로 한 가내공업이나, 설비 및 기계를 제대로 구비하지 않는 공장제 수공업이었다. 중공장의 비중은 상대적으로 취약한 지위를 차지하고 있었으며, 이것은 식민지기 공업 건설이 대기업을 중심으로 관련공업과의 하청관계를 결여한 것으로서, 식민지공업의 성격을 반영한 것이라고 보았다.

결국 공업부문 간 및 기업 간 상호관련성과 '공업편성'을 결여한 구조적 취약성을 지닌 것이 식민지 지배하 조선 공업의 특성이라고 볼 수 있는 것이다.[44]

2. 식민지공업비지론 및 이중구조론의 특징과 그 평가

결국 식민지공업비지론은 다음과 같이 집약하여 설명할 수 있다.

1930년대 공업의 특징으로서 ① 일본자본에 의하여 일본 본토와의 관련하에서 공장 건설이 행해졌기 때문에 조선 내의 산업 및 공업과 관련이 없으며, ② 공장 건설의 목적은 조선 시장이 아닌 일본 및 만주국과 중국 등으로의 시장진

---

44) 金哲 著,《韓國の人口と經濟》, 1965, 岩波書店, pp. 145~147 및 pp. 156~160.

출이고, ③ 공장 건설이 일본 대기업의 직접적인 분공장(分工場)의 형태로 행해졌다는 세 가지를 들고 있다.

그리고 이와 같은 일본 대자본의 공장 진출에 따른 조선 공업의 특징은 노동력의 실태에서 다음과 같이 규정된다. ① 대기업은 고정자본의 비율이 커서 추가자본액에 견주어 상대적으로 고용량이 적고, ② 조선 내에 산업관련이 없기 때문에 자본에 견주어 고용량이 많은 중소기업이 발전하지 못하였으며, ③ 일본 기업의 진출이 조선인의 가내공업이나 영세기업의 몰락을 야기하였기 때문에 공업부문의 고용은 더욱 고갈되었다는 것이다.

곧 진출해 온 일본자본이 세운 공장은 조선 안에 산업적 관련이 없는 비지와 같은 존재이므로, 그 생산액이 어떻게 신장했다고 하더라도 조선경제 자체를 바꾸는 것은 아니고, 공업종사자수에서는 오히려 절대적으로 감소할 정도의 것에 불과하였다.

한편 이중구조론은 개발경제학에 입각한 것인데 다음과 같이 집약할 수 있다. ① 식민지기의 급속한 공업화에 따라 높은 경제성장이 이루어졌으나, ② 그 공업화는 식민지 권력과 일본의 자금 기술에 의한 것으로서 군수산업에 직결된 생산수단부문에 집중하고 있었고, ③ 조선경제의 이중구조와 불균형(imbalance) 때문에 근대부문의 경제성장은 파급의 연쇄를 결여하고 있었으며, ④ 소비물자를 공급하는 가내영세공업 등의 전통부문이나 대다수의 주민은 그들 근대적 부문과는 무관하게 존재했다는 것이다.[45]

위에 집약한 이중구조론은 다음과 같이 설명되고 있다. 식민지시대 조선의 경제성장에서 계량적인 면은 다른 국가들의 경험과 유사하다. 곧 전체적 및 개인당 생산이 실질적으로 상승하는 경향을 보였고, 급속한 인구성장과 도시화도 수반했다. 그러나 조선의 경제성장은 '강제성'에 따라 나타난 것이었으며, 경제성장의 원동력이 조선경제 내부에서 발생하지 않았다는 점에서 차이가 있다. 조선

---

45) 徐相哲(Sang-chul Suh), *Growth and Structural Changes in the Korean Economy : 1910~40*, Havard University press, 1978.

의 경제성장은 '사회의 자연발생적 성장력'이 수행한 것이 아니라, 식민정책과 소수의 사회 정수분자(대부분이 조선에 거주하던 일본인)가 주도한 것이었다.

이러한 강제성 때문에 식민지시대 경제구조는 경제적 이중성을 그 특징으로 하였다. 우선 조선경제를 지배했던 농업과 제조업부문의 이중구조를 분석할 수 있는데, 두 부문의 생산력 격차에서 이것을 관찰할 수 있다. 즉 1920~40년 사이에 농업 노동자의 제조업 노동자에 대한 실질생산의 비율은 0.91에서 0.24로 떨어져 두 부문 사이의 격차가 크게 확대되었음을 알 수 있다(〈표9-1〉).

연도	농업(A)	제조업(M)	M-A	A/M
1920	137	150	13	.91
1925	134	212	78	.63
1930	148	305	157	.49
1940	170	699	529	.24

자료 : 동아일보사, 《3·1운동50주년기념논집》, p. 879.

〈표9-1〉 1920~40년간 농업·제조업 부문의
노동자 1인당 실질생산 [단위 : 1936년가(年價)의 원화(圓貨)]

일본의 경우는 두 부문의 생산성 비율이 1886~1893년간 0.50에서 1931~38년간에는 0.23이 되어 그 격차가 조선에 견주어 크지 않음을 확인할 수 있다.

농업부문에 견주어 볼 때 제조업부문의 급속한 성장은 특히 1930년대의 산업화에서 그 원인을 찾아 볼 수 있다. 이 시기 산업화는 일본의 군비확장정책으로 빚어진 총체적 수요에 맞추어 생산재(중간재 포함)산업에 집중되었다. 이들 산업은 자본집약성을 띤 현대기술을 필요로 한 것이었고, 그로 말미암아 농업부문으로부터의 노동력 이동을 최소한으로 제약하였다. 곧 급속한 산업화는 농업으로부터 대규모적인 노동력의 이동 없이 외국자본과 공업기술에 의해 수행되었다.

결국 조선에서 제조업의 성장은 농업을 포함한 토착산업과는 전혀 관계없이 일본의 자본과 경영이 독점적으로 수행하였고, 일본의 산업능력을 보충하는 정도에서 허용되었으며, 따라서 일본과 조선 간 제조업부문의 관계는 경쟁적이기보다는 보완적이었다.

제조업부문의 성장은 주로 조선에 거주하는 일본인 산업경영자가 주도하였으며, 제조업의 높은 생산성은 조선의 근소인자(자산가·기업인 등)와 관련이 있고, 농업부문의 저생산성은 대다수 조선인과 연관되어 있었다. 그 결과 소작농을 포함한 노동자의 보수와 자산가 및 기업가의 수입 사이에는 현격한 격차가 형성되었다. 이중적인 생산구조가 확대되면서 노동자 1인당 생산수준이 급속히 증가하였으나 실질소득은 증가하지 않는 것으로 나타났는데, 이것은 제조업 성장을 주도했던 기업가와 자산가(지주 포함)가 지배적 지위에 있었기 때문이었다.

농업부문의 노동자 1인당 생산지수가 1918~22년의 100에서 1938~42년에 124로 되었음에 대해, 제조업부문은 같은 기간에 100에서 466으로 크게 증가하여 두 부문 사이 생산성 증가의 격차를 알 수 있다. 그런데 같은 기간 실질임금은 그 증가추세가 정체되고 있어서 실질임금과 노동자 1인당 생산 사이의 격차 확대를 나타내고 있다. 곧 식민지시기에 제조업 성장을 주도한 기업가·자산가와 노동자의 소득격차가 크게 확대된 것이다(〈표9-2〉).

연평균	가격지수	임금시수		노동자 1인당 생산지수	
		화폐임금	실질임금	농업	제조업
1918~22	259	217	100	100	100
1928~32	179	197	131	108	203
1938~42	293	247	101	124	466

자료 : Bruce F. Johnston, *Japanese Food Management in World War II*, p. 55(《3·1운동50주년기념논문집》, p. 882).

〈표9-2〉 실질임금 및 노동자 1인당 생산지수

생산과 소득분배에서의 이중구조는 조선 사회구조에도 심각한 분열을 초래하여 사회적 이중구조를 형성시켰다. 두 가지의 서로 다른 계층, 즉 경제적 정예분자(대부분 조선 거주 일본인과 기업가·자산가)인 소수파와 다수파(노동자·소작농을 포함한 대다수 조선인) 사이에 사회적 이중성이 정착되었다. 이중경제구조의 선진

부문인 전자는 식민지 지배계급이었으며, 후진부문인 후자는 조선경제의 고유
인자였는데, 이들은 식민지시대에 경제성장에서 오는 이익을 얻지 못하였다. 그
들의 생산활동과 자원은 확대, 이용되었지만 재래구조는 농촌구조에서 보듯이
현대적 변화를 누릴 수 없었다.[46]

　이중구조론 또는 식민지공업비지론에 대한 비판도 있다. 식민지의 경제개발
은 비지적인 성장을 하는 것이 일반적이지만, 일본의 식민지는 식민지 일반의
경우와 다른 양상을 보였다는 지적이 있다.[47] 또한 식민지기 공업화를 포함한
조선경제의 변화를 자본주의 성립으로 보는 관점에서 조선경제에는 조선과 일
본 사이뿐만 아니라 조선지역 내부에서도 공업화에 바탕을 두고 도시와 농촌을
묶은 광범위한 자본주의적인 사회적 분업의 재구성이 진행되었음을 강조하면
서, 식민지기 조선의 공업은 다분히 비지가 아니었다고 주장하기도 한다.[48]

　이러한 지적에 대한 반론도 있다. 분석단위가 조선으로 되어 있기 때문에 그
것을 가지고 이중구조론을 비판하는 것은 논리적으로 비약이 있다는 것이다. 조
선 안에서 이식된 공업과 조선인 공업을 구분하지 않고 있어 조선에서 공업 내
부의 산업관련이 심화되었다고 하지만, 그 당시로선 공업화는 일본 대자본이 압
도적 비중을 가지면서 진행된 것이기 때문에, 조선 안에서는 일본인 공업 내부,
그리고 조선과 일본 사이에서는 조선 내 일본인 공업과 일본의 공업 사이의 산
업관련 증대라는 형태로 전개되었을 가능성이 높다고 본다. 가내공업과 영세공

---

46) 서상철, 〈일제하 한국경제의 성장과 이중구조〉, 《3·1운동50주년기념논집》, 동아일보사,
　　1969, pp. 878~884 참조. 개발경제학에서 이중구조의 이론적 기초는 A. Lewis("Economic
　　Development with Unlimited Supply of Labor", *The Manchester School*, May 1954)에서 찾을 수
　　있다.

47) Samuel Pao-San Ho, "Colonialism and Development : Korea, Taiwan and Kwantung" in Ramon
　　H. Meyers and Mark R. Peattie, eds., *The Japanese Colonial Empire, 1895~1945*, Prinston
　　University Press, 1984(김낙년 지음, 《일제하 한국경제》, 해남, 2003, pp. 10~11 재인용).

48) 堀和生, 〈1930年代 社會的 分業의 再編成-京畿道 京城府의 分析을 통하여〉, 安秉直·中村哲 共
　　編著, 《近代朝鮮工業化의 研究》-1930~1945, 일조각, 1993, 제2장 및 《朝鮮工業化の史的分析》,
　　有斐閣, 1995, 序章 제2절.

장공업을 하나의 극으로 하고, 일본 대자본을 다른 극으로 하는 이중적인 공업 구조가 1930년대 이후 조선 공업의 전형적인 특징을 이루고 있었으며, 이러한 식민지 공업은 기술면에서도 민족 간 격차를 지니고 있었다. 따라서 식민지공업 화가 갖는 이러한 특수성 때문에 일제시대의 공업화는 조선인 경제의 발전에는 제한적일 수밖에 없으며, 따라서 해방 후 한국경제의 근대화나 자본주의화에도 축소된 의미를 가질 뿐이라는 지적이다.[49]

---

49) 허수열, 〈식민지적 공업화의 특징〉, 오두환 편저, 《工業化의 諸類型》(Ⅱ)-韓國의 歷史的 經驗, 經文社, 1996, pp. 210~211.

<보론 2>

일제 식민지시대의
성격에 관한 여러 이론(Ⅱ)

제1절 민족경제론의 형성과 구조

1. 일본에서 전개된 민족경제론과 그 근원

1919년 각국 공산당의 국제적 조직으로 코민테른(제3인터내셔널)이 성립하였고, 1920년의 코민테른 2차대회에서 레닌 등 주류파는 세계제국주의에 대항하여 모든 민족은 식민지 해방운동을 위해 긴밀한 동맹을 실현하는 것이 코민테른의 중요한 임무라고 규정하였으며, 이를 위해서 반제국주의 통일전선 결성의 필요성을 주장하였다. 여기서 민족부르주아(민족자본)의 성격과 민족해방투쟁의 성격을 둘러싼 논쟁(봉건파와 자본파 논쟁의 뿌리)이 시작되었음을 앞서 살펴본 바 있다. 그 뒤 민족부르주아의 진보적 성격 가능성을 인정하여 민족해방투쟁에 프롤레타리아와 농민, 중소부르주아 및 일부 대부르주아 등 4계급이 구성하는 반제블록의 통일전선에 대한 주장이 제기된 것이다. 곧 반제민족운동의 통일전선대상으로 마르크스적 개념이 아닌 민족부르주아의 개념이 만들어져 고정화되었다.[50]

그런데 이러한 개념이 반식민지 중국에서는 일정한 현실성(reality)을 지녔다고 하더라도 그것이 일반화·보편화되는 것은 아니었다. 실제로 식민지 조선에서는 식민지체제에 예속적일 수밖에 없는 토착자본은 1910년대 이후 1930년대에 이르면서 그 민족적 성격이 약화되고 예속적인 자세를 강하게 띠게 됐다는 것이다. 따라서 민족해방운동의 계급적 기반으로서 민족부르주아의 적극적 역할은 한계를 지닐 수밖에 없었다. 이 때 비타협적 민족주의운동의 기반은 노농(勞農)대중이며, 따라서 식민지에서 혁명적 민족운동의 담당자는 민족부르주아가

---

50) 梶村秀樹, 〈民族資本과 隷屬資本〉, 사계절편집부, 《韓國近代經制史硏究》, 1983, pp. 516~527.

아닌 식민지적 영세농민을 중심으로 한 식민지 민중이라고 보았다.

이러한 기층민중의 생활기반을 해명하고 밑으로부터의 계기에 대한 규정조건을 파악하기 위한 방법론적 문제시각을 통해 민족경제론의 유효성이 강조된다고 하였다. 여기서는 식민지 아래에서도 제국주의 본국자본의 논리가 경제의 모든 것을 제어하는 것은 아니며, 그것과는 이질적인 논리가 관철되는 경제활동의 영역이 민중의 재생산을 보완하는 상호부조적 제 관계를 지탱하면서 존재한다고 보았다. 본국자본의 논리가 관철되는 '식민지경제'에 대하여 민중의 생존 그 자체의 논리를 지탱하는 '민족경제'가 존재하는 데서 그 주체적 의미를 인정한 것이 바로 민족경제론이라고 하였다.

이 개념은 자본주의 발전의 길이나 부르주아 국민경제에 귀결되는 것으로 구상되지 않았다. 오히려 그것을 초월하여 민중의 지향을 부각시키고자 한 개념이며, 비서구적, 비자본주의적 발전의 길을 모색하기 위한 방법으로서 제기된 것으로 이해되었다.[51]

그런데 일본에서 1980년대에 걸쳐 전개된 이러한 민족경제론에 대한 연구는 한국의 연구(박현채)에서 그 원류를 찾을 수 있다고 한다.[52] 한국에서 민족경제론은 넓게 보면 60년대 중반의 산업화과정에서 나타났으며, 자립경제를 중시하는 비판적 정치경제학을 총칭한 것으로 볼 수도 있다. '민족경제'라는 용어는 한국에서 구한말에도 사용되었으며, 1960년대에 다른 자립화론자들 가운데서도 사용한 예를 찾아볼 수 있다.[53] 그러나 그 본격적인 체계는 1973년에 간행된 한 저서에 〈민족경제연구서설〉로 실리면서 등장하였다.

---

51) 梶村秀樹, 〈新納報告를 둘러싸고〉, 《朝鮮史研究會報》 69, 1983 및 〈朝鮮近代史硏究에 있어서 內在的 發展의 視角〉, 《東아시아 世界史探究》, 1986(吉野誠, 〈梶村秀樹의 朝鮮近代史硏究〉, 《朝鮮社硏究會論文集》 제28집, 1991. 3., 李海珠·崔成日 編譯, 《韓國近代社會經濟史의 諸問題》, 부산대학교 출판부, 1995. p. 469).

52) 橋谷弘, 〈韓國에 있어서 近代와 反近代〉, 《歷史平論》 제500호, 1991(이해주·최성일 편역, 위의 책, p. 6).

53) 瀧澤秀樹 著, 김용관 옮김, 《현대한국민족주의론》, 미래사, p. 140.

2. 한국에서 민족경제론의 형성

한국에서 민족경제론은 식민지 종속형에서 비롯된 한국자본주의의 지난날의 식민지적 상황과 오늘의 반식민지적 상황을 한국민족주의의 역사적 과제 실현이라는 사회적 실천상의 요구 위에서 설명하고, 그것에 답하기 위한 노력에서 제기되었다. 그것은 지역적 개념인 국민경제(자본주의적 재생산권) 안에 민족적 생존권을 밑받침하는 경제영역(민족경제)과, 식민지·반식민지 상황에서 민족적 생존권을 제약하며, 그 확장으로 민족적 생존권을 축소·소멸시키는 경제영역(외국자본 그리고 그것에 동조하는 매판자본의 활동영역)이 존재한다는 인식 위에 서 있다. 민족경제론은 민족적 생존권의 확보와 발전이라는 민족주의적 요구 위에서서, 국민경제 안팎에서 이루어지는 민족경제의 주체적 발전과 그것에 따른 외국자본, 그리고 매판자본의 상호관계를 밝히기 위한 것이다.[54]

이러한 설명에서 알 수 있듯이 민족경제론은 식민지, 반식민지 상태의 식민지 종속형 발전국가들에 적용하려는 정치경제학적 경제이론이다. 그리고 여기서는 국민경제가 민족경제와 외국자본 및 매판자본의 활동영역으로 구분되어 이중적으로 구성되어 있음을 전제로 하고 있으므로 넓은 의미에서 이중구조론의 범주에 들어간다고 볼 수도 있다.

민족경제론은 1960년대에 대외 지향적 개발전략을 추진하면서 형성된 경제의 대외 의존성에 대한 비판과, 자립화의 요구 속에서 경제자립화를 지향하는 논의의 흐름과 함께 형성된 것이었다. 박정희의 자립경제론은 극히 비자립적인 경제성장을 추구하는 주장이고, 그것은 일제시대의 예속경제, 이승만시대의 원조경제의 극복이 아니라 오히려 이들과 동일한 역사의식이 뒷받침된 것이므로 결국 비자립적 종속적 경제구조로 갈 수 밖에 없다고 본 것이다.[55] 그러면서 경제자

---

54) 박현채 저, 《민족경제론의 기초이론》, 돌베개, 1989, p. 45.

55) 瀧澤秀樹, 김용관 옮김, 앞의 책, p. 75.

립은 국민경제의 자립, 즉 경제적 민족주의 실현의 바탕이며, 자립적 국민경제의 구조는 경제제량(經濟諸量)의 단순한 양적 균형이 아니라 한 민족의 자기 요구의 실현, 즉 민족자결과 관련되는 것이기 때문에, 경제자립은 국민경제의 재생산조건을 자기 민족이 장악하는 것이라고 보았다.[56]

이러한 경제자립과 국민경제의 자립 개념은 일찍이 1960년대 후반에 국지적 시장권(局地的 市場圈)과 자율적 재생산구조를 토대로 한 자립적 재생산구조의 형성이라는 시각에서 형성되기 시작하였다. 경제의 지역적 편재와 불균형, 그리고 계층 사이 불균형의 문제를 분석하면서 이루어진 것이다. 여기서는 이러한 문제를 자본주의 발전에서 사회적 분업이 형성되는 과정과 관련하여 해명하였다.

곧 미국의 북부지역이나 영국처럼 자본주의가 정상적으로 발전한 곳에서는 농촌에 바탕을 둔 국지적 시장권이 형성되고 이를 토대로 한 사회적 분업의 균형적 발전이 이루어진 데 견주어, 미국 남부나 식민지를 경험한 많은 후진지역들에서는 자율적 재생산구조가 형성되지 못하고 산업구조의 파행성이 나타났다. 한국경제의 불균형적 발전도 조기독점화한 일본제국주의의 식민지 종속국으로 편입된 이식형적 특수성에 기인한다고 보았으며, 이런 관점에서 자립경제의 모습이 묘사되었다.

자립적 토대를 갖는 공업화는 자연히 형성된 공업중심지와 소도시를 갖는 일군(一群)의 촌락이 이룩하는 국지적 시장권이 기초가 되어야 하며, 이러한 진보된 촌락경제를 광범한 기반으로 할 때 비로소 자립적 공업구조 내지 통일된 국민경제가 건설된다[57]고 지적하였다. 곧 국지적 시장권 또는 자율적 재생산구조를 토대로 한 자립적 재생산권의 형성을 자립적 국민경제의 모습으로 제시하였다.

또 공업의 지역적 편재나 계층간 불평등과 같은 경제구조의 파행성은 이식형적 자본주의 발전에서 오는 것이라고 보아 이를 고전적 자본주의와 비교하여

---

56) 박현채 저, 앞의 책, p. 59

57) 박현채, 〈공업의 지역적 편재와 불균형 발전의 요인분석〉, 한국경제문제연구회, 《한국경제연구》 제2권 제1호(증보판), 1967년 10월, pp. 34~35(풀빛 간, 《한국경제의 구조와 논리》, 박현채평론집, pp. 94~113에 수록).

설명하였다. 자본주의 전개과정에서 자연적 질서(natural order)에 따른 고전적 전개는 봉건제 내부에서 꾸준히 성장한 생산력의 발전을 바탕으로 하여 봉건적인 사회적 분업을 극복하고, 수공업 내지 공업의 농촌 분산화를 통하여 새로이 균형지워진 분업관계를 기초로 국지적 시장권을 형성하여 그것의 국민경제적 통합을 가져오는 자율적 재생산권의 형성과정이었다. 그러나 국민경제 전개의 역사적 단서가 식민지종속에 있는 구식민지 종속국은 그 내용을 달리한다. 구식민지 및 종속국의 국민경제 전개는 낡은 봉건적 제 생산관계를 온존한 채 그 위에 종주국의 식민지적 수탈관계를 접합하는 데 지나지 않는다는 것이다.[58]

이러한 식민지경제에서는 식민지 지배체제를 중심으로 하는 매판적 경제권이 형성되며, 이것이 전근대적 경제권과 통합되지 못하고 접합, 대립된 상태인 채로 지속된다. 곧 식민지 종속으로 형성된 파행적 경제구조와 외국자본에 의한 경제적 지배가 가져온 전근대성과 매판성이 한국자본주의를 규정하는 역사적 요인이었으며, 이것은 해방 이후 정치권력과 원조에 기생하는 관료자본주의로 귀결되었다고 보았다.

그래서 이를 청산하고 자립경제를 실현하는 과정은 대외적으로는 낡은 식민지 지배와 그 현대적 변형에 대항하고, 대내적으로는 이 식민지 지배의 잔존 유제에 기식하거나 외국독점자본과 결합된 매판 및 전근대적인 요소들을 청산하는 것이라고 주장하였다.[59]

3. 민족경제의 범위 - 민족경제와 국민경제

국지적 시장권과 자율적 재생산구조를 바탕으로 한 자립적 재생산권이라는 자립경제의 개념은 오쓰카 히사오(大塚久雄)의 '국민경제' 개념에서 착상한 것이

---

58) 박현채, 〈계층조화의 조건〉, 《정경연구》, 1969년 11월호, pp. 85~86.
59) 같은 글, 같은 책, p. 89.

다.[60] '국지적 시장권'의 형성으로부터 '지역적 시장'을 거쳐 국민적 '국내 시장권'의 형성으로 이어지는, 이른바 오쓰카의 내부성장형(內部成長型) 시장권을 바탕으로 사회적 분업관계가 전개되고 이를 형성하는 생산제력의 조립으로 이루어지는 산업구조를 국민경제라고 본 것이다.[61]

이러한 국민경제 또는 자립적 재생산구조를 갖춘 자립화된 국민경제는 초기에 민족경제와 동일한 개념으로 쓰이기도 하였다. 자연적 질서에 따르는 고전적 유형의 자본주의 전개 속에 형성된 이러한 국민경제는 식민지 지배 등 제국주의의 외압으로 그 안에 외국자본과 이에 기생하는 매판적 부문이 침투하였고, 이것과 토착시장에 바탕을 둔 민족적 부문 사이에 이중성이 형성되면서 후자를 민족경제부문이라고 부르게 되었다. 그 결과 국민경제와 민족경제의 분리가 이루어지고, 국민경제는 외국자본 또는 매판자본이 지배하는 영역과 민족경제의 두 부문으로 구성되어 국민경제에 이중구조가 전개되었다.

이 때 국민경제가 비자립적 경제구조로 되는 것은 외국자본이 식민지·반식민지적 억압과 수탈을 하면서 민족적 생존권을 뒷받침하는 영역인 민족경제를 축소, 소멸시킨 결과이다. 따라서 자립적 재생산구조 또는 자립경제는 민족경제가 중심이 되어 국민경제를 통합함으로써 이루어질 수 있으며, 이것이 민족경제가 당위적으로 지향하는 형태이다. 자립경제는 기초산업을 저변으로 하고 그 위에 농촌공업인 중소기업, 그리고 국민적 산업인 소비재생산공업 및 생산재공업이 피라미드형의 산업구조를 형성하여 이것이 기업 간, 산업 간의 긴밀한 분업 관련 위에서 통합적으로 실현되는 것이어야 한다. 그리고 민족적 생활방식의 견지와 상대적 자급자족체계를 실현하여 민족적 자주자립을 실현하는 기초가 자립경제라는 것이다.[62]

자립경제의 기초가 되는 민족경제는 본래적인 영역과 부차적 영역으로 구분

---

60)　大塚久雄·高橋幸八郎·松田知雄 編著, 《西洋經濟史講座》Ⅱ, 岩波書店, 1963, 〈資本主義發達の起点〉(船山榮一), 〈局地的市場圈の形成〉(宮野啓三), pp. 51~102.

61)　大塚久雄 編, 《後進資本主義の展開過程》, アジア經濟研究所, 1973, p. 99.

62)　박현채 지음, 앞의 책, p. 47.

되고 있다. 민족경제는 역사적으로 봉건 말기에 그 존재가 확인되었고, 사회구성체가 자본주의적으로 옮겨가면서 자본주의적인 요소들을 그 안에 지니게 되었다. 그러나 식민지 지배를 받으면서 그 초기에는 전자본제적인 것이 큰 비중을 차지하였고, 식민지하 민족경제에서 근대적인 민족자본이 부재한 것은 민족경제 기반을 전근대적인 것으로 만들었다. 자본주의가 전개되면서 중소기업의 형태를 지닌 민족자본이 생성되어 점차 근대적인 비중이 커졌지만 민족경제 안의 거대자본으로서 민족자본은 생성 발전하지 못하였고, 또한 자본의 규모가 커지면서 매판화하거나 예속자본화하여 민족경제는 중소자본이 매판적인 거대자본이나 외국자본과 대립관계를 가지는 가운데 그 지위를 존속시킬 뿐이라는 것이다.

따라서 민족경제는 그 본래적인 영역에서 자본주의적 경제제도의 구성이 크지 않다. 본래적인 영역 안에서 경제제도적 구성은 일부 민족적인 중소자본에 바탕을 둔 근대적인 것이 있고, 그 밖에는 전근대적인 것이다. 여기에는 농업의 소농민경영, 상공업의 수공업적 생산과 소규모경영이 포함된다.

다음으로 민족경제의 부차적인 영역은 크게 보면 식민지자본주의하 민족노동자계급의 생활기반(이것은 근대 자본주의적 경제제도의 범위이다)과 낡은 경제제도인 지주·소작관계하의 민족소작농민의 소경영방식으로 이루어진다.

민족경제가 자본제적 발전을 하려면 전근대적인 것을 분해시키고 근대적인 자본(기업과 산업)을 성장시켜야 한다. 그러나 식민지 지배하에서 펼쳐진 이식형적 자본주의는 외국자본을 비호하고 외국자본과 매판자본의 활동영역을 확대시키기 때문에 근대적인 민족경제는 축소·쇠잔하게 된다. 이러한 민족경제의 축소·쇠잔 흐름이 있지만, 다른 한편에서는 그 영역이 확대되는 경향이 있어 넓은 의미에서 민족경제는 축소·쇠잔하지 않는다고 보았다. 식민지·반식민지하 자본주의가 전개되면서 노동자계급이 증대하고 또 반봉건적 지주·소작관계에서 고통받는 소작농민과 근로농민, 그리고 도시빈민 등 민족경제의 부차적 영역이 확대되면서 민족의 자주·자립을 향한 민족주의적 지향이 강해진다는 것이다.

민족자본이라는 범주는 흔히 넓은 의미와 좁은 의미로 사용한다. 첫째로 넓은 의미의 민족자본은 지배받는 민족이 소유하는 경우(토착자본)이고, 그 대립개념은 그 소유자가 지배하는 식민국가에 속해 있는 외래자본 내지 이식자본이다. 둘째로 좁은 의미의 민족자본인데, 넓은 의미의 민족자본(토착자본) 가운데 제국주의 편에 서 있는 자본을 매판(예속)자본이라고 본다. 곧 친제와 반제의 기준에 따라 자기 국민이 소유하는 토착자본(민족자본)을 구분하는 개념이다.[63]

위에서 구분한 것에 더하여 완전한 식민지체제에서는 순수한 좁은 의미의 민족자본(반제민족자본)은 존재하지 않는 것으로 보면서, 부르주아민족주의운동의 주체는 민족자본이 아니라고 보는 견해가 있다. 부르주아민족주의는 식민지체제의 사슬을 끊고 진정한 자립적 경제 발전(독립)을 이루려는 식민지 민중의 광범한 의식을 수렴한 것이기 때문에, 그 사회적·경제적 기반은 식민지 영세농민을 중심으로 한 광범한 식민지 민중이라는 것이다. 곧 자립적 경제구조 실현을 위한 민족경제의 주체를 본래적 영역인 민족자본으로 보지 않고 부차적 영역인 식민지 민중에서 찾고 있는 것이어서 민족자본의 소극적 기능을 지적했다고 할 수 있다.

이에 대하여 민족자본의 기본속성은 자기 생산의 기반을 민족경제, 곧 국내시장 및 국내 산업 자체에 두는 것이라고 보고, 동시에 부차적 속성을 자국민의 소유(민족계 자본)로 보기도 한다.[64] 여기서는 '민족자본가적 성향'을 규정한다. 민족자본은 비록 그 규정적 속성을 갖는 것은 아니지만, 외자 및 매판적 대기업과의 관계에서 경제적 잉여의 수취를 둘러싼 이해의 대립이 강해지면서 그것을 바탕으로 민족자본가적 성향, 즉 반외자·반매판의 성향을 갖게 된다는 것이다.

민족자본은 민족경제에서 사회적 생산력의 주체이고, 민족경제를 자기재생산의 기반으로 하는 국민경제 구성의 일부이다. 민족자본은 끈덕지게 민족경제를 잠식 축소시키는 비민족적 외국자본 및 매판자본과 대립하고, 자기재생산의 기반 확충을 위해 자주적 민족경제를 추구하면서, 이를 제약하는 정치·사회·문화적인 제 요인을 거부하는 자본이라고 보았다.[65]

---

63) 梶村秀樹, 〈民族資本과 隷屬資本〉, 사계절편집부, 앞의 책, 1983, p. 518 및 pp. 525~526.

64) 박현채 지음, 앞의 책, p. 47.

앞에서 가지무라 히데키(梶村秀樹)가 말한 견해와 달리, 여기서는 민족자본이 민족경제의 확립에서 적극적인 주체가 된다는 점을 지적하고 있다.

4. 중소기업문제와 민족자본론

민족경제론은 정치경제학적인 경제이론을 식민지·반식민지 상태의 식민지 종속형 자본주의 발전국가들에 적용하려는 것이고, 이들 나라에서 '일반이론'의 발전을 모색하려는 것이다.[66] 그런데 민족경제론의 대상인 민족경제에 대한 본래적 범주의 경제제도적 구성으로 일부 민족적인 중소자본에 바탕을 둔 근대적인 것과 전근대적인 것, 곧 소농민경영(농업)과 수공업생산의 소규모경영을 들고 있다.

그러면서 중소기업을 민족경제에서 사회적 생산력의 담당주체이자 민족주의의 추진주체로 보고 중소기업문제를 민족자본의 문제로 제기하였다. 즉 식민지 종속에 따른 자본주의 국민경제 전개의 계기가 자본주의 국민경제 안에서 중소기업문제를 민족자본의 문제로 제기케 한다는 것이다.[67] 자본제에서 민족자본을 민족경제의 사회적 생산력의 담당주체로 보았기 때문에 민족자본으로서 중소기업문제를 다룬 것이다.

중소기업문제의 올바른 인식은 자본주의 발달과정(즉 고전적 유형과 이식적 유형)의 전개 속에서 중소기업의 위치와 역할을 밝히는 것이라고 보고, 자본주의 전개과정에서 중소기업의 위치와 역할을 국지적 시장권론에 입각하여 정립하였다. 국지적 시장권론은 민족경제가 지향하는 자립경제, 즉 자율적 재생산권과 자립적 재생산구조의 기초이론이었다.

---

65) 박현채 지음, 《민족경제론》, 한길사, 1978, p. 149.

66) 박현채 지음, 《민족경제론의 기초이론》, p. 46.

67) 박현채, 〈중소기업문제의 인식〉, 《창작과 비평》, 1976년 여름, p. 400.

자본주의가 자연적 질서에 따라 고전적 유형으로 전개될 때는 봉건제 내부에서 성장하는 생산력의 발전을 기초로 사회적 분업이 진행되고, 수공업 내지 공업의 농촌분산화(urban exodus)로 균형지워진 분업이 개발되어 국지적 시장권이 형성된다. 그리고 국지적 시장권의 상호접촉은 국민적 산업을 구체화하여 국민경제의 통합(국지적 분업→국지적 시장권의 형성→국민적 산업의 형성→국민경제적 통합) 과정을 실현하고, 그 결과 자율적 재생산권이 확립된다. 자율적 재생산권에서는 시장·소재면에서 상호관련된 여러 산업의 통일된 경제권인 국민경제구조가 형성되기 때문에 산업구조 측면에서 자생적 기초 내지 자립경제구조가 실현된다는 것이다.

이러한 국민경제구조에서는 국민경제의 동질적 통합을 바탕으로, 위로는 국민적 산업인 생산재 생산부문을 정점으로 하고, 또한 국민적 산업인 대규모 소비재공업, 그리고 국지적 시장권을 바탕으로 입지하는 농촌공업으로서의 중소기업을 중간항으로 하면서, 기초산업인 농림수산업과 광업을 저변으로 한 피라미드형의 중층적 경제구조가 형성된다는 것이다. 이러한 국민경제에서 중소기업의 역할은 ① 농촌공업, ② 국민적 산업이 파악할 수 없는 생산영역을 보완하는 보안기업, ③ 균형을 이룬 국민경제의 기초, ④ 독자성을 갖는 중소규모의 기업으로 존재한다는 것이다.

후진 저개발국에서 자본주의 전개(이식형적 유형)는 내생적인 힘에 의한 밑으로부터 이루어지는 것이 아니고 외부적인 조건에 따라 규정되며, 그 결과 이중구조의 역사가 시작된다. 즉 자본주의 전개가 낡은 봉건적 생산관계를 청산하는 대신, 낡은 전근대적 관계를 온존시킨 채 그 위에 종주국의 식민지적 수탈관계를 접합시키는 것이다. 그 결과 국민경제는 국내적으로 균형을 이룬 분업에 의해 단일화된 국민경제적 통합이 실현되지 못하고 국내적 분업관련이 결여되면서 농업과 공업의 불균형, 도시와 농촌이 각각 고립된 생활권, 식민지 효과이윤을 위한 외국자본 및 그 도구인 매판자본과 식민지 권력의 결탁에 따른 전근대적인 상인자본적 수탈이 진행된다.

이것은 식민지 민중의 생활기반인 민족경제의 소멸과 쇠잔의 과정인데, 바로 여기서 중소기업문제가 제기된다. 곧 중소기업은 한 민족의 자기 생존을 위한 불완전한 저소득 취업의 과정에서 그 명맥을 유지하며 국민경제의 이중구조 속에서 전근대적 경제권을 재생산의 기반으로 하여 존속한다. 이 때 중소기업의 역할은 다음과 같다.

첫째, 경제구조의 중간항이 아니라 끊임없이 쇠잔·소멸하면서도 민족경제의 공업생산력 담당자가 된다. 소멸과 생성이라는 대류현상 속에서 잔존을 유지하되, 식민지 민중의 생활상 기초이기 때문에 존립할 수 있지만, 식민지 종속하 국민경제에서 이중구조의 기초가 된다.

둘째, 국민경제에서 이중구조의 기초가 된다는 것은 중소기업이 근대적 경제제도보다는 낙후된 전근대적 유제로 존립한다는 것을 반영한다. 주로 전통적 공업의 형태로 존립하는 중소기업은 식민지 종속 초기에는 지배적인 위치를 점하지만, 식민지 지배과정에서 외국자본의 지배영역이 확대되면서, 즉 민족경제의 소멸·축소에 따라 민족경제의 지배영역이 점차 축소되면서 종속적인 위치로 전락하고, 결국 근대적 공장제 공업에게 그 위치를 양보한다.

셋째, 중소기업의 역할은 보완기업으로서가 아니라 경합기업으로 존재한다.

이처럼 식민지 종속하에서 중소기업은 통일된 국민경제의 분업체계의 중간매개항이 아니라, 빈곤한 식민지 민중의 생활기반으로 존재한다. 그리고 식민지 민중들의 생활양식에 재생산의 근거를 갖고 광범하게 존재하는데, 이것은 중소기업이 국민경제의 이중구조가 지속되는 한 그 낙후된 영역에 자기재생산의 기반을 둔다는 것을 뜻한다. 국민경제의 이중구조 속에서 민족경제와 외래 독점자본의 지배영역이 공존하는 가운데, 식민지 민중의 빈곤한 후진적 생활영역은 끊임없이 재생산되고 지속된다. 때문에 여기에서 중소기업이 자기재생산의 기반을 갖고 외국자본의 지배영역에 저항하면서 민족자본으로서 자기 성향을 관철시킨다고 본 것이 식민지하 민족경제론적 시각에서 본 중소기업문제의 해석이다.[68]

중소기업문제에 대한 이러한 민족경제론적 논의는 전후의 중소기업의 위치와

---

68) 박현채, 위의 글, 위의 책, pp. 389~398 참조.

역할을 해석하는 것으로 이어진다. 전후 식민지 지배체제가 해체되면서 식민지 종속국의 정치적 주권이 회복되었지만, 식민지하 국민경제의 상황은 그 강도를 달리하면서 유지되었다. 전후의 세계경제 재편성과정에서 외국자본의 자유로운 경제활동의 허용은 후진 저개발국에서 국민경제 규모의 절대적인 증대에도 불구하고 국민의 주체적 생존기반의 상대적 규모가 축소·쇠잔되는 과정을 가져왔다.

사회적 생산수단의 소유(자본의 귀속)의 측면에서 볼 때, 외국자본이 침투하는 과정에서 국민경제 내 외국자본의 구성이 증대하였으며, 민족자본(가)은 중소기업의 축소·해체과정에서 보는 바와 같이 외국자본과 자본으로 결합하거나, 분업관계에서 하청계열기업으로 변화하면서 존립하게 된다. 곧 경제협력의 과정은 국민경제의 주된 사회적 생산력을 외국자본과 외국자본관련 매판자본에 잠식당하게 하고, 민족자본은 경영조건이 열악한 업종에서 생성과 소멸(사회적 대류)의 과정을 거치면서 잔존한다.

결국 전후 저개발국에서 중소기업의 위치와 역할은 식민지 종속 상태와 기본적으로 다른 것이 없다고 보았다. 외국자본 지배영역의 확대로 그 국민경제 장악이 강화되면서 중소기업은 열악한 조건에서 잔존하게 되었다. 때로는 중소기업이 자본종속과 하청계열화로 비독자적인 성격을 띠지만, 외국자본 그리고 그와 관련된 매판자본의 지배영역의 확대에 저항하고, 경제잉여의 배분을 둘러싼 이해의 대립이 지속되면서 민족자본 바로 그것은 아니라도 반외국·반매판자본이라는 민족자본가적 성향을 띠게 된다는 것이다. 곧 전후 경제협력관계에서 중소기업의 민족자본가적 성격이 기본적으로 관철된다고 보았다.[69]

중소기업의 상당부문이 외국자본운동의 확대로 하청계열화와 같은 분업관련이나 자본지배에 따라 독자성을 상실하지만, 그 때문에 중소기업의 민족자본가적 성향이 부정되는 것은 아니라고 보았다. 중소기업은 민족자본 그 자체는 아니지만 민족자본가적 성향을 가진 자본으로 인식될 수 있다는 것이다.

민족경제론에서 민족자본은 민족경제에서 사회적 생산력의 담당주체이며, 민

---

69) 위의 글, 위의 책, p. 400.

족경제를 자기재생산의 기초로 하면서 국민경제의 일부를 구성한다. 따라서 민족자본은 민족경제를 잠식 축소하는 비민족적 외국자본 및 매판자본과 대립하고, 자기재생산 기반의 확충을 위해 자주적 민족경제를 추구하며, 이를 제약하는 정치·경제·사회·문화적인 제도를 거부한다. 이것은 민족자본이 자기재생산의 기반을 국내 시장(시장 관련)과 국내 산업자재(원자재 관련)에 두는 것을 기본적 속성으로 하면서, 자국인이 소유한다는 부차적 속성을 가짐을 뜻한다.

이에 대하여 민족자본가적 성향은 비록 이와 같은 규정적 속성은 갖지는 않지만 외국자본 및 매판적 대기업과의 관계에서 경제적 잉여의 수취를 둘러싼 이해의 대립 때문에 반외국·반매판자본의 성향을 갖는 자본이라는 뜻이다.[70] 이러한 민족자본가적 성향의 규정은 식민지·반식민지하에서 민족경제의 실현을 통한 자립경제의 달성하는 데 중소기업의 적극적 역할을 지적했다는 의미를 지닌다.

5. 민족경제론과 사회구성체론

1960년대 후반 이후 논의되기 시작하여 다각적으로 전개되면서 그 이론적 체계를 정리해 온 민족경제론은 1980년대 중반에 새로운 변화에 대응하게 되었다. 학문적으로는 마르크스·레닌주의를 비롯한 다양한 변혁이론서들의 출판이 허용되었고, 사회적으로는 사회변혁운동이 고양되는 가운데 학문적·실천적 요구를 반영하지 않을 수 없게 된 것이다. 이러한 요구에 맞추어 민족경제론은 사회구성체론의 틀 속에서 재조명되는 계기를 갖는다.[71]

먼저 당시 풍미했던 종속이론(주변부 자본주의론), (반)식민지반봉건사회론 등

---

70) 위의 글, 위의 책, p. 404.

71) 박현채, 〈한국현대사회의 성격과 발전단계〉, 《창작과 비평》 제57호(부정기 간행물 1호), 1985, pp. 310~345.

한국 사회의 성격을 규명하는 이론들을 비판적으로 검토하였다. 이를 통해 한국 자본주의의 성격과 발전단계를 세계사의 보편적 발전법칙 속에서 해명하고, 나아가 변혁의 올바른 방향의 틀 속에 잠재적으로 내재했던 사회구성체의 개념을 내세우게 된다.

한국자본주의를 분석하는 다양한 이론적 틀에 차이가 있는 것은 주로 식민지 지배와 신식민지적 영향하에서 왜곡된 발전의 길을 걸어 온 한국자본주의의 특수성을 다루는 방식에서 비롯된 것으로 보고, 한국자본주의의 성격 규명을 위한 방향을 제시하였다.

한 사회의 성격을 밝히는 것은 그 사회에서 인간 사이의 상호관계에서 벌어지는 모순을 규명하는 것이며, 그것은 한 사회의 기본적인 내적 모순을 밝히는 것이다. 그러나 때로는 한 사회에 존재하는 버금가는 여러 모순 가운데 주요한 것을 밝혀서 그 사회의 성격을 규명하기도 한다. 인간 사이의 상호관계에는 부차적인 것이 있고, 한 사회가 밖으로 연관되면서 많은 외적 모순을 가지며, 이와 같은 부차적이거나 외적인 모순이 기본적인 모순을 제치고 주요모순이 되기도 한다. 기본모순은 일정한 사회구성 또는 경제제도 안에서 인간 사이의 사회적 관계로서 발생하는 대립 또는 모순이며, 주요모순(부차적 모순)은 기본모순을 내재적인 것으로 하면서, 일정한 사회구성 또는 경제제도 상호간에 주어지는 모순이다.

기본모순 또는 내적 모순은 본질적인 것이며, 발전에서 주요하고 지도적 역할을 하고, 변화의 근거가 되는 제1차적 모순이다. 이에 대해 외적 모순은 본질과 변화를 규정하는 것이 아니고 발전에서 부차적 역할을 하는 제2차적 모순이다. 외적 모순은 내적 모순이 표현된 존재 형태이며, 내적 모순을 통해서 해결될 수 있기 때문에 어디까지나 내적 모순과의 결합을 통하여 존재하고 작동한다는 것이다.

그럼에도 불구하고 구체적인 조건에 따라서는 외적 모순이 전면에 나타나고 그 해결이 1차적 의의를 갖는 주요한 것이 되는 경우도 있다. 이때 내적 모순이 후퇴하고 부차화(副次化)하게 된다. 곧 일정한 역사적 시기에는 외적 모순이 주요모순으로 전화하는 것이 가능하고, 이로써 외적 모순을 주요모순으로 지니는 한 사회의 성격을 해명하게 되는데, 식민지반봉건사회론이나 주변부자본주의론(종속이론), 나아가서 민족경제론도 이 범주에 속한다고 보았다. 그러나 엄밀한 의미에서 이것은 역사 발전의 보편적 법칙에 입각한 사회구성체로서 한 사회의 성격 규정이나 해명은 아니라고 보았다.[72]

종속적 자본주의에서는 계급적 모순과 민족적 모순을 각각 기본모순과 주요모순으로 규정하였다. 외적 모순의 주요모순으로 전화 가능성을 인식하면서 민족 모순의 중요성을 강조하여, 그것이 가져온 한국자본주의의 특수성을 강조하고 한국자본주의 성격을 규정하는 것은 전통적인 사회구성체이론이나 보편적 역사법칙에서 벗어나게 한다. 아민(S. Amin)의 주변부사회구성체론은 주변부에서 선진자본주의와 접촉하여 자본주의 생산양식이 전개되지만 그 지배가 배타적으로 되지 않는, 즉 자본주의사회구성체가 아닌 주변부사회구성체라는 독특한 사회구성체가 성립한다고 보았다. 가지무라는 식민지 사회를 설명하면서 식민지반봉건사회로부터 주변부자본주의로의 이행이라는 사회구성체 이행의 모델을 제안하기도 하였는데, 그의 주장은 후진자본주의의 특수성에 의거하는 구체성에 집착하는 것이며, 새로운 추상화로 일반화를 시도하는 것이지만, 결국 역사 발전의 보편적 법칙을 폐기하는 것이라고 하였다.

한 사회가 갖는 인간 간의 사회적 관계와, 그것을 기초로 한 여러 가지 내적 모순(기본모순)과 외적 모순(부차적 모순)을 가려내고, 외적 모순의 주요모순으로 전화과정을 밝혀서 안으로는 인간 사이의 상호관계를 보다 진보적으로 만들고, 밖으로는 민족 사이의 불평등관계를 청산하는 실천적 요구에 답하기 위하여 한 사회의 성격을 규명할 필요가 있다.

개별을 개별로 파악해서 좁은 외연을 갖고 새로운 법칙을 자의적으로 창출하고 서술하는 것과, 보편적인 법칙을 매개로 하여 개별을 인식하고 그 개별의 특수성을 명백히 하는 것은 차이가 있다. 당위적인 역사인식은 보편적 법칙—그

---

72) 위의 글, 위의 책, pp. 311~312.

것이 법칙적으로 완벽한 것이 아니라고 할지라도—을 매개로 하여 개별을 인식하고 개별의 특수성을 명백히 하는 것이어야 한다고 보았다.[73]

이런 기조에서 한국자본주의 전개를 다음과 같이 보았다. 전 식민지시대를 거치면서 일본자본에 의한 자본주의적 침탈이 봉건적 경제제도를 보존시키면서도 기본적으로는 자본주의적인 모든 관계를 확대해 왔고, 적어도 1930년대 중반에는 자본주의 경제제도가 지배적이고 주된 것이 되었다고 보았다. 즉 식민지하 한국사회를 자본주의라고 보았다.[74]

그 뒤 전체적으로 한국자본주의의 역사적 전개는 일제 식민지 통치하의 유제를 청산하지 못한 채 그것을 새로운 양태로 재생산하는 과정이었으며, 매판적이고 전근대적인 관료자본주의적 성격을 심화시키면서 국가자본과 국가독점자본주의적 성장정책을 매개로 하여 독점자본을 강화하는 것으로 일관되었다고 보았다. 곧 한국자본주의는 ① 한국자본주의 재편과 관료자본주의적 성격의 정착화(1945~1948), ② 한국자본주의의 독자적 전개와 국가자본주의(1948~1953), ③ 자생적 민족공업의 소멸과 금융독점자본의 형성(1954~1960), ④ 외자의 광범한 진출과 국가자본주의의 일반화(1961~1972), ⑤ 민간부문 독점의 완성과 재개편(1973~)의 단계를 기쳤다는 것이다.[75]

현 단계 한국자본주의를 국가독점자본주의로 규정하는 가운데 관료자본주의적 성격과 민족공업의 소멸 및 종속성 등을 강조하고 있다는 점에서 민족경제론적 관점은 지속되고 있지만, 이러한 특수성은 일반성을 부정하는 것이 아니라 한국에서 나타난 구체성이며, 보편성(일반성)의 원칙 속에서 이해된 특수성이라

---

73) 위의 글, 위의 책, p. 345. 역사인식에서 두 개의 방법, 곧 보편성(일반성)과 특수성에 대하여 설명하고 있는데 여기서는 전자의 방법이 강조되고 있다.

74) 박현채 지음, 《민족경제의 기초이론》, p. 159. 일제 강점기를 ① 자본의 원시적 축적기(1905~18), ② 산업자본단계(1919~29), ③ 금융자본단계(1930~45)로 구분하고 있지만(같은 책, p. 134) 일본자본의 운동을 기준으로 한 구분일 뿐, 그것이 한국자본주의의 발전단계일 수는 없다는 지적이 있다.

75) 박현채 지음, 《한국경제구조론》, 일월서각, 1986, pp. 50~51.

는 것이다. 곧 한국 사회의 성격은 국가독점자본주의론에 바탕을 두었다고 보았지만, 그것은 민족경제론을 포기한 것이 아니라 민족경제론에 사회구성체론인 국가독점자본주의론을 포용하는 형식을 취한 것이었다.[76]

6. 민족경제론이 시사하는 두 가지 방향

민족경제론은 정치경제학적 경제이론을 식민지·반식민지 상태의 식민지종속형 자본주의 발전국가들에 적용하려는 것이고, 이들 나라에서 일반 이론의 발전을 모색하는 것이었다. 그리고 정치경제학에서 정립된 일반적 법칙을 한국경제의 상황에 적용하여 그것을 보완·심화하려는 것이었다. 이에 대한 문제의식은 식민지 지배 및 전후 미·일의 신식민지 지배체제하에서 지니게 된 한국자본주의의 왜곡된 구조를 대상으로 형성되었다. 그리고 한국자본주의의 종속성을 그 발전의 역사 속에서 찾고, 종속적 자본주의를 자립적 민족경제로 전환시키는 것을 민족경제론의 변혁적 과제로 삼았다.

자립경제는 민족경제가 당위적으로 지향하는 과제이며 또 민족경제에 의한 전 국민경제의 통합이라고 보았고, 민족적 생활양식의 견지와 상대적 자급자족 체계의 국민경제 실현이라고 규정하였다.

자주적 국민경제, 곧 민족경제로써 전 국민경제를 통합하는 것은 사회구조의 근본적 개혁이 수반될 때 가능하다는 것이 민족경제론의 일관된 생각이었기 때문에 이것은 실천적 목적을 지닌 이론체계라 할 수 있다. 그 실천적 방향은 종속형자본주의하에서 축소·쇠잔하는 민족경제를 확충하여 외국자본과 그에 동조하는 매판자본의 활동영역을 압도, 민족경제에 의한 전 국민경제의 통합을 실현하는 것이었다.

---

76) 정윤형, 〈민족경제론의 역사적 전개〉, 《민족경제론과 한국경제》, 창작과비평사, 1985, pp.11~27 참조.

민족경제의 본래적 영역은 민족적인 중소자본, 소농민경영과 수공업적 소규모 생산 등의 경제제도로 구성되어 있다. 부차적인 영역은 식민지 자본주의하 민족 노동계급의 생활기반과 지주·소작관계하 민족소작농민의 소경영양식 등으로 구성된다. 자본제적 발전과정에서 민족경제는 본래적 영역의 전근대적인 것을 분해시키고 근대적인 자본(기업·산업)으로 성장해야 한다. 그러나 식민지 지배 하에서는 외국자본 및 매판자본의 활동영역이 확대되고 민족경제는 축소·쇠잔 하게 된다. 이처럼 한편에서는 그 본래적 영역이 축소되지만 다른 한편으로는 부차적 영역에서 노동자계급과 소작농민, 근로농민 등의 민중적 민족주의 성향 이 강화된다. 여기에 해방 후에는 중소기업의 민족자본 또는 민족자본가적 성향 이 짙어지기 때문에 넓은 의미의 민족경제는 축소·쇠잔하지 않았다고 보았다.

민족경제의 이러한 경제·제도적 구성으로 볼 때, 민족경제가 식민지 지배 초기에는 전근대적인 소시민적 민족주의를 지향한다고 할 수 있다. 그 뒤 자본 제의 진전에 따라 새로운 계급이 형성되고 부차적 영역이 확대된다. 여기에 외 국자본의 운동 속에 민족자본의 약체성이 수반되어 민족경제는 민중적 민족주 의로 나아가게 된다는 것이다.[77]

결국 민족경제는 그 사회적 생산력의 담당주체인 중소기업 소농민경영과 수 공업적 소규모경영(이들은 민족자본 또는 민족자본가적 성향을 갖는다)이 통합적 주 체가 되고, 여기에 부차적 영역이 결합하여 실천적 과제를 실현할 수 있다고 보 았다. 이것이 이론형성의 초기와 70년대에는 자본주의 체제 안의 개혁방향인 민 족혁명형의 관점으로 옮겨갔다. 그리고 그 뒤 사회구성체론의 시각에서 민족모 순을 주요 모순으로 전화시켜 그 해결을 통한 기본모순(계급모순)의 해결방향을 찾고자 한 것으로 볼 수 있다.

그런데 민족경제론이 지향하는 자립경제 또는 재생산구조는 국지적 시장권론 과 자율적 재생산구조에서 출발하고 있다. 국지적 시장권은 수공업 내지 공업의 농촌분산화로 균형이 이루어진 분업체계에 바탕을 두고 있으며, 자율적 재생산

---

77) 박현채 지음,《민족경제론의 기초이론》, p. 31.

구조는 시장·소재면에서 상호 관련된 제 산업의 통일된 경제구조로서 국민경제가 이루어져 달성되는 것으로 보았다. 곧 자립경제 또는 자립적 재생산구조의 기초를 사회적 분업체계의 측면에서 파악한 것이다.

국내적으로 균형 잡힌 분업에 바탕을 둔 단일화된 국민경제적 통합, 국내적 분업관련에 기초한 농업과 공업의 균형 있는 발전, 기업·산업 사이의 긴밀한 분업관련 위에서 형성된 소비재 생산공업과 생산재 생산공업의 피라미드형의 산업구조가 자립경제 실현의 기초라고 보았다.

또한 민족경제의 사회적 생산력 기반인 민족자본은 그 기본속성을 자기재생산의 기반이 국내 시장 및 국내 산업자재에 있는 자본, 곧 국내 생산력을 바탕으로 분업관계를 가지는 자본이라고 규정되었다. 이렇게 볼 때 분업체계를 기준으로 민족경제의 특성을 설명하는 것이 가능하다.

국내적으로 균형 잡힌 분업체계란 농업과 중소기업을 바탕으로 유기적 분업을 도모하고, 동시에 국지적 시장권 이론에 기초한 국내 시장에 기반을 둔 내포적 공업화의 방향임을 민족경제론은 시사하고 있다. 분업체계는 크게 보아 대내적, 대외적으로 나눌 수 있다. 이 때 높은 대내적 분업체계와 낮은 대외적 분업체계를 지향하여 국내분업체계를 바탕으로 한 국내적 생산력기반을 확충하는 것이 민족경제론의 과제인 자립경제라고 볼 수 있다.

이렇게 볼 때 민족경제론은 정치경제학의 시각에서 민중적 민족주의 또는 민족혁명형의 개혁방향을 제시하고 있지만 동시에 사회적 분업체계론에 입각해 내포적 공업화로 이루어지는 자립경제의 방향(민족경제의 확립)을 시사하기도 한다.

제2절 식민지근대화론과 식민지수탈론

1. 식민지근대화론의 체계

(1) 식민지근대화론의 단서 – 중진자본주의론

식민지근대화론 또는 개발론은 해방 이전에 일제의 관료와 학자들이 자기들의 식민지 지배를 설명하고 설득하면서 논의된 것이라거나,[78] 또는 1930년대 일본이 조선에서 추진하였던 '공업화'정책을 산업혁명이라고 한 이른바 '산업혁명론'이나 '병참기지론'에 그 기원을 두고 있다는 비판적 시각이 있다. 그리고 이러한 산업혁명론은 전후 일본 정부와 경제계에 계승되었다는 지적이다.[79]

그러나 1980년 이후 활발하게 논의되고 있는 '식민지근대화론'은 나카무라 사토루(中村哲)의 중진자본주의론(1983)에 그 단서가 있으며, 1980년대 중반을 거쳐[80] 1986년 나카무라의 발의 이후 1987년 11월에 결성된 '한국근대경제사연구회'를 중심으로 전개되기 시작하였다.[81] 그 이후 주로 식민지시대의 공업화와 개

---

78) 신용하, 〈'식민지근대화론' 재정립 시도에 대한 비판〉, 《창작과 비평》 98호, 1997년 겨울, p. 8.

79) 정재정, 〈1980년대 일제시기 경제사연구의 성과와 과제〉, 《한국의 '근대'와 '근대성' 비판》, 역사비평사, 1996, p. 82.

80) 1986년 여름에는 나카무라와 안병직의 의견교환이 있었으며 1986년 12월 安秉直, 金泳鎬 교수 등을 포함하여 한일연구자 8명에 의한 조선근대경제사심포지엄을 거쳐 그 결과가 中村哲·安秉直·金泳鎬·堀和生 編, 《朝鮮近代の歷史像》(日本評論社, 1998)으로 간행된 바 있다.

81) 한국과 일본의 연구자 16명으로 구성된 이 연구회는 《근대조선의 경제구조》(안병직·이대근·中村哲·梶村秀樹 편, 비봉출판사, 1989) 및 《근대조선수리조합연구》(일조각, 1992)를

발의 측면에 대한 실증적인 연구의 흐름을 흔히 식민지근대화론이라고 한다.[82]

그런데 이러한 식민지근대화론은 중진자본주의론을 그 단서로 한다. 내재적 발전론에 대한 비판적 시각은 한국근현대사를 '총체적으로' 파악할 필요가 있다고 지적한 바 있는데, 이러한 연구를 반영한 것이 중진자본주의론이었다. 이 논의에서는 1960~70년대에 급격히 공업화하여 저개발 상태를 벗어난 신흥공업국가군(Newly Industrializing Countries), 곧 중진국의 출현을 주목하였고 여기에 대한 이론적 틀로서 중진자본주의론이 제기되었다.

중진자본주의론의 대상이 되는 중진자본주의국은 역사적으로 보면 세계자본주의가 후발자본주의국의 국내 경제구조에 규정적 영향을 끼치는 단계, 즉 영국에 산업혁명이 진전하고 산업자본이 확립되어 세계시장이 영국 산업자본을 중심으로 하여 편성되는 19세기 초기 이후에 비로소 성립하였다. 이때 중진자본주의국은 국제적 조건(세계자본주의 발전단계와 그 속에서의 위치)과 국내적 조건(중진국화 이전의 사회경제구조와 세계자본주의와의 대응양상)의 양면에서 그 특성이 설정될 수 있다고 보고 그 개념을 정리하였다.

첫째, 국내적 특성은 다음과 같이 규정하였다.

① 자본주의적 관계가 일단 지배적으로 되고 국민경제도 성장해 있으나, 아직 비자본주의 부분이 널리 존재한다.

② 노동력의 재생산이 주로 소경영 생산양식을 중심으로 하는 비자본주의부문에서 일어나고 있으며, 자본주의부문의 노동력도 아직 그 주요한 공급원은 비자본주의부문이기 때문에 그 노동력 재생산비의 상당히 많은 부분을 비자본주의부문에 전가하고 있으며, 따라서 저임금이지만 상승국면에 있다.

③ 선진국으로부터의 수입과 자국에서 형성된 근대공업이 전자본주의적 생산관계를 상당히 변질·해체하고 있는데, 여기서 방출되는 노동력이 자본주의

간행한 바 있는데, 주로 일본의 도요타(豊田)재단의 연구비지원을 받았다.

82) 배성준, 〈1930년대 일제의 "조선공업화론" 비판〉, 《역사비평》 1995년 봄, p. 136, 이를 '성장론적 경제사 연구'로 보기도 한다(정재정, 앞의 글, 앞의 책, p. 81).

부문으로 모두 흡수되지 않기 때문에 상대적 과잉인구와 풍부한 저임금 노동력이 존재한다.

둘째, 대외적 특성은 다음과 같이 규정하였다.

① 자본재 생산부문이나 첨단산업부문은 국내에 성립되지 않거나 취약하여 자급할 수 없으므로 선진국으로부터의 수입에 의존하고 있으며, 수출공업부문이 주도적인 경우가 많다.

② 근대공업의 원재료와 더불어 자본재도 수입에 의존하고 있기 때문에, 무역수지는 수입초과가 되기 쉽고, 또 국내 자본축적의 규모도 작기 때문에 외국자본을 도입하는 경우가 많다. 이러한 조건 때문에 선진국에 금융면에서 종속되는 일이 많다.

③ 선진국에 대하여 한편으로는 의존·종속하면서도 다른 편으로는 (국내 시장 또는 국제시장에서)경합·대립하는 두 측면을 갖는다.

④ 저개발국에 대해서는 공업제품을 수출하고 1차 상품을 수입하는 선진국적 지위에 있다.

⑤ 경우에 따라서는 전전의 일본자본주의처럼, 저개발국을 식민지나 세력권으로 흡수하여 소제국주의화하는 일도 있다고 보았다.[83]

한편 근대 조선의 사회구성을 ① 반식민지·국가적 농노제 사회(1876~1910), ② 식민지자본주의사회(1935~1945), ③ 종속자본주의사회(1945~)로 구분하였다. 이러한 시기구분은 한국자본주의에서 종속자본주의의 고도한 발전을 식민지기의 위치와 관련시키는 시각을 반영하기 위한 것이었다. 1930년대 중반 이후를 식민지자본주의로 규정하면서 식민지기에 나타난 근대적 토지소유, 공업화정책, 노동자의 형성 등이 해방 후 종속자본주의의 기반을 만들었다고 보는 것이다.

식민지자본주의는 그 고유의 모순 때문에 좌절되지 않을 수 없었으나, 국내에서는 전자본주의직 생산양식의 해체, 자본주의적인 제 관계의 발달, 세계시장

---

83) 中村哲 著, 安秉直 譯, 《세계자본주의와 이행의 이론》–동아시아를 중심으로, 비봉출판사, 1991, pp. 54~62.

에의 종속 등의 점에서 제2차 세계대전 이후 종속자본주의의 기본조건을 형성 하였다는 것이다. 이 밑바탕 위에 전후 정치적 독립으로 국가에 의해 재생산방 식의 통합가능성이 주어지고, 1960년대 이후 자본주의적 공업화의 급속한 발전 이 가능해졌으며, 한국·대만 등이 아직 종속적 상태에 있지만 자본주의국가로 발전했다고 보았다.[84]

이를 바탕으로 한국경제의 중진자본주의적 성격이 적극적으로 규정되었다. 식민지반봉건사회론, 주변부자본주의론, 신식민지국가독점자본주의론(신국독자 론) 등 한국자본주의 성격을 둘러싼 논쟁을 비판하고 한국자본주의의 독자적 발 전이라는 시각에서 중진자본주의를 논의하였다.

중진자본주의는 그 경제가 자본주의화하기 이전에 세계자본주의에 포섭되어 종속화의 과정을 경험하는 데서 출발한다. 세계자본주의에 포섭된 저개발국 또 는 저개발지역에서 자본주의 발전은 매우 왜곡된 형태로 발전한다. 그러나 그러 한 역사과정은 왜곡이 아니고 저개발국 또는 저개발지역의 일반적 현상이며, 이 것을 왜곡이라고 보는 것은 자생적 자본주의의 발전 또는 종속이론의 관점에서 바라봤기 때문이다.

중진자본주의론은 그러한 역사적 과정에서 어떻게 독자적인 자본주의 발전의 요소들이 성장하는가를 보는 것이다. 이러한 역사과정에서 어떻게 전통적 사회 구조가 철저하게 파괴되면서 자본주의에 적응하는 경제구조가 형성되며, 또 현 지의 자본가계급과 노동자계급이 형성되는가를 탐구하는 것이다. 그러므로 저 개발국 또는 저개발지역의 자본주의 발전과정은 자생적 자본주의 발전과정과는 판이하다고 보았다.

저개발국 또는 저개발지역에서 자본주의 발전은 필연적으로 종속성을 동반하 지만, 자본주의 발전과정에서 종속성을 서서히 극복하면서 독자적인 자본주의 로 발전한다고 보았으며, 이 점에서 종속이론이나 신국독자론과 견해를 달리한 다는 것이다.

---

84) 위의 책, p. 202.

또한 중진자본주의론에서는 자본주의 발전단계를 상업자본주의, 산업자본주의, 독점자본주의, 국가독점자본주의(신식민지국가독점자본주의)로 구분하지 않고, 저개발국, 중진자본주의, 선진자본주의로 구분하여 이를 식민지 경험이 있는 나라의 발전단계로 제시하고 있다.

한국자본주의는 국내적 계기보다는 국제적 계기에 따라 전개되어 왔다. 식민지기에는 일본자본에 의한 식민지자본주의가 진행·발전하였고, 해방 후에는 1950년까지 종속적 자본주의의 추진으로 일본 및 미국자본주의의 분지(分肢)에 불과하였기 때문에, 결국 한국경제의 통합보다는 외국자본주의에 편입되는 과정이었다고 할 수 있다. 이러한 한국자본주의가 독자적으로 발전하려면 한국경제의 통합을 지향해야 하는데 그 계기, 즉 종속이 아닌 자립으로 가는 계기는 자본축적의 능력에서 결정된다고 보았다. 그리고 그것을 값싸고 풍부한 양질의 노동력의 존재, 후발성의 이익, 권위주의적 정치체제에 의한 강력한 개발정책에서 찾았다.

그 종속성에도 불구하고 한국자본주의의 독자적 발전이 이루어진 것은 그럴 만한 국내적 조건이 있었기 때문이라고 보았다. 곧 자본주의를 독자적으로 추진할 만한 국내적 조건이 식민지체제와 종속체제에서 형성되었다는 것이다. 구체적으로 일본제국주의에 의한 한국 전통사회의 철저한 파괴, 구래의 재정제도·화폐제도·토지소유제도의 개혁과 새로운 경제제도의 확대, 근대적 계급의 출현을 들었다. 식민지체제에 포섭되면서도 한국인이 어떻게 주체적 삶을 살았는가에 초점을 두는 것 또한 독자적 발전을 고찰하는 데 중요하다고 보았다.[85]

이런 관점은 바로 식민지근대화론의 단서가 되었다. 한국에서 중진자본주의론은 1980년대 중반까지 한국 사회성격을 둘러싼 논쟁(사회구성체 논쟁)에서 논의된 식민지반봉건사회론, 주변부자본주의론, 신국독자론 등에 대한 비판적 대안으로 제시된 것이었디. 중진자본주의론은 저개발국 또는 지역에서 독자적인

---

85) 안병직, 〈중진자본주의로서의 한국경제〉, 《사상문예운동》 제2호, 풀빛, 1989년 겨울, pp. 8~29 참조.

길로 자본주의가 발전할 수 있다고 보는 입장에서 앞의 논의와 차이가 있다고 주장하였다. 그런데 그 이론적 기초는 1980년대 초 일본에서 논의한 바로부터 비롯되었다.[86] 그 뒤 1980년대 중반 이후까지의 논의를 거쳐[87] 1980년대 후반에는 여기에 한국경제에서의 사회구성체론에 대한 비판적 시각이 결합되어 중진자본주의론으로 적극 전개되었다.

한국에서 중진자본주의론은 한국경제가 세계자본주의에 포섭되어 종속성을 가지면서도 독자적 길을 걷고 있다고 보았다. 곧 1960년대 이후 한국경제의 발전은 중소기업이 아니라 대기업을 중심으로 발전했고 재벌을 중심으로 발전하였기 때문에 독점적 성격을 가지게 되었다는 것이다. 이러한 독점은 신국독자론자들이 말하는 국가독점자본단계의 독점이 아니라고 하였다. 국가독점자본단계의 독점은 산업자본주의를 거쳐 독점자본으로 형성되지만, 한국의 독점은 처음부터 국제적 영향하에서 독점자본으로 형성되었고, 따라서 독점적 성격의 핵심문제는 조립 가공적 성격을 지녀서 그 체질이 취약하고 권위주의적 정치체제에 종속되어 있다는 사실이라고 지적하였다. 다시 말하면 한국자본주의는 선진자본주의와는 상이한 발전의 길을 따라 전개된 20세기 후반기의 새로운 세계사적 현상이라고 보았다.[88]

(2) 내재적 발전론 비판과 경제발전론적 시각

중진자본주의론을 그 단서로 하는 식민지근대화론은 조선사회정체론을 바탕으로 하는 식민지사관(정체성·타율성사관)의 극복을 시도하면서 한편으로는 1960년대 이후 한국근대사 연구의 주된 흐름이었던 내재적 발전론을 정면으로

---

86) 中村哲, 〈近代世界史像의 재검토〉, 《歷史評論》 제404호, 1983년 12월(中村哲 著, 安秉直 譯, 앞의 책, pp. 25~83에 수록).

87) 中村哲·堀和生·安秉直·金泳鎬 編, 《朝鮮近代の歷史像》, 日本評論社, 1988 및 安秉直·李大根·中村哲·梶村秀樹 編, 《近代朝鮮의 經濟構造》, 比峰出版社, 1989.

88) 안병직, 앞의 글, 앞의 책, pp. 10~11.

비판하고, 개방체제하의 경제발전론적 시각을 새로운 한국사 연구의 패러다임으로 제시하였다.

내재적 발전론은 민족사의 발전 원동력으로 국내적 계기가 중요하며, 외부로부터의 계기는 발전을 좌절·왜곡시키는 외압이 된다고 보았다. 또 그 발전과정에서는 서구적 근대를 도달점으로 보아 보편적인 합법칙성이 적용된다고 하는 보편적 단계설이 그 근간을 이루고 있다. 조선 후기에 자본주의 맹아 등 내재적 요인에 따라 근대사회가 발전하였고 거기에는 자생적 근대화의 가능성이 있었지만, 일본제국주의의 침략과 식민지 지배로 그것이 왜곡 압살되었다고 보았다. 이는 19세기 자본주의가 걸었던 자생적 자본주의를 전형적 자본주의로 보는 것이며, 그러한 고전적 자본주의의 발전을 전제로 하고 있는 것이다.

곧 내재적 발전론에서는 발전의 계기가 내부에서 주어지며 외부적인 것은 침략이나 수탈의 계기로 보았고, 그렇기 때문에 내부지향적이었다. 그런데 식민지근대화론의 관점에서는 20세기 자본주의, 특히 한국자본주의가 자생적 자본주의의 전개과정이 아닌 이식자본주의의 전개과정, 즉 저개발국-중진자본주의-선진자본주의라는 발전의 길을 걸었으며, 자본주의 발전의 역사적 조건도 19세기 자본주의와는 다르다고 본다. 19세기 자본주의가 자생적 발전의 측면이 강했다면, 20세기 자본주의는 선진자본주의를 캐치업(catch-up, 따라잡기)하는 과정으로서의 발전이라는 측면이 강하다고 보았다.

고전적 자본주의를 전형적이라고 보는 입장에서는 20세기 자본주의가 종속적이며 기형적이라고 볼 수도 있으며, 경제순환의 대외적 연결이 국민경제의 대외적 종속의 계기로 작용할 수도 있다고 본다. 그러나 한국자본주의에서는 오히려 이것이 고도성장의 계기로서 독자적 발전의 가능성을 제공했다는 것이다.

그리고 식민지에서 성립한 자본주의를 본국자본주의의 이식문제로 파악하고 있으며, 한국에서는 일본자본주의에 포섭된 이식자본주의가 성립한 것으로 본다. 그런데 식민지기 조선 사회의 구조적 변화와 자본주의적인 사회적 분업은 일본자본주의에 의한 식민지적 공업의 재편성을 기초로 한 일본자본주의 변용의 일부라는 측면이 있으면서도, 단순한 일본경제의 일부가 아니고 조선의 독자적 특징이 형성되는 과정이었다는 것이다. 일본자본주의에 포섭되면서도 조선만의 독특한 구조를 지닌, 식민지에서 조선적 특징을 지닌 자본주의가 성립되는 과정이었다는 것이다.[89] 곧 식민지 지배는 조선에서 이식자본주의라는 독특한 자본주의를 성립시켰고, 그 뒤 이어진 국제협력이라는 국제적 계기는 한국자본주의가 종속성을 지니면서도 독자적 발전을 가능하게 하였다고 보았다.

이는 발전의 계기를 내부에서 찾고 외부적인 것은 침략이나 수탈의 계기로 보는 내재적 발전론과는 완전히 대립되는 시각이다. 또한 내재적 발전론에서는 자생적으로 근대화되었을 조선 사회가 침략과 식민지 지배로 말미암아 왜곡 압살되었다고 보는데, 이 시각은 식민지기에 대한 연구방법으로는 한계를 지니고 있으며, 따라서 경제사 연구방법으로는 그 유효성이 크게 떨어진다고 본다. 결국 식민지에 대한 분석개념이 정치화되거나 주변화되는 경향에 빠져버려서 근대사회의 발전과정에서 국제적 계기(외래적 요소)가 수행한 역할을 정당하게 평가하지 못하게 만든다. 또 식민지기 경제사 연구의 주제를 제국주의 지배의 수탈성을 폭로 비판하고, 그에 저항하는 식민지 국민의 대응(민족운동)에 집중하게 만듦으로서 지배와 저항이라는 이자대항론(二者對抗論)에 빠지게 하였다. 이것은 결국 식민지경제의 실체와 메커니즘을 분석하는 데 한계를 제공하였다. 그래서 식민지경제의 분석 틀에서 민족문제를 일단 분리하고 경제 분석에만 초점을 맞추는 방법이 제시되었던 것이다. 식민지기 공업화를 포함한 한국경제의 변화를 자본주의 성립으로 보는 관점(이식자본주의적 관점)과 경제성장사학의 관점이 그것이다.[90]

또한 내재적 발전론이 한국근현대사 연구를 민족정기나 민족문제 같은 이데올로기나 주관적 희망에 편향되게 하여 과학적 탐구를 어렵게 하고, 그로 말미암아 사회경제사 본래의 목적인 사회경제의 동태적 변화(dynamism)의 연구를 소

---

89) 堀和生, 〈1930년대 사회적 분업의 재편성-경기도·경성부의 분석을 통하여-〉, 安秉直·中村哲 共編著, 《근대조선 공업화의 연구》, 일조각, 1993, pp. 82~83.

90) 김낙년 지음, 《일제하 한국경제》, 해남, 2003, pp. 4~16 참조.

홀하게 만들었다고 보았다. 한국근현대사에서 '순수한 것', '전통적인 것', '민족적인 것'만을 남기고 그 이외의 모든 것을 제거한다면 한국근현대사는 공중분해하고 말 것이다. 그러므로 한국근현대사를 구성하는 요소들이 '한국적인가', '외래적인가'를 문제 삼을 것이 아니라, 우리의 현대적 삶을 어떻게 개척하고 있는가를 고찰의 중심축으로 삼아야 한다고 보면서, 경제 발전을 한국근현대사 연구의 새로운 패러다임으로 제시하였다.

경제 발전은 한국근현대사를 통틀어 볼 때 총결산이며 한국현대사의 유익한 전망이다. 역사적 사상(事象)은 다면체(多面体)이지만, 중요한 것은 현대사적 과제와 관련하여 역사의 어떠한 측면을 집중적으로 관찰할지에 있다. 한국현대사의 발전방향은 한국경제의 중진화로부터 선진화로의 방향 밖에 없으며, 한국현대사의 유일한 전망은 자본주의적 선진화 밖에 선택의 길이 없다는 것이다. 곧 한국현대사의 과제인 자본주의적 선진화를 달성하기 위한 방안은 경제 발전이기 때문에, 경제발전론적 시각으로 조선 후기와 일제시대 및 해방 이후를 일관되게 파악해야 한다는 것이다.

그런데 경제 발전은 일국사적 시각만으로는 이해할 수 없으며, 실현될 수도 없다. 한국의 경제 발전은 한국 내부에도 발전의 동인이 있어서 가능했지만 자본주의적 세계시장으로부터 후발성의 이익을 흡수함으로써 가능한 것이었다. 따라서 한국현대사를 올바르게 이해하려면 일국사적 시각과 세계체제론적 시각을 동시에 가져야 하며, 이 두 가지 시각을 가지고 정해진 연구결과를 종합하는 작업이 필요하다고 보았다.

마르크스가 무역 없는 자본주의는 역사상 있었던 적이 없다고 지적했듯이, 자본주의는 본래 속성상 대외지향적이다. 식민지기에 형성된 이식자본주의는 식민지 지배라는 국제적 계기 속에서 형성되었으며 해방 이후, 특히 60년대 이후 독자적 빌진의 길을 걷고 있는 중진자본주의적 한국경제도 대외개방정채 속에서 실현되었고, 앞으로 선진자본주의로의 방향도 후발성의 이익을 흡수하기 위하여 개방체제의 유지를 요구한다. 20세기에 자본주의가 성립한 한국경제의 발전은 자생적이라기보다는 선진자본주의를 따라잡는 과정으로서의 발전이라는 측면이 강하다. 개방체제하에서 후발성의 이익을 흡수하여 선진자본주의를 따라잡는 경제개발이 자본주의적 선진화를 현대적 과제로 하는 한국근현대사 연구의 새로운 패러다임이라는 것이다.

(3) 경제성장과 그 역사적 조건

후진자본주의의 발전 또는 식민지 지배는 '수탈과 개발'의 두 측면을 가지는데, 내재적 발전론이 수탈론에 치우친 데 대하여 식민지근대화론은 식민지시대의 개발성과에 대한 실증적 연구에 집중하였다. 종래의 한국근대사 연구가 자본의 문화파괴적 작용만을 강조했던 것과 달리 자본의 문명화 작용에 대해서도 적극 연구할 필요가 있다고 본 것이다. 그 결과 양적 지표로 볼 때 식민지시대에 높은 경제성장과 산업구조의 변화를 확인할 수 있다는 것이다. 한국에서의 고도성장은 흔히 1960년대에 이후의 현상으로 알고 있지만, 1910년까지 소급해 보면 그것이 1960년대 이후의 현상만은 아니라는 것이다. 1911~38년의 기간 동안의 연평균 실질경제성장률은 3.7퍼센트여서 같은 기간 세계적인 고도성장을 달성했다고 알려진 일본 및 대만과 같은 수준이고, 특히 1930~38년의 공업화가 고도성장을 가능하게 했다는 것이다. 그리고 경제성장이 진행되면서 국민경제의 무역의존도가 높아지는 경제의 개방적 체질을 보여준다고 하였다.

산업구조면에서는 1920년대까지 순수농업국이었으나 1930년대에 들어서 식민지공업화가 진행되자 식료품 및 섬유를 중심으로 하는 공업이 발달하였다. 1937년 중일전쟁 이후에는 군수공업화정책이 낳은 이례적인 현상이기는 하지만 대륙전진병참기지정책으로 금속공업과 기계공업도 상당히 발전하여 화학공업과 더불어 중화학분야가 크게 발전하였다는 것이다.

양적 지표상의 이러한 성과와 함께 질적 변화도 수반되었다. 특히 1930년대에는 공업화가 진행되면서 사회의 구조적 변화(비농업사회의 팽창과 자본주의적 공업의 성립)가 일어났고 도시와 농촌을 묶는 광범위한 자본주의적인 사회적 분업이 성립되었다. 이것은 일본 자본주의 변화의 한 측면이기는 하지만, 그에 수반하여 조선의 시장조건 발달이 진행되었음을 확인할 수 있다. 그 결과 이식자본주의적 성격하에서 조선 독자의 특징이 형성되었다는 것이다.

또한 조선의 민족자본이 공업화과정에 적극적으로 참여하였고,[91] 1930년대 식민지 공업화과정에서 조선인 노동자계급이 양적으로 크게 성장하였으며, 조선인 노동자계급에서 비숙련공과 자유노동자가 큰 비중을 차지했던 것이 공업화가 진행되면서 숙련공과 기능공으로 점차 향상되어 가는 등, 식민지적 왜곡성 때문이기는 하지만(사회구성체로서는 식민지자본주의) 질적으로 발전하였다는 것이다.[92]

식민지기의 경제성장과 개발성과에 대한 식민지근대화론자들의 실증적 연구는 계량적 분석을 포함하여 다각적으로 전개되었다.[93] 식민지근대화론자는 식민지기의 경제성장을 포함한 한국자본주의 전개과정을 자생적 발전이 아닌 이식자본주의의 그것이라고 보면서[94] 이러한 한국자본주의 전개의 역사적 조건을 다음과 같이 제시하였다. 첫째, 한국에서 어떻게 밖으로부터 자본주의를 수용할 수 있는 정치·경제체제가 형성되는가인데, 이것은 개방체제와 후발성의 이익 흡수라는 각도에서 설명한다. 둘째, 한국에서 밖으로부터 자본주의를 수용할 수 있는 주체가 이떻게 형성되는가인데, 소농사회와 농민·자본가·노동자층의 성장, 특히 소농사회(小農社會)를 검토하였다. 셋째, 후발자본주의에서 제도개혁 및 경제정책이 수행되는 데서 정부 역할의 중요성을 들었다.

---

91) 허수열, 〈조선인 자본의 존재 형태〉, 충남대학교 경상대학, 《경제논집》 제6권, 1990. 12. 및 주익종, 〈일제하 조선인 회사자본의 동향〉, 《경제사학》 15호, 1991. 12.

92) 안병직, 〈식민지 조선의 고용구조에 관한 연구-1930년대 공업화를 중심으로-〉, 안병직·이대근·中村哲·梶村秀樹 編, 앞의 책, 제11장, pp. 389~429.

93) 예컨대 《근대조선 공업화의 연구》(1993), 《수량경제사로 본 조선 후기》(이영훈 편, 서울대학교 출판부, 2004), 《한국의 경제성장, 1910~1945》(김낙년 편, 서울대학교 출판부, 2006) 등이다.

94) 이식자본주의의 전개과정에 관한 이론으로는 거셴크론(Alexander Gerschenkron)의 후발성 이익에 관한 논의나 아카마쓰 가나메(赤松要)의 경제 발전의 안행적 형태론(雁行的 形態論)이 유효하다고 보았다.

　　1876년 강화도조약 이후 개화기를 거쳐 1905년의 을사조약과 1910년의 한일병합 및 그 이후로 이어지는 과정에서 개방체제는 제국주의가 조선 침략의 수단으로 이용했기 때문에, 또는 기타의 이유로 강제적인 성격을 띠었지만, 경제가 성장하고 자본 및 기술의 도입으로 얻은 후발성의 이익을 실현하기 위해 필요한 조건이었다고 보았다.95) 식민지기 정부의 역할로는 화폐정리사업과 재정정리사업(1905), 토지조사사업(1912~18) 등 제도개혁, 그리고 산미증식계획(1920~34), 식민지공업화정책(1930~45) 등을 들었고, 이들 경제개발정책을 식민지 한국경제가 근대적으로 변화하기 위한 과정으로 보았다.

　　저개발국에서 후진자본주의가 성립하려면 개방체제로서 후발성의 이익을 흡수할 수 있는 주체적 조건이 갖추어져야 한다. 독일, 이탈리아, 일본 등 19세기의 후발자본주의는 자본주의적 세계시장에 노출되면서 초기에 대외 종속의 위기를 맞기도 하였으나, 주체적 조건이 있었기에 식민지로 전락할 위기를 극복하고 자생적 발전의 길을 걸을 수 있었던 것이다. 20세기 중진자본주의로 발돋움한 한국, 대만, 싱가포르 등 동아시아 3국은 소농민경영의 자립도라는 주체적 조건이 있었기에 독자적인 발전이 가능했다.

　　동아시아 3국에서의 자립적 소농경영은 17세기부터 형성된 것으로 보았다. 이앙법(移秧法)과 면화재배의 보급 등 곡물생산의 집약화와 상품작물의 보급은 다각경영을 가능하게 하여 농가경영의 안정성을 높였다. 그리고 농업생산력의 발전은 조선 후기 상품경제 발전의 조건이 되었다. 상품경제는 농민층의 양극분

---

95) 개방체제하 경제발전론적 시각은 오늘날에는 대외적 개발전략(outward-looking strategy of development)이 내향적 공업화(intensive strategy of domestic division of labor)보다 경제개발에서 유리하다는 주장으로 이어진다. 나아가서 민족과 경제의 트레이드 오프(trade-off : 상호역의 관계)까지 주장하기에 이른다. 민주화정권은 정치적 민주화 내지 남북관계에서의 민족공조를 우선 명제로 내걸고 산업화 정권이 일궈온 경제개발이나 국제연대를 거부하고 있다는 것이다. 즉 미국·일본·중국 등 세 나라와의 국제적 분업관계의 발전을 강조하면서 민족 내부의 연대에 우선순위를 두는 민족주의적 정책방향은 글로벌 시대의 국제주의적 흐름에 부합할 수 없기 때문에 대외분업적 측면에서 '국제화 전략'을 수립해야 한다는 것이다(이대근, 〈한국경제의 국제화전략〉, 《새로운 한국경제발전사》, 나남출판, 2005, pp. 545~546).

해로 말미암아 농민경영 가운데 선진경영이 자본주의적 경영이 되기보다는 종래 농민경영의 안정성을 높이면서 대농경영과 영세농경의 비중을 오히려 저하시키는 한편 중농(中農)으로 농민경영을 균등화했고, 이것이 소농경영 자립화의 기반이 되었다는 것이다.

이러한 자립적 소농경영으로 구성되는 농촌사회를 소농사회(小農社會)[96]로 파악하였는데, 여기서는 서유럽 중세와는 달리 지배층의 대농경영이 해체되고 균질적인 소경영이 보편적으로 성립되는 것을 그 특징으로 한다. 이 소농사회는 동아시아 근대사회의 모태인데, 식민지적 억압과 착취 속에서도 소농사회가 바탕이 되어 식민지기의 자본주의체제화에 적응할 수 있는 형태로 변화되었다. 곧 농민, 노동자, 자본가 등이 자본주의 경제 발전의 담당주체로 활발히 성장했는데 이것은 소농사회에서 그 자질이 배양되었다고 보았다.[97] 이는 해방 후 한국사회에서 더욱 적극적으로 발휘되었으며, 1960년대 이후 경제 발전의 원동력이 되었다는 것이다.

---

96) 宮嶋博史, 〈東アジア小農社會の形成〉, 溝口雄三 外 編, 《アジアから考える長期社會變動》, 東京大學出版會, 1994.

97) 식민지기 조선의 공업화의 직접적 계기는 일본제국주의의 주도력에 있었지만, 동시에 식민지의 공업적 재편성이 급속히 진행할 수 있었던 것은 기본적으로 조선 사회 안에 존재하고 있는 조선 농민의 높은 소경영적 발전수준과 그것에 규정된 빠른 본원적 축적의 진행속도 때문이었다는 지적이 있다(安秉直·堀和生, 〈식민지 조선공업화의 역사적 조건과 그 성격〉, 《근대조선 공업화의 연구》, 1993, p. 45). 한편 해방 후 한국경제의 자립경제 수립능력을 식민지기에 생성된 민족적 계기(민족자본 및 근대적 노동자 계급의 형성)에서 찾는 시각이 있었다. 여기서는 한국경제가 해방 후 새로운 형태의 종속성을 감수하게 된 것은 식민지시대 민족자본과 노동자계급의 미성숙에 반봉건제가 얽힘으로써 국민경제의 형성임무를 감당할 뚜렷한 계급이 존재하지 않았기 때문이라고 보았다(안병직, 〈일제식민지의 경제적 유산과 민족해방의 의의〉, 박현채·정윤형·이경의·이대근 편, 《한국경제론》, 까치, 1987, pp. 49~50).

(4) 총체적 시각과 연속설

식민지근대화론에서는 식민지 지배과정이 피식민지 사회구조를 자본주의적으로 변화시키고 피식민지민을 근대적으로 변신시킴으로써 독립 이후 자본주의적 발전을 위한 조건을 마련했다는 주장을 하고 있다. 일제하의 조선 사회는 정체적 사회가 아니라 왜곡된 형태이긴 하지만 자본주의가 발전해 나가던 동태적 사회이고, 이 때 형성된 물적·인적 자산이 1960년대 이후의 공업화에 발판이 되었다고 본다. 1960년대 이후 한국 경제성장의 내적 조건을 고찰할 때 필연적으로 식민지시대의 경험과 마주치게 되는데, 이것은 식민지시대를 해방 이후 한국 사회와의 연속성에서 파악할 필요성이 있다고 보았다.

1990년대에 와서는 한국경제 발전의 역사적 기원을 식민지기에서 찾는 견해가 영어권의 연구에서도 나오고 있다. 즉 한국의 경제 발전에 관한 연구가 1960년대 이후로 시야를 한정하고 있는 점을 비판하고, 식민지기 연구(경성방직 사례 연구)로써 민족자본가의 성장과정을 분석하였다. 그리고 성장유형(patterns of growth)이라는 면에서 해방 후 한국의 경제 발전과 연속성이 있음을 강조하고 있다. 또한 개발국가(development state)라는 특징에서 식민지기와 1960년대의 고도성장기를 연속적으로 파악하는 견해도 있다.[98]

그러나 이러한 견해는 1980년 후반의 일본의 중진자본주의론에서도 일찍이 제기된 바 있다. 식민지 지배로 형성된 식민지자본주의는 그 고유의 모순 때문에 좌절되지 않을 수 없었지만, 국내에서의 전자본주의적 생산양식 해체, 자본주의적 제 관계의 발달, 세계시장에의 종속 등의 부분에서 전후 종속자본주의화

---

98) Carter J. Eckert, Offspring of Empire : The Kochang Kims and the Calonial Origins of Korean Capitalism, 1876-1945; Seattle and London : Universty of Washington Press, 1991 및 Atul Kohli, "Where do High Growth Political Economics Come From?" The Japanese Lineage of Korea's, "Development State", World Development, 22-9, 1994(김낙년 지음, 《일제하 한국경제》, 2003, p.8 참조).

의 기초조건을 형성하였다는 것이다. 이 바탕 위에서 전후의 정치적 독립으로 국가에 의한 재생산양식의 통합 가능성이 주어지고, 1960년대 이후의 자본주의적 공업화의 급속한 발전이 가능하게 되었으며, 한국, 대만은 종속적 상태에 있기는 했지만 자본주의국이 되었다고 보았다.[99]

이러한 견해는 일본에서 1980년대 초 식민지공업화와 해방 후의 신흥공업국경제(NIES : Newly Industrializing Economies)의 관계를 처음으로, 그리고 본격적으로 논의하고,[100] 그 뒤 한국근현대사를 조선 후기로부터 현재까지의 총체(total)로서 파악하려는 관점에서 나온 결과였다. 한국에서 종속자본주의의 고도발달현상과 그 과정 속에서 식민지기의 위치를 규명한다는 시각에서 도출된 결론이었다.

그 뒤로 식민지근대화론은 비서구사회에서, 더구나 식민지였던 나라가 어떻게 독립된 하나의 자본주의국으로 되었는지, 그리고 그 과정의 구체적인 양상과 국내적·국제적 제 조건을 조선 후기, 식민지기, 해방 후를 '관통하는 논리'로 해명하는 것을 과제로 삼았다. 조선 후기~말기에 내재된 근대적 요소의 검출과 그에 대한 식민지정책의 억압이라는 이자대항론적 차원을 넘어 식민지기의 변화 등이 해방 후 한국에 어떻게 규정적 영향을 미쳤는가에 대한 검토에 집중한 것이다. 이것은 바로 식민지기 사회를 조선 후기로부터 현재에 이르는 역사 속에서 어떻게 자리매김할 것인가의 문제였다.

이것은 동아시아에서 NIES의 기원을 식민지기로 소급하는 전전·전후 연속성의 입장인 것이다. 이러한 연속설은 일본에서 한국을 소재로 하여, 1910년대의 토지조사사업, 20년대의 산미증식계획, 30년대의 공업화를 통한 제국주의의 식민지 수탈의 과정이 있었지만, 이 과정에서 각각 전근대적 토지소유관계의 폐지, 식민지자본주의의 발전, 근대적 노동자계급의 본격적 형성을 수반하는 식민지자본주의가 전개되었음을 밝혔다. 그리고 전후 식민지 지배를 벗어나 자본주의사회가 시작되어 NIES에 이르렀다는 것이다. 요컨대 한국을 포함한 NIES는 식민지

---

99) 주 80) 참조.

100) 中村哲, 〈近代世界史像の再檢討〉, 《歷史評論》 제4호, 1983년 12월.

기의 기초조건 위에서 형성된 것이라는 발상, 즉 연속설을 주장하는 것이다.

한국은 대만, 싱가포르와 함께 동아시아의 대표적인 NIES 국가이다. 동아시아에서 NIES 연구는 그 역사적 시각이 약한데, 바로 한국의 경제 발전과 한국자본주의의 역사적 근거를 분명히 하는 것은 NIES 연구를 새로운 수준으로 끌어올리는 것이다. 이를 위하여 조선 말기로부터 1960년에 이르는 장기간에 각 시기를 위치시킬 필요가 있다고 하여 그 역사적 연속성을 강조하고 있다.[101]

이러한 연속설은 식민지근대화론에 이어지고 있다. 자본의 문명화 작용을 중요시하면서, 식민지하의 과정이 피식민지 사회구조를 자본주의적으로 개변시키고 피식민지민을 근대적으로 변신시킴으로써 독립 후의 자본주의 발전을 위한 조건을 만들었다는 것이다. 이 견해는 한국자본주의가 1960년대 이래의 경제개발계획의 실천으로 성립했다고 하더라도 그것은 이미 일제시대의 사회경제구조의 변화를 배경으로 하고 있다고 보는 것이다. 조선 후기와 해방 이후는 바로 접속될 수가 없으며, 20세기 자본주의는 식민지시대를 그 전사(前史)로 가지는 특징이 있다는 것이다.

이 관점에선 한국자본주의의 고도발달과정에 식민지기를 위치시킴으로써 일본의 식민지 지배가 다양한 의미에서 근대화로의 지향성을 가졌다는 사실에 주목하고 있다. 이러한 문제의식에 바탕을 둔 실증적 검토작업은 식민지시대가 구체적으로 어떻게 변화하였으며, 그것이 해방 후와 어떠한 관계에 있는지에 집중하였다. 특히 해방 이후의 한국의 고도성장을 식민지기의 공업화와 연장선상에서 파악하고자 하는 논의가 진행되었다.[102]

---

101) 中村哲·堀和生·安秉直·金泳鎬 編, 앞의 책, p. 2.

102) 안병직·김낙년, 〈한국 경제성장의 장기추세(1910~현재) : 경제성장의 역사적 배경을 중심으로〉, 《광복 50주년기념논문집》(광복50주년 기념사업위원회·한국학술진흥재단), 1985, pp. 7~10. 이러한 연속설은 민족주의적 역사인식이 식민지기와 해방 후의 단절면을 강조함으로서 식민성의 극복에 집착하는 것과는 대조적이다. 그리고 일본에서도 이러한 연속설에는 비판이 있었다(예컨대 梶村秀樹, 〈60~70년대 NIES현상 재검토를 위하여〉, 《歷史評論》 제432호, 1986년 4월; 小林英夫, 〈역사상의 재구축을 둘러싸고〉, 《歷史評論》 제411호, 1984년 7월; 本山美彦, 〈中村 哲報告〉, 《〈근대세계사상의 재검토〉를 둘러 싼 심포지엄》,

(5) '수탈과 저개발'보다는 '수탈과 개발'

1980년대 이후, 한국의 성공적 경제 발전이 명백해졌다고 보면서 일제 식민지 시대에 대한 연구방향으로 '수탈과 개발' 또는 '침략과 개발'의 시각이 등장하였다. 이 시각은 1960, 70년대 세계학계를 풍미했던 종속이론에 대한 반성에서 비롯된 것이었다. 전통적 종속이론은 세계경제를 중심과 주변으로 양분하고, 주변으로부터 중심으로 끊임없이 잉여가치가 유출되기 때문에 주변은 중심과의 관계를 끊고 비자본주의적 발전을 도모해야 하며, 그렇지 않고서는 국가 독립이나 자립경제의 수립이 불가능하다고 보았다. '수탈과 저개발', '침략과 저항'이라는 수탈론적 시각은 이러한 종속이론과 같은 흐름에 있다는 것이다. 이에 대하여 '수탈과 개발' 또는 '침략과 개발'의 시각[103]은 신흥공업국의 성공적 경제 발전이 종속이론의 기본명제를 부정하는 것이라는 인식에서 출발한다. 자본주의적 세계시장의 형성이 전자본주의적인 여러 지역에게 미치는 역사적 영향에 대해서는 두 가지 고전적 명제가 있다. 곧 자본의 문명화 작용과 자본의 문명파괴 작용이 있는데, 이 두 가지를 균형적으로 파악해 보자는 것이다.

식민지체제는 피식민지민의 정체성(正體性)을 부정하여 문명파괴작용을 하지만, 동시에 식민지화의 과정은 피식민지 사회구조를 자본주의적으로 변화시키고 피식민지민을 근대적으로 변신시키며, 이것이 독립한 뒤의 자본주의적 발전을 위한 조건을 마련했다고 보는 것이다. 수탈과 개발, 또는 침략과 개발의 시각은 제국주의가 저개발지역에 어떠한 영향을 끼쳤는가를 중심적으로 고찰하는 것이다.

식민지 역사의 두 축은 '수탈과 개발'이다. 그런데 지금까지 한국에서 식민지

《새로운 역사학을 위하여》 제174호, 1984년 5월 pp. 8~10).

103) 안병직, 〈한국에 있어서의 경제 발전과 근대사연구〉, 《제38회 전국역사학대회발표요지》, 1995.

시대의 사회경제사 연구는 '수탈론'적 입장에 쏠려 있었고, 그것은 그 배후에 내재적 발전론이 있기 때문이라는 것이다. 이러한 수탈론사 일변도의 역사연구는 역사의 실상을 왜곡하는 것이며, 사회경제사 연구의 본래 목적인 사회경제변화의 동태성을 찾아볼 수 없게 만들었고 하였다. 수탈론은 민족주의적 의식을 고취시키고 독립운동사에 관한 연구로 치우치게 하여 사회경제사적 연구가 부진해질 수밖에 없었다는 것이다.

'침략과 저항'은 한국근현대사의 한 측면이며, 한국근현대사를 단순히 제국주의적 침략과 민족독립운동만으로 파악할 수는 없다. 곧 '개발과 협력'이 다른 측면을 구성하는데, 일제하의 제도개혁과 개발, 미군정하의 원조, 산업화기의 선진국으로부터 제도·기술·자본도입이 그것이다. '개발과 협력'을 배제한 '침략과 저항'의 시각만으로는 한국근현대사를 제대로 인식할 수 없으며, 일제의 침략과 그것에 맞선 저항의 전통을 계승하면서도 '개발과 협력'을 위주로 경제 발전을 추구해야 한다는 것이다.[104]

한국이 해방 후에 신흥공업국으로 성공적인 독자적 발전을 했다는 사실에서 그 역사적 조건을 해명하는 과제가 제기되는데, 이 때문에 '침략과 저항'이라는 이자대항론적 시각에서는 간과될 수밖에 없었던 식민지 개발의 측면으로 관심을 기울이게 된다는 것이다. 여기서 말하는 개발에는 두 가지 측면이 있다. 하나는 제국주의의 '개발을 통한 수탈'이란 뜻에서의 '식민지 개발'이며, 다른 하나는 한국인이 근대적인 농민, 노동자, 자본가 등의 계급으로 변신했다는 뜻에서 '조선인의 자기 개발'이다. 후자는 한국인을 단순히 식민지체제의 지배대상 또는 저항의 주체로서만 보는 데 그치지 않고, 식민지적 왜곡을 포함하면서도 근대적 민족으로 자기를 형성한 측면에 주목한다.

이러한 관점이 식민지 연구를 조선 후기 및 해방 후, 나아가서 1960년대 이후까지 일관되게 파악하게 한다는 것이다. 식민지기에 한국인 소유의 공장이 증가

---

104) 안병직, 〈"뉴라이트재단"을 설립하며〉, 《向上의 塔》(서울 상대회보) 제91호, 2006. 7. 1., p. 13. 여기서는 자주·자립·자위는 전 민족적 참극을 피하기 위해서라도 반드시 폐기되어야 한다고 주장하면서, 미일 해양 세력과의 우호동맹관계와 글로벌리즘을 강조하고 있다.

하였고 근대적 설비를 갖추는 데는 한계가 있었지만 그 진출분야가 다양해졌다는 점105), 한국인 공장노동자들도 증가하였고 그 가운데 기능공이나 기술자도 늘어났다는 점, 농업관계시설의 확충에서도 식민지 정부가 재정지원한 수리조합만이 아니고 보(洑)의 설비확대와 같이 한국 농민의 자발적 노력에 의한 것도 많았다는 점106) 등이 개발의 측면으로 연구되었다. 이러한 한국인의 성장은 식민지체제의 제약으로 한계가 있었지만 그것이 해방 후로 이어진다고 보았다.107)

한편 '수탈과 개발' 또는 '침략과 개발'의 시각은 오히려 제국주의사적 입장에서의 고찰로 보고 이것을 극복하려는 경제발전론적 시각이 제기되기도 하였는데, 여기서는 저개발국가들이 중진자본주의로 발달하는 국내적·국제적 조건을 연구하는 것을 목적으로 하였다. 제국주의에 대한 비판이나 식민지 유제의 청산이라는 과거지사에 집중하는 것이 아니라, 살아 있는 한국현대사의 핵심적 과제인 선진화의 논리에서 식민지 역사를 연구한다는 것이다. 여기서는 '한국적인 것'인가, '외래적인 것'인가를 문제 삼는 것이 아니고, 경제 발전의 관점에서 근현대적 삶을 어떻게 개척하는가를 고찰의 중심으로 삼아야 한다고 보았다.108) 이것은 '수탈과 개발'을 넘어서 '개발과 협력'의 시각이 중심축이 된 것으로 파악된다.

---

105) 허수열, 〈일제하 조선인공장의 동향〉, 安秉直·中村哲 編, 《近代朝鮮工業化의 硏究》, 일조각, 1993, pp. 106~143.

106) 이영훈·장시원·宮嶋博史·松本武祝 공저, 《近代朝鮮水利組合硏究》, 일조각, 1992.

107) 김낙년 지음, 앞의 책, pp. 11~12. 그런데 식민지시기 개발의 의미는 '식민시개발'과 '조선인의 자기 개발'을 포괄하는 것으로 보아야 하지만, 식민지근대화론에서는 오히려 전자를 강조하는 측면이 있다.

108) 식민지근대화론의 큰 줄거리는 안병직, 〈한국근현대사 연구의 새로운 패러다임-경제사를 중심으로-〉, 《창작과 비평》 98, 1997년 겨울, pp. 39~58을 참조한 것임.

2. 식민지근대화론에 대한 비판 : 식민지수탈론

(1) 신식민주의사관과 식민정책의 수탈성

식민지근대화론, 나아가 경제발전론적 시각으로 한국근현대사를 해석하려는 움직임은 주장자 스스로 지적하는 것처럼 파천황(破天荒)일지도 모를 만큼 식민지시대 연구의 주된 흐름에 충격을 주었다. 따라서 이에 대하여 다각적인 비판이 제기되었는데, 여기서는 이를 식민지수탈론으로 묶어 몇 가지 소개하고자 한다.

첫째, 식민지근대화 또는 개발론은 일제 식민주의사관의 부활이며, 오늘날 일본 자유주의사관(과거 일본 군국주의 등을 미화하는 역사관)의 확대라는 것이다. 일제와 식민지정책의 집행기관이었던 조선총독부와 식민지관료들이 1910~45년에 조선인들에게 줄기차게 설명하고 주입하던 주장들이 바로 식민지근대화론이며 개발론이라는 지적이다. 타율성이 지배하는 민족, 정체되어 스스로 근대화나 개발 발전할 능력이 없는 민족을 일본의 식민지 지배가 근대화·개발시켜주었다고 주장하는 일제 식민주의사관과 그 맥을 같이 한다는 것이다.

1930년대 당시 일제는 조선 공업화를 '산업혁명론', '병참기지론'으로 인식하고 선전하였다. 또 영국의 산업혁명에 비유하여 조선 산업혁명이라고 표현하였고, 이것은 일제의 식민지정책을 이데올로기적으로 뒷받침하였으며,[109] 패전 후에는 일본 정부와 경제계에 계승되고 있다는 것이다.[110]

둘째, '근대화'의 개념에 대한 지적이다. 근대화란 정치적으로는 독립한 국가가 전제군주제를 입헌대의국가로 하는 근대국가로 체제변화를 이루는 것이다. 또한 경제적으로는 중세적 경제조직과 생산방식으로부터 산업자본주의의 공업

---

109) 배성준, 〈1930년대 일제의 "조선공업화론" 비판-식민지근대화론을 비판한다-〉, 《역사비평》 제128호, 1995년 봄, p. 134.

110) 大藏省管理局, 《日本人の海外活動に關する歷史的調査》, 朝鮮篇, 1946~48(정재정, 앞의 글, 앞의 책, p. 82 참조).

화를 달성하는 것이다. 그런데 근대자본주의에서 근대화란 산업자본이 지배하는 사회경제체제를 뜻하고, 이런 산업자본은 주체성을 가지고 산업이윤을 추구할 때 그 본래의 기능을 수행할 수 있으며, 더욱이 후진국에서 근대화를 추진할 수 있는 자본 형태는 민족산업자본뿐이라는 것이다.[111]

사회적으로는 전근대 신분제사회로부터 시민권을 가진 국민들의 근대 시민사회로 변화하는 것이며, 문화적으로는 특정한 귀족층 중심의 귀족 문화로부터 일반 평민·국민 중심의 근대 민족 문화의 변혁적 발전을 성취하는 것이라고 할 수 있다.

이런 근대화 개념에 비추어 보면 식민지정책과 식민지 지배는 한국의 근대화를 저지하는 것이었으며, '공업화'가 경제의 주체성을 높인 것도, 그리고 한국 민족의 후생을 증가시킨 것도 아니라는 비판이다.

셋째, 일제 식민정책의 본질은 민족말살정책이었고, 사회경제적 수탈정책이었다는 것이다. 한국을 ① 일본경제 발전을 위한 식량공급기지로 개편하고, ② 일본의 공업 발전에 소요되는 원료공급지로 만들며, ③ 일본 제품의 판매를 위한 상품시장으로 만들고, ④ 일본의 자본수출에 따른 식민지 초과이윤의 수탈지로 만들며, ⑤ 일본의 생산비를 절감하는 노동력 공급지로 만들고, ⑥ 일본의 대륙침략을 위한 병참기지로 만드는 정책이었으며, 그 외에도 ⑦ 식량과 물자를 강제로 징수해가는 '공출제도', ⑧ 노동력의 강제동원인 징용 등이 식민지정책의 본질이었다는 것이다.

토지조사사업이 근대적 토지소유제도와 지세제도의 확립 등 근대적 토지개혁의 성격을 갖고 있으며 수탈적 성격은 없었다고 근대화론자들은 주장하지만, 그 본질은 정책적·구조적인 토지약탈이었다. 곧 토지조사사업의 결과 일제는 국토 총면적의 50.4퍼센트를 자본의 지출 없이 무상 점탈하였다는 것이다.

따라서 일제의 식민지정책은 오히려 한국의 근대화를 저지하는 정책이었으며, 일제하에서 파편적으로 '근대화'가 추진되었던 부분은 근대화에 대한 일제

---

111) 신용하, 〈한국근대화와 중산층의 개편〉, 《정경연구》, 1966년 4월호(통권 15호).

의 탄압·저지정책에 대항하면서 한국인들이 민족의 소멸을 방지하려고 투쟁한 부분적 성과였다는 것이다.[112]

(2) 개발 없는 개발·단층과 연속

식민지근대화론자의 수탈과 개발론은 수탈보다는 개발의 측면을 강조하는 견해이다. 그리고 식민지시기에 조선경제가 급속히 개발되었기 때문에 그것이 해방 후의 한국경제에 상당히 큰 기여를 했을 것이라고 주장한다.

수탈과 개발 또는 개발과 수탈(development and exploitation)론은 중심부의 식민지지역에 대한 가혹한 요구, 일본인과 조선인 사이의 경제적 불평등, 일본의 식민지정책이 초래한 왜곡과 불균형 등의 착취를 강조하는 견해와, 식민지의 경제적 기반창출과 농업 및 공업생산의 비약적 증대, 보건 교육 등 조선인의 경제적 조건의 개선, 기회와 구매력의 증대 등 개발을 강조하는 견해가 역사적 사실에서 동전의 양면과 같다는 생각에서 제기된 것이었다.[113] 수탈을 인정하면서도 개발의 측면을 인정·강조하는 주장은 수탈사와 저항사 연구를 중심으로 했던 국내의 식민지시대 연구자들에게는 엄청난 도전이었다. 그리고 수탈과 저항의 측면을 중심으로 했던 기존 연구방향에 대하여 수탈과 개발론은 개발의 측면을 강조하였다.

그러나 일제 치하 조선에 개발이라는 현상이 있었다지만 조선인에게 개발다운 개발은 없었다. 개발의 주체면에서 볼 때 일제시대의 개발은 일본인들의, 일본인들에 의한, 일본인들을 위한 개발이었다. 조선인들은 토지나 자본 같은 생산수단의 소유로부터 배제되는 개발이었기 때문에 전체적인 개발에도 불구하고 조선인 경제부분의 개발전망은 암울했다. 조선인은 농업노동이나 공장, 광산노

---

112) 신용하, 〈"식민지 근대화론" 재정립 시도에 대한 비판〉, 《창작과 비평》 98, 1997년 여름, pp. 8~38.

113) Ramon H. Myers and Mark R. Peattie, eds, *The Japanese Colonial Empire*, 1895~1945, Princeton University Press, 1984, p. 36(《역사비평》 통권48호, 1999, pp. 127~128).

동 등의 노동수입으로 생활해 가는 존재로 전락했다. 그리고 그들의 생활수준은 일제시대 내내 생존을 유지할 정도의 수준을 벗어나지 못했다. 경제개발로 그 경제적 처지가 향상되거나 인간적인 삶을 영위한 것도 아니었으며, 개발의 결과로 돌아온 것은 소작농이나 임금노동자로서 비참한 삶이었다. 조선인들은 자신의 땅에서 주도적 지위를 차지할 수도 없었으며 민족차별은 더욱 조장되었다.

일본인이 조선의 부 가운데 많은 부분을 장악하면서 민족별 경제적 격차는 커져 갔고, 조선인들의 경제적 궁박은 더욱 심해져서 농촌을 떠나 도시빈민이 되거나 만주, 시베리아에서 유민화되었다.[114] 그러나 '개발'의 측면을 강조하는 견해는 식민지하에서 '조선경제'와 '조선인 경제'가 거의 별개로 존재한다는 점을 무시하고, 조선경제의 발전이 바로 조선인 경제의 발전이라는 등식관계를 전제로 하고 있다. 조선경제와 조선인 경제가 서로 구별되는 두 개의 개념으로 되어 있다면, 조선경제의 개발이 있더라도 그것이 바로 조선인 경제의 개발이라고 할 수 없다는 것이다.

결국 식민지시기에 개발이라는 현상이 있었다고 해도 조선인에게는 개발다운 개발은 없었고, 또 해방과 더불어 그 개발의 유산마저 현저히 축소되어 매디슨(Maddison) 추계에서 볼 수 있듯이 조선의 1인당 국내총생산이 일제 초기에 견주어 오히려 낮아진 그런 상태, 곧 '개발 없는 개발'로 귀결된 것이다.

그리고 일제시대의 개발의 유산도 해방 후의 남북분단과 한국전쟁을 거치면서 거의 대부분 사라져 1960년대 이후 본격화되는 개발의 시대에 그 역할도 매우 미미했다는 것이다. 해방 후 조선에 남겨진 물적 유산은 주로 북한지역에 소재했는데, 해방 당시 대부분의 근대적 공장은 회사 형태의 일본인 공장이었으며 그 4분의 3이 북한지역에 편중되어 있었고, 남한지역에 남겨진 것은 4분의 1 정도에 불과하였다.

---

114) 1930년대 조선경제의 발전에 대해 '일본제국주의 공헌론'이 있지만 이것은 조선인을 일본과 만주로 유랑하게 만든 공업화과정이었다는 지적이 있다. 제2차 세계대전이 끝날 당시 일본에 100만 명의 조선 노동자 그리고 만주로의 유민이 150만 명이라는 추산도 있다 (조기준 지음, 《한국경제사신강》, 일신사, 1994, p. 496 및 p. 534).

더구나 해방 후 원료, 기술자, 에너지, 부품 등의 부족과 관리체제의 부재로 남겨진 공장시설 가운데 상당수가 파괴되거나 가동되지 못하였다. 대체로 2분의 1 정도가 공업자산으로 기능하지 못했고, 그나마도 남겨진 생산시설의 2분의 1 정도가 한국전쟁으로 파괴되었으며, 복구과정에서 거의 미국제 시설로 교체되었다. 곧 일제시대의 개발유산 가운데 한국전쟁 이후까지 잔존한 것은 일제 말기의 10분의 1 정도에 불과하였다. 결국 개발의 유산은 매우 제한적이었으며, 그 결과 일제시대와 해방 후, 특히 1960년대 이후 한국경제가 처한 상황 사이에는 상당한 단절이 존재하고 있었다는 것이다.[115]

그런데 일제의 조선 지배하에서는 민족해방운동 같은 적극적인 항일운동과 일제의 수탈사(내재적 발전론의 시각)뿐만 아니라 지배와 억압 속에서 치열하게 삶을 영위하고 자기 발전을 주체적으로 도모해 간 조선인의 저력이 산업, 교육, 사상과 문화 등 여러 분야에서 이어졌다는 점과 조선인의 기업 성장, 조선인 근대교육의 확대 등 근대적 변화가 있었다는 점은 평가해야한다는 것이다. 식민지 지배에 따른 개발(수탈과 개발론)을 강조하는 입장은 이러한 한국 민족의 저력을 토대로 한 개발을 부정하면서 식민지 지배에 의한 개발을 강조하고 있는데, 식민지 지배의 억압 속에서도 치열하게 삶을 영위해가면서 자기 발전을 도모해 간 조선인의 역사는 정당하게 평가해야 한다는 것이다. 그 결과 식민지시기 민족의 저력을 토대로 한 근대적 변화를 분단과 한국전쟁의 시련 속에서도, 그리고 그 뒤 급속한 경제성장을 통해 발전할 수 있는 원인으로 이해할 수 있다는 것이다.[116]

식민지 지배에 의한 개발을 비판하는 시각은 식민지근대화론자들이 식민지시대의 경제 발전을 최대한 부각시키고, 그 발전 속에서 조선인들의 삶도 향상되고 근대화되었다는 것을 실증적·계량적으로 분석한 결과에 대해서도 비판했

---

115) 허수열 지음, 《개발 없는 개발》, 일제하 조선경제 개발의 현상과 본질, 은행나무, 2005, pp. 338~340.

116) 허수열, 〈"개발과 수탈"론 비판-식민지 산업화와 해방 후 산업화의 연관성 비교-〉, 《역사비평》 통권48호, 1999년 가을, pp. 165~167.

다. 식민지시기였던 1910~45년의 경제성장추계에 대하여 1930년대에 더 경제가 발달하고 소비도 크게 늘어난 시대였으나, 추계에서는 1910년대를 일제시대의 황금기로 보았고 이를 '식민지시대의 근대적 경제성장의 기점'으로 삼았다는 것이다. 일제시대 초기를 고성장의 기점으로 한 것은 자연히 일제시대 전체를 고성장의 시대로 탈바꿈하게 만들었다는 등 추계상의 문제점을 지적하고, 그들의 주장에 적합하도록 데이터를 가공하지 않았나하는 의구심을 제기하였다.

식민지근대화론자(낙성대)는 자신들의 GDP 추계결과에 따라 식민지 조선에서 근대적 경제성장이 나타났다고 주장한다.[117] 그러나 쿠즈네츠(S. Kuznets)의 근대적 경제성장(modern economic growth)의 개념에 비추어 보더라도 식민지 시대의 GDP 추계결과가 경제성장이라고 말하기는 어렵다고 비판하였다. 결국 식민지시대는 식민지근대화론자들의 주장처럼 문명화의 시대가 아니며, 오히려 '야만의 시대'라고 규정하였다.[118]

(3) '수탈과 개발' : 본질적인 것과 부차적인 것

역사의 전개에서 사회구성은 다양한 동향이 결합하여 성립한다. 본질적인 것과 부차적인 것이 있고, 지배적인 것과 종속적인 것이 있다. 어느 측면을 본질적인 것 또는 부차적인 것으로 파악하느냐에 따라 사회의 성격에 대한 규정은 달라진다.

한국 근대사회의 성격 규정에서 수탈의 측면을 강조하는 견해와 개발의 측면을 강조하는 두 견해가 대립되는 이유는 바로 수탈과 개발이라는 두 가지 측면

---

117) 박지향 등 엮음, 《해방전후사의 재인식》, 책세상, 2006, p. 111.

118) 허수열, 〈《해방전후사의 재인식》의 식민지경제에 대한 오류〉, 《역사비평》 통권 75호, 2006년 여름, pp. 149~212. 여기서는 주로 《해방전후사의 재인식》에 수록된 일제시대 경제사 관련 논문 가운데 2편을 대상으로 하였지만 이들 논문은 《한국경제성장사─예비적 고찰》(안병직 편, 서울대학교 출판부, 2001)에서 시작되어 《한국의 경제성장, 1910~45》(김낙년 편, 서울대학교 출판부, 2006)로 일단락된 낙성대 측 연구의 일부인데, 낙성대연구소는 이른바 식민지근대화론의 중심에 서 있다.

에서 어느 것을 본질적인 것으로 파악하느냐의 차이에 있다. 내재적 발전론에서는 수탈의 측면을, 그리고 식민지근대화론에서는 개발의 측면을 강조하는 것이 바로 그것이다. 곧 내재적 발전론에서는 수탈과 저항을 식민지시대의 본질적 동향으로 파악하는 데 대하여, 식민지근대화론에서는 개발과 협력 위주로 식민지시대를 파악하는 것이다.

식민지 지배를 합리화하려는 식민지사관에서는 정체되고 타율성이 지배하는 조선 사회를 식민지 지배로 근대화, 개발함으로써 정체성을 극복하고 근대적 자본주의 사회로 재편성시켰다고 설명하고 있다. 이에 대하여 내재적 발전론에서는 자생적으로 발전하고 있는 조선 후기 사회의 동태성이 식민지 지배와 수탈이라는 외압으로 왜곡됨으로써 발전의 길이 봉쇄되었다고 주장한다.

한국이 1876년 일본에 의해 강제로 개항된 이후 1910~45년의 기간 동안에 일본제국주의의 영향과 나아가 식민지 지배를 받은 것은 엄연한 역사적 사실이다. 식민지정책 또는 식민주의(colonialism)는 선진자본주의 제국이 제국주의적 대외 팽창과정을 거쳐서 저개발지역을 식민지체제에 편입시키고, 그것을 정치적·경제적·문화적으로 지배하는 것이다. 식민지는 공업제품의 판매시장, 식량 및 공업원료의 공급원으로서 본국경제에 대한 종속이 더욱 강요되고, 그것을 보장하는 방향에서 본국자본의 투자대상이 된다. 식민지체제를 기반으로 해서 종주국은 보다 발전하지만 식민지(종속국)는 자립적 발전의 기반을 구축할 수 없게 된다. 왜냐하면 종주국이 들어와 전통적 사회관계 및 여러 제도를 변혁시키지만, 그 방향은 어디까지나 본국 발전에 유리하도록 재편성할 뿐, 식민지 자체의 근대적 발전기반이 될 수 있는 방향으로 변혁되지 못하기 때문이라는 것이 식민지 지배에 대한 교과서적 설명이다.

이렇게 볼 때 식민지시대는 수탈의 측면이 본질적이며, 개발의 측면이 있었다 하더라도 그것은 부차적인 것으로 파악된다. 곧 '개발을 통한 수탈'이며 '수탈을 위한 개발'인 것이다. 결국 식민지시대를 수탈과 저항의 역사로 해석할 것인가, 아니면 개발과 협력의 역사로 해석할 것인가의 문제인데, 두 가지 측면이 있었다고 하더라고 본질적인 것은 전자로 보아야 할 것이다.

(4) 경제발전론적 시각의 한계

식민지시대를 파악하는 데 수탈과 저항, 그리고 개발과 협력의 두 가지 측면은 역사인식에서의 두 가지 시각, 곧 생산관계적 시각과 생산력적 시각으로 해석된다.

생산력적 시각은 사용가치 중심의 시각이며 생산관계적 시각은 잉여가치 중심의 시각임은 잘 알려진 사실이다. 그리고 전자는 물적 관계(노동력과 생산수단), 후자는 인적 관계(노동자와 자본가라는 인적관계)에서 비롯되는 개념이다. 그 특성상 생산력적 시각은 상호의존(협동)관계로, 그리고 생산관계적 시각은 지배종속(착취·대립)관계로 해석된다. 식민지시대를 개발과 협력 위주로 파악하는 것은 생산력적 시각에, 그리고 수탈과 저항의 시대로 보는 것은 생산관계적 시각에 입각해 있다고 볼 수 있다.119)

경제발전론적 시각은 개발과 협력을 위주로 하기 때문에 생산력적 관점에서 식민지시대를 파악하는 것으로 볼 수 있다. 그런데 식민지시대를 수탈과 저항이 본질적인 것으로 규정하면 그것은 생산관계적 측면을 강조하는 것이고, 결국 생산력적 시각을 반영하는 경제발전론적 시각은 식민지 사회를 해석하는 이론으로 한계를 가질 수밖에 없다.

식민지시대와 해방 이후 한국 사회는 경제적으로뿐만 아니라 정치적·사회적·문화적으로 단층이 있다. 우선 경제적인 단절은 위에서 지적된 바가 있고, 정치적으로도 해방을 맞아 독립된 한국 사회는 식민지시대에 상실했던 주권을 회복했다는 점에서 단층이 있다. 정치적 독립(해방)은 식민지 지배하에서 생산관계적 불평등과 지배 종속을 제거·완화할 수 있는 제도적 기초를 제공한 것이다. 식민지시대는 제국주의의 지배 권력이 작용하는 사회였음에 대히어 해방

---

119) 중국 사회성격 논쟁에서는 봉건파가 생산관계적 시각에, 그리고 자본파가 생산력적 시각에 서 있었다.

후의 시대는 엄밀한 의미에서 보면 주권이 확립되고 자주권이 수립된 사회라는 점에서 양자 사이에는 단층이 있다.

경제적인 측면에서 '식민성'이 작용하는 식민지시대는 식민지자본주의임에 대하여, 해방 후는 '종속성'을 그 특징으로 하는 주변부자본주의라고 흔히 파악된다. 식민지근대화론에서 주장한 대로라면 주변부자본주의는 점차 독자적으로 발전해 중진자본주의적 길을 추구하면서 종속성을 완화시킨다는 점에서도 식민지자본주의와는 구분된다. 식민지자본주의에서는 권력구조(식민지 권력)가 경제적 구조를 적극적으로 규제(지배·종속)하지만, 주변부자본주의에서는 정치권력이 경제 발전을 촉진(개발·협력)한다.

결국 식민지시대와 해방 후는 다각적으로 단층이 있는 사회이기 때문에 사회구성을 규정하는 역사인식도 '관통하는 원리'를 지니기 어렵다. '지배·종속'이 지배적인 식민지 사회와 '개발·협력'이 지배적인 해방 후의 두 사회를 '관통하는 원리'로 해석하는 데는 한계가 있다고 보아야 한다. 지배·종속의 극복을 지향하는 민족주의 및 민족문제의 시각과 개발·협력을 위주로 하는 경제발전론적 시각은 서로 측면을 달리하는 대립적 시각이기 때문이다. 경제발전론적 시각(생산력적 시각)은 해방 이후 한국 사회를 파악하는 역사인식의 틀로서는 적용성이 있을 수 있지만, 식민지시대의 역사인식의 방법(생산관계적 시각)으로는 한계가 있는 것이다.

3. 두 시각의 통일 : 민족경제론의 근대경제학적 해석

(1) 두 시각 통일의 과제

전자본주의적 제 지역인 저개발지역이 제국주의가 주도하는 세계시장에 편입되면서 전개된 '식민지 근대'는 억압과 해방의 측면, 식민지적 수탈·억압과 문명화·개발이라는 두 가지 측면을 갖는다. 이 과정에서 식민지 지배에 저항하는가 하면, 협력하기도 하였다. 전자는 지배종속·대립착취관계를 반영하는 생산관계적 특성을, 그리고 후자는 상호협동·의존관계를 의미하는 생산력적 특성을 지닌 것이었다.

모든 경제현상을 포함한 역사인식에서는 두 가지 시각, 곧 생산력적 시각과 생산관계적 시각이 제시될 수 있다. 전자는 모든 시대에 공통적인 본원적 시각임에 대하여 후자는 어느 시대에 한정된 역사적 시각이다. 그리고 근대경제학은 생산력적 시각을, 마르크스 경제학은 생산관계적 시각을 중심으로 하고 있다고 본다.

마르크스가 근대 자본주의사회의 경제적 운동법칙을 폭로할 목적으로 생산관계를 중심으로 한 분석을 하였다는 사실은 이 분석시각이 역사성을 지니고 있음을 뜻한다. 이에 대하여 생산력적 시각은 기술적 요인을 중요시하면서 사회관계의 영원성과 조화를 전제로 하기 때문에 역사성을 결여하고 관념론으로 흐를 가능성이 있다고 볼 수 있다.

이 두 시각의 통일로 한국근현대사를 인식하려는 것은 근대경제학과 마르크스 경제학의 절충이 아니고 두 시각이 지니는 양면성(대립과 협력·역사성과 추상성)을 통일하여 종합적으로 적용하려는 시도이다. 생산관계적 시각으로 식민지 시대의 역사성과 시대성을 반영하는 수탈·지배·저항의 측면을 파악하면서, 생산력적 시각으로 개발·협력의 측면과 동시에 해방 후의 경제발전적 특성을 분석하는 통일적 관점을 마련하려는 것이다.

두 시각의 변증법적 통일은 '대립관계 속의 상호의존성' 또는 '상호의존성 속의 대립'으로 규정되기도 한다. 근대 자본주의가 그 초기에서 산업자본주의로, 그리고 독점자본주의로 이행하면서 점차 대립과 의존이라고 하는 모순적 관계는 대립을 그 안에 포함하면서도 외적인 형태에서는 상호의존하고 있어서, 실질적으로 다른 쪽에 의존하면서 자기를 보존하는 형태로 전환된다. 곧 사회가 발전하면서 '대립관계 속의 상호의존성'의 성격을 띠게 된다는 것이다. 생산관계적 대립을 본질로 하면서도, 외적인 형태에서는 생산력적 상호의존성을 지닌다는 것이 두 시각의 통일적 인식이다.

식민지민의 일상은 저항과 협력이라는 양극단의 어느 지점이 아니라 '협력적 저항'과 '저항적 협력' 사이의 넓은 프리즘에 존재하며 거기에는 저항과 협력이 교차하는 영역, 곧 회색지대가 존재하였고, 이 영역은 식민지 지배하에서 지속적으로 확대되고 있었다는 견해도 있다. 이 회색지대는 수탈론이나 식민지근대화론만으로는 파악할 수 없는 영역이며, 따라서 식민지시대를 이해하려면 민족주의(수탈론적)와 근대주의(개발지상주의적 식민지근대화론적) 양자를 넘어서는 새로운 역사인식이 요구된다는 것이고, 이를 저항과 협력의 변증법에서 찾고 있다.[120]

이런 논의도 식민지시대를 포함한 한국근현대사를 저항과 개발, 생산관계적 시각과 생산력적 시각이라는 두 시각(측면)을 통일하여 파악할 필요성이 있다는 점을 지적한 것으로 해석된다. 두 시각의 통일이라는 명제는 정치경제학의 이론틀로 도출된 '민족경제론'에 근대경제학적인 해석을 더함으로서 해결될 수 있다고 본다.

(2) 민족경제론의 근대경제학적 해석

정치경제학적 측면의 민족경제론은 정치경제학적 인식, 곧 생산관계적 시각을 한국의 구체적 현실에 적용하기 위한 이론적 틀이다. 국민경제(자본주의적 재생산권) 안에 민족적 생존권을 뒷받침하는 경제영역(민족경제) 외에도 식민지·반식민지 상황 속에서 민족적 생존권을 제약하고 축소·소멸시키는 경제영역(외국자본 그리고 그것에 동조하는 매판자본의 활동영역)이 존재한다고 본다. 따라서 민족경제론은 민족적 생존권의 확보와 발전이라는 민족주의적 요구하에서 국민경제 안팎에서 이루어지는 민족경제의 주체적 발전과 그것에 맞서는 외국자본 및 매판자본의 대립적 상호관계를 이론적으로 해명하는 논리체계이다.

그러므로 민족경제론은 식민지·반식민지 상태의 식민지 종속형 자본주의국

---

120) 윤해동, 〈식민지 인식의 "회색지대"〉, 《근대를 다시 읽는다》, 윤해동·천정환 외 엮음, 역사비평사, 2006. 11., pp. 37~61 식민지 지배하에서 지배자와 식민지 종속민은 서로를 타자로 인식했지만 타자 없이는 자기를 인식할 수 없는 운명에 처하게 된다고 지적하고 있다.

가들에 적용하려는 정치경제학적 이론체계이다. 구체적으로는 식민지자본주의에서 제국주의에 의한 식민지 지배를 민족주의와 수탈론적 시각, 곧 생산관계적 시각으로 분석하려는 것이다. 그리고 해방 후의 주변부자본주의에서는 중심부에 의한 주변부의 종속성을 파악하는 이론적 틀을 제공한다.

그런데 민족경제론의 형성과정을 보면 국지적 시장권과 사회적 분업론에서 그 논리가 시작되었음을 알 수 있다. 여기에서는 식민지·반식민지 종속하의 국민경제가 지향하는 목표를 자립경제 또는 자립적 재생산구조에서 구하였는데, 이것은 오쓰카의 국민경제 개념에서 착상된 것이었다. 자연적 질서에 따른 자본주의 전개는 국지적 분업→국지적 시장권(국내 시장권)의 형성→국민적 산업의 형성→국민경제의 통합이라는 과정에서 시장·소재면에서 상호관련된 모든 산업이 통일적 경제권인 국민경제구조를 형성하는데, 이것이 자율적 재생산권, 또는 자립적 재생산구조의 고전적 모습이라는 것이다.

곧 국지적 시장권의 형성과 이를 토대로 한 사회적 분업의 균형적 발전, 나아가 국민경제의 통합이 자립적 국민경제의 기본조건이며 그 실현이 민족경제론의 과제라고 보았다. 이러한 국지적 시장권론과 사회적 분업론에 바탕을 둔 민족경제론은 이에 내한 근대경제학적 해석의 영역을 제공하며 생산력적 시각을 보이고 있다. 국지적 시장권에서 지역적 시장을 거쳐 국민적 시장권(국내 시장권)의 형성을 바탕으로 사회적 분업체제를 만들어 내는 생산제력의 구성인 산업구조가 '국민경제'의 기초개념이며, 민족경제론이 지향하는 자립경제 또는 자립적 재생산구조인데 이것을 '내부성장형'(內部成長型)이라고 지적하였다.121)

사회적 분업은 공동체 내적 분업관계와 국제간 분업관계로 구분된다. 전자는 국지적 시장권→지역적 시장권→국내적 시장권을 바탕으로 전개되는 것이고, 후자는 사회적 분업체계가 국제적 형태로 전개되는 것, 곧 국제적 분업을 말한다. 양자는 생산력을 가능한 한 자기 분업권으로 편입시키려는 성향이 있다는 점에서 상호대항관계로 보기도 한다.122) 그리고 국내적 시장권을 바탕으로 사

---

121) 大塚久雄 編, 《後進資本主義の展開過程》, アジア經濟硏究所, 1973, p. 99.

회적 분업관계를 형성하는 생산제력의 구성인 산업구조(자립적 산업구조)가 지나치게 공동체 간 분업(국제적 분업)에 편향되는 경우에는 국민경제의 왜곡(교란)이 발생하므로, 이를'국민경제'의 이해의 관점에서 저지하고 자립적 산업구조를 유지해야 한다는 것이 내부성장형의 과제이다.

　민족경제론의 근대경제학 또는 성장경제학적 해석은 그것이 이러한 내부성장형을 추구한다는 데 있다. 민족경제론은 내부성장형의 국민경제를 실현하여 국내적 분업체계에 기반을 둔 민족경제의 영역을 가급적 확대하고, 지나친 대외분업 편중으로 말미암은 국민경제의 자립성의 훼손과 생산력의 약화를 방지하여 상대적 자급체계의 기초를 마련하려는 것이다. 즉 상대적으로 높은 국내 분업과 낮은 국제 분업을 실현하려는 성장방향이 민족경제론이 제시하는 근대경제학적 의미이다.

　민족경제론은 개발전략면에서 식민지근대화론이나 경제발전론적 시각이 주장하는 국제분업주의하의 개방체제에 대한 편향이나 외향적 개발전략(outward looking strategy of development)과는 대립되는, 국내 시장과 생산력 기반의 내향적 공업화 전략(intensive strategy of domestic division of labor) 또는 내포적 공업화 방향을 지향하고 있다. 이러한 개발방향은 한국 경제의 종속적 공업화 내지 종속적 발전을 완화하고, 대외 지향적 개발의 국내적 생산력 기반을 확충하는 데 의미 있는 시사점을 던져주고 있다. 국제화 또는 세계화시대의 선진화 과제가 성공하려면 그것을 뒷받침할 국내적 생산력 기반의 확충이 수반되어야 하기 때문이다. 이러한 의미에서 민족경제론의 생산관계적 시각과 그것이 내포하고 있는 생산력적 시각 및 그에 대한 근대경제학적 해석은 대립되는 두 시각을 통일하여 한국근현대사를 총체적이고 '관통하는 원리'로 파악하는 방향을 제시하고 있다.

　민족경제론은 식민지자본주의 또는 해방 후의 주변부자본주의와 신식민지 국가독점자본주의의 종속성을 구조적으로 해석하기 위한 생산관계적 시각을 제공한다. 그러면서 그것의 완화 해소를 위한 방향에서 생산력적 시각을 동시에 제

---

122) 위의 책, pp. 84~85.

시하기도 한다. 수탈과 저항의 역사가 지배적이었던 식민지기에는 민족해방을 위한 투쟁의 방향, 곧 자립경제 실현을 위한 국지적 시장권과 사회적 분업체계에 바탕을 둔 민족경제의 생산력 확충이라는 생산력적 시각을 들고 있다.

해방 후 종속성을 포함하는 경제에서는 그것의 구조적 특성을 해명하려는 이론적 틀로서 생산관계적 시각을 제시한다. 또한 이것의 완화 극복을 위한 방향으로 내포적 공업화를 추구하는데, 이것은 생산력적 시각의 의미를 지닌다. 민족경제론이 지향하는 내포적 공업화는 봉쇄경제의 추구가 아니며, 상대적으로 높은 국내분업체계와 낮은 대외분업체계를 지향하는 개발전략이다. 즉 맹목적인 국제분업주의에 편향되는 것이 아니고 심화된 국내적 분업체계와 국내 생산력을 기반으로 하는 개발방향인 것이다.

원론적으로 분업체계는 공동체 안의 분업과 공동체 사이 분업이란 두 유형으로 구분된다. 두 유형은 상호보완·의존적이지만 각각의 분업체계가 생산제력을 자기영역으로 흡인하려는 성향을 지닌다는 점에서는 서로 경쟁적·대립적 성격을 지니기도 한다.

공동체 안의 분업은 내포적 공업이며, 공동체 간 분업은 개방체제를 지향하는 대외 지향적 개발방향이라고 볼 때, 두 개발방향은 상호보완·의존적이면서도 서로 경쟁·대립적인 성향을 갖는다. 곧 생산력적 측면과 생산관계적 측면을 가지면서도 둘의 통일, 즉 '경쟁·대립 속의 상호의존' 또는 '상호의존 속의 경쟁·대립'이라는 통합이 실현되고 있다.

성격상 서로 다른 시각이면서도 두 개발전략은 상호의존성을 지니고 있다. 오늘날 내포적 공업화는 그것이 봉쇄경제체제의 지향이 아닌 한, 국제분업주의의 상대적 보완을 받는 것이 불가피하다. 또한 개방체제하의 개발도 심화된 국내분업체계와 국내 생산력 기반의 뒷받침 속에서만 그 성공적 수행이 가능하다. 결국 두 개발 방향은 두 시각의 통일로 구체적 모습을 나타낸다.

이처럼 민족경제론은 식민지자본주의 또는 해방 후의 종속성을 내포하는 국민경제에서 그 구조적 특성을 규명하기 위한 생산관계적 시각을 제시하면서도, 생산관계적 모순의 지양을 위한 개발방향에서는 생산력적 시각을 내포한다. 그리고 개발방향에서는 민족경제론의 근대경제학적 해석이 주는 내포적 공업화는 상반되는 두 개발방향의 통일을 위한 이론적 틀을 마련해 준다.

참고문헌

자료 · 기타

《三國遺事》, 《三國史記》, 《高麗史》, 《高麗圖經》, 《太祖實錄》, 《太宗實錄》, 《世祖實錄》, 《端宗實錄》, 《成宗實錄》, 《中宗實錄》, 《經國大典》, 《陽村集》, 《世宗實錄地理志》, 《東國輿地勝覽》, 《新增東國輿地勝覽》, 《萬機要覽》, 《續大典》, 《日省錄》, 《擇里志》, 《大典通編》, 《林圓經濟誌》, 《兪吉濬全集》, 《漢城旬報》(1883. 10. 21.), 《東亞日報》(1921. 5. 16. 및 1922. 12. 18.), 《東明》(1922. 12.), 《新生活》(1922. 7.), 《산업계》(1923. 12.), 《開闢》(1923. 10.), 《朝鮮之光》(1923. 11.), 《朝鮮日報》(1926. 8. 26.), 《施政年報》(朝鮮總督府 大正 79年度), 《施政二十五年史》(朝鮮總督府), 《朝鮮經濟年鑑》(1939年度版), 《朝鮮經濟年報》(1948年版), 《朝鮮貿易史》(朝鮮貿易協會, 1943), 《企業整備에 關한 資料》(朝鮮金融組合聯合會, 1944), 《毛澤東全集》(1952), 《家庭工業調査》(京城商業會議所, 1927), 《朝鮮た於ける家庭工業調査》(京城商工會議所, 1937), 《日本人の海外活動た關する 歷史的調査》(朝鮮篇, 大藏省管理局, 1946~48)

단행본

강동진, 《일본근대사》, 한길사, 1985.

姜萬吉, 《朝鮮後期 商業資本의 發達》, 고려대학교출판부, 1973.

______, 《韓國商業의 歷史》, 세종대왕기념사업회, 1975

______, 《朝鮮時代商工業史研究》, 한길사, 1984.

______, 《韓國現代史》, 創作과批評史, 1984.

姜在彦(鄭昌烈 譯), 《韓國의 開化思想》, 비봉출판사, 1981.

______(한울 역), 《신편한국근대사연구》, 도서출판 한울, 1982.

______ 外, 《封建社會解체期의 社會經濟構造》, 청아, 1982.

高麗大學校民族文化研究所 編,《韓國文化史大系》Ⅱ, 政治·經濟史(下), 고려대학교 민족문화연구
　　소, 1978.
高東煥,《朝鮮後期 서울商業發達史研究》, 지식산업사, 1998.
高承濟,《韓國社會經濟史論》, 一志社, 1988.
國史編纂委員會,《韓國史論》11, 朝鮮前期商工業, 1982.
　　　　　　　　,《한국사》5, 고려 귀족국가의 사회구조, 1977.
　　　　　　　　,《한국사》14, 고려 전기의 경제구조, 1993.
　　　　　　　　,《한국사》19, 고려 후기의 정치와 경제, 1996.
　　　　　　　　,《한국사》24, 조선 초기의 경제구조, 1994.
　　　　　　　　,《한국사》33, 조선 후기의 경제, 1997.
權丙卓,《韓國經濟史特殊研究》, 嶺南大産業經濟研究所, 1972.
　　　,《한국산업사연구》, 영남대학교출판부, 2004.
權泰檍,《韓國近代綿業史研究》, 一潮閣, 1989.
김광진·정영술·손전후,《조선에서 자본주의적 관계의 발전》, 사회과학출판사, 1973.
김낙년,《일제하 한국경제》, 해남, 2003.
　　　 편,《한국의 경제성장》, 1910~1945, 서울대학교출판부, 2006.
김대길,《朝鮮後期 場市研究》, 國學資料院, 1997.
김대래·김호범 외 공저,《한국경제사강의》, 신지서원, 2004.
김대환·백영서 편,《중국사회성격논쟁》, 창작과비평사, 1988.
金東哲,《朝鮮後期貢人研究》, 國學研究院, 1993.
金玉根,《日帝下朝鮮財政史論攷》, 一潮閣, 1997.
金玉根,《한국경제사의 이해》, 신지서원, 2004.
김용관 옮김(瀧澤秀樹 著),《현대한국민족주의론》, 미래사, 1985.
김용석 엮음,《식민지반봉건사회론연구》-중국사회성질논쟁을 중심으로, 아침, 1986.
金容燮,《朝鮮後期農業史研究》-農村經濟·社會變動-, 一潮閣, 1970.
　　　,《한국근현대농업사연구》, 일조각, 1992.
　　　·金泳鎬·姜萬吉·鄭奭鐘,《十九世紀의 韓國社會》, 成大大同文化研究院, 1972.
김용섭교수 정년기념 논문집,《한국사인식과 역사이론》, 지식산업사, 1997.
김정배 편,《북한이 보는 우리역사》, 을유문화사, 1990.
김창석,《삼국과 통일신라의 유통체계연구》, 일조각, 2004.
녹두편집부,《정치경제학원론》, 녹두신서 26, 1986.
閔斗基 編,《중국사시대구분론》, 창작과비평사, 1984.
朴慶植,《日本帝國主義의 朝鮮支配》, 청아, 1986.
朴南守,《新羅手工業史》, 新書院, 1996.
박은식,《조선통사》, 1915.
박종기,《고려시대부곡제연구》, 서울대출판부, 1990.
박지향 등 엮음,《해방전후사의 재인식》, 책세상, 2006.

박찬승, 《한국근대정치사상사연구》-민족주의 우파의 실력양성운동론-, 역사비평사, 1992.
朴平植, 《朝鮮前期商業史硏究》, 지식산업사, 1999.
朴玄琛, 《民族經濟論》, 한길사, 1978.
______, 《한국경제구조론》, 일월서각, 1986.
______, 《민족경제와 민중운동》, 창작과비평사, 1988.
______, 《민족경제론의 기초이론》, 돌베개, 1989.
______ · 정윤형 · 이경의 · 이대근 편, 《한국경제론》, 까치, 1987.
白南雲, 《朝鮮社會經濟史》 1卷, 改造社, 1933.
______, 《朝鮮社會經濟史》 2卷, 改造社, 1937.
白承哲, 《朝鮮後期商業史硏究 · 商業論 · 商業政策》, 혜안, 2000.
사계절편집부 편(梶村秀樹 外 著), 《韓國近代經濟史硏究》-李朝末期에서 解放까지, 1983.
사회과학원역사연구소, 《조선통사》(상), 오월, 1988.
손영종 · 조희승, 《조선수공업사》 1, 백산자료원, 1997(공업출판사, 1990).
宋贊植, 《李朝後期手工業에 관한 硏究》, 韓國文化硏究所, 1973.
______, 《朝鮮後期 社會經濟史의 硏究》, 一潮閣, 1997.
신채호, 《독사신론》, 1908.
______, 《조선상고사》, 1926.
安秉直, 《三一運動》, 한국일보사, 1975.
______ 譯(中村哲 著), 《世界資本主義와 移行의 理論》-東아시아를 中心으로, 比峰出版社, 1991.
______ 편, 《韓國經濟成長史》-예비적 고찰, 서울대학교 출판부, 2001.
______ · 中村哲 共編著, 《近代朝鮮工業化의 硏究》-1930~1945, 一潮閣, 1993.
______ · 李大根 · 中村哲 · 梶村秀樹 編, 《近代朝鮮의 經濟構造》, 比峰出版社, 1989.
안병태, 《한국근대경제와 일본제국주의》, 백산서당, 1982.
역사문제연구소 편, 《한국의 '근대'와 '근대성' 비판》, 역사비평사, 2004.
吳斗煥 編著, 《工業化의 諸類型》(Ⅱ)-韓國의 歷史的 經驗, 經文社, 1996.
오미일, 《한국근대자본가연구》, 한울아카데미, 2002.
吳星, 《朝鮮後期商人硏究》, 一潮閣, 1989.
劉元東, 《李朝後期 商工業史硏究》, 韓國硏究院, 1968.
______, 《韓國近代經濟史硏究》, 一志社, 1977.
尹炳奭 · 愼鏞廈 · 安秉直, 《韓國近代史論》 Ⅰ, 知識産業社, 1977.
윤정숙 역, 《중국도성제도의 이론》, 이화, 1995.
윤해동 · 천정환, 《근대를 다시 읽는다》, 역사비평사, 2006.
李基白, 《國史新論》, 一潮閣, 1961
______, 《韓國史新論》(改正版), 一潮閣, 1987.
李大根 외, 《새로운 한국경제발전사》-조선 후기에서 20세기 고도성장까지, 나남, 2005.
______ · 鄭雲映 編, 《韓國資本主義論》, 까치심포지움 2, 까치, 1984.
이영훈 · 장시원 · 宮島博史 · 松本武祝 공저, 《近代朝鮮水利組合硏究》, 一潮閣, 1992.

이영훈 편, 《수량경제사로 다시 본 조선 후기》, 서울대학교출판부, 2004.
李泰鎭, 《韓國社會史硏究》-農業技術 발달과 社會變動, 지식산업사, 1986.
李漢九, 《日帝下 韓國企業設立運動史》, 靑史, 1989.
李海珠·崔成日 編譯, 《韓國近代社會經濟史의 諸問題》, 부산대학교출판부, 1995.
李憲昶, 《韓國經濟通史》(제2판), 法文社, 2003.
장시원 편역(藤瀨浩司 외 지음), 《식민지반봉건사회론》, 한울, 1984.
전석담·최윤규, 《19세기 후반기~일제통치 말기의 조선사회경제사》, 조선로동당출판사, 1959.
______·______ 외 지음, 《조선근대사회경제사》(19세기 말~일제통치 말기의 조선사회경제사), 이성과현실, 1989.
정문종 옮김(村上勝彦 지음), 《식민지》-일본산업혁명과 식민지조선, 한울, 1984.
趙璣濬, 《韓國經濟史》(改正版), 日新社, 1965.
______, 《韓國企業家史》, 博英社, 1973.
______, 《韓國資本主義成立史論》(全訂版), 大旺社, 1973(1985).
______, 《韓國經濟史新講》, 일신사, 1994.
車基壁 엮음, 《일제의 한국식민통치》, 정음사, 1995.
청아, 《甲申甲午期의 近代變革과 民族運動》, 청아, 1983.
崔完基, 《朝鮮後期船運業史硏究》, 一潮閣, 1989.
______, 《조선시대 서울의 경제생활》, 서울시립대 서울학연구소, 1994.
최윤규, 《근현대조선경제사》, 갈무지, 1988.
崔虎鎭, 《韓國經濟史》(訂正增補), 博英社, 1984.
하원호, 《한국근대경제사연구》, 신서원, 1997.
韓國經濟史學會, 《韓國史時代區分論》, 乙酉文化史, 1970(1995).
한국역사연구회, 《1894년 농민전쟁연구》I, 농민전쟁의 사회경제적 배경, 역사비평사, 1994.
韓國精神文化硏究院, 《韓國資本主義의 形成과 展開》, 1984.
한길사, 《한국의 사회경제사》, 한길사역사강좌 5, 1987.
______, 《한국사》 1, 원시사회에서 고대사회로-1, 1994.
______, 《한국사》 5, 중세사회의 성립-1, 1994.
______, 《한국사》 6, 중세사회의 성립-2, 1994.
______, 《한국사》 7, 중세사회의 발전-1, 1994.
______, 《한국사》 9, 중세사회의 해체-1, 1994.
______, 《한국사》 11, 근대민족의 형성-1, 1994.
______, 《한국사》 13, 식민지시기의 사회경제-1, 1994.
______, 《한국사》 14, 식민지시기의 사회경제-2, 1994.
韓㳓劤, 《韓國開港期의 商業硏究》, 一潮閣, 1970.
허수열, 《개발없는 개발》-일제하 조선경제개발의 현상과 본질, 은행나무, 2005.
허종호·홍희유, 《조선에서 자본주의적 관계의 발생》, 이성과현실, 1989.
홍희유, 《조선상업사》(고대·중세), 백산자료원, 1989.

홍희유, 《조선중세수공업사연구》, 지양사, 1989.

姜在彦, 《朝鮮の開化思想》, 岩波書店, 1980.
高橋龜吉, 《現代朝鮮經濟論》, 千倉書房, 1935.
溝口雄三 外 編, 《アジアから考える長期社會變動》, 東京大學出版會, 1994.
金哲, 《韓國の人口と經濟》, 岩波書店, 1965.
大塚久雄 編, 《後進資本主義の展開過程》, アジア經濟研究所, 1973.
________ ・高橋幸次郎・松田智雄 編著, 《西洋經濟史講座》Ⅱ, 岩波書店, 1960.
藤田敬三・伊東垈吉 編, 《中小工業の本質》, 有斐閣, 1960.
鈴木武雄, 《朝鮮の經濟》, 日本評論社, 1942.
山口精 編著, 《朝鮮産業誌》 中卷, 寶文館, 1911.
山田盛太郎, 《日本資本主義 分析》, 岩波書店, 1937.
小島麗逸 編, 《日本資本主義と東アジア》, アジア經濟研究所, 1979.
篠原三代平, 《日本經濟の成長と循環》, 創文社, 1966.
アジア經濟研究所 編, 《中國統一化論爭資料集》, 1971.
安秉台, 《朝鮮近代經濟史研究》, 日本評論社, 1975.
_____, 《朝鮮社會の構造と日本帝國主義》, 龍溪書店, 1977.
林泰輔, 《朝鮮史》, 1892.
_____, 《朝鮮最近世史》, 1901.
_____, 《朝鮮通史》, 1912.
中村哲・堀和生・安秉直・金泳鎬 編, 《朝鮮近代の歷史像》, 日本評論社, 1988.
川合彰武, 《造船工業の現段階》, 東洋經濟新報社, 1943.
賀業鉅, 《考工記營國制度研究》, 中國建築工業出版社, 1985.

Ecker, J. Carter, Offspring of Empire; The Kochang Kims and the Colonial Origins of Korean Capitalism, 1876-1945, Seattle and London : University of Washington Press. 1991.

Dobb, M., Studies in the Development of Capitalism, Routledge & Kegan. Paul, 1969.

Marx, K., Capital Vol.Ⅲ, A Critique of Political Economy, The Process of Capitalistic Production, trans. from the third edition, by Samuel Moore and Edward Aveling, New York, International Publishers, 1977.

Meyers, R. H. and Peattie, M. R., eds, The Japanese Colonial Empire, 1985~1945, Princeton University Press, 1984.

Suh Sang Chul(徐相哲), Growth and Structural Change in the Korean Economy, 1910~40, Harvard University Press, 1978.

Weber, H., Wirtshaqtheschite, 1924.

Wittfogel, K. A.(森谷克己 譯), Theorie der orientalischen Gesellshaft, 1938(《東洋社會の理解》, 東京, 1939)

논문·기타

姜德相, 〈이씨조선 개항 직후에 있어서 朝日貿易의 전개〉, 《甲申甲午期의 近代變革과 民族運動》, 청아, 1983.

姜萬吉, 〈開城商人과 人蔘栽培〉, 《朝鮮後期 商業資本의 發達》, 高麗大學校出版部, 1973.

_____, 〈京江商人과 造船都賈〉, 위의 책, 1973.

_____, 〈市廛商業의 工匠支配〉, 위의 책, 1973.

_____, 〈조선전기의 경제사정-상업〉, 《서울 6백년사》 1권, 1977.

_____, 〈手工業〉, 《한국사》 5, 국사편찬위원회, 1977.

_____, 〈商業과 對外貿易〉, 위의 책, 1977.

_____, 〈開化期의 商工業問題〉, 《朝鮮時代商工業史研究》, 한길사, 1984.

_____, 〈한국근현대사를 어떻게 볼 것인가〉, 《신동아》, 1986. 8.

高東煥, 〈18·9세기 外方浦口의 商品流通 발달〉, 《韓國史論》 13, 서울대, 1985.

_____, 〈浦口商業의 발달〉, 《韓國史市民講座》 제9집, 一潮閣, 1991.

_____, 〈상품의 유통〉, 《한국사》 33, 국사편찬위원회, 1997.

權丙卓, 〈李朝末期의 農村織物手工業研究〉, 《論文集》 제1집, 영남대, 1968.

_____, 〈李朝末期 鎔銑手工業〉, 《韓國經濟史特殊研究》, 영남대학교산업경제연구원, 1972.

_____, 〈고려후기 도자기소의 경영형태〉, 《한국산업사연구》, 영남대학교출판부, 2004.

權寧旭, 〈구식민지경제연구노트-일본제국주의하의 한국을 중심으로〉, 장시원 편역(藤瀨浩司 외 지음), 《식민지반봉건사회론》, 한울, 1984.

金敬泰, 〈韓國近代史의 起點과 時期區分〉, 《國史館論叢》, 국사편찬위원회, 1993.

_____, 〈중화체제·만국공법질서의 착종과 정치세력의 분열〉, 《한국사》 11, 한길사, 1994.

_____, 〈일제의 한국침략정책〉, 《한국사》 13, 한길사, 1994.

김낙년, 〈일본제국주의 식민지지배의 특질〉, 위의 책, 1994.

_____, 〈식민지 조선의 공업화〉, 위의 책, 1994.

김대환, 〈(半)植民地半封建社會論 : 사회구성체론인가, 정체론인가〉, 《중국사회성격논쟁》, 창작과 비평사, 1988.

金東哲, 〈고려말의 流通構造와 상인〉, 《釜大史學》 9, 1985.

_____, 〈상업과 화폐〉, 《한국사》 14, 국사편찬위원회, 1993.

_____, 〈수공업과 염업〉, 《한국사》 19, 국사편찬위원회, 1996.

金三守, 〈韓國社會經濟史-諸共同体 및 그와 關聯된 諸問題〉, 《韓國文化史大系》 Ⅱ, 政治·經濟史 (上), 高大民族文化研究所, 1965(1978).

김석형, 〈19세기 중엽의 국내외 정세〉, 《조선근대혁명운동사》, 과학원역사연구소, 1961.

金順德, 〈1876~1905년 關稅政策과 關稅의 운용〉, 《韓國史論》 15, 서울대, 1986.

金泳鎬, 〈安城鍮器機産業에 관한 調査報告〉, 《亞細亞研究》 20호, 고려대아시아문제연구소, 1965.

金泳鎬, 〈朝鮮後期 手工業의 發展과 새로운 經營形態〉, 《19世紀의 韓國社會》, 成大大同文化硏究院, 1972.

_____, 〈수공업의 발달〉, 《한국사》 33, 국사편찬위원회, 1997.

金玉根, 〈貢人〉, 《朝鮮後期經濟史硏究》, 瑞文堂, 1977.

김용석, 〈모택동의 중국사회성격에 대한 설명〉, 《식민지반봉건사회론연구》, 아침, 1986.

_____, 〈중국 사회성질 논쟁에 부쳐〉, 위의 책, 1986.

金容燮, 〈日帝 官學者들의 韓國史觀—日本人은 韓國史를 어떻게 보아왔는가〉, 《思想界》, 1963. 2.

_____, 〈朝鮮後期의 經營型 富農과 商業的 農業〉, 《朝鮮後期 農業史硏究》—農業變動·農業思潮, 一潮閣, 1971.

_____, 〈고부 김씨가의 지주경영과 자본전환〉, 《한국근현대농업사연구》, 일조각, 1992.

金仁杰, 〈1960, 70년대 '內在的 發展論'과 韓國史學〉, 《한국사의 인식과 역사이론》, 지식산업사, 1997.

金仁鎬, 〈일제초기 조선공업의 '과도기 자본주의'적 특징(1910~1919)—조선인 개인공업과 공장공업의 자본구성변동을 중심으로〉, 《한국근현대사연구》, 한국근대사연구회, 1999.

김정기, 〈자본주의 열강의 이권침탈연구〉, 《역사비평》 11, 역사비평사, 1990.

金哲埈, 〈新羅의 村落과 農民生活〉, 《한국사》 3, 국사편찬위원회, 1978.

김태영, 〈조선 전기 사회의 성격〉, 《한국사》 7, 한길사, 1994.

金炫榮, 〈고려시기의 所에 대한 재검토〉, 《韓國史論》 15, 서울대, 1986.

나애자, 〈개항 후 외국상인의 침투와 조선상인의 대응〉, 《1894년 농민전쟁연구》 1, 역사비평사, 1994.

_____, 〈대한제국의 권력구조와 광무개혁〉, 《한국사》 11, 한길사, 1994.

남원우, 〈15세기 유통경제와 농민〉, 《역사의 현실》 제5호, 역사비평사, 1991.

도면희, 〈근대=자본주의 사회 기점으로서의 갑오개혁〉, 《역사와 현실》 제9호, 역사비평사, 1993.

夢蛇生, 〈新製品作名法〉, 《산업계》 창간호, 1923. 12.

_____, 〈조선의 부업적 소공업〉, 《산업계》 2호, 1924. 1.

朴南守, 〈수공업과 상업의 발달〉, 《한국사》 9, 국사편찬위원회, 1998.

朴祥鎬, 〈高麗時期의 國內商業〉, 建國大碩士學位論文, 1988.

朴元善, 〈商人〉, 《韓國史論》 11, 朝鮮前期商工業, 국사편찬위원회, 1982.

박종기, 〈고려사회의 역사적 성격〉, 《한국사》 5, 한길사, 1994.

朴玄埰, 〈공업의 지역적 편재와 불균형발전의 요인분석〉, 《한국경제연구》 제2권 제1호, 한국경제문제연구소, 1967.

_____, 〈계층조화의 조건〉, 《징정언구》, 1969. 11.

_____, 〈中小企業問題의 認識〉, 《創作과 批評》, 1976년 여름.

_____, 〈해방전후 民族經濟의 성격〉, 《한국사회연구》 1, 한길사, 1983.

_____, 〈한국현대사회의 성격과 발전단계〉, 《創作과 批評》 제57호, 1985.

_____, 〈한국자본주의의 전개과정〉, 《민족경제와 민족운동》, 창작과비평사, 1988.

배성준, 〈1930년대 일제의 “조선공업화론” 비판〉, 《역사비평》 제128호, 역사비평사, 1995년 봄.
徐明禧, 〈수공업〉, 《한국사》 14, 국사편찬위원회, 1993.
徐相哲, 〈日政下 한국 經濟의 成長과 二重構造〉, 《三・一運動50周年紀念論集》, 東亞日本社, 1969.
徐聖鎬, 〈高麗前期 手工業硏究〉, 서울대문학박사학위논문, 1997.
薛泰熙, 〈自作自給의 人이 되어라〉, 《東亞日報》, 1922. 12. 3.
＿＿＿, 〈愛他는 愛己의 遠慮〉, 《新生活》 8호, 1922. 7.
＿＿＿, 〈物産奬勵에 관하여-3〉, 《東亞日報》, 1923. 3. 6.
송호정, 〈북한에서의 중세사 시대구분〉, 《역사와현실》 1, 역사비평사, 1989.
宋贊植, 〈三南方物紙貢考-貢人과 生産者와의 關係를 中心하여〉(上・下), 《震檀學報》 제37, 38호,
    1974(〈朝鮮後期社會經濟史의 硏究〉, 一潮閣, 1997 재수록).
愼鏞廈, 〈한국근대화와 중산층의 개편〉, 《정경연구》, 1966. 4.
＿＿＿, 〈書評座談〉, 《신동아》, 1984. 9.
＿＿＿, 〈“식민지근대화론” 재정립 시도에 대한 비판〉, 《창작과비평》 98, 1997년 여름.
안병우, 〈고려시대 수공업과 상업〉, 《한국사》 6, 한길사, 1994.
安秉直, 〈1930年이후 朝鮮에 侵入한 日本獨占資本의 正体〉, 《經濟論集》 10권 4호, 1971(《韓國近代史
    論》 1, 知識産業社, 1977).
＿＿＿, 〈三・一運動 이전 勞動運動〉, 《운암이상구박사 회갑기념논문집》, 1979.
安秉直, 〈일제식민지의 경제적 유산과 민족해방의 의의〉, 《한국경제론》, 까치, 1987.
＿＿＿, 〈중진자본주의로서의 한국경제〉, 《사상문예운동》 제2호, 풀빛, 1989년 겨울.
＿＿＿, 〈植民地朝鮮의 雇傭構造에 관한 硏究-1930년대 工業化를 중심으로〉, 《近代朝鮮의 經濟構
    造》, 費峰出版社, 1989.
＿＿＿, 〈茶山의 農業經營論〉, 《駿臺史學》 80, 1990.
＿＿＿, 〈한국에 있어서의 경제발전과 근대사연구〉, 《제38회 전국역사학대회 발표요지》, 1995.
＿＿＿, 〈한국근대사연구의 새로운 패러다임-경제사를 중심으로〉, 《창작과 비평》 98호, 1997년
    겨울.
＿＿＿, 〈‘뉴라이트재단’을 설립하며〉, 《向上의 塔》, 서울상대회보 제91호, 2006. 7. 1.
＿＿＿・堀和生, 〈植民地朝鮮工業化의 歷史的 條件과 그 性格(〈總論〉)〉, 《近代朝鮮工業化의 硏究》
    -1930~1945, 一潮閣, 1993.
＿＿＿, 김낙년, 〈한국 경제성장의 장기추세(1910~현재) : 경제성장의 역사적 배경을 중심으로〉,
    《광복50주년 기념논문집》, 한국학술진흥재단, 1985.
安在鴻, 〈百年의 大計와 目前의 問題〉, 《朝鮮日報》, 1926. 8. 26.
延正悅, 〈市場〉, 《韓國史論》 11, 朝鮮前期商工業, 국사편찬위원회, 1982.
吳斗煥, 〈甲午 經濟改革의 構造와 性格〉, 《仁荷大論文集》, 1984.
吳美一, 〈18, 9세기 새로운 貢人权・廛契창설운동과 亂廛活動〉, 《奎章閣》 10, 1987.
＿＿＿, 〈상품경제의 발전과 자본주의적 관계의 발전〉, 《한국사》 9, 한길사, 1994.
＿＿＿, 〈1910년대 중・후반 조선인 산업자본의 형성〉, 《한국근현대사연구》 제20집, 한국근현대
    사연구회, 2002년 봄.

吳星, 〈資本主義萌芽論의 硏究史的 檢討-初期의 硏究를 중심으로〉, 《韓國史市民講座》 제9집, 一潮閣, 1991.

＿＿, 〈상인층의 성장과 도고상업의 전개〉, 《한국사》 33, 국사편찬위원회, 1997.

魏恩淑, 〈고려후기 직물공업의 구조변동과 그 성격〉, 《韓國文化硏究》 6, 釜山大, 1993.

劉敎聖, 〈韓國商工業史〉, 《韓國文化史大系》 Ⅱ, 政治·經濟史(下), 고려대학교민족문화연구소, 1965(1978).

柳承宙, 〈朝鮮後期 貢人에 관한 一硏究-三南月課火藥契人의 受価製納實態를 中心으로〉(上·中·下), 《歷史學報》 73, 78, 79집, 1976, 1978.

劉元東, 〈李朝 貢人資本의 硏究〉, 《亞細亞硏究》 제16호, 고려대, 1964.

＿＿＿, 〈韓國史에 있어서의 近代의 起點〉, 《韓國史時代區分論》, 乙酉文化史, 1970.

＿＿＿, 〈商工業의 槪觀〉, 《韓國史論》 11, 국사편찬위원회, 1982.

尹海東, 〈日帝下 物産奬勵運動의 背景과 그 理念〉, 《韓國史論》 27, 서울대, 1992.

＿＿＿, 〈식민지 인식의 "회색지대"〉, 《근대를 다시 읽는다》 1, 역사비평사, 2006.

李景植, 〈16世紀 場市의 成立과 그 基盤〉, 《韓國史硏究》 57, 1987.

李光麟, 〈京主人硏究〉, 《人文科學》 7, 연세대, 1962.

李基白, 〈民族史學의 課題-丹齊와 六堂을 중심으로〉, 《思想界》, 1963. 12.

李大根, 〈한국경제의 국제화전략〉, 《새로운 한국경제발전사》, 나남출판, 2005.

李炳天, 〈李朝後期 商品流通과 旅客主人〉, 《經濟史學》 60, 1983.

＿＿＿, 〈開港期 外國商人의 侵入과 韓國商人의 對應〉, 서울大學校 經濟學博士學位論文, 1985.

李炳熙, 〈高麗後期 社會經濟의 硏究〉, 서울大學校 博士學位論文, 1992.

李北滿, 〈조선에 있어서 토지소유의 변화〉, 《역사과학》, 1932.

李埰根, 〈近代化의 起點問題의 1860年代의 韓國〉, 《韓國史時代區分論》, 1970(1995).

李世永, 〈18, 9세기 穀物市場의 형성과 流通構造의 변동〉, 《韓國史論》 9, 서울대, 1983.

이승렬, 〈일제하 조선인자본가의 '근대성'-민족국가 형성과 관련히어〉, 《한국의 '근대'와 '근대성' 비판》, 역사비평사, 2004.

이영훈, 〈한국자본주의의 맹아문제에 대하여〉, 《한국의 사회경제사》, 한길역사강좌 5, 한길사, 1987.

이윤상, 〈한국근대사에서 개항의 역사적 위치〉, 《역사와 현실》 제9호, 역사비평사, 1993.

＿＿＿, 〈열강의 이권침탈과 경제의 예속화과정〉, 《한국사》 11, 한길사, 1994.

李載昌, 〈寺院經濟의 發達〉, 《한국사》 6, 국사편찬위원회, 1981.

이존희, 〈조선전기 지방행정 제도의 정비〉, 《한국사》 7, 한길사, 1994.

李泰鎭, 〈士林派의 鄕約普及運動-16世紀의 경제변동과 관련하여〉, 《韓國文化》 4, 1983.

＿＿＿, 〈16세기 韓國史의 理解方向〉, 《韓國社會史硏究》, 지식산업사, 1986.

李憲昶, 〈韓國開港期의 日本人搗精業에 관한 硏究〉, 《經濟史學》 7, 1984.

＿＿＿, 〈舊韓末 忠淸北道의 市場構造〉, 《近代朝鮮의 經濟構造》, 比峰出版社, 1989.

＿＿＿, 〈開港期 市場構造와 그 變化에 관한 硏究〉, 서울대학교경제학박사학위논문, 1990.

＿＿＿, 〈朝鮮末期 補負商과 補負商団〉, 《國史館論叢》 제38집, 1992.

李憲昶, 〈朝鮮後期 忠淸道地方의 場市網과 그 변동〉, 《經濟史學》 39, 2005.

______, 〈한국 산업사연구(서평)〉, 《經濟史學》 39, 2005.

이홍락, 〈식민지의 사회구조〉, 《한국사》 14, 한길사, 1994.

장국종, 〈조선에서의 자본주의 요소발생에 대한 몇 가지 문제〉, 《역사과학》 4호, 1964.

장동표, 〈1860년대 반침략·반봉건운동의 의의〉, 《역사와 현실》 제9호, 역사비평사, 1993.

張矢遠, 〈식민지반봉건사회론〉, 《韓國資本主義論》, 까치, 1984.

______, 〈韓國近代史에 있어서 植民地半封建社會論의 適用을 둘러싼 理論的, 實證的 諸問題〉, 《韓國資本主義性格論爭》, 移山 趙璣濬博士 古稀紀念論文集, 大旺社, 1988.

全遇容, 〈1930년대 朝鮮工業化와 中小工業〉, 《韓國史論》 23, 서울대, 1989.

______, 〈開港期 韓人資本家의 形成과 性格〉, 《國史館論叢》 41, 1993.

______, 〈근대이행기(1894~1919) 서울 시전상업의 변화〉, 《서울학연구》 22, 2004.

______, 〈근대이행기 서울의 객주와 객주업〉, 《서울학연구》 24, 2005.

______, 〈한말·일제초 서울의 都市行商(1897~1919)〉, 《서울학연구》 29, 2007.

鄭允炯, 〈민족경제론의 역사적 전개〉, 《민족경제론과 한국경제》, 창작과비평사, 1985.

정재정, 〈1980년대 일제시기 경제사연구의 성과와 과제〉, 《역사비평》, 역사비평사, 1995, 봄.

정창렬, 〈근대국민국가 인식과 내셔널리즘의 성립과정〉, 《한국사》 11, 한길사, 1994.

정태헌, 〈한국의 식민지적 근대화 모순과 그 실체〉, 《한국의 '근대'와 '근대성' 비판》, 역사비평사, 2004.

趙璣濬, 〈韓國史에 있어서의 近代의 性格〉, 《韓國史時代區分論》, 乙酉文化社, 1974.

______, 〈開港前後 市場經濟의 發展과 思想〉, 《韓國資本主義의 形成과 展開》, 韓國精神文化硏究院, 1984.

______, 〈經濟史에서 보는 韓國近現代史問題〉, 《國史館論叢》 제50집, 1993.

조석곤, 〈식민지근대화론과 내재적 발전론 재검토〉, 《동향과 전망》 제38호, 1998년 여름.

조영탁, 〈일본자본주의논쟁 분석〉, 《일본자본주의논쟁사》, 연구사, 1987.

조재곤, 〈한말 근대화과정에서의 褓負商의 조직과 활동〉, 연세대사학과석사학위논문, 1990.

趙孝淑, 〈방직업〉, 《한국사》 24, 국사편찬위원회, 1994.

朱益鐘, 〈日帝下 朝鮮人 會社資本의 동향〉, 《經濟史學》 15호, 1991.

______, 〈日帝下 平壤의 메리아스工業에 관한 硏究〉, 서울대학교경제학박사학위논문, 1994.

車基壁, 〈日本帝國主義 植民政策의 形成背景과 그 展開過程〉, 《일제의 한국식민지통치》, 정음사, 1995.

청아편집부, 〈內在的 發展論의 전진을 위한 方法論的 고찰〉, 《封建社會解體期의 社會經濟構造》, 청아, 1982.

최광식, 〈원시공동체의 해체와 고대국가의 발생〉, 《한국사》 1, 한길사, 1994.

최영호, 〈북한에서의 "자본주의적 관계" 발생에 대한 연구〉, 《북한이 보는 우리 역사》, 을유문화사, 1990.

崔完基, 〈임노동의 발생〉, 《한국사》 33, 국사편찬위원회, 1997.

崔允晤, 〈광작과 지주제〉, 위의 책, 1997.

崔在京, 〈朝鮮時代 '院'에 대하여〉, 《嶺南史學》 4, 1975.

崔泰鎬, 〈開港期의 貿易構造와 貿易物量에 관한 研究-開港期의 穀綿交換體制를 中心으로〉, 《許善道先生停年記念 韓國史學論叢》, 一潮閣, 1992.

韓榮國, 〈商工業 발달의 시대적 배경〉, 《韓國史市民講座》 9, 一潮閣, 1990.

韓相權, 〈18세기말 19세기초의 場市發達에 대한 基礎研究-慶尙道地方을 중심으로〉, 《韓國史論》 7, 서울대, 1981.

許粹烈, 〈日帝下 韓國에 있어서 植民地的 工業의 性格에 關한 一研究〉, 서울대학교경제학박사학위논문, 1983.

______, 〈朝鮮人資本의 存在形態〉, 충남대학교 경상대학, 《경제논집》 제6권, 1990.

______, 〈日帝下 朝鮮人工場의 動向- 1930年代 《朝鮮工場名簿》 分析을 중심으로〉, 《近代朝鮮工業化의 研究》, 一潮閣, 1993.

______, 〈1930年代 軍需工業化政策과 日本 獨占資本의 進出〉, 《일제의 한국식민통치》, 정음사, 1985(1995).

______, 〈식민지 경제구조의 변화와 민족자본의 동향〉, 《한국사》 14, 한길사, 1994.

______, 〈식민지적 공업화의 특징〉, 《工業化의 諸類型》(Ⅱ), 經文社, 1996.

______, 〈"개발과 수탈"론 비판-식민지산업화와 해방 후 산업화의 연관성 비교〉, 《역사비평》 통권 48호, 역사비평사, 1999년 가을.

______, 〈《해방전후사의 재인식》의 식민지경제에 대한 오류〉, 《역사비평》 통권 75호, 역사비평사, 2006.

河元鎬, 〈開港後 穀價變動研究〉(1895~1904), 《國史館論叢》 53, 1994.

洪承基, 〈高麗時代의 工匠〉, 《震檀學報》 40, 1975.

高橋滿, 〈근대 아시이시회의 성격규정-小谷익 문제제기에 대하여〉, 《식민지반봉건사회론》, 한울, 1984.

橋谷弘, 〈1930~40年代の朝鮮社會の性格をめぐって〉, 《朝鮮史研究會論集》 27号, 1990.

______, 〈韓國史에 있어서 近代와 反近代〉, 《歷史論評》 제500호, 1991(《韓國近代社會經濟史의 諸問題》, 부산대학교출판부, 1995).

堀和生, 〈朝鮮人民族資本論-植民地期 京城工業의 分析〉, 《朝鮮近代の歷史像》, 日本評論社, 1988.

______, 〈1930年代 朝鮮工業化의 再生産條件-商品市場分析을 中心으로〉, 《近代朝鮮의 經濟構造》, 比峰出版社, 1989.

______, 〈1930年代 社會的 分業의 再編成-京畿道・京城府의 分析을 통하여〉, 위의 책, 1989.

宮島博史, 〈東アジア 小農社會の形成〉, 《アジアから考える長期社會變動》, 東京大學出版會, 1994.

宮原兎一, 〈15・6世紀 朝鮮における の地方市〉, 《朝鮮學報》, 1956.

權寧旭, 〈舊植民地經濟研究ノート-日本帝國主義下の朝鮮を中心として〉, 《歷史學研究》 310号.

吉野誠, 〈李朝末期に於ける綿製品輸入の展開-貿易統計を中心して〉, 《朝鮮歷史評論》 下卷, 1979.

______, 〈朝鮮史에 있어서 內在的 發展論〉, 《東海大學文學部紀要》 47, 1987.

______, 〈梶村秀樹의 朝鮮史研究-內在的發展論을 둘러싸고〉, 《商經論叢》(神奈川大) 제126권 제1호,

1990.

______, 〈梶村秀樹의 朝鮮近代史硏究〉,《朝鮮史硏究會論文集》 28호, 1991.

大上末廣, 〈支那資本主義と南京政府の統一政策——の試論〉,《滿洲評論》 제12권, 1937.

大塚久雄, 〈後進資本主義とその諸類型〉,《後進資本主義の展開過程》, アジア經濟硏究所, 1973.

德成外志子, 〈朝鮮後期의 貢物貿納制와 貢人・役價—官府와의 關係를 통하여 본 貢人의 性格〉, 고려
　　대학교석사학위논문, 1983.

梶村秀樹, 〈朝鮮近代史의 若干의 問題〉,《歷史硏究》 288, 1964.

______, 〈李朝末期の纖維製品の生産及び流通狀況—1876年 開港直後の綿業のデータさ中心に〉,《東京
　　大學東洋文化硏究所紀要》 46, 1968(《韓國近代經濟史硏究》, 사계절, 1983)

______, 〈舊植民地社會構成體論〉,《發展道上經濟の硏究》, 世界書院, 1981(《韓國近代經濟史硏究》, 사
　　계절, 1983).

______, 〈동아시아 지역에 있어서 帝國主義體制로의 移行〉, 위의 책, 사계절, 1983.

______, 〈民族資本과 隸屬資本〉, 위의 책, 사계절, 1983.

______, 〈新納報告를 둘러싸고〉,《朝鮮史硏究會報》 69, 1983.

______, 〈朝鮮近代史硏究에 있어서 內在的 發展의 視角〉,《東아시아 世界史探究》, 1986.

______, 〈60~70년대 NIES 현상 재검토를 위하여〉,《歷史評論》 제432호, 1986.

服部之總, 〈近代日本のなりたち〉,《靑本文庫》, 1911.

福田德三, 〈韓國の經濟組織と經濟單位〉,《經濟學硏究》 제1권, 1907.

北村秀一, 〈高麗時代の 所制度について〉,《朝鮮學報》, 1961.

山中篤太郎, 〈中小企業本質論の展開〉, 藤田敬三・伊東垈吉 編,《中小工業の本質》, 有斐閣, 1960.

森谷克己, 〈旧来의 朝鮮經濟・社會의 外的 自然條件〉,《朝鮮社會經濟史》, 京城帝大法文學部, 1933.

三池賢一, 〈新羅內庭宮制度〉,《朝鮮學報》 62(下), 1972, pp. 39~40.

小谷汪之, 〈(半)植民地・半封建社會構成の槪念規定〉,《歷史學報》 제446호, 1977. 7.

______, 〈(반)식민지・반봉건사회구성의 개념규정—中西功・大上末廣 所說의 검토〉,《식민지반
　　봉건사회론》, 한울, 1984.

小林英夫, 〈1930年代 朝鮮'工業化'政策の展開過程〉,《朝鮮史硏究會論文集》 第3号, 1967.

______, 〈역사상의 재구축을 둘러싸고〉,《歷史評論》 제411호, 1984. 7.

______, 〈近代 東アジア史像の再檢討〉,《歷史評論》 482号, 1990. 1.

矢內原忠雄, 〈中國問題の所在〉,《中央公論》 591호, 1937.

新納豊, 〈植民地下の民族經濟をめぐて—直接耕作農民を中心にして〉,《朝鮮史硏究會論文集》 20, 1983.

安秉台, 〈商品生産の發展と私商—18世紀を中心にして〉,《朝鮮史硏究會論文集》 5, 1968.

李洪洛, 〈日帝下朝鮮民衆の再生産活動とその經濟的基礎〉, 神奈川大學經濟學博士學位論文, 1986.

田中正俊, 〈中共에서의 資本主義萌芽論〉,《중국사시대구분론》, 창작과비평사, 1984.

井上秀雄, 〈新羅王畿の構成〉,《新羅史の基礎硏究》, 東出版, 1974.

中西功, 〈支那社會の基礎的範疇と統一化の交涉〉,《滿鐵調查月報》, 1937. 8.

中村哲, 〈近代世界史像の再檢討〉,《歷史評論》 제44호, 1983. 12.(《世界資本主義와 移行의 理論》, 比峰
　　出版社, 1991).

______, 〈資本主義移行の基礎理論-朝鮮・韓國よ事例として〉,《朝鮮近代の歷史像》, 日本評論社, 1988
______, 〈資本主義로의 移行諸形態〉,《世界資本主義와 移行의 理論》, 比峰出版社, 1991.
中塚明, 〈內在的發展論と帝國主義硏究〉,《新朝鮮史入門》, 龍溪書舍, 1981.
淺田喬二, 〈만주경제논쟁을 둘러싼 문제들〉,《중국사회성격논쟁》, 창작과비평사, 1988.
村上勝彦, 〈日本資本主義による朝鮮綿業の再構成〉, 《日本資本主義と東アジア》, アジア經濟硏究所, 1979.
河原林靜美, 〈18~9世紀における塵人と私商について〉,《朝鮮史硏究會論文集》 12, 1975. 3.

Ho, Samuel Pao-San, "Colonialism and Development : Korea, Taiwan and Kwantung", in Ramon H. Meyers and Mark R, Peattie, eds. The Japanese Colonial Empire, 1895~1945, Princeton University Press, 1984.
Kcohli, Atul, "Where do high Growth Political Economies Come From? The Japanese Lineage of Korea's 'Developmental state'", World Development, 22-9, 1994.
Lewis, A., "Economic Development with Unlimited Supply of Labor", The Manchester School, May, 1954.

찾아보기

ㄱ

가가상인(假家商人) 110
가격노동(preisswerk) 74
가내공업의 비중 386
가마부리도고(제부도고) 215
______업(솥제조업) 213
가마쿠라 막부(鎌倉幕府) 463
가변적 민족경제권 340, 396
가지무라 히데키(梶村秀樹) 357, 508, 514
각사(各司) 163
간민(奸民) 113, 115
간선도로 179
간행이정(間行里程) 238, 266
감무관(監務官) 127
감임(監任) 193
갑방(甲坊) 75
갑번(匣燔) 202
갑신정변 227, 244
《갑신일록》(甲申日錄) 244
갑오개혁 230, 246
______경장(甲午更張) 173
______경제개혁 287
______파(갑오경장파) 246
강제적 부역제도의 한계 및 해체 103

강좌파(講座派) 147, 468, 475
______ 주류 469
______의 소수파 469
강주인(江主人) 121, 184
강화도사건 237
______조약(江華島條約) 229, 237
개량적 길 364
개발 없는 개발 541
____과 수탈론 540
____과 협력 536
____과 협력의 시각 537
____을 통한 수탈 544
____의 측면 540
개성상인 194
개시장 239, 267, 267
개잔권(開棧權, 점포개설권) 271
개천(介川) 212, 213
개항(開港) 226, 231
____론(통상개화론) 235
____장 238, 266, 272
____장객주 273, 274, 285
____장시장권 272
____파(통상개화론자) 235, 243
개화(enlightened civilization) 236
____사상 235, 236

____파(開化派) 228, 235, 236, 243, 319
객주(客主) 101, 184, 289, 290, 297
____구문(客主口文) 289
____상의소 297
____상회(客主商會) 296
____조합(客主組合) 296
____회(客主會) 296
거류지매입 275
거셴크론(Alexander Gerschenkron) 529
격지간 교역(隔地間 交易) 119
견직물 91, 92
____업 92, 140
결전경제운영체제 429
경강상인(京江商人) 119, 175, 193
____선인(京江船人) 182
____유문권주인예(京江有文券主人例) 289
경공업 411
______ 중심의 공업화 342, 410, 412
경공장(京工匠) 129
《경국대전》(經國大典) 99, 111, 117, 129,
    133, 133
경무통감부(警務統監府) 332
경사시(京師市) 23
경상(京商) 118, 119
경상업의회(經商業議會) 270
경시(京市) 22, 136
____서(京市署) 55, 106, 107, 111, 112
경영형 부농(經營型 富農) 145, 178, 179, 217
경쟁·대립 속의 상호의존 551
____·도태 455
경저(京邸) 65
경제발전단계설 464
____발전론적 시각 527, 537, 545
____성장사학의 관점 526
____의 지역적 편재와 불균형 503
경제적 민족주의 408
______ 실력양성운동 392
______ 외압 255

______ 이중성 494
______ 정예분자인 소수파 495
______ 측면에서의 실력양성론 393
경주인(京主人) 65, 157, 162, 163, 164
경중부상대고(京中富商大賈) 116
경합기업 510
계급적 모순 514
계기적 발전이론 464
계량적 분석 529
계림장업단(鷄林獎業團) 269, 320
계방(契房) 161
____촌(契房村) 206
계서적(階序的) 구조 243
계약소작인의 예속성 373
계은천소 128
계인 또는 계공인 164
계전법(計田法) 100
______적 수취제도 100
계정법(計丁法) 100
계층 사이 불균형 503
고객임노동 74
고공(雇工) 206
《고려도경》(高麗圖經) 55, 59
고리대 선대법[靑田買入] 283
고문정치(顧問政治) 251
고용노동의 원천 220
고유한 판매물종 108
고이소 구니아키(小磯国昭) 336
고전적(古典的) 유형 343
______ 자본주의 503, 525
고차중심지 272
고타니 히로유키(小谷汪之) 484
곡면교환체제(穀綿交換體制) 313
곡물주인 121
골작업 214
공(工) 30
공가(工價) 167
공가(貢價) 169, 202

공교명사상(工巧明思想)　44
공극(空隙)　359
공납수공업(貢納手工業)　84
＿＿＿제(貢納制)　100
공동상업조직　109
공동체 사이 분업　551
＿＿＿＿＿ 안의 분업　551
공랑(公廊)　109
＿＿＿세(公廊稅)　54, 112
공량(公粮)　74
공물(貢物)　38, 162
＿＿＿대납업자　65
＿＿＿대납제(貢物代納制)　50, 65, 85
＿＿＿정안(公物定案)　169
＿＿＿주인(貢物主人)　164, 166, 201
＿＿＿청부상인　164
공번(公燔)　202
공부(貢賦)　37
공상층(工商層)　108
공설주점(公設酒店)　51
공식주의적 견해　474
공업화　411
＿＿＿＿＿의 기준　410
공유(公有) 수공업장　41
공인(貢人)　156, 157, 163, 164, 166, 166
＿＿＿계　165
＿＿＿계(인)　166
＿＿＿권(貢人權)　160
＿＿＿자본(貢人資本)　167
공장(工匠)　45
＿＿＿명부　387
＿＿＿별사(工匠別賜)　73
＿＿＿상고인(工匠商賈人)　133
＿＿＿성적제도(工匠成籍制度)　200
＿＿＿세(工匠稅)　87
＿＿＿안(工匠案)　74, 87
＿＿＿잡직(工匠雜織)제도　196
공장제 기계공업단계　383, 418, 419

＿＿＿＿＿ 수공업　103, 208, 379
공조서(供造署)　70
공출제도　539
공폐(貢幣)　169
공해전(公廨田)　77
공화주의(共和主義)　329
과거제도(科擧制度)　49
과도적 식민지자본주의　411
＿＿＿＿＿ 자본주의(過渡的 資本主義)　232, 350
과전(科田)체제　49
관공장(官工匠) 혁파　103
관료자본주의적 성격　515
관상(官商)　21, 22, 102, 156, 160
＿＿＿도고(官商都賈)　157, 174
관설 특허상인　112
관세철폐조치　407
관속공장(官屬工匠)　72, 87
관수(官需)　136
관습경작인　372
관시(官市)　21
관아도시(官衙都市)　53
관영상공업　56
＿＿＿상점　51
＿＿＿수공업　33, 36, 36
＿＿＿수공입체계　37
관유사역측임용사(官有使役測賃用私)　199
관청수공업　31, 32, 33, 34, 39, 67, 69, 128, 136
＿＿＿＿＿＿＿의 축소경향　137
관통하는 논리　533
＿＿＿＿＿ 원리　546, 550
관허상인(官許商人)　109
광덕(廣德)　42
광무(光武)　248
＿＿＿개혁　250
광무국(鑛務局)　245
광무정권　248, 301
광창양행(廣昌洋行)　269

광통교(廣通橋) 108
교서감 130
교육과 실업의 진흥 392
구미파 부르주아계급[완미파(頑迷派)] 356
구본신참(舊本新參) 248, 287
구시전체제 160
구특권상인 157
국가독점자본주의 515
국가자본주의 515
___________적 우클라드 369
국가총동원법 429
국내적 분업체계 551
국민경제 343
_______ 개념 504
_______와 민족경제의 분리 505
_______의 이중구조 505
_______의 통합 509
국민적 국내 시장권 505
국역(國役) 24, 55, 111, 158
국유지 또는 국유미간지 374
국제분업주의 550
국제적 계기 472, 526
국지적 시장(局地的 市場) 102
_________권(局地的 市場圈) 503, 505, 549
_________권론 508, 517
군국기무처(軍國機務處) 246
군기시(軍器寺) 70
군사·정치적 외압 255
군수공업 443
_______화론 426
군수공장의 분공장(分工場) 429
군수산업화 443, 444
군역(軍役) 100
____의 포납화(布納化) 144
군인주경자(郡人住京者) 65
군적수포법(軍籍收布法) 198
군현제 99, 126
______의 개편 83

궁정수공업(宮廷手工業) 31, 32, 37
궁중수공업 33, 36, 36
권업모범장(勸業模範場) 323
권원(權源) 373
권인국(捲姻局) 300
귀족적·호족적 지배방식 99
균전제(均田制) 49
근대 227
____의 개념 226, 231
____적 경제성장(modern economic growth)
  543
____지향적 발전 471
____화 227, 228
____화의 개념 538
금건류(金巾類) 271
금고사무처리순서 370
금기방(錦綺坊) 75
금난(禁亂)문제 112
____전권(禁亂廛權) 24, 56, 112, 113, 158,
  158
금속화폐 52
금융경색(전황) 370
____독점자본의 형성 515
____자본단계 341
급보제도 196
급식제도 196
기간의료산업(基幹衣料産業) 140
기계제 태사광폭금건(機械制 太絲廣幅金巾)
  312
기관수 417
기기창(機器廠) 245
기본모순 513
기본적 모순관계 100
기생지주제 348, 485, 488
기업정비기본요강 458
_______령 429, 437, 442, 446, 448, 457,
  458
기업허가령 448

기인(其人) 163
기자시대(箕子時代) 118
길드금제권 112
길쌈놀이 경시 40
김덕창(金德昌) 321
김석형(金錫亨) 149

ㄴ

나카니시 고(中西功) 479, 483
나카무라 사토루(中村哲) 519
난전(亂廛) 102, 158, 171
____금지권(금난전권) 113
____세력 113
____행위 171
난징조약(南京條約) 234
남경여직(男耕女織) 40
남시전 24
납공청부제(納貢請負制) 64
납세청부제(納稅請負制) 64, 65
납청(納淸) 210
낮은 국제 분업 550
내관 31
내발적 계기 148
내부성장형(內部成長型) 549
__________ 시장권 505
내선실업가의 융합협력 395
내선일여(內線一如) 336
내선일체(內鮮一體) 330, 425
________화 336
내성(內省) 32, 36
내수자강(內修自强) 392
내외어물전(內外魚物廛) 109, 112
내인론(內因論) 145
내재적 발전 147, 226
__________론 144, 152, 154, 155, 467,
  470, 525
내적 모순 513, 514

내지(內地) 267
____객주 273, 274, 274, 276
____경계(內地境界) 335
____관세(內地關稅) 239
____정주상업(內地定住商業) 282
____정주상인 279, 283
____통상(內地通商) 239, 274, 278, 279
____통상권 277
____행상(지방행상) 267
내포적 공업화 518
____________ 방향 550
내향적 공업화(intensive strategy of domestic
  division of labor) 530, 550
《노농》(勞農) 475
노농파 475
노예적 노동급부 37, 45, 73
____제 결여설 19
____제의 존재 19
노인(路引) 105, 117
노임급부양식의 변화 72
농공병진정책(農工竝進政策) 434, 443
____분업관련(農工分業關聯) 259, 260
농노적(農奴的) 예속관계 98
________ 지위 49
농민 계급분화 219
____의 가내수공업 39
____의 독자적 교환시장 124
____의 독자적 교환시장으로서의 장시 179
____의 소상품생산자 전환 219, 368
____적 교역기구 125
____적 상품생산 157
____적 상품유통 157
____층 분해 368, 379
____층 분해를 거쳐 자본주의로 전환되는
  (두 가지 길의)과도기 483
____층의 궤멸(하강분해)과 자본주의적 양
  극분해 486
농본주의(農本主義) 100

농산물 가공부분 378
농상아문(農商衙門) 294
농업후진국 사이의 무역패턴 257
__________적 무역관련 260
농촌 가내수공업자 102
____ 사회성질 논쟁 479
____시장 124
____의 가내수공업 91
____의 계층분화 151
____의 정기적 장시(장문) 144
____장시 180
높은 국내 분업 550
누룩[麴子] 86
누문(樓門) 107
누원 176
____점 161
능라점(綾羅店) 57, 76

ㄷ

다수파(노동자·소작농을 포함한 대다수 조
  선인) 495
다이쇼 데모크라시(Taisho Democracy) 334
단발령과 민비시해사건 280
단순재생산적인 영세자본(식민지적 소부르
  주아) 359
단순협업 20
________단계 150, 208
단절 542
단층 545
____과 연관성 결여(disintegration) 453
대공업 399
______설립론 401
대납제(代納制) 162
____청부제(代納請負制) 51
대동법(大同法) 102, 144, 163, 202
대동상회(大同商會) 300
대륙루트 428

대륙병참기지 444
__________화(大陸兵站基地化) 336
대륙침략병참기지 425
______________ 추구기 338
대립관계 속의 상호의존성 547
대시(大市) 106
대시목전(大柴木廛) 109
대약국(大藥局) 57
대외적 개발전략(outward-looking strategy of
  development) 530
대외지향적 527
대장(大場) 182
대중궁핍화론 433
대천이물(代天理物) 99
대청독립론(對淸獨立論) 244
대포구(大浦口) 183
《대학》(大學)의 생재관(生財觀)·재용관(財
  用觀) 104
대한무역상사 292
대한제국 248
대한직조공장 320
더럼 W. 스티븐스 251
덕대 221
덕방원(德方院) 63
데라우치 마사타케(寺內正毅) 330
도가(都家) 114
도감전(道監典) 43
도고(都賈) 157, 174, 190
____상업(都賈商業) 102, 160, 176
____상업체제(都賈商業體制) 285, 287, 291
____상인 175
____자본의 생산지배 176
____적 상행위 160, 175, 177
도교서(都校署) 70
도랫대장(주형공정) 215
도부(刀部) 31
도부상(到付商) 61
도시상업 55, 59

도시적 교환(都市的 交換) 22
＿＿＿＿＿＿조직 27
도염서(都染署) 70
도원(都員) 114
도자기생산 307
도전(挑戰) 233
도중(都中) 114
독립자영농민층 154, 366
독자적 소유주(Mikro-Kosmos) 466
＿＿＿＿ 시장기구 60, 123
＿＿＿＿ 영역 386
＿＿＿＿인 전자본주의적 사회구성체 484
독점(특권)상인 156
＿＿적 성격 524
《동국여지승람》 25
동도서기론(東道西器論) 236
＿＿＿＿＿＿(東道西器)의 논리 243
＿＿＿＿＿＿파(東道西器派) 235, 236, 243
《동력》(動力) 475
동력파(중국경제파) 475
동맹의 대상(혁명의 동반자) 363
동발군(銅鉢軍) 221
동시전(東市典) 24
동양사회정체론 464
＿＿적 봉건사회 19
동업조합 109
＿＿＿＿＿＿조직 114
동태적 사회 532
동학(東學) 227
동화방식(同和方式) 328
동화주의 329, 330
＿＿＿＿＿＿의 관료주의적 직접통치방식 329
두 가지 길 154, 188, 195, 207, 364
두 시각의 변증법적 통일 547
＿＿＿＿＿＿ 통일 547
두병국(豆餠局) 300
등가교환의 수단 141
등짐장수 118

ㄹ

란링(南翎) 148
러일전쟁 250, 288
레닌(I. V. Lenin) 474
로드 애머스트(Lord Amherst)호 234
리(里) 54
리리싼(李立三) 475

ㅁ

마력수 418
마르크스 527
＿＿＿＿＿＿주의 역사학 465
마면교체(麻棉交替) 94
마부(馬部) 31
마오쩌둥(毛澤東) 148, 355, 474
마전(馬廛) 109
마전(麻典) 72
마직업 139, 140
막스 베버(Max Weber) 423
만국공법(萬國公法) 237
《만기요람》(萬機要覽) 112, 159, 186
만상(灣商) 170
《만주경제연보》 479
＿＿침략 428
《만철조사월보》 479
말업(末業) 104
매뉴팩처 208
＿＿＿＿＿＿경영 214
＿＿＿＿＿＿ 논쟁 146
매디슨(Maddison) 추계 541
매판(買辦) 274
＿＿＿(예속)자본 357, 507
＿＿＿적 경제권 504
＿＿＿적 성격 302
맹목적인 국제분업주의 551

맹아(萌芽)적 이윤 207
____론 146
메가타 개혁조치 288
______ 다네타로(目賀田種太郞) 251, 288
______의 재정정리사업 370
______의 화폐·재정정리사업 369
______ 화폐개혁의 식민지성 370
메이지유신 정부 236
면세방침 116
면자전(綿子廛) 109
면전(綿典) 72
면주전(綿紬廛) 109, 112, 190
면직업(綿織業) 91, 141
면포전(綿布廛) 109, 112
면화재배협회 261
면화채종포(棉花採種圃) 323
명성황후(明成皇后) 234
모리지인(謀利之人) 64
모리타니 가쓰미(森谷克己) 464
모범직조공장 245
모순의 통일물 483
모시[紋紵布] 93
____직조업 91
____특수 93
모자전(帽子廛) 109
목면(木綿) 93
목부(木部) 31
목화전(木花廛) 109
무곡선상(貿穀船商) 121
무관총독(武官總督) 331
무단정치시기 338
____통치(武斷統治) 331
무본(務本)의 경제이념 104
____보말론(務本補末論) 156
____억말(務本抑末) 104
____억말론(務本抑末論) 156
무분각전(無分各廛) 111
무산자적 생산동맹 400

무신정권 50
무역장정규칙 237
무전농민(無田農民) 100
무토불농지민 208
《문사철》(文史哲) 148
문익점(文益漸) 93, 139
문화정치 333
________시기 338
물물교환 21, 52
물산장려운동 339, 392, 396
물주(物主) 189, 190, 191, 202, 207, 221
____제(物主制) 202
물품판매구역의 설정 106
미나미 지로(南次郞) 336
미면교환체제(米綿交換體制) 260, 311, 313, 379
미이케 겐이치(三池賢一) 33
미일화친조약(美日和親條約) 237
민간상업 26, 28, 55, 58, 157
____상인 156
____수공업 33, 38, 38, 51, 67, 84, 103, 136
민족·식민지문제 474
민족경제 303, 345, 389, 446, 505, 505, 517
________권 359, 396
________론(民族經濟論) 471, 501, 502, 548, 550
________론의 형성과정 549
〈________연구서설〉 501
________의 범위 504
________의 본래적 영역 517
________의 부차적인 영역 506
________의 저항 321
________의 축소·쇠잔 506
민족계 회사 320
____기업이 급진적으로 증가한 원인 420
____말살정책 330, 539
____별 경제적 격차 541
민족부르주아 356, 357, 358, 500

__________와의 전술적인 통일전선 477
민족산업자본 539
민족자본 353, 357, 358, 363, 385, 447, 506,
  511, 518
_______ 상층 399, 401
_______ 하층 399
_______가적 성향 507, 511, 512, 517
_______론 355
_______의 몰락 430
_______의 몰락 원인 446
_______의 몰락과정 445
_______의 범주 부정 361
_______이 진보성과 독립성을 유지할 수
  있는 조건 363
민족적 모순 514
______ 생존권을 밑받침하는 경제영역 502
민족주의 역사학 465
민족차별정책 330
민족혁명 355
_______운동 229
_______형 517, 518
민주주의 혁명 355
민중들의 지원요청 398
____적 민족주의 518
민흥회(民興會) 406
밑으로부터의 변혁계기 470

ㅂ

바숨작업 214
박문국(博文局) 244, 245
반(semi)봉건제 482
반(反)도고현상 177
반농반공(半農半工)의 소장인(small master)
  154, 366
__________ 수공업 41
__________ 수공업자 68
반동공황 394

반봉건민주주의혁명 478
______사회 474
______성의 물적 기초 485
______운동 229
______적(半封建的) 지주·소작관계 346
______적 지주제 347
______적 토지소유하 소농민경영 347
______제 347
______제는 '토대'에 관한 규정 485
반식민성 346, 486
_______은 '상부구조'에 관한 규정 485
_______이라는 기초범주가 봉건성이라는
  기초범주를 규정 479
(반)식민지 개념 348
_______·국가적 농노제 사회(1876~1910)
  521
_______·반봉건사회 476
_______반봉건사회구성체론(식반사구체론)
  484
_______반봉건사회론 483, 512
(_______)봉건파 475
_______사회 474
_______적 무역 240
_______적·봉건적 구조 479
_______화(半植民地化) 239
_______화과정 241
반외자·반매판의 성향 507
반자본주의적인 것 476
반제국주의 통일전선 474
반제민족해방혁명 474
____민족혁명 478
____반봉건 부르주아민주주의적인 것 476
____(反帝)·반봉건투쟁(反封建鬪爭) 227
반침략투쟁 229
방(房) 32, 54, 106
방곡령(防穀令) 238, 297
방납(防納) 163
____상인[防納之徒] 163

방리제(坊里制) 54
방물(方物) 112
____지공인의 생산자 지배 192
방민(坊民) 163
방사상(放射狀)의 교환관계 60
방시(坊市) 54, 60, 106
방짜 유기 210
백공(百工) 29
백남운(白南雲) 18, 465
백목전(白木廛) 109
번벌과두체제(藩閥寡頭體制) 334
번차제(番次制) 73, 87, 132, 134, 198
법제적 지배체제 99
베[麻布] 90
벽란도 59
별공(別貢) 68, 162
____제도(別貢制度) 94
별무(別貿) 169
별사(別賜) 73
별와요(別瓦窯) 86
별장제(別將制) 220
병인양요(丙寅洋擾) 234
병참기지론 425
보(寶) 64
보검성(寶劍成) 33
보부상(褓負商) 27, 101, 117, 248, 293, 294
보상(褓商) 61, 118
보수·반동적·개량적 길 367
____적인 길 195
보완기업 509
보편적인 법칙 514
보호국체제 250
______화(保護國化) 251
보호와 지원 395
복두점(幞頭店) 57, 76
복합사회 344
복호제(復戶制) 196
본업(本業) 104

본원적·원시적 축적(primitive accumulation)
  365, 367
본질적인 것 544
봉건적 사회구성 19
____적 특권상업체제 319
____파 477
봉덕사성전(奉德寺成典) 43
봉차서(奉車署) 71
부거안(富居案) 110
부곡(部曲) 77, 99
____의 특징 78
____촌(部曲村) 37
부등가(不等價)교환 60, 123
부르주아 국가권력 230
________민족주의 357
________민족주의자 398
________민주주의혁명 474
________적 특수사관 466
부상(負商) 61, 117, 118
부상대고(富商大賈) 102, 108, 116, 149
부세대납제(賦稅代納制) 51
부업적 가내수공업 30
______ 수공업 88
부업형 상인 26
부역노동 102
____층공장(赴役層工匠) 73
부조적(浮彫的) 방법 472
______으로 강조 155
부족연맹국가 19
부차적인 것 544
________ 경제제도 352
________ 영역 517
북학사상(北學思想) 235
분공장(分工場) 490
분리되지 않는 연고자 372
분세(分稅) 285, 289
____징수권 285, 286, 287
분업에 기초한 생산과정 138

____________ 협업 208, 221
분업적 협업 88
____체계를 기준으로 민족경제의 특성 518
분여지 49
분점대시(分店大市) 56
불교 42
불사(佛事) 43
불작업 214
불편수(주물공정) 215
불평등조약 233, 237
__________의 삼대지주(三大支柱) 238
붓배기 유기 210
비(非)자본주의적 발전 475
비관속공장(非官屬工匠) 72, 87
비상설적 상품거래 59
_______인 장시 116
비서구적 발전 471
_______, 비자본주의적 발전의 길 501
비시전계 상인 102, 113, 114, 157, 158,
  160, 170
______상인에 의한 난전 172
비자본주의적 길 488
__________ 발전의 길 477
비정기적 장시 122
비지적(飛地的) 성격 447
비타협적 민족주의(좌파 부르주아민족주의)
  340
______________운동 500
______________자 398
비트포겔(K. A. Wittfogel) 464

ㅅ

사공부(司空部) 31
사공임용(私工賃用) 199
사군부(司軍部) 31
사무(私貿) 169
사번(私燔) 202

사본축말(捨本逐末) 105
사상(私商) 102, 113, 156
____(민간상업)체계 157
____대고(私商大賈) 161
____도고(私商都賈) 160, 174, 176, 285
____층(私商層) 156
사염(私鹽) 58
사영수공업 40
사옹원(司饔院) 191, 202
사원성전(寺院成典) 43
____(寺院)수공업 42, 85
____의 고리대업(高利貸業) 63
사이토 마코토(齊藤實) 335
사적 지배관계 49
사주인(私主人) 121, 162, 163
사치금지정책 140
사평원(沙平院) 62
사평장 161
사회구성체 방법론 155
__________론 465, 512
__________적 인식 349
사회봉공적인 생산업 재단 404
사회적 대류(社會的 對流) 325
______ 분업 20, 137, 549
______ 분업관계 153
______ 분업론 549
______ 분업재편론 431
______ 분업체계 518
______ 산업운동 395
______ 생산력의 발전 53
______ 이중구조 495
사회주의자 398
사회진화론(社會進化論)의 논리 393
삭포(朔布) 202
산로(山爐) 213
산업자본 102
_______단계 341
_______의 생산부문 침투 190

________주의단계의 특징 412

________화 156

산업조사위원회 395

____혁명론 425, 519

________의 시도 318

3강(한강, 용산강, 서강) 183

《삼국사기》(三國史記) 22, 28

《______》 직관지(職官志) 31

《삼국사절요》 23

《삼국지》 변진전 42

삼남방물지계공인 168, 192

____월과화약계(三南月課火藥契) 193

삼영면포(三榮綿布) 수출조합 283

3·1운동 334, 406

3차 사회적 분업 20

삼한사회 18

상고기 34

상공(常貢) 68, 162

상공업규제정책 105

상공학교관제 249

상대적 몰락 353

______ 진보성 456

상리국(商理局) 294

상명하복(上命下服)의 질서 100

상무사(商務社) 288, 295

상무소(商務所) 248, 295

상무회의소(商務會議所) 295

__________규칙(商務會議所規則) 298

상미전(上米廛) 109

상번공(上番工) 73, 102

상부구조 48, 98, 241, 348

상설시장 54

____점포 109

상세(商稅) 109, 110, 133

상업 20

____규제정책 105

____도시 186

____억제정책 101

____이익방지법[商路利益之方] 296

____자본 102

____자본의 산업자본으로서 전화설 366

____자본의 생산부문 침투과정 189

____자본의 산업자본으로 전화 308

____자유의 선언 162, 173

____적 농업 177, 178, 217, 219

____진흥정책 50

상의소(商議所) 296

상인길드(Guild) 112

____물주(商人物主) 202

____자본의 형성 149

____자본이 공장제 공업으로 바뀌는 길 154

____적 공인 164

상품독점판매권 112

____생산자 137

____화폐관계 52, 145, 219

____화폐관계의 농촌 침투 219, 367

상호의존 속의 경쟁·대립 551

____의존(협동)관계 545

____의존성 속의 대립 547

____제약적 의존관계 455

새로운 교역기구 121

______ 업종 384

______ 유통체계 161, 186

생금건(生金巾) 278, 305

생산 장려 399

____관계의 중요성 475

____관계적 시각 545, 547, 549, 551

____력의 발전 476

____력적 시각 545, 547, 549, 551

____력증대론 398

____력확충계획(1938) 443

____증식(대공업 설립) 405

생산증식론 400, 401

________의 논리 405

생산판매수공업 76

생존경쟁(生存競爭) 393
샤먼(shaman) 21
서구 공장제 면직물 303
서긍(徐兢) 55
서당(書堂) 421
서시전 24
서유구(徐有榘) 203
서적점(書籍店) 57, 76
선 실력양성, 후 독립론 392, 393
선공시(繕工寺) 70
선대매입 274
____자본 188
____제 가내공업 209
____제도(putting-out system) 189, 208, 366
____제자본 102
____제적 공업 104
선만상의(鮮滿相依) 336
선상(船商) 61, 105, 117, 119, 120
선상(選上)수공업자 135
선상객주 184
선상공(選上工) 73
선상주인 184
선재도고(船材都庫) 194
선전(線廛) 109, 112, 190
선주인 184
선진성에 의한 후진성의 구제 469
설점수세제(設店收稅制) 220
성(成) 34, 78
성덕대왕신종명(成德大王神鐘銘) 43
성련주 221
성리학의 경제사상 104
______적 지배이념 99
성수공업(成手工業) 33, 68, 78
성선 43
세계사의 기본법칙 147
____사의 보편적 발전법칙 468
____사적인 일원론적 역사법칙 18, 466
____체제론적 시각 527

세입세출처리순서 370
《세종실록지리지》(世宗實錄地理志) 80, 108
세창양행(世昌洋行) 269
세폐(歲幣) 112
소(所) 68, 78, 78, 79, 79, 82, 99
__의 수공업생산 52
소공동 270
소공업 399
______육성론 402
소국(小國) 34
____단계 21, 34
소규모공장이 압도적 비중을 차지하는 이유 414
______기계나 수동기계설비의 공장 418
______의 공업 394
소금전매제 57
____행상 28
소농민 100
______경영 98
소농사회(小農社會) 529, 531
소부대적 지방조직 295
소상품생산 88
________자 153, 206, 207
________자적 가내공업 386, 387
소생산자가 산업자본가로 되는 길 154
소수공업(所手工業) 34, 67, 68, 77, 78, 84, 125
소영세성 419
소작농을 대량으로 조출(造出) 373
소포구(小浦口) 183
소폭목면(小幅木綿) 311
속감전(俗監典) 43
속관 43
《속대전》(續大典) 119, 200
속현(屬縣) 99, 127
송방(松房) 194
송우장 161
송파 176

580

솥구이영업[炭幕] 213
쇄국정책(鎖國政策) 231, 234
쇠부리(제철) 138, 213
______도고(제철도고) 215
쇼와공황 447
수공업 29
______자 28, 45
______자의 독자적 경영권 136
______장 직인(職人) 154
______적 공인 164
수넷베 217
수동식이나 반자동식 기계설비의 공장 384
수령세수제(守令收稅制) 220
수방사(手紡絲) 310
수상(水商) 117
수세도고(收稅都賈)의 혁파 290
수습공장제도(apprenticeship) 197
수운군(輸運軍) 221
수원승도(隨院僧徒) 42
수이입 초과현상의 둔화 380
______품(輸移入品) 감소 380
수입기계사 310
___대체산업 453
수지상형(樹枝狀形) 시장구조 273, 280
수철장(水鐵匠) 138
수출입무역 유통구조 276
______품등임시조정법(1937년 9월) 444
수탈과 개발 528, 535
___과 저개발 535
___론 536
___론의 인식 429
___론적 시각 535, 549
___론적 입장 536
___을 위한 개발 544
수표교(水標橋) 270
숙철막(熟鐵幕) 213
숭농억말(崇農抑末)정책 51
숭본억말(崇本抑末) 100

숭유배불(崇儒排佛) 99
스미스적 성장 472
스즈키 다케오(鈴木武雄) 464
스탈린(J. V. Stalin) 474
승려의 상행위 63
승장(僧匠) 42, 44
시사(市肆) 21, 23, 24
시안(市案) 108, 110
시역(市役) 109, 110
시장권 형성 181
___생산 137
___적 교환(市場的 交換) 22
___적 교환조직 27, 59
시적(市籍) 108, 113, 171
시전(市典) 24
시전(市廛) 22, 24, 51, 54, 102, 105, 106,
 108
___가(市廛街) 101
___구역 108
___도고 157
___상업 25, 26, 28, 53, 58
___상인 23, 109, 156, 157, 157, 159, 166,
 248, 285
___상인 상호간의 난전 172
___상인과 수공업자 사이의 난전 172
___의 동업조합화 56
___조성정책 107
___행랑 108
시점(匙店) 210
시카타 히로시(四方博) 464
시팅(sheeting) 283, 311
식민(지)성(또는 반식민지성) 346
___사관 145
___성이 (반)봉건성에 규정성을 부여 485
___주의 제3단계 339
______(colonialism) 544
______의 제1단계 338
______의 제2단계 338

식민지 경제관계 350
______ 경제의 상층구조 347
______ 민족의 주체적 역사과정 359
______ 민중 386, 388, 501, 507
______ 민중 상호간의 분업관계 388
______ 조선만의 특징 432
______ 종속을 자본제화의 계기로 갖는 유형 344
______ 종속형의 자본주의 350
______ 지배 시기의 본원적 축적 368
______공업비지론(植民地工業飛地論) 432, 490, 492
______근대화론 519
______반봉건사회 352
______반봉건사회구성론 351
______반봉건사회구성체 487
______반봉건사회론 474
______사관 462, 468
______성(植民地性) 346
______성과 상호규정성 348
______성의 반영 452
______수탈론 538
______시기의 공업화 342
______에서 조선적 특징 526
______자본주의 344, 345, 347, 347, 350, 351, 352, 438, 521, 523, 546
______자본주의 사회구성체 350
______자본주의사회 521
______적 시장구조 273
______적 초과이윤 376
______적 파행성 430
______지주제 487
______화의 길 263
식신흥업정책(殖産興業政策) 233, 319
신간회(新幹會) 406
《신건설》(新建設) 148
신공(身貢) 141

신미양요(辛未洋擾) 234
신민주주의론 474, 478
________혁명 478
신분직역제(身分職役制) 100
《신사조》(新思潮) 475
신사조파 475
신사참배(神社參拜) 336
신사척사운동(辛巳斥邪運動) 243
신상(紳商) 269
신성처(神聖處) 21
신시(神市) 21
신식민지국가독점자본주의론 522
신식화폐발행장정(新式貨幣發行章程) 247
신역의 포납화 199
____제(身役制) 134, 198
신작로(新作路) 179
신전(新廛) 160
《신증동국여지승람》(新增東國輿地勝覽) 79
신특권상인 157
신해통공(辛亥通共) 102, 160, 162, 173, 285, 286
신화폐조례(新貨幣條例) 249
신흥(자유)상인 156
____공업국가군(Newly Industrializing Countries) 520
________경제(NIES) 533
____부르주아의 요구 319
____상업자본 193
____상인세력 160
실력양성론 392, 393
실업의 진흥 392
실용주의적 견해 474
실학사상(實學思想) 235
쌀 상품화의 계기 368
__소동 334
씨족단체 49

ㅇ

아관파천(俄館播遷) 246
아메리카형 484
아민(S. Amin) 488, 514
아베 노부유키(阿部信行) 336
아시아적 생산양식 469
＿＿＿＿＿＿＿＿＿논쟁 464
＿＿＿＿＿＿＿＿＿론 464
아카마쓰 가나메(赤松要) 529
아편전쟁 234
안경수(安駉壽) 320
안성(安城) 210
안재홍 405
안행적 형태론(雁行的 形態論) 529
앉은장수[坐商] 118
애용 장려 399
액정국(掖庭局) 71
야나이하라 다다오(矢內原忠雄) 481
야장(冶匠) 190
약령시(藥令市) 206
약점(藥店) 57, 76
약탈무역(掠奪貿易) 259, 304
양무개혁파(洋務改革派) 246
＿＿＿론적(洋務論的) 자강 243
양안(量案) 249
양전사업(量田事業) 245
양지아문(量地衙門) 245
양춘국(釀春局) 300
양포류(洋布類) 278
양화진(楊花津) 238, 267
어용상업체계 157
＿＿＿상인 54, 156
＿＿＿시전상업 25
억말론(抑末論) 105
억매(抑賣)·억매(抑買) 60, 63, 86, 123
억상(抑商) 29
엄매뉴팩처단계설 147

엄밀한 의미에서 매뉴팩처시대의 초기단계
　　147, 468
엔클레이브(enclave) 453
엥겔식 정곡기(精穀機) 314
여각(旅閣) 101, 184
여객객주 184
＿＿＿주인(旅客主人) 161, 184, 289
＿＿＿＿＿층(旅客主人層) 182, 184
여인전(女人廛) 158
여주인 184
여항소시(閭巷小市) 101, 106, 110, 113, 115
역(驛) 62
역농관(力農觀)의 시각 104
연강전(沿江廛) 158
연군(굴진공) 221
연속설 534
＿＿＿성 532
연시(年市) 22, 27
연작상경농법(連作常耕農法) 98
연죽점(煙竹店) 210
15개 대장시들 186
염가포(鹽價布) 58
＿분(鹽盆) 57
＿소제(鹽所制) 57
＿점(鹽店) 57, 76
＿포(鹽鋪) 58
＿호(鹽戶) 57
영사재판권(領事裁判權) 238, 239
영세공업 321
＿＿＿자본 313, 317
영저(營底) 157
영종진 포대(永宗鎭 砲臺) 237
영주인(營主人) 157, 165
영주적 상품생산 157
＿＿＿＿＿상품유통 157
예공(隸工) 68
예속장인 37, 45
＿＿＿적 산업자본가 386

오가미 스에히로(大上末広) 479, 482
5강(한강, 서강, 용산, 마포, 망원) 183
___의 나루터 173
오리작업 214
오사카 지방 262
오쓰카 히사오(大塚久雄) 504
_____의 국민경제 개념 549
5일장 124
____체제 180
온유(정어리기름)제조업 450
와다 이치로(和田一郎) 464
왜곡(歪曲) 254, 343
외강교섭(外講交涉) 392
외공장(外工匠) 129
외관 31, 127
외국자본 그리고 그것에 동조하는 매판자본
   의 활동영역 502
외무성서계(外務省書契) 237
외방(外方) 114
___인(外方人) 116
___포구 182
___포구상업 183
외부적 충격의 작용 380
외압(外壓) 147, 232, 254
___에 대한 대응 능력 472
외업부 209, 367
외적 모순 513, 514
외지경제(外地經濟) 335
외향적 개발전략(outward looking strategy of
   development) 550
외획 371
___제도(外劃制度) 281, 370
________폐지 253
요먼(yeoman) 154
요미(料米) 134, 202
요업부문 306
요역(徭役) 87, 100
요포(料布) 171

용달권(用達權) 288
용선수공업(鎔銑手工業) 214
우가키 가즈시게(宇垣一成) 336, 434
우승열패(優勝劣敗) 393
우전(牛廛) 109
우파 부르주아민족주의(타협적 부르주아민
   족주의) 340
운문산(雲門山) 213
운요호(雲揚號) 237
원(院) 62, 120
원공(元貢) 169
___가(元貢價) 169
원관(院館) 63
원대장 215
원색(原色) 163
원시부족사회 18
___적 축적단계형 외압 254, 255, 263
원우제(院宇制) 51
원주(院主) 120
위로부터의 개량적 대응 243
_________ 개혁 248
_________ 변혁의 계기와 변혁주체 470
_________ 부르주아개혁 244
위핑보(俞平伯) 148
유교적 대동주의(大同主義) 403
유기(鍮器)수공업 138
___생산 306
유동장(鍮銅匠) 88
유리와(琉璃瓦) 85
유리한 공업입지조건 337
______객주의 혁파 291
______주인(有文券主人) 273
유문전(有文錢) 52
유물사관 466
_______에 입각한 일원론적 역사법칙 466
유민회(維民會) 395
유분각전(有分各廛) 111
유사(有司) 109

유용(遊勇) 269
유점(鍮店) 210
육군사관(陸軍士官) 428
육상(陸商) 61, 16, 105, 118
육의전 109, 111, 112, 158, 286
______ 폐지조치 287
______의 금난전권 철폐 247
육주비전(六注比廛) 109, 111, 150
육지면재배사업(陸地棉栽培事業) 261, 323
은본위제(銀本位制) 247
《은산지》(銀山誌) 213
은산현(殷山縣) 봉명방(鳳鳴坊) 212
을미개혁 246
을사보호조약(乙巳保護條約) 251
《음청사》(陰晴史,) 300
응전(應戰) 233
이권 251
___침탈 252
이노(吏奴) 163
이노우에 가오루(井上馨) 247
______ 히데오(井上秀雄) 33
이민(吏民) 82
이민족지배형(異民族支配型) 328
이북만(李北滿) 465
이식자본주의(移植資本主義) 232, 349, 526, 527, 529, 529
__________사회(移植資本主義社會) 19, 349
__________의 전개과정 525
이식형적 자본주의 발전 503
______ 전개의 특성 344
______(移植型的) 전개유형 343
이앙법(移秧法) 530
이원론적 역사이론 464
2·26사건 336
이자대항론(二者對抗論) 526
______적 시각 536
이주식민지형(移住植民地型) 328

이중구조(二重構造) 325, 344, 453, 455, 455, 490
______론 493
______의 기초 510
이중사회 344
___성을 띤 계급 356
___의 외압 255, 257
___적인 공업구조 497
이차돈(異次頓) 42
2차 사회적 분업 20
이토 히로부미(伊藤博文) 251
이현 161, 175
이화양행(怡和洋行) 269
일국사의 발전 155
______적(一國史的) 관점 234
______적 시각 527
일물일시(一物一市)의 원칙 158
일물일전(一物一廛) 56
일물재세금지(一物再稅禁止) 286
일반 관서(속관) 43
___등가물 52
일반성 475
______ 위의 한국사의 특수성 152
______과 특수성 475
일본 독점자본 435, 438
___근대사에서의 기생지주제 348
___의 공업화 309
___인들의, 일본인들에 의한, 일본인들을 위한 개발 540
일본자본 375
______의 공업분야 침투 315
______이 침투한 업종 317
______이 투자한 공업 375
《______주의발달사강좌》(日本資本主義發達史講座) 475
______의 외업부(外業部) 361
______ 공헌론 337, 541
일선융합(日鮮融合) 336

일시동인(一視同仁) 329

일원론의 역사법칙 349, 464

일제의 직접적 수탈 376

일중위시(日中爲市) 106, 155, 117

일중위허(日中僞墟) 60, 117, 122

임공(賃工) 68

____의 형태 74

임노동적 노동급부양식 68, 74

________ 성격 73

________ 특성 68

임방(任房) 119

임시자금조정법(1937년 9월) 444

임오군란 243

《임원경제지》(林園經濟志) 203, 216

《임원십육지》(林園十六志) 203

임자무역(任自貿易) 266

입상(立商) 118

잉여가치 219

ㅈ

자강운동론 392

자급자족경제 27, 101

자기(瓷器) 89

자리수공업 91

자립경제 505, 516, 518

____적 재생산구조 503

자본·임노동관계의 단초적 성립 153

____가계급의 육성 401

____의 문명파괴 작용 528, 535

____의 문명화 작용 528, 534, 535

____의 운동논리와 민족주의의 상관성 339

____의 원시축적기 340

____제직 가내노동 367

자본주의 153

________ 맹아 104, 146, 148, 150, 153, 153, 227, 467, 471, 525

________ 맹아론 144, 145, 468

________ 발전단계 523

________ 사회구성체 351

________ 요소(맹아) 146

________ 전개과정에서 자연적 질서(natural order) 504

자본주의적 고용관계 220

________ 관계 104, 219, 314, 318, 346

________ 관계 또는 요소 149

________ 관계 발생의 과정 222

________ 관계가 발생한 분야 222

________ 단순협업 146

________ 발전의 계기 480

________ 사회구성체 230

________ 생산관계 365

________ 선진화 527

________ 요소 149

________인 사회적 분업 432

________ 축적구조 411

자본주의파 476

________화 393

자생적인 요람의 자본주의 151

자애줄(권양기) 221

자연적 분업 20

자원 및 인력의 효율화정책 335

자유로운 노동자 100, 151, 212

________ 자본투하의 낙토(樂土) 428

자유주의 공업화기 447

________사관 538

________적 외지(外地) 425

자율적 재생산구조 503, 517

________인 기업 합동 458

자작자급(自作自給) 397

자작회(自作會) 400

자주자강(自修自强) 392

자주적 근대화의 길 263

________ 일국자본주의 발전의 길 389

자치방식(自治方式) 328

잔존·이용 455

잠서(蠶書) 도입　91
잠업(蠶業)　101
잠채(潛採)　149, 220
잡곡전(雜穀廛)　109
잡작국(雜作局)　70
잡직방(雜織坊)　75
잡직서(雜織署)　70
잡철전(雜鐵廛)　190
장(場)　26, 58
장(莊)　77, 99
장꾼[場軍]　118
장내기　211
______형(시장판매용)　89
장랑(長廊)　55, 109
장문(場門)　122, 179
장번제　73
장복서(掌服署)　71
장세(匠稅)　133
____제(匠稅制)　132
장시(場市)　54, 59, 101, 105, 124
____권(場市圈)　181
____시장권　181
장야서(掌冶署)　70, 130
장인(匠人)　45
____가포제(匠人價布制)　198
____세　133
장적　133
____법(공장성적제도)　201
장척(匠尺)　29
장통회사(長通會社)　300
장포(匠布)　201
재벌　524
재정금융의 식민지적 개편작업　253
____정리사업　253
저산(苧産)7읍　216
저점(邸店)　184
저직업(苧織業)　92
저포(모시)　141

____전(苧布廛)　109, 112
저항적 협력　548
전(典)　32
전(廛)내기　211
전관거류지역(專管居留地域)　268
전구조적 파악　472
전국적 시장권　102, 187
전매제(專賣制)　50
____특권(專賣特權)　55
전세제(田稅制)　100
전시통제경제　457
전안(廛案)　108, 110, 157, 171
____물종(廛案物種)　108
전업적 민간수공업　67
______상인　21, 26
______수공업　40, 86, 88, 136
______수공업자　45, 102
전운국(轉運局)　245
전장(田莊)　49
전적(廛籍)　113
전전·전후 연속성　533
전조(田租)　162
전조후시(前朝後市)　25, 51
전호명(廛號名)　56
전환국(典圜局)　245
절가대납제(折價代納制)　51
절대적 성장　353
점(店)　110, 206
__주(店主)　207
__촌(수공업자 마을)　206
정(精)공업지대　435
정기적 장시　122
정미공장　314, 323
____업　375
정법전(政法典)　43
정선방(貞善坊) 동구　107
〈정읍사〉　28
정체론과 타율성사관　468

____성이론 145, 152
____적 사회 532
정포(正布) 93, 141
정한론(征韓論) 237
제1의 길 207, 211
___차적 모순 513
_____ 한일협약(韓日協約) 251
제2의 길 207
__차적 모순 513
제국경제(帝國經濟) 343
제국주의 233
________시대 339
제너럴셔먼(General Sherman)호 234
제물포조약(濟物浦條約) 267
제사관리(諸司官吏) 65
조(租)·용(庸)·조(調) 76
조(粗)공업지대 435
조(調) 36
조계(租界) 238, 266
조기정한론(早期征韓論) 259
조면업(繰綿業) 323, 375
조미통상조약 238
조선 공업화의 시기 341
____경제와 조선인 경제 541
《____근대혁명운동사》 148
____물산장려회 397, 399
____민우회(朝鮮民友會) 397
____사회정체론 462
〈____산업에 관한 계획요항 참고서〉 434
____산업혁명 424
《____에서 자본주의적 관계의 발생》 150
____의 '특수사정' 457
____의 경제 337
____이 공업화 342, 437
____의 공업화 수준 384
____의 근소인자 495
____인 공업 발전의 성격 380
____인 공업의 발전과 그 요인 378

____인 공업의 성장(절대적 성장) 354
____인 공업(자본) 353
____인 자본 447, 450, 451, 452, 458
____인 자본가의 민족자본화 가능성 360
____인산업대회 395
____인의 경제 337
____인의 역사 542
《____책략》(朝鮮策略) 242
____청년연합회 397
____총독부 331
____총독부 관제 332
____총독부설치에 관한 칙령 331
____총독부제 331
____토지조사령 332
____특수사정론 464
____회사령 332
조세금납화 368
조영(造營)체계 43
조영조약(朝英條約) 239, 277
____통상조약(朝英通商條約) 267
조일수호조규(朝日修好條規) 237
__________속약(朝日修好條規續約) 270
____통상장정(朝日通商章程) 239
조지국(造紙局) 245
조지서 130
조청상민수륙무역장정(朝淸商民水陸貿易章程)
   238, 267, 277, 290, 304
____조약(朝淸條約) 279
조포(粗布) 또는 광목(廣木) 311
족적(族的) 공동체적 유대관계 98
좀바르트(W. Sombart) 22
종로 백목전(면포전) 320
____직조사 320
종루(鍾樓) 107
종속성 522
____이론(주변부 자본주의론) 512
____자본주의 522
__________사회 521

좌고(坐賈) 110, 117
좌상(坐商) 22
좌주(座主) 109
주변부사회구성체 514
_____자본주의 546
___________ 사회구성체론 동태화 488
주부(綢部) 31
주시(週市) 22, 27
주식점(酒食店) 57
주업적(主業的) 수공업 84, 88
주요모순 513
주인(主人) 121
주인권 185
주인층(主人層) 185, 289
주자학적 성리학 99
주전관(鑄錢官) 52
주점(鑄店) 210
주즙지리(舟楫之利) 51, 61
주철장(鑄鐵匠) 138
주현 127
(준)전시경제체제 428
중간유통구조 101
중계무역(中繼貿易) 257, 304, 309
중고기 34
《중국경제》(中國經濟) 475
《___농촌》(中國農村) 475
___ 농촌사회성질 논쟁 476
___ 사회성격 논쟁 474
___ 통일화 논쟁 481
___ 혁명의 대상 356
___경제파 475, 476
___농촌파 475, 476
___의 사회성격 논쟁 479
___침략 336
중농(中農) 531
___적 식민정책 434
중대(태종무열왕~혜공왕) 43
중도신흥상인 160

중도아(中都兒) 161, 176
중방철(中方鐵) 191
중산적 생산자층(中産的 生産者層) 154
_____ 생산자층의 양극분해설 366
중세 49
___의 사회구성체적 시각 48
중소규모공장이 몰락·청산 437
_______의 공업자본 394
_______의 산업자본 363
중소기업 18, 434, 510
_______문제 510
_______문제를 민족자본의 문제로 제기
  508
_______문제의 올바른 인식 508
_______의 강제 해산·통합 448
_______의 몰락 442
_______의 역할 509, 510
_______의 위치와 역할 511
_______의 재편성과 하청화 429
_______정비요강 458
중소상공업대책요강 457
중소영세규모의 기업 449
중소자본 408
_______의 독자적 영역 359
중심지 272
중앙관청수공업 69, 128
_____________기구 130
중앙집권적 왕권 49
_________ 절대왕정기 369
중요물자수급계획(1938) 443
중요산업통제법 341, 425, 427
____________의 개정 429, 440
중위(中位)의 자본규모 363
____________인 민족자본 360
중일전쟁 428, 443, 444
중진자본주의론 519, 520, 522
중체서용(中體西用) 243, 246
중화질서(中華秩序) 226

중화체제(中華體制)　237
중화학공업 중심의 전시공업화　342
＿＿＿＿＿화　456
＿＿＿＿＿화 추세　443
지계(地契)　249
＿＿아문(地契衙門)　249
지방관청수공업　69, 132
＿＿＿＿＿＿＿체계　129
지방장시　62
지배세력론　48
지배종속(착취·대립)관계　545
지역적 시장　102, 505
지역주인권　289
지원병제도　336
지유　71
＿＿부승지　71
＿＿승지(指諭承旨)　71
지전(紙廛)　109, 112
＿＿상인(紙廛商人)　191
지주형 부농　178
직무(直貿)　170
직물업(織物業)　216
직역(職役)　100
＿＿층공장(職役層工匠)　72
직염국(織染局)　70
직장(workshop)　209, 367
직조국(織造局)　245
＿＿수공업　91
직촌(直村)　83
진고개　270
＿＿＿＿＿-남대문상가　288
진금성(進錦成)　33
진정한 혁명적 길(the really revolutionsing path)　188, 364
집권적 왕조국가체제　18, 21
집단적 지배　49
집사성　32

ᄎ

차관정치(次官政治)　251
차별적 동화정책　336
차인(差人)　194
참대가공업　91
창덕궁 동구(洞口)　107
창씨개명(創氏改名)제도　336
채제공(蔡濟恭)　173
책판의무(責辦義務)　109
처(處)　77, 99
척왜(斥倭)　237
1910년대 중·후반　379
1920년대 공업의 식민지적 특성　413
천두슈(陣獨秀)　475
천업(賤業)　29
천인(賤人)　37
철가공업　306
철덕　215
＿＿도고(鐵德都賈)　215
철도원(鐵道院)　245
철유전　32
청부제(請負制)　162
청일전쟁　288
청전(靑田)　275
＿＿대(靑田貸)　275, 280
＿＿매(靑田買)　262
청포전(靑布廛)　109
체아직(遞兒職)　135, 196
초기 근대화정책　243
초등교육기관의 확충　335
초량(草梁)　268
초지진(草芝鎭)　237
총체(total)로서 파악　473, 533
최병무(崔炳武)　149
최석조(崔錫肇)　321
최초의 사회적 분업　20
최혜국대우(最惠國待遇) 조항　238

축말경향(逐末傾向) 104
취철막(吹鐵幕) 213
친일파 대부르주아계급(투항파) 356
친임관(親任官) 331
칠패 161, 175
침략과 개발 535
＿＿과 저항 535, 536

ㅋ

캐치업(catch-up) 525
코민테른(komintern) 474
쿠즈네츠(S. Kuznets) 543

ㅌ

타운선양행(陀雲仙洋行) 269
타율성론 145, 152
＿＿＿＿사관 468
탁금성(濯金成) 33
탄막(炭幕) 213
탈봉건(脫封建)·반침략적 근대개혁 240
태평양전쟁 336, 429, 440
톈진조약(天津條約) 234
토공(土貢) 29
토대(반봉건성) 348
토산장려 402, 405
＿＿＿＿＿의 논리 405
토성(土姓) 82
＿＿향리 126
토지가옥증명규칙 282
＿＿＿국유제 49
＿＿＿소유권 372
＿＿＿에 대한 사적 지배관계 49
＿＿＿조사령 332
＿＿＿조사사업 372
토착자본 357
＿＿＿적 민족경제 345

＿＿＿적 사회주의(土着的 社會主義) 471
＿＿＿토호세력 126
토포(土布) 305, 312
＿＿＿생산의 괴멸화 313
통감부(統監府) 248, 251
＿＿＿정치(統監政治) 251
통공화매(通共和賣) 173
통리군국사무아문(統理軍國事務衙門) 294
통일전선 356
＿＿＿＿＿의 '비교적 좋은 동반자' 356
트레이드 오프(trade-off) 530
트로츠키(L. Trotsky) 475
특권 252
＿＿＿상업 156, 157, 160
＿＿＿상인 24
＿＿＿시전 173
특수사관 466
＿＿＿성 475
특허행정의 문제 302

ㅍ

파생적 분업 53
파천황(破天荒) 538
판매물종 107
＿＿＿＿＿의 고정 106
8강 183
편호제(編戶制) 82
평시서(平市署) 111, 112, 157, 288
포(浦)주인 184
포구(浦口) 123, 182
＿＿＿상업 182
＿＿＿주인(浦口主人) 121, 184
포납제(布納制) 198
포역제(布役制) 198
포전(布廛) 112
프러시아형(계량적 길) 484
프로토 공업화(Proto-Industrialization) 218

피전(皮典)　71

ㅎ

하대(선덕왕 이후)　43
하라 다카시(原敬)　333
하미전(下米廛)　109
하부구조　241
하야시 다이스케(林泰輔)　462
하위 파트너　291, 292
하청계열기업　511
＿＿＿기업　456
한국근대경제사연구회　519
＿＿＿사의 특수성　155
＿＿＿의 공업화　437
＿＿＿해안 및 내하(內河)의 항행에 관한 약
　정서　281
한랭사(寒冷紗)　305
한성개잔(漢城開棧)　271, 286
＿＿＿상업회의소(漢城商業會議所)　299
한영서원실업장(韓英書院實業場)　321
《한성순보》(漢城旬報)　244, 245
《한성주보》(漢城週報)　245
한신(阪神) 공업지대　262
한일병합(1910)　241
한일수호조약(韓日修好條約)　237
＿＿＿＿＿＿＿＿＿부록　237
한일신협약(韓日新協約)　251
＿＿＿의정서(韓日議定書)　251
＿＿＿합병조약　331
함릉가양행(咸陵加洋行)　269
합법칙적인 발전　148
핫토리 시소(服部之總)　146, 468
창시(巷市)　101, 106, 110, 113, 115
항일독립운동　334
행랑(行廊)　106, 107
행상(行商)　26, 27, 61, 110, 117, 118, 119,
　125, 293, 296

＿＿＿단(行商団)　120
행수대장(行首大匠)　71
＿＿＿부위(行首副尉)　71
＿＿＿부장(行首副匠)　71
＿＿＿지유(行首指諭)　71
행장(行狀)　105, 119
＿＿＿제도　117
행정적·관료적 측면　99
향(鄕)　77, 99
＿＿·소·부곡·장(莊)·처(處)의 정리　127
향시(鄕市)　22, 60, 94, 101
허가주의(許可主義)　333
헌병경찰제도(憲兵警察制度)　332
헤이그 밀사사건　251
혁명의 동반자　356
＿＿＿＿＿추동력　356
＿＿＿＿＿힘 중 하나　356
현물경제　23, 50
＿＿＿재정조직　23
＿＿＿화폐　141
혈주(穴主)　221
협력적 저항　547
협정관세(協定關稅)　239
협조적 천통(串通)　266
혜상공국(惠商公局)　294
＿＿＿＿＿＿＿혁파사(惠商公局革罷事)　244
혜정교(惠政橋)　107
호리 가즈오(堀和生)　361
호모 이코노미쿠스(Homo Economicus)　340,
　423
호민(好民)　171
호장　126
호조(胡照)　277
홍루몽논쟁(紅樓夢論爭)　148
홍범(洪範) 14조　247
홍천　213
화식지도(貨殖之徒)　64
화이론적(華夷論的) 세계관　242

화폐·재정정리 281
____개혁(화폐정리사업) 253
____결핍현상[錢慌] 281
____자본의 축적 150
____정리사업 369
환가납(換價納) 95
____대납제(換價代納制) 51
환납제도(換納制度) 94
황국신민서사(皇國臣民誓詞) 336
________화(皇國臣民化) 336
________화정책 426
황국협회(皇國協會) 295
황도파(皇道派) 장교 336
황룡사9층목탑찰주본기(皇龍寺九層木塔刹柱本
　記) 43

황민화(皇民化) 330
황쭌셴(黃遵憲) 242
회사 설립 300
____령(會社令) 369, 371, 406
______의 철폐 407
후발선진(後發先進) 자본주의 343
____성의 이익 523, 527, 529
후지와라(藤原)시대 463
후진자본주의 343
__________의 제 유형 343
후쿠다 도쿠조(福田德三) 18, 147, 462
훈련도감 포수 171
휴한농법(休閑農法) 98
흥선대원군(興宣大院君) 234